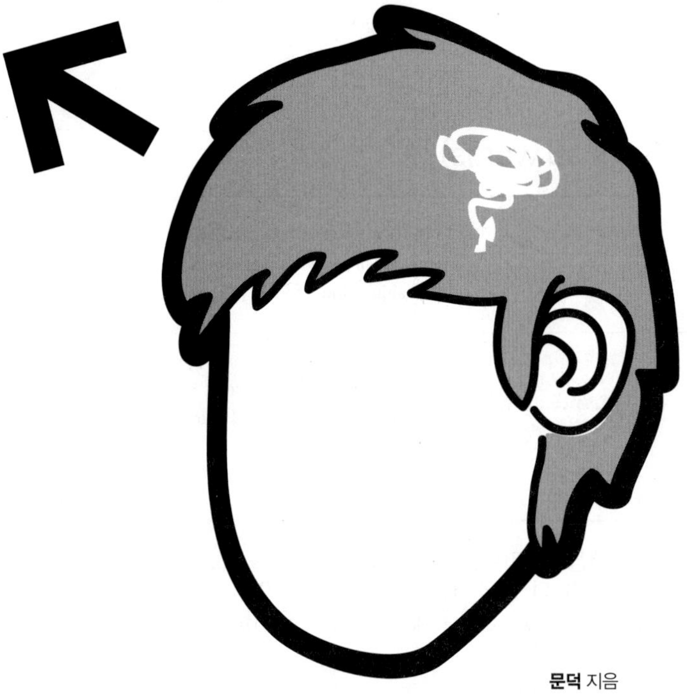

문덕 지음

MD VOCA 33000

지수

★ MD VOCA 33000 실력팩의 구성과 특징

?1 고급 어휘(advanced words) 편

abjure [æbdʒúər] ★☆☆☆☆	ab (away) + jur (swear) → '맹세하고 멀리 떠나가다' 에서 유래	vt (신념 · 권리 따위를 공개적으로) **버리다** / swear to give up; forswear • **abjure** one's religion 자신의 신앙을 공개적으로 버리다 n **abjurátion** 포기, 철회 cf **adjúre** 간절히 원하다, 간청하다
ablation [æbléiʃən] ☆☆☆☆☆	ab (away) + lat (carry) → '(붙어있는 것을) 떨어지게 함' 에서 유래	n **제거, 절개 수술** / the removal by surgery of a part of the body • an **ablation** of the appendix 맹장 제거 수술 v **abláte** 제거하다[되다] cf **áblative** ≪문법≫ 탈격

⋮

MD의 가장 중요한 핵심 학습파트인 필수어휘와 빈출어휘를 최소한 3회이상 학습하고 나서 고급어휘를 학습하기를 권장합니다. 고급 어휘편은 대학 교양 영어나 TOEFL 수준을 약간 상회하는 수준의 어휘들이지만, 동의어나 뉘앙스 등을 통해 이미 경험한 단어들이 상당수 있을 것이므로 충분히 정복 가능할 것입니다.

?2 최고급 어휘(Top-level words) 편

·접두어편

☆☆☆☆☆	**abscess** [ǽbses]	n **종기** / tumor	• lance an **abscess** 종기를 절개하다
★☆☆☆☆	**abstemious** [æbstíːmiəs]	a (음식을) **절제하는** / temperate	• an **abstemious** life 절제 하는 생활

⋮

·어근편

★★☆☆☆	**acerbic** [əsə́ːrbik]	a **신, 떫은** / astringent ; (비판 등이) **신랄한** / bitter	• in his usual **acerbic** style 그가 지닌 평소의 신랄한 어투로
☆☆☆☆☆	**acetic** [əsíːtik]	a (맛이) **신** / sour	• **Acetic** acid acts as a preservative. 초산은 방부제 역할을 한다

⋮

GRE수준의 최고급 어휘들을 간결하고 명확한 용례와 함께 구성하였습니다.
최고 수준의 어휘실력을 원하신다면 이 파트에 도전해 보세요.
당신을 어휘 지존급의 실력자로 만들어 줄 것입니다.

3 혼동 어휘(confusing words) 편

- **abate** [əbéit] v. **잠잠해지다, 줄다** lessen
- **abase** [əbéis] v. (지위, 평가를) **떨어뜨리다** lower

- **ablation** [æbléiʃən] n. **제거** removal
- **ablution** [əblú:ʃən] n. ≪종교≫ **목욕** bathing

⋮

- **adapt** [ədǽpt] vt. **적응시키다** fit
- **adept** [ədépt] a. **숙련된** skillful n. **숙련자** expert
- **adopt** [ədápt] vt. **채택하다** accept; **양자로 삼다**

⋮

시험에 자주 출제되는 혼동어휘 1000여개를 간결하고 명쾌하여 정리하였습니다.
이제 더 이상의 혼동은 없습니다. 특히 시험을 앞두고는 반드시 정리하시기 바랍니다.

4 주요 어원 해설 편 (접두사, 어근, 접미사)

MD의 어원 분석에서 활용된 주요 접두사나 어근 등을 일목요연하게 정리하였습니다.
특히 www.moonduk.com을 통해 무료 해설 강의도 마련되어 있으니 꼭 방문해주세요.

·중요 접두사(prefix) 개괄

전 / 후

(L)	ANTE-	**anticipate** 예상하다
(A-S)	FORE-	**forebear** 조상

⋮

안 / 밖

(GK)	ESO-	**esoteric** 비밀의
(L)	IN-	**import** 수입하다

·중요 어근(root) 해설

001	AC / ACR	날카로운 sharp	LATIN어 *acidus*에서 유래	**ácid** 신맛의 **ácme** 정상 **ácumen** 날카로움, 총명 **ácupuncture** 침술 **ácute** 날카로운 **ácrid** 매운 **ácrimonious** 신랄한

·중요 접미사(suffix) 해설

003	-AC(-AL)	'**~성질, ~같은, ~한 사람**'의 뜻을 나타내는 형용사, 명사를 만든다.	• **cárdiac** 심장의 / **mániac** 미치광이

⋮

* MD 본서의 어원 분석은 간결한 이해를 위해 접미사 해설은 대부분 생략하였습니다. 사실 접미사는 대부분 품사를 결정하는 요소들이라서 한번만 이해하시면 품사변화에 대해 쉽게 이해를 할 수 있으니 이 중요 접미사 해설은 시간을 내서 미리 학습하시길 권합니다.

?5 MD 최신 우선순위 기출어휘 편과 활용방법

· 최근 20여년의 SAT, TOEFL, TEPS, 대학원, 유학, 편입, 공무원, 고시, 입사 시험 등 대학 졸업 수준의 각종 영어 시험의 기출어휘들을 철저히 분석하여 우선순위 빈도별로 제시하였습니다.

· 2000년 이전에 다수 출제된 단어들의 경우에는 중요도를 한단계 올려서 표시하여 실제 공부하는데 좀 더 명확히 단어의 중요도를 파악할 수 있도록 하였습니다.

별5개 ★★★★★	각종 시험에 6회 이상의 최고의 출제 빈도를 보이는 200여개의 단어들
별4개 ★★★★☆	각종 시험에 4,5회 이상의 출제 빈도를 나타낸 330여개의 단어들
별3개 ★★★☆☆	각종 시험에 3회 이상의 출제 빈도를 보이는 400여개의 단어들
별2개 ★★☆☆☆	각종 시험에 2회 이상의 출제된 적이 있는 720 여개의 단어들
별1개 ★☆☆☆☆	각종 시험에 1회 이상의 출제된 적이 있거나 2000년 이전에만 출제된 단어들

활용방법

!1 MD VOCA 33,000을 최소한 3회독 이상 공부한 다음에 비로소 MD VOCA 33000 실력팩(우선순위 기출어휘 편)을 공부해야 합니다. 왜냐하면 기출어휘북에는 해당 어휘를 익힐 수 있는 발음/어원/용례 등 기억에 도움을 줄 수 있는'연결 고리'들이 전혀 없기 때문입니다.

!2 별 5개(★★★★★)에서 별 3개(★★★☆☆)까지는 가장 중요한 핵심적인 단어들의 목록이므로 모든 시험 직전에 반드시 체크해야 합니다.

!3 별 5개(★★★★★)에서 별 3개(★★★☆☆)까지를 완벽히 마스터 했다는 느낌이 들 때 비로소 별 2개(★★☆☆☆) 파트를 펴고 자신이 아는 단어와 모르는 단어를 구분하면서 학습하시면 효율적일 것입니다.

!4 별 0개(☆☆☆☆☆)에서 별1개(★☆☆☆☆) 파트는 시험을 한 달 정도 앞둔 상태에서 어렵게 출제될 가능성을 대비하여 다소 가벼운 마음으로 학습하시기 바랍니다.

---

* 기본어휘와 필수어휘를 미리 공부하지 않고 무턱대고 처음부터 기출어휘를 공부하는 학생들에게 흔히 발견되는 현상은 초반에 어휘 동의어 문제를 어느 정도 맞추는 경향이 있으나 후반부로 갈수록 실력이 정체되고 독해등 다른 영역의 실력이 잘 늘지 않는 모습을 보입니다.
그러므로 반드시 MD 본서를 미리 착실히 학습하고 나서 기출어휘 편을 점검 및 보완용으로 학습하시기바랍니다.

MD VOCA 33000
실력팩

CONTENTS

1. 고급어휘편 7
2. 최고급 어휘(접두어, 어근)편 75
3. 혼동어휘편 137
4. 주요 어원 해설(접두어, 어근, 접미어)편 155
5. MD 최신 우선순위 기출어휘 편 184
6. INDEX 347

1 고급♥어휘

ADVANC♥ED WORDS

◈ MD의 가장 핵심적인 부분 본서 Part ❶ 필수어휘와 중요 빈출 어휘편을 확실히 정복한 다음에 고급 어휘 편을 공부하시기 바랍니다.

※ 좀더 자세한 사항은 서문의 MD학습 계획을 참조하세요.

ab- 접두어 ▸ 분리·이탈

필수어휘 참고 p.20

abjure [æbdʒúər] ★☆☆☆☆

ab (away) + jur (swear) → '맹세하고 멀리 떠나가다'에서 유래

vt (신념·권리 따위를 공개적으로) **버리다** / swear to give up; forswear
- **abjure** one's religion 자신의 신앙을 공개적으로 버리다

n **abjurátion** 포기, 철회 cf **adjúre** 간절히 원하다, 간청하다

---

ablation [æbléiʃən] ☆☆☆☆☆

ab (away) + lat (carry) → '(붙어있는 것을) 떨어지게 함'에서 유래

n **제거, 절개 수술** / the removal by surgery of a part of the body
- an **ablation** of the appendix 맹장 제거 수술

v **abláte** 제거하다[되다] cf **áblative** ≪문법≫ 탈격

---

ablution [æblú:ʃən] ☆☆☆☆☆

ab (away) + lu (wash) → '(몸의 더러운 것을) 씻어 떨어뜨림'에서 유래

n ≪종교≫ <보통 pl.> **목욕 재계, 세정식** / washing of one's body
- perform one's **ablutions** 목욕 재계하다

---

abnegate [ǽbnigèit] ☆☆☆☆☆

ab (away) + neg (deny) → '부인하여 떨어뜨리다'에서 유래

vt (권리·욕망 따위를) **버리다, 포기하다** / give up; renounce
- **abnegate** one's privilege 자신의 특권을 포기하다

n **abnegátion** 포기, 금욕(self-denial)

---

avocation [æ̀vəkéiʃən] ★☆☆☆☆

a<ab (away) + vocation 본업 → '본업과는 떨어져 있는 일'에서 유래

n 1 **부업** / minor occupation; side-job
2 **취미** / hobby; taste
- He raises poultry as an **avocation**. 그는 부업으로 양계를 한다.

cf **proféssion** 전문직 **cálling** 천직 **evocátion** 불러 일으킴

ad- 접두어 ▸ 방향·접근

필수어휘 참고 p.30

abeyance [əbéiəns] ☆☆☆☆☆

a<ad (intensive) + bey (gape) → '놀라서 입을 벌리고 (정지해) 있는 상태'에서 유래

n **정지, 중단(상태)** / a temporary stopping of activity; halt
- fall into **abeyance** 중단되다

a **abéyant** 중단(상태)의

---

acclimate [ǽkləmeit] ★☆☆☆☆

ac<ad (to) + climate 기후 → '새로운 기후[환경]에 접하다'에서 유래

v **새 풍토[환경]에 길들(이)다** / accustom or become accustomed to a new surroundings or conditions; acclimatize; adapt
- **acclimate** oneself to working at night 밤에 일하는 것에 자신을 길들이다

뉘앙스 p.139

---

accolade [ǽkəleid] ☆☆☆☆☆

ac<ad (to) + col (neck) → '~의 목에 메달을 걸어 줌'에서 유래

n **칭찬, 표창** / something awarded as an honor; award
- receive **accolades** from all the critics 모든 비평가들로부터 칭찬받다

---

accrue [əkrú:] ★☆☆☆☆

ac<ad (to) + cru<cre (grow) → '저절로 자라나다'에서 유래

v 1 (자연히) **증가하다, 생기다** / come as a natural product or result
2 (이자가) **붙다, 생기다** / grow as the product of money invested
- Interest begins to **accrue** when the loan is granted.
대출금을 받을 때 이자가 붙기 시작한다.

adduce
[ədjú:s]
★☆☆☆☆

ad (to) + duc (lead) → '**이끌어 내다**'에서 유래

vt (이유 · 증거 따위를) **제시[인용]하다** / offer as a reason or evidence; cite
- **adduce** any reason for one's behavior 자신의 행동에 대해 이유를 제시하다

adjudicate
[ədʒú:dikeit]
★☆☆☆☆

ad (to) + judic (judge) → '**판결하다**'에서 유래

vt **판결[선고]하다** / decide or settle by law; adjudge
- **adjudicate** disputes between two groups 두 집단 사이의 분쟁을 판결하다

adjure
[ədʒúər]
☆☆☆☆☆

ad (to) + jur (swear) → '**~에게 진정으로 원하는 것을 맹세하게 하다**'에서 유래

vt **간절히 원하다, 간청하다** / ask earnestly or solemnly; entreat
- She **adjured** him to tell the truth. 그녀는 그에게 진실을 말해 달라고 간청했다.

cf **abjúre** (신념 · 권리 따위를 공개적으로)버리다 뉘앙스 p.251

adolescent
[ædəlésnt]
★☆☆☆☆

ad (to) + oles<ales (grow) → '(어른으로) **자라고 있는** (시기의)'에서 유래

a **청소년기의, 사춘기의** / growing up from childhood to adult; pubescent
- the **adolescent** stage 청소년기

n **adoléscence** 젊음, 청춘기(youth) **cf** **convaléscent** 회복기의

aggrandize
[əgrǽndaiz]
☆☆☆☆☆

ag<ad (to) + grandi (great) → '**크게 하다**'에서 유래

vt **확대[강화]하다** / make greater or larger in size or power; enlarge
- **aggrandize** oneself by new conquests 새로운 정복으로 자신의 힘을 강화하다

amass
[əmǽs]
★★★☆☆

a<ad (to) + mass 한 덩어리로 모으다 → '**~을 모으다**'에서 유래

vt (재산 따위를) **모으다, 축적하다** / collect in great amounts; accumulate; heap
- **amass** a fortune for oneself 혼자 힘으로 재산을 모으다

annotate
[ǽnəteit]
★☆☆☆☆

an<ad (to) + not<note 주석 → '**~에 주석을 달다**'에서 유래

v **주석을 달다, 주해하다** / provide with explanatory notes; gloss
- an **annotated** edition of Shakespeare's play 셰익스피어 희곡의 주해된 판

annul
[ənʌ́l]
★☆☆☆☆

an<ad (to) + nul (no value) → '**더이상 가치 없는 것으로 만들어 버리다**'에서 유래

vt (계약 · 법령 등을) **취소[폐지]하다** / do away with; abolish; nullify; neutralize
- **annul** a plan[contract] 계획[계약]을 취소하다

cf **ánnual** 1년을 단위로 하는 **ánnals** 연보(年報) 뉘앙스 p.469

appellation
[æpəléiʃən]
☆☆☆☆☆

ap<ad (to) + pel (drive) → '**~를 ~로 부르게 하는 것**'에서 유래

n **명칭, 호칭** / a name or title; designation
- the **appellation** of the city 그 도시의 명칭

cf **appéllate** ≪법≫ 상소[항소]의

apportion
[əpɔ́:rʃən]
★☆☆☆☆

ap<ad (to) + portion 몫 → '**~에게 몫을 나누어 주다**'에서 유래

vt **나누다, 할당[분배]하다** / divide and give out in fair shares; portion; allocate; allot
- **apportion** a fair amount to each 각자에게 공정한 양을 분배하다 뉘앙스 p.55

arraign
[əréin]
☆☆☆☆☆

ar<ad (to) + raig<raisnier (speak) → '**잘못된 점을 말하다**'에서 유래

vt ≪법≫ **기소[고발]하다** / bring before a law court; indict
- be **arraigned** on a charge of murder 살인 혐의로 법정에 소환되다

n **arráignment** 법정, 소환, 고발 **cf** **arránge** 정리하다; 계획하다

arrogate
[ǽrəgeit]
☆☆☆☆☆

ar<ad (to) +
rog (ask) →
'남의 것을 내 것이라고 요구하다'에서 유래

vt (남의 권리를) **침해하다, 가로채다** / take or claim without a proper right; appropriate; preempt
- **arrogate** power to oneself 권력을 남용하다

cf **ábrogate** 폐지하다

---

assess
[əsés]
★★★☆☆

as<ad (to) +
ses<sid (sit) →
'~에 앉아보다'에서 유래

vt 1 (과세를 위해 재산 · 수입 따위를) **평가[추산]하다** / estimate the value of property or income for taxation; evaluate
2 (세금 · 회비 따위를) **부과하다** / put a tax on; levy
- **assess** the house at $20,000 그 집을 2만불에 평가하다

n **asséssment** 평가(appraisal; estimate)

뉘앙스 p.267

---

assort
[əsɔ́:rt]
★☆☆☆☆

as<ad (to) +
sort 종류 →
'각각의 종류로 나누다'에서 유래

vt 1 **분류하다** / arrange by kinds; classify
2 (다양한 물품을) **구비하다, 갖추다** / furnish with various sorts
- **assort** the books alphabetically 책들을 알파벳 순으로 분류하다

vi (여러 가지가) **어울리다, 조화하다** / agree in sort or kind; match

n **assórtment** 분류(classification); 모음, 종합(miscellany)
a **assórted** 선별된; 갖가지의(miscellaneous); 조화된

---

attenuate
[əténjueit]
★★★☆☆

at<ad (to) +
tenu (thin) →
'가늘게 만들다'에서 유래

v 1 **가늘게[묽게] 하다[되다]** / make thin or slender; dilute
2 (힘 · 가치를) **약하게[떨어지게] 하다[되다]** / weaken in force or value; reduce
- He was **attenuated** by hunger. 그는 굶주림으로 홀쭉해졌다.

cf **exténuate** (결점 · 죄 등을) 가볍게 하다

---

attrition
[ətríʃən]
☆☆☆☆☆

at<ad (to) +
tri (rub) →
'마구 문지름'에서 유래

n 1 **마찰** / the action of rubbing down; friction
2 (힘 · 효력의) **소모, 저하, 쇠퇴** / any gradual process of wearing down; decline
- wage a war of **attrition** 소모전을 치루다

---

aver
[əvə́:r]
★☆☆☆☆

a<ad (to) +
ver (true) →
'~에게 진실임을 말하다'에서 유래

vt **주장[단언]하다** / assert positively; affirm; predicate
- The man **averred** that he had nothing to do breaking into the parked car.
그 남자는 그가 주차되어 있는 차를 망가뜨리는데 아무 것도 하지 않았다고 주장했다.

뉘앙스 p.259

---

avouch
[əváutʃ]
☆☆☆☆☆

a<ad (to) +
vouch (call) →
'~에게 자신의 말이 사실이라고 말하다'에서 유래

vt 1 (진실임을) **주장[보증]하다** / declare positively to be true; aver
2 **승인[인정]하다** / acknowledge; avow
- He has **avouched** himself as the author of this plan.
그는 자신이 이 계획의 창안자라는 것을 인정했다.

뉘앙스 p.259

---

a- 접두어 ▸ 상태

필수어휘 참고 p.88

ablaze
[əbléiz]
★☆☆☆☆

a (on) +
blaze 불꽃 →
'불꽃으로 빛나는'에서 유래

ad a 1 (물질이) **빛나서** / being on fire; burning
2 **열광하여** / very excited
- His face was **ablaze** with anger. 그의 얼굴이 분노로 열받아 있다.

---

adrift
[ədríft]
☆☆☆☆☆

a (on) +
drift 표류 →
'~로 표류하는'에서 유래

ad a (배가) **표류해서** / drifting or floating freely
- cut a boat **adrift** 배를 물결치는 대로 표류시키다

cf **be all adrift** 혼란에 빠지다

aflame
[əfléim]
☆☆☆☆☆

a (on) +
flame 불꽃 →
'불꽃으로 빛나는'에서 유래

ad **a** 1 **불타서, 불꽃이 되어** / on fire; afire
2 **열중하여** / keenly excited
- In a moment the tanker was all **aflame**. 그 유조선은 순식간에 불길에 휩싸였다.

afloat
[əflóut]
☆☆☆☆☆

a (on) +
float 뜨다 →
'떠 있는 상태인'에서 유래

a 1 <주로 서술 용법> (물에) **떠있는** / floating on the water
2 (경제적인) **곤경에서 벗어나** / out of debt
- The ship is **afloat**. 배가 떠 있다.
- The firm is again **afloat**. 그 회사는 다시 곤경에서 벗어났다.

agape
[əgéip]
★☆☆☆☆

a (to) +
gape 놀람 →
'놀라있는 상태'에서 유래

ad **a** (놀람 · 기대로) **입을 딱 벌리고** / in a state of wonder or amazement; shocked
- stand **agape** with surprise 놀라서 멍하니 서 있다

aglow
[əglóu]
☆☆☆☆☆

a (on) +
glow 빨간 빛 →
'빨갛게 된'에서 유래

ad **a** <서술 용법> **붉게 빛나서, 흥분하여** / in a glow; glowing
- be **aglow** with delight 기뻐서 상기되어 있다

ajar
[ədʒάːr]
★☆☆☆☆

a (to) +
jar<char (turn) →
'막 변하려고 하는'에서 유래

a **ad** <서술 용법> (문이) **살짝 열려 있는[있어]** / not quite closed; slightly open
- leave a door **ajar** 문을 살짝 열어 두다

asunder
[əsʌ́ndər]
☆☆☆☆☆

a (on) +
sunder 분리하다 →
'낱낱이 분리되어'에서 유래

ad **a** **낱낱으로, 흩어져** / into separate parts; apart
- tear **asunder** 갈기갈기 찢다

ambi- 기타 접두어 ▸ 양 · 둘

필수어휘 참고 p.535

ambidextrous
[æmbidékstrəs]
☆☆☆☆☆

ambi (both) +
dexterous 솜씨좋은 →
'양손을 다 써서 더 솜씨 좋은'
에서 유래

a 1 **양손잡이의** / able to use both hands equally well; two-handed
2 **아주 솜씨가 있는, 능수능란한** / more than usually skillful; proficient
3 **표리부동한, 거짓의** / doubledealing; deceitful
- **Ambidextrous** tennis player is rare. 양손잡이 테니스 선수는 드물다.
- the **ambidextrous** salesman in handling people
  사람들을 다루는 데 능수능란한 세일즈맨
- tell an **ambidextrous** story 거짓말하다

n **ambidextérity** 양손잡이; 비상한 솜씨; 표리부동

ambit
[ǽmbit]
☆☆☆☆☆

ambi (around) + it (go) →
'주변으로 뻗어 간 거리'
에서 유래

n **범위, 한계** / range or limit of power; circuit
- his **ambit** of authority as secretary
  비서로서 그의 권한의 범위

ambivalent
[æmbívələnt]
★★☆☆☆

ambi (both) + val (value) →
'두 개의 가치가 공존하는'
에서 유래

a **양면가치의, 상반되는** / having opposing feelings towards; equivocal
- an **ambivalent** attitude toward a religion 종교에 대한 상반된 태도

amphibious
[æmfíbiəs]
★☆☆☆☆

amphi<ambi (both) +
bio (life) →
'(물과 육지) 양쪽에서 다
살 수 있는'에서 유래

a 1 **양서류의** / able to live both on land and in water; amphibian
2 **수륙 양용의** / able to travel across land or water; amphibian
- an **amphibious** vehicle[aircraft] 수륙 양용차[비행기]

n **a** **amphíbian** 양서류(의); 수륙양용차(의)

amphitheater
[ǽmfəθiːətər]
☆☆☆☆☆

ambi (around) + it (go) → '주변으로 뻗어 간 거리'에서 유래

n (고대 로마의) **원형 경기장[극장]** / a circular building with rows of seats around a central open space; Colosseum
- The two fighters were led into the **amphitheater**. 그 두명의 전사들이 원형 경기장 안으로 인도되었다.

cf **aréna** 투기장: amphitheater의 중앙에 모래를 깐 장소; (경쟁 · 활동의) 장소
- enter the political **arena** 정계에 입문하다

an- 접두어 ▸ 부정
필수어휘 참고 p.84

abyss
[əbís]
☆☆☆☆☆

a<an (without) + byss (bottom) → '바닥이 없는'에서 유래

n **심연, 끝없이 깊은 나락** / a bottomless or very great depth; deepness
- an **abyss** of despair 끝없이 깊은 절망의 나락

a **abýssal, abýsmal** 심연의, 한없이 깊은(profound)

amoral
[eimɔ́ːrəl]
★★☆☆☆

a<an (not) + moral 도덕의 → '도덕적인 문제가 아닌'에서 유래

a **도덕 관념이 없는** / unable to distinguish between right and wrong; nonmoral
- Young children are **amoral**. 어린 아이들은 옳고 그른 것을 판별하지 못한다.

cf **immóral** 부도덕한

amnesia
[æmníːziə]
★☆☆☆☆

a<an (not) + m(im)nes (remember) → '기억하지 못하는 증세'에서 유래

n **건망증, 기억상실증** / complete or partial loss of memory; oblivion
- suffer from **amnesia** after the car crash 자동차 충돌 이후로 기억상실증을 겪다

cf **anémia** 빈혈 **améntia** 정신박약

anesthetic
[ænəsθétik]
★☆☆☆☆

an (without) + esthe (sensation) → '감각이 없는'에서 유래

n **a** **마취제(의)** / (of) a substance that causes loss of the feeling pain or other sensation
- put a person under an **anesthetic** 사람에게 마취제를 쓰다

v **anésthetize** 마취시키다

asylum
[əsáiləm]
★☆☆☆☆

a<an (not) + syl<sul (right of seizure) → '아무것도 붙잡을 권리가 없는 사람들을 위한 곳'에서 유래

n 1 (장애자 · 노인 등을 위한) **보호 시설** / an institution for the care of people who require organized assistance
2 **피난[도피]** / a place offering protection and safety; shelter; refuge
- a lunatic **asylum** 정신병원
- seek political **asylum** 정치적인 망명을 요구하다

asymmetry
[eisímətri]
☆☆☆☆☆

a<an (not) + symmetry 균형 → '균형이 맞지 않음'에서 유래

n **불균형, 비대칭** / lack of symmetry; unbalance
- the **asymmetry** of the building's design 그 건물 디자인의 불균형

ante- 기타 접두어 ▸ 앞 · 전
필수어휘 참고 p.532

antediluvian
[æntidilúːviən]
★☆☆☆☆

ante (before) + diluvi<deluge 대홍수 → '대홍수 이전의'에서 유래

a **태고 때의, 아주 오래 전의** / very old-fashioned; outdated
- **antediluvian** notions of marriage 결혼에 관한 태고 때의 관념들

ante meridiem
[ænti mərídiəm]
☆☆☆☆☆

ante (before) + meridiem (noon) → '정오 이전의'에서 유래

n **ad** <L.> **오전(에)** / before noon
- **ante meridiem** between midnight and the following noon 밤 12시와 다음 정오 사이의 오전

cf **a.m., A.M.** <단축형> 반 **post merídiem** 오후

anti- 접두어 ▸ 반대

필수어휘 참고 p.90

antibody
[ǽntibadi]
★☆☆☆☆

anti (against) + body 몸 → '대항하는 물체'에서 유래

n (혈청 중의) 항체, 항독소 /substance formed in the blood tending to inhibit harmful bacteria
- Our bodies produce **antibodies** to counteract disease.
  우리 몸은 병에 대항할 항체를 생산해 낸다.

cf **antigen** 항원

---

anticlimax
[æntikláimæks]
☆☆☆☆☆

anti (against) + clim (ladder) → '사다리에서 떨어짐'에서 유래

n 점강법, 급락, 용두사미 / a sudden descent from the importance; letdown
- the **anticlimax** of her later years 그녀의 말년의 급락

a **anticlimáctic** 점강법의

---

antinomy
[æntínəmi]
★☆☆☆☆

anti (against) + nom (law) → '법 · 규칙에 반대되는 상황'에서 유래

n 모순, ≪철학≫ 이율 배반 / the opposition of one law, rule, or principle; paradox
- the nature of the dogmatic **antinomy** of reason 이성의 독단적 모순의 본질

a **antinómic** 이율 배반적인, 모순된

---

antipodes
[æntípədi:z]
☆☆☆☆☆

anti (against) + pod (foot) → '한 쪽 발과 반대되는 곳'에서 유래

n <복수 취급> (지구상의) 대척지
/ two places on directly opposite sides of the earth; antipole
- Australia is the **antipodes** of England. 호주는 영국의 대척지에 해당한다.

a **antípodal** 대척지의; 정반대의　　**antipodéan** 대척지의, 대척지 주민의

---

antisocial
[æntisóuʃəl]
☆☆☆☆☆

anti (against) + social 사회적 → '반사회적인'에서 유래

a 반사회적인, 사람을 싫어하는 / shunning the society of others; misanthropic
- a pure scholar, remote and **antisocial** 초연하고 비사교적인 순수학자

cf **asocial** 비사교적인

---

antithesis
[æntíθəsis]
★☆☆☆☆

anti (against) + thes (put) → '반대로 놓다'에서 유래

n 정반대, 대립 / contrast; opposition
- The **antithesis** of death is life. 죽음의 반대는 삶이다.

a **antithétical** 정반대의(opposite)

apo- 기타 접두어 ▸ 분리 · 이탈

필수어휘 참고 p.534

aphorism
[ǽfərizm]
☆☆☆☆☆

ap<apo (off) + horis (definition) → '세상사에 대한 정의'에서 유래

n 격언 /a wise saying expressed in a few words; maxim; apothegm
- quote an **aphorism** to advise a person
  남에게 충고하기 위해 격언을 인용하다

a **aphorístic** 격언이 많은

---

apocalyptic
[əpɑkəlíptik]
☆☆☆☆☆

apo (off) + calypt<kalypt (cover) → '온 세상을 덮어버리는'에서 유래

a 계시록의, (대재앙을) 예언하는 / telling of great misfortune; predictive
- **apocalyptic** warnings about the coming of wars and hunger
  전쟁과 기아의 도래를 예언하는 경고들

n **the Apócalypse** ≪성서≫ 요한 계시록(the Revelation)

apogee
[æpədʒiː]
☆☆☆☆☆

apo (off) + ge (earth) → '지구로부터 멀리 떨어짐'에서 유래

n 1 ≪천문≫ **원지점 (달 · 인공위성이 지구로부터 가장 멀리 떨어지는 지점)** / the point farthest from the earth
2 **(힘 · 성공 등의) 최고점, 정점** / the highest point; peak
- the **apogee** of his political career 그의 정치 경력의 정점

a **apogéan** 원지점의; 최고점의
반 **périgee** 근지점(달 · 인공위성이 지구로부터 가장 가까워지는 지점)

---

apoplexy
[æpəpleksi]
☆☆☆☆☆

apo (off) + plex<pless (strike) → '누군가[무엇엔가] 친 것에 충격을 받아 감각을 잃음'에서 유래

n **≪병리≫ 졸중** / the sudden loss of consciousness caused by rupture of blood vessel in the brain; stroke
- cerebral **apoplexy** 뇌졸중

a n **apopléctic** 졸중의; 졸중 환자　　cf **concússion** ≪의학≫ 진탕

---

apostate
[əpásteit]
☆☆☆☆☆

apo (off) + stat (stand) → '다른 곳으로 멀리 떨어져서 있는 사람'에서 유래

n **배교[배신]자** / a person guilty of apostasy; traitor
- be hanged as an **apostate** 배교자로 처형당하다

vi **apóstatize** 신앙을 버리다　　n **apóstasy** 배교, 배신

---

apothecary
[əpáθəkeri]
☆☆☆☆☆

apo (away) + thec<tithen (put) → '떨어져 있는 것[약]을 한 곳에 모아 놓는 사람'에서 유래

n **약사** / a person who prepares and sells medicines; pharmacist
- The **apothecary** prepared medicines for people without a doctor's prescription.
그 약제사는 의사의 처방전 없이 사람들에게 약을 지어주었다.

---

arch-　　기타 접두어 ▸ 주요한　　필수어휘 참고 p.534

archbishop
[áːrtʃbíʃəp]
☆☆☆☆☆

arch (chief) + bishop 주교 → '주교의 우두머리'에서 유래

n **대주교** / a bishop of the highest rank
- the dignity of an **archbishop** 대주교의 위엄

a **archbíshopric** 대주교의 직[교구]

---

archipelago
[ɑːrkəpéləgou]
★☆☆☆☆

archi<arch (chief) + pela (sea) → '주변이 주로 바다인 지역'에서 유래

n **군도** / a group of small islands and the area of sea round them
- see the **archipelago** in the South Seas
남태평양의 군도를 보다

---

auto-　　기타 접두어 ▸ 스스로　　필수어휘 참고 p.534

autonym
[ɔ́ːtənim]
☆☆☆☆☆

auto (self) + onym (name) → '자신의 이름'에서 유래

n **본명, 실명** / one's own or real name
- have an account with a bank in **autonym** 실명으로 은행 거래를 하다

cf **assumed name** 차명(借名)

---

be-　　접두어 ▸ 동사 형성　　필수어휘 참고 p.96

befit
[bifít]
★☆☆☆☆

be (make) + fit 적합한 → '적합하도록 만들다'에서 유래

vt **~에 적합하다, 어울리다** / be suitable for; suit; match; become
- Such a behavior does not **befit** him.
그러한 행동은 그에게는 어울리지 않는다.

behead
[bihéd]
☆☆☆☆☆

be (privative) + head 머리 → '머리가 없는 상태로 만들다'에서 유래

vt **목베다, 참수하다** / cut off the head of; decapitate
- decide to **behead** the murderer
  살인자를 목베기로 결정하다

besmirch
[bismə́:rtʃ]
★☆☆☆☆

be (make) + smirch 더럽히다 → '깨끗한 것을 더럽게 만들다'에서 유래

vt 1 **더럽히다** / make dirty; soil
2 (명예 · 인격을) **손상시키다** / detract from the honor or luster of; befoul
- His dishonesty has **besmirched** his family's good name.
  그의 부정직함으로 인해 그 가문의 명예는 손상을 입었다.

bene- | 접두어 ▸ 좋은 | 필수어휘 참고 p.102

bonanza
[bənǽnzə]
★☆☆☆☆

bonanza<bonus (good) → '좋은 것'에서 유래

n 1 (풍부한) **광맥, 노다지** / a rich mass of ore in a mine
2 **대성공, 뜻밖의 행운** / unexpected good luck
- The oil found on the farmer's land was a **bonanza**.
  그 농부의 땅에서 발견된 석유는 뜻밖의 행운이었다.

bi- | 기타 접두어 ▸ 둘 | 필수어휘 참고 p.536

biannual
[baiǽnjuəl]
☆☆☆☆☆

bi (two) + ann (year) → '한 해에 두 번'에서 유래

a **한 해 두 번의** / happening twice each year; semiannual
- **biannual** exhibition 한 해 두 번의 전시회

cf **biénnial** 2년마다의

bicameral
[baikǽmərəl]
☆☆☆☆☆

bi (two) + camer (chamber) → '두 개의 회의장이 있는'에서 유래

a ≪정치≫ (입법 기관이) **양원의** / having two legislative chambers
- The United States congress is a **bicameral** body.
  미국의 의회는 상하 양원제이다.

n **bicámeralism** (상하) 양원제

bifocal
[baifóukəl]
☆☆☆☆☆

bi (two) + foc (focus) → '초점이 두 개인'에서 유래

a (안경의 렌즈 따위가) **두 개의 초점이 있는** / adjusted to two different focal lengths
- He peered through the **bifocal** lenses.
  그는 두 개의 초점의 렌즈를 뚫어지게 쳐다 보았다.

bifurcate
[báifərkeit]
☆☆☆☆☆

bi (two) + furc (fork) → '두 개로 갈라진'에서 유래

v (강 · 길 등이) **두 갈래로 갈리다** / divide into two branches or parts
- The branches were **bifurcated** by lightening.
  가지들이 번개에 의해 두 갈래로 갈라졌다.

n **bífurcation** 분기(점)

bigamist
[bígəmist]
☆☆☆☆☆

bi (two) + gam (marriage) → '두 번 결혼한 사람'에서 유래

n **중혼자** / a person who has two wives or husbands living
- Her husband was a **bigamist**. 그녀의 남편은 중혼자였다.

a **bígamous** 중혼의, 중혼 생활의 **n** **bígamy** 중혼

bilingual
[bailíŋgwəl]
★☆☆☆☆

bi (two) + lingu (tongue) → '2개의 언어를 구사하는'에서 유래

a **2개 국어를 말하는** / speaking two languages well
- a **bilingual** dictionary 2개 국어로 쓰여진 사전

n **bilíngualism** 두 언어의 상용 **n** **bilínguist** 2개 국어를 할 줄 아는 사람

binocular
[bainákjulər]
☆☆☆☆☆

bin<bi (two) + ocul (eye) → '두 눈으로 보는 것'에서 유래

n <보통 pl.> **쌍안경, 쌍안 현미경** / a pair of glasses for both eyes; field glasses
- use the **binoculars** 쌍안경을 사용하다

---

bipartisan
[baipá:rtəzn]
☆☆☆☆☆

bi (two) + part (part) → '두 부분을 모두 포함하는'에서 유래

a **초당파적인, 두 정당을 대표하는** / representing two political parties
- a **bipartisan** foreign policy 초당파적인 외교 정책

---

biped
[báiped]
☆☆☆☆☆

bi (two) + ped 발 → '발이 두 개인 동물'에서 유래

n **두발 짐승** / two-footed animal
- Man is a featherless **biped**. 인간은 깃털없는 두발 짐승이다.

---

bisect
[baisékt]
★☆☆☆☆

bi (two) + sect (cut) → '둘로 자르다'에서 유래

v **둘로 가르다, 양분하다** / cut or divide into two parts; fork
- This road **bisects** at the post office. 이 길은 우체국에서 갈라진다.

n **biséction** 양분, 이등분

---

bisexual
[baisékʃuəl]
☆☆☆☆☆

bi (two) + sex 성(性) → '두 개의 성을 가진'에서 유래

a ≪생물≫ **양성의** / of or relating to both sexes; androgynous
- Many lower animals are **bisexual**. 많은 하등 동물들은 양성이다.

---

bivalve
[báivælv]
☆☆☆☆☆

bi (two) + valv (folding door) → '접힌 문이 두 개 있음'에서 유래

n ≪생물≫ **쌍각류의 조개 (굴 · 대합 따위)** / any shellfish with two shells joined together
- The clam is a common **bivalve**. 조개는 일반적인 쌍각류이다.

---

biweekly
[baiwí:kli]
☆☆☆☆☆

bi (two) + week 주 → '2주일마다의'에서 유래

a ad **격주의[로]** / appearing every two weeks; fortnightly
- a **biweekly** magazine 격주로 발행되는 잡지

---

by- 기타 접두어 ▸ 옆

필수어휘 참고 p.536

by-election
[bai-ilékʃən]
☆☆☆☆☆

by (secondary) + election 선거 → '본 선거 이후에 치러지는 선거'에서 유래

n ≪영≫ **보궐 선거** / a special election held between regular elections
- hold a **by-election** 보궐 선거를 실시하다

---

by-name
[bai-neim]
☆☆☆☆☆

by (secondary) + name 이름 → '제2의 이름'에서 유래

n **별명, 별칭** / a secondary name; nickname; byword
- frequently call a person's **by-name** 남의 별명을 즐겨 부르다

cata- 기타 접두어 ▸ 아래

필수어휘 참고 p.537

cataclysm
[kǽtəklizm]
★☆☆☆☆

cata (down) + clys<klyzein (wash) → '아래에 있는 모든 것을 휩쓸어 버림'에서 유래

n 1 **대홍수** / a great flood; deluge
2 (정치 · 사회적) **격변, 대변동** / a violent and sudden event or change; upheaval
- a year of political[social] **cataclysm** 정치적[사회적] 대변동의 한 해

cf **cátechism** 문답식 교수법

뉘앙스 p.537

cataract
[kǽtərӕkt]
★☆☆☆☆

cata (down) + ra<rhatt (dash) → '아래로 세차게 부딪쳐 내리는 물'에서 유래

n 1 **큰 폭포** / a large waterfall
2 ≪의학≫ **백내장** / a disease of the eye in which the lens becomes clouded and causes a gradual loss of sight

- Venezuela has the world's tallest **cataract**.
  베네주엘라에는 세계에서 가장 큰 폭포가 있다.

cf **cascáde** 작은 폭포

circum- 접두어 ▸ 주위 · 둘레

필수어휘 참고 p. 108

circumnavigate
[sə:rkəmnǽvəgeit]
★☆☆☆☆

circum (around) + navig (sail) → '지구 곳곳을 여행하다'에서 유래

vt **~을 두루 항해하다, 일주하다** / sail completely round; skirt

- **circumnavigate** the earth 지구를 일주하다

n **circumnavigátion** 세계 일주

com- 접두어 ▸ 함께 · 서로

필수어휘 참고 p. 110

coalesce
[kouəlés]
★☆☆☆☆

co<com (together) + alesce (grow) → '(합쳐져) 함께 자라다'에서 유래

v **연합[합병]하다** / unite into one body or party; combine

- The thirteen colonies **coalesced** to form a nation.
  13개의 식민지들이 하나의 국가를 이루기 위해 연합하였다.

cf **convalésce** 건강을 회복하다

---

cohabit
[kouhǽbit]
☆☆☆☆☆

co<com (together) + habit 살다 → '같이 살다'에서 유래

vi **(결혼하지 않은 사이에) 동거하다** / live together as though married

- **cohabit** with a person for years ~와 수년 동안 동거하다

---

collocation
[kaloukéiʃən]
☆☆☆☆☆

col<com (together) + loc (place) → '한 장소에 함께 놓음'에서 유래

n **배치, 배열** / arrangement; disposition

- the **collocation** of a word's consonants and vowels
  단어의 자음들과 모음들의 배열

---

collogue
[kəlóug]
★☆☆☆☆

col<com (together) + log (speak) → '함께 이야기하다'에서 유래

vi **음모를 꾸미다, 공모하다** / intrigue; conspire

- **collogue** a secret scheme 은밀한 계획을 공모하다

---

commissary
[káməseri]
☆☆☆☆☆

com (together) + miss<mit (send) → '(여러 물품을) 함께 보낸 곳'에서 유래

n **(군대 · 광산 따위의) 매점, 간이 식당** / a store handling food and supplies

- the only **commissary** in this military grounds 이 군부대 안의 유일한 매점

---

communize
[kámjunaiz]
★☆☆☆☆

com (together) + mun (duties) → '같은 의무를 지우다'에서 유래

vt 1 **공유화하다** / subject to public ownership or control
2 **공산화하다** / cause to practice or adopt Communism

- mean to **communize** the world 세계를 공산화하려고 하다

n **Cómmunism** 공산주의 체제, 공산주의 이론 **n** **cómmunism** 공산주의

---

commute
[kəmjú:t]
★★★☆☆

com (intensive) + mut (change) → '완전히 바꾸다'에서 유래

v 1 **교환[대체]하다** / exchange; substitute
2 **통근하다** / travel regularly a long distance between one's home and work

- **commute** to work by bus each morning 매일 아침 버스로 직장에 통근하다

a **commútable** 교환할 수 있는(interchangeable)

compendium
[kəmpéndiəm]
☆☆☆☆☆

com (together) + pend (weigh) → '(중요한 것만 뽑아) **함께 달아 놓는 것**'에서 유래

n **개요, 요약** / short summary of the main points; epitome
- a **compendium** of useful information 유용한 정보의 요약

---

compute
[kəmpjú:t]
☆☆☆☆☆

com (intensive) + put (reckon) → '(산술적으로) **곰곰이 생각하다**'에서 유래

v **계산[산출]하다** / do by arithmetic; calculate
- **compute** the cost of one's trip 자신의 여행 경비를 계산하다

n **computátion** 계산 **n** **compúter** 컴퓨터

---

concatenation
[kankætənéiʃən]
☆☆☆☆☆

con<com (together) + catena (chain) → '**사슬처럼 이어진 것**'에서 유래

n **연속, 연쇄** / linking together as in a chain; connection
- a **concatenation** of events 연속된 사건들

---

concave
[kankéiv]
☆☆☆☆☆

con<com (intensive) + cav (hollow) → '**움푹 패인**'에서 유래

a **오목한** / curved like the inside of a circle or sphere; hollow
- a **concave** mirror[lens] 오목 거울[렌즈]

n **concávity** 오목함, 오목한 것

---

conclave
[kánkleiv]
☆☆☆☆☆

con<com (together) + clav (key) → '**열쇠로 꽉 잠긴 비밀방에 함께 모임**'에서 유래

n **비밀 회합** / a private and secret meeting
- a **conclave** of cardinals 추기경들의 비밀 회합

---

concomitant
[kənkámətənt]
☆☆☆☆☆

con<com (together) + comit (accompany) → '**다른 것을 함께 동반하는**'에서 유래

a **동반하는, 동시에 생기는** / happening together with something else; concurrent
- war with its **concomitant** sufferings 고통을 동반하는 전쟁

n **동반, 부수물** / an accompanying thing; accompaniment

---

condign
[kəndáin]
☆☆☆☆☆

con<com (completely) + dign (worthy) → '(처벌받을) **가치가 있는**'에서 유래

a (형벌이) **온당[타당]한** / deserved; fitting; due
- sentence the criminal to a **condign** punishment 범인에게 온당한 형벌을 선고하다

---

condiment
[kándəmənt]
★☆☆☆☆

con<com (together 함께) + di<dare (give 주다) → '**음식에 함께 주어 사용되는 양념**'에서 유래

n **양념** / sth used to give flavor and relish to food; spice
- use mustard as a **condiment** 겨자를 양념으로 사용하다

---

conduce
[kəndjú:s]
☆☆☆☆☆

con<com (together) + duc (lead) → '(좋은 방향으로) **함께 이끌다**'에서 유래

vi **도움이 되다, 공헌하다** / be favorable to; contribute
- Exercise **conduce** to health. 운동은 건강에 도움이 된다.

a **condúcive** 도움이 되는(helpful; contributive)
cf **condúctive** 전도할 수 있는

---

confabulate
[kənfæbjuleit]
☆☆☆☆☆

con<com (together) + fabula (fable) → '**함께 이야기를 나누다**'에서 유래

vi (허물없이) **이야기하다, 담소하다** / talk together informally intimately; chat
- **confabulate** with a friend 친구와 이야기하다

n **confabulátion** 담소(conversation; talk)

configuration [kənfigjuréiʃən] ☆☆☆☆☆

con<com (together) + figura (figure) → '함께 있는 형태'에서 유래

n (전체의) 형태, 윤곽 / the arrangement of part of something; shape
- the **configuration** of the surface 지표의 윤곽

conflagration [kɑnflegréiʃən] ★☆☆☆☆

con<com (intensive) + flag (burn) → '모든 것을 태워버림'에서 유래

n 큰 불, 대화재 / a big and destructive fire; holocaust
- a **conflagration** that destroyed the whole city 전도시가 파괴된 대화재

cf **déluge** 대홍수 a **conflágrant** 불타고 있는(blazing)

confute [kənfjú:t] ☆☆☆☆☆

con<com (intensive) + fut (beat) → '(상대방의 의견에) 심한 타격을 입히다'에서 유래

vt 논박[반박]하다 / prove to be completely wrong; disprove
- **confute** the testimony of the witness 목격자의 증언에 반박하다

n **confutátion** 논박, 반증

congeal [kəndʒí:l] ☆☆☆☆☆

con<com (intensive) + geal<gel (freeze) → '꽁꽁 얼다'에서 유래

v 1 얼다, 응결시키다[하다] / make solid by cold; freeze
2 딱딱하게 하다, 굳어지다 / solidify as if by freezing; coagulate
- the **congealed** soup 딱딱하게 굳어버린 스프

congruous [káŋgruəs] ★☆☆☆☆

con<com (together) + gru<ruin (fall) → '함께 떨어지는'에서 유래

a 일치하는, 어울리는 / congruent; consonant; fitting
- behavior **congruous** with his rank 그의 지위에 어울리는 행동

n **congrúity** 일치, 조화(consistency)

conjoin [kəndʒɔ́in] ☆☆☆☆☆

con<com (together) + join 합치다 → '함께 합치다'에서 유래

v 합치다, 결합하다 / join or become joined together; unite
- a loosely **conjoined** nation 느슨하게 결합된 국가

a **conjóint** 공동의, 연대의(common)

conjugal [kándʒugəl] ★★★☆☆

con<com (together) + jug (yoke) → '함께 멍에를 지고 가는'에서 유래

a 부부(간)의 / of or having to do with marriage; connubial; nuptial
- **conjugal** life 부부생활

connate [káneit] ☆☆☆☆☆

con<com (together) + nat (born) → '같이 태어난'에서 유래

a 타고난, 선천적인 / existing in a person from birth; inborn; innate
- Birds have a **connate** ability to fly.
  새들은 날 수 있는 타고난 능력을 지니고 있다.

connive [kənáiv] ☆☆☆☆☆

con<com (together) + niv (wink) → '두 눈을 같이 깜빡이다'에서 유래

vi 1 못 본 체하다, 묵인하다 / avoid noticing something wrong
2 공모하다 / work secretly for some wrong purpose; collude
- The dishonest sheriff **connived** at gambling.
  그 부정한 보안관은 도박을 묵인했다.

n **connívance** 묵인, 공모(collusion)

connoisseur [kanəsə́:r] ★☆☆☆☆

con<com (intensive) + no<gno (know) → '(보통 사람보다) 훨씬 잘 아는 사람'에서 유래

n (보석 · 미술품 등의) 감식가, 감정인 / a person who has a good knowledge; expert
- a **connoisseur** of antique furniture 고가구 감식가

connote
[kənóut]
★☆☆☆☆

con<com (together) +
note 의미하다 →
'**말이 본래의 뜻과 함께 다른 뜻을 의미하다**'에서 유래

vt (말이) **언외(言外)의 뜻을 갖다, 함축하다**
/ suggest in addition to the actual meaning; imply; insinuate
- The word "mother" **connotes** charity.
  "어머니"라는 말은 자비라는 언외의 뜻을 갖는다.

cf **denóte** (직접) 나타내다, 의미하다 **n** **connotátion** 언외의 의미(hint); ≪논리≫ 내포(內包)

---

consanguinity
[kɑnsæŋgwínəti]
★☆☆☆☆

con<com (together) +
sanguin (blood) →
'**같은 피를 지님**'에서 유래

n **혈족 (관계)** / relationship by descent from the same ancestor; kinship
- Brothers are related by ties of **consanguinity**.
  형제들은 혈족관계의 끈으로 맺어져 있다.

a **consanguíne, consanguíneous** 동족의, 혈족의(akin; kindred)

---

consternation
[kɑnstərnéiʃən]
★☆☆☆☆

con<com (intensive) +
stern (strew) →
'(심상치 않은 무언가를) **뿌려서 완전히 덮음**'에서 유래

n **깜짝 놀람, 대경실색** / great shock or fear; fright
- To our **consternation**, the train rushed on toward the burning bridge.
  너무나 놀랍게도 그 기차는 불타고 있는 다리 위를 향하여 돌진했다.

v **cónsternate** 깜짝 놀라게 하다(appall; dismay)

---

continence
[kántənəns]
★☆☆☆☆

con (together) +
tin<ten (hold) →
'**마음 속에 꽉 붙잡아 둠**'에서 유래

n (감정 · 성욕 등의) **절제, 금욕** / control of one's feelings or sexual desires; abstinence
- **continence** in speaking [drinking] 말하는 것[술 마시는 것]의 절제

a **cóntinent** 절제하는(abstemious)

---

contumely
[kɑntúməli]
☆☆☆☆☆

con<com (intensive) +
tum (swell) →
'(오만함으로) **부풀대로 부풀어 있음**'에서 유래

n (말 · 행동이) **오만함, 모욕(적임)** / insulting words or actions; scorn
- treat the servants with **contumely** 하인들을 모욕적으로 다루다

---

convalesce
[kɑnvəlés]
★☆☆☆☆

con<com (intensive) +
val (strong) →
'**아주 강해지다**'에서 유래

vi (앓고 난 뒤에) **건강을 회복하다** / get well after illness; recuperate
- **convalesce** at home after operation 수술 후 집에서 건강을 회복하다

n **convaléscence** 회복(기) **a** **convaléscent** 회복(기)의
cf **coalésce** 하나로 합치다

---

convent
[kánvent]
☆☆☆☆☆

con<com (together) +
ven (come) →
'**함께 와서 모임**'에서 유래

n (특히 여자의) **수도원, 수녀원** / a building in which nuns live; nunnery
- enter a **convent** at the age of 15 15세에 수녀가 되다

cf **mónastery** (남자의) 수도원

---

converge
[kənvə́ːrdʒ]
★☆☆☆☆

con<com (together) +
verg (incline) →
'**여러 개가 함께 한 곳으로 기울다**'에서 유래

vi (선(線) · 사람들이) **한 곳[점]에 모이다**
/ come together toward the same point or place; center; focus
- The sides of a road seem to **converge** in the distance.
  길의 양쪽 면이 먼 곳에서는 한 점에 모이는 것처럼 보인다.

반 **divérge** 분기하다 **n** **convérgence** 집합, 집중; ≪수학≫ 수렴

---

conversant
[kənvə́ːrsənt]
★☆☆☆☆

con<com (intensive) +
versa<verse 정통하다 →
'**어떤 사물의 모든 부분을(아는)**'에서 유래

a **~에 정통한, 잘 알고 있는** / familiar by use or study; versed
- be **conversant** with French 불어에 정통하다

convex
[kanvéks]
★☆☆☆☆

con<com (intensive) + vex<veh (carry) → '가장 바깥쪽으로 날라다 놓은'에서 유래

a **볼록한** / curved outward; bulging; sticking out
- a **convex** mirror[lens] 볼록 거울[렌즈]

n **convéxity** 볼록함

---

convolution
[kɑnvəlúːʃən]
☆☆☆☆☆

con<com (together) + volv (roll) → '함께 돌돌 말리다'에서 유래

n <보통 pl.> **돌돌 말린 모양, 나선** / a coiling or winding together
- the **convolution** of the brain 뇌가 돌돌 감긴 모양; 뇌회(腦回)

v **cónvolute** 돌돌 감다(coil)

---

convulsion
[kənvʌ́lʃən]
☆☆☆☆☆

con<com (intensive) + vul<vel (pluck) → '마구 잡아 당기다'에서 유래

n <보통 pl.>(근육) **경련, 발작**
/ violent, involuntary contracting of the muscles; spasm; paroxysm
- fall into a fit of **convulsion** / have **convulsions** 경련을 일으키다
- undergo a political **convulsion** 정치적 파동을 겪다

v **convúlse** 심한 진동[발작]을 일으키다 **a** **convúlsive** 경련성의, 발작적인; 급격한, 격동의

---

corrode
[kəróud]
★☆☆☆☆

cor<com (intensive) + rod (gnaw) → '마구 갉아먹다'에서 유래

vt 1 (사물을) **부식시키다** / wear or eat away gradually by; erode
2 (마음을) **좀먹다, 나빠지게 하다** / wear away; deteriorate
- Water **corrodes** metal. 물은 금속을 부식시킨다.

n **corrósion** 부식; (기력의) 소모 **a** **corrósive** 부식성의

---

covenant
[kʌ́vənənt]
★☆☆☆☆

co<com (together) + ven (come) → '두 사람이 함께 오기로 함'에서 유래

n (공식적인) **계약, 협정**
/ a formal agreement between two or more persons or groups; contract; compact
- sign a **covenant** to reduce armaments 무기를 감축하기 위한 협정에 조인하다

v **서약[약속]하다** / promise by a covenant; pledge

---

covert
[kʌ́vərt]
★☆☆☆☆

co<com (intensive) + ver<oper (cover) → '완전히 덮힌'에서 유래

a **비밀의, 은밀한** / not openly shown; secret; clandestine
- cast **covert** glances 은밀한 눈길을 던지다

반 **óvert** 공공연한, 공개적인
cf **cúlvert** 지하수로 **convért** 변화하다[전환시키다]

---

curry
[kə́ːri]
☆☆☆☆☆

cur<com (together) + r (arrange) → '털을 빗어 배열하다'에서 유래

vt (말 따위를) **빗질하다** / rub and clean with a special brush; comb
- **curry** a horse 말의 털을 빗질하다

cf **curry favor with** 남의 비위를 맞추다(flatter; ingratiate) **cúrry** 카레 (요리)

---

contra- / counter- 접두어 ▸ 반대

필수어휘 참고 p. 168

counterbalance
[káuntərbæləns]
☆☆☆☆☆

counter (against) + balance 균형 → '맞은 편에서 또 하나의 균형을 잡다'에서 유래

n **평형추, 평형력** / a weight or force that acts as a balance for another force
vt [kauntərbǽləns] **균형을 맞추다,** (효과를) **상쇄하다**
/ oppose or balance with an equal weight or force; offset; counterpoise; countervail
- Its usefulness fails to **counterbalance** its considerable expense.
그것의 유용성은 그것의 소요 경비를 상쇄하지 못한다.

---

counterespionage
[kauntəréspiənidʒ]
☆☆☆☆☆

counter (against) + espion (spy) → '반대로 하는 스파이 활동'에서 유래

n **역 스파이 활동, 방첩 활동**
/ secret police work towards enemy espionage; anti-espionage
- a novel which dealt with espionage and **counterespionage**
스파이와 역스파이 활동을 다룬 소설

countersign
[káuntərsain]
☆☆☆☆☆

counter (against) + sign 신호 → '상대편에 보내는 신호'에서 유래

n ≪군사≫ **암호, 응답 신호** / a sign already used by someone else; password
vt [kauntərsáin] (문서에) **연서하다** / sign a paper already signed by someone else
- The check was signed by the treasurer and **countersigned** by the president.
그 수표는 회계 담당자에 의해 서명되고 사장에 의해 연서 되었다.

de- 접두어 ▸ 아래 · 이탈

필수어휘 참고 p.172

debacle
[dibá:kl]
★☆☆☆☆

de (off) + bacle (bar) → '(지탱해 주던) 막대기가 떨어져 나감'에서 유래

n (갑작스런) **붕괴, 실패** / a sudden downfall or collapse; rout
- The revolution ended in a complete **debacle**.
그 혁명은 완전한 실패로 끝났다.

decadence
[dékədəns]
★☆☆☆☆

de (down) + cad (fall) → '수준의 하락'에서 유래

n **저하, 타락** / a falling off; deterioration; degeneration
- the **decadence** of morals 사회적인 도덕의 타락

a **décadent** 쇠퇴하는, 퇴폐적인(declining; effete)

decant
[dikǽnt]
★☆☆☆☆

de (down) + cant 기울이다) → '병을 기울여 (물을) 아래로 따르다'에서 유래

vt (액체를) **가만히 따르다** / pour off liquid gently without disturbing the sediment
- The waiter **decanted** the wine. 그 웨이터는 와인을 가만히 따랐다.

cf **décent** 예의바른, 적절한

deciduous
[disídʒuəs]
★☆☆☆☆

de (off) + cid (fall) → '(잎을) 분리시켜 떨어뜨리는'에서 유래

a 1 ≪식물≫ **낙엽성의** / having leaves that fall off
2 **영원하지 않은, 일시적인** / not permanent; transitory
- a **deciduous** tree 낙엽수

반 **évergreen** 상록수의

declaim
[dikléim]
★☆☆☆☆

de (completely) + claim 주장하다 → '큰 소리로 주장하다'에서 유래

v 1 **연설[낭독]하다** / a formal speech; orate
2 (거칠게) **비난하다** / make a violent attack in words; inveigh
- **declaim** against the lack of patriotism 애국심 결여에 대해서 거칠게 비난하다

n **declamátion** 연설, 낭독

declivity
[diklívəti]
★☆☆☆☆

de (down) + cliv (slope) → '아래로 기울어진 경사'에서 유래

n **내리막 길[경사]** / a downward slope; descent
- the **declivity** of the mountain 산의 내리막 경사

반 **acclívity** 오르막

decode
[di:kóud]
★★☆☆☆

de (off) + code 암호 → '암호를 풀어 헤치다'에서 유래

vt (암호를) **해독하다** / translate code into ordinary language; decipher
- **decode** the enemy's telegram in cipher 암호로 된 적의 전보를 해독하다

decry
[dikrái]
★☆☆☆☆

de (down) + cry 소리치다 → '남을 깎아 내리는 소리를 외치다'에서 유래

v (공공연히) **비난[중상]하다** / express strong disapproval of; condemn
- **decry** the violence of modern films 현대 영화의 폭력성을 비난하다

cf **descrý** (멀리 있는 것을) 발견하다

뉘앙스 p.99

deduct
[didʌ́kt]
★★★☆☆

de (down) + duc (lead) → '(숫자를) 아래로 끌어내리다'에서 유래

vt **빼다, 공제하다** / take away; subtract
- **deduct** the cost of the breakage from one's pay
자신의 봉급에서 파손 비용을 공제하다

n **dedúction** 공제 a **dedúctible** 공제할 수 있는 cf **dedúce** 연역[추론]하다

deface
[diféis]
☆☆☆☆☆

de (away) + face 표면 → '표면을 떨어뜨리다'에서 유래

vt (표면[외관]을) **손상시키다** / spoil the appearance of; mar
- **deface** the desks by marking on them 책상 위를 마구 낙서함으로써 외관을 손상시키다

n **defácement** 손상

de facto
[di:fǽktou]
★☆☆☆☆

de (intensive) + fac (do) → '완전히 실제와 같이 하는'에서 유래

a **ad** <L.> **사실상(의)** / in actual fact; in reality
- a **de facto** state of war 사실상 전쟁 상태

defalcate
[difǽlkeit]
☆☆☆☆☆

de (off) + falk (sickle) → '(남의 곡식을) 낫으로 베어가다'에서 유래

vi ≪법≫ **위탁금을 유용[횡령]하다** / misuse money entrusted to one's care; embezzle; misuse
- The collector **defalcated** with the rent. 그 수금원이 임대료를 유용했다.

n **defálcation** (위탁금) 유용

defame
[diféim]
★☆☆☆☆

de (down) + fame 명성 → '~의 명성을 떨어뜨리려고 하다'에서 유래

vt **중상[비방]하다** / attack the good reputation of; slander
- try to **defame** respectable people 훌륭한 사람들을 중상하려고 하다

n **defamátion** 비방, 중상

default
[difɔ́:lt]
★☆☆☆☆

de (off) + faul (fail) → '할 일로부터 멀리 떨어짐'에서 유래

n (의무 · 약속 따위의) **불이행, 태만** / failure to do something; negligence

v (경기 · 법정에) **출장하지 않다** / fail to do something
- They **defaulted** in the tennis tournament. 그들은 테니스 토너먼트에 출장하지 않았다.

deflect
[diflékt]
★☆☆☆☆

de (away) + flect (bend) → '원래 방향으로부터 떨어뜨려 다른 방향으로 휘게 하다'에서 유래

v (한쪽으로) **빗나가(게 하)다** / bend or turn aside; swerve
- The wind **deflected** the arrow's path. 바람이 화살의 진로를 빗나가게 했다.

n **defléction** 빗나감

deform
[difɔ́:rm]
★☆☆☆☆

de (from) + form 모양 → '원래 모양으로부터 (흉하게) 변형시키다'에서 유래

v (모양을) **흉하게 하다, 손상하다**/ spoil the form; disfigure
- a face **deformed** by disease 병으로 흉하게 변한 얼굴

n **deformátion** (모양의) 손상(distortion) **n** **defórmity** 기형, 불구(malformation)

a **defórmed** 흉하게 변한, 불구의

뉘앙스 p.159

dehydrate
[di:háidreit]
★☆☆☆☆

de (off) + hydrate 수화(水和)시키다 → '수화된 것에서 수분을 제거하다'에서 유래

v **탈수하다, 건조시키다** / take away water or moisture from; dry; parch
- High fever **dehydrates** the body. 고열은 몸을 탈수시킨다.

n **dehydrátion** 탈수, 건조

delectable
[diléktəbl]
★☆☆☆☆

de (intensive) + lect<lac (entice) → '매우 흥미있는 것으로 유혹하는'에서 유래

a **아주 맛있는, 즐거운** / very pleasing; delightful
- the **delectable** taste of freshly baked bread 갓 구워진 빵의 아주 맛있는 맛

v **deléctate** 즐겁게 하다 **n** **delectátion** 즐거움

delete
[dilí:t]
★☆☆☆☆

de (from) + le (rub) → '문질러 없애다'에서 유래

vt **지우다, 삭제하다** / wipe out; erase; expunge
- **delete** his name from the list of members 회원 명부에서 그의 이름을 지우다

n **delétion** 삭제

뉘앙스 p.279

delineate [dilínieit] ★☆☆☆☆	de (down) + line 선 → '선으로 그려 내려 가다' 에서 유래	**vt** 1 (선으로) **윤곽을 그리다** / trace the outline of; sketch 2 (말로) **묘사[기술]하다** / describe in words; represent; depict • **delineate** one's plan in a thorough report 완벽한 보고서 안에 자신의 계획을 기술하다 **n** **delineátion** 묘사
delirious [dilíəriəs] ★☆☆☆☆	de (off) + liri (furrow) → '정상적인 정신 상태를 벗어난'에서 유래	**a** 1 (일시적인) **정신 착란의** / out of one's senses for a short time; raving 2 **몹시 흥분한[기뻐하는]** / widely exited; ecstatic • The patient's high fever made him **delirious**. 그 환자의 고열이 그에게 정신 착란을 일으켰다. **n** **delírium** (일시적) 정신 착란(frenzy)
demarcate [dimá:rkeit] ☆☆☆☆☆	de (off) + marc (mark) → '양쪽을 구분하는 표시를 하다'에서 유래	**vt** **경계를 정하다, 한정[구분]하다** / mark the limits of; delimit • **demarcate** the frontier between two countries 양국 사이의 국경을 정하다 **n** **demarcátion** 한계[경계] 설정 뉘앙스 p.215
dementia [diménʃə] ★☆☆☆☆	de (down) + men (mind) → '정신이 낮아진 상태' 에서 유래	**n** ≪의학≫ **치매** / a partial or complete deterioration of mind; insanity • suffer from senile **dementia** 노인성 치매를 앓다 **a** **deménted** 미친, 실성한(deranged)
demoralize [dimɔ́:rəlaiz] ★☆☆☆☆	de (off) + moral 도덕 → '도덕성을 제거하다'에서 유래	**vt** 1 **타락시키다** / lower the morals of; corrupt; debase 2 **사기를 저하시키다** / lower the morale of; dishearten; deject • a series of **demoralizing** failures 사기를 저하시키는 일련의 실패들 **n** **demoralizátion** 타락, 퇴폐
denominate [dinɑ́məneit] ★☆☆☆☆	de (intensive) + nomin (name) → '이름을 붙이다'에서 유래	**vt** **~라고 부르다, 명명하다** / give a name to; designate; entitle • **denominate** him a priest 그를 목사라고 부르다 **n** **denominátion** 명명, 명칭(appellation); 종파, 교파(sect)
denude [dinjú:d] ☆☆☆☆☆	de (off) + nude 발가벗은 → '겉을 덮고 있는 것을 벗겨내 다'에서 유래	**vt** **발가 벗기다,** (껍질 · 외피를) **벗기다** / remove the protective covering from; strip; undress • Most trees are **denuded** of their leaves in winter. 대부분의 나무들은 겨울에 잎이 벗겨진다[떨어진다].
deprave [dipréiv] ★☆☆☆☆	de (intensive) + prav (wrong) → '나빠지게 만들다'에서 유래	**vt** (품성을) **타락시키다** / make evil in character; corrupt; debase • These films are likely to **deprave** young people. 이 영화들은 젊은이들을 타락시킬 것 같다. **n** **deprávity** 타락(vice; corruption)
derogate [dérəgeit] ★☆☆☆☆	de (down) + rog (ask) → '(남의 명성을) 떨어뜨리는 말을 하다'에서 유래	**vi** (명성 · 권위 따위를) **떨어뜨리다, 실추하다** / lessen a valuable quality; detract; decry • **derogate** from one's reputation 자신의 명성을 떨어뜨리다 뉘앙스 p.99 **n** **derogátion** 실추, 훼손 **a** **derógatory** (명예를) 떨어뜨리는(depreciative)

desecrate
[désikreit]
★★☆☆☆

de (down) + secrate (consecrate) → '**신성한 것을 떨어뜨려 모독하다**'에서 유래

vt (신성한 것을) **속된 용도로 쓰다,** (신성함을) **모독하다** / use for purposes which are not holy; profane

- **desecrate** a church by using it as a stable 교회를 마구간으로 사용함으로써 신성함을 모독하다

---

detonate
[détəneit]
★☆☆☆☆

de (down) + ton (thunder) → '**천둥과 같은 소리를 내다**' 에서 유래

v **폭발시키다[하다]** / (cause to) explode with a loud noise; explode

- The workmen **detonated** the dynamite. 그 기술자들은 다이너마이트를 폭파했다.

---

detract
[ditrǽkt]
☆☆☆☆☆

de (down) + tract (draw) → '**끌어 내리다**'에서 유래

v (가치 · 명성 따위를) **떨어뜨리다, 손상시키다** / take something valuable away from; derogate

- **detract** from the beauty of the picture 그 그림의 아름다움을 떨어뜨리다

n **detráction** 비방, 중상(disparagement; defamation)

뉘앙스 p.99

---

devitalize
[diːváitəlaiz]
☆☆☆☆☆

de (off) + vitalize 활력을 주다 → '**활력을 떨어뜨리다**' 에서 유래

vt **~의 활력[생명]을 빼앗다** / take the strength or power from; debilitate

- be **devitalized** by the sultry weather 찌는 듯이 무더운 날씨로 활력을 잃다

---

devolve
[diválv]
★☆☆☆☆

de (down) + volv (roll) → '**자신의 것을 다른 사람의 아래로 굴리다**'에서 유래

v (의무 · 책임 따위를) **양도하다[되다]** / hand down to someone else; transfer

- Most of his work will **devolve** on his deputy. 대부분의 그의 일은 대리인에게 위임될 것이다.

n **devolútion** 양도, 위임; ≪생물≫ 퇴화(degeneration)

di-, duo- | 기타 접두어 ▸ 둘

필수어휘 참고 p.538

dichotomy
[daikátəmi]
★☆☆☆☆

di (two) + tom (cut) → '**둘로 자름**'에서 유래

n **양분, 이분** / division into two parts; bisection

- the **dichotomy** between peace and war 평화와 전쟁 사이의 양분

a **dichótomous** 양분한, 두 갈래의 v **dichótomize** ~을 양분하다(bisect)

dia- | 기타 접두어 ▸ 횡단 · 통과

필수어휘 참고 p.538

diabolic
[daiəbálik]
☆☆☆☆☆

dia (through) + bol (throw) → '(악담을) **집어 던지는**' 에서 유래

a **악마의, 사악한, 극악무도한** / like the Devil; satanic

- a **diabolic** plot to poison the city's drinking water 그 도시의 식수에 독을 넣으려는 극악무도한 계획

n **diábolism** 마술, 악마주의

---

diametric(al)
[daiəmétrikəl]
★☆☆☆☆

dia (across) + metron (measure) → '**가로질러 측정된**'에서 유래

a 1 **직경의** / of a straight line segment passing through the center
2 **정반대의** / exactly opposite; contrary

- **diametric** opposites 정반대

n **diámeter** (원 · 구의) 직경, 지름

---

diaphanous
[daiǽfənəs]
★☆☆☆☆

dia (across) + phan (show) → '**물체가 통과되어 보이는**' 에서 유래

a **투과하는, 투명한** / light, fine, and almost transparent; filmy

- the **diaphanous** wings of an insect 곤충의 투명한 날개

뉘앙스 p.501

diarrhea
[daiərí:ə]
☆☆☆☆☆

dia (through) + rrhe<rhein (flow) → '항문을 통해 흘러 내림'에서 유래

n **설사** / excessive and frequent evacuation of watery feces; loose bowels
- have **diarrhea** 설사를 하다

a **diarrhéal** 설사의, 설사성의

---

diatribe
[dáiətraib]
★☆☆☆☆

dia (through) + tri (rub) → '무엇을 문지르는 것 같이 귀에 거슬리는 말'에서 유래

n **심한 매도, 통렬한 비난** / a bitter, sharply abusive denunciation; invective
- a cynical **diatribe** against all human sentiments
  모든 인간의 감정에 대한 냉소적 비난

dis- 접두어 ▸ 분리 · 부정

필수어휘 참고 p. 208

demise
[dimáiz]
★★★☆☆

de<dis (away) + mis<mit (send) → '세상과 떨어뜨려 멀리 보냄'에서 유래

n 1 **서거, 별세** / the fact of dying; death
2 ≪법≫ (재산의) **양도, 유증** / transfer of an estate by lease or will; bequest
- the **demise** of a famous writer 유명한 작가의 서거

---

deploy
[diplɔ́i]
★☆☆☆☆

de<dis (un) + ploy (fold) → '(접힌 것을) 펼치다'에서 유래

v (특히 군부대를) **전개[배치]하다** / spread out for effective action; arrange
- **deploy** one's forces 자신의 부대를 배치하다

n **deplóyment** 배치

---

descant
[déskænt]
★☆☆☆☆

des<dis (apart) + cant (song) → '처음부터 끝까지 전부 노래 부르다는'에서 유래

vi (자세히) **설명하다** / talk at great length; expound; dilate
- **descant** upon the subject of discussion 토론의 주제를 자세히 설명하다

---

disarm
[disá:rm]
★☆☆☆☆

dis (away) + arm 팔, 무기 → '무기를 멀리 치우다'에서 유래

v **무장을 해제하다** / divest of a weapon; demilitarize; unarm
- **disarm** a criminal 범인의 무기를 빼앗다

n **disármament** 군비 축소; 무장 해제 **a** **disárming** 적의[의혹]를 없애주는
cf **reárm** 재무장시키다[하다]

---

disarrange
[disəréindʒ]
☆☆☆☆☆

dis (away) + arrange 정리하다 → '(정리되어 있는 것을) 마구 헝클어 놓다'에서 유래

vt **어지럽히다, 혼란시키다** / upset the arrangement of; disorder; disorganize
- **disarrange** public order 공공 질서를 어지럽히다

n **disarrángement** 혼란

---

disarray
[disəréi]
☆☆☆☆☆

dis (not) + array 정돈 → '정돈 안된 상태'에서 유래

n **혼란, 혼잡** / the state of disorder; chaos
- with one's clothes in **disarray** 흐트러진 복장으로

---

disclaim
[diskléim]
★★☆☆☆

dis (not) + claim (자기 것이라고) 주장하다 → '자기 것이 아니라고 주장하다'에서 유래

vt (책임 따위를) **부인하다** / refuse to recognize as one's own; deny; disown; disavow
- **disclaim** responsibility for the accident 그 사고에 대한 책임을 부인하다

n **discláimer** 부인; 부인하는 사람

discomfit
[diskʌ́mfit]
★★★☆☆

dis (away) + com (together) + fi<fac (make) → '무엇을 만들어 내지 못하게 하다'에서 유래

vt 1 **(계획 · 희망 따위를) 좌절시키다** / destroy the plans or hopes of; frustrate; foil
2 **당황하게 하다** / embarrass; disconcert
- be **discomfited** by the teacher's question 선생님의 질문에 당황하다

n **discómfiture** 패배, 좌절; 당황

discompose
[diskəmpóuz]
☆☆☆☆☆

dis (not) + compose 침착하게 하다 → '침착을 잃게 하다'에서 유래

vt **~을 교란하다, 당황케하다** / make uneasy; ruffle; disquiet; agitate
- **discompose** somebody's mind 누군가의 마음을 어지럽히다

n **discompósure** (마음의) 동요, 불안

뉘앙스 p.415

disconsolate
[diskάnsələt]
★☆☆☆☆

dis (not) + console 위로하다 → '위로할 수 없는'에서 유래

a **(특히 상실의 고통으로 인해) 불행한, 위안이 없는** / hopelessly sad; inconsolable; forlorn
- be **disconsolate** about the death of one's wife 아내의 죽음에 위안받을 길이 없다

discountenance
[diskáuntənəns]
★☆☆☆☆

dis (not) + countenance 지지하다 → '지지하지 않다'에서 유래

vt **~에 찬성하지 않다, 반대하다** / look with disfavor on; disapprove
- The school **discountenances** secret societies.
그 학교는 비밀 모임에 반대한다.

discursive
[diskə́:rsiv]
★☆☆☆☆

dis (apart) + cur (run) → '따로따로 달려가는' 에서 유래

a **(말 · 글 따위가) 산만한, 두서 없는** / wandering from one subject to another; rambling
- a **discursive** writing[speech] 산만한 글[연설]

n **discúrsiveness** 산만함

disheveled
[diʃévəld]
★☆☆☆☆

dis (apart) + hevel (hair) → '머리카락이 따로따로 흩어져 있는'에서 유래

a **(머리 · 복장이) 단정치 못한**/ hanging loosely or in disorder; unkempt
- **disheveled** hair[appearance] 헝클어진 머리[단정치 못한 외모]

vt **dishével** 헝클어뜨리다

disincline
[disinkláin]
★☆☆☆☆

dis (away) + incline ~할 마음이 생기게 하다 → '~할 마음으로부터 떨어뜨리다'에서 유래

vt **~할 마음을 잃게 하다** / make unwilling; indispose
- be **disinclined** to lend him any more money
그에게 더 이상의 돈을 빌려줄 마음을 잃다

n **disinclinátion** 마음이 내키지 않음(dislike; aversion)

disintegrate
[disíntəgreit]
★☆☆☆☆

dis (not) + integrate 통합하다 → '통합된 것을 분해하다' 에서 유래

v **분해하다[되다]** / break up into small pieces; decompose
- **disintegrate** a social structure 사회 조직을 붕괴시키다

n **disintegrátion** 분해, 분열

dislocate
[díslоukeit]
★☆☆☆☆

dis (away) + locate ~에 위치하다 → '자기 위치에서 멀리 보내다'에서 유래

vt 1 **(관절을) 탈구시키다** / displace from its normal position; disjoint
2 **뒤죽박죽으로 하다, 뒤틀리게 하다** / throw into confusion; disrupt
- **dislocate** one's shoulder 어깨뼈가 탈구되다

dislodge
[dislάdʒ]
☆☆☆☆☆

dis (away) + lodge 머무르다 → '머무르는 곳에서 멀리 쫓아내다'에서 유래

vt **빼내다, 쫓아내다** / force out of a position; expel
- **dislodge** the fishbone from one's throat
자신의 목에서 생선 가시를 빼내다

dismantle
[dismǽntl]
★☆☆☆☆

dis(away) + mantle 망토 → '망토를 몸에서 떨어뜨리다'에서 유래

vt (건물 · 장치 따위를) **제거[철거]하다** / remove building or equipment from; disassemble
- **dismantle** an old house 오래된 집을 철거하다

n **dismántlement** 철거

뉘앙스 p.211

---

disown
[disóun]
☆☆☆☆☆

dis(not) + own 인정하다 → '인정하지 않다'에서 유래

vt <진행형 불가> **~을 자기 것이 아니라고 하다,** (~에 대한 소유권 · 책임 따위를) **부인하다** / refuse to be connected with; disclaim; disavow
- **disown** one's son 자신의 아들과 의절하다

---

dispassionate
[dispǽʃənit]
★☆☆☆☆

dis(not) + passionate 열정적인 → '열정적이지 않는'에서 유래

a <좋은 의미로> (사람 · 행동이) **냉정한, 공정한** / calm and fair; impartial; composed
- **dispassionate** view[judgement] 냉정한 견해[판단]

ad **dispássionately** 냉정히, 침착하게

---

dispirited
[dispirítid]
☆☆☆☆☆

di<dis(away) + spirit 정신, 기 → '기가 멀리 사라진'에서 유래

a **의기소침한, 낙심한** / in low spirit; discouraged; depressed; disheartened
- a **dispirited** look 낙심한 표정

vt **dispírit** ~의 기를 꺾다

---

dispossess
[dispəzés]
★☆☆☆☆

dis(away) + possess 소유하다 → '~의 소유물로부터 멀리 떨어뜨리다'에서 유래

vt (재산 · 땅을) (남) **에게서 빼앗다** / take property away from; deprive
- **dispossess** nobles of their estates 귀족들에게서 영지를 빼앗다

n **dispossésssion** (재산 · 토지의) 박탈

---

disprove
[disprúːv]
★★☆☆☆

dis(not) + prove 증명하다 → '반대의 증명을 들다'에서 유래

vt (~이 잘못되었음을) **증명하다, 반증을 들다** / prove false or incorrect; refute
- **disprove** the old theory 오래전 이론이 잘못되었음을 증명하다

cf **disapprόve** 반대하다; 비난하다

---

disqualify
[diskwάləfai]
★☆☆☆☆

dis(away) + qualify ~에게 자격을 부여하다 → '자격을 멀게 하다'에서 유래

vt **~의 자격을 빼앗다, ~을 부적격자로 간주하다** / declare unfit to do something
- **disqualify** somebody from voting ~의 투표할 수 있는 자격을 박탈하다
- a **disqualified** person 실격자

n **disqualificátion** 자격 박탈; 무자격

---

disquiet
[diskwáiət]
★☆☆☆☆

dis(away) + quiet 평온한 → '평온한 마음에서 멀리 떨어뜨리다'에서 유래

vt <주로 수동형> **~을 불안하게 하다** / make anxious or uneasy; worry
- be **disquieted** by somebody's strange actions 누군가의 이상한 행동에 불안해지다

n **근심, 걱정** / anxiety
- cause considerable **disquiet** on ~에 대해 상당한 불안을 느끼게 하다

n **disquíetude** 불안, 걱정　**a** **disquíeting** 불안하게 하는

---

dissertation
[disərtéiʃən]
☆☆☆☆☆

dis(away) + ser(connect) → '어떤 주제를 멀리까지 연결해 감'에서 유래

n (특히 박사) **논문** / a formal treatise, especially for the doctoral degree; thesis
- write a **dissertation** for a Ph. D. 박사 논문을 쓰다

---

dissident
[dísədənt]
★☆☆☆☆

dis(apart) + sid(sit) → '멀리 반대편에 앉아 있는 사람'에서 유래

n **불찬성자, 반체제인사** / a person who disagrees or dissents; opponent
- the **dissidents** from public opinion 여론에 반대하는 사람들

a **의견을 달리하는** / disagreeing in opinion; dissenting
- a **dissident** group 반대 그룹

dissociate
[disóuʃieit]
☆☆☆☆☆

dis (away) + socia (join) → '결합되어 있는 것을 떨어뜨리다'에서 유래

vt **분리시키다, 분리시켜 생각하다** / regard as or cause to be unconnected; separate
- **dissociate** the private and public lives of a entertainer 연예인의 개인적인 삶과 공적인 삶을 분리시켜 생각하다

n **dissóciation** 분리

---

dissolute
[dísəluːt]
★☆☆☆☆

dis (away) + solv (loosen) → '(절제됨이 없이) 느슨하게 풀린'에서 유래

a **방탕한** / living an immoral life; dissipated
- the **dissolute** way of life 방탕한 생활 방식

---

dissonance
[dísənəns]
★☆☆☆☆

dis (away) + son (sound) → '소리들이 서로 따로따로 놀다'에서 유래

n 1 **부조화음, 불협화음** / discord; cacophony
2 **불일치** / disagreement; incongruity
- **dissonance** between the two nations 양국간의 불협화음

a **díssonant** 귀에 거슬리는; 일치하지 않는 [반] **cónsonance** 협화음; 일치

---

divest
[divést]
★☆☆☆☆

di<dis (away) + vest 조끼, 옷 → '옷에서 멀리 떨어지게 하다'에서 유래

vt 1 (옷을) **~에게 벗게 하다** / rid; strip
2 (지위 · 권리 등을) **~에게서 빼앗다** / deprive; dispossess
- **divest** oneself of one's clothes 자신의 옷을 벗어던지다
- be **divested** of one's right to vote 자신의 투표권을 빼앗기다

---

dividend
[dívidend]
☆☆☆☆☆

di<dis (away) + vid (separate) → '나눠서 멀리 분배해 줌'에서 유래

n (주주가 받는) **배당금** / a share of profits received by a stockholder
- declare a **dividend** on shares 주식에 대한 배당금을 발표하다

cf **bónus** 특별 배당금

en- 접두어 ▸ 동사 형성

필수어휘 참고 p. 234

embed, imbed
[embéd] [imbéd]
★☆☆☆☆

em<en (in) + bed 침대 → '(물건을) 침대 속으로 넣다'에서 유래

vt **꽂아[끼워] 넣다** / fix firmly and deeply in a surrounding mass; fasten
- precious stones **embedded** in rock 바위 속에 묻혀 있던 보석들

---

embroider
[imbrɔ́idər]
★☆☆☆☆

em<en (in) + broider<broder (braid) → '실로 수를 놓다'에서 유래

vt 1 **수를 놓다, 자수하다** / ornament with a design of stitches; decorate
2 (이야기를) **재미있게 꾸미다** / add imaginary details to; embellish
- a dress **embroidered** in silk thread 비단 실로 수놓아진 드레스
- He always **embroiders** his stories. 그는 항상 자신의 이야기를 재미있게 꾸민다.

---

embroil
[imbrɔ́il]
★☆☆☆☆

em<en (in) + broil 싸움 → '싸움 안으로 끌어 들이다'에서 유래

vt (분쟁 따위에) **끌어들이다, 관련시키다** / involve in a quarrel; implicate
- become **embroiled** in other people's disputes 다른 사람들의 분쟁에 관련되다

---

empathy
[émpəθi]
★☆☆☆☆

em<en (into) + pat (feeling) → '다른 사람 안으로 자기 감정을 불어 넣음'에서 유래

n **감정이입** / the process of entering into another's feelings; sympathy
- an art of complete **empathy** 완전한 감정이입이 된 예술 작품

---

empirical
[empírikəl]
★☆☆☆☆

em<en (in) + piric (experience) → '경험 안에서의'에서 유래

a **경험의, 경험적인** / based entirely on practical experience; experiential
- an **empirical** knowledge of medicine 경험에 의한 의학 지식

endue
[indjúː]
☆☆☆☆☆

en (in) +
du<duc (lead) →
'~의 안으로 ~을 끌어다 주다'
에서 유래

vt <수동태> **주다, 부여하다** / provide with a quality or power; furnish

- a man **endued** with virtue and wisdom 지혜와 덕을 겸비한 사람

cf **endúre** 견디다 **ensúe** 뒤따라 발생하다

enfeeble
[infíːbl]
☆☆☆☆☆

en (make) +
feeble 약한 →
'약하게 만들다'에서 유래

vt **약하게 하다** / make feeble; weaken

- The country was **enfeebled** by war and disease.
  그 나라는 전쟁과 질병으로 약해졌다.

~ 뉘앙스 p.523

ensconce
[inskάns]
★☆☆☆☆

en (make) +
sconce (fortification) →
'(휴식을 취해) 몸을
강화시키다'에서 유래

vt <재귀 용법> **몸을 편히 앉히다** / settle comfortably and firmly

- He **ensconce**d himself in the armchair.
  그는 안락 의자에 편히 앉았다.

entrap
[intrǽp]
☆☆☆☆☆

en (in) +
trap 덫 →
'덫에 걸리게 하다'에서 유래

vt **함정에 빠뜨리다** / bring into difficulty or danger; ensnare

- **entrap** the witness into contradicting oneself
  자기 자신이 한 말을 부인하게 함으로써 목격자를 함정에 빠뜨리다

envisage
[invízidʒ]
☆☆☆☆☆

en (in) + visage 얼굴 →
'마음 속에 ~의 얼굴을
떠올리다'에서 유래

vt (미래의 일을) **마음 속에 그려보다** / form a mental picture of; visualize

- **envisage** the finished house 완성된 집을 마음 속에 그려보다

envision
[invíʒən]
☆☆☆☆☆

en (in) +
vision 상상 →
'마음 속에 상상해 보다'
에서 유래

vt **마음 속에 그려보다** / see as if in a vision; envisage; imagine; picture

- **envision** one's daughter as a prima ballerina
  자신의 딸이 으뜸가는 발레리나가 된 모습을 마음 속에 그려보다

epi- 접두어 ▸ 위 · 접촉

필수어휘 참고 p.252

epicenter
[épəsentər]
☆☆☆☆☆

epi (upon) +
center 중심 →
'중심이 되는 지점'에서 유래

n 1 ≪지질≫ **진앙, 진원지** / the point on the earth's surface from earthquake
2 (세력 · 사건 따위의) **중심, 핵심** / any central or focal point; pivot

- the **epicenter** of a revolt 반란의 중심

epidermal, -mic
[epədə́ːrməl-mik]
★☆☆☆☆

epi (upon) +
dermal 피부의 →
'피부 위의'에서 유래

a **표피[외피]의** / of or having to do with the epidermis

- an **epidermal** cell 표피 세포

n **epidérmis** 표피, 상피

epigone
[épəgoun]
☆☆☆☆☆

epi (upon) +
gon<gen (birth) →
'조상 뒤에 태어난 자손'
에서 유래

n (조상보다 못한) **후손, 아류,** (열등한) **추종[후계]자**
/ a descendant who tries unsuccessfully to emulate his forerunners; follower

- a small group of **epigones** 적은 수의 추종자들

epigraph
[épəgræf]
☆☆☆☆☆

epi (on) +
graph (write) →
'무덤 위에 쓴 글'에서 유래

n (묘비 · 동상 따위의) **비문** / an inscription on a tomb or statue; epitaph

- the **epigraph** on a monument 기념비에 새겨진 비문

epilepsy
[épəlepsi]
☆☆☆☆☆

epi (upon) + lep (seize) → '사람을 계속 잡고 있는 병'에서 유래

n ≪병리≫ **간질** / a chronic disorder of the nervous system; falling sickness
- a fit of **epilepsy** 간질 발작

epitaph
[épitæf]
☆☆☆☆☆

epi (at) + taph (tomb) → '무덤가에 쓴 글'에서 유래

n **비문** / a short statement in memory of a dead person; inscription
- The professor wrote his own **epitaph** before he died.
  그 교수는 죽기 전에 자신의 비문을 썼다.

eu- | 기타 접두어 ▶ 좋은 | 필수어휘 참고 p. 546

eugenics
[juːdʒéniks]
★☆☆☆☆

eu (good) + gen (birth) → '좋은 형질을 탄생시키기 위한 학문'에서 유래

n **우생학** / the science of improving the human race
- embrace **eugenics** as a means of creating a super race
  우수 인종을 탄생시키는 수단으로 우생학을 받아들이다

cf **dysgénics** 열생학 **euthénics** 환경 우생학
동 study of hereditary development

euphemism
[júːfəmizm]
★☆☆☆☆

eu (good) + phem<phanai (speak) → '좋게 말하는 어법'에서 유래

n **완곡어법[어구]**
/ the use or word of an indirect expression circumlocution
- "Pass away"is a common **euphemism** for" die".
  "서거하다"는"죽다"에 대한 일반적인 완곡어구이다.

ex- | 접두어 ▶ 밖 | 필수어휘 참고 p. 258

abash
[əbǽʃ]
☆☆☆☆☆

ab<ex (out) + ba<baer (gape) → '입을 벌리게 하다'에서 유래

vt <수동태> **~을 부끄럽게 하다** / make shy and ashamed; disconcert
- be **abashed** by the laughter of classmates
  급우들의 웃음에 부끄러워 하다

ebullient
[ibʌ́ljənt]
★☆☆☆☆

e<ex (out) + bull (boil) → '끓어서 밖으로 넘치는'에서 유래

a (물 · 기운 따위가) **끓어 넘치는, 원기 왕성한**
/ overflowing with excitement or liveliness; enthusiastic; exuberant
- be in an **ebullient** mood 원기 왕성한 기분에 있다

n **ebúllience** 넘치는 기운[정열](buoyance)

ecclesiastical
[ikliːziǽstikəl]
★☆☆☆☆

ec<ex (out) + clesia (call) → '(우리가 사는 이세상) 밖에 계신 하나님께서 부르시는'에서 유래

a **교회의, 성직자의** / connected with the Christian church; churchy
- **ecclesiastical** music[history] 교회 음악[역사]

eclectic
[ikléktik]
★☆☆☆☆

ec<ex (out) + lect (choose) → '이것 저것 선택해서 뽑아 내는'에서 유래

a **절충[취사 선택]하는** / selecting what seems from various sources; selective
- An anthology is an **eclectic** book. 명시 선집은 취사 선택해서 만든 책이다.

edict
[íːdikt]
☆☆☆☆☆

e<ex (out) + dict (say) → '밖에다 대고 하는 말'에서 유래

n **칙령, 포고** / a public order or command; decree
- issue an **edict** creating a new national holiday
  새로운 국경일을 제정하는 칙령을 발표하다

cf **édit** 편집하다

educe
[idjúːs]
☆☆☆☆☆

e<ex(out) +
duc(lead) →
'**밖으로 이끌어 내다**'에서 유래

vt (잠재된 능력 · 성격을) **이끌어 내다** / bring out; elicit
- **educe** many facts about the event
그 사건에 대한 많은 사실들을 이끌어 내다

---

effeminate
[ifémənit]
☆☆☆☆☆

ef<ex(out) +
femin(woman) →
'(남성다움을) **벗어나 여자처럼 행동하는**'에서 유래

a **사내답지 못한, 여자 같은** / lacking in manly qualities; womanish
- an **effeminate** voice[behavior] 여자 같은 목소리[행동]

---

effervescent
[efərvésnt]
☆☆☆☆☆

ef<ex(out) +
ferve<ferver 열기 →
'**열기를 밖으로 내뿜는**'에서 유래

a **활기있는, 열띤** / lively and gay; exuberant
- Our leader has an **effervescent** personality.
우리의 리더는 활기있는 성격의 소유자이다.

---

effete
[ifíːt]
☆☆☆☆☆

ef<ex(out) +
fet(bear) →
'**생산적인 상태에서 벗어난**'에서 유래

a **활력을 잃은, 나약한** / no longer able to produce; exhausted
- an **effete** political force 힘을 잃은 정치력

---

effluent
[éfluənt]
☆☆☆☆☆

ef<ex(out) +
flu(flow) →
'**밖으로 흘러 나오는**'에서 유래

a **유출[방출]하는** / flowing out
n **유출(물)** / a thing that flows out; outflow**; 폐수** / sewage
- a law against dangerous **effluents** 유해한 유출물을 금지시키는 법

---

effrontery
[ifrʌ́ntəri]
★☆☆☆☆

ef<ex(out) +
fron<frontis(brow) →
'**이마를 밖으로 내놓음**'에서 유래

n **철면피, 파렴치** / shameless boldness; impudence; nerve
- I was surprised at her **effronteries**. 난 그녀의 파렴치함에 놀랐다.

---

egregious
[igríːdʒəs]
★★☆☆☆

e<ex(out) + greg(flock) →
'**대다수가 모여있는 무리에서 벗어난**'에서 유래

a **지독한, 터무니 없는** / especially and noticeably bad; outrageous; flagrant
- He committed an **egregious** blunder. 그는 터무니 없이 큰 실수를 저질렀다.

---

ejaculate
[idʒǽkjulèit]
☆☆☆☆☆

e<ex(out) + jac(throw) →
'**밖으로 던지다**'에서 유래

v 1 (액체 · 정액 따위를) **사출하다** / eject; discharge
2 **갑자기 외치다** / say suddenly; exclaim
- "Watch out!" he **ejaculated**. "조심해!" 그가 갑자기 외쳤다.

---

elongate
[ilɔ́ːŋgeit]
★☆☆☆☆

e<ex(out) + long 긴 →
'**길게 늘이다**'에서 유래

v **늘이다, 연장하다** / make or become longer; lengthen; prolong
- **elongate** the rubber band 고무밴드를 길게 늘이다

뉘앙스 **p.**437

---

emaciate
[iméiʃieit]
★☆☆☆☆

e<ex(out) +
maci(leanness) →
'**가늘게 만들다**'에서 유래

vt **여위게[메마르게] 하다** / make unnaturally thin
- A long illness had **emaciated** the patient.
오랜 병은 그 환자를 여위게 만들었다.

cf **emáncipate** 해방하다

---

emanate
[éməneit]
★☆☆☆☆

e<ex(out) +
man(flow) →
'**밖으로 흘러나오다**'에서 유래

v (냄새 · 빛 · 소리 따위를) **내다, 발산[방출]하다** / give off; emit
- Fragrance **emanated** from the flowers.
그 꽃으로부터 향기가 났다.

emasculate [imǽskjuleit] ★☆☆☆☆

e<ex (away) + mascul (male) → '남성(다움)을 떨어뜨리다'에서 유래

vt 1 **거세하다** / remove the male reproductive glands of; castrate
2 **나약하게 하다** / destroy the force of; weaken; unnerve
- the speech **emasculated** by cutting out its strongest passage 가장 강력한 구절을 삭제시킴으로써 힘을 잃은 연설문

뉘앙스 p.523

emend [iménd] ☆☆☆☆☆

e<ex (out) + mend (fault) → '잘못된 부분을 밖으로 빼내다'에서 유래

vt (책을) **교정[수정]하다** / free from errors; correct; patch
- **emend** wrong spellings in the text 본문의 철자를 교정하다

cf **aménd** (법을) 고치다 **améndṡ** 보상

emollient [imáliənt] ☆☆☆☆☆

e<ex (intensive) + moll (soft) → '부드럽게 하는'에서 유래

a **부드럽게[연하게] 하는** / softening or soothing
- **emollient** lotions for the skin 피부를 부드럽게 하는 로션

estrange [istréindʒ] ★☆☆☆☆

e<ex (away) + strange 이상한 → '(가깝던 사이를) 떨어뜨려 이상한 관계로 만들다'에서 유래

vt **~의 사이를 나쁘게 하다, 이간하다** / cause to become unfriendly towards each other; alienate
- A quarrel **estranged** him from his family. 싸움이 가족과 그의 사이를 나쁘게 했다.

n **estrángement** 소원, 이간; 소외

evanescent [evənésnt] ★☆☆☆☆

e<ex (out) + vanes (vanish) → '(안에 있던 것이) 밖으로 나가 사라지는'에서 유래

a (쉽사리) **사라지는, 덧없는** / soon disappearing and being forgotten; transitory
- the **evanescent** beauty of the sunset 쉽사리 사라지는 일몰의 아름다움

evict [ivíkt] ★☆☆☆☆

e<ex (out) + vict (conquer) → '정복한 후 모두 밖으로 내쫓다'에서 유래

vt ≪법≫ (가옥 · 토지에서) **퇴거시키다, 쫓아내다** / force to leave a house or land; oust
- **evict** the enemy from the town 그 도시에서 적을 쫓아내다

evince [ivíns] ★☆☆☆☆

e<ex (out) + vinc (conquer) → '자신의 감정을 정복[안정]시키고 밖으로 나타내다'에서 유래

vt (감정 따위를) **분명히 나타내다, 표명하다** / show clearly; manifest
- **evince** one's dislike of strangers 낯선 사람들에 대한 싫은 감정을 표명하다

exacerbate [igzǽsərbeit] ★☆☆☆☆

ex (intensive) + acerb (bitter) → '점점 견디기 어렵게 하다'에서 유래

vt (고통 · 병 · 화 따위를) **악화시키다, 더하게 하다** / make worse; aggravate
- foolish words **exacerbating** a quarrel 싸움을 더 악화시키는 어리석은 말

excise [iksáiz] ☆☆☆☆☆

ex (out) + cise (cut) → '잘라서 밖으로 빼내다'에서 유래

vt (어구 · 문장을) **삭제하다** / remove by cutting out; expunge; expurgate
- **excise** unnecessary passages from the book 책에서 불필요한 구절들을 삭제하다

cf **éxcise** 물품세(를 부과하다)

excoriate [ikskɔ́:rieit] ★☆☆☆☆

ex (away) + cori<corium (skin) → '피부를 벗겨내다'에서 유래

vt 1 **~의 피부[가죽, 껍질]를 벗겨내다** / strip the skin of; abrade
2 **통렬히 비난하다** / denounce violently; censure
- In speech the candidate **excoriated** his opponent. 연설에서 그 후보는 상대 후보를 통렬히 비난했다.

exculpate
[ékskʌlpeit]
★☆☆☆☆

ex (out) + culp (guilt) → '죄에서 밖으로 나오게 하다'에서 유래

vt **무죄로 하다, ~의 무죄임을 증명하다** / free from blame; exonerate
- be **exculpated** by the testimony of several witnesses
  몇 명의 목격자들의 증언에 의해 무죄임이 증명되다

뉘앙스 p.25

execrate
[éksəkreit]
☆☆☆☆☆

ex (completely) + ecr<sacr (curse) → '심하게 저주하다'에서 유래

vt 1 **대단히 싫어하다** / feel intense loathing for; abominate
2 **심하게 비난[저주]하다** / curse or damn; denounce
- He **execrated** all who opposed him.
  그는 자신을 반대하는 모든 사람들을 심하게 비난했다.

exhilarate
[igzílərèit]
★☆☆☆☆

ex (thoroughly) + hilar (merry) → '너무 기분좋게 하다'에서 유래

vt **기분좋게[유쾌하게] 하다** / make cheerful and excited; elate; vitalize
- The joy of the holiday season **exhilarates** us all.
  휴가철의 즐거움은 우리 모두를 기분좋게 한다.

exigent
[éksədʒənt]
☆☆☆☆☆

ex (out) + ig (drive) → '밖으로 밀어부치는'에서 유래

a 1 **절박[긴급]한** / demanding prompt action or attention; urgent
2 **지나친 요구를 하는, 가혹한** / demanding more than is reasonable; exacting
- the **exigent** pangs of hunger 절박한 기아의 고통

n **éxigency** 긴급 (사태)(crisis)

expatiate
[ikspéiʃieit]
★☆☆☆☆

ex (out) + pat<spat (walk) → '(안에 숨어 있는 뜻을) 밖으로 걸어나가게 하다'에서 유래

vi **상세히 설명하다, 부연하다** / speak or write in detail about; explain
- **expatiate** on the thrills of one's trip to Hawaii
  자신의 하와이 여행에 대한 짜릿한 즐거움을 상세히 설명하다

expatriate
[ekspéitrièit]
★☆☆☆☆

ex (out) + patria (fatherland) → '조국 밖으로 나가게 하다'에서 유래

v 1 (조국에서) **추방하다** / force to leave one's country; banish
2 (스스로 조국을) **떠나다** / withdraw oneself from one's native country
- **expatriate** oneself and live in other country 스스로 조국을 떠나 다른 나라에 살다

a **n** [-triət, -pǽtriət] **국외로 추방된** (사람)**; 국적을 이탈한** (사람) / emigrant

expostulate
[ikspástʃuleit]
★☆☆☆☆

ex (from) + postul (demand) → '~에게 ~하도록 요구하다'에서 유래

vi **충고[훈계]하다** / reason earnestly with a person; admonish
- **expostulate** with one's son about foolish behavior
  어리석은 행동에 대하여 자신의 아들을 훈계하다

expropriate
[ekspróuprieit]
★☆☆☆☆

ex (away) + propriate (appropriate) → '남의 것을 자기 것으로 만들다'에서 유래

vt (토지 · 재산 등을) **빼앗다** / take out of the owner's possession; appropriate
- **expropriate** land for public use 공공의 사용을 위해 땅을 몰수하다

extant
[ékstənt]
★☆☆☆☆

ex (out) + tan<stan (stand) → '(여전히) 밖에 서 있는'에서 유래

a (문서 · 기록 따위가) **현존[잔존]하는** / still in existence; existent
- the oldest literary work **extant** 현존하는 가장 오래된 문학 작품

extenuate
[iksténjueit]
★☆☆☆☆

ex (out) + tenu (thin) → '밖으로 빼내어 가늘게 하다'에서 유래

vt (범죄 · 결점을) **경감하다,** (정상을) **참작하다** / lessen the seriousness; mitigate
- The hunger **extenuated** his crime of stealing a loaf of bread.
  배고픔이 한 덩이의 빵을 훔친 그의 범죄를 경감시켰다.

cf **atténuate** (힘 · 가치 등을) 줄이다

extirpate
[ékstərpeit]
★☆☆☆☆

ex (out) +
tirp<stirp (root) →
'뿌리를 밖으로 뽑아 내다'
에서 유래

vt **근절[박멸]하다** / destroy completely; eradicate

- **extirpate** a gang of robbers 도적단을 박멸하다

extrinsic
[ekstrínzik]
★☆☆☆☆

extrin (outside) +
sic (following) →
'외부로부터 따라오는'
에서 유래

a **교외부(로부터)의, 비본질적인** / not essential and inherent; extraneous

- facts that are **extrinsic** to the matter 그 문제와 본질적으로 관계 없는 사실들

exude
[igzú:d]
★☆☆☆☆

ex (out) +
ud<sud (sweat) →
'땀을 밖으로 분비하다'
에서 유래

v **발산[분비]하다** / come out in drops; ooze; excrete

- Some trees **exude** sap in the spring.
  몇몇 나무들은 봄에 수액을 분비한다.

fore- 기타 접두어 ▸ 앞 · 전

필수어휘 참고 p.548

foregoing
[fɔ:rgóuiŋ]
☆☆☆☆☆

fore (before) +
going 진행중인 →
'앞서 진행된'에서 유래

a **이전의, 앞서 말한** / that has just been mentioned; previous

- The **foregoing** paragraph is a brief summary of the situation.
  이전 단락은 그 정세에 대한 간단한 요약이다.

v **foregó** 선행하다　cf **foregone conclusion** 필연적인 결론

forefront
[fɔ́:rfrʌnt]
★☆☆☆☆

fore (front) +
front 앞 →
'앞 중의 앞'에서 유래

n **최전선, (활동의) 중심** / the foremost part; vanguard

- the **forefront** of a reform movement 개혁 운동의 중심

foreword
[fɔ:rwə:rd]
☆☆☆☆☆

fore (before) +
word 말 →
'미리 해두는 말'에서 유래

n **머리말, 서문** / a short introduction at the beginning; preface

- show one's thoughts in the **foreword** 서문에 자신의 생각을 밝히다 뉘앙스 p.425

foreordain
[fɔ:rɔ:rdéin]
★☆☆☆☆

fore (before) +
ordain 운명을 정하다 →
'미리 ~의 운명을 정하다'
에서 유래

vt **미리 ~의 운명을 정하다** / ordain before; predestine

- He believed his success was **foreordained**.
  그는 자신의 성공이 미리 정해져 있다고 믿었다.

hetero-, homo, 기타 접두어 ▸ 다른 / 같은

필수어휘 참고 p.548

heteronomy
[hetərɑ́nəmi]
☆☆☆☆☆

hetero (other) +
nomy (law) →
'다른 사람에 의해 법을
지키는 행동'에서 유래

n **타율(성)** / subjection to the law or domination of another

- He is always under **heteronomy**. 그는 언제나 타율 성향이 있다.

a **heterónomous** 타율(성)의　반 **autónomy** 자율(성)

heterophobia
[hetərəfóubiə]
☆☆☆☆☆

hetero (other) +
phob (fear) →
'다른 性을 무서워하는 것'
에서 유래

n **이성 공포증** / sexual aversion to or fear of the opposite sex

- He doesn't associate with a woman because of **heterophobia**.
  그는 이성 공포증 때문에 여자와 교제를 못한다.

heterosexual
[hetərəsékʃuəl]
☆☆☆☆☆

hetero (other) +
sex 성(性) →
'다른 성(性)'에서 유래

a ≪생물≫ **이성(애)의** / of or having to do with the different sexes
- **heterosexual** love 이성애

n **이성애자** / a person who is attracted to people of the other sex
- Normal individual is **heterosexual**. 정상적인 사람은 이성애를 하는 사람이다.

n **heterosexuálity** 이성애, 이성과의 성적 관계

homogeneous
[houmədʒíːniəs]
★★★★☆

homo (same) +
gen (birth) →
'출생이 같은'에서 유래

a **동종의, 동일성의** / of the same kind, nature or character
- the **homogeneous** culture 동종의 문화

v **homógenize** ~을 균질화하다 **n** **homogenéity** 동종, 동질; 균등
n **homogéneousness** 동종의 것

homonym
[hámənim]
★☆☆☆☆

homo (same) +
nym (name) →
'같은 이름'에서 유래

n **동음 이의어** / a word having the same pronunciation as another word, but different in meaning and origin; homophone
- The word "dear"is a **homonym** of "deer". "dear"는"deer"의 동음 이의어다.

homosexual
[houməsékʃuəl]
☆☆☆☆☆

homo (same) + sex 性 →
'같은 성 끼리 사랑하는'
에서 유래

a **동성애의** / sexually attracted to persons of the same sex; homoerotic
- **homosexual** love 동성 연애

n **homosexuálity** 동성애

holo-
기타 접두어 ▶ 전체

필수어휘 참고 p.549

holoscopic
[haləskápik]
☆☆☆☆☆

holo (whole) +
scop (see) →
'전체를 보는'에서 유래

a **전체를 시야에 담은, 종합적인** / comprising everything in sight; synthetic
- a **holoscopic** view of society 사회를 바라보는 종합적인 관점

hyper-, hypo-
기타 접두어 ▶ 위 / 아래

필수어휘 참고 p.549

hyper(metr)opia
[haipər(mitr)óupiə]
☆☆☆☆☆

hyper (beyond) +
op<opt (eye) →
'멀리 있는 것을 잘 보는 눈'
에서 유래

n ≪의학≫ **원시**
/ the eye in which distant objects produce images more distinct; farsightedness
- a person affected with **hyperopia** 원시에 영향을 받고 있는 사람

cf **myópia** 근시

hypersensitive
[haipərsénsətiv]
☆☆☆☆☆

hyper (beyond) +
sensitive 민감한 →
'민감한 정도를 넘어선'
에서 유래

a **과민한** / extremely sensitive
- **hypersensitive** to the slightest criticism
  아주 약간의 비난에도 과민한

hypertension
[haipərténʃən]
☆☆☆☆☆

hyper (beyond) +
tension 압력 →
'혈관의 압력도가 정상보다
높음'에서 유래

n ≪의학≫ **고혈압** / an abnormally high blood pressure
- take the first-aid treatment of **hypertension** 고혈압의 응급 치료를 하다

반 **hypoténsion** 저혈압

hypochondria
[haipəkándriə]
★☆☆☆☆

hypo (under) +
condri (cartilage) →
'연골처럼 기분이 흐물흐물함'
에서 유래

n ≪심리≫ **히포콘드리, 우울증** / low spirits without any real reason; melancholia
- **hypochondria** of a woman past middle age 중년을 넘긴 여성의 우울증

hypostasis
[haipástəsis]
☆☆☆☆☆

hypo (under) + sta (stand) → '아래에 서 있는 것'에서 유래

n **근본 원리, 본질** / the essential part of anything; substance
- the **hypostasis** of an education 교육의 본질

hypothec
[haipáθik]
☆☆☆☆☆

hypo (under) + thec (put) → '필요한 것을 빌리는 대신 내놓는 물건'에서 유래

n **저당[담보]권** / a right on property given by contract to a creditor as security
- the whole **hypothec** 전 재산

v **hypóthecate** ~을 저당잡히다(mortgage)

in- 접두어 ▸ 부정

필수어휘 참고 p. 286

imbecile
[ímbəsil]
★☆☆☆☆

im<in (without) + becil<bacil (staff) → '지팡이가 없어서 약한'에서 유래

a **저능한, 바보의** / lacking normal intelligence; fatuous
n **저능자, 바보** / a stupid person; fool
- The **imbecile** is almost an idiot. 그 저능자는 거의 천치에 가깝다.

immaterial
[imətíəriəl]
★☆☆☆☆

im<in (not) + material 물질 → '물질이 아닌'에서 유래

a 1 **비물질적인, 정신적인** / not having material form; spiritual; incorporeal
2 **중요치 않은** / not important; insignificant
- The error is **immaterial**. 그 오류는 중요치 않다.

immobile
[imóubəl]
★☆☆☆☆

im<in (not) + mobile 움직이기 쉬운 → '움직이기 쉽지 않은'에서 유래

a **움직일 수 없는, 고정된** / unable to move; immovable; fixed
- keep a broken leg **immobile** 부러진 다리를 움직이지 못하게 두다

immoderate
[imádərit]
★☆☆☆☆

im<in (not) + moderate 절제하는 → '절제하지 않는'에서 유래

a **무절제한, 과도한** / not moderate; excessive; inordinate; intemperate
- loud and **immoderate** laughter 크고 무절제한 웃음소리

immutable
[imjú:təbl]
★★★☆☆

im<in (not) + mut (change) → '바뀌지 않는'에서 유래

a **변경할 수 없는, 불변의** / never changing; unchangeable; immovable
- the **immutable** laws of nature 불변의 자연 법칙

impassable
[impǽsəbl]
☆☆☆☆☆

im<in (not) + pass 통과 → '통과하지 못하는'에서 유래

a **통행[통과]할 수 없는** / not passable; impervious; impermeable
- The snow made the road impassable. 눈이 도로를 통과할 수 없도록 만들었다.

cf **impássive** 무감각한; 냉정한

impasse
[ímpæs]
★★★☆☆

im<in (not) + pass 통과 → '어디로든 통과할 수 없음'에서 유래

n **막다름, 난국** / a position from which there is no escape; deadlock
- The negotiations have reached an **impasse**. 그 협상은 난국에 다다랐다.

impeccable
[impékəbl]
★★★☆☆

im<in (not) + pecc (sin) → '도덕적으로 죄가 아닌'에서 유래

a **결함[흠] 없는, 완벽한** / free from fault or blame; flawless
- write in **impeccable** English 완벽한 영어로 쓰다

impenetrable
[impénətrəbl]
☆☆☆☆☆

im<in (not) +
penetrable 꿰뚫을 수 있는 →
'**꿰뚫을 수 없는**'에서 유래

a 1 **꿰뚫을[통과할] 수 없는** / impossible to go into or through; impassable
2 **이해할 수 없는** / impossible to understand; incomprehensible
- an **impenetrable** mystery 이해할 수 없는 미스테리

---

impenitent
[impénitənt]
☆☆☆☆☆

im<in (not) +
penetent 뉘우치는 →
'**자신의 죄를 뉘우치지 않는**'에서 유래

a **회개하지 않는, 완고한** / not penitent; remorseless
- an **impenitent** criminal 회개하지 않는 죄인

n **회개하지 않는 사람** / an impenitent person

cf **impértinent** 무례한

---

impermeable
[impə́ːrmiəbl]
☆☆☆☆☆

im<in (not) +
permeable 침투할 수 있는 →
'**침투할 수 없는**'에서 유래

a **스며들지 않는, 통과할 수 없는** / that cannot be permeated; impassable
- The passage became absolutely **impermeable**.
  그 통로는 전혀 빠져나갈 수 없게 되었다.

---

imperturbable
[impərtə́ːrbəbl]
★★☆☆☆

im<in (not) +
perturbable 혼란시키는 →
'**마음을 혼란시키지 않는**'에서 유래

a **침착[태연]한** / not easily excited or disturbed; nonchalant
- an **imperturbable** manner 침착한 태도

n **imperturbabílity** 침착, 태연(equanimity)

---

impervious
[impə́ːrviəs]
★☆☆☆☆

im<in (not) +
pervious 통과시키는 →
'**통과시키지 않는**'에서 유래

a 1 (물 · 공기 · 빛 따위를) **통과시키지 않는**
/ not allowing anything to pass through; impermeable
2 (정신적으로) **영향받지 않는, 무감각한**
/ not easily influenced or changed; insensible
- **impervious** to gases and liquids 가스와 액체를 통과시키지 않는

---

implacable
[implǽkəbl]
★☆☆☆☆

im<in (not) +
placable 달랠 수 있는 →
'**달랠 수 없는**'에서 유래

a **달랠 수 없는, 무자비한** / unable to be appeased; relentless
- an **implacable** hatred of the enemy 적에 대한 달랠 수 없는 증오

---

implausible
[implɔ́ːzəbl]
★★★☆☆

im<in (not) +
plausible 그럴 듯한 →
'**그럴듯하지 않은**'에서 유래

a **믿기 어려운, 거짓말 같은** / not plausible; unbelievable; preposterous
- an **implausible** excuse 믿기 어려운 변명

---

impolitic
[impɑ́lətik]
☆☆☆☆☆

im<in (not) +
politic 현명한 →
'**현명하지 못한**'에서 유래

a **분별없는** / not politic; unwise; imprudent
- an **impolitic** behavior 분별없는 행동

---

inalienable
[inéiljənəbl]
★★★☆☆

in (not) +
alienable 양도할 수 있는 →
'**양도할 수 없는**'에서 유래

a (권리 등을) **양도할[넘겨 줄] 수 없는** / that cannot be taken away
- the **inalienable** rights of man 인간의 양도할 수 없는 권리

---

inapplicable
[inǽplikəbl]
☆☆☆☆☆

in (not) +
applicable 적용할 수 있는 →
'**적용할 수 없는**'에서 유래

a **적용[응용]할 수 없는, 부적당한** / not directly related to; unfitting
- The principle is **inapplicable** to this case. 그 원칙은 이 경우에 부적당하다.

---

inapposite
[inǽpəzit]
☆☆☆☆☆

in (not) +
apposite 적당한 →
'**적당하지 않은**'에서 유래

a **부적당한** / not apposite; inappropriate
- words **inapposite** to express one's ideas
  자신의 생각을 표현하는 데 있어 부적당한 말들

inauspicious
[inɔːspíʃəs]
☆☆☆☆☆

in (not) + auspicious 상서로운 → '상서롭지 못한'에서 유래

a **불길한** / with signs of failure; unfavorable; unlucky
- a tardy and **inauspicious** season 더디고 불길한 시기

---

incoherent
[inkouhíərənt]
★☆☆☆☆

in (not) + coherent 논리적인 → '논리적이지 못한'에서 유래

a **비논리적인, 모순된** /showing no logical connection of ideas; illogical ; inconsistent
- the **incoherent** ravings of madman 미친 사람의 말도 안되는 헛소리

---

incontrovertible
[inkɑntrəvə́ːrtəbl]
★★★☆☆

in (not) + controvertible 논의할 여지가 있는 → '논의할 여지가 없는'에서 유래

a **논쟁의 여지가 없는, 명백한** /that cannot be disputed and denied; indisputable; positive
- an **incontrovertible** proof 논쟁의 여지가 없는 증거

---

incorrigible
[inkɔ́ːridʒəbl]
★☆☆☆☆

in (not) + corrigible 바로 잡을 수 있는 → '바로 잡을 수 없는'에서 유래

a **교정 불가능한, 어쩔 도리 없는** /unable to be changed or improved; uncorrectable; intractable; refractory
- an **incorrigible** liar 어쩔 수 없는 거짓말쟁이

n **교정[구제] 불가능한 사람** /an incorrigible person

---

indecisive
[indisáisiv]
★★☆☆☆

in (not) + decisive 결정을 내린 → '결정을 내리지 못하는'에서 유래

a **결단성 없는, 우유부단한** / having inability to make decision; irresolute
- a weak and **indecisive** leader 약하고 우유부단한 지도자

---

indecent
[indíːsənt]
★★☆☆☆

in (not) + decent 점잖은 → '점잖지 못한'에서 유래

a (매우) **버릇없는, 품위없는, 상스러운** / offensive to public moral values; improper; immodest
- an **indecent** joke 상스러운 농담

뉘앙스 p.509

---

indefatigable
[indifǽtigəbl]
★☆☆☆☆

in (not) + de (down) + fatigable 지치는 → '지치지 않는'에서 유래

a **지칠줄 모르는** / never getting tired; tireless; inexhaustible
- He was **indefatigable** at his work. 그는 자신의 일에 지칠줄 몰랐다.

---

indelible
[indéləbl]
★★★☆☆

in (not) + del (delete) → '지울 수 없는'에서 유래

a **지울 수 없는** / that cannot be rubbed out; ineffaceable
- an **indelible** stain on his reputation 그의 명성에 지울 수 없는 오점

---

indelicate
[indélikit]
☆☆☆☆☆

in (not) + delicate 우아한 → '우아하지 않은'에서 유래

a (말 · 행동이) **조잡한, 천한** / not delicate; coarse; indecorous
- an **indelicate** suggestion 조잡한 제안

n **indélicateness** 조잡함

뉘앙스 p.509

---

indistinct
[indistíŋkt]
★★☆☆☆

in (not) + distinct 분명한 → '분명치 않은'에서 유래

a (형체 · 소리 따위가) **분명치 않은, 희미한** / not clear to the ear, eyes or mind; indefinite; faint
- an **indistinct** memory of the accident 그 사고에 대한 희미한 기억

---

ineffable
[inéfəbl]
★☆☆☆☆

in (not) + effable 말로 나타낼 수 있는 → '말로 나타낼 수 없는'에서 유래

a **형언할 수 없는** / not to be expressed in words; unutterable
- the **ineffable** beauty of a sunset 형언할 수 없는 일몰의 아름다움

ineligible
[inélidʒəbl]
☆☆☆☆☆

in (not) +
eligible 적격의 →
'**비적격의**'에서 유래

a **비적격의, 부적당한** / not suitable or qualified; unfit

- **ineligible** for election because of being too young
  너무 어리기 때문에 선거에 비적격인

---

ineluctable
[inilʌ́ktəbl]
★☆☆☆☆

in (not) +
eluctable (escapable) →
'**피할 수 없는**'에서 유래

a **피할 수 없는** / impossible to escape from; inevitable

- an **ineluctable** fate 피할 수 없는 운명

---

inept
[inépt]
★☆☆☆☆

in (not) +
ept 적당한 →
'**적당하지 않은**'에서 유래

a 1 **부적당한** / out of place; unsuitable
2 **서투른** / not effective; clumsy

- a rather **inept** attempt to remedy the situation
  그 상황을 치유하기 위한 다소 부적당한 시도

n **inéptitude** 부조리, 어리석음 cf **inápt** 부적절한

---

inequality
[inikwáləti]
☆☆☆☆☆

in (not) +
equality 같음 →
'**같지 않음**'에서 유래

n **불평등, 불공평** / lack of equality; unevenness; inequity

- many **inequalities** in the law 법률상의 많은 불공평함들

---

inexpiable
[inékspiəbl]
☆☆☆☆☆

in (not) +
expiable 보상할 수 있는 →
'**보상할 수 없는**'에서 유래

a (중죄로 인해) **보상할 수 없는, 용서할 수 없는**
/ that cannot be atoned for; inexcusable

- Murder is an **inexpiable** crime. 살인은 보상할 수 없는 범죄이다.

---

inexplicable
[inéksplikəbl]
☆☆☆☆☆

in (not) +
explicable 설명할 수 있는 →
'**설명할 수 없는**'에서 유래

a **설명할 수 없는, 불가해한** / that cannot be explained; mysterious

- the **inexplicable** disappearance of the woman 설명할 수 없는 그녀의 실종

---

infidel
[ínfidl]
☆☆☆☆☆

in (not) +
fid (faith) →
'(신에 대한) **믿음이 없는**'
에서 유래

n a **무신론자(의), 이교도(의)**
/ a person who does not follow one's own religion; unbeliever

- war against the **infidels** 이교도들을 물리치기 위한 전쟁

---

inflexible
[infléksəbl]
★★☆☆☆

in (not) +
flexible 구부리기 쉬운 →
'**구부리기 어려운**'에서 유래

a 1 (물체가) **구부러지지 않는** / not easily bent; stiff
2 (정신적으로) **불변의, 확고한** / that cannot be changed; unalterable

- the captain's **inflexible** determination 대장의 불변의 결정

---

ingrate
[íngreit]
★☆☆☆☆

in (not) +
grat (thankful) →
'**감사하지 않는 사람**'
에서 유래

n **은혜를 모르는[배은 망덕한] 사람** / an ungrateful person

- an impudent **ingrate** 은혜를 모르는 뻔뻔한 사람

n **ingrátitude** 배은 망덕(ungratefulness)
cf **ingrátiate** ~의 비위를 맞추다

---

inimical
[inímikəl]
★★☆☆☆

in (not) +
imic<amicus (friendly) →
'**우호적이 아닌**'에서 유래

a (사이가) **적대적인,** (상황이) **불리한** / very unfavorable; hostile

- conditions **inimical** to economic development
  경제발전에 불리한 상황

---

innocuous
[inákjuəs]
★★★☆☆

in (not) +
noc (harm) →
'**해가 없는**'에서 유래

a (특히 말 · 행동이) **해가 없는** / not hurtful or injurious; harmless

- make an **innocuous** remark 해가 없는 말을 하다

n **innócuousness** 해가 없음

inopportune
[inɑpərtjúːn]
★☆☆☆☆

in (not) + opportune 시기적절한 → '적절한 시기가 아닌'에서 유래

a **부적절한 시기의** / not opportune; unseasonable; unsuitable
- an **inopportune** visit[remark] 부적절한 시기의 방문[말]

---

insatiable
[inséiʃəbl]
★★★★☆

in (not) + satiable 만족할 수 있는 → '만족할 수 없는'에서 유래

a **만족할 줄 모르는, 탐욕스러운** / that cannot be satisfied; insatiate; greedy
- an **insatiable** political desire 만족할 줄 모르는 정치적 욕망

---

inscrutable
[inskrúːtəbl]
★★★☆☆

in (not) + scrutable 판독 가능한 → '판독[이해] 불가능한'에서 유래

a **알 수 없는, 불가사의한** / very difficult to understand; mysterious
- an **inscrutable** smile 속 뜻을 알 수 없는 웃음

---

insoluble
[insáljubl]
☆☆☆☆☆

in (not) + soluble 녹는 → '(물에) 녹지 않는'에서 유래

a 1 **용해하지 않는** / not soluble; indissoluble
2 **해결할 수 없는** / that cannot be solved; unsolvable
- Fats are **insoluble** in water. 지방은 물 속에서 용해되지 않는다.

cf **insólvent** 파산한 **ínsolent** 거만한

---

insomnia
[insámniə]
★★★☆☆

in (not) + somn (sleep) → '잠을 자지 못하다'에서 유래

n **불면증** / inability to sleep; sleeplessness; insomnolence
- suffer from **insomnia** 불면증에 시달리다

---

insurmountable
[insərmáuntəbl]
★☆☆☆☆

in (not) + surmountable 이겨낼 수 있는 → '이겨낼 수 없는'에서 유래

a **극복할[넘을] 수 없는** / that cannot be overcome; insuperable
- There are no **insurmountable** difficulties.
극복할 수 없는 어려움들은 없다.

---

intact
[intǽkt]
★★☆☆☆

in (not) + tac (touch) → '아무도 손대지 않은'에서 유래

a (본래 그대로) **완전한** / with no part missing; whole
- The fragile parcel arrived **intact**.
그 깨지기 쉬운 소포는 (전혀 손상됨이 없이) 완전하게 도착했다.

---

interminable
[intə́ːrmənəbl]
★☆☆☆☆

in (not) + terminable 끝맺을 수 있는 → '끝맺을 수 없는'에서 유래

a **끝나지 않는,** (너무 길어서) **지루한** / so long as to seem unceasing; endless
- an **interminable** speech 너무 길어서 지루한 연설

---

intolerant
[intálərənt]
★☆☆☆☆

in (not) + tolerant 관대한 → '관대하지 않은'에서 유래

a **아량 없는, 독단적인** / not tolerant; dogmatic
- **intolerant** of any opposition 어떠한 반대에도 용인하지 않는

a **intólerable** 참을 수 없는(unbearable)

---

inviolable
[inváiələbl]
★☆☆☆☆

in (not) + violable 범할 수 있는 → '범할 수 없는'에서 유래

a (감히) **범할 수 없는, 신성한** / that cannot be violated; sacred
- an **inviolable** vow[sanctuary] 신성한 맹세[성전]

---

invulnerable
[invʌ́lnərəbl]
★☆☆☆☆

in (not) + vulnerable 상처 받기 쉬운 → '상처입지 않는'에서 유래

a 1 **상처[해] 입지 않는** / impossible to harm by attack; impregnable; invincible
2 (논의 따위가) **공격에 견디는, 반박할 수 없는** / proof against attack; tenable
- She seems **invulnerable** to criticism. 그녀는 비난에 견디는 것처럼 보인다.

irreconcilable
[irékənsailəbl]
★★☆☆☆

ir<in (not) +
reconcilable 화해할 수 있는 →
'화해할 수 없는'에서 유래

a **화해[조정]할 수 없는, 대립되는** / that cannot be reconciled; opposed; incompatible
- **irreconcilable** differences of opinion 조정할 수 없는 의견 차이들

n **화해[협조]할 수 없는 사람** / a person who persist in opposing

---

irrespective
[irispéktiv]
★★☆☆☆

ir<in (not) +
respective 각각의 →
'각각의 상호 관련성을 갖지 않는'에서 유래

a **상관 없는[하지 않는]** / without regard to; regardless
- **irrespective** of age or sex 나이나 성별에 상관 없는

---

irretrievable
[ìritríːvəbl]
★☆☆☆☆

ir<in (not) +
retrievable 회복할 수 있는 →
'회복할 수 없는'에서 유래

a **회복할[돌이킬] 수 없는** / that cannot be retrieved; irrecoverable; irredeemable
- the **irretrievable** past 돌이킬 수 없는 과거

---

irreversible
[irivə́ːrsəbl]
★☆☆☆☆

ir<in (not) +
reversible 거꾸로 할 수 있는 →
'거꾸로 할 수 없는'에서 유래

a **취소[번복]할 수 없는** / that cannot be reversed; irrevocable
- an **irreversible** judgement 번복할 수 없는 판결

in- 접두어 ▸ 안

필수어휘 참고 p.324

imperil
[impérəl]
★☆☆☆☆

im<in (in) +
peril 위험 →
'위험하게 하다'에서 유래

vt **(생명 · 재산 따위를) 위태롭게 하다** / put in danger; endanger; jeopardize
- the project **imperile**d by lack of funds 재정 부족으로 위태로워진 계획

---

impersonate
[impə́ːrsəneit]
☆☆☆☆☆

im<in (in) +
person 사람 →
'사람으로 만들다'에서 유래

vt 1 **~의 역할을 하다** / play the part of; play
2 **인격화[구현]하다** / represent in personal form; personify
- A ship is often **impersonated** as "she". 배는 종종 "그녀"로 인격화 된다.

cf **impersonal** 개인과 관계없는

---

imprecate
[ímprikèit]
☆☆☆☆☆

im<in (on) + prec (pray) →
'~의 불행을 위해 빌다'
에서 유래

vt **(불행 · 재난이 있기를) 빌다** / call down; curse
- **imprecate** ruin on enemies 적들의 파멸을 위해 빌다

---

impregnate
[imprégneit]
★★★☆☆

im<in (intensive) +
pregna<pregnant 임신한 →
'임신하도록 만들다'에서 유래

vt 1 **임신[수정]시키다** / make pregnant; fertilize; inseminate
2 **채우다, 주입하다** / spread through the whole of; fill; imbue
- Seawater is **impregnated** with salt. 바닷물은 소금으로 채워져 있다.

---

imprint
[imprínt]
★☆☆☆☆

im<in (on) + print 찍다 →
'~위에 눌러 찍다'에서 유래

vt 1 **(도장 · 기호 등을) 찍다, 표시하다** / mark by pressing or stamping; print
2 **~에게 감명[인상]을 주다** / fix firmly in the mind; impress
- Every detail is **imprinted** in my mind. 모든 세세한 것까지 내 마음속에 강하게 남아있다.

n [ímprint] **자국, 흔적** / a mark made by pressure; stamp

---

impugn
[impjúːn]
★☆☆☆☆

im<in (against) +
pugn (fight) →
'(상대방 의견에) 반대 의견을 말해 싸우다'에서 유래

vt **비난[반박]하다** / attack by words or arguments; contradict
- **impugn** the umpire's judgement 심판의 판정을 반박하다

inbred
[inbréd]
☆☆☆☆☆

in (in) + bred 태어난 → '태어날 때부터 몸 안에 지니고 있는'에서 유래

a **타고난, 선천적인** / born in a person; inherent
- show an **inbred** courtesy 타고난 공손함을 보이다

incantation
[inkæntéiʃən]
☆☆☆☆☆

in (toward) + cant<chant 노래 → '~를 향하여 노래를 부름'에서 유래

n **주문, 마법** / words used in magic; spell
- demons summoned by **incantation** 주문으로 불러낸 귀신

incarcerate
[inká:rsəreit]
★☆☆☆☆

in (in) + carcer (prison) → '감옥 안에 넣다'에서 유래

vt **투옥[감금]하다** / keep in a prison; imprison; jail
- **incarcerate** a criminal for many months 수개월 동안 죄인을 투옥하다

incendiary
[inséndieri]
☆☆☆☆☆

in (intensive) + cend<cand (glow white) → '백열을 내며 타는'에서 유래

a 1 **불나게[방화]하는** / causing fire
2 **선동적인** / stirring up strife, violence, or rebellion; agitative
- an **incendiary** act 방화행위

n 1 **방화범** / arsonist
2 **선동가** / agitator; instigator; abettor

inchoate
[inkóuit]
★☆☆☆☆

in (on) + cho<cohare (begin) → '시작하는'에서 유래

a **초기 단계인, 불완전[미발달]한** / in an early stage; incomplete
- an **inchoate** and rudimentary plan 초기 단계이고 미완성인 계획

incise
[insáiz]
★☆☆☆☆

in (into) + cis (cut) → '안으로 자르다'에서 유래

vt 1 **자르다, 절개하다** / cut into; sever
2 (무늬 · 글자를) **새기다, 조각하다** / carve; engrave
- **incise** inscription on tombstone 비석 위에 비문을 새기다

a **incísive** (날등이) 예리한; (말 · 비평이) 신랄한(severe); (지력 등이) 날카로운(keen)

incriminate
[inkrímәneit]
★☆☆☆☆

in (against) + crimin (crime) → '~에 대하여 죄를 돌리다'에서 유래

vt **죄를 씌우다, 고발하다** / show to be guilty; inculpate
- The thief **incriminated** two others who helped him.
그 도둑은 자신을 도왔던 다른 두 사람에게 죄를 덮어 씌웠다.

incubate
[ínkjubeit]
☆☆☆☆☆

in (in) + cub (lie) → '~안에 눕다'에서 유래

vt 1 (알을) **품다** / sit on eggs; brood
2 (생각을) **품다, 계획하다** / plan; hatch
- **incubate** schemes for raising money 자금 조달을 위한 계획을 하다

n **íncubator** 부화기; 조산아 보육기, 인큐베이터

incubus
[ínkjubəs]
☆☆☆☆☆

in (on) + cub (lie) → '~위에 눕다'에서 유래

n 1 (잠자는 여인을 덮친다는) **악마, 악몽** / nightmare
2 (정신적으로) **압박하는 일[사람]** / an oppressive burdensome thing; burden
- This debt will be an **incubus** to me.
이 빚이 나에게는 정신적으로 압박하는 것이 될 것이다.

inculcate
[inkʌ́lkeit]
★☆☆☆☆

in (in) + culca<culcare (tread) → '~안을 밟아[다져]주다'에서 유래

vt (사상 · 지식 따위를) **되풀이하여 가르치다** / fix in the mind of
- **inculcate** importance of knowledge on pupils
학생들에게 지식의 중요성을 되풀이하여 가르치다

incursion
[inkə́:rʒən]
☆☆☆☆☆

in (in) +
cur (run) →
'~안에 달려듦'에서 유래

n 1 (돌연한) **침략, 습격** / a sudden attack; raid
2 (강물 따위의) **유입** / a running or flowing in; inflow
- make **incursions** along the coast 해안을 따라 습격하다

---

indict
[indáit]
★★★☆☆

in (in) +
dict (speck) →
'말을 하여 법정안에 넣다'
에서 유래

vt ≪법≫ **기소[고발]하다** / charge with crime; accuse
- **indict** a suspect for murder 용의자를 살인혐의로 고발하다

cf **indite** (시를) 짓다

---

induct
[indʌ́kt]
★☆☆☆☆

in (in) +
duc (lead) →
'안으로 이끌다'에서 유래

vt 1 (정식으로) **취임시키다** / put formally in position; inaugurate
2 (지식 등을) **전수하다** / introduce in knowledge; initiate
- He was **inducted** into the office of governor. 그는 주지사 지위에 취임되었다.

cf **indúce** 유도하다

---

inebriate
[iní:brieit]
★☆☆☆☆

in (intensive) +
ebri (drunk) →
'술에 취하게 하다'에서 유래

vt **취하게 하다** / make drunk; intoxicate
- They were totally **inebriated** by the end of the party.
그들은 파티가 끝날 때 쯤엔 완전히 취한 상태였다.

---

infatuate
[infǽtʃueit]
★☆☆☆☆

in (in) +
fatu (foolish) →
'바보가 되게 하다'에서 유래

vt **얼빠지게 하다, 홀딱 반하게 하다**
/ inspire with a foolish love; bewitch; enamor
- be **infatuated** by a sexy woman 섹시한 여자에 의해 분별력을 잃게 되다

---

infiltrate
[infíltreit]
★☆☆☆☆

in (in) +
filtrate 스미다 →
'안으로 스며들게 하다'
에서 유래

v **스며들게 하다, 침투하다** / pass into or through by filtering; permeate
- **infiltrate** troops into enemy territory 적지로 병력을 침투시키다

---

influx
[ínflʌks]
★☆☆☆☆

in (in) +
flu (flow) →
'안으로 흘러 듦'에서 유래

n (강물 · 인파 등의) **유입, 쇄도** / the act of flowing in; inflow
- an **influx** of immigrants from other country 타국으로부터 이주민들의 유입

---

insurgent
[insə́:rdʒənt]
★☆☆☆☆

in (against) +
surg (rise) →
'~에 반대하여 일어난 사람'
에서 유래

n **반란자, 폭도** / a person who rises in revolt; rebel; mutineer
- The **insurgents** captured the city. 반란자들이 그 도시를 점령했다.

a **반란[폭동]을 일으키는** / rising in revolt; mutinous

n **insúrgency** 반란, 폭동(insurrection)

---

inveigh
[invéi]
★☆☆☆☆

in (against) +
vei<veh (carry) →
'~를 반대하는 심한 말들을
전하다'에서 유래

vi **맹렬히 비난하다** / make a violent attack in words; censure; impugn
- **inveigh** against the government 정부에 대하여 맹렬히 비난하다

n a **invéctive** 비난(하는)(stricture, animadversion, diatribe)

---

inveigle
[invéigl]
☆☆☆☆☆

<ab (away) + ocul (eye) →
'남의 눈을 멀리 돌려 속이다'
에서 유래

vt (~하도록) **교묘하게 유인하다** / win over by coaxing or artful talk; entice
- **inveigle** a person into buying a bad stock 남을 속여 불량 주식을 사게 하다

뉘앙스 p.481

---

inveterate
[invétərit]
★☆☆☆☆

in (in) +
vet<vetus (old) →
'몸 안에 오래도록 자리잡고
들어 앉은'에서 유래

a 1 (습관이) **상습적인** / confirmed in habit; habitual
2 (병이) **만성의, 고질적인** / long and firmly established; deep-rooted
- an **inveterate** liar[disease] 상습적인 거짓말쟁이 / 만성적인 병

invigorate
[invígəreit]
★☆☆☆☆

in (in) +
vigor 활기 →
'~의 안에 활기를 불어 넣다'
에서 유래

vt **활력을[생기를] 주다** / give vigor to; refresh; energize
- Exercise **invigorates** the body. 운동은 몸에 활력을 준다.

---

invoice
[ínvɔis]
★☆☆☆☆

in (on) +
voi<via (way) →
'길 위로 물건을 보내기 위한 문서'에서 유래

n **송장(送狀)** / a list of goods supplied or work done, stating quantity and price
- make out an **invoice** 송장을 작성하다

vt **송장을 작성하다[보내다]** / prepare or send an invoice

---

irrupt
[irʌ́pt]
☆☆☆☆☆

ir<in (in) +
rupt (break) →
'~의 안을 부숴버리다'
에서 유래

vi 1 **침입하다, (집단적으로) 난폭한 행동을 하다**
/ (break or burst in violently; invade
2 **(동물의 개체수가) 급증하다** / increase suddenly in population
- An angry mob is **irrupting** into the palace. 화난 군중이 궁전을 침입하고 있다.

infra- | 기타 접두어 ▸ 아래 | 필수어휘 참고 p.550

infrared
[ɪnfrəréd]
☆☆☆☆☆

infra (below) + red 적색 →
'스펙트럼의 아랫 부분에 나타나는 적색의 광선'
에서 유래

n a **적외선(의)** / of or being rays of light
- the **infrared** grill 적외선으로 굽는 석쇠

cf **ultraviolet** 자외선(의)

inter- | 접두어 ▸ 사이 · 중간 | 필수어휘 참고 p.364

entrepreneur
[ɑːntrəprənə́ːr]
★★★☆☆

entre<inter (between) +
pren<prehend (take) →
'사람들 사이에서 이익을 붙잡으려는 사람'에서 유래

n **기업가** / enterpriser; producer
- the minimum ethics required for **entrepreneur**
기업가에게 요구되는 최소한의 윤리

---

interact
[intərǽkt]
★☆☆☆☆

inter (together) +
act 작용하다 →
'함께 작용하다'에서 유래

vi **상호 작용하다** / act upon each other; interplay
- many variables **interacting** in countless ways
무수히 많은 방법으로 서로 작용하고 있는 많은 변수들

---

intercede
[intərsíːd]
★☆☆☆☆

inter (between) +
ced (go) →
'~사이에 들어가다'에서 유래

vi **중재[조정]하다**
/ interfere in order to bring about an agreement; mediate; intervene
- **intercede** between the workers and the employers
고용주와 노동자들 사이에서 중재하다

---

intercontinental
[intərkɑːntinéntl]
☆☆☆☆☆

inter (between) +
continental 대륙의 →
'대륙과 대륙 사이의'
에서 유래

a **대륙간의, 대륙을 잇는** / from one continent to another
- an **intercontinental** railroad 대륙을 잇는 철도

---

interlock
[intərlɑ́k]
★☆☆☆☆

inter (between) +
lock 잠그다 →
'서로 맞물려 잠그다'
에서 유래

v **맞물리(게 하)다, 연결하다** / lock or join with one another; connect
- The bumpers of the cars **interlocked**.
그 두 대의 자동차 범퍼가 맞물려 있었다.

interlude
[íntərlu:d]
☆☆☆☆☆

inter (between) +
lud (play) →
'**~사이에 하는 연주**'에서 유래

n 1 (잠깐의) **시기, 동안** / a period of time between two things; interval
2 **막간(극), 간주(곡)**
/ the time between parts of a play, film, or concert; intermission
- an **interlude** of sunshine between the two showers 소나기 사이의 잠깐 동안의 햇볕
- an **interlude** between the acts of a play 연극의 막간에 벌어지는 막간극

cf **prélude** 전주 **póstlude** 후주

---

intermingle
[intərmíŋgl]
★☆☆☆☆

inter (together) +
mingle 섞다 →
'(이것 저것) **함께 섞다**'
에서 유래

v **섞(이)다, 혼합하다** / mix together; mingle
- endless memories of **intermingled** farce and tragedy
희비극이 뒤섞인 끝없는 추억들

---

interpolate
[intə́:rpəleit]
☆☆☆☆☆

inter (between) +
pol (polish) →
'**새 어구를 삽입하여 더욱 빛나게 하다**'에서 유래

v **어구를 삽입하다**
/ alter by putting in new words; interpose
- **interpolate** the old manuscript 오래된 원고에 새 어구를 삽입하다

---

interpose
[intərpóuz]
☆☆☆☆☆

inter (between) +
pose 놓다 →
'**~사이에 놓다**'에서 유래

v 1 **~사이에 두다[넣다]** / put between; insert
2 (이야기 중에) **불쑥 끼어들다,** (이의를) **제기하다** / break in with; interrupt
- **interpose** an objection 반대 의견을 불쑥 제기하다

n **interpósal, -sítion** 삽입, 개입

---

intersperse
[intərspə́:rs]
★☆☆☆☆

inter (between) +
spers (scatter) →
'**~사이 사이에 흩어지게 하다**'에서 유래

vt **흩뜨리다, 산재시키다**
/ set here and there among other things; scatter
- The pattern was **interspersed** with small dots.
그 무늬는 작은 점들로 흩뜨려져 있었다.

---

interstellar
[intərstélər]
★☆☆☆☆

inter (between) +
stellar 별의 →
'**별과 별 사이의**'에서 유래

a **별과 별 사이의, 항성간의** / between the stars
- **interstellar** space[materials] 별과 별 사이의 공간[물질]

---

interurban
[intərə́:rbən]
☆☆☆☆☆

inter (between) +
urban 도시의 →
'**도시 사이의**'에서 유래

a **도시 사이의** / between cities or towns
- **interurban** bus lines 도시 사이를 잇는 버스 노선

cf **intramúral** 도시 안의; 교내의

---

interweave
[intərwí:v]
☆☆☆☆☆

inter (together) +
weave (실을) 짜다 →
'**~와 함께 짜다**'에서 유래

v 1 (함께 섞어) **짜다, 묶다** / weave together; interlace
2 **뒤섞(이)다** / mix together; intermingle
- **interweave** the red and gold threads 붉은 색과 금색 실을 함께 섞어 짜다

---

intra-, intro-

기타 접두어 ▸ 안

필수어휘 참고 p.550

intramural
[intrəmjú:rəl]
☆☆☆☆☆

intra (within) +
mural 벽 →
'**한 벽[울타리] 안의**'
에서 유래

a **같은 학교[조직]내의** / within a school or organization
- **Intramural** games are played between the students of the same school.
교내의 경기들은 같은 학교에 다니는 학생들 사이에서 벌어진다.

반 **extramúral** 성벽 밖의; 교외(대항)의 cf **intercollégiate** 대학교간 대항의

introspect
[intrəspékt]
★☆☆☆☆

intro (into) + spec (look) → '안으로 들여다 보다'에서 유래

vt (자기 자신을) **내성(內省)하다, 자기 반성하다** / look within; examine
- an effort to **introspect** one's true feelings
  자신의 진실한 감정을 내성하려는 노력

introvert
[intrəvə́:rt]
★☆☆☆☆

intro (into) + vert (turn) → '성격이 안으로 향한 사람'에서 유래

a n 내성적인 (사람) / a person of an introverted type
- reveal an **introvert** by one's intense interest in one's own problems
  자기 자신의 문제에 강한 관심을 보임으로써 내성적인 사람임을 드러내다

반 **éxtrovert** 외향적인 (사람)

macro- / micro-

기타 접두어 ▸ 큰 / 작은

필수어휘 참고 p.550

macrocosm
[mǽkrəkazm]
☆☆☆☆☆

macro (large) + cosm (universe) → '큰 우주'에서 유래

n 대우주, 대세계 / the whole universe; cosmos
- The microcosm repeats the **macrocosm**. 소우주는 대우주를 되풀이 한다.

a macrocósmic 대우주의

macroscopic
[mækrəskápik]
☆☆☆☆☆

macro (large) + scop (look) → '눈만으로도 크게 보이는'에서 유래

a 육안으로 보이는 / visible to the naked eye
- **macroscopic** stars 육안으로 보이는 별들

microbe
[máikroub]
★☆☆☆☆

micro (small) + be<bio (life) → '작은 생물'에서 유래

n 미생물, 세균 / a living organism of very small size; bacterium
- **Microbes** are the cause of certain diseases.
  세균은 어떤 질병의 원인이다.

a micróbic 미생물의

micrometer
[maikrámətər]
☆☆☆☆☆

micro (small) + meter 계량기) → '작은 변화들을 측정하는 계량기'에서 유래

n (망원경이나 현미경에 붙어 있는) **정밀 측정 장치, 마이크로미터**
/ an instrument for measuring very small objects
- use an electron **micrometer** 전자 정밀 측정 장치를 사용하다

cf barómeter 기압계; 척도

microorganism
[maikrouɔ́:rgənizm]
☆☆☆☆☆

micro (small) + organism 유기체) → '작은 유기체'에서 유래

n 미생물
/ organism so small as to be visible only under a microscope; microbe
- Hundreds of **microorganisms** may exist in a single drop of water.
  한 방울의 물에 수백 마리의 미생물이 존재할 수 있다.

microwave
[máikrəweiv]
☆☆☆☆☆

micro (small) + wave 파도) → '작은 물결로 움직이는 것'에서 유래

n 마이크로 웨이브, 극초단파 / a very short electric wave
- Microwave oven uses **microwaves** to cook food.
  전자 레인지는 음식을 하는데 극초단파를 이용한다.

mal(e)-

접두어 ▸ 나쁜

필수어휘 참고 p.368

maladjustment
[mælədʒʌ́stmənt]
☆☆☆☆☆

mal (bad) + adjustment 조정 → '(변화 · 해결에 대한) 나쁜 조정 상태'에서 유래

n 조정[조절] 불량, 부적응
/ poor or unsatisfactory adjustment; maladaptation
- symptoms of emotional **maladjustment** 정서 부적응의 징후

malcontent
[mælkəntént]
☆☆☆☆☆

mal (bad) + content 만족한 → '만족하는 정도가 나쁜'에서 유래

a **불만인, 불평을 품은** / not satisfied; dissatisfied
- a project formed by the **malcontent** troops
  불만을 가진 군인들에 의해 만들어진 계획

n **불평 분자** / a discontented or rebellious person; grumbler

maleficent
[məléfəsənt]
☆☆☆☆☆

male (bad) + fic<fac (do) → '나쁜 짓을 하는'에서 유래

a **해가 되는, 유해한** / doing evil or harm; harmful
- books **maleficent** to children 아이들에게 유해한 책들

n **maléficence** 악행, 유해

malfeasance
[mælfíːzns]
★☆☆☆☆

mal (bad) + feasance 이행 → '(의무 · 채무 등을) 이행하지 않음'에서 유래

n (공적인) **위법[부정] 행위** / an unlawful act; misconduct; malpractice
- They found no evidence of **malfeasance**.
  그들은 부정 행위에 대한 아무런 증거도 찾지 못했다.

a **n** **malféasant** 부정을 행하는; 위법 행위자 **cf** **misféasance** 부당 행위

malformation
[mælfɔːrméiʃn]
☆☆☆☆☆

mal (bad) + formation 모양 → '보기에 나쁜 모양'에서 유래

n **기형, 불구** / distorted or abnormal shape; deformity
- a child with facial **malformation** 얼굴이 기형인 아이

malfunction
[mælfʌ́ŋkʃn]
★☆☆☆☆

mal (bad) + function 기능 → '기능이 나쁜 상태'에서 유래

n (기계 · 컴퓨터 등의) **기능 불능** / an improper functioning
- be delayed owing to a **malfunction** in a computer
  컴퓨터의 기능 불능으로 인해 연기되다

vi (기계 · 장치 등의) **제대로 움직이지 않다** / work or perform improperly

malnutrition
[mælnuːtríʃn]
★☆☆☆☆

mal (bad) + nutrition 영양 → '나쁜 영양 상태'에서 유래

n **영양 부족[실조]** / a poorly nourished condition; dystrophy
- suffer from **malnutrition** because of eating the wrong kinds of food
  불량한 종류의 음식 섭취로 인해 영양 실조를 겪다

malodor
[mælóudər]
☆☆☆☆☆

mal (bad) + odor 냄새 → '나쁜 냄새'에서 유래

n **악취** / a bad smell; stink, stench
- emit **malodor** in the air 공기 중에 악취를 발산하다

a **malodórous** 악취가 나는(fetid, putrid)

meta- 기타 접두어 ▸ 위

필수어휘 참고 p.550

meteor
[míːtiər]
★☆☆☆☆

mete<meta (up) + or<aeirein (lift) → '하늘 위에서 떨어지는 별'에서 유래

n **유성, 별똥별** / a mass of stone that enters the earth's atmosphere; meteorite
- **Meteors** become so hot that they glow and burn up.
  유성들은 너무 뜨거워져서 빛을 내고 다 타버린다.

a **metéoric** 유성[별똥별]의

meteorology
[miːtiərálədʒi]
★☆☆☆☆

mete<meta (up) + or<aeir (air) → '대기[공기]의 현상들을 연구하는 학문'에서 유래

n **기상학** / the science dealing with the atmosphere and weather
- Forecasting of the weather is a part of **meteorology**.
  기상 예보는 기상학의 한 부분이다.

mis-	접두어 ▸ 나쁜 · 틀린	필수어휘 참고 p.370

mischance
[mistʃǽns]
☆☆☆☆☆

mis (bad) + chance 우연한 일 → '우연히 일어난 나쁜 일'에서 유래

n **불운, 불행** / bad luck; mishap; misfortune
- By some **mischance** she didn't receive my telegram.
  몇몇 불운에 의해 그녀는 내 전보를 받지 못했다.

---

misinterpret
[misintə́ːrprit]
☆☆☆☆☆

mis (wrong) + interpret 해석하다 → '잘못 해석하다'에서 유래

vt **오해하다** / understand wrongly; misunderstand; misapprehend
- The driver **misinterpreted** the policeman's signal.
  그 운전자는 경찰관의 신호를 오해했다.

---

misnomer
[misnóumər]
★★★☆☆

mis (wrong) + nomer<nomin (name) → '잘못된 이름'에서 유래

n **틀린 이름, 잘못 부르기** / a name that describes wrongly; misnaming
- To call it a hotel is a **misnomer** - it's more like a prison!
  그것을 호텔이라고 부르는 것은 잘못 부르는 것이다 - 그것은 감옥에 더 가깝다!

---

misplace
[mispléis]
☆☆☆☆☆

mis (wrong) + place 놓다 → '잘못 놓다'에서 유래

vt 1 (물건을) **잘못 놓다,** (둔 곳을) **잊어버리다**
/ put in a wrong place or forget where it is; mislay

2 (신용 · 애정 따위를) **~에게 잘못 두다**
/ have good feelings for an undeserving person or thing
- Your trust in him is **misplaced**; he'll cheat you if he can.
  그에 대한 너의 믿음은 잘못 되었다. 할 수만 있다면 그는 너를 속일 것이다.

---

misrepresent
[misreprizént]
☆☆☆☆☆

mis (wrong) + represent 말하다 → '(진실을 왜곡해) 틀리게 말하다'에서 유래

vt **잘못 말하다, 거짓 설명하다** / represent falsely
- **misrepresent** him as a political extremist
  그를 정치적 과격론자로 잘못 말하다

miso-	기타 접두어 ▸ 증오	필수어휘 참고 p.552

misogamy
[miságəmi]
★☆☆☆☆

miso (hatred) + gamy (marriage) → '결혼 혐오'에서 유래

n **결혼을 싫어함** / hatred of marriage
- an advocate of **misogamy** 결혼 혐오의 옹호자

cf **bígamy** 이중 결혼

---

misogyny
[misádʒəni]
★☆☆☆☆

miso (hatred) + gyny (woman) → '여성 혐오'에서 유래

n ≪심리≫ (강한) **여성 혐오(증)** / hatred of women
- blame him for his **misogyny** 그의 여성 혐오증을 비난하다

반 **philógyny** 여성을 좋아함

mono-	기타 접두어 ▸ 하나	필수어휘 참고 p.552

monocle
[mánəkl]
★☆☆☆☆

mon<mono (one) + ocl<ocul (eye) → '한쪽 눈'에서 유래

n **단안경, 외알 안경** / eyeglass for one eye only
- Upper-class men used to wear the **monocle** in former times.
  예전에는 상류층 남자들이 외알 안경을 착용하곤 했다.

a **mónocled** 단안경을 쓴

---

monogamy
[mənágəmi]
★☆☆☆☆

mono (one) + gam (marriage) → '한 사람과 결혼하는 것'에서 유래

n **일부일처제** / practice of being married to only one person at a time
- **Monogamy** is the common form of marriage in developed countries.
  선진국에서 일부일처제는 결혼의 일반적 형태이다.

a **monógamous** 일부일처(주의)   cf **polýgamy** 일부다처(주의)

monolith
[mɑ́:nəliθ]
★☆☆☆☆

mono (one) + lith (stone) → '하나의 돌로 만든 것'에서 유래

n **돌 하나로 만든 기둥, 석상 따위** / single upright block of stone
- the **monolith** of the New Stone Age 신석기 시대의 석상

a **monolíthic** 모놀리스의, 돌 하나로 된; 단일한, 획일적인(uniform)

monotheism
[mɑ́nəθi:izm]
☆☆☆☆☆

mono (one) + the<theo (God) → '하나의 신을 믿는'에서 유래

n **일신론** / doctrine that there is only one God
- Judaism and Christianity are based on **monotheism**.
  유대교와 기독교는 일신론에 기본을 두고 있다.

a **monotheístic** 일신교의, 일신론적인
cf **átheism** 무신론 **pántheism** 범신론

multi- 기타 접두어 ▸ 많은

필수어휘 참고 p.560

multiform
[mʌ́ltifɔ:rm]
★☆☆☆☆

multi (many) + form 형태 → '많은 형태를 가진'에서 유래

a **다양한** / having many shapes; diverse
- He has **multiform** interests. 그는 다양한 취미를 갖고 있다.

multilateral
[mʌltilǽtərəl]
☆☆☆☆☆

multi (many) + lat (side) → '많은 면의'에서 유래

a **다변의, 다국간의** / including more than two groups or nations; many-sided
- a **multilateral** trade 다국간 무역

multilingual
[mʌltilíŋgwəl]
☆☆☆☆☆

multi (many) + lingu (tongue) → '여러 나라 말에 의한'에서 유래

a **수개국어를 하는** / able to speak many different languages
- a **multilingual** secretary 수개국어를 하는 비서

neo- 기타 접두어 ▸ 새로운

필수어휘 참고 p.560

neoclassic(al)
[ni:ouklǽsik(əl)]
☆☆☆☆☆

neo (new) + classic 고전의 → '새로운 고전의'에서 유래

a **(예술계의) 신고전주의의** / of the revival of classical principles
- graceful **neoclassic** Corinthian columns
  우아한 신고전주의 코린트식의 기둥들

cf **postmódern** 후기 근대파의

neocolonialism
[ni:oukəlóuniəlìzm]
☆☆☆☆☆

neo (new) + colonialism 식민주의 → '새로운 식민주의'에서 유래

n **(2차 세계대전 후의) 신식민주의** / the policy of a large nation to dominate politically or economically smaller nations
- the Great Powers'policy of the **neocolonialism** 열강들의 신식민주의 정책

cf **impérialism** 제국주의; 영토 확장주의

neolithic
[ni:əlíθik]
☆☆☆☆☆

neo (new) + lith (stone) → '처음 돌을 사용한 이후의 새로운 시대'에서 유래

a **신석기 시대의** / of the later Stone Age
- the revival of **neolithic** villages 신석기 시대 마을들의 재현

cf **paleolíthic** 구석기 시대의

non- 기타 접두어 ▸ 부정

필수어휘 참고 p.560

non-committal [nɑn-kəmítl] ☆☆☆☆☆

non (not) + commit 언질을 주다 → '자신의 태도를 말하지 않는'에서 유래

a **언질을 주지 않는, 막연한** / not showing what one thinks; vague, indistinct

- a **non-committal** answer 애매한 대답

---

nonconformist [nɑ:nkənfɔ́:rmist] ★☆☆☆☆

non (not) + conformist 순응자 → '순응하지 않는 사람'에서 유래

a n **(사회 규범을) 따르지 않는 (사람)** / (of) a person who refuses to conform to the established conventions; dissenter

- a **nonconformist** group 사회 규범을 따르지 않는 집단

---

nonflammable [nɑnflǽməbl] ☆☆☆☆☆

non (not) + flammable 가연성의 → '가연성이 아닌'에서 유래

a **불연성의** / impossible to set on fire or burn; incombustible; fire-proof

- uniforms made of **nonflammable** material 불연성 물질로 만든 유니폼들

반 **inflámmable** 가연성의; 흥분하기 쉬운 **flámmable** 가연성의

---

nonmoral [nanmɔ́:rəl] ☆☆☆☆☆

non (not) + moral 도덕의 → '도덕적인 문제가 아닌'에서 유래

a **도덕과 관계 없는** / having no relation to morality; amoral

- a completely **nonmoral** problem 완전히 도덕과는 관계 없는 문제

cf **immóral** 부도덕한, 음란한 **unmóral** 도덕과 관계 없는, 초도덕적인

---

nonpareil [nɑnpərél] ☆☆☆☆☆

non (not) + par (equal) → '같은 것이 없는'에서 유래

a n **비길[견줄] 데 없는 (사람)** / (a person or thing) having no equal; peerless

- a **nonpareil** performance 견줄 데 없는 공연

---

nonplus [nanplʌ́s] ☆☆☆☆☆

non (not) + plus 더하기 → '더이상 어떻게 할 수 없게 하다'에서 유래

vt **당황하게 하다** / make unstable to say or do anything; perplex; fluster

- The speaker seemed completely **nonplussed**. 그 연설자는 완전히 당황한 것처럼 보였다.

n **당혹, 난처** / a state of being nonplussed; confusion

---

nonviolence [nanváiələns] ☆☆☆☆☆

non (not) + violence 폭력 → '폭력을 사용하지 않음'에서 유래

n **비폭력(주의)** / a political belief based on peaceful methods

- Gandhi was an advocate of **nonviolence**. 간디는 비폭력주의의 옹호자였다.

ob- 접두어 ▸ 반대 · 저항

필수어휘 참고 p.376

obeisance [oubéisəns] ☆☆☆☆☆

ob (over) + eis<aud (hear) → '머리를 숙이고 들음'에서 유래

n **인사, 경의** / show of respect and obedience; homage; deference

- make an **obeisance** to the king and queen 왕과 왕비에게 경의를 표하다

a **obéisant** 경의를 표하는, 공손한

---

obfuscate [ɑbfʌ́skeit] ★★★☆☆

ob (over) + fusc (dark) → '어둡게 덮어 버리다'에서 유래

vt **~을 혼란시키다, 당황하게 하다** / confuse or make difficult to understand; confuse

- **obfuscate** one's responsibility in this matter 이 문제에서의 책임을 흐리게 하다

n **obfuscátion** 혼란, 당혹

obituary
[oubítʃueri]
★☆☆☆☆

ob (toward) +
it (go) →
'하늘을 향해 간 사람의 이름'에서 유래

n **부고** / death notice usually with a brief biography of the deceased; necrology

- read the **obituary** column in the newspaper 신문에서 부고 기사를 읽다

n **obítuarist** 사망 기사 담당 기자

objurgate
[ábdʒərgeit]
☆☆☆☆☆

ob (against) +
jur (law) →
'법에 역행한 자를 벌하다'에서 유래

vt **엄하게 질책하다** / scold or rebuke sharply; reprove; execrate

- **objurgate** him publicly for this offense
  이 위반에 대해 공공연히 그를 질책하다

n **objurgátion** 질책, 비난 **a** **objúrgatory** 몹시 책망하는, 비난의

oblation
[abléiʃən]
☆☆☆☆☆

ob (to) +
lat (carry) →
'~에게 날라다 주는 것'에서 유래

n **봉헌물, 기증** / the act of offering something; donation; offering

- a religious **oblation** 종교적 봉헌물

a **óblatory** 봉헌의, 성찬식의

obstetrician
[abstitríʃən]
★☆☆☆☆

ob (to) + st (stand) →
'침대 앞에 서서 아이를 기다리는 사람'에서 유래

n **산과 의사** / physician specializing in delivery of babies

- The **obstetrician** is more scientifically trained than the midwife.
  산과 의사는 산파보다 기술적으로 더욱 숙련되어 있다.

cf **gynecólogist** 부인과 의사 **n** **obstétrics** <단수취급> 산과학

obstreperous
[əbstrépərəs]
☆☆☆☆☆

ob (intensive) +
streper (make a noise) →
'소음을 만드는'에서 유래

a 1 **시끄러운** / loud or noisy; vociferous
2 **다루기 힘든** / unruly; disobedient

- an **obstreperou**s party 왁자지껄한 파티

opprobrious
[əpróubriəs]
☆☆☆☆☆

op<ob (toward) +
problem (disgrace) →
'불명예스럽게 하는'에서 유래

a (말씨 따위가) **모욕적인** / showing great disrespect; abusive; invective

- **opprobrious** remarks 모욕적인 비평

n **oppróbrium** 불명예, 오명(disgrace) **v** **oppróbriate** 비방하다(decry)

omni- 기타 접두어 ▸ 모든

필수어휘 참고 p.560

omniscient
[amníʃənt]
★★★☆☆

omni (all) +
sci (know) →
'모든 것을 아는'에서 유래

a **전지의, 박식한** / all knowing

- an **omniscient** deity 전지의 신

omnipresent
[ɑ:mnipréznt]
☆☆☆☆☆

omni (all) +
es<ess (be) →
'어디에나 있는'에서 유래

a **편재하는, 어디에나 존재하는** / present everywhere; universal; ubiquitous

- **omnipresent** God 어디에나 존재하는 신

n **omniprésence** 편재

over- 접두어 ▸ 위

필수어휘 참고 p.390

overcharge
[ouvərtʃá:rdʒ]
☆☆☆☆☆

over (too much) +
charge 청구하다 →
'(세금 · 요금을) 너무 많이 청구하다'에서 유래

v 1 (~에게) **부당한 값을 요구[청구]하다** / charge too high a price
2 (~에) **짐을 너무 많이 싣다** / load too heavily; overload

- The grocer **overcharged** you for the eggs.
  그 상인은 달걀에 대하여 당신에게 부당한 값을 요구했다.

overestimate
[ouvəréstimeit]
☆☆☆☆☆

over (too much) + estimate 평가하다 → '너무 높게 평가하다'에서 유래

n vt **과대 평가(하다)** / (an) estimate at too high a value; overrate
- I think you're **overestimating** his abilities. 난 당신이 그의 능력을 과대 평가하고 있다고 생각한다.

반 **underéstimate** 과소 평가(하다)

overindulge
[ouvərindʌ́ldʒ]
☆☆☆☆☆

over (excessively) + indulge 제멋대로 하게 두다 → '지나치게 제멋대로 하게 두다'에서 유래

v (하고 싶은 것을 하도록) **지나치게 내버려두다** / let have too much of what is wanted
- She **overindulges** her children. 그녀는 자신의 아이들을 지나치게 내버려둔다.

overpass
[ouvərpǽs]
☆☆☆☆☆

over (above) + pass 통과하다 → '~위를 통과하다'에서 유래

v 1 (지역 · 경계 · 한계 따위를) **넘다, 통과하다** / pass over as a region, bounds or limits
2 **빠뜨리고[못보고] 넘어가다** / pass without notice; overlook
- We **overpassed** the frontier during the night. 우리는 밤 동안에 국경을 통과했다.

n [óuvərpæs] **육교, 고가도로** / a bridge over a road; crossover

overpopulate
[ouvərpápjəleit]
☆☆☆☆☆

over (too much) + populate ~에 살다 → '~에 너무 많은 사람들이 살다'에서 유래

vt (~을) **인구 과잉이 되게 하다** / fill with too many people; overpeople
- Expanding industry has **overpopulated** the western suburbs. 공업의 발달로 서부 교외지역은 인구 과잉이 되어 왔다.

overrate
[ouvəréit]
☆☆☆☆☆

over (too much) + rate 평가하다 → '본래의 가치보다 너무 높게 평가하다'에서 유래

vt **과대 평가하다** / put too high a value on; overestimate
- I think that film is **overrated**. 난 그 영화가 과대 평가 되었다고 생각한다.

반 **underráte** 과소 평가하다

overreach
[ouvəríːtʃ]
☆☆☆☆☆

over (excessively) + reach 도달하다 → '지나치게 많이 도달하다'에서 유래

v 1 (목표 · 제한 따위를) **초과하다** / reach over or go beyond; exceed
2 (남을) **속이다, 한 수 앞지르다** / get the better of by fraud; outwit
- **overreach** the speed limit 속도 제한을 초과하다

oversee
[ouvərsíː]
★☆☆☆☆

over (above) + see 보다 → '~위에서 내려다 보다'에서 유래

vt **내려다보다, 감독하다** / look after and direct; superintend; supervise
- **oversee** the workers 일꾼들을 감독하다

overweening
[ouvərwíːniŋ]
★☆☆☆☆

over (excessively) + ween (expect) → '앞 일에 대해서 지나치게 기대하는'에서 유래

a **과시하는, 우쭐대는** / too proud of oneself; conceited; overbearing
- **overweening** confidence in his own power 그 자신의 힘[권력]에 대한 자신감

---

out- 접두어 ▸ **밖 · 초월** 필수어휘 참고 p.400

outcast
[áutkæst]
★★★☆☆

out (outside) + cast 던지다 → '밖으로 내던져진 사람'에서 유래

n (사회 · 가족 등에서) **버림받은 사람, 추방자** / person driven away from home, friends, or society; exile
- be treated as an **outcast** 추방자로 대접받다

outdated
[autdéitid]
★☆☆☆☆

out (more than) + date 시대 → '지금 시대보다 오래된'에서 유래

a **시대에 뒤진, 진부한** / made out of date or obsolete; old-fashioned
- stick to an **outdated** theory 진부한 학설을 고수하다

v **outdáte** 시대에 뒤지게 하다

outdistance
[autdístəns]
★☆☆☆☆

out (more than) + distance 거리 → '~보다 거리에서 앞서다'에서 유래

vt (경주에서) **~을 훨씬 앞서다** / leave behind; outstrip
- The winner **outdistanced** all the other runners in the race.
  우승자는 경주에서 다른 주자들을 훨씬 앞섰다.

outing
[áutiŋ]
☆☆☆☆☆

out (outside) → '밖으로 나가는 것'에서 유래

n **소풍, 야유회** / a short pleasure trip; excursion
- go on an **outing** to the beach 해변으로 소풍 나가다

outlandish
[autlǽndiʃ]
☆☆☆☆☆

out (outside) + land 지방 → '우리가 사는 지방 밖에 분위기의'에서 유래

a **이국풍의, 색다른** / looking strange; odd; peculiar; queer
- those youngsters who wear the most **outlandish** clothes
  가장 색다른 옷을 입는 젊은 스타들

outlast
[autlǽst]
★☆☆☆☆

out (more than) + last 지속하다 → '~보다 오래 지속하다'에서 유래

vt **~보다 오래 가다[살다]** / last or live longer than; survive; outlive
- It seems doubtful that she will **outlast** her husband.
  그녀가 남편보다 오래살지 의심스럽다.

outmoded
[autmóudid]
★☆☆☆☆

out (outside) + mode 양식 → '현재 양식에서 밖으로 벗어난'에서 유래

a **유행에 뒤떨어진** / no longer fashionable; out-of-date; antiquated
- an **outmoded** custom 유행에 뒤떨어진 관습

뉘앙스 p.535

outpost
[áutpoust]
☆☆☆☆☆

out (outside) + post 기둥 → '맨 바깥쪽에 버티고 있는 것'에서 유래

n **전초 (지점)** / a settlement in an outlying place; advanced post
- Missionaries and traders have been **outposts** of civilization.
  선교사들과 무역업자들은 문명의 전초자였다.

outshine
[autʃáin]
★☆☆☆☆

out (more than) + shine 빛나다 → '~보다 잘 빛나다'에서 유래

vt **~보다 더 빛나다, ~보다 뛰어나다** / shine more brightly than; surpass; outdo
- The young girl violinist **outshines** all the other competitors.
  그 어린 소녀 바이올리니스트는 다른 모든 경쟁자들보다 뛰어나다.

outstrip
[autstríp]
★☆☆☆☆

out (more than) + strip 빼앗다 → '~보다 더 많이 빼앗다'에서 유래

vt **~을 능가하다, ~에 이기다** / go faster than; exceed; surpass; outreach
- The hare was **outstripped** by the tortoise.
  토끼는 거북이에게 앞지름을 당했다.

뉘앙스 p.401

pan- 기타 접두어 ▸ 모든

필수어휘 참고 p.562

pandemic
[pændémik]
★☆☆☆☆

pan (all) + dem (people) → '모든 지역의 사람들에게서 나타나는'에서 유래

a (병이) **전국적으로 유행하는** / prevalent over the whole country; widespread
- **pandemic** influenza 전국적으로 퍼진 독감

n **전국적 유행병** / a pandemic disease

cf **endémic** 어떤 지방 특유의; 풍토병 **epidémic** 유행병(의)

pandemonium
[pændəmóuniəm]
★☆☆☆☆

pan (all) + demon (evil) → '모든 악이 다 모여 있는 곳'에서 유래

n **지옥, 아수라장, 대혼란** / a state of wild and noisy disorder; hell; shambles
- The station is a **pandemonium** at rush hours.
  그 역은 러시 아워에는 대혼잡을 이룬다.

---

pantheism
[pǽnθiizm]
☆☆☆☆☆

pan (all) + the<theo (God) → '모든 신을 믿는 장소'에서 유래

n **범신론, 다신교**
/ belief that God is in everything and that everything is God; polytheism
- The ancient Romans practiced **pantheism**. 고대 로마인들은 범신론을 믿었다.

para- 접두어 ▸ 옆

필수어휘 참고 p. 404

paragon
[pǽrəgɑn]
★☆☆☆☆

par<para (beside) + agon (whetstone) → '비교를 위한 시금석이 되는 숫돌'에서 유래

n **모범, 전형**
/ a person or thing that is or seems to be a perfect model; pattern
- a **paragon** of beauty 미의 전형

---

paranoia
[pærənɔ́iə]
☆☆☆☆☆

para (beside) + nous (mind) → '한 쪽으로 치우친 마음'에서 유래

n **≪의학≫ 편집병, 망상** / a psychotic disorder characterized by delusions of persecution or grandeur
- The psychiatrists analyzed his ailment as **paranoia**.
  정신과 의사들은 그의 병을 편집병으로 분석하였다.

a **paranóiac, paranoid** 편집광의

---

paraphernalia
[pærəfərnéiljə]
☆☆☆☆☆

para (beside) + pher (carry) → '옆에 갖다 놓고 쓰는 것'에서 유래

n **(개인의) 소지품, <단수취급> 장비, 비품**
/ personal belongings for a particular activity; equipment
- cluttered desk with **paraphernalia** of the writing craft
  필기 도구들로 어지럽혀진 책상

---

parasite
[pǽrəsait]
☆☆☆☆☆

para (beside) + sit (food) → '옆에서 음식을 먹는 것'에서 유래

n 1 **≪생물≫ 기생 동물, 기생충**
/ an organism that lives in or on another organism; bloodsucker

2 **폐를 끼치는 사람, 식객**
/ a person who is supported from another; sponger
- He lived as a **parasite** in his father's house. 그는 아버지 집에서 식객으로 살았다.

a **párasitic** 기생하는 **a** **n** **parasíticide** 구충의[제] **n** **parasitólogy** 기생충학

---

parenthesis
[pərénθisis]
☆☆☆☆☆

par<para (beside) + en (into) + thes (place) → '사이 가운데에 놓다'에서 유래

n **(일반적으로) 둥근 괄호** / two curved lines used to set off a word or sentence
- put the translation in **parenthesis** 괄호 안에 번역을 해서 써넣다

v **parénthesize** (단어 · 구를) 삽입하다 **a** **parenthétic** 삽입 어구의

---

parish
[pǽriʃ]
☆☆☆☆☆

par<para (beside) + ish<oikos (house) → '옆에 사는 이웃'에서 유래

n 1 **≪영≫ 교구** / an area in the care of a single priest and served by one main church

2 **(최소 단위의) 행정구** / the smallest unit of local government; civil parish
- a **parish** as a political subdivision 행정상의 한 구역으로서의 행정구

cf **pérish** 죽다

parody
[pǽrədi]
★☆☆☆☆

par<para (beside) + od (song) → '원작을 옆에 놓고 새롭게 부르는 것'에서 유래

n **풍자적 시문(詩文), 패러디**
/ a humorous imitation of a serious writing; caricature; travesty; burlesque
- **Parodies** and caricatures are the most penetrating of criticisms.
  패러디와 캐리커쳐는 가장 예리한 비평이다.

---

per- 접두어 ▸ **관통 · 통과** 필수어휘 참고 p.410

percolate
[pə́:rkəleit]
★☆☆☆☆

per (through) + cola (filter) → '~을 통해 여과하다'에서 유래

v **여과하다, 스며나오(게 하)다**
/ pass through a material that has small holes in it; permeate
- The water **percolated** down through the rock.
  물이 바위를 통과해서 아래로 스며나왔다.

n **percolátion** 여과 **n** **percolátor** 여과기(filter)

percussion
[pərkʌ́ʃən]
☆☆☆☆☆

per (intensive) + cu<quat (strike) → '세게 부딪침'에서 유래

n 1 **충돌, 충격** / the striking of one body against another with force; impact
2 (악단의) **타악기(부)** / musical instruments that are played by being struck
- The drum is a **percussion** instrument. 드럼은 타악기이다.

vt **percúss** ~을 치다

perdition
[pərdíʃən]
☆☆☆☆☆

per (wrongly) + di<dare (give) → '가장 나쁜 것을 줌'에서 유래

n (완전한) **파멸, 영원한 죽음**
/ punishment that goes on forever; ruin
- He was damned to eternal **perdition**. 그는 완전한 파멸의 저주를 받았다.

peregrination
[perəgrinéiʃən]
★☆☆☆☆

per (outside) + egr<ager (territory) → '바깥 영토를 두루 돌아다님'에서 유래

n **편력(遍歷), 여행** / a long and wandering journey; travels
- After ten years of **peregrination** I came home.
  10년간의 여행 후에 나는 집으로 돌아왔다.

perfuse
[pərfjú:z]
★☆☆☆☆

per (intensive) + fus<fund (pour) → '이곳 저곳에 붓다'에서 유래

vt (액체 · 색 따위를) **흩뿌리다, 살포하다**
/ pour over or through something; overspread; suffuse
- **perfuse** water over a thing 물건에 물을 살포하다

perpendicular
[pə̀:rpəndíkjulər]
★☆☆☆☆

per (through) + pend (hang) → '똑바로 걸려있는'에서 유래

a **수직의, 직립한** / exactly upright; vertical
- a **perpendicular** line 수직선

n **수직 상태** / a perpendicular position
- be out of the **perpendicular** 기울어져 있다

n **perpendiculárity** 수직, 직립

perquisite
[pə́:rkwəzit]
☆☆☆☆☆

per (intensive) + qui<qiae (seek) → '(이익을) 추구하는 중에 생긴 것'에서 유래

n **부수입, 수당** / a profit received in addition to a regular pay; bonus
- the **perquisites** of the college president including a home and car
  집과 차를 포함하는 대학 총장의 부수입

perspiration
[pə̀:rspəréiʃən]
★☆☆☆☆

per (through) + spir (breathe) → '피부를 통해 숨을 쉼'에서 유래

n **발한, 땀**
/ the fluid that is excreted through the pores of the skin by the sweat glands; sweat
- get into a profuse **perspiration** 땀을 많이 흘리다

v **perspíre** 땀을 흘리다 **a** **perspíratory** 땀나는, 발한 작용의

pertinacious
[pəːrtənéiʃəs]
☆☆☆☆☆

per (intensive) +
tinac<ten (hold) →
'꼭 붙들고 있는'에서 유래

a **불굴의, 끈기 있는**
/ holding firmly to a purpose, action or opinion; stubborn; headstrong
- **pertinacious** efforts 불굴의 노력

n **pertinácity** 끈질김, 집요(persistency, -ce)

peri- 기타 접두어 ▸ 주변

필수어휘 참고 p.562

perimeter
[pərímitər]
★★★☆☆

peri (around) +
meter (measure) →
'둘레의 길이는 땅의 넓이'
에서 유래

n **주위, 주변** / outer boundary of a closed figure; circumference; border
- A stone wall marked the field's **perimeter**. 돌벽이 들판의 주위를 표시했다.

peripatetic
[perəpətétik]
★☆☆☆☆

peri (around) +
pate (walk) →
'주변을 걸어 다니다'
에서 유래

a 1 **걸어 다니는, 돌아 다니는** / walking from place to place; roving
2 **소요학파의** /relating to the philosophy or teaching methods of Aristotle
- a **peripatetic** vender 돌아 다니는 행상인 / the **peripatetic** school 소요학파

periscope
[péraskoup]
☆☆☆☆☆

peri (around) +
scop (look) →
'사방을 보는 기구'에서 유래

n (잠수함 따위의) **잠망경** / a long tube with mirrors fitted in it
- see what is above with a **periscope**
잠망경으로 위에 무엇이 있는지 보다

poly- 기타 접두어 ▸ 많은

필수어휘 참고 p.562

polyglot
[páliglɑt]
☆☆☆☆☆

poly (many) +
glot (language) →
'여러 언어를 구사'에서 유래

a **수개 국어를 할 수 있는** / knowing in many languages; multilingual
n **수개 국어에 능통한 사람** / a multilingual person
- She is a **polyglot** speaking six languages.
그녀는 6개 국어를 말하는 수개 국어 능통자다.

polytheism
[páliθiːizm]
☆☆☆☆☆

poly (many) +
the<theo (God) →
'많은 신을 믿는'에서 유래

n **다신론, 다신교** / belief in more than one God
- The ancient Greeks practiced **polytheism**.
고대 그리스인들은 다신교를 믿었다.

cf **mónotheism** 일신교

pre- 접두어 ▸ 앞 · 전

필수어휘 참고 p.420

preamble
[príːæmbl]
☆☆☆☆☆

pre (before) +
amble (천천히) 걷다 →
'본문에 들어가기 전의
말이나 글'에서 유래

n **서문, 머리말** / a preliminary statement; preface
- a **preamble** to the treaty 그 조약의 서문

precinct
[príːsiŋkt]
★☆☆☆☆

pre (before) +
cinc (surround) →
'사전에 둘레를 정해놓은
곳'에서 유래

n (행정상의) **경계, 관구, 선거구** / a part or district of a city; province
- a police **precinct** 경찰의 관할 구역
- an election **precinct** 선거구

cf **prefécture** 행정 관구, 현(縣)

precocious
[prikóuʃəs]
★☆☆☆☆

pre (before) +
coci<coquere (ripe) →
'먼저 익어버린'에서 유래

a **조숙한**
/ showing early development of mind or body; premature
- a **precocious** child 조숙한 아이

predestine
[pri:déstin]
☆☆☆☆☆

pre (before) +
destine 운명을 정하다 →
'미리 운명을 정하다'
에서 유래

vt (신 · 사람이 운명을) **미리 정하다, 예정하다**
/ determine or settle beforehand; predestinate; preordain
- The plan seemed **predestined** to failure. 그 계획은 실패가 예정된 것처럼 보였다.

preempt
[priémpt]
★☆☆☆☆

pre (before) +
em (buy) →
'남보다 먼저 사다'에서 유래

vt (먼저 사려고) **선점[선취]하다**
/ acquire or take possession of beforehand; appropriate
- **preempt** a comfortable chair 편안한 의자를 선점하다

prefabricate
[pri:fǽbrəkeit]
★☆☆☆☆

pre (before) +
fabricate 제조하다 →
'미리 제조하다'에서 유래

vt (부품 등을) **미리 제조하다, 조립식으로 만들다**
/ make all standardized parts of
- the erection of a **prefabricated** house 조립식 주택의 건조

premium
[prí:miəm]
☆☆☆☆☆

pre (before) +
m<em (buy) →
'먼저 살 수 있도록 얻은 돈'
에서 유래

n 1 **할증금, 웃돈** / an additional amount of money
2 (1회분의) **보험료** / an amount of money paid for insurance
- During the holiday months hotel rooms are at a **premium**.
  연휴가 낀 달 동안에 호텔 객실들은 웃돈이 붙는다.
- pay **premiums** on one's life insurance 자신의 생명보험에 대한 보험료를 지불하다

prerequisite
[pri:rékwəzit]
★★★☆☆

pre (before) +
requisite 필요한 →
'미리 필요한'에서 유래

a **미리 필요한** / required beforehand
n **선행[필수] 조건** / something required beforehand; precondition
- a **prerequisite** for joining the club 그 클럽에 들어가기 위한 선결 조건

presentiment
[prizéntəmənt]
★☆☆☆☆

pre (before) +
sentiment 느낌 →
'앞 일에 대한 느낌'에서 유래

n (불길한) **예감, 육감** / a feeling that something is about to happen; foreboding
- a **presentiment** of death 죽음의 예감

presuppose
[pri:səpóuz]
☆☆☆☆☆

pre (before) +
suppose 가정하다 →
'미리 가정하다'에서 유래

vt **~을 전제로 하다** / suppose to be true in advance; assume
- An effect **presupposes** a cause. 결과는 원인을 전제로 한다.

prevaricate
[privǽrəkeit]
☆☆☆☆☆

pre (beforehand) +
varic (straddle) →
'미리 빠져나갈 기회를
엿보다'에서 유래

vi **얼버무리다, 속이다** / turn aside from the truth; equivocate; quibble; palter
- **prevaricate** to save one's life 자신의 생명을 보전하기 위해 속이다

pro- 접두어 ▸ 앞 필수어휘 참고 p.432

profligate
[práfligət]
★☆☆☆☆

pro (forth) +
flig (strike) →
'앞에 있는 것을 때려
부수는'에서 유래

a 1 **품행이 나쁜, 방탕한** / given over to dissipation; dissolute
2 **낭비하는** / carelessly and foolishly wasteful; extravagant
- **profligate** spending by our local council
  우리 지방 의회의 낭비적 지출

n **prófligacy** 방탕

progeny [prádʒəni] ★☆☆☆☆

pro (forth) + gen (birth) → '앞으로 태어날 아이들'에서 유래

n 1 <집합적> **자식, 자손** / children or offspring; descendants
2 **결과** / something that is originated or produced; outcome

- Her numerous **progeny** were all asleep. 그녀의 많은 자식들이 모두 잠들었다.
- marvelous **progeny** of the workman's art 그 직공의 기술에 따른 놀랄만한 결과

cf **pródigy** 신동 **pródigal** 방탕한

---

proletariat [proulətέəriət] ☆☆☆☆☆

pro (forth) + l<al (nourish) → '(가진 것 없이) 아이만 낳아 기르는 사람들'에서 유래

n **프롤레타리아, 무산계급** / the poorest class of working class; rabble

- deprive the **proletariat** of a voice in government
  정부에서 무산계급의 투표권을 박탈하다

a **proletárian** 프롤레타리아의, 무산계급의 **cf** **bourgeóis** 중산층; 자본가 계급

---

proliferate [prəlífəreit] ★★★☆☆

pro (forth) + l<al (nourish) + fer (bearing) → '영양분을 얻어 생산해 내는'에서 유래

v (세포 분열등에 의해) **증식하다** / grow or multiply; propagate

- Computer companies **proliferate**. 컴퓨터 회사들이 증가하고 있다.

n **proliferátion** 증식
cf **NPT : Nuclear Nonproliferation Treaty** 핵 확산 방지 조약

---

prolix [proulíks] ★☆☆☆☆

pro (forth) + lix<liqu (flow) → '(많은 말들이) 앞으로 흘러나오는'에서 유래

a **장황한, 지루한** / using too many words; wordy

- His **prolix** arguments irritated the jury.
  그의 장황한 논거는 배심원들을 짜증나게 했다.

n **prolíxity** 장황함

---

prologue [próulɔːg] ★☆☆☆☆

pro (before) + log (speech) → '앞서서 하는 말'에서 유래

n (시 · 극 따위의) **서사, 발단**
/ an introduction to a novel, poem or other literary work; introduction

- the **prologue** of the play 그 연극의 서사

---

promontory [prámәntɔːri] ☆☆☆☆☆

pro (forth) + mont (hill) → '앞으로 튀어 나온 언덕'에서 유래

n **곶, 갑(岬), 돌기** / a long narrow point of land; headland; cape

- erect a lighthouse on the **promontory** 돌기 부분에 등대를 세우다

---

propitiate [prəpíʃièit] ★☆☆☆☆

pro (forth) + pit<pet (go) → '상대방이 원하는 쪽으로 가다'에서 유래

vt **~을 달래다, 비위를 맞추다** / conciliate; appease; mollify

- **propitiate** the gods with a sacrifice 제물을 바쳐 신의 비위를 맞추다

n **propitiátion** 달래기; 화해 **a** **propítiatory** 달래는

---

proponent [prəpóunənt] ★☆☆☆☆

pro (before) + pon (put) → '(~의 장점을) 남 앞에 내놓은 사람'에서 유래

n **지지자**
/ a person who supports something; advocate

- an enthusiastic **proponent** of yoga 요가의 열렬한 지지자

---

prosaic [prouzéiik] ★☆☆☆☆

pro (forth) + sa<vers (turn) → '말만 바꿔 앞으로 줄줄이 늘어 놓는'에서 유래

a **산문적인, 지루한** / uninteresting; tedious; dull

- his **prosaic** writings 그의 지루한 작품

n **prose** 산문 **n** **prosáism** 산문체

prostrate
[prástreit]
★☆☆☆☆

pro (forth) +
stra<stern (spread) →
'(웅크려 있던 몸을) **앞으로 펴다**'에서 유래

vt 1 <재귀용법> (자기 자신을) **엎드리게 하다** / make (oneself) bow or kneel down in humility; fell

2 **~을 쇠약하게 하다** / cause to lose strength; exhaust

- We **prostrated** ourselves at the shrine. 우리는 사당 앞에 엎드렸다.
- He is **prostrated** by overwork. 그는 과로로 지쳐있다.

a **납작 엎드린** / lying on one's front; prone

- lie **prostrate** 엎드리다

n **prostrátion** 엎드림, 굴복; 쇠약

---

proviso
[prəváizou]
★☆☆☆☆

pro (forth) +
vis<vid (see) →
'**우선적으로 앞에 보여지는 것**'에서 유래

n (법령 · 계약서 따위의) **단서, 조건** / a necessary condition in an agreement that is made in advance; provision

- accept one's proposal with the **proviso** 조건부로 제안을 받아 들이다

---

proto- 기타 접두어 ▸ **처음** **필수**어휘 참고 **p.**564

protoplasm
[próutəplæzm]
☆☆☆☆☆

proto (first) +
plas (form) →
'**처음에 생긴 형태**'에서 유래

n ≪생물≫ **원형질** / colorless, jelly-like substance which is the material basis of life; plasma

- **Protoplasm** may undergo the whole cycle of vital functions.
  원형질도 생체 기능의 전체 과정을 겪게 된다.

---

protozoan
[proutəzóuən]
☆☆☆☆☆

protozoa 원생 동물 +
n 형용사형 접미사 →
'**원생 동물의**'에서 유래

n **a** **원생 동물(의)** / anyone of group of microscopic animals

- The **protozoans** are the lowliest and simplest forms of animal life.
  원생 동물은 가장 하등하고 가장 단순한 동물의 형태이다.

---

re- 접두어 ▸ **뒤 · 다시** **필수**어휘 참고 **p.**446

rampart
[rǽmpa:rt]
☆☆☆☆☆

r<re (again) +
ampar (fortify) →
'**다시 강화시켜 놓은 것**'에서 유래

n **누벽, 성벽** / a wide stone wall built to protect a fort; bulwark

- watch the fighting from the **ramparts** 성벽에서 싸움을 지켜보다

cf **rámpant** (병 · 범죄 등이) 만연하는

---

rapport
[ræpɔ́:r]
★☆☆☆☆

re (again 다시) +
ap<ad (near 가까운) +
port (carry 나르다) →
'**다시 서로 가까워진 관계**'에서 유래

n (일치, 조화를 특징으로 한) **관계** / a friendly relationship

- We worked in close **rapport**. 우리는 마음을 맞추어 일했다.

---

rebut
[ribʌ́t]
☆☆☆☆☆

re (back) +
but (butt) →
'(상대방 말의) **뒤를 치다**'에서 유래

vt **~을 반박하다** / prove the falseness of a statement; disprove

- **rebut** the evidence 그 증언을 반박하다

n **rebúttal** 반박(refutation)

---

recalcitrant
[rikǽlsitrənt]
★☆☆☆☆

re (back) +
calc (heel) →
'**뒤로 물러서며 뒤꿈치로 버티는**'에서 유래

a **반항하는, 고집센** / resisting authority or control; stubborn

- **recalcitrant** students who refuse to obey the rules
  규율에 순종치 않는 반항 학생들

n **recalcitrátion** 반항, 고집부림

recapitulate
[ri:kəpítʃuleit]
★☆☆☆☆

re (again) + cap (head) → '머리가 되는 것을 다시 모으다'에서 유래

vt **요약하다** / repeat or recite the points of; summarize
- **recapitulate** the ideas presented in his speech 그의 연설에서 제시된 의견들을 요약하다

n **recapitulátion** 요약(epitome)

---

recidivism
[risídəvizm]
☆☆☆☆☆

re (again) + cid (fall) → '(범죄의 소굴로) 다시 떨어짐'에서 유래

n **상습적 범행, 상습성** / an act that keeps going back to a life of crime; habitude
- Prison reformers are disturbed by the high rate of **recidivism**. 교도소 개혁자들은 높은 상습적 범행률 때문에 당황하고 있다.

n **recídivist** 상습범(chronic offender)

---

reconnaissance
[rikánəsəns]
☆☆☆☆☆

re (again) + con (intensive) + nai (know) → '다시 확실히 알 수 있도록 살핌'에서 유래

n **시찰, 정찰[대]** / an examination or survey; patrol
- a **reconnaissance** plane 정찰기

v **reconnóiter** 정찰하다

---

recriminate
[rikríməneit]
★☆☆☆☆

re (back) + crim (accuse) → '되받아 고소하다'에서 유래

vi **반소(反訴)하다** / accuse in return; counterclaim
- **recriminate** for damages 손해 배상에 대해 반소하다

---

recumbent
[rikʌ́mbənt]
☆☆☆☆☆

re (back) + cumb (lie) → '드러 누워 있는'에서 유래

a **(편안하게) 드러누운** / lying down; reclining
- a **recumbent** posture 드러누운 자세

n **recúmbency** 기댐; 태만

---

recycle
[ri:sáikl]
★★☆☆☆

re (again) + cycle 순환 → '다시 순환시키다'에서 유래

vt **~을 재(생) 이용하다** / use again; remake; reclaim
- The glass from bottles can be **recycled**. 병 유리는 재생 이용할 수 있다.

n **recycling** 재(생) 이용

---

referendum
[refəréndəm]
★★☆☆☆

re (again) + fer (carry) → '국민의 관심을 한 곳에 옮기는 일'에서 유래

n **국민[일반] 투표** / a direct vote by all the people to decide strong disagreement; plebiscite
- **Referendums** are legal in Britain but are very rarely used. 국민 투표는 영국에서는 합법적이지만 아주 드물게 사용된다.

---

refractory
[rifrǽktəri]
★☆☆☆☆

re (back) + fract (break) → '잘 깨지지 않는'에서 유래

a 1 **고집센, 다루기 힘든** / hard to manage; wayward
2 **(병 따위가) 난치의, 고질인** / not yielding readily to treatment; incurable
- a **refractory** child 말을 안 듣는 아이

---

refrigerate
[rifrídʒəreit]
☆☆☆☆☆

re (again) + friger (freeze) → '자꾸 얼게 만들다'에서 유래

vt **~을 식히다, 차게 해 두다** / cool or chill (a substance)
- **refrigerate** meat 고기를 차게 해 두다

n **refrígerator** 냉장고(freezer)

---

refulgent
[rifʌ́ldʒənt]
☆☆☆☆☆

re (again) + fulg (shine) → '빛나는'에서 유래

a **빛나는, 찬란한** / shining brightly; splendid; brilliant
- a **refulgent** sunrise 찬란한 일출

regale
[rigéil]
☆☆☆☆☆

re (again) +
gale (make merry) →
'자꾸자꾸 즐겁게 만들다'
에서 유래

vt (~을) **매우 즐겁게 하다** / provide with great enjoyment; entertain

- He **regaled** us with interesting stories.
  그는 흥미진진한 이야기들로 우리를 매우 즐겁게 해 주었다.

cf **légal** 합법적인 **régal** 왕다운

---

regress
[rigrés]
★☆☆☆☆

re (back) +
gress (go) →
'뒤로 가다'에서 유래

vi **되돌아가다, 퇴행하다** / go back to a former; revert state; retrogress

- His behavior **regressed** because of his parents' divorce.
  그의 행동은 부모의 이혼 탓에 예전으로 되돌아 갔다

---

relapse
[rilǽps]
☆☆☆☆☆

re (back) +
laps (slip) →
'뒤로 미끄러져 가다'
에서 유래

vi (원래의 좋지 않은 상태로) **되돌아가다**
/ slip back into a former state of acting; retrogress; revert

- **relapse** into moody silence 다시 뚱하게 침묵하다

n **퇴보, 타락** / falling back into a former state; retrogression; degeneration

cf **elápse** (시간이) 경과하다

---

relic
[rélik]
☆☆☆☆☆

re (back) +
lic<linqu (leave) →
'뒤에다 남겨 놓은 것'
에서 유래

n **유물, 유적** / a thing or other remains left from the past; memento

- another **relic** of colonialism 식민 시대의 또 하나의 유물

---

rendezvous
[rá:ndəvu:]
★☆☆☆☆

re (again) +
nde<da (give) →
'다시 보기로 하는 약속을 줌'
에서 유래

n **만남의 약속[장소]** / an appointment or engagement to meet at a fixed place

- a **rendezvous** for writers 문인들을 위한 만남의 장소

---

repercussion
[ri:pərkʌ́ʃən]
★☆☆☆☆

re (back) +
per (intensive) +
cuss (strike) →
'뒤로 다시 튀겨 나옴'
에서 유래

n (사건 따위의) **영향, 반향** / far-reaching effect of some action; aftermath

- The president's death had unexpected **repercussions** all over the world.
  그 대통령의 죽음은 세계 각지에 예기치 않은 영향을 끼쳤다.

---

repertoire
[répərtwɑ:r]
☆☆☆☆☆

re (again) +
per<par (produce) →
'계속 상연할 내용을 적어 놓은 것'에서 유래

n **연주 목록, 레퍼토리** / the collection of plays or pieces of music; repertory

- a large **repertoire** of songs 노래의 다양한 레퍼토리

---

replenish
[riplénìʃ]
★★★☆☆

re (again) +
ple (fill) →
'다시 채우다'에서 유래

vt **~을 다시 채우다, 새로 보충하다** / provide a new supply for; refill

- **replenish** one's stock of food 저장 식량을 보충하다

---

repository
[ripázətɔ:ri]
☆☆☆☆☆

re (back) +
pos (place) →
'뒤에다 놓아 두는 곳'
에서 유래

n 1 **보존 용기, 저장소** / a place where things are stored; storehouse
2 (비밀 따위를) **털어 놓을 수 있는 사람**
/ a person to whom something is confided

- The box is the **repository** for old magazines. 그 박스는 오래된 잡지의 보관함이다.

---

reprieve
[riprí:v]
★☆☆☆☆

re (back) +
pri<prehen (seize) →
'시간을 뒤로 잡다'에서 유래

vt **형 집행을 연기하다** / postpone the punishment of; suspend

- The prisoner was **reprieved**. 그 죄수는 형 집행이 연기되었다.

n **집행유예** / postponement of a punishment; respite

reprobate
[réprəbeit]
★☆☆☆☆

re (back) + prob (approve) → '아무에게도 인정 받지 못한 사람'에서 유래

n **타락자, 불량배** / a morally unprincipled person; villain
- a **reprobate** who spends all one's money on beer
  술로 돈을 다 써버린 타락자

뉘앙스 p.187

repugnant
[ripʌ́gnənt]
★☆☆☆☆

re (again) + pugn (fight) → '자꾸만 싸우고 싶은'에서 유래

a **싫은, 비위에 거슬리는** / disagreeable or offensive; abhorrent
- All food is **repugnant** to me just now. 지금은 어떤 음식도 생각이 없다.

repulse
[ripʌ́ls]
★★★☆☆

re (back) + pul<pel (drive) → '뒤로 몰다'에서 유래

vt **퇴짜놓다, 거절하다** / refuse with rudeness or coldness; repel
- **repulse** a suitor 구혼자를 퇴짜놓다

a **repúlsive** 불쾌한(offensive, repellent, revolting)

requiem
[rékwiəm]
☆☆☆☆☆

re (intensive) + quie (quiet) → '편히 쉬게 해주는 노래'에서 유래

n **죽은 이를 위한 곡[미사], 진혼곡** / a musical service for the dead; Mass
- a performance of Mozart's **Requiem** 모짜르트 진혼곡의 연주

rescind
[risínd]
★★★☆☆

re (back) + scind (cut) → '뒤를 잘라버리다'에서 유래

vt (법률 따위를) **폐지하다, 무효로 하다** / put an end to; revoke; repeal
- **rescind** the rules that allow fraternity initiations
  남학생 사교 클럽 입회식을 허락하는 규칙을 폐지하다

뉘앙스 p.469

resilient
[rizíliənt]
★★☆☆☆

re (again) + sil<sal (leap) → '다시 뛰어오르는'에서 유래

a 1 **되돌아가는, 탄력성이 있는** / able to spring back to the former shape; flexible
2 **곧 기운을 차리는, 잘 회복하는** / readily recovering; cheerful
- Rubber is more **resilient** than wood. 고무는 나무보다 더 탄력성이 있다.
- It's been a terrible accident, but she's very **resilient**.
  그것은 매우 끔찍한 사고였지만 그녀는 잘 회복하고 있다.

restitution
[restətjú:ʃən]
☆☆☆☆☆

re (again) + stit<stat (set up) → '(무너뜨린 것을) 다시 세워줌'에서 유래

n **반환, 복원, 복권** / the giving back of what has been lost; reparation
- try to enforce the **restitution** of the lost lands 잃어버린 땅의 반환을 주장하다

vt **réstitute** 배상하다

resurrection
[rezərékʃən]
★☆☆☆☆

re (again) + sur (rise) → '다시 일어남'에서 유래

n **부활, 소생** / the act of rising from the dead; revival
- the **resurrection** of hope 희망의 소생

resuscitate
[risʌ́səteit]
★☆☆☆☆

re (again) + sus<sub (under) + cit (rouse) → '다시 일어나게 하다'에서 유래

vt **~을 소생[부흥]시키다** / bring back to life; revive
- **resuscitate** by artificial respiration
  인공 호흡으로 되살아나게 하다

retard
[ritá:rd]
★☆☆☆☆

re (back) + tard (slow) → '뒤로 잡아 끌어 느려지게 하다'에서 유래

vt **~을 더디게 하다, 늦추다** / move or proceed slowly; delay
- A weaker won would **retard** economic growth.
  원화 약세는 경제 성장을 지연시킬지도 모른다.

n **retardátion** 지연, 방해(hindrance)

retinue
[rétənjuː]
★☆☆☆☆

re (back) + tin<ten (hold) → '뒤에서 손을 잡고 따라오는 사람'에서 유래

n ≪집합적≫ **수행원, 시종** / a group of attendants or followers; escort
- be accompanied by a large **retinue** 많은 수행원이 동행하다

retract
[ritrǽkt]
★☆☆☆☆

re (back) + tract (draw) → '뒤로 끌다'에서 유래

vt (신체의 일부 따위를) **오므리다, 움츠리다** / draw back; retreat
- A snail **retracts** its horns. 달팽이는 더듬이를 움츠린다.

reverberate
[rivə́ːrbəreit]
★☆☆☆☆

re (again) + verber (beat) → '치고 또 치다'에서 유래

v (소리가) **반향하다, 울려 퍼지다** / be thrown back again and again; reecho
- A loud voice **reverberates** through the hall. 큰 소리가 회장 안에 울려 퍼진다.

a **revérberatory** 반향하는, 울리는(resonant)

se- 접두어 ▸ 분리 · 이탈

필수어휘 참고 p.480

secede
[sisíːd]
★☆☆☆☆

se (apart) + ced (go) → '떨어져 나가다'에서 유래

vi (특히 의견 차이로 인해) **탈퇴하다** / formally leave an organization; withdraw
- **secede** from the federation 연방에서 탈퇴하다

n **secéssion** 탈퇴

secrete
[sikríːt]
☆☆☆☆☆

se (apart) + cret (separate) → '안에서 떨어뜨려 밖으로 분리하다'에서 유래

vt **분비하다** / produce and discharge; excrete
- Tears are **secreted** by an organ under the upper eyelid.
  눈물은 윗 눈꺼풀 아래의 기관에 의해 분비된다.

cf **secréte** 비밀로 하다

sub- 접두어 ▸ 아래

필수어휘 참고 p.482

subconscious
[sʌbkɔ́nʃəs]
★☆☆☆☆

sub (under) + conscious 의식 → '의식의 아래에 있는'에서 유래

a n **잠재 의식(의)** / beneath or beyond consciousness; subliminal
- behavior come from desire in the **subconscious** 잠재된 욕망으로부터 나온 행동

cf **uncónscious** 무의식(중)의, 알아채지[깨닫지] 못하는

subdivide
[sʌbdiváid]
★☆☆☆☆

sub (under) + divide 나누다 → '큰 것을 작은 부분으로 나누다'에서 유래

v **세분하다** / divide into smaller parts; fractionize
- **subdivide** one's farm into lots 자신의 농장을 구획별로 세분하다

n **súbdivision** 세분, (세분된) 한 부분; (대지의) 구획

subliminal
[sʌblímənəl]
★☆☆☆☆

sub (under) + lim (threshold) → '의식의 경계[문지방] 아래에 있는'에서 유래

a **잠재 의식의** / below the threshold of consciousness; subconscious
- the **subliminal** self 잠재 의식 속의 자아

cf **sublíme** 숭고한

subpoena
[səbpíːnə]
★☆☆☆☆

sub (under) + poena (penalty) → '처벌의 아래 단계'에서 유래

n ≪법≫ **소환장** / a written order to attend a court of law; citation
- a **subpoena** delivered by an officer of the court 법원 관리에 의해 배달된 소환장

vt (법원에) **소환하다** / order to attend a court by means of a subpoena; summon

subservient
[səbsə́:rviənt]
★☆☆☆☆

sub (under) + serv (serve) → **'아래에서 봉사하는'** 에서 유래

a 1 **~에 종속하는, 비굴한** / tending to obey other's wishes; submissive; servile
2 **도움이 되는, 유용한** / useful as a means to help a purpose; helpful
- a **subservient** manner 비굴한 태도

vt **subsérve** 도움을 주다 **n** **subsérvience** 순종; 유용(함)

subsidy
[sʌ́bsidi]
★☆☆☆☆

sub (under) + sid (sit) → **'아래 깔려있는 돈'**에서 유래

n **(정부의) 보조금** / money paid by the government; grant
- a **subsidy** for education 교육 보조금

vt **súbsidize** ~에게 보조금을 지급하다

subterfuge
[sʌ́btərfju:dʒ]
★☆☆☆☆

subter<sub (under) + fuge (flee) → '(비난이나 벌을 피해) **달아나려 함**'에서 유래

n **핑계, 구실** / an expedient used to escape something unpleasant; excuse
- a **subterfuge** to avoid going to school 학교가지 않기 위한 핑계

subterranean
[sʌbtəréiniən]
★☆☆☆☆

sub (under) + terr (earth) → **'땅 아래의'**에서 유래

a **지하의** / beneath the earth's surface; underground
- a **subterranean** passage led to the cave 동굴까지 이어진 지하 통로

n **지하에서 사는[일하는] 사람** / a person who lives or works underground

succor
[sʌ́kər]
☆☆☆☆☆

suc<sub (up) + cor<cur (run) → **'어려운 처지에 있는 사람에게 달려감'**에서 유래

n **도움, 원조** /help given to someone in difficulty; aid
vt **~을 도와주다** /help someone in time of distress; assist
- **succor** the poor old man 가난하고 늙은 노인을 도와주다

succinct
[səksíŋkt]
★★★☆☆

suc<sub (under) + cinct (gird) → '(흐트러진 것들을) **허리띠로 매어 정리한**'에서 유래

a **간결[간명]한** /expressed briefly and clearly; concise
- a very **succinct** explanation 아주 간결한 설명

n **succínctness** 간결, 간단 명료

supplant
[səplǽnt]
★★★☆☆

sup<sub (under) + plant 심다 → **'~대신 아래에 심다'**에서 유래

vt **밀어내다, 대신 들어앉다** / take the place of; replace
- a new system to **supplant** outdated working methods
구식이 된 작업 방식을 밀어내는 새로운 시스템

뉘앙스 p.495

supercilious
[sù:pərsíliəs]
★☆☆☆☆

super (over) + cili (eyelid 눈꺼풀) → **'높은 자리에서 눈꺼풀 아래로 내려다 보는'**에서 유래

a **거만[오만]한** / showing scorn because of a feeling of superiority; haughty
- look down at the workman with a **supercilious** manner
거만한 태도로 그 일꾼을 내려다 보다

superego
[su:pərí:gou]
☆☆☆☆☆

super (beyond) + ego 자아 → **'자아의 초월'**에서 유래

n **≪심리≫ 초자아** / the moral self; conscience
- The **superego** governs the repression or expression by the ego of the drives of the id. 초자아는 본능의 욕구를 자아에 의해 표출할지 억제할지를 결정한다.

cf **égo** 자아, 에고

supernal
[supə́:rnl]
☆☆☆☆☆

super (over) → '(땅을 기준으로) **위의**' 에서 유래

a **하늘[천상]의** / existing in the realm above life on earth; heavenly
- a tale of **supernal** gods 하늘의 신들에 대한 이야기

super-, sur- 접두어 ▸ 위

필수어휘 참고 p.494

supervene
[sju:pərví:n]
☆☆☆☆☆

super (upon) + ven (come) → '(다른 일이) **바로 다음에 오다**'에서 유래

vi **잇따라[결과로서] 일어나다** / come directly after something else; ensue

- He hit the man, and a fight **supervened**.
  그가 그 남자를 때렸고, 싸움이 잇따라 일어났다.

---

supine
[su:páin]
★☆☆☆☆

sup<super (over) → '**위를 보고 누운**'에서 유래

a 1 (반듯이) **누운** / lying flat on the back; recumbent
2 **무관심한, 게으른** / inactive and indifferent

- a **supine** acceptance of their decision 그들의 결정에 대한 무관심한 승낙

반 **prone** (납작) 엎드린; ~의 경향이 있는

---

surname
[sə́:rneim]
☆☆☆☆☆

sur (over) + name 이름 → '**태어날 때부터 자기 이름 위에 있는 이름**'에서 유래

n **성** / a last name; family name

- Smith is the **surname** of John Smith. Smith는 John Smith의 성이다.

vt <수동태> **성[별명]으로 부르다** / give a surname to

cf **bý-name** 별명, 별칭 **fírst-name** 세례명의; (~을) 세례명으로 부르다

---

surveillance
[sərvéiləns]
★★☆☆☆

sur<super (over) + veill (watch) → '**위에서 내려다 봄**'에서 유래

n **감시, 감독** / watch kept over a person or thing; supervision

- keep a person under **surveillance** 남을 감시하다

v **survéil** 감시하다

trans- 접두어 ▸ 횡단

필수어휘 참고 p.498

trance
[træns]
★☆☆☆☆

trance<trans (across) + i (go) → '(제정신과 제정신이 아닌 상태를) **왔다 갔다 함**'에서 유래

n **꿈결, 비몽사몽, 황홀감**
/ a semiconscious state as between sleeping and waking; coma

- a hypnotic **trance** 최면 상태

cf **fall into a trance** 황홀해지다

---

transfigure
[trænsfígjər]
☆☆☆☆☆

trans (across) + figure 모양) → '**모양을 바꾸다**'에서 유래

vt **~의 외형을 바꾸다** / alter the outward appearance of; transform

- a face **transfigured** with joy 기쁨으로 바뀐 얼굴

뉘앙스 p.551

---

transit
[trǽnsit]
★☆☆☆☆

trans (across) + it (go) → '**지나가는 행위**'에서 유래

n 1 **통과, 횡단** / passing across or through; passage
2 (사람 · 물체의) **운반, 운송** / the act of carrying people; transport

- make a **transit** across the icy little bridge 얼음 덮힌 작은 다리를 통과하다

v **~을 통과하다** / pass across; traverse

- **transit** every country during the journey 여행 중에 모든 나라를 지나가다

---

transliterate
[trænslítəreit]
☆☆☆☆☆

trans (across) + literate 글을 쓰는 → '**글을 바꾸어 쓴**'에서 유래

vt (~을 다른 나라 글자로) **바꾸어 쓰다** / represent in another alphabet

- **transliterate** Sanskrit words into Roman letters 범어를 로마자로 바꾸어 쓰다

---

translucent
[trænslú:snt]
☆☆☆☆☆

trans (through) + luc (light) → '**빛만 통과하는**'에서 유래

a **반투명의**
/ not transparent but clear enough to allow light to pass through; semitransparent

- **translucent** glass in the bathroom window 욕실 창문의 반투명 유리

뉘앙스 p.501

transmute
[trænsmjúːt]
★☆☆☆☆

trans (across) + mut (change) → '모양을 바꾸다'에서 유래

vt **~을 변형시키다** / change from one form into another; transform
- **transmute** sorrow into golden joy 슬픔을 황홀한 기쁨으로 바꾸다 뉘앙스 p.551

transverse
[trænsvə́ːrs]
☆☆☆☆☆

trans (across) + vers (turn) → '가로로 돌려져 있는' 에서 유래

a **가로의, 횡단의** / situated or lying across; crosswise
- **transverse** logs on the floor 마루 위에 가로 놓인 통나무들

n **가로로 되어 있는 것** / something that is transverse

cf **travérse** 가로지르다

syn- | 기타 접두어 ▸ 같은 | 필수어휘 참고 p.564

syndrome
[síndroum]
☆☆☆☆☆

syn (together) + drom (run) → '함께 나타나 달려가는 것들 왔다 갔다 함'에서 유래

n 1 ≪병리≫ **증후군** / a group of signs characteristic of a particular disease
2 **행동 양식** / any group of signs characteristic of a type of behavior
- the middle-aged housewife **syndrome** 중년 가정 주부의 행동 양식

cf **AIDS : Acquired Immune Deficiency Syndrome** 후천성 면역 결핍증

synergy
[sínərdʒi]
★☆☆☆☆

syn (together) + erg<ergon (work) → '함께 작용함'에서 유래

n **공동[상승] 작용** / combined action whose total effect is greater than sum of the individual actions
- the effect of **synergy** 상승 작용의 효과

a **synergístic** 상승 작용의 **n** **sýnergism** ≪신학≫ 신인(神人) 협력설; 상승 작용

synopsis
[sinάpsis]
★★★☆☆

syn (together) + opsis (view) → '한 눈에 볼 수 있게 만든 것'에서 유래

n **요약, 개요** / a short account of something longer; summary
- an one-page **synopsis** of the report 그 보고서에 대한 한 페이지짜리 요약

MEMO

unabridged
[ʌnəbrídʒd]
★☆☆☆☆

un (not) +
abridged 생략된 →
'**생략되지 않은**'에서 유래

a **생략[요약]되지 않은, 완본인** / not shortened or condensed; complete
- an **unabridged** dictionary 완본 사전

---

unassuming
[ʌnəsú:miŋ]
★☆☆☆☆

un (not) +
assuming 주제넘은 →
'**주제넘지 않은**'에서 유래

a **주제넘지 않은, 겸손한** / not putting on airs; humble
- the champion's **unassuming** manner 챔피언의 겸손한 태도

---

unbalance
[ʌnbǽləns]
☆☆☆☆☆

un (not) +
balance 균형을 잡다 →
'**균형을 잃게 하다**'에서 유래

v **균형을 잃게 하다, (마음을) 어지럽히다** / make unbalanced; derange
- His terrible experience **unbalanced** his mind.
  그의 끔찍한 경험이 그의 마음을 어지럽혔다.

---

unbind
[ʌnbáind]
☆☆☆☆☆

un (not) +
bind 묶다 →
'**묶인 것을 풀다**'에서 유래

vt **(속박 · 구속으로부터) 해방[석방]하다** / release from bonds or restraint; liberate
- **unbind** the slaves from bondage 노예의 신분으로부터 노예들을 해방하다

---

uncanny
[ʌnkǽni]
★☆☆☆☆

un (not) +
can (know) →
'(사람으로서) **알 수 없는**'
에서 유래

a **불가사의한, 이상[기묘]한** / very strange or mysterious; weird; supernatural
- an **uncanny** knack of penetrating others' minds
  남의 마음을 꿰뚫어 보는 불가사의한 능력

cf **cánny** 영리한, 빈틈없는

---

unceasing
[ʌnsí:siŋ]
★★☆☆☆

un (not) +
ceasing 중단 →
'**중단 없이 계속되는**'
에서 유래

a **끊임 없는, 부단한** / not or never ceasing; continuous; incessant
- **unceasing** labor[rain] 끊임 없는 노동[비]

---

uncompromising
[ʌnkɔ́mprəmaiziŋ]
★☆☆☆☆

un (not) +
compromising 타협하는 →
'**타협하지 않는**'에서 유래

a **타협[양보]하지 않는, 단호한** / refusing to change one's ideas or decisions; intransigent, inflexible; rigid; obdurate
- **uncompromising** attitude[belief] 타협하지 않는 태도[믿음]

---

unconscionable
[ʌnkɔ́nʃənəbl]
★☆☆☆☆

un (not) +
conscionable 양심적인 →
'**양심적이지 않은**'에서 유래

a 1 **비양심적인, 파렴치한** / not guided by conscience; unscrupulous
2 **과도한, 엄청난** / very great; inordinate
- an **unconscionable** liar 비양심적인 거짓말쟁이

---

unconvincing
[ʌnkənvínsiŋ]
★☆☆☆☆

un (not) +
convincing 설득력 있는 →
'**설득력 없는**'에서 유래

a **설득력 없는, 수긍이 가지 않는** / not easy to accept; implausible
- an **unconvincing** excuse 수긍이 가지 않는 변명

---

uncouth
[ʌnkú:θ]
★☆☆☆☆

un (not) +
couth<cuth (known) →
'(예의가 뭔지) **알지 못하는**'
에서 유래

a 1 **(예의 · 태도 따위가) 서투른, 거친** / not having good manners; awkward
2 **(불쾌하여) 이상한** / unusual and unpleasant; strange
- an **uncouth** young man 무례한 젊은이

n **uncóuthness** (예의가) 서툼; 이상함, 불쾌함

unearth
[ʌnə́ːrθ]
★★☆☆☆

un (reverse) +
earth 흙을 덮다 →
'**덮힌 것을 파내다**'에서 유래

vt 1 **파내다, 발굴하다** / dig up; exhume
2 **밝혀[발견해] 내다** / discover by careful searching; reveal
- **unearth** some interesting secrets about her
그녀에 대한 몇가지 흥미로운 비밀들을 밝혀내다

a **unéarthly** 이 세상 것 같지 않은, 초자연적인(supernatural), 이상한, 섬뜩한 (weird); (시간이) 터무니 없는, 어이 없는(absurd)
- rise at an **unearthly** hour 터무니 없는 시간에 일어나다

---

unexampled
[ʌnigzǽmpld]
☆☆☆☆☆

un (not) +
example 예 →
'**예가 없는**'에서 유래

a **예가 없는, 비할 데 없는** / without anything like it; unprecedented
- a heroine **unexampled** in history 역사상 비할 데 없는 여걸

---

unfaltering
[ʌnfɔ́ːltəriŋ]
☆☆☆☆☆

un (not) +
falter 망설이다 →
'**망설이지 않는**'에서 유래

a **망설이지 않는, 확고한**
/ not faltering; resolute; steadfast
- her **unfaltering** sense of duty 의무에 대한 그녀의 확고한 의식

---

unfasten
[ʌnfǽsn]
☆☆☆☆☆

un (reverse) +
fasten 묶다 →
'**묶은 것을 풀다**'에서 유래

v **풀[리]다, 끄르다** / loosen; undo; unbind
- **unfasten** one's necktie 자신의 넥타이를 풀다

---

unfathomable
[ʌnfǽðəməbl]
★☆☆☆☆

un (not) +
fathomable 측정할 수 있는 →
'**측정할 수 없는**'에서 유래

a 1 (깊이를) **측정할 수 없는** / too strange or mysterious to understand; inscrutable
2 **이해할[헤아릴] 수 없는** / too deep to be measured
- an **unfathomable** mystery 이해할 수 없는 불가사의

---

unfetter
[ʌnfétər]
☆☆☆☆☆

un (reverse) +
fetter 족쇄를 채우다 →
'**채운 족쇄를 풀다**'에서 유래

vt **족쇄를[구속을] 풀다, 석방하다** / make free; liberate; discharge; emancipate
- **unfetter** all political prisoners 모든 정치 사범들을 석방하다

---

unflagging
[ʌnflǽgiŋ]
★☆☆☆☆

un (not) +
flagging 약해지는 →
'**약해지지 않는**'에서 유래

a **약해지지 않는, 지칠줄 모르는** / without tired or weak; tireless
- **unflagging** strength[efforts] 지칠줄 모르는 힘[노력]

---

ungainly
[ʌngéinli]
★☆☆☆☆

un (not) +
gainly 우아한 →
'**우아하지 않은**'에서 유래

a (행동 · 모양 등이) **어색한, 보기 흉한** / ungraceful in form or motion; awkward
- an obese **ungainly** woman 뚱뚱하고 보기 흉한 여자

---

unmanly
[ʌnmǽnli]
☆☆☆☆☆

un (not) +
manly 남자다운 →
'**남자답지 못한**'에서 유래

a **남자답지 못한, 겁많은, 연약한** / cowardly; effeminate
- an **unmanly** coward 남자답지 못한 겁쟁이

반 **unwómanly** 여성답지 못한 cf **unmánned** 사람이 없는, 무인의

---

unmatched
[ʌnmǽtʃt]
☆☆☆☆☆

un (not) +
match 필적하다 →
'**필적할 만한 대상이 없는**'
에서 유래

a **견줄만한 것이 없는, 최고인** / with no other like it; unequaled
- He remains **unmatched** as a writer of satire.
그는 풍자 작가로서 여전히 견줄만한 사람이 없다.

unmitigated
[ʌnmítigeitid]
★☆☆☆☆

un (not) +
mitigated 완화된 →
'**완화되지 않은**'에서 유래

a 1 **완화되지 않은** / not lessened in severity or intensity; unallayed
2 **순전한, 완전한** / unqualified or absolute; sheer
- an **unmitigated** fraud 완전한 사기

---

unnerve
[ʌnnə́:rv]
★☆☆☆☆

un (reverse) +
nerve 기운을 북돋우다 →
'**기운을 떨어뜨리다**'
에서 유래

vt **~의 기운을[용기를] 잃게 하다** / take away courage or confidence; discourage
- The experience completely **unnerved** me.
그 경험이 나의 용기를 완전히 잃게 했다.

---

unmerited
[ʌnméritid]
☆☆☆☆☆

un (not) + merited
~받을 가치가 있는 →
'**~받을 가치가 없는**'에서 유래

a **공없이 얻는, 과분[부당]한** / not merited; undeserved
- an **unmerited** reputation 과분한 명성

---

unmindful
[ʌnmáindfəl]
☆☆☆☆☆

un (not) +
mindful ~을 마음에 두는 →
'**~을 마음에 두지 않는**'
에서 유래

a **~을 마음에 두지 않는, 부주의한** / not mindful; heedless
- **unmindful** of the results 결과를 마음에 두지 않는

n **unmíndfulness** 무관심(apathy)

---

unmistakable
[ʌnmistéikəbl]
☆☆☆☆☆

un (not) +
mistakable 틀리기 쉬운 →
'**틀리기 어려운**'에서 유래

a **틀릴 여지가 없는, 확실한**
/ that cannot be mistaken or misunderstood; infallible
- **unmistakable** signs of illness 확실한 병의 증세

---

unobtrusive
[ʌnəbtrú:siv]
★☆☆☆☆

un (not) + obtrusive
주제넘게 나서는 →
'**주제넘게 나서지 않는**'
에서 유래

a (행동을) **조심하는, 삼가는** / not obtrusive; modest
- a quite **unobtrusive** student 상당히 행동을 조심하는 학생

---

unpaired
[ʌnpέərd]
☆☆☆☆☆

un (not) + pair 한 쌍 →
'**한 쌍이 아닌**'에서 유래

a **짝이[배우자가] 없는** / not paired; unmatched; odd
- an **unpaired** old bachelor[spinster] 배우자가 없는 노총각[노처녀]

---

unpalatable
[ʌnpǽlətəbl]
★☆☆☆☆

un (not) +
palatable 맛좋은 →
'**맛 좋지 않은**'에서 유래

a 1 **맛없는** / unsavory
2 **불쾌한** / unpleasant
- an **unpalatable** experience 불쾌한 경험

---

unplug
[ʌnplʌ́g]
★☆☆☆☆

un (reverse) +
plug 마개를 막다 →
'**막은 마개를 뽑다**'에서 유래

vt 1 **마개[플러그]를 뽑다** / remove the stopper or plug from; unstop
2 **장애물을 제거하다, 열다** / free from any obstruction; open
- **unplug** a cable of a computer 컴퓨터의 케이블을 뽑다

---

unravel
[ʌnrǽvl]
★★★☆☆

un (reverse) +
relenting 엉클다 →
'**엉킨 것을 풀다**'에서 유래

v 1 (실 · 끈 등을) **풀[리]다, 끄르다** / separate the thread or strands of; untangle
2 (문제 등을) **풀다, 해결하다** / bring out of a tangled state; solve
- **unravel** all complicated problems 모든 복잡한 문제들을 해결하다

---

unrelenting
[ʌnriléntiŋ]
★★☆☆☆

un (not) +
relenting 가엾게 여기는 →
'**전혀 가엾게 여기지 않는**'
에서 유래

a 1 **가차 없는, 무자비[잔인]한**
/ not giving way to feelings of compassion; merciless; relentless
2 **누그러지지 않는, 계속되는** / not slackening in severity or hardness; continuous
- an **unrelenting** enemy[anger] 무자비한 적[누그러지지 않는 화]

unruly
[ʌnrúːli]
★☆☆☆☆

un (unable) +
rul<rule 다스리다 →
'맘대로 다스릴 수 없는'
에서 유래

a 1 **제멋대로 하는, 고분고분하지 않은** / hard to rule or control; restive
2 **무법의, 날뛰는** / disorderly; lawless
- a disobedient and **unruly** child 순종하지 않고 제멋대로 하는 아이

---

unscathed
[ʌnskéiðd]
★☆☆☆☆

un (not) +
scathe 상처를 입히다 →
'상처를 입지 않은'에서 유래

a **상처[해]를 입지 않은** / not harmed; uninjured
- be **unscathed** from the car wreck 자동차 사고로부터 상처 입지 않다

---

unscramble
[ʌnskrǽmbl]
☆☆☆☆☆

un (reverse) +
scramble 뒤섞다 →
'뒤섞인 것을 정리하다'
에서 유래

vt 1 (흩어진 것을) **제대로 정리하다** / reduce from confusion to order
2 (암호를) **해독하다** / restore to the original condition; decipher
- **unscramble** one's neglected affairs 게을리 한 일들을 제대로 정리하다
- **unscramble** a coded radio message 암호화된 무전 메시지를 해독하다

---

unseat
[ʌnsíːt]
☆☆☆☆☆

un (reverse) +
seat 자리에 앉히다 →
'자리에서 강제로 일어나게 하다'에서 유래

vt **~의 자리를 빼앗다, 면직시키다** / remove from a position; depose; pink-slip
- **unseat** a congressman 국회의원의 직위를 빼앗다

---

unshaken
[ʌnʃéikən]
★☆☆☆☆

un (not) +
shaken 흔들리는 →
'흔들리지 않는'에서 유래

a **흔들리지 않는, 확고부동한** / not shaken; unwavering
- an **unshaken** faith in God 신에 대한 확고부동한 믿음

---

untamed
[ʌntéimd]
★★☆☆☆

un (not) +
tamed 길들여진 →
'길들여지지 않은'에서 유래

a 1 **길들여지지 않은, 야생의** / not tamed; undomesticated
2 **억제[정복]되지 않은** / unsubdued; unconquered
- the **untamed** beauty of mountains 산의 길들여지지 않은 아름다움

---

untenable
[ʌnténəbl]
★☆☆☆☆

un (not) +
tenable 지지할 수 있는 →
'지지할 수 없는'에서 유래

a (의견 · 제안 등을) **지지할 수 없는** / not tenable; indefensible
- an **untenable** proposition 지지할 수 없는 제안

---

untie
[ʌntái]
☆☆☆☆☆

un (reverse) +
tie 묶다 →
'묶인 것을 풀다'에서 유래

vt 1 (묶인 것을) **풀다, 끄르다** / undo something tied; loosen
2 (속박 · 어려움 · 문제 등을) **풀다, 해결하다** / make free or clear; resolve
- **untie** a string 끈을 풀다
- **untie** a dispute 분쟁을 해결하다

---

untimely
[ʌntáimli]
★☆☆☆☆

un (not) +
timely 시기 적절한 →
'시기 적절하지 않은'
에서 유래

a 1 **제 때가[철이] 아닌** / at a wrong time or season; unseasonable
2 **너무 이른, 시기상조의** / happening too soon; premature
- the **untimely** snow in May 5월에 때 아닌 눈
- his **untimely** death 그의 너무 이른 죽음

n **untímeliness** 시기 부적절(함); 시기 상조

---

unveil
[ʌnvéil]
★☆☆☆☆

un (not) +
veil 베일로 가리다 →
'베일을 벗기다'에서 유래

vt 1 **베일[덮개]을 벗기다** / remove a veil or covering from; uncover
2 (비밀 등을) **밝혀내다, 공개하다** / reveal; disclose
- **unveil** a secret[new model] 비밀[새 모델]을 공개하다

cf **unmásk** 가면을 벗기다; ~의 정체를 밝히다, 폭로하다

unwitting
[ʌnwítiŋ]
★★★☆☆

un (not) +
witting 고의의 →
'**고의가 아닌**'에서 유래

a 1 **모르는, 의식하고 있지 않은** / not knowing; unconscious
2 **무의식중의, 고의가 아닌** / not done on purpose; unintentional

- an **unwitting** insult 고의가 아닌 모욕

under- 접두어 ▸ 아래

필수어휘 참고 p.552

undergraduate
[ʌndərgrǽdʒuət]
★☆☆☆☆

under (below) +
graduate 졸업하다 →
'**졸업하기 전의 학생**'
에서 유래

n a (학부) **대학생(의)** / (of) a student in a university; collegian

- Most **undergraduates** take four years to earn a degree.
  대부분의 대학생들이 학위를 얻는데 4년이 걸린다.

n **undergráduateship** 대학생의 신분
cf **gráduate** 졸업생, 대학원생(의); 졸업하다

underrate
[ʌndəréit]
☆☆☆☆☆

under (below) +
rate 평가하다 →
'**낮게 평가하다**'에서 유래

vt **낮게[과소] 평가하다** / rate or estimate too low; underestimate

- It would be dangerous to **underrate** his ability.
  그의 능력을 과소 평가하면 위험하게 될 것이다.

underscore
[ʌndərskɔ́:r]
★☆☆☆☆

under (below) +
score 선을 긋다 →
'**~아래에 선을 긋다**'
에서 유래

vt **밑줄을 긋다, 강조하다** / underline; emphasize

- **underscore** the need for solidarity
  일치단결의 필요성을 강조하다

understatement
[ʌndərstéitmənt]
★☆☆☆☆

under (below) +
statement 말함 →
'(실제 사실보다) **낮은 수준으로 말함**'에서 유래

n **삼가서[줄여서] 말함** / a statement that says less than could be said truly

- To say the film was bad is an **understatement**.
  그 영화가 나쁘다고 말하는 것은 (그 영화의 진가를) 줄여서 말하는 것이다.

반 **overstátement** 과장

underwrite
[ʌndərráit]
★☆☆☆☆

under (below) +
write 쓰다 →
'(문서의) **아래에 쓰다**'
에서 유래

v 1 **~에 서명하다** / sign one's name to; subscribe
2 ≪경제≫ (주식 · 사채를) **일괄 인수하다** / buy all the stocks or bonds

- **underwrite** the steel company's bonds
  철강 회사의 사채를 일괄 인수하다

uni- 기타 접두어 ▸ 하나

필수어휘 참고 p.566

univocal
[ju:nívəkl]
☆☆☆☆☆

uni (one) +
voc (call) →
'**하나로 소리를 내는**'
에서 유래

a **뜻이 하나인, 모호하지 않은** / having only one meaning; unambiguous

- a **univocal** word 뜻이 하나인 단어

unicorn
[jú:nəkɔ:rn]
☆☆☆☆☆

uni (one) +
corn (horn) →
'**하나의 뿔을 가진**'에서 유래

n **일각수** / a horse with a single straight horn

- **Unicorn** represents virginity. 일각수는 순결을 상징한다.

unilateral
[ju:nəlǽtərəl]
★☆☆☆☆

uni (one) +
later (side) →
'**한쪽 면의**'에서 유래

a **일방적인, 한쪽에만 제한된** / of one side or party only; one-sided

- **unilateral** declaration of independence by a member country
  회원국에 의한 일방적인 독립 선언

up- 접두어 ▸ 위 필수어휘 참고 p.524

upbeat
[ʌ́pbiːt]
☆☆☆☆☆

up (up) + beat 치다 → '위로 치고 올라감'에서 유래

a **희망에 찬, 명랑한** / cheerful and full of hope; hopeful
- The film had a very **upbeat** ending. 그 영화는 매우 희망에 찬 끝맺음을 했다.

반 **dównbeat** 우울한, 비관적인

---

upbringing
[ʌ́pbriŋiŋ]
★☆☆☆☆

up (up) + bring 이끌다 → '아이를 성인으로 이끄는 것'에서 유래

n (가정) **교육, 양육** / care given to a child while growing up; rearing
- devote care to the **upbringing** of one's children 아이들의 교육에 관심을 쏟다

---

upcoming
[ʌ́pkʌmiŋ]
☆☆☆☆☆

up (up) + coming 다가오는 → '머지않아 다가오는'에서 유래

a (곧) **다가오는** / about to happen; forthcoming; approaching
- the **upcoming** general election 다가오는 총선거

---

update
[ʌpdéit]
★☆☆☆☆

up (up) + date 날짜 → '보다 위의 날짜로 갈아치우다'에서 유래

vt (날짜를) **최신의 것으로 하다, 갱신하다** / bring up to date
- an **updated** model of this popular car 이 인기있는 차의 최신 모델

n [ʌ́pdeit] ≪컴퓨터≫ (최신 정보로) **갱신** / an act of updating

---

upkeep
[ʌ́pkiːp]
☆☆☆☆☆

up (up) + keep 유지하다 → '계속 가능하도록 유지함'에서 유래

n **유지(비)** / (the cost of) keeping something in good condition; maintenance
- the **upkeep** of a car 자동차 유지비

---

upstart
[ʌ́pstaːrt]
☆☆☆☆☆

up (up) + start 시작하다 → '(재산의 액수가) 갑자기 위로 올라가기 시작함'에서 유래

n **벼락 부자[출세자]** / a person who has risen above his class; parvenu
- regard him as an **upstart** 그를 벼락 부자로 여기다

---

upstream
[ʌ́pstriːm]
☆☆☆☆☆

up (up) + stream 시내 → '시내의 윗쪽'에서 유래

ad **a** **상류로 (향하는), 흐름을 거슬러 올라가(는)** / against the current of a stream; upriver
- It is hard to paddle **upstream**. 흐름을 거스르는 방향으로 노를 젓기는 힘들다.

vice- 기타 접두어 ▸ 대신 필수어휘 참고 p.566

vice-chancellor
[váis-tʃǽnsələr]
☆☆☆☆☆

vice (deputy) + chancellor 총장 → '부총장'에서 유래

n **대학 부총장** / a deputy or an assistant chancellor in a university
- The **vice-chancellor** actually controls the affairs of a university. 대학 부총장은 실질적으로 대학 업무를 운영한다.

MEMO

② 최고급 ♠ 어휘

TOP-LEVEL WORDS

◈ MD를 고급 어휘까지 완전히 마스터한 다음에 최고급 어휘편을 학습하셔야합니다.
기출 여부 또한 ★로 표기되어 있으니 예문과 제시된 동의어를 중심으로 학습하신다면 최고의 어휘 실력을 갖출 수 있습니다.

※ 좀더 자세한 사항은 서문의 MD학습 계획을 참조하세요.

---

① 접두어 ② 어근

접두어

더욱 수준 높은 어휘 학습을 필요로 하시는 분들을 위해 GRE 수준의 추가 어휘를 접두어 순으로 정리 하였습니다. 이 부분까지 소화해 내신다면 당신의 어휘력은 명실상부한 최고 수준입니다.

ab- 접두어 ▸ 분리·이탈

☆☆☆☆☆	**abscess** [ǽbses]	n 종기 / tumor	• lance an **abscess** 종기를 절개하다
★☆☆☆☆	**abstemious** [æbstíːmiəs]	a (음식을) 절제하는 / temperate	• an **abstemious** life 절제 하는 생활
☆☆☆☆☆	**abut** [əbʌ́t]	v (토지·국경이) 접경하다 / border	• His land **abuts** onto a road. 그의 땅은 도로와 인접해 있다.

ad- 접두어 ▸ 방향·접근

☆☆☆☆☆	**accouter** [əkúːtər]	vt (군복을) 착용시키다 / array	• The troops are **accoutered**. 그 군대는 무장하고 있다.
★☆☆☆☆	**accredit** [əkrédit]	vt 승인(인가)하다 / authorize ; 파견하다; (업적을) ~에게 돌리다 / ascribe	• **accredit** an envoy to a foreign country 신임장을 주어 사절을 외국에 파견하다
★☆☆☆☆	**accursed** [əkə́ːrsid]	a 저주받은·증오(혐오)할 / detestable	• It is time to change this **accursed** story. 이런 저주받은 이야기를 바꿀 시점이다.
★☆☆☆☆	**adage** [ǽdidʒ]	n 격언, 속담 / proverb	• as in the homely **adage** 통속적인 속담에도 있듯이
★☆☆☆☆	**ad hoc** [ædhɑ́k]	a ad 〈L.〉 특별한 목적을 위한(위하여) / special , 즉석에서 마련된	• an **ad hoc** committee to deal with the problem 문제를 처리하기 위한 특별 위원회
☆☆☆☆☆	**adjudge** [ədʒʌ́dʒ]	vt 판결[선고]하다 / judge	• The reforms were generally **adjudged** to have failed. 개혁들은 대체로 실패했다는 판단이 내려졌다.
☆☆☆☆☆	**afferent** [ǽfərənt]	a <의학> (혈관·신경이) 중심부(안으로) 인도되는, 구심성의	• **afferent** neuron 구심성 신경
☆☆☆☆☆	**affidavit** [æfidéivit]	n <법> 진술서	• The judge took an **affidavit** about his habit. 그 판사는 그의 중독에 대한 진술서를 받았다.
☆☆☆☆☆	**affix** [əfíks]	vt (우표 따위를) 붙이다 / attach ; (도장을) 찍다, 서명하다	• The label should be firmly **affixed** to the package. 그 꾸러미에는 라벨을 단단히 붙여야 한다.
☆☆☆☆☆	**aficionado** [əfiʃiənɑ́ːdou]	n 〈Sp.〉 광(狂) / addict	• an **aficionado** of French films 프랑스 영화광
☆☆☆☆☆	**agglomerate** [əglɑ́mərit]	n 집합체 / aggregate a 덩어리가 된 / conglomerate	• a multimedia **agglomerate** 멀티미디어 복합기업

☆☆☆☆☆	**agglutinate** [əglú:təneit]	**v** 접착시키다[하다] / attach **a** [-nət] 접착(성)의 / cohesive ; (언어가) 교착의	• Lectins **agglutinate** blood cells and can trigger inflammatory reactions. 렉틴 성분은 혈액 세포에 붙어 염증을 유발시킬 수 있다.
☆☆☆☆☆	**alliteration** [əlitəréiʃən]	**n** ≪문법≫ 두운 / the repetition of the same first sound or letter (↔ rhyme 각운)	• **alliteration** poems 두운시
☆☆☆☆☆	**amortize** [ǽmərtàiz]	**v** (저당, 부채를) 상환하다 / pay off	• **amortize** a debt every month 매달 빚을 분할 상환하다
☆☆☆☆☆	**anneal** [əní:l]	**vt** (쇠 · 유리 등을) 달구다 / temper ; (의지 등을) 단련[강화]하다	• **anneal** body and soul 몸과 마음을 단련하다
★☆☆☆☆	**annotation** [ænətéiʃən]	**n** 주석 / explanation	• supply **annotations** 주석을 제공하다
☆☆☆☆☆	**appertain** [ǽpərtein]	**vi** ~에 속하다, 부속되다 / pertain	• rights **appertaining** to the property 그 재산에 관련된 권리
☆☆☆☆☆	**appurtenance** [əpə́:rtənəns]	**n** 부속물 / appendage	• less significant **appurtenance** 덜 중요한 부속물
☆☆☆☆☆	**arrear** [əríər]	**n** 〈보통 pl.〉 (일의) 지체, 지연 / delay ; 연체금 / debts	• He's been in **arrear** of you. 그는 너보다 뒤처져 왔었다.
☆☆☆☆☆	**asseverate** [əsévərèit]	**vt** 선언[단언]하다 / affirm	• They **asseverated** that there was a traffic accident. 그들은 교통사고가 있었다고 단언했다.
★☆☆☆☆	**astringent** [əstríndʒənt]	**a** 수렴성의 / styptic ; (태도 · 표현 등이) 엄한, 엄격한 / pungent	• **astringent** cosmetic lotion 수렴성의 화장수
☆☆☆☆☆	**attache** [ætæʃéi]	**n** (대사 · 공사의) 수행원, 직원 / suite	• a commercial **attache** 상무관
☆☆☆☆☆	**attaint** [ətéint]	**vt** (명예 따위를) 더럽히다 / disgrace	• The performance is likely to **attaint** him. 그 실적은 그의 명예를 더럽히는 듯 하다.
★☆☆☆☆	**attune** [ətjú:n]	**vt** (악기를) 조율[조절]하다 / harmonize	• **attune** to music on the radio 라디오음악에 가락을 맞추다
★☆☆☆☆	**cater** [kéitər]	**v** 음식을 제공하다; 파견하다; 〈to〉 (바람직하지 않은 일에) 영합하다 / pander	• **cater** for a feast 연회용 요리를 장만하다. <*접두사 AD-가 변형된 형태임>

ambi- 접두어 ▸ 양 · 둘

★☆☆☆☆	**ambient** [ǽmbiənt]	**a** 주위의, 둘러싼 / surrounding	• **ambient** conditions 주변상황
☆☆☆☆☆	**ambivert** [ǽmbəvə̀:rt]	**n** ≪심리≫ 양향 성격자	• Most winners are **ambivert** players. 대부분의 승자들은 양향성격의 선수들이다.
☆☆☆☆☆	**amphibolous** [æmfíbələs]	**a** ≪논리≫ 뜻이 두 가지인 / equivocal , 뜻이 모호한	• Your speeches are always **amphibolous**. 당신의 말은 항상 모호하다.

an- 접두어 ▸ 방향 · 접근

☆☆☆☆☆	**amazon** [ǽməzɑn]	**n** ≪그리스 신화≫ **여장부;** (남아메리카의) **아마존 강**	• the head of the **Amazon** 아마존 강의 수원(水源)
☆☆☆☆☆	**ambrosia** [æmbróuʒə]	**n** ≪그리스 신화≫ **신의 음식, 신찬** / the food of gods ; **맛있는 음식**	• **Ambrosia** was supposed to give immortality to any human who ate it. 신의 음식을 먹는 사람은 누구나 영원불멸할 것이라 생각했었다.
☆☆☆☆☆	**analgesic** [ænəldʒíːzik]	**n** ≪의학≫ **진통제** / anodyne **a** **진통성의** / relieving the pain	• an **analgesic** effect 진통 효과
☆☆☆☆☆	**anemia** [əníːmiə]	**n** ≪의학≫ **빈혈** / a condition in which there are too few cells in the blood	• In **anemia**, you have fewer red blood cells. 빈혈은 적혈구가 부족하다는 것이다.
★☆☆☆☆	**anorexia** [ænəréksiə]	**n** **신경성 식욕 감퇴, 거식증** **cf** **bulimia** 폭식증	• suffer from **anorexia** 거식증으로 고통을 겪다
☆☆☆☆☆	**aphasia** [əféiʒə]	**n** ≪의학≫ **실어증; 생각을 말로 표현하거나 남의 말을 이해하지 못하는 병증**	• **Aphasia** is a disorder that robs you of the ability to communicate. 실어증은 말 할 수 있는 능력을 도둑맞는 것과 같은 병이다.
☆☆☆☆☆	**apolitical** [èipəlítikəl]	**a** **정치에 무관심한**	• Teenagers are largely **apolitical**. 십대들은 대체로 정치에 무관심하다.
☆☆☆☆☆	**asexual** [eisékʃuəl]	**a** ≪생물≫ **무성(無性)의** / without sex or sexual organ ; **무성 생식의**	• Natural cloning is the common **asexual** reproduction types. 자연 복제는 무성 생식의 일반적 방식이다.
☆☆☆☆☆	**asocial** [eisóuʃəl]	**a** **비사교적인** / unsociable	• **asocial** dialect 비사교적인 말씨
☆☆☆☆☆	**astigmatism** [əstígmətìzm]	**n** **난시**	• correct **astigmatism** 난시를 교정하다
☆☆☆☆☆	**atonal** [eitóunl]	**a** ≪음악≫ **무조(無調)의** / having no key	• Otte used sounds from the **atonal** melodic patterns. 오트는 무조 멜로디 패턴의 소리를 사용했다.

ana- 접두어 ▸ 위 · 뒤

☆☆☆☆☆	**anabolism** [ənǽbəlìzm]	**n** ≪생물≫ **동화 작용**	• The balance of **anabolism** and catabolism is called metabolism. 동화작용과 이화작용의 균형은 신진대사라 불리운다.
☆☆☆☆☆	**anagram** [ǽnəgræm]	**n** **철자를 바꿔 만든 낱말** / a word made by rearranging the letters	• An **anagram** of 'Elvis' is 'lives'. Elvis의 철자 순서를 바꿔 단어를 하나 만들면 lives가 된다.
☆☆☆☆☆	**analeptic** [ænəléptik]	**a** ≪의학≫ **체력 회복의, 강장성의** / restorative	• **analeptic** remedy 각성제

a- 접두어 ▸ 상태

☆☆☆☆☆	**afoul** [əfául]	**ad** **헝클어져서; 충돌하여**	• run **afoul** of the law 법과 충돌하다

☆☆☆☆☆	**aloft** [əlɔ́:ft]	**ad** **위로 높이, 하늘 높이** / in a high place	• go **aloft** 죽다, 천당에 가다
☆☆☆☆☆	**amiss** [əmís]	**ad** **잘못하여, 틀리게** / wrongly **a** 〈보통 서술 용법〉 **틀린, 잘못인** / wrong	• Would she take it **amiss** if I offered to help? 내가 도와주겠다고 하면 그녀가 불쾌해 할까?
☆☆☆☆☆	**anew** [ənjú:]	**ad** **새로, 신규로** / newly	• They started life **anew** in Canada. 그들은 캐나다에서 삶을 다시 시작했다.
☆☆☆☆☆	**apropos** [æprəpóu]	**a** **적당한** / timely **ad** **적당히, 적시에** / seasonably	• arrive very **apropos** 매우 알맞게 도착하다
★☆☆☆☆	**askew** [əskjú:]	**a** **ad** **비스듬히[한], 비뚤어져** / obliquely	• His glasses had been knocked **askew** by the blow. 타격으로인해 그의 안경이 비뚤어져 있었다.

ante- 접두어 ▸ 앞 · 전

☆☆☆☆☆	**antebellum** [æntibéləm]	**a** **전쟁 전의** / prewar	• the laws of the **antebellum** American South 남북 전쟁 전 미국 남부의 법률
☆☆☆☆☆	**antedate** [ǽntidèit]	**vt** **먼저 일어나다** / precede ; (편지 · 수표 등에) **이전 날짜를 쓰다** / predate	• The American Revolution **antedates** the French Revolution by 14 years. 미국의 독립전쟁은 프랑스 혁명보다 14년 전에 일어났다.
☆☆☆☆☆	**anteroom** [ǽntiru:m]	**n** (더 큰 방으로 통하는) **작은방, 대기실** / antechamber	• The ministers waited for their meeting in the Cabinet **anteroom**. 장관들은 내각 대기실에서 회의가 시작되기를 기다렸다.
☆☆☆☆☆	**antic** [ǽntik]	**n** **익살맞은 동작** **a** (행동 · 모습이) **기괴[기묘]한** / bizarre	• a schoolboy **antic** 학동의 장난

anti- 접두어 ▸ 반대

☆☆☆☆☆	**antifreeze** [ǽntifrì:z]	**n** **부동액** / a substance added to water to lower its freezing point	• Did you put **antifreeze** in the car? 차에 부동액을 채웠나요?
☆☆☆☆☆	**antisemitism** [æntisémətizm]	**n** **반 유대주의, 유대인 배척자** / hatred of Jews	• The ghost of **antisemitism** still haunts Europe. 반 유대주의의 환영이 아직도 유럽을 떠돌고 있다.

apo- 접두어 ▸ 분리 · 이탈

★☆☆☆☆	**apocryphal** [əpάkrəfəl]	**a** (작가 · 작품의 출처가) **의심스러운** / dubious	• Most of the stories about him are **apocryphal**. 그 사람에 대한 이야기는 대부분이 출처가 불분명하다.
☆☆☆☆☆	**apologue** [ǽpəlɔ̀:g]	**n** (교훈적인) **우화**	• The role of women is clearly displayed in each **apologue**. 여성의 역할은 각각의 우화에 정확하게 제시되어 있다.
☆☆☆☆☆	**apothegm** [ǽpəθèm]	**n** **격언** / aphorism	• inspirational **apothegms** 영감을 주는 격언들

arch- 접두어 ▸ 주요한

☆☆☆☆☆	**archangel** [ɑ́:rkèindʒəl]	n 대천사 / a chief angel in the christian	• the **Archangel** Gabriel 대천사 가브리엘
☆☆☆☆☆	**archetype** [ɑ́:rkitàip]	n 원형, 모범, 본 / prototype	• She is the **archetype** of an American movie star. 그녀는 미국 유명 영화배우의 전형이다.

auto- 접두어 ▸ 스스로

☆☆☆☆☆	**autism** [ɔ́:tizm]	n 자폐증	• patients with **autism** 자폐증을 지닌 환자들
☆☆☆☆☆	**autochthonous** [ɔ:tɑ́kθənəs]	a 원주민의, 토생의 / aboriginal	• **autochthonous** organism 토착성 생물
☆☆☆☆☆	**automaton** [ɔ:tɑ́mətɑn]	n 기계적인 사람, 로보트 / robot	• **automaton** simulator 자동 모의장치

be- 접두어 ▸ 동사 형성

☆☆☆☆☆	**bedaub** [bidɔ́:b]	vt 온통 칠하다, 더럽히다 / plaster	• be **bedaubed** all over with paint 온통 페인트로 칠해져 있다
☆☆☆☆☆	**bedeck** [bidék]	vt 꾸미다, 장식하다 / embellish	• **bedeck** oneself with jewels 보석으로 몸을 치장하다
☆☆☆☆☆	**befoul** [bifául]	v (이름 · 명예 따위를) 더럽히다, 훼손시키다 / undermine	• **befoul** one's own nest 자기 집[정당]의 일을 나쁘게 말하다
☆☆☆☆☆	**befuddle** [bifʌ́dl]	vt 어리둥절하게[혼란스럽게] 하다 / confuse	• **befuddle** one's audience 청중을 혼란스럽게 하다
☆☆☆☆☆	**begrime** [bigráim]	vt 더럽히다 / soil	• be **begrimed** with dirt and blood 먼지와 피로 더럽혀지다
☆☆☆☆☆	**begrudge** [bigrʌ́dʒ]	vt 주기를 싫어[꺼려]하다 / grudge ; 시기[질투]하다 / envy, grudge	• **begrudge** him his good fortune 그의 행운을 시기하다.
☆☆☆☆☆	**behest** [bihést]	n 명령 / command ; (간절한) 요청, 부탁 / request	• at somebody's **behest** ~의 요청에 따라
☆☆☆☆☆	**belay** [biléi]	v <항해> (밧줄 걸이에) 밧줄을 매다; 〈등산〉 밧줄을 단단히 잡아 매다	• The climber **belayed** the rope. 등반가는 줄을 단단히 잡아 맸다.
★☆☆☆☆	**beleaguer** [bilí:gər]	vt 포위[공격]하다 / besiege	• The **beleaguered** party leader was forced to resign. 사면초가에 몰린 당 대표는 어쩔 수 없이 사임을 해야 했다.
☆☆☆☆☆	**benighted** [bináitid]	a 무식[미개]한 / ignorant	• **benighted** country 미개한 나라

☆☆☆☆☆	**benumb** [binʌ́m]	**vt** **감각을 잃게 하다** / paralyze	• The bad news will **benumb** him. 좋지 않은 소식들로 그는 멍해질 것이다.
☆☆☆☆☆	**besmear** [bismíər]	**vt** **더덕 더덕 바르다, 더럽히다** / bedaub	• On a chair lay a razor **besmeared** with blood. 의자 위에 피로 범벅이 된 면도날이 놓여 있었다.
☆☆☆☆☆	**bespeak** [bispí:k]	**vt** **~을 나타내다** / indicate	• **bespeak** an iron will 강인한 의지를 나타내다
☆☆☆☆☆	**betake** [bitéik]	**vt** 〈재귀적〉 (~로) **가게 하다** / go	• He **betook** himself to his room. 그는 자기 방으로 갔다.
☆☆☆☆☆	**betide** [bitáid]	**v** **~의 신상에 일어나다** / befall	• Whatever may **betide**, I will solve this problem. 무슨 일이 있다하더라도, 나는 이 문제를 해결 할 것이다.
☆☆☆☆☆	**betoken** [bitóukən]	**vt** **가리키다, 나타내다** / indicate	• a clear blue sky **betokening** a fine day 날이 좋을 징조인 맑고 푸른 하늘

bene- 접두어 ▸ 좋은

★☆☆☆☆	**bona fide** [bóunəfàid]	**a** **ad** **진정한[으로], 충심의[으로]** / (done) in good faith; real(ly)	• a **bona fide** reason 진짜 이유
☆☆☆☆☆	**benison** [bénəzn]	**n** **축복** / blessing	• pray for our **benison** 우리의 축복을 위해 기도하다

by- 접두어 ▸ 옆

☆☆☆☆☆	**bytime** [báitaim]	**n** **여가** / leisure	• in one's **bytime** 여가 시간에
☆☆☆☆☆	**byway** [báiwei]	**n** (잘 알려지지 않은) **샛길** / bystreet	• take a **byway** 샛길로 빠지다
☆☆☆☆☆	**byword** [báiwə:rd]	**n** (냉소[경멸]적인) **별명** / a scornful nickname	• The name Chanel became a **byword** for elegance. 샤넬이라는 이름은 우아함의 대명사가 되었다.

cata- 접두어 ▸ 아래

☆☆☆☆☆	**catabolism** [kətǽbəlìzm]	**n** **이화 작용: 생물의 조직에 들어온 물질이 분해되어 에너지원으로 사용되는 일**s	• hemoglobin **catabolism** 헤모글로빈 분해
★☆☆☆☆	**catalyst** [kǽtəlist]	**n** **촉매제** / catalyzer	• **catalyst** act 촉매 활성

circum-	접두어	▸ 주위 · 둘레	
☆☆☆☆☆	**circumcise** [sə́:rkəmsàiz]	vt 할례를 베풀다	• get **circumcised** 할례를 받다
☆☆☆☆☆	**circumflex** [sə́:rkəmfleks]	a 곡절 악센트가 있는, 만곡한 / curved	• a **circumflex** artery 회선 동맥
☆☆☆☆☆	**circumfuse** [sə:rkəmfjú:z]	vt (빛 · 액체 따위를) 붓다, 끼얹다 / pour	• He **circumfused** fertilizer over the lawn. 그는 잔디에 비료를 주었다.
☆☆☆☆☆	**circumpolar** [sə:rkəmpóulər]	a (지구의) 극지 부근의 / located in one of the polar regions	• Polar Bears are found throughout the **Circumpolar** Arctic. 북극곰들은 북극부근의 해양에서 발견된다.
☆☆☆☆☆	**circumvolution** [sə:rkəmvəlú:ʃən]	n 회전, 일주 / circulation	• the exact cyclic **circumvolution** of VENUS around the Earth 지구 주변을 도는 금성의 정확한 주기의 회전

com-	접두어	▸ 함께 · 서로	
☆☆☆☆☆	**coadjutor** [kouǽdʒutər]	n 조수, 보조자 / assistant	• bishop **coadjutor** 부주교
★☆☆☆☆	**coagulate** [kouǽgjulèit]	v 응고시키다[되다], 굳어지다 / stiffen	• Blood began to **coagulate** around the edges of the wound. 상처 가장자리 주변으로 피가 엉기기 시작했다.
★☆☆☆☆	**coeducational** [kòuedʒukéiʃənl]	a 남녀 공학의	• go to **coeducational** colleges 남녀 공학인 대학에 다니다
★☆☆☆☆	**coexistence** [kouigzístəns]	n (평화) 공존 / the condition of peacefully existing together	• inconsistent **coexistence** of old and new 신구의 모순된 공존
☆☆☆☆☆	**cognomen** [kagnóumən]	n 성 / surname ; 별칭 / nickname	• The legion's symbol and **cognomen** are unknown. 그 군단의 상징과 명칭은 알려지지 않았다.
☆☆☆☆☆	**cohort** [kóuhɔ:rt]	n (특히 로마의) 보병대, 병력 / legion ; 동료, 한패 / company	• the 1999 birth **cohort** 1999년생 집단
☆☆☆☆☆	**colligate** [kálәgeit]	vt 결합[합병]하다 / unite	• the ability to **colligate** and reconstruct expressions 표현을 결부시키고 재구성 하는 능력
☆☆☆☆☆	**comestible** [kəméstəbl]	n 〈보통 pl.〉 음식물 / food stuff	• theft of cake and other **comestibles** 케익이나 다른 식품들의 절도 범죄
★☆☆☆☆	**compartment** [kəmpá:rtmənt]	n 칸막이, 구획 / partition ; (열차 내의) 독방	• There is a handy storage **compartment** beneath the oven. 오븐 밑에 편리한 수납 칸이 있다.
★☆☆☆☆	**comport** [kəmpɔ́:rt]	vt 〈재귀적〉 행동[처신]하다 / conduct	• **comport** oneself with dignity 위엄있게 행동하다
☆☆☆☆☆	**compost** [kámpoust]	n 퇴비 / a mixture of decayed leaves, manure, and other nutritive matter	• potting **compost** 화분용 퇴비

☆☆☆☆☆	**compotation** [kɑmpətéiʃən]	n 술잔치, 주연(酒宴) / carousal	• I will go into halls to see the **compotation**. 나는 술잔치를 보기 위해 홀 안으로 갈 것이다.
☆☆☆☆☆	**compurgation** [kɑmpərgéiʃən]	n 면책 선서 : 일정 수의 친구나 이웃의 선서로 피고는 무죄가 되는 제도	• adopt the Frankish custom of **compurgation** 서유럽의 면책선서 관습을 채택하다.
☆☆☆☆☆	**concerto** [kəntʃéərtou]	n 《음악》 협주곡	• a **concerto** for flute and harp 플루트와 하프를 위한 콘체르토
☆☆☆☆☆	**concierge** [kɑnsiéərʒ]	n 호텔 안내인	• use the **concierge** service 호텔 안내원의 서비스를 이용하다
☆☆☆☆☆	**concubine** [kάŋkjubàin]	n 첩, 내연의 처 / mistress	• have keep a **concubine** 첩을 두다
☆☆☆☆☆	**concupiscent** [kɑnkjú:pəsənt]	a 호색의 / salacious	• his **concupiscent** nature 그의 호색적인 성격
☆☆☆☆☆	**concussion** [kənkʌ́ʃən]	n 심한 충격, 《의학》 진탕 / shock	• be taken to hospital with **concussion** 뇌진탕으로 병원에 실려 가다
☆☆☆☆☆	**condominium** [kɑndəmíniəm]	n 콘도미니엄; 《국제법》 공동 지배[통치]	• **Condominium** sales have rebounded strongly. 분양 아파트 판매가 강세로 돌아섰다.
☆☆☆☆☆	**conduit** [kάndwit]	n 도관, 배관 / a pipe for carrying water, gas or electric wires	• a sewer **conduit** 하수구, 도랑
☆☆☆☆☆	**confectionery** [kənfékʃənèri]	n 〈집합적〉 과자류 / confections ; 제과점 / a confectioner's shop	• a **confectionery** plant 제과 공장
☆☆☆☆☆	**confluence** [kάnfluəns]	n (강 따위의) 합류(점) / concourse	• a **confluence** of social factors 사회적 요소들의 융합
☆☆☆☆☆	**conglutinate** [kənglú:tənèit]	v 붙(이)다, 교착시키다 / stick a 교착한 / glued	• the strong tendency to **conglutinate** 교착하려는 강한 성향
☆☆☆☆☆	**consortium** [kənsɔ́:rʃiəm]	n (회사 · 단체 등의) 연합, 제휴 / association	• a **consortium** of factories 공장 연합
☆☆☆☆☆	**contumacious** [kɑntjuméiʃəs]	a 반항적인 / headstrong ; 《법》 (법정의) 소환[명령]에 응하지 않는	• a **contumacious** liar 반항적인 거짓말쟁이
☆☆☆☆☆	**contusion** [kəntú:ʒən]	n 《의학》 타박상 / bruise	• **contusions** on one's forehead 이마의 타박상
☆☆☆☆☆	**convection** [kənvékʃən]	n 《물리》 (공기 · 물 등의) 대류(對流)	• natural **convection** 자연 대류
☆☆☆☆☆	**corrigible** [kɔ́:ridʒəbl]	a (사람 · 잘못 등을) 고칠[교정할] 수 있는 / rectifiable	• a **corrigible** defect 고칠 수 있는 결함
☆☆☆☆☆	**cull** [kʌl]	vt 고르다, 선택하다 / pick out; select	• an exhibition of paintings **culled** from regional art galleries 지역 화랑들에서 선별해 모은 그림 전시회

contra- 접두어 ▸ 반대

☆☆☆☆☆ **con** [kɑn]
n ad (제안에) 반대(하여) / (in) opposition
• argue a matter pro and **con** 찬반 양론으로 문제를 논하다

☆☆☆☆☆ **counterattack** [káuntərətæ̀k]
n v 반격(하다) / counterbuff
• launch[make] a **counterattack** 반격하다

☆☆☆☆☆ **countercharge** [káuntərtʃɑ:rdʒ]
n vt 맞고소(하다) / recriminate
• file a **countercharge** against one's friend 친구를 맞고소 하다

☆☆☆☆☆ **counterpoise** [káuntərpɔiz]
n 평형추, 평형력 / counterbalance
vt 균형을 맞추다; 상쇄하다 / offset
• in **counterpoise** 균형이 잡혀, 안정되어

☆☆☆☆☆ **countervail** [káuntərveil]
v ~에 반작용하다 / counteract ; 보상[상쇄]하다 / make up for; offset
• **countervailing** ideas 대응방안

de- 접두어 ▸ 아래 · 이탈

☆☆☆☆☆ **debar** [dibɑ́:r]
vt 막다, 금지하다 / exclude
• He was **debarred** from holding public office. 그는 공직을 갖는 것을 금지당했다.

☆☆☆☆☆ **debark** [dibɑ́:rk]
v (탈 것에서) 내리다[게 하다] / disembark
• We had docked and **debarked** the ship. 우리는 배를 부두에 대고 내렸다.

☆☆☆☆☆ **debenture** [dibéntʃər]
n 채무 증서 / a certificate of a debt
• make a **debenture** issue 사채를 발행하다

☆☆☆☆☆ **debit** [débit]
n ≪부기≫ 차변 (↔ credit 대변)
vt 차변에[빚진 금액을] 기입하다
• The money will be **debited** from your account each month. 그 돈은 당신의 계좌에서 매 달 인출될 것입니다.

★★☆☆☆ **debris** [dəbrí:]
n 부스러기, 파편(의 더미) / rubble
• clear away the war **debris** 전쟁의 파편을 치우다

☆☆☆☆☆ **debut** [deibjú:]
n 〈F.〉 (연예계[무대]에) 첫 출현, 데뷔 / a first public appearance
• make one's **debut** in the musical world 음악계에 데뷔하다

☆☆☆☆☆ **decentralize** [di:séntrəlàiz]
vt (권한을) 분산시키다, 지방 분권화하다
• **decentralized** authority 분권화된 권위

★☆☆☆☆ **decollete** [dèikaləté i]
a 어깨와 목을 많이 드러낸 / low-cut
• a **decollete** dress 어깨와 목을 많이 드러나는 여성복

☆☆☆☆☆ **decolor** [di:kʌ́lər]
vt 탈색[표백]하다 / bleach
• The sun **decolored** the green shirt. 태양빛이 녹색셔츠를 탈색시켰다.

★☆☆☆☆ **decriminalize** [dì:krímінəlàiz]
v 기소 대상에서 제외하다
• **decriminalize** marijuana 마리화나를 처벌대상에서 제외시키다

☆☆☆☆☆ **defalcation** [dì:fælkéiʃən]
n 위탁금 횡령 / embezzlement
• a serious form of **defalcation** 심각한 형태의 횡령

★★☆☆☆	**defection** [difékʃən]	**n** 탈당, 망명 / asylum	• **defection** from a political party 탈당
☆☆☆☆☆	**deflate** [difléit]	**v** 공기를 빼다; (희망 등을) 꺾다 / discourage; 《경제》 통화를 수축시키다	• All the criticism had left her feeling totally **deflated**. 모든 비판들로 그녀는 완전히 기가 꺾였다.
★☆☆☆☆	**deforest** [di:fɔ́:rist]	**v** 벌채하다 / lumber	• **deforest** a valley 골짜기의 삼림을 벌채하다
☆☆☆☆☆	**de jure** [di: dʒúəri]	**a** 법[권리]에 의한, 정당한 / legal (↔ de facto 사실상의)	• a **de jure** government 법률상의 정부
★☆☆☆☆	**demerit** [dimérit]	**n** 잘못, 과실; 단점, 결점 / fault	• the merits and **demerits** 장단점, 득실
☆☆☆☆☆	**demilitarize** [di:mílətəràiz]	**vt** 비무장화하다 / unarm	• a **demilitarized** zone 비무장 지대(DMZ)
☆☆☆☆☆	**demote** [dimóut]	**vt** ~의 지위를 떨어뜨리다, 강등시키다 / degrade	• be **demoted** to manager of a local branch 지방의 지점장으로 좌천되다
★☆☆☆☆	**denationalize** [di:nǽʃənəlàiz]	**v** 민영화하다 / privatize	• **denationalize** steel industry 철강 산업을 민영화하다
☆☆☆☆☆	**denigrate** [dénəgreit]	**vt** (~의 명성을) 더럽히다, 훼손하다 / defame	• I didn't intend to **denigrate** her achievements. 제가 그 분의 업적을 폄하할 뜻은 없었습니다.
★☆☆☆☆	**denizen** [dénəzən]	**n** (특정 지역 내의) 거주자, 생물 / inhabitant; dweller	• the **denizens** of the local pub 지역 술집에 죽치고 있는 사람들
☆☆☆☆☆	**depot** [dí:pou]	**n** 정거장, 역 / a railroad or bus station; 창고 / warehouse; depository	• an arms **depot** 무기고
★☆☆☆☆	**derail** [di:réil]	**v** 탈선시키다[하다] / go wrong; upset	• The train **derailed** and plunged into the river. 그 기차는 탈선하여 강물 속으로 추락했다.
★☆☆☆☆	**deregulation** [di:regjuléiʃən]	**n** 규제[제한] 철폐 / decontrol	• **deregulation** of oil prices 유가 자유화
☆☆☆☆☆	**desalinate** [di:sǽlənèit]	**v** 탈염 처리하다 / desalt	• **desalinate** sea water 바닷물에서 소금을 제거하다
☆☆☆☆☆	**desegregate** [di:ségrəgèit]	**v** 인종차별을 철폐하다	• **desegregate** the schools 학교의 인종차별을 철폐하다
☆☆☆☆☆	**desperado** [despərá:dou]	**n** (죽음을 각오한) 범죄자 / outlaw	• a reckless **desperado** 앞 뒤를 모르는 범죄자
★☆☆☆☆	**despoil** [dispɔ́il]	**vt** 약탈[강탈]하다 / plunder	• **despoil** a person of his goods 남의 재물을 약탈하다
☆☆☆☆☆	**detente** [deitá:nt]	**n** (국가간의) 긴장 완화 / reconciliation	• **detente** between the two countries 양국간의 긴장완화

+2 최고급 어휘(접두어편)

☆☆☆☆☆	**detergent** [ditə́:rdʒənt]	n (합성) **세제** / a cleansing agent	• synthetic **detergent** 합성 세제
☆☆☆☆☆	**detour** [di:túər]	n **우회(로)** / bypass	• make[take] a **detour** 우회하다
☆☆☆☆☆	**devalue** [di:vǽlju:]	v (화폐의) **가치를 내리다** / depreciate	• Work in the home is often ignored and **devalued**. 가정 내의 노동은 흔히 무시되고 평가 절하된다.

di / duo- 접두어 ▸ 둘

☆☆☆☆☆	**deuce** [dju:s]	n (트럼프 · 주사위의) **2의 패, 2의 눈;** (테니스 · 배구의) **듀스**	• hit the wall with **deuce** of clubs 두 주먹으로 벽을 치다
☆☆☆☆☆	**digraph** [dáigræf]	n **이중자** / a pair of letters that represent one sound	• consonant **digraph** 자음이중자
☆☆☆☆☆	**dioxide** [daiáksaid]	n <화학> **이산화물** / an oxide having two atoms of oxygen	• charge water with carbon **dioxide** 물에 이산화탄소를 포화시키다
☆☆☆☆☆	**duet** [dju:ét]	n **듀엣, 이중주**	• a piano **duet** 피아노 이중주(곡)
☆☆☆☆☆	**duologue** [djú:əlɔ:g]	n (연극따위에서 2인의) **대화** / a dialogue between two persons	• a taped short **duologue** 테이프에 녹음된 짧은 2인 대화
☆☆☆☆☆	**diphthong** [dífθɔ:ŋ]	n <음성> **이중 모음** / sound made by joining two vowels	• a consonantal **diphthong** 복합자음

dia- 접두어 ▸ 횡단 · 통과

☆☆☆☆☆	**diabetes** [dàiəbí:tis]	n <병리> **당뇨병** / a disease in which there is too much sugar in the blood	• have **diabetes** 당뇨병을 앓다
☆☆☆☆☆	**diachronic** [dàiəkránik]	a <언어> **통시적(通時的)인**(↔ synchronic **공시적인**)	• **diachronic** study 통시적 고찰
☆☆☆☆☆	**diacritic** [dàiəkrítik]	a (차이를) **구분하기 위한, 구별되는** / distinctive	• the acute **diacritic** mark in Czech 체코어의 정확한 발음 구별 부호
☆☆☆☆☆	**diadem** [dáiədèm]	n **왕관** / crown	• **Diadem** is a small crown with jewels in it. diadem은 보석이 박힌 조그마한 왕관이다.
☆☆☆☆☆	**diocese** [dáiəsì:s]	n **주교 관구** / the district under a bishop's jurisdiction	• all the clergy of the **diocese** 그 주교구의 모든 목사

★☆☆☆☆	**diffuse** [difjúːz]	**v** (빛 · 냄새 · 지식 따위를) **퍼뜨리다** / disseminate **a** **널리 퍼진; 산만한** / discursive	• a **diffuse** community 넓은 지역에 분산되어 있는 공동체
★☆☆☆☆	**disabuse** [dìsəbjúːz]	**vt** **~의 미혹[오해]을 풀어주다** / disillusion	• **disabuse** him of superstition 그를 미신에서 깨어나게 하다
☆☆☆☆☆	**disassemble** [dìsəsémbl]	**vt** **분해[해체]하다** / dismantle	• **disassemble** the engine to find the problem 문제를 찾아내기 위해 엔진을 분해하다
★☆☆☆☆	**disavow** [dìsəváu]	**vt** **~을 부인하다** / disclaim, deny	• They **disavowed** claims of a split in the party. 그들은 당 내부에 분열이 있다는 주장을 부인했다.
☆☆☆☆☆	**disburse** [disbə́ːrs]	**v** **소비하다** / spend ; **뿌리다** / spread	• **disburse** compensation funds 위로금을 주다
★☆☆☆☆	**discolor** [diskʌ́lər]	**v** **변색하다[시키다]** / tarnish	• Apples **discolor** quickly. 사과는 빨리 변색된다.
★☆☆☆☆	**disembark** [dìsembáːrk]	**v** **상륙하다[시키다]** / debark	• The passengers were unable to **disembark** because the aircraft's stairway was jammed. 계단이 고장나서 승객들이 비행기에서 내릴 수 없었다.
☆☆☆☆☆	**disembodied** [dìsembádid]	**a** (영혼이) **육체로부터 분리된** / immaterial; bodiless	• a **disembodied** voice 누구인지 알 수 없는 목소리
☆☆☆☆☆	**disengage** [dìsengéidʒ]	**vt** **풀다, 느슨하게 하다** / loosen	• **disengage** the clutch 클러치를 풀다
☆☆☆☆☆	**disgruntled** [disgrʌ́ntld]	**a** **불평[불만]을 품은** / discontented; dissatisfied	• **disgruntled** employees 불만을 품은 직원들
☆☆☆☆☆	**dishabille** [dìsəbíːl]	**n** **평상복, 흘가분한 옷차림** / casuals	• go to the office in **dishabille** 평상복 차림으로 회사에 가다
★☆☆☆☆	**disingenuous** [dìsindʒénjuəs]	**a** **부정직한, 솔직하지 않은** / insincere	• John doesn't like **disingenuous** people. 존은 솔직하지 못한 사람을 싫어한다.
☆☆☆☆☆	**disinter** [dìsintə́ːr]	**v** (무덤 등에서) **파내다; 드러내다** / exhume	• **disinter** the remains 유물을 파내다
☆☆☆☆☆	**disjointed** [disdʒɔ́intid]	**a** (관절이) **탈구[골절]된** **; 일관성이 없는, 모순된** / incoherent	• utter **disjointed** phrases 전혀 앞 뒤가 맞지 않는 말을 하다
☆☆☆☆☆	**dismember** [dismémbər]	**vt** **~의 사지를 절단하다** / maim; cripple	• A **dismembered** body was discovered. 토막 난 시체가 발견되었다.
☆☆☆☆☆	**dismount** [dismáunt]	**vi** (말 따위에서) **내리다** / alight **vt** (말에서) **떨어지게 하다** / unhorse	• **dismount** from a horse 말에서 내리다
☆☆☆☆☆	**disoblige** [dìsəbláidʒ]	**vt** **~의 소망대로 해주지 않다** / inconvenience	• cannot bear to **disoblige** him 그의 뜻을 거스르는 것을 견딜 수 없다

☆☆☆☆☆	**disorganize** [disɔ́:rgənàiz]	vt ~의 조직을[질서를] 어지럽히다 / disarrange	• **disorganize** human society 인간 사회를 어지럽히다
☆☆☆☆☆	**disport** [dispɔ́:rt]	vt 〈재귀적〉 ~을 즐겁게 하다 / amuse actively	• **disport** oneself at will 멋대로 하다(행동하다)
☆☆☆☆☆	**disquisition** [dìskwizíʃən]	n (조직적이고 면밀한) 논문 / treatise; dissertation	• a learned **disquisition** on... ...에 관한 학문적인 논문
★☆☆☆☆	**disrepute** [dìsripjú:t]	n 나쁜 평판, 악평 / disgrace	• fall into **disrepute** 평판이 나빠지다
☆☆☆☆☆	**disservice** [dissə́:rvis]	n 해, 악행 / detriment	• do people a **disservice** 타인에게 몹쓸 짓을 하다
☆☆☆☆☆	**dissimilarity** [disìməlǽrəti]	n 다름, 차이 / difference	• have **dissimilarities** 차이가 있다
☆☆☆☆☆	**distaste** [distéist]	n (특정한 사물에 대한) 싫음, 혐오 / disgust	• a **distaste** for politics of any sort 모든 종류의 정치에 대한 혐오감
★☆☆☆☆	**distend** [disténd]	v (압력에 의해) 팽창시키다[하다] / expand	• starving children with huge **distended** bellies 굶주림으로 복부가 팽팽하게 부풀어 오른 아이들
★★☆☆☆	**distill** [distíl]	v 정제하다, 증류하다 / purify; ~을 거르다, ~의 정수를 뽑다	• **distill** fresh water from sea water 바닷물을 정제하여 깨끗한 물을 만들어 내다

en- 접두어 ▸ 동사 형성

☆☆☆☆☆	**embank** [imbǽŋk]	vt (하천 따위에) 둑[제방]을 쌓다 / bank	• rail noise in **embanked** area 성토 지역을 통과하는 열차 소음
☆☆☆☆☆	**enamor** [inǽmər]	vt 매혹하다 / captivate; enchant	• She is **enamored** with foreign films. 그녀는 외국 영화에 매혹되어 있다.
☆☆☆☆☆	**encamp** [inkǽmp]	v 《군사》 진을 치다, 야영하다 / camp	• The refugees have been **encamped**. 피난민들은 야영해왔다.
☆☆☆☆☆	**encapsulate** [inkǽpsjulèit]	v 캡슐에 넣다, 캡슐로 싸다 / capsulate; ~을 요약하다	• The poem **encapsulates** many of the central themes of her writing. 그 시는 그녀가 쓰는 글의 많은 중심 주제들을 압축하고 있다.
☆☆☆☆☆	**encase** [inkéis]	vt (상자 · 용기에) 넣다, 싸다 / enclose	• The reactor is **encased** in concrete and steel. 원자로는 콘크리트와 쇠로 둘러싸여 있다.
☆☆☆☆☆	**enfranchise** [infrǽntʃaiz]	vt 선거권을 주다 / franchise; (노예 따위를) 해방하다 / emancipate	• **enfranchise** women 여자에게 선거권을 부여하다
☆☆☆☆☆	**engraft** [ingrǽft]	vt 접붙이다, 접목하다 / graft; (사상 등을) 심다, 주입시키다 / implant	• **engraft** patriotism into a person's soul …에게 애국심을 주입하다.
★☆☆☆☆	**enrapture** [inrǽptʃər]	vt 황홀케하다 / entrance	• be **enraptured** at the scene 광경에 넋을 잃었다

☆☆☆☆☆	**enshrine** [inʃráin]	**v** 간직하다 / cherish	• be **enshrined** in her heart 그녀의 마음 속 깊이 새겨지다
☆☆☆☆☆	**ensnare** [insnέər]	**vt** 올가미[함정]에 빠뜨리다 / trap, entrap	• young homeless people who become **ensnared** in a life of crime 범죄 생활에 빠져드는 젊은 노숙자들
☆☆☆☆☆	**ensnarl** [insnɑ́:rl]	**vt** 얽히게 하다, 혼란시키다 / confuse	• Iran became **ensnarled** in the great game between Britain and Russia. 이란은 영국과 러시아의 대 승부에 얽히게 되었다.
☆☆☆☆☆	**entourage** [ɑ:nturɑ́:ʒ]	**n** 측근, 수행원 / attendants, suite	• be accompanied by his **entourage** 그의 수행원과 함께 동행하다
★☆☆☆☆	**entrance** [éntrəns]	**v** 매혹하다 / enthrall	• Good salary **entranced** him. 넉넉한 보수에 황홀해 졌다.
☆☆☆☆☆	**entropy** [éntrəpi]	**n** ≪물리≫ 엔트로피 : 열량과 온도의 상태를 나타내는 열역학적 양의 하나; 예측 불허	• In the business world, **entropy** rules. 비즈니스 세계는 예측 불허가 지배한다.
☆☆☆☆☆	**enzyme** [énzaim]	**n** ≪화학≫ 효소 / a protein substance produced in living cells	• competitive inhibition of an **enzyme** 효소 반응의 길항적 저해

epi- 접두어 ▸ 위 · 접촉

★☆☆☆☆	**epiphany** [ipífəni]	**n** 직관, 통찰 / intuition	• Newton's **epiphany** about gravity 뉴턴의 중력에 대한 통찰
☆☆☆☆☆	**episcopal** [ipískəpəl]	**a** 주교(제도)의	• **episcopal** power 주교들의 세력
☆☆☆☆☆	**epistemology** [ipìstəmɑ́lədʒi]	**n** 인식론	• the first lesson in **epistemology** 인식론의 첫번째 강의
☆☆☆☆☆	**epistle** [ipísl]	**n** (특히 교훈적인) 편지; ≪성서≫ 사도 서간	• the **Epistle** to the Hebrews 히브리서
☆☆☆☆☆	**epithet** [épəθèt]	**n** 특성을 나타내는 형용사[어구], 별명 / alias	• a hackneyed **epithet** 진부한 형용사
☆☆☆☆☆	**eponym** [épənim]	**n** 이름의 시조[원조]	• examples of **eponyms** 시조 이름의 예

eu- 접두어 ▸ 좋은

★☆☆☆☆	**euphony** [jú:fəni]	**n** 듣기 좋은 말[소리]	• the neat **euphony** well liked by politicians 정치인들이 좋아하는 소리
☆☆☆☆☆	**eutrophy** [jú:trəfi]	**n** (호수 등의) 부영양 상태	• **eutrophic** lake 부영양호
☆☆☆☆☆	**evangelist** [ivǽndʒəlist]	**n** 복음 전도사 / missionary	• an openair **evangelist** 야외 전도사

ex- 접두어 ▶ 밖

☆☆☆☆☆	**affray** [əfréi]	n <법> (공공 장소에서의) **싸움, 소동** / a noisy quarrel in public; brawl	• be charged with causing an **affray** 소동을 피워서 고발당하다
☆☆☆☆☆	**eczema** [éksəmə]	n <의학> **습진**	• have a bad case of **eczema** 습진이 심하다
☆☆☆☆☆	**efficacy** [éfikəsi]	n **효력** / efficiency	• the **efficacy** of the drug 그 약의 효력
☆☆☆☆☆	**effloresce** [èflərés]	vi **꽃이 피다** / flower ; **번영[번창]하다** / prosper	• These manifestations **effloresced** in the past. 이런 시위운동들은 과거에 번성했다.
☆☆☆☆☆	**effluvium** [eflú:viəm]	n **악취** / noxious vapor	• an unpleasant **effluvium** from the factory 공장에서 나오는 불쾌한 악취
☆☆☆☆☆	**effulgent** [ifʌ́ldʒənt]	a **빛나는, 눈부신** / radiant	• **effulgent** rays 눈부신 빛
☆☆☆☆☆	**effuse** [ifjú:z]	v (빛 · 향기 · 액체 따위를) **발산[유출]시키다** / emit	• The room **effuses** happiness. 그 방은 행복을 내보낸다.
☆☆☆☆☆	**egress** [í:gres]	n **출구** / exit vi **밖으로 나가다, 탈출하다** / go out	• Fire Protection & **Egress** Planning of Super Tall Buildings during fire 초고층 건축물의 화재시 방재와 대피계획
★☆☆☆☆	**eject** [idʒékt]	vt **쫓아[몰아]내다** / banish ; (연기 따위를) **내뿜다, 분출하다** / expel	• Police **ejected** a number of violent protesters. 경찰이 많은 과격한 시위자들을 쫓아냈다.
☆☆☆☆☆	**elision** [ilíʒən]	n **생략** / ellipsis, **음운탈락**	• use interesting concept of **elision** 흥미로운 생략 기법을 이용하다
★☆☆☆☆	**elite** [ilí:t]	n 〈집합적〉 **엘리트, 우수한 사람들**	• Public opinion is influenced by the small **elite** who control the media. 여론은 언론을 좌우하는 소수 엘리트의 영향을 받는다.
☆☆☆☆☆	**elocution** [èləkjú:ʃən]	n **웅변술, 연설법** / oratory	• an Athenian celebrated for the **elocution** 웅변술로 유명한 아테네인
★☆☆☆☆	**emissary** [éməsèri]	n **밀사, 사절** / messenger a **사자[밀사]의**	• send an **emissary** 밀사를 보내다
☆☆☆☆☆	**emolument** [imáljumənt]	n **급료, 봉급** / wage	• **emolument** of authors 저자의 수입
★☆☆☆☆	**enunciate** [inʌ́nsièit]	v (제안 따위를) **발표[선언]하다** / announce ; (명확히) **발음하다** / articulate	• He **enunciated** his vision of the future. 그는 미래에 대해 자신이 생각하는 바를 밝혔다.
☆☆☆☆☆	**escapade** [éskəpèid]	n (특히 규칙을 위반하는) **탈선 행위, 엉뚱한 장난** / prank	• Isabel's latest romantic **escapade** 이사벨의 최근 연애 행각
★☆☆☆☆	**eviscerate** [ivísərèit]	v **창자를 빼내다** / disembowel ; (의논 등의) **골자를 빼버리다**	• **eviscerate** a book of its satire 풍자를 없애어 책의 골자를 빼버리다
☆☆☆☆☆	**excrete** [ikskrí:t]	vt **배설[분비]하다** / secrete	• Dead animals do not **excrete** the virus. 죽은동물은 바이러스를 배출하지 않는다.

★☆☆☆☆	**excruciate** [ikskrú:ʃièit]	v 괴롭히다 / torment	• He appeared **excruciated** by a heart disease. 그는 심장병으로 괴로운 듯했다.
☆☆☆☆☆	**exegesis** [èksədʒí:sis]	n (특히 성경의) **주해, 해석, 설명** / notation	• a slight error in **exegesis** 해석에 있어서 약간의 실수
☆☆☆☆☆	**exfoliate** [eksfóulièit]	v **박피하다** / skin, peel	• **exfoliate** and renew the skin 피부를 박피하고 재생하다
★★☆☆☆	**exhume** [igzjú:m]	vt (무덤 등을) **발굴하다** / disinter; unearth; **밝히다, 공개하다** / reveal	• **exhume** a corpse 사체를 발굴하다
☆☆☆☆☆	**exiguous** [igzígjuəs]	a **근소한, 적은** / minute	• The problem strikes us as **exiguous**. 그 문제는 우리에게 영향이 적다.
☆☆☆☆☆	**exodus** [éksədəs]	n **집단적 (대)이동** / hegira	• the mass **exodus** from Paris to the country 파리에서 시골로 가는 대이동
☆☆☆☆☆	**exorcise** [éksɔ:rsàiz]	vt (기도 · 주문을 외워 악령을) **쫓아내다, 몰아내다** / expel	• **exorcise** an evil spirit out of a house 집에서 악령을 몰아내다
☆☆☆☆☆	**exordium** [igzɔ́:rdiəm]	n (연설 · 논문 따위의) **서론, 머리말** / preamble	• **Exordium** & Terminus 시작과 종말
★☆☆☆☆	**expiate** [ékspièit]	v **속죄하다, 보상하다** / atone	• **expiate** their sins 그들의 죄를 속죄하다
☆☆☆☆☆	**expletive** [éksplətiv]	a **단순히 부가적인** / additional	• **expletive** and trivial expression 부가적이고 사소한 표현
★☆☆☆☆	**exponent** [ikspóunənt]	n **설명[해설]자;** (전형적) **대표자;** ≪수학≫ **지수**	• the most famous **exponent** of the art of mime 마임 예술 부문의 가장 유명한 대표적 인물
★☆☆☆☆	**expurgate** [ékspə:rgèit]	vt (책 · 글 따위에서 불온한 부분을) **삭제하다** / obliterate	• **expurgate** the miss for publication 출판하기 위해 원고에서 좋지 않는 어구를 삭제하다.
☆☆☆☆☆	**extension** [iksténʃən]	n **내선번호, 교환번호; 연장[확장]**	• May I have **extension** 123, please? 내선 번호 123을 부탁합니다.

extra- 접두어 ▸ 밖

☆☆☆☆☆	**extradite** [ékstrədàit]	v **범인을 본국에 송환하다, 인도하다** / deliver	• Several pirates were **extradited** to China. 몇몇 해적들이 중국으로 인도되었다.
☆☆☆☆☆	**extramarital** [èkstrəmǽritl]	a **간통[불륜]의** / adulterous	• **extramarital** affair 혼외정사
☆☆☆☆☆	**extramural** [ekstrəmjúərəl]	a **성벽 밖의, 교외(대항)의**	• **extramural** teaching 교외 교육
★☆☆☆☆	**extrapolate** [ikstrǽpəlèit]	v (기존의 사실들을 통해) **추측하다** / infer	• **extrapolate** trends from the published figures 발표된 숫자들을 보고 동향을 추측하다

☆☆☆☆☆ **extrasensory** [èkstrəsénsəri]

a 초감각적인

• **extrasensory** perception
초감각적 지각, 텔레파시

★★☆☆☆ **extrovert** [ékstrəvə̀:rt]

n 외향적인 사람(↔ introvert 내향적인 사람)

• While the husband is an introvert, his wife is an **extrovert**.
그 남편은 내성적인 반면에 그의 부인은 외향적이다.

fore- 접두어 ▸ 앞 · 전

☆☆☆☆☆ **foreground** [fɔ́:rgràund]

n 전경(前景) / the nearest part of a scene

• The figure in the **foreground** is the artist's mother.
전경에 있는 인물은 화가의 어머니이다.

☆☆☆☆☆ **foreman** [fɔ́:rmən]

n (노동자의) 현장 감독 / overseer

• the **foreman** of the building program
건설 프로그램의 현장 감독

★☆☆☆☆ **foreshadow** [fɔ:rʃǽdou]

vt ~을 미리 암시하다, 전조를 보이다 / prefigure

• **foreshadow** an evil
흉사의 징후를 보이다

☆☆☆☆☆ **forewarn** [fɔ:rwɔ́:rn]

vt ~에게 미리 경고하다 / caution

• The commander had been **forewarned** of the attack. 그 지휘관은 그 공격에 대한 경고를 받았었다.

hetero- 접두어 ▸ 다른

☆☆☆☆☆ **heteronym** [hétərənìm]

n 동철 이음 이의어

• What **heteronym** means" a gift"or" to introduce someone"? 어떤 동철 이음 이의어가"선물"또는"누군가를 소개하다"라는 의미를 가지나?"

homo- 접두어 ▸ 같은

☆☆☆☆☆ **homocentric** [hòuməséntrik]

a 같은 중심을 가진, 공심(共心)의 / concentric

• **homocentric** pencil of ray 공심광선속

☆☆☆☆☆ **homochromatic** [hòuməkroumǽtik]

a 한 색깔의, 단색의 / monochromatic

• **homochromatic** gain 동색 이득

☆☆☆☆☆ **homogamous** [houmágəməs]

a <식물> 동성화가 생기는 / having flowers that do not differ sexually

• **homogamous** flower 동성꽃

★☆☆☆☆ **homologous** [həmáləgəs]

a <생물학> 상동의 / having the same evolutionary origin ; 유사한, 일치하는 / akin

• **homologous** tissue graft 유사한 조직 이식

cf **análogous** 상사의; 유사한

holo- 접두어 ▸ 전체

☆☆☆☆☆ **holograph** [hɑ́ləgræ̀f]

n 자필 문서[증서]
a 자필의 / autograph

• a **holograph** letter 자필 편지

cf **hómograph** 동형 이의어

☆☆☆☆☆ **holophrase** [hɑ́ləfrèiz]

n 일어문(一語文: 한 낱말로 구(句) · 문(文)의 기능을 하는 것)

• A **holophrase** is a single word used by infants up to 2 years.
일어문은 2살이내의 유아들이 사용하는 단일어이다.

hyper-, hypo- 접두어 ▸ 위 / 아래

☆☆☆☆☆ **hyperacid** [hàipərǽsid]
a 위산 과다의
• feel **hyperacid** in one's stomach
위산과다로 느껴지다.

☆☆☆☆☆ **hyperbola** [haipə́:rbələ]
n <수학> 쌍곡선 / a curve whose two ends are never parallel
• the quadrature of the **hyperbola**
쌍곡선의 구적법

☆☆☆☆☆ **hyperborean** [hàipərbɔ́:riən]
a 북극의 / arctic ; 몹시 추운
• **hyperborean** climate 몹시 추운 기후

☆☆☆☆☆ **hypersonic** [hàipərsɑ́nik]
a 극초음속의
• a **hypersonic** airliner 극초음속 여객기

☆☆☆☆☆ **hyperthyroidism** [hàipərθáirɔidizm]
n 갑상선 기능 항진증
• **hypothyroidism** and **hyperthyroidism**
갑상선 기능 부전증과 갑상선 기능 항전증

☆☆☆☆☆ **hypertrophy** [haipə́:rtrəfi]
n (기관 · 조직의) 비대, 이상 발달 / enlargement
• have the propensity for **hypertrophy**
이상 발달 성향을 가지고 있다.

★☆☆☆☆ **hypochondriac** [hàipəkɑ́ndriæ̀k]
a 건강 염려증의, 심기증의
n 심기증 환자
• emotionally unstable **hypochondriac**
정신적으로 불안정한 심기증 환자

★☆☆☆☆ **hypodermic** [hàipədə́:rmik]
a <의학> 피하(주사)의 / (used to inject) under the skin; subcutaneous
• **hypodermic** injection 피하 주사

☆☆☆☆☆ **hypogastric** [hàipəgǽstrik]
a <해부> 하복부의 / of the lower middle region of the abdomen
• **hypogastric** breathing 단전호흡

☆☆☆☆☆ **hypothermia** [hàipəθə́:rmiə]
n <의학> 저체온(증) / a condition of reduced temperature
• Symptoms of **hypothermia** usually develop slowly.
저체온증의 증상은 주로 천천히 발생한다.

in- 접두어 ▸ 부정

☆☆☆☆☆ **illimitable** [ilímitəbl]
a 무한의 / infinite, unlimited
• **illimitable** ambition 한없는 욕망

☆☆☆☆☆ **illogical** [ilɑ́dʒikəl]
a 비논리적인, 불합리한 / fallacious
• **illogical** behavior 비논리적인 행위

☆☆☆☆☆ **imbalance** [imbǽləns]
n 불균형 / unbalance
• a global **imbalance** of power
세계적 힘의 불균형

☆☆☆☆☆ **imponderable** [impɑ́ndərəbl]
a 헤아릴 수 없는 / incalculable
n 평가할 수 없는 것
• There are too many **imponderables**.
가늠하기 힘든 요소들이 너무 많다.

☆☆☆☆☆ **inalterable** [inɔ́:ltərəbl]
a 변경할 수 없는, 불변의/ immutable
• an **inalterable** fact that the sun sets in the west
태양이 서쪽으로 진다는 불변의 사실

☆☆☆☆☆ **inapprehensible** [ìnæprihénsəbl]
a 이해할 수 없는 / incognizable
• **inapprehensible** divine essence
불가해한 신의 본질

☆☆☆☆☆	**incombustible** [ìnkəmbʌ́stəbl]	**a** 불연성의 / fireproof, nonflammable **n** 불연성 물질	• **incombustible** materials 불연성 물질
☆☆☆☆☆	**incommensurate** [ìnkəménsərət]	**a** 어울리지 않은, 맞지 않은 / inadequate	• be **incommensurate** with need 요구 사항에 맞지 않다
☆☆☆☆☆	**incommodious** [ìnkəmóudiəs]	**a** 비좁은, 불편한 / inconvenient	• **incommodious** hotel accommodations 옹색하여 불편한 호텔 시설
☆☆☆☆☆	**incommunicable** [ìnkəmjú:nikəbl]	**a** (말로) 전달할 수 없는 / untold; ineffable	• an **incommunicable** grief 말할 수 없을 정도의 슬픔
☆☆☆☆☆	**incommutable** [ìnkəmjú:təbl]	**a** 교환할[바꿀] 수 없는 / immutable	• a rare **incommutable** skill 바꿀 수 없는 드문 역량
☆☆☆☆☆	**incompliant** [ìnkəmpláiənt]	**a** 따르지 않는, 고집 센 / unyielding	• be **incompliant** with required international standards 필수 국제 규범에 맞지 않다
☆☆☆☆☆	**inconsequential** [ìnkansikwénʃəl]	**a** 중요하지 않은, 사소한 / insignificant; inconsequent	• **inconsequential** details 중요하지 않은 세부 사항들
☆☆☆☆☆	**incorporeal** [ìnkɔ:rpɔ́:riəl]	**a** 실체 없는, 무형의 / spiritual	• **incorporeal** hereditament 무형 유산
☆☆☆☆☆	**indecorous** [indékərəs]	**a** 예의[버릇]없는 / improper	• **indecorous** remarks 무례한 발언
☆☆☆☆☆	**indefensible** [ìndifénsəbl]	**a** 방어할 수 없는, 옹호해 줄 수 없는 / inexcusable	• **indefensible** behaviour 변명의 여지가 없는 행동
☆☆☆☆☆	**indeterminate** [ìnditə́:rmənət]	**a** 불확실한, 모호한 / vague, indecorous	• an **indeterminate** vowel 애매한 모음
☆☆☆☆☆	**indigestible** [ìndidʒéstəbl]	**a** 소화되지 않는; 이해하기 어려운 / elusive	• an **indigestible** meal 소화가 잘 안 되는 식사
★☆☆☆☆	**indisposed** [ìndispóuzd]	**a** 기분[몸]이 좋지 않은, 내키지 않는 / unwell	• be **indisposed** with a cold 감기로 몸이 좋지 않다
★☆☆☆☆	**indisputable** [ìndispjú:təbl]	**a** 논의[반박]의 여지가 없는 / unquestionable	• an **indisputable** fact 반론의 여지가 없는 사실
☆☆☆☆☆	**inescapable** [ìnəskéipəbl]	**a** 달아날[피할] 수 없는, 불가피한 / inevitable	• an **inescapable** fact 피할 수 없는 사실
☆☆☆☆☆	**inestimable** [inéstəməbl]	**a** 평가할[헤아릴] 수 없는 / invaluable	• The information he provided was of **inestimable** value. 그가 제공한 정보는 헤아릴 수 없이 귀중했다.
☆☆☆☆☆	**inexhaustible** [ìnigzɔ́:stəbl]	**a** 무진장한, 지칠 줄 모르는 / tireless	• Her energy is **inexhaustible**. 그녀는 에너지가 고갈될 줄 모른다.
☆☆☆☆☆	**inexpedient** [ìnikspí:diənt]	**a** 불편한, 부적절한 / inconvenient	• It would be **inexpedient** to raise taxes further. 세금을 더 올린다면 부당한 일이 될 것이다

★☆☆☆☆	**inexperienced** [ìnikspíəriənst]	**a** 경험이 없는, 미숙한 / unskilled; callow	• **inexperienced** in modern methods 현대적인 방법들에 대한 경험이 부족한
☆☆☆☆☆	**inhuman** [inhjú:mən]	**a** 비인간적인, 잔인한 / cruel; inhumane ; 초인간적인 / superhuman	• **inhuman** and degrading treatment 인간미 없고 치욕스러운 대우
☆☆☆☆☆	**inorganic** [ìnɔ:rgǽnik]	**a** 무생물의 / lifeless ; ≪화학≫ 무기물의	• **inorganic** fertilizers 무기질 비료
★☆☆☆☆	**insouciant** [insú:siənt]	**a** 〈F.〉 무관심한, 태평한 / carefree	• My boss is an **insouciant** and unguarded man. 내 상사는 태평하고 부주의한 사람이다.
★★☆☆☆	**insubordinate** [ìnsəbɔ́:rdənət]	**a** 순종하지 않는, 다루기 힘든 / unruly	• **insubordinate** to one's superiors 윗사람에게 순종치 않는
★☆☆☆☆	**insubstantial** [insəbstǽnʃəl]	**a** 실체가 없는, 무형의 / unreal, immaterial ; 무른, 약한 / frail	• an **insubstantial** argument 대단찮은 주장
★☆☆☆☆	**insuperable** [insú:pərəbl]	**a** 이겨낼[통과할] 수 없는 / unconquerable; impassable	• **insuperable** heroes 무적의 영웅들
☆☆☆☆☆	**intemperate** [intémpərit]	**a** 무절제한 / excessive	• **intemperate** language 폭언
☆☆☆☆☆	**invertebrate** [invə́:rtəbrət]	**n** 무척추 동물; 줏대 없는 (사람) / a person without moral strength	• **invertebrate**, such as worms 벌레와 같이 척추가 없는 동물
☆☆☆☆☆	**irredeemable** [ìridí:məbl]	**a** (원 상태로) 되돌릴 수 없는 / irretrievable ; 희망이 없는 / hopeless	• an **irredeemable** misfortune 구제할 수 없는 불운
☆☆☆☆☆	**irrefutable** [ìrifjú:təbl]	**a** 반박할 수 없는 / undeniable	• **irrefutable** evidence 반박할 수 없는 증거
☆☆☆☆☆	**irresponsible** [ìrispánsəbl]	**a** 책임이 없는, 무책임한 / carefree **n** 책임(감)이 없는 사람	• an **irresponsible** teenager 무책임한 십대

in- 접두어 ▸ 안

☆☆☆☆☆	**anoint** [ənɔ́int]	**vt** (상처 따위에) 기름[연고]를 바르다 / smear	• The priest **anointed** her with oil. 사제가 그녀의 머리에 성유를 발랐다.
☆☆☆☆☆	**enclave** [énkleiv]	**n** 타국 영토로 둘러싸인 지역, 거주지	• **enclave** for Jewish settlers 유태인 이민자들을 위한 거주지
☆☆☆☆☆	**encomium** [enkóumiəm]	**n** 찬사 / high praise	• a brief **encomium** on achievements 업적에 대한 짧막한 찬사
★☆☆☆☆	**imbue** [imbjú:]	**vt** (감정 등을) 불어넣다 / inspire ; 물들이다 / dye	• He **imbued** his son's mind with the ambition. 그는 아들에게 야망을 불어넣었다.
☆☆☆☆☆	**immolate** [íməlèit]	**vt** 신에게 바치기 위해 죽이다; 희생으로 바치다 / dedicate	• **immolate** one thing to another 하나를 타의 희생으로 하다

★☆☆☆☆	**immure** [imjúər]	**vt** **감금하다** / incarcerate, intern	• be **immured** in prison 감옥에 감금되다
☆☆☆☆☆	**impale** [impéil]	**vt** (뾰족한 것으로) **찌르다** / transfix	• She **impaled** a lump of meat on her fork. 그녀가 고기 덩어리 하나를 포크에 찔렀다.
☆☆☆☆☆	**impinge** [impíndʒ]	**vi** **부딪치다** / strike ; **영향을 주다** / influence ; **침해[침범]하다** / intrude	• **impinge** on the fundamental human rights 기본적인 인권을 침해하다
☆☆☆☆☆	**impound** [impáund]	**vt** (가축이나 사람을) **가두다** / confine ; ≪법≫ **압수[몰수]하다** / confiscate	• The car was **impounded** by the police after the accident. 그 자동차는 사고 후에 경찰에 압수되었다.
☆☆☆☆☆	**imprimatur** [ìmprimá:tər]	**n** **허가, 인가** / permission	• receive the **imprimatur** 허가를 받다
★☆☆☆☆	**incinerate** [insínərèit]	**v** **태워서 재로 만들다, 화장하다** / cremate	• **incinerate** a large amount of trash 많은 양의 쓰레기를 태우다
☆☆☆☆☆	**inculpate** [inkʌ́lpeit]	**vt** **죄를 씌우다, 비난하다** / incriminate	• They all seem to **inculpate** him. 그들은 모두 그에게 죄를 씌우는듯 보인다.
☆☆☆☆☆	**indenture** [indéntʃər]	**n** **계약(서)** / contract	• the relevant clause of the **indenture** 계약서의 관련 조항
☆☆☆☆☆	**indite** [indáit]	**vt** (시문 따위를) **짓다, 쓰다** / compose	• **indite** letters in English 영문으로 편지를 쓰다
★☆☆☆☆	**indoctrinate** [indάktrənèit]	**vt** **가르치다, 세뇌시키다** / brainwash	• be **indoctrinated** in communism 공산주의에 세뇌당하다
☆☆☆☆☆	**inflect** [inflékt]	**vt** (어형 · 목소리를) **바꾸다, 변화시키다** / modulate	• **inflect** a noun 명사를 어미 변화시키다
★☆☆☆☆	**infraction** [infrǽkʃən]	**n** **위반, 침해** / violation	• commit an **infraction** of the rules 규칙 위반을 저지르다
★☆☆☆☆	**ingest** [indʒést]	**vt** (음식 · 약 등을) **섭취하다** / eat ; (사상 등을) **받아들이다** / accept	• Even toothpaste companies exhort you not to **ingest** toothpaste. 치약 회사조차 치약을 삼키지 말라고 권고한다.
☆☆☆☆☆	**inlay** [ínlèi]	**vt** (장식을 위해 금 따위를) **아로새기다, 상감하다** / damascene **n** **박아넣음, 상감 세공**	• The lid of the box had been **inlaid** with silver. 그 상자 뚜껑에는 은으로 상감 장식이 되어 있었다.
☆☆☆☆☆	**inlet** [ínlet]	**n** **후미;** (액체의) **주입구** / intake	• a fuel **inlet** 연료 주입구
☆☆☆☆☆	**intern** [intə́:rn]	**vt** **억류[구금]하다** / detain **n** **인턴**	• He is **interned** in China. 그는 중국에 억류되어 있다.
☆☆☆☆☆	**investiture** [invéstətʃər]	**n** **수여식, 임명식** / installation	• **investiture** with a title 칭호의 수여
★☆☆☆☆	**irradiate** [iréidièit]	**vt** **비추다, 밝게 하다** / illuminate; enlighten	• faces **irradiated** with joy 기쁨으로 환히 빛나는 얼굴들

inter- 접두어 ▸ 사이 · 공간

☆☆☆☆☆	**intercommunicate** [ìntərkəmjúːnəkèit]	**v** 상호[서로] 연락하다 / interconnect	• **intercommunicate** with the heart 가슴으로 소통하다
☆☆☆☆☆	**interdisciplinary** [ìntərdísəplənèri]	**a** 둘 이상 분야에 걸치는, 학제적인	• **interdisciplinary** research 학제간 연구
☆☆☆☆☆	**interface** [íntərfeis]	**n** 중간[접촉]면, 연결 / connection	• the **interface** between the scientist and society 과학자와 사회의 접점
☆☆☆☆☆	**interlace** [intərléis]	**v** (실 · 끈 등을) 합쳐 짜맞추다, 얽히게 하다 / intertwine	• Her hair was **interlaced** with ribbons and flowers. 그녀의 머리에는 리본과 꽃이 엮여 있었다.
☆☆☆☆☆	**interlocution** [ìntərləkjúːʃən]	**n** 대화, 회담 / conversation	• Sermons are speeches without **interlocution**. 설교는 대화없는 연설이다.
☆☆☆☆☆	**interlope** [ìntərlóup]	**vi** (남의 일에) 간섭하다 / interfere	• **interlope** in another's affairs 남의 일에 간섭하다
☆☆☆☆☆	**interment** [intə́ːrmənt]	**n** 매장 / burial	• a private **interment** ceremony 개별적인 매장 의식
★☆☆☆☆	**intermural** [ìntərmjúərəl]	**a** 학교간의; 도시간의 / interurban	• **intermural** soccer game 학교 대항 축구 게임
☆☆☆☆☆	**internecine** [ìntərníːsiːn]	**a** 서로 죽이는, 내분의; 대량 살육적인 / deadly	• an **internecine** war 내전
☆☆☆☆☆	**interpellate** [ìntərpéleit]	**vt** (의원이 장관에게) 질문하다 / interrogate	• Ideology **interpellates** us, in particular nationalism. 이데올로기는 특히 민족주의에 대해 우리에게 질문을 던진다.

intra-, intro- 접두어 ▸ 안

☆☆☆☆☆	**intraparty** [ìntrəpáːrti]	**a** 정당내의	• abandon minor **intraparty** jealousies 조그마한 당파내의 시기심을 버리다
☆☆☆☆☆	**intrastate** [ìntrəstéit]	**a** 〈미.〉 주내의 / within a state	• **intrastate** as well as interstate commerce 주간 뿐 아니라 주내에서의의 통상
☆☆☆☆☆	**intravenous** [ìntrəvíːnəs]	**a** **n** 정맥(내)의, 정맥 주사(의)	• **intravenous** fluids 정맥으로 주입하는 액체
☆☆☆☆☆	**introgression** [ìntrəgréʃən]	**n** ≪유전학≫ 유전자 이입	• gene **introgression** 유전자 이입

macro- 접두어 ▸ 큰

☆☆☆☆☆	**macron** [méikrɑn]	**n** 장음기호	• put a **macron** over a vowel 모음자 위에 장음기호를 붙이다

micro- 접두어 ▸ 작은

☆☆☆☆☆	**microbiology** [màikroubaiɑ́lədʒi]	n 미생물학, 세균학 / the scientific study of very small living thing	• professor of **microbiology** 미생물학과 교수
☆☆☆☆☆	**microculture** [máikroukʌltʃər]	n 소문화, 소수 민족의 문화 / subculture	• macroculture and **microculture** 거시문화와 미시문화
☆☆☆☆☆	**microseism** [maikrousáizm]	n ≪지질≫ 맥동 / pulsation : 지진 이외의 원인에 의한 지각의 미약한 진동	• **microseismic** monitoring 미진 관찰

mal- 접두어 ▸ 나쁜

☆☆☆☆☆	**maladaptation** [mælædəptéiʃən]	n 부적응 / maladjustment	• shift work **maladaptation** syndrome 교대 부적응 증후군
☆☆☆☆☆	**malaise** [mæléiz]	n 〈F.〉 (병이 날 것만 같은) 불편함 / displeasure ; 불안감 / uneasiness	• a serious **malaise** among the staff 직원들 사이에 존재하는 심각한 불만감
☆☆☆☆☆	**malapropism** [mǽləprɑpìzm]	n 말의 우스꽝스러운 오용	• avoid the **malapropism** 말의 오용을 피하다
☆☆☆☆☆	**malapropos** [mælæprəpóu]	a ad (시기가) 부적당한[하게] / inopportune	• **malapropos** remarks 당치않은 평언(評言)
☆☆☆☆☆	**malaria** [məlέəriə]	n ≪의학≫ 말라리아	• a vehicle of **malaria** (infection) 말라리아 (전염병)의 매개물
☆☆☆☆☆	**malpractice** [mælprǽktis]	n ≪법≫ 위법[배임] 행위 / malfeasance ; 치료 과실	• a **malpractice** suit 의료 사고 소송

meta- 접두어 ▸ 위

☆☆☆☆☆	**metabolism** [mətǽbəlìzm]	n ≪생물≫ 물질 대사: 영양분을 섭취하고 필요없는 물질을 밖으로 배출하는 일	• The body's **metabolism** is slowed down by extreme cold. 극도의 추위에서는 인체의 신진대사가 느려진다.
☆☆☆☆☆	**metathesis** [mətǽθisis]	n ≪음성≫ 음위(音位) 변환 / the transportation of sounds	• American spelling is often **metathesis** applied to the original British spelling. 미국철자는 종종 영국식 철자에 음위전환이 적용된 것들이다.

mis- 접두어 ▸ 나쁜 · 틀린

☆☆☆☆☆	**misadventure** [misədvéntʃə(r)]	n 불운, 불행 / misfortune, mishap	• a verdict of death by **misadventure** 사고사 평결
☆☆☆☆☆	**misapprehend** [mìsæprihénd]	vt 오해하다 / misunderstand	• **misapprehend** one's meaning 사람의 진의를 오해하다
☆☆☆☆☆	**misconstrue** [miskənstrú:]	vt 잘못 해석하다; 오해하다 / misunderstand	• **misconstrue** her remarks 그녀의 말을 곡해하다

☆☆☆☆☆ **miscreant** [mískriənt]
n 악한, 악당 / villain
• **miscreant** employers 악덕 고용주들

☆☆☆☆☆ **misfit** [mísfit]
n 부적합[부적격](자)
v (옷 따위가) 잘 맞지 않다 / fit badly
• a social **misfit** 사회적 부적응자

☆☆☆☆☆ **misquote** [miskwóut]
v 잘못 인용하다 / make a mistake in quoting
• The senator claims to have been **misquoted** in the article.
그 상원의원은 그 기사에서 자기 말을 잘못 인용했다고 주장한다.

miso- 접두어 ▸ 증오

☆☆☆☆☆ **misology** [misálədʒi]
n ≪심리≫ 토론을[이치를 따지기] 싫어함 / hatred of reason or discussion
• **Misology** is defined as the fear or distrust of reason or logic.
Misology는 이치나 논리에 대한 두려움 또는 불신으로 정의내린다.

☆☆☆☆☆ **misoneism** [mìsouníːizm]
n ≪심리≫ 새 것을[변화를] 싫어함 / hatred of what is new
• Anti-machine groups and anti-computer groups are all examples of **misoneism**.
반 기계 단체와 반 컴퓨터 단체들은 보수주의의 예이다.

mono- 접두어 ▸ 하나

☆☆☆☆☆ **monastery** [mánəstèri]
n (특히 남자의) 수도원 / convent
• austerities of **monastery** life
수도원의 금욕 생활

☆☆☆☆☆ **monograph** [mánəgræf]
n (특정한 제목에 관하여 논한) 전공논문 / treatise
• a scientific **monograph** 과학의 전공논문

multi- 접두어 ▸ 많은

☆☆☆☆☆ **multifarious** [mʌltəféəriəs]
a 여러 부분으로 된, 여러 종류의 / various
• a vast and **multifarious** organization
방대하고 다채로운 조직체

☆☆☆☆☆ **multivocal** [mʌltívəkəl]
a 여러 뜻을 가진, 뜻이 모호한 / ambiguous
• **multivocal** word 다의어

non- 접두어 ▸ 부정

☆☆☆☆☆ **neon** [níːan]
n 네온: 비활성 기체 원소의 하나
• **neon** lights 네온 불빛

☆☆☆☆☆ **nonage** [nánidʒ]
n 미성년(기) / minority ; 초기 단계 / embryo
• the **nonage** of the Berlin painter
베를린 화가들의 미숙기

★☆☆☆☆ **non sequitur** [nɑnsékwətər]
n 불합리한 추론 / fallacy
• contain a **non sequitur**
불합리한 추론을 포함하다

☆☆☆☆☆ **nonbank** [nɑnbǽŋk]
n **a** 은행 이외의 금융기관(의) / (of) an institution other than a bank
• regulate **nonbank** financial institutions
은행이외 금융기관을 규제하다.

☆☆☆☆☆	**nonexistent** [nɑnigzístənt]	**a** **존재[실재]하지 않는** / insubstantial	• a **nonexistent** problem 존재하지도 않는 문제
☆☆☆☆☆	**nonverbal** [nɑnvə́:rbəl]	**a** **말을 쓰지 않는** / not using words	• **nonverbal** communication 비언어적인 의사 소통

ob- 접두어 ▸ 반대 · 저항

☆☆☆☆☆	**obsolesce** [ɑbsəlés]	**vi** **쇠퇴하다, 시대에 뒤떨어지다** / decline	• This word has not **obsolesced**, although it is rarely used. 이 단어는 거의 사용되지 않지만, 진부해지지는 않았다.
☆☆☆☆☆	**obverse** [ɑ́bvə:rs]	**n** (화폐 · 메달의) **표면, 앞면** / surface	• The **obverse** of love is hate. 사랑의 반대는 증오이다.
☆☆☆☆☆	**occlude** [əklú:d]	**vt** (통로 따위를) **막다** / close ; ≪화학≫ **흡수하다** / absorb and retain	• an **occluded** artery 막힌 동맥
☆☆☆☆☆	**offertory** [ɔ́:fərtɔ̀:ri]	**n** **봉납, 헌금** / oblation	• an **offertory** box 헌금함

over- 접두어 ▸ 위

★☆☆☆☆	**overarching** [ouvərɑ́:rtʃiŋ]	**a** **무엇보다 소중한[중요한]** / highly important	• an **overarching** goal 무엇보다도 중요한 목표
☆☆☆☆☆	**overboard** [óuvərbɔ:rd]	**ad** **배 밖으로,** (배에서) **물 속으로** / from a ship into the water	• Huge waves washed him **overboard**. 거대한 파도에 휩쓸려 그가 물에 빠졌다.
☆☆☆☆☆	**overcapitalize** [òuvərkǽpitəlàiz]	**vt** (회사 따위의) **자본을 과대 평가하다**	• **overcapitalize** a property 자산을 과대평가하다
☆☆☆☆☆	**overdo** [ouvərdú:]	**v** **과용[과로]하다** / do[use] too much ; **과장하다** / exaggerate	• Don't **overdo** the salt in the food. 음식에 소금을 너무 많이 쓰지 마시오.
☆☆☆☆☆	**overdose** [óuvərdous]	**n** (약의) **과잉 복용** / taking too much of a drug	• She took a massive **overdose** of sleeping pills. 그녀는 수면제를 엄청나게 다량으로 복용했다.
☆☆☆☆☆	**overplay** [òuvərpléi]	**v** **과장되게 연기하다** / overact ; **힘[능력]을 지나치게 쓰다**	• **overplay** one's hand 자기 역량을 과신하다; 우쭐대다가 큰 코를 다치다
★☆☆☆☆	**overshadow** [ouvərʃǽdou]	**vt** **어둡게[그늘지게] 하다** / darken ; **~보다 중요하다[낫다]** / outrival	• The garden is **overshadowed** by tall trees. 정원에는 키 큰 나무들이 그늘을 드리우고 있다.
☆☆☆☆☆	**overtax** [ouvərtǽks]	**vt** **지나치게 과세하다** / put too great a tax on ; **혹사시키다**	• **overtax** your strength 자기 힘에 부치는 일을 하다
☆☆☆☆☆	**overwrought** [òuvərrɔ́:t]	**a** **잔뜩 긴장한** / distraught	• in an **overwrought** state 몹시 긴장된 상태로

out- 접두어 ▸ 밖 · 초월

☆☆☆☆☆	**outbalance** [autbǽləns]	vt ~보다 무겁다, ~보다 뛰어나다 / outweigh	• night can **outbalance** day 밤이 낮을 능가하다
☆☆☆☆☆	**outmaneuver** [autmənú:vər]	vt (책략적으로) ~에게 이기다 / outwit, overreach	• outfight and **outmaneuver** one's opponents 힘과 책략으로 적들을 압도하다
☆☆☆☆☆	**outpace** [autpéis]	vt ~보다 속도가 빠르다	• Demand **outpaces** supply. 수요가 공급을 앞지르다.
☆☆☆☆☆	**outperform** [àutpərfɔ́:rm]	vt ~보다 성능이 낫다	• **outperform** one's competitors 경쟁자를 능가하다
★☆☆☆☆	**outpoll** [áutpóul]	vt (인기 등에서) ~보다 더 많은 지지를 얻다	• **outpoll** the Conservatives 보수당보다 더 많은 지지를 얻다
☆☆☆☆☆	**outpouring** [áutpɔ:riŋ]	n 〈보통 pl.〉 (감정 · 사상 등의) 분출, 유출 / effusion	• an **outpouring** of passion 용솟음치는 정열
☆☆☆☆☆	**outreach** [autrí:tʃ]	v ~보다 멀리 닿다, ~을 능가하다 / overreach	• an **outreach** and education program 원조 및 교육 프로그램
☆☆☆☆☆	**outsell** [àutsél]	vt (상품이) ~보다 많이 팔리다	• **outsell** its competitors 경쟁사보다 더 많이 팔다
☆☆☆☆☆	**outsmart** [àutsmɑ́:rt]	vt ~보다 재치가 앞서다 / outwit	• **outsmart** her colleagues 그녀의 동료보다 한 수 앞서다
★☆☆☆☆	**outwit** [àutwít]	vt ~보다 한 수 앞서다 / outsmart	• Somehow he always manages to **outwit** his opponents. 그는 어떻게든 경쟁 상대들보다 항상 한 수 앞선다.
☆☆☆☆☆	**outwork** [áutwə:rk]	n 재택 근무 vt ~보다 일을 더 잘 하다 / surpass in working	• The attraction of **outworking** is considerable. 재택근무의 매력은 상당하다.
★☆☆☆☆	**outworn** [àutwɔ́:rn]	a 시대에 뒤진; 낡아빠진, 진부한 / outdated	• **outworn** institutions 시대에 뒤진 제도

pan- 접두어 ▸ 모든

☆☆☆☆☆	**panchromatic** [pænkroumǽtik]	a (사진의 감광판 등이) 전색의 / sensitive to light of all colors	• a **panchromatic** film[plate] 전정색 필름[건판]
☆☆☆☆☆	**panoply** [pǽnəpli]	n 갑옷, 투구 한 벌 / complete suit of armor; 멋진 차림새; 훌륭한 장식	• flashy **panoply** of sculptures and wall hangings 화려한 장식들 그리고 벽걸이들
☆☆☆☆☆	**pantheon** [pǽnθiɑn]	n (로마의) 만신전(萬神殿); 모든 신 · 영웅	• the ancient Egyptian **pantheon** 고대 이집트의 신들

para- 접두어 ▸ 옆

☆☆☆☆☆	**parameter** [pərǽmətər]	n 매개 변수; 한계, 지침 / limits	• invest within the **parameters** 한도 내에서 투자하다
☆☆☆☆☆	**paramour** [pǽrəmùər]	n 정부(情夫), 애인 / sweetheart, mistress	• a jealous and hysterical **paramour** 질투많고 히스테리인 정부
★☆☆☆☆	**paranormal** [pærənɔ́:rməl]	a 과학적으로 설명할 수 없는 / unusual	• **paranormal** activity 불가사의한 현상
☆☆☆☆☆	**parapet** [pǽrəpit]	n 흉벽, 방어물 / bulwark ; 난간	• sit down on the **parapet** 난간에 걸터 앉다
☆☆☆☆☆	**parochial** [pəróukiəl]	a 교구의 / of or located in a parish ; 편협한, 한정된 / insular	• **parochial** schools 교구 학교
☆☆☆☆☆	**paroxysm** [pǽrəksìzm]	n (감정 · 행동의) 폭발 / fit ; ≪병리≫ 발작	• **paroxysms** of hate 증오의 폭발

per- 접두어 ▸ 관통 · 통과

☆☆☆☆☆	**perambulate** [pərǽmbjulèit]	v (~을) 걸어다니다, 답사하다 / traverse	• Sandwich men **perambulate** streets. 광고장이가 거리를 서성거리다.
☆☆☆☆☆	**perdure** [pə:rdjúər]	vi 영속하다, 오래가다 / endure	• Dear mind of Romeo and Juliet may **perdure**. 로미오와 줄리엣의 사랑하는 마음은 변치 않을 것이다.
☆☆☆☆☆	**peroration** [pèrəréiʃən]	n (연설 따위의) 결론, 맺음말 / declamation	• He summarized his main points in his **peroration**. 그는 결론에서 그의 중심 요지를 요약했다.
☆☆☆☆☆	**persiflage** [pə́:rsəflɑ:ʒ]	n 익살, 농담 / banter	• give him a bit of **persiflage** over the fact 그 사실을 두고 그를 약올리다
☆☆☆☆☆	**pervious** [pə́:rviəs]	a (물질 · 빛 따위를) 통과[침투]시키는 / penetrable	• **pervious** paving 침투성 포장

peri- 접두어 ▸ 주변

☆☆☆☆☆	**periapt** [périæpt]	n 부적 / amulet	• **periapt** of health 건강기원 부적
☆☆☆☆☆	**perigee** [péridʒì:]	n ≪천문≫ 근지점(↔ apogee 원지점)	• 104 kilometers above the earth at **perigee** 지구로부터의 거리가 근지점에서 약 104km
★☆☆☆☆	**peripheral** [pərífərəl]	a 주변적인, 둘레의 / outside ; 지엽적인, 사소한 / minor	• **peripheral** information 지엽적인 정보
☆☆☆☆☆	**periphrastic** [pèrəfrǽstik]	a ≪문법≫ 우회적인, 완곡한 / circumlocutional	• **periphrastic** conjugation 우회적 활용

☆☆☆☆☆	**peristyle** [pérəstàil]	**n** ≪건축≫ (건물을 둘러싼) **주랑(柱廊)**	• large houses with courtyards and a **peristyle** 안뜰과 기둥으로 둘러싸인 장소가 있는 큰집

poly- 접두어 ▸ 많은

☆☆☆☆☆	**polyandry** [pάliӕndri]	**n** **일처 다부제** / custom of having more than one husband	• **Polyandry** is common in honeybees. 꿀벌에게는 일처다부제가 평범한 관행이다.
☆☆☆☆☆	**polygon** [pάligὰn]	**n** ≪수학≫ **다각형, 다변형** / plane figures with many straight sides	• a regular **polygon** 정다각형
☆☆☆☆☆	**polymath** [pάlimӕθ]	**n** **박학자, 박식가** / polyhistor	• They do not need to be **polymaths**. 그들은 박식한 사람이 될 필요가 없다.

pre- 접두어 ▸ 앞 · 전

☆☆☆☆☆	**prearrange** [prì:əréindʒ]	**vt** **미리 정하다** / predetermine	• the **prearranged** spot 앞서 정해 놓은 장소
☆☆☆☆☆	**preengage** [prì:ingéidʒ]	**v** **선약[예약]하다** / engage beforehand **; 선입관을 갖게 하다** / prejudice	• **preengage** a room 객실을 예약하다
☆☆☆☆☆	**prefecture** [prí:fektʃər]	**n** **행정 관구, 현(縣)** / a governmental division or area; precinct	• the Nigata **prefecture** 니가타 현
☆☆☆☆☆	**prelate** [prélət]	**n** **고위 성직자** / a clergyman of high rank	• **prelates**, bioethics experts and scientists 고위 성직자들과 생명 윤리 학자, 과학자들
★☆☆☆☆	**preliterate** [pri:lítərət]	**a** **문자 사용 이전의** **n** **문자를 모르는 사람**	• **preliterate** cultures 문자 사용 이전의 문화
☆☆☆☆☆	**premeditate** [pri:médeteit]	**v** **미리 숙고[계획]하다** / consider or plan beforehand	• stupidly **premeditate** 멍청하게 계획하다
☆☆☆☆☆	**preordain** [prì:ɔ:rdéin]	**vt** **미리 운명을 정하다, 예정하다** / foreordain	• The last act of the movie is **preordained**. 그 영화의 마지막 장면은 이미 예정되어 있었다.
☆☆☆☆☆	**preponderant** [pripάndərənt]	**a** (무게 · 힘 · 수량에서) **우세한** / predominant	• a **preponderant** feature 중요한 점
☆☆☆☆☆	**prepossess** [prì:pəzés]	**vt** **생각을 미리 갖게 하다; 호감을 갖게 하다** / fill with a favorable feeling	• be **prepossessed** with a queer idea 묘한 생각에 사로잡히다
★★☆☆☆	**prescient** [préʃənt]	**a** **미리 아는, 선견지명의**	• **prescient** comments 선경지명이 있는 논평
★☆☆☆☆	**preternatural** [prì:tərnǽtʃərəl]	**a** **초자연적인** / supernatural ; **이상한, 불가사의한** / mystical	• **preternatural** experiences 초자연적인 경험
☆☆☆☆☆	**previse** [priváiz]	**vt** **예지[예견]하다** / forecast	• **previse** him of the trouble that would arise 그에게 발생할지도 모르는 문제를 미리 경고하다

pro- 접두어 ▸ 앞

☆☆☆☆☆	**pro** [prou]	n ad 찬성(하여) / for	• be equally divided **pro** and con 찬반양론으로 팽팽히 맞서다.
☆☆☆☆☆	**proboscis** [proubásis]	n (코끼리 따위의) 긴 코 / trunk	• drink nectar from flowers through their long **proboscis** 긴 주둥이로 꽃의 즙을 마시다
☆☆☆☆☆	**profiler** [próufailər]	n 범죄 심리 분석관	• a great **profiler** 훌륭한 범죄 심리 분석관
★☆☆☆☆	**progenitor** [proudʒénətər]	n 선조, 조상 / forefather	• the **progenitors** of modern art 현대 미술의 창시자
☆☆☆☆☆	**prognathous** [prágnəθəs]	a 턱이 튀어나온 / of spoonlike chin	• **prognathous** skull 턱이 나와있는 두개골
★★★☆☆	**projectile** [prədʒéktil]	n (특히 탄환, 로켓 등의) 발사체 / missile	• an unidentified **projectile** 정체 불명의 발사체
★☆☆☆☆	**pro-life** [prouláif]	a 낙태의 합법화에 반대하는(↔ pro-choice 낙태의 합법화에 찬성하는)	• the **pro-life** movement 낙태 반대 운동
☆☆☆☆☆	**promenade** [prɑmənéid]	n 산책 / stroll v 산책하다 / take a walk	• **promenade** along the river 강변을 산책하다
☆☆☆☆☆	**prophylactic** [pròufəlǽktik]	a (약 따위가) 병을 예방하는 / preventive	• **prophylactic** treatment 예방을 위한 치료
★☆☆☆☆	**propinquity** [proupíŋkwəti]	n 근접 / nearness	• **propinquity** of neighborhood facilities 주변 시설 근접 정도
☆☆☆☆☆	**prorogue** [prəróug]	vt (의회를) 정회하다, 연기하다 / defer	• **prorogue** a Parliament 국회를 정회하다
☆☆☆☆☆	**prospectus** [prəspéktəs]	n 사업 계획서, (신간 서적의) 안내서 / summary	• summary **prospectus** 요약 계획서
☆☆☆☆☆	**prostitute** [prástətjù:t]	v (명예를) 돈을 위해 팔다 n 매춘부, 창녀 / whore	• **prostitute** honor 명예를 더럽히다
☆☆☆☆☆	**purvey** [pərvéi]	vt (식료품 따위를) 공급[조달]하다 / provide; furnish	• **purvey** food for an army 군대에 식량을 납품하다
☆☆☆☆☆	**purview** [pə́:rvju:]	n (활동 · 법령 등의) 범위, 권한 / range	• fall within the **purview** of Act 1 제 1조에 해당하다

proto- 접두어 ▸ 처음

★☆☆☆☆	**protean** [próutiən]	a 변화무쌍한 / kaleidoscopic ; 다재다능한 / versatile	• a **protean** character 변화무쌍한 성격

★☆☆☆☆	**provenance** [právənəns]	**n** 기원 / origin	• the **provenance** of an antique 골동품의 기원

re-	접두어	▸ 뒤 · 다시

☆☆☆☆☆	**rapprochement** [ræprouʃmáːŋ]	**n** (국가간의) **친선** / amity	• policies aimed at a **rapprochement** with China 중국과의 친선을 위한 정책들
☆☆☆☆☆	**rebound** [ribáund]	**vi** **되튀다** / bounce **n** **되튐, 반향** / echo	• expect the market to **rebound** 시장이 다시 살아나리라 예상하다
☆☆☆☆☆	**recapture** [riːkǽptʃər]	**vt** **~을 되찾다, 도로 빼앗다** / regain; **~을 생각해내다** / recollect	• Government troops soon **recaptured** the island. 정부군이 곧 그 섬을 탈환했다.
☆☆☆☆☆	**reconnoiter** [rìːkənɔ́itər]	**v** **정찰하다, 답사하다** / scout	• **reconnoiter** the enemy 적을 정찰하다
☆☆☆☆☆	**recount** [rikáunt]	**vt** **~을 이야기하다, 자세히 말하다** / relate; **다시 세다**	• be asked to **recount** the details of the conversation 그 대화의 자세한 내용을 진술해 달라는 요청을 받다
☆☆☆☆☆	**recoup** [rikúːp]	**vt** (손실을) **회복하다, 변상하다** / regain; retrieve	• We hope to **recoup** our initial investment in the first year. 우리는 첫 해에 초기 투자금을 회수하기를 바란다.
★☆☆☆☆	**recreant** [rékriənt]	**a** **비겁한** / craven	• a disloyal or **recreant** person 불충하거나 비겁한 사람
☆☆☆☆☆	**recrudescence** [rìːkruːdésns]	**n** **재발, 재연** / recidivism	• **recrudescence** of racist attacks 인종 차별주의자들의 공격 재발
☆☆☆☆☆	**recusant** [rékjuzənt]	**a** (막무가내로) **복종치 않는** / disobedient	• the **recusant** electors 완강히 거부하는 유권자들
★☆☆☆☆	**redound** [ridáund]	**vi** (명예 · 불명예 등을) **더하다, 높히다** / conduce, heighten	• **redound** to a person's honor …의 명예를 높이다
☆☆☆☆☆	**refection** [rifékʃən]	**n** (음식에 의한) **원기 회복** / light refreshment; **간식; 기분 전환**	• delicious **refection** for children 아이들을 위한 맛좋은 간식
★☆☆☆☆	**refectory** [riféktəri]	**n** **식당** / restaurant	• access to the **refectory** 식당으로의 접근[진입]
★☆☆☆☆	**reflex** [ríːfleks]	**a** ≪생리≫ **반사적인** / involuntary **n** **반사 (작용)**	• The doctor tested her **reflexes**. 의사가 그녀의 반사 운동을 검사했다.
★☆☆☆☆	**refurbish** [riːfə́ːrbiʃ]	**vt** (외관 따위를) **일신하다** / renovate	• have to **refurbish** our company image 회사의 이미지를 쇄신해야 한다
☆☆☆☆☆	**regurgitate** [rigə́ːrdʒətèit]	**v** (액체 · 음식 따위가) **다시 넘어오(게 하)다** / vomit	• Many birds feed their young by **regurgitating** what they have swallowed. 많은 새들은 그들이 삼켰던 것들을 다시 역류시켜 새끼에게 먹이를 준다.
☆☆☆☆☆	**rejoinder** [ridʒɔ́indər]	**n** **답변, 대답** / reply	• a sarcastic **rejoinder** 비꼬는 답변

☆☆☆☆☆	**relay** [ríːlei]	**n** 교체자, 교대 **vt** ~을 중계하다 / rebroadcast	• work in[by] **relays** 교대제로 일하다
☆☆☆☆☆	**relocate** [riːlóukeit]	**vt** ~을 재배치하다 / reassign	• The company **relocated** its head office to Stanford. 그 기업은 본사를 스탠퍼드로 이전시켰다.
☆☆☆☆☆	**remand** [rimǽnd]	**vt** ~을 되돌려 보내다, 반송하다 / return ; ≪법≫ 재구류하다	• She was **remanded** on bail. 그녀는 보석금을 내고 방면되었다.
☆☆☆☆☆	**remodel** [riːmɑ́ːdl]	**vt** ~개조하다, 재편성하다 / reconstruct	• **remodel** a building into an apartment house 건물을 아파트로 개조하다
☆☆☆☆☆	**renascent** [rinǽsnt]	**a** 재생의, 신생의 / reborn	• **renascent** capitalism 부활하는 자본주의
★☆☆☆☆	**rendition** [rendíʃən]	**n** 번역, 해석 / translation ; 연주 / performance	• amazing and beautiful **rendition** 놀랍고 아름다운 연주
★☆☆☆☆	**renege** [riníːg]	**v** 약속을 어기다, 취소하다 / recant	• **renege** on the deal 협정을 어기다
☆☆☆☆☆	**repartee** [rèpərtíː]	**n** 명답, 재치있는 응답 / quip	• be proficient at **repartee** 재치 있게 즉답(卽答)하다
☆☆☆☆☆	**repine** [ripáin]	**v** 불평하다 / complain	• **repine** at his misfortune 그의 불행을 불평하다
☆☆☆☆☆	**reprocess** [riːprɑ́ses]	**vt** ~을 재가공하다 / treat so that it can be used again	• recycle the spent fuel using a procedure called **reprocessing** 사용된 연료를 재가공 절차를 통해 재활용하다
☆☆☆☆☆	**reproduce** [riːprədúːs]	**vt** ~을 복제[복사]하다 / replicate ; ~을 재생[재현]하다 / recreate	• The photocopier **reproduces** colors very well. 이 복사기는 컬러 복사가 아주 잘 된다.
☆☆☆☆☆	**rescission** [risíʒən]	**n** 취소, 폐지 / abrogation	• **rescission** of the order 주문의 취소
☆☆☆☆☆	**reshuffle** [riːʃʌ́fl]	**n** 개각, 개편 / shake-up	• personnel **reshuffle** 인적 개편
★☆☆☆☆	**resonant** [rézənənt]	**a** (소리 · 목소리가) 잘 울리는, 낭랑한 / resounding	• a deep **resonant** voice 울림이 깊은 목소리
★☆☆☆☆	**respite** [réspit]	**n** (일 · 고통 따위의) 일시적 중단, 소강 상태 / pause ; 집행 유예 / reprieve	• The drug brought a brief **respite** from the pain. 그 약 덕분에 통증이 잠시 멎었다.
☆☆☆☆☆	**resplendent** [rispléndənt]	**a** 빛나는 / brilliant	• **resplendent** watches and jewelry 빛나는 시계와 보석
★☆☆☆☆	**restructure** [riːstrʌ́ktʃər]	**vt** (기존의 조직 구조를) 개혁[개조]하다 / innovate	• measures to **restructure** the industries in rural areas 농촌 지역의 산업 구조 개편 방안
★☆☆☆☆	**resurgent** [risə́ːrdʒənt]	**a** 부활하는 **n** 부활자	• **resurgent** militarism 다시 살아나고 있는 군국주의

★☆☆☆☆	**revamp** [riːvǽmp]	vt 뜯어 고치다, 개혁하다 / restructure	• **revamp** the cabinet 내각을 개편하다
☆☆☆☆☆	**revelry** [révəlri]	n 흥청망청 놀기, 환락 / merrymaking	• New Year **revelries** 흥청대며 먹고 마시는 신년 맞이 파티들
★☆☆☆☆	**revulsion** [rivʌ́lʃən]	n (감정의) 급변, 반감 / repulsion	• a strong **revulsion** of feeling 감정의 격변

sub- 접두어 ▸ 아래

☆☆☆☆☆	**subaltern** [sʌbɔ́ːltərn]	n 차관, 부관 / adjutant a 아래[하위]의 / subordinate	• a **subaltern** functionary 하위 직원
☆☆☆☆☆	**subculture** [sʌbkʌ́ltʃər]	n 소[하위]문화 / a group with distinct cultural traits within a culture	• music-based **subcultures** 음악에 기반을 둔 하위 문화
☆☆☆☆☆	**subcutaneous** [sʌbkjuːtéiniəs]	a 피하의 / hypodermic	• a **subcutaneous** injection 피하 주사
☆☆☆☆☆	**subjunctive** [səbdʒʌ́ŋktiv]	a n ≪문법≫ 가정법(의) / (of) wishes that do not actually exist	• The verb is in the **subjunctive**. 그 동사는 가정법으로 되어 있다.
☆☆☆☆☆	**sub rosa** [sʌbróuzə]	ad 몰래, 은밀히 / privately	• hold a meeting **sub rosa** 비밀리에 회담을 열다
☆☆☆☆☆	**substructure** [sʌbstrʌ́ktʃər]	n 기초 (공사), 하부 구조 / foundation; infrastructure	• a **substructure** of timber piles 목재 건축물의 하부구조
★☆☆☆☆	**subsume** [səbsúːm]	v 포함하다 / include	• **subsume** a wide variety of categories 다양한 범주를 포함하다
★☆☆☆☆	**suffuse** [səfjúːz]	vt (액체 · 색깔 따위가) 뒤덮다 / overspread	• Color **suffused** her face. 홍조가 그녀의 얼굴에 번져 갔다.
☆☆☆☆☆	**suppurate** [sʌ́pjurèit]	v (상처가) 곪다	• **suppurating** wounds 곪아가는 상처

super- 접두어 ▸ 위

☆☆☆☆☆	**superimpose** [suːpərimpóuz]	vt 위에[겹쳐] 놓다 / overlap ; 덧붙이다, 첨가하다 / attach	• She has tried to **superimpose** her own attitudes onto this ancient story. 그녀는 이 고대 이야기에 자기 자신의 의견을 덧붙이려고 노력해 왔다.
☆☆☆☆☆	**supersonic** [sjùːpərsɑ́nik]	a 초음속[파]의 / ultrasonic	• **supersonic** waves 초음파

syn- 접두어 ▸ 같은

☆☆☆☆☆	**syllogism** [sílədʒìzm]	n ≪논리≫ 삼단 논법; 연역법	• construct a false **syllogism** 잘못된 삼단논법(三段論法)을 만들다

★☆☆☆☆	**symbiosis** [sìmbióusis]	n <<생물>> 공생(共生) / the living together of two unlike organisms	• A symbiont is an organism living in **symbiosis** with something. 공생 동물은 무언가와 공생 관계를 맺고 사는 생물이다.
☆☆☆☆☆	**symposium** [simpóuziəm]	n (주로 학술적인) 토론회, 심포지움; 기고[논문]집	• the rarefied atmosphere of a scholarly **symposium** 학회 심포지움의 심원한 분위기
☆☆☆☆☆	**synagog(ue)** [sínəgɑg]	n 유대교 교회, 시나고그 / temple	• a tour of the **synagogue** 유대교 회당 관광

tele- 접두어 ▸ 멀리

☆☆☆☆☆	**telecast** [téləkæst]	n 텔레비전 방송 / a television broadcast v 텔레비전 방송을 하다	• be **telecast** live via satellite 위성을 통해 생중계되다
☆☆☆☆☆	**teletext** [télətèkst]	n 문자 다중 방송 / a system of broadcasting written information	• See if the results are on **teletext**. 문자 다중 방송에 결과가 나오는지 한번 보시오.

trans- 접두어 ▸ 횡단

☆☆☆☆☆	**trajectory** [trədʒéktəri]	n (행성 · 로켓 따위의) 탄도, 궤도	• My career seemed to be on a downward **trajectory**. 내 경력이 하향 궤도에 접어든 것 같았다.
☆☆☆☆☆	**transfix** [trænsfíks]	vt ~을 찌르다, 못박다 / impale; 꼼짝 못하게 하다	• Mary stood **transfixed** with shock. 메리는 경악하여 얼어붙은 듯이 서 있었다.
★☆☆☆☆	**transfuse** [trænsfjúːz]	vt (액체 · 색깔 · 정신 따위를) 스며들게 하다, 불어넣다 / permeate; 수혈하다	• **transfuse** one's blood into another 수혈하다
☆☆☆☆☆	**transmigrate** [trænsmáigreit]	vi 이주[이동]하다 / migrate	• Many Germans **transmigrated** to South America in the mid-19th century. 19세기 중반에 많은 독일인들이 남미로 이주했다.
★☆☆☆☆	**transmission** [trænsmíʃən]	n 전달, 전송; 변속기	• the **transmission** of computer data 컴퓨터 데이터 전송
★★☆☆☆	**transpose** [trænspóuz]	vt (순서 · 위치를) 바꾸다 / interchange	• **transpose** Korean dates into Western 한국의 연대(年代)를 서양연대(西洋年代)로 바꾸다
☆☆☆☆☆	**transsexual** [trænsékʃuəl]	n 성전환자 / a person who changes primary sexual with opposite sex	• a **transsexual** operation 성전환 수술
☆☆☆☆☆	**transvestite** [trænsvéstait]	n 이성(異性)의 복장을 한 사람	• He's a **transvestite**. 저 사람은 여장 남자야.

un- 접두어 ▸ 부정

☆☆☆☆☆	**unabashed** [ʌnəbǽʃt]	a 부끄러워 하지 않는, 당당[대담]한 / bold	• **unabashed** in the public eye 대중 앞에서 대담한
☆☆☆☆☆	**unabated** [ʌnəbéitid]	a 줄어들지[약해지지] 않는 / undiminished	• The rain continued **unabated**. 비는 계속 조금도 수그러들지 않았다.

☆☆☆☆☆	**unaccommodated** [ʌnəkɑ́mədèitid]	**a** (편의가) **제공되지 않은** / unprovided ; **적응되지 않은**	• **unaccommodated** condition 편의 시설이 부족한 환경
☆☆☆☆☆	**unaccompanied** [ʌnəkʌ́mpənid]	**a** **동행[동반]하지 않은** / unattended ; 《음악》 **무반주의**	• No **unaccompanied** children allowed 동행자가 없는 아동은 입장할 수 없음.
★☆☆☆☆	**unadulterated** [ʌnədʌ́ltəreitid]	**a** (다른 것과) **섞이지 않은, 순수한** / pure	• For me, the holiday was sheer **unadulterated** pleasure. 나에게 그 휴가는 정말 완전한 기쁨이었다.
★☆☆☆☆	**unaffected** [ʌnəféktid]	**a** **영향을 받지 않은** / uninfluenced ; **있는 그대로의, 꾸밈 없는** / artless	• People's rights are **unaffected** by the new law. 사람들의 권리는 그 새 법률에 영향을 받지 않는다.
★★☆☆☆	**unalloyed** [ʌnəlɔ́id]	**a** (특히 다른 감정이) **섞이지 않은, 진정한** / sincere	• **unalloyed** joy 순수한 환희
★☆☆☆☆	**unalterable** [ʌnɔ́:ltərəbl]	**a** **변경할 수 없는** / immutable, inflexible	• the **unalterable** laws of the universe 불변의 우주 법칙들
☆☆☆☆☆	**unanswerable** [ʌnǽnsərəbl]	**a** **답변[반박]할 수 없는** / irrefutable	• They presented an **unanswerable** case for more investment. 그들이 이의를 달 수 없는 추가 투자 주장을 제시했다.
★☆☆☆☆	**unavailable** [ʌnəvéiləbl]	**a** **이용할[구할] 수 없는** / unusable ; **쓸모[소용] 없는, 헛된** / futile	• Such luxuries are **unavailable** to ordinary people. 그러한 사치품들은 일반 사람들은 손에 넣을 수 없다.
☆☆☆☆☆	**unbend** [ʌnbénd]	**v** **곧게 펴다** / straighten ; **긴장을 풀게 하다, 마음을 편히 하다** / relax	• **unbend** the mind[oneself] 편히 쉬다, 편안해지다
☆☆☆☆☆	**unbred** [ʌnbréd]	**a** **배우지[교육받지] 못한** / untaught, ignorant, illiterate	• most **unbred** animals 대부분의 교육받지 못한 동물들
★☆☆☆☆	**unbridled** [ʌnbráidld]	**a** **고삐를 매지 않은, 구속받지 않는** / unrestrained	• **unbridled** globalisation 무분별한 국제화
☆☆☆☆☆	**unchaste** [ʌntʃéist]	**a** **정숙하지 않은, 행실이 나쁜** / immoral, impure	• an **unchaste** woman 정숙하지 못한 여자
★★☆☆☆	**unconcerned** [ʌnkənsə́:rnd]	**a** **걱정하지 않는, 무관심한** / nonchalant ; **관련 없는** / unrelated	• Young people are often **unconcerned** with political issues. 젊은이들은 흔히 정치적인 사안들에 무관심하다.
★★☆☆☆	**uncongenial** [ʌnkəndʒí:niəl]	**a** **마음이 맞지[마음에 들지] 않는** / unpleasant, inharmonious	• **uncongenial** company 마음[뜻]이 안 맞는 사람들
☆☆☆☆☆	**undeceive** [ʌ̀ndisí:v]	**vt** (~의 그릇된 생각을) **깨우쳐 주다, 깨닫게 하다** / disabuse	• I do not propose to **undeceive** him. 나는 그에게 잘못을 깨닫게 해 주려는 의도가 아니다.
☆☆☆☆☆	**undecided** [ʌndisáidid]	**a** **아직 결정되지 않은** / unsettled ; (사람이) **우유부단한** / irresolute	• The venue for the World Cup remains **undecided**. 월드컵 개최지는 여전히 미정이다.
☆☆☆☆☆	**undeniable** [ʌndináiəbl]	**a** **명백[확실]한** / indisputable ; **더할나위 없는, 훌륭한** / excellent	• It is an **undeniable** fact that crime is increasing. 범죄가 증가하고 있다는 것은 부인할 수 없는 사실이다.
☆☆☆☆☆	**undisturbed** [ʌndistə́:rbd]	**a** **방해 받지 않은, 평온한** / uneventful	• He seemed **undisturbed** by the news of her death. 그는 그녀의 사망 소식에도 흔들리지 않는 것 같았다.
☆☆☆☆☆	**unearned** [ʌnə́:rnd]	**a** **일하지 않고 얻은** / unmerited ; **부당한** / undeserved	• Declare all **unearned** income. 모든 불로 소득을 신고하시오.

★☆☆☆☆	**unfledged** [ʌnflédʒd]	**a** 미숙한 / callow, immature, 풋내기의	• an **unfledged** lawyer 풋내기 변호사
☆☆☆☆☆	**unprofitable** [ʌnprá:fitəbl]	**a** 이익이 안 되는, 무익한 / fruitless	• **unprofitable** companies 수익을 못 내는 기업들
☆☆☆☆☆	**unqualified** [ʌnkwáləfaid]	**a** 적임이 아닌 / incompetent; ineligible; 무조건의 / absolute	• an **unqualified** instructor 무자격 강사
☆☆☆☆☆	**unreserved** [ʌnrizə́:rvd]	**a** 기탄 없는, 솔직한 / frank; candid; 아낌 없는, 무제한의 / unlimited	• He offered us his **unreserved** apologies. 그가 우리에게 전적으로 사과했다.
☆☆☆☆☆	**unresponsive** [ʌnrispánsiv]	**a** 반응이 없는 / insusceptible; impassive	• a politician who is **unresponsive** to the mood of the country 전 국가적인 분위기에 대해 묵묵부답인 정치인
★★☆☆☆	**unrestrained** [ʌnristréind]	**a** 억제되지 않은, 제한 없는 / unrestricted; untrammeled	• **unrestrained** aggression 억제되지 않은 공격성
☆☆☆☆☆	**unrivaled** [ʌ̀nráivəld]	**a** 비길 데 없는, 최고의 / peerless; matchless	• He is **unrivaled**. 그와 견줄 사람은 없다.
☆☆☆☆☆	**unroll** [ʌnróul]	**vt** (말린 것을) 풀다, 펴다 / unfold	• We **unrolled** our sleeping bags. 우리는 침낭을 폈다.
☆☆☆☆☆	**unruffled** [ʌnrʌ́fld]	**a** (파도가) 잔잔한, (마음이) 평온한 / serene	• He remained **unruffled** by their accusations. 그는 그들의 비난에도 냉정을 잃지 않았다.
☆☆☆☆☆	**unsavory** [ʌ̀nséivəri]	**a** 맛없는, 냄새가 고약한 / distasteful; (도덕적으로) 추잡한 / offensive	• an **unsavory** past 좋지 않은 과거
☆☆☆☆☆	**unsteady** [ʌnstédi]	**a** 불안정한, 흔들거리는 / unstable, movable; 변하기 쉬운 / variable	• She is still a little **unsteady** on her feet after the operation. 그녀는 수술을 받은 후로 아직도 걷는 것이 불안정하다.
☆☆☆☆☆	**unstop** [ʌ̀nstáp]	**vt** (막힌 것을) 뚫다, 마개를 뽑다 / uncork; untap; 장애물을 제거하다 / open	• I was able to **unstop** the clogged toilet by using a plunger. 나는 흡입식 도구를 사용해 막힌 변기통을 뚫을 수 있었다.
★☆☆☆☆	**unsubstantial** [ʌnsəbstǽnʃəl]	**a** 비현실적인, 공상의 / unreal; 실체가 없는 / lacking in substance	• an **unsubstantial** dinner of bread and cheese 요기도 안 되는 빵과 치즈로 된 저녁 식사
☆☆☆☆☆	**untangle** [ʌntǽŋgl]	**vt** 풀다 / unravel, disentangle; (분쟁 등을) 해결하다 / settle	• a major administration snag to **untangle** 해결해야 할 커다란 행정상의 장애
☆☆☆☆☆	**untaught** [ʌntɔ́:t]	**a** 무식한 / ignorant; 배워서 얻은 것이 아닌, 자연적으로 습득한 / natural	• Better **untaught** than ill taught. 잘못된 교육을 받느니, 안 받는게 낫다.
☆☆☆☆☆	**unthought** [ʌnθɔ́:t]	**a** 생각지도 못한, 뜻밖의 / unexpected	• an **unthought**-of difficulty 뜻밖의 난관
☆☆☆☆☆	**untoward** [ʌntɔ́:rd]	**a** 바람직하지 않은, 불리한 / unfavorable; 제멋대로 하는 / intractable	• He had noticed nothing **untoward**. 그는 어떤 불합리한 것도 눈치 채지 못했었다.
☆☆☆☆☆	**untrue** [ʌntrú:]	**a** 진실하지 않은, 불성실한 / disloyal; 부정확한 / inaccurate	• These accusations are totally **untrue**. 이들 혐의는 전적으로 사실이 아니다.

☆☆☆☆☆	**unused** [ʌnjúːzd]	**a** **사용되지 않은, 새로운** / new; untapped; **~에 익숙치 않은** / unaccustomed	• be **unused** to city life 도시 생활에 익숙치 않다
☆☆☆☆☆	**unutterable** [ʌnʌ́tərəbl]	**a** **말로[형언] 할 수 없는** / indescribable	• **unutterable** sadness 말로 표현할 수 없는 슬픔
☆☆☆☆☆	**unvaried** [ʌnvέərid]	**a** **변화가 없는, 단조로운** / monotonous	• Further questioning will prove my responses to be **unvaried**. 더이상의 질문은 내 대답이 변함없음을 증명할 뿐이다.
☆☆☆☆☆	**unwary** [ʌnwέəri]	**a** **부주의한, 조심성 없는** / indiscreet; incautious	• beguile **unwary** investors 부주의한 투자자들을 속이다
★☆☆☆☆	**unwieldy** [ʌnwíːldi]	**a** (크기 · 무게로 인해) **다루기 힘든** / unmanageable	• too **unwieldy** a name 너무 길어서 읽기 힘든 이름
☆☆☆☆☆	**unwonted** [ʌnwɔ́ːntid]	**a** **평소와 다른, 드문** / unusual	• He spoke with **unwonted** enthusiasm. 그는 평소의 그답지 않게 열정적으로 말을 했다.
☆☆☆☆☆	**unwrap** [ʌnrǽp]	**v** (포장 · 꾸러미 등을) **풀(리)다** / open; unleash	• Don't **unwrap** your present until your birthday. 네 생일 때까지 선물을 풀어보지 마.
★★☆☆☆	**unyielding** [ʌnjíːldiŋ]	**a** **굽히지 않는, 확고한** / obstinate, headstrong	• **unyielding** perseverance 불굴의 끈기

under- 접두어 ▸ 아래

☆☆☆☆☆	**underbrush** [ʌ́ndərbrʌʃ]	**n** (큰 나무 밑에 자라는) **작은 나무, 관목** / bush	• forge through dense **underbrush** 빽빽한 덤불 속을 서서히 지나가다
☆☆☆☆☆	**undercover** [ʌndərkʌ́və(r)]	**a** **비밀리에 행하는, 은밀한** / covert	• **undercover** agent[man] 첩보원, 스파이
☆☆☆☆☆	**undercurrent** [ʌ́ndərkəːrənt]	**n** (해류 따위의) **저류;** (내면에 숨긴) **저의**	• forster an **undercurrent** of anti-Americanism 반미주의의 저류를 조성하다
☆☆☆☆☆	**undercut** [ʌndərkʌ́t]	**v** **하부를 잘라[도려]내다; 남보다 싸게 팔다** / undersell	• **undercut** one's prices …의 가격보다 저가로 팔다
★☆☆☆☆	**underdeveloped** [ʌndərdivéləpt]	**a** **발달[발육]이 불충분한, 저개발의** / not normally developed	• **underdeveloped** region 낙후지역
★☆☆☆☆	**underdog** [ʌ́ndərdɔːg]	**n** (사회적 · 정치적) **약자** / the weak	• side with the **underdog** 약자편을 들다
☆☆☆☆☆	**underdone** [ʌndərdʌ́n]	**a** **설익은** / half-done	• The rice is **underdone**. 밥이 설익었다.
☆☆☆☆☆	**underfeed** [ʌ̀ndərfíːd]	**vt** **충분한 음식[연료]을 공급하지 않다** / not give enough food or fuel to	• **underfeed** oneself for years 수년간 식사를 줄이다
☆☆☆☆☆	**undernutrition** [ʌndərnjuːtríʃən]	**n** **영양 부족** / undernourishment	• **undernutrition** among young children 어린이들의 영양실조

☆☆☆☆☆ **underoccupied** [ʌndərάkjupàid]

a 넓이에 비해 거주자가 적은

- Three in ten social homes are **underoccupied**.
  열개의 공공 주택 중 세 곳이 입주되지 않았다.

☆☆☆☆☆ **underprivileged** [ʌndərprívəlidʒd]

a 특권[혜택]이 적은 / having fewer advantages

- **underprivileged** sections of the community
  공동체에서 혜택을 못 받는 구역

☆☆☆☆☆ **undersecretary** [ʌndərsékrəteri]

n 차관 / a subordinate secretary

- U.S. **Undersecretary** of State
  미 국무부 차관

☆☆☆☆☆ **undersell** [ʌndərsél]

vt (남)보다 싸게 팔다 / undercut

- Don't **undersell** yourself at the interview.
  면접 때 값싸게 굴지 말아라.

uni- 접두어 ▸ 하나

☆☆☆☆☆ **unifoliate** [jù:nəfóuliit]

a <식물> 단엽의 / having a single leaf

- The leaves of pear trees are **unifoliate**.
  배나무의 잎은 홑잎이다.

up- 접두어 ▸ 위

☆☆☆☆☆ **uphill** [ʌ́phil]

a 오르막(길)의 / upward ; (일이) 어려운, 힘든 / difficult

- The last part of the race is all **uphill**.
  그 경주로 마지막 구간은 모두 오르막이다.

☆☆☆☆☆ **upholster** [ʌphóulstər]

v (의자 등에) 커버를 씌우다

- **upholster** all the seats
  모든 의자의 커버를 씌우다

☆☆☆☆☆ **upland** [ʌ́plənd]

n **a** 고지[산지](의) / (of) high land

- an **upland** village 고지 마을

☆☆☆☆☆ **upshot** [ʌ́pʃɑ:t]

n (최후의) 결과, 결말 / outcome

- in the **upshot** 마침내

★☆☆☆☆ **upside-down** [ʌ́psaidáun]

a 거꾸로[엉망이] 된 / in a position with the top turned to the bottom

- turn the table **upside down**
  테이블을 뒤집어 엎다

★☆☆☆☆ **upsurge** [ʌ́psə:rdʒ]

n 급증 / upturn
vi 솟구쳐 오르다, 급증하다 / soar

- an **upsurge** in violent crime
  폭력 범죄의 급증

☆☆☆☆☆ **uptake** [ʌ́pteik]

n 이해력 / understanding ; 흡수, 섭취 / ingestion

- be slow on the **uptake**
  이해가 더디다

vice- 접두어 ▸ 대신

☆☆☆☆☆ **vice-gerent** [vaisdʒírənt]

n 대관, 대리인 / deputy

- God's **vicegerent** 로마 교황

☆☆☆☆☆ **vice-regal** [vaisrí:gəl]

a 부왕[태수]의 / viceroy

- submit a proposal for **vice-regal** patronage
  부왕의 후원을 제안하다

최고급어휘 ②

어근

접두어가 포함되지 않은 GRE 수준의 최고급 어휘들입니다. 최근의 편입이나 공무원 등의 시험에서는 난이도 있는 어휘도 간혹 출제되는 경향입니다. 각종 시험의 최신 기출어휘를 총 망라한 소중한 자료이므로 최고의 실력을 위하여 이 부분도 꼼꼼히 학습하실 것을 권합니다.

A

★★☆☆☆	**acerbic** [əsə́:rbik]	a 신, 떫은 / astringent ; (비판 등이) 신랄한 / bitter	• in his usual **acerbic** style 그가 지닌 평소의 신랄한 어투로
☆☆☆☆☆	**acetic** [əsí:tik]	a (맛이) 신 / sour	• **Acetic** acid acts as a preservative. 초산은 방부제 역할을 한다
☆☆☆☆☆	**acidulous** [əsídʒuləs]	a 조금 신 / acerb ; 신랄한 / harsh	• sarcastic and **acidulous** remarks 냉소적이며 신랄한 비평
★☆☆☆☆	**acoustics** [əkú:stiks]	n 음향(효과)학	• the **acoustics** of a classroom 강의실의 음향효과
★☆☆☆☆	**acronym** [ǽkrənim]	n 머리글자어(語), 두문자어(頭文字語)	• KT is an **acronym** of Korea Telecommunication. KT는 한국전기통신의 머리글자어이다.
☆☆☆☆☆	**actuarial** [æktʃuέəriəl]	a 보험 통계의	• learn a correct **actuarial** theory 정확한 보험통계 이론을 배우다
☆☆☆☆☆	**actuate** [ǽktʃuèit]	v (남을 선동하여) ~하게 하다 / motivate	• He was **actuated** entirely by desire. 그는 순전히 욕망에 의해서 이끌어졌다.
★☆☆☆☆	**acupuncture** [ǽkjupʌŋktʃər]	n 침술 v ~에게 침술을 베풀다	• go for **acupuncture** every week 매주 침을 맞으러 가다
☆☆☆☆☆	**addle** [ǽdl]	v 썩(이)다 / rot	• be apt to **addle** 썩기 쉽다
☆☆☆☆☆	**adipose** [ǽdəpòus]	a ≪의학≫ 지방의 / fatty	• **adipose** tissue 지방 조직
★☆☆☆☆	**aesthetic** [esθétik]	a 미학적 성질의, 미학의 / artistic	• a highly-developed **aesthetic** sense 잘 발달된 미적 감각
★☆☆☆☆	**agrarian** [əgrέəriən]	a 토지의, 농업의 / agricultural	• the **agrarian** population of South Korea 남한의 농업 인구
☆☆☆☆☆	**alimentary** [æləméntəri]	a 영양을 공급하는 / nutritious	• the **alimentary** canal 소화관
☆☆☆☆☆	**alimony** [ǽləmòuni]	n (이혼 · 별거 등의) 위자료 / solatium	• seize **alimony** payments 별거수당을 가압류하다
☆☆☆☆☆	**allegorical** [æligɔ́:rikəl]	a 우화의, 우화적인 / fabulous	• an **allegorical** and philosophical novel 우화적이고 철학적인 소설
☆☆☆☆☆	**amble** [ǽmbl]	v 천천히 걷다 / walk at a slow relaxed speed; saunter n 산보 / stroll	• **amble** along in the park 공원을 한가로이 거닐다
★☆☆☆☆	**amid** [əmíd]	ad prep ~의 한복판에 / among ; ~이 한창일 때에 / during	• **amid** growing debate over the role 역할에 대한 논쟁이 증가하고 있는 가운데
★☆☆☆☆	**amity** [ǽməti]	n 친목, 우호 / friendship	• live in **amity** with ~와 사이좋게 지내다

★★☆☆☆	**amorous** [ǽmərəs]	a **호색적인, 요염한, 연애의** / loving	• cast an **amorous** glance at ~에 추파를 던지다
☆☆☆☆☆	**amputate** [ǽmpjutèit]	v (팔 · 다리 등을) **절단하다** / cut off	• He had both his legs **amputated**. 그는 두 다리를 절단했다.
☆☆☆☆☆	**anchor** [ǽŋkər]	v **닻을 내리다, 정박하다** / berth ; **고정시키다** / secure n **닻, 고정 장치** / lock	• lie at **anchor** 닻을 내리다
☆☆☆☆☆	**ancillary** [ǽnsəlèri]	a **보조[부수]적인** / auxiliary	• an **ancillary** cause of the war 그 전쟁의 부차적인 원인
☆☆☆☆☆	**animadversion** [ænəmædvə́:rʒən]	n **혹평, 비난** / aspersion	• receive harsh **animadversion** from critics 비평가들로부터 호된 혹평을 받다
★☆☆☆☆	**animistic** [ænəmístik]	a **물활론적인 (생명이 없는 대상을 살아있는 것처럼 대하는)**	• with **animistic** beliefs 물활론적 믿음을 가지고
★★☆☆☆	**anodyne** [ǽnədàin]	n **진통제** / painkiller a **진통의** / sedative	• take the **anodyne** 진통제를 복용하다
☆☆☆☆☆	**anthropoid** [ǽnθrəpɔ̀id]	n **유인원** / a manlike ape a **유인원의** / manlike	• Gorillas belong to a group called **anthropoids**. 고릴라는 유인원이라는 그룹에 속한다.
★★☆☆☆	**anthropologist** [ænθrəpálədʒist]	n **인류학자**	• socio-cultural **anthropologist** 사회 문화 인류학자
★☆☆☆☆	**apex** [éipeks]	n **정점** / summit, **정상**	• reach the mountain's **apex** 산의 정상에 오르다
★☆☆☆☆	**apiary** [éipièri]	n **양봉장** / beehouse	• The size of an **apiary** depends on the type of bee. 양봉장의 크기는 벌의 유형에 따라 달라진다.
★★☆☆☆	**aqueduct** [ǽkwədʌkt]	n **수로** / water canals, **수도; 도관**	• The **aqueduct** is being repaired. 수도관은 수리 중이다.
☆☆☆☆☆	**aquiline** [ǽkwəlàin]	a **독수리의, 독수리같은** / vulturous ; **굽은** / curved	• an **aquiline** nose 매부리코
★☆☆☆☆	**arboretum** [ɑ́:rbərí:təm]	n **수목원** / botanical garden	• Admission to the **arboretum** is free. 수목원 입장료는 무료이다.
★☆☆☆☆	**ardo(u)r** [ɑ́:rdər]	n **열정** / enthusiasm	• be fired with patriotic **ardor** 애국의 열정으로 타오르다
☆☆☆☆☆	**argot** [ɑ́:rgou]	n **은어** / cant	• have their own lingo or **argot** 그들만의 집단 용어나 은어를 가지다
★☆☆☆☆	**armchair** [ɑ́:rmtʃer]	a **이론 뿐인, 관념적인** / impractical	• He is an **armchair** coach. 그는 실전 경험이 적은 감독이다.
★☆☆☆☆	**aromatic** [ærəmǽtik]	a **향기로운** / fragrant	• emit **aromatic** substances 방향성 물질을 발산하다
☆☆☆☆☆	**arsonist** [ɑ́:rsnist]	n **방화범** / incendiary	• handiwork of an **arsonist** 방화범의 소행
★☆☆☆☆	**articulate** [a:rtíkjulət]	a **발음이 또렷한** / clear ; (생각이) **명확한** v **똑똑히 발음하다, 명확히 말하다** / enunciate	• **articulate** her feelings 그녀의 감정을 명확히 말하다
☆☆☆☆☆	**ashen** [ǽʃən]	a **잿빛의** / pale	• His complexion turned **ashen**. 그의 얼굴이 잿빛으로 변했다.
★☆☆☆☆	**asinine** [ǽsənàin]	a **나귀 같은** / like an ass ; **어리석은** / stupid	• The idea is **asinine**. 그 생각은 터무니없다.
★☆☆☆☆	**asperity** [əspérəti]	n (기질 · 말투 등이) **거침** / harshness	• speak with **asperity** 거칠게 말하다

☆☆☆☆☆	**athwart** [əθwɔ́:rt]	ad prep 뜻에 어긋나게 / across, against ; ~을 거슬러	• go **athwart** one's purpose 뜻대로 되지 않다
★☆☆☆☆	**auditory** [ɔ́:ditɔ̀:ri]	a 귀의, 청각의 / acoustic	• children without a working **auditory** nerve 청각 신경이 기능을 하지 못하는 어린이들
☆☆☆☆☆	**augury** [ɔ́:gjuri]	n 조짐 / omen	• a good **augury** for the future 미래에 대한 좋은 징조
★☆☆☆☆	**auxiliary** [ɔ:gzíljəri]	a 보조[예비]의 / supplementary n 보조물[자] / subsidiary	• **auxiliary** memory 보조기억장치 • an **auxiliary** verb 조동사
★☆☆☆☆	**aviation** [èiviéiʃən]	n 비행 / flight ; 항공	• an email threatening the **aviation** safety 항공안전을 위협하는 이메일
☆☆☆☆☆	**axiom** [ǽksiəm]	n 자명한 이치 / principle	• the **axiom** of universal gravitation 만유인력의 원리

B

☆☆☆☆☆	**babble** [bǽbl]	v 중얼[재잘]거리다 / chatter n 재잘거림; 웅성거림 / murmuration	• a **babble** of voices 왁자지껄 떠드는 목소리들
☆☆☆☆☆	**badger** [bǽdʒər]	v 졸라대다, 애먹이다 / pester	• **badger** one's father for a car 자동차를 사달라고 아버지를 조르다
☆☆☆☆☆	**baleful** [béilfəl]	a 악의에 찬, 해로운 / noxious	• a **baleful** influence 해로운 영향
★☆☆☆☆	**balk** [bɔ:k]	v 방해하다 / foil; 〈at〉 망설이다 / hesitate n 장애물 / obstacle	• **balk** at making a speech 연설하기를 망설이다
★☆☆☆☆	**barter** [bɑ́:rtər]	v (물물) 교환하다 / trade, swap	• **barter** furs for rice 모피를 쌀과 교환하다
☆☆☆☆☆	**bate** [beit]	v 억제하다 / restrain	• with **bated** breath 숨을 죽이고
★☆☆☆☆	**bauble** [bɔ́:bl]	n (겉만 뻔지르르한) 싸구려 물건 / gewgaw	• cheap **baubles** from 1 dollar shop 1달러 샵에서 사온 싸구려 물건
☆☆☆☆☆	**behoove** [bihú:v]	v ~하는 것이 의무이다 / be incumbent	• It would **behoove** to wait to see the results. 그 결과를 기다리는 것이 마땅한 도리이다.
☆☆☆☆☆	**berserk** [bərsə́:rk]	a 광포한, 미친 / frenzied	• The sick dog went **berserk** and tried to bite everyone. 아픈 개는 광포해져서 모든 사람들을 물려고 했다.
☆☆☆☆☆	**bete noire** [betnwɑ́:(r)]	n 〈F.〉 아주 싫은 것 / anathema	• Our real **bete noire** is the car boot sale. 우리가 가장 끔찍해 하는 것은 벼룩시장이다.
★☆☆☆☆	**beverage** [bévəridʒ]	n 마실 것, 음료 / drink	• sell any alcoholic **beverage** 알코올 음료를 팔다
★★☆☆☆	**biased** [báiəst]	a 편견을 가진 / prejudiced, predisposed	• referee's **biased** judgment 심판의 편파적인 판정
★☆☆☆☆	**bibliophile** [bíbliəfàil]	n 애서가 / lover of books	• The **bibliophile** purchased around 5000 books. 그 애서가는 약 5000권의 책을 구입했다.
★☆☆☆☆	**blanch** [blæntʃ]	v 희게 하다, 표백하다 / bleach ; 데치다 / parboil	• His face was **blanched** with the strange sound. 그의 얼굴은 이상한 소리에 창백해졌다.
★☆☆☆☆	**blast** [blæst]	n 돌풍 / gust	• We bundled up against the icy **blasts** of winter. 우리는 겨울의 차가운 돌풍에 대비해 옷을 껴입었다.

☆☆☆☆☆	**bloated** [blóutid]	a (물 · 공기 등으로) **부푼** / inflated ; **거만한** / conceited	• a **bloated** body floating in the canal 운하에 떠오른, 퉁퉁 불은 시신
★☆☆☆☆	**blush** [blʌʃ]	n (얼굴이) **붉어짐, 홍조** / flush v (얼굴이) **붉어지다** / become red	• She **blushed** with shame. 그녀는 창피해서 얼굴이 빨개졌다.
☆☆☆☆☆	**bode** [boud]	v **~의 전조가 되다** / foreshadow	• **bode** well[ill] for the country 그 나라에 좋은[나쁜] 징조이다
☆☆☆☆☆	**bootless** [bú:tlis]	a **쓸모없는** / unavailing	• **bootless** cries 쓸모없는 울음
☆☆☆☆☆	**bourgeois** [burʒwá:]	n **중산 계급의 사람; 자본가** / capitalist	• **bourgeois** security and comfort 중산층의 안정과 안락
★☆☆☆☆	**bout** [baut]	n **한판 승부, 기간** / period	• Two boxers will appear in the main **bout**. 두 권투선수가 주요경기에 나올 것이다.
★☆☆☆☆	**brace** [breis]	n **버팀대** / prop v **버팀대로 받치다** / hold up; **대비하다** / prepare	• **brace** for a sudden attack 급습에 대비하다
★☆☆☆☆	**brandish** [brǽndiʃ]	v (칼, 곤봉 등을) **휘두르다** / wave	• **brandish** a walking stick at the menacing dog 으르렁대는 개에게 지팡이를 휘두르다
★★★☆☆	**breakthrough** [bréikθru:]	n **돌파(구); 획기적인 발전[발견]** / significant advance	• achieve a diplomatic **breakthrough** 외교적 돌파구를 마련하다
★☆☆☆☆	**brocade** [broukéid]	n **아름다운 무늬를 넣어 짠 비단**	• be dressed in silver **brocade** 은색 수놓은 비단을 입고 있다
☆☆☆☆☆	**buffoonery** [bəfú:nəri]	n **익살** / jest	• be amused by his **buffoonery** 그의 익살에 즐거워하다
★☆☆☆☆	**bulk** [bʌlk]	n **크기** / size; **대부분** / majority	• A vast **bulk** of gold bullion is stored at the region. 그 지역에 광대한 크기의 금괴가 저장되어있다.
★☆☆☆☆	**bulletin** [búlətən]	n **게시, 고시** / notice v **게시[고시]하다** / post	• online **bulletin** boards 인터넷 게시판
★☆☆☆☆	**bullion** [búljən]	n **금[은]괴** / bar	• The gold **bullion** was stolen. 금괴를 도난당했다.
☆☆☆☆☆	**bulwark** [búlwərk]	n **성채, 보루** / strong wall for defence or protection	• The city was protected by a **bulwark**. 도시는 성채에 의해 보호 받고 있었다.
☆☆☆☆☆	**bumptious** [bʌ́mpʃəs]	a **오만한** / conceited	• a bad-mannered **bumptious** bureaucrat 예의 없고 건방진 관료
☆☆☆☆☆	**bungle** [bʌ́ŋgl]	n v **실수(하다)** / botch	• make a **bungle** of the work 일을 엉망으로 만들다
☆☆☆☆☆	**burlesque** [bə:rlésk]	v (우스꽝스럽게) **흉내내다** / mimic n (익살스러운) **풍자문** / satire	• a **burlesque** of literary life 문학적인 삶에 대한 풍자
☆☆☆☆☆	**burnish** [bə́:rniʃ]	v **광내[나]다** / polish	• I envy her **burnished** skin. 나는 그녀의 매끄러운 피부가 부럽다.

C

★☆☆☆☆	**cacophony** [kəkάfəni]	n **불협화음** / dissonance ↔ euphony **귀에 거슬리는 소리** / din	• a **cacophony** of shots and screams 총성과 비명소리의 불협화음

☆☆☆☆☆	**caesarean** [sizέəriən]	**a** 시저의, (로마) 황제의, 전제 군주적인 / tyrannical; 제왕 절개의	• born by **Caesarean** section 제왕 절개 수술로 태어난
☆☆☆☆☆	**canard** [kənɑ́:rd]	**n** 허위 보도 / lie	• The news turned out to be a **canard**. 그 뉴스는 헛소문임이 판명되었다.
☆☆☆☆☆	**canker** [kǽŋkər]	**n** 구강 궤양; 해독 / harm	• put some medicine on a **canker** 입 안에 난 궤양에 약을 바르다
★☆☆☆☆	**cannibalism** [kǽnəbəlìzm]	**n** 사람 고기를 먹는 풍습	• engage in **cannibalism** 식인 행위를 하다
☆☆☆☆☆	**canny** [kǽni]	**a** 영리한; 빈틈없는 / shrewd	• make a **canny** move 영리한 조치를 취하다
☆☆☆☆☆	**cant** [kænt]	**n** 위선적인 말(투) / hypocrisy; 은어 / jargon	• show the contempt for **cant** 위선적인 말에 대해 경멸을 보이다
☆☆☆☆☆	**canter** [kǽntər]	**n** (말 등의) 느린 구보 **v** 천천히 구보하다 / lope	• at a **canter** 보통 구보로
★☆☆☆☆	**capitalize** [kǽpətəlàiz]	**v** 〈on〉 이용하다 / cash in on, exploit	• **capitalize** on cheaper labor 값싼 노동력을 이용하다
☆☆☆☆☆	**carnal** [kɑ́:rnl]	**a** 육체의, 속세의 / worldly	• **carnal** pleasure 육체적 쾌락
★☆☆☆☆	**catchy** [kǽtʃi]	**a** 매력적인, 유쾌한 / pleasant; 기억하기 쉬운 / easily remembered	• This musical play has several **catchy** tunes. 이 음악극은 몇몇의 기억하기 쉬운 가락을 가지고 있다.
☆☆☆☆☆	**cavalcade** [kævəlkéid]	**n** (기마) 행렬 / procession	• a **cavalcade** of buses 버스의 행렬
★☆☆☆☆	**cavil** [kǽvəl]	**v** 트집 잡다 / quibble	• have the intention of **caviling** about it 그것을 트집 잡을 의도를 가지고 있다
☆☆☆☆☆	**celibate** [séləbət]	**a n** 독신의[자] / unmarried; 금욕적인 / continent	• **celibate** priests 독신인 사제들
☆☆☆☆☆	**centrifugal** [sentrífjugəl]	**a** 원심(遠心)성의 / radiating	• a **centrifugal** pump 원심성 펌프
☆☆☆☆☆	**cerebral** [sərí:brəl]	**a** 뇌의; 지적인 / intellectual	• **cerebral** paralysis 뇌성 마비 • **cerebral** death 뇌사
☆☆☆☆☆	**chafe** [tʃeif]	**v** (손 등을) 비벼서 따뜻하게 하다 / make warm; (마찰로 살갗이 벗겨져) 아프게 하다 / rub	• **chafe** one's cold hands 찬 손을 비벼서 따뜻하게 하다
☆☆☆☆☆	**chaff** [tʃæf]	**v** (악의 없이) 놀리다 / banter	• I **chaffed** him about his behavior. 나는 그의 행동에 대해 놀렸다.
☆☆☆☆☆	**champ** [tʃæmp]	**v** (음식 등을) 소리내어 씹다 / chew	• The mare was **champing** hay. 암말은 건초를 우적우적 씹어 먹고 있었다.
☆☆☆☆☆	**chattel** [tʃǽtl]	**n** 〈pl.〉 재산, 가재(家財) / possessions	• hold a mortgage on **chattel** 동산을 저당으로 잡고 있다
★☆☆☆☆	**chatterbox** [tʃǽtərbɑ:ks]	**n** 수다쟁이 / gabber	• He is becoming a **chatterbox** with age. 그는 나이를 먹으면서 수다쟁이가 되어가고 있다.
☆☆☆☆☆	**chimerical** [kimérikəl]	**a** 상상의 / imaginary	• be lost in a **chimerical** notion 공상적인 생각에 잠기다
★☆☆☆☆	**chronological** [krɑnəlɑ́dʒikəl]	**a** 연대순의 / according to a time sequence, 연대기의	• in **chronological** order 연대순으로

☆☆☆☆☆	**churlish** [tʃə́ːrliʃ]	a 상스러운 / boorish ; 인색한 / niggardly	• It is **churlish** to refuse such a generous offer. 그처럼 후한 제의를 거절하는 것은 무례한 일이다.
★☆☆☆☆	**claustrophobic** [klɔ̀ːstrəfóubik]	a 밀실 공포증의	• feel **claustrophobic** 밀실 공포증을 느끼다
★☆☆☆☆	**closet** [klázit]	v 〈보통 수동형〉 밀담케 하다 / talk secretly	• She was **closeted** with a business associate. 그녀는 사업동료와 밀담을 나누었다.
★☆☆☆☆	**clue** [kluː]	n 단서 / hint	• The police **could** find no fingerprints or other clues. 경찰은 지문이나 다른 어떤 단서도 찾지 못했다.
☆☆☆☆☆	**comity** [káməti]	n 〈pl.〉 예의 / civility	• the **comity** between nations 국가 간의 예의
☆☆☆☆☆	**conifer** [kóunəfər]	n 《식물》 침엽수 / needle-leaf tree	• **conifer** plantations 침엽수 조림지
☆☆☆☆☆	**corporeal** [kɔːrpɔ́ːriəl]	a 육체의 / bodily ; 물질적인 / material	• satisfy **corporeal** needs 육체적 욕구를 충족시키다
☆☆☆☆☆	**cortege** [kɔːrtéʒ]	n 행렬 / procession	• a funeral **cortege** 장례 행렬
★☆☆☆☆	**cosmetic** [kazmétik]	a 화장용의; 표면적인 / superficial	• several **cosmetic** changes 몇가지 표면적인 변화
☆☆☆☆☆	**cosmic** [kázmik]	a 우주의 / universal ; 무한한, 어머어마한 / vast	• disaster on a **cosmic** scale 어마어마한 규모의 재난
★☆☆☆☆	**cosmopolitan** [kàzməpálətn]	a 세계주의의, 전 세계적인	• a **cosmopolitan** resort 세계적인 휴양지
★☆☆☆☆	**coterie** [kóutəri]	n (문예 등의) 동인, 집단 / clique	• a member of a literary **coterie** 문학 동인의 일원
☆☆☆☆☆	**courier** [kə́ːriər]	n 급사 / messenger, 특사; 안내원	• A **courier** was sent to carry news. 소식을 전달하기 위해 급사가 파견되었다.
☆☆☆☆☆	**cower** [káuər]	v (공포 때문에) 움츠리다 / fawn	• Don't **cower**! 기죽지 마라!
☆☆☆☆☆	**crabbed** [krǽbid]	a 성미가 까다로운 / bad-tempered	• the **crabbed** old man 심술궂은 할아버지
☆☆☆☆☆	**crass** [kræs]	a 터무니 없는 / stupid, dense	• ask **crass** and stupid questions 무신경하고 어리석은 질문들을 하다
☆☆☆☆☆	**crestfallen** [kréstfɔ̀ːlən]	a 풀이 죽은, 기죽은 / dejected	• look **crestfallen** in defeat 패배하여 풀이 죽은 표정이다
☆☆☆☆☆	**crevice** [krévis]	n (좁고 깊게) 갈라진 틈 / fissure	• Tiny ferns grew in **crevices** in the stone wall. 아주 작은 양치식물이 돌담의 갈라진 틈에서 자랐다.
★☆☆☆☆	**crooked** [krúkid]	a 비뚤어진, 부정직한 / corrupt	• The picture is **crooked**. 그림이 비뚤어졌다.
★☆☆☆☆	**cross-currents** [krɔ́(ː)skə̀ːrənt]	n 대립하는 경향 / count-currents	• the **cross-currents** of political thought 정치사상의 상반된 경향
☆☆☆☆☆	**crux** [krʌks]	n 가장 중요한 점, 핵심 / gist	• the **crux** of the matter 문제의 핵심
★★☆☆☆	**cumbersome** [kʌ́mbərsəm]	a 부담스러운, 귀찮은, 성가신 / unwieldy, difficult to carry	• **cumbersome** device 다루기 힘든 장비

★☆☆☆☆	**custody** [kʌ́stədi]	n 구류 / imprisonment, 감금; 관리, 보호 / care ; 아동양육권	• put him in **custody** 구류시키다
★★☆☆☆	**customary** [kʌ́stəmèri]	a 관례상의 / traditional	• break the **customary** practice 관행을 깨뜨리다
★☆☆☆☆	**cutlery** [kʌ́tləri]	n 칼붙이, 식탁용 날붙이	• eat food using the fingers without **cutlery** 날붙이 없이 손가락을 이용해 음식을 먹다

D, E

★☆☆☆☆	**dabble** [dǽbl]	v 물을 튀기다, 물장난하다 / splash	• We sat and **dabbled** our feet in the pool. 우리는 수영장에 앉아 발로 물장난을 했다.
★☆☆☆☆	**dank** [dæŋk]	a 축축한 / damp	• a dark **dank** cave 어둡고 축축한 동굴
★☆☆☆☆	**daunt** [dɔːnt]	v ~을 위압하다 / intimidate	• be **daunted** by a failure 실패에 기가 죽다
★☆☆☆☆	**deadhead** [dédhèd]	v 빈 차로 운행하다, 회송하다 / travel empty	• Taxis were forced to **deadhead**. 택시는 빈 차로 운행되었다.
★☆☆☆☆	**deity** [díːəti]	n 신 / god	• worship the **deity** 신을 숭배하다
☆☆☆☆☆	**demonic** [dimάnik]	a 악마 같은, 잔인한 / fiendish	• ward off **demonic** influence 악령의 힘을 쫓다
★☆☆☆☆	**dent** [dent]	v 움푹 파이다; 손상시키다 n 파인 곳 / pothole	• The bumper got a **dent**. 범퍼가 찌그러졌다.
★☆☆☆☆	**denture** [déntʃər]	n 틀니 / false teeth, 의치	• use her new **dentures** 새 틀니를 사용하다
☆☆☆☆☆	**dint** [dint]	n 힘 / power	• by **dint** of hard work 열심히 노력함으로써
★☆☆☆☆	**dodge** [dɑdʒ]	v 재빨리 몸을 피하다, 교묘히 피하다 / evade	• **dodge** the draft 징병을 회피하다
★☆☆☆☆	**domicile** [dάməsàil]	n 집, 주소 / abode	• transfer one's **domicile** (to) (~로) 본적을 옮기다
★☆☆☆☆	**dote** [dout]	v 〈on〉 망령들다, 맹목적으로 사랑하다 / pamper	• **dote** on her nephew 그녀의 조카를 끔찍히 아끼다
☆☆☆☆☆	**doughty** [dáuti]	a 용맹스러운 / courageous	• do a **doughty** deed 용맹한 행위를 하다
★☆☆☆☆	**doze** [douz]	v 졸다, 선잠을 자다 / sleep slightly n 선잠 / nap	• fall into a **doze** 선잠에 빠지다
★★☆☆☆	**draconian** [dreikóuniən]	a 가혹한, 엄중한 / severe, rigorous	• take the **draconian** measure 가혹한 조치를 취하다
☆☆☆☆☆	**dreg** [dreg]	n 〈pl.〉 찌꺼기 / sediment	• the **dregs** of society 사회의 쓰레기
☆☆☆☆☆	**droll** [droul]	a 우스꽝스러운 / buffoonish	• his **droll** anecdotes 그의 우스운 일화
★☆☆☆☆	**drone** [droun]	n 게으름뱅이 / idler	• a charming **drone** from a wealthy background 부유한 배경을 가진 매력적인 게으름뱅이

★☆☆☆☆	**egocentric** [ìːgouséntrik]	a 자기 중심의, 이기적인 / selfish n 자기 중심 주의자 / egoist	• **egocentric** view of the world 세계에 대한 자기 중심적 견해
★☆☆☆☆	**en route** [ɑːnrúːt]	ad 도중에 / on the way	• **En route** to California, he stopped off in Colorado. 그는 캘리포니아로 가는 도중에, 콜로라도에 잠시 들렀다.
★☆☆☆☆	**entity** [éntəti]	n 〈pl.〉 실재 / existence	• A company is a separate legal **entity**. 회사는 독립된 법적 실체이다.
☆☆☆☆☆	**equable** [ékwəbl]	a 한결 같은; 차분한 / tranquil	• an **equable** temperament 차분한 성격
★☆☆☆☆	**erroneous** [iróuniəs]	a 잘못된, 틀린 / incorrect	• the **erroneous** belief that earth is flat 지구가 평평하다는 잘못된 믿음
★☆☆☆☆	**ethereal** [iθíəriəl]	a 절묘한, 우아한 / exquisite ; 천상의 / celestial	• her **ethereal** beauty 그녀의 천상의 아름다움
★☆☆☆☆	**ethnocentrism** [èθnouséntrizm]	n 자기 민족 중심주의	• matters of **ethnocentrism** 자기 민족 중심주의에 관한 문제

F

★☆☆☆☆	**facet** [fǽsit]	n (보석 등의) 일면 / aspect	• another **facet** of the problem 그 문제의 또 다른 측면
★★☆☆☆	**fake** [feik]	n 모조품 / imitation v 위조하다 / forge a 위조의, 가짜의 / bogus	• use some **fake** reviews 거짓 평론을 사용하다
★☆☆☆☆	**fallow** [fǽlou]	a 경작하지 않은 / uncultivated	• leave land **fallow** 땅을 휴경지로 놀리다
★★★☆☆	**falter** [fɔ́ːltər]	v 말을 더듬다 / stutter, stammer ; 망설이다 / waver	• **falter** out an excuse 더듬거리면서 변명하다
★☆☆☆☆	**feat** [fiːt]	n 위업, 공적 / exploits	• perform a remarkable **feat** 뛰어난 위업을 달성하다
★☆☆☆☆	**fend** [fend]	v 〈for〉 돌보다 / take care of ; 〈off〉 (공격을) 피하다, 받아넘기다 / parry	• **fend** for oneself 자활하다, 혼자 힘으로 꾸려나가다
★☆☆☆☆	**ferment** [fɔ́ːrment]	n (큰) 소동 / agitation v 발효시키다	• be in a social **ferment** 사회적 동요상태이다
★☆☆☆☆	**fervid** [fɔ́ːrvid]	a 열렬한 / passionate	• The atmosphere is **fervid**. 분위기는 열광적이었다.
☆☆☆☆☆	**fetid** [fétid]	a 악취가 나는 / malodorous	• have a **fetid** smell 구린 냄새가 나다
☆☆☆☆☆	**fetish** [fétiʃ]	n 물신(物神); 맹목적 숭배[애호] / charm	• have a **fetish** about cleanliness 청결에 대해 맹목적으로 집착하다
★☆☆☆☆	**fetter** [fétər]	n 족쇄 / shackle	• the **fetters** of ignorance 무지의 속박
★☆☆☆☆	**fiat** [fíːɑːt]	n 명령 / decree	• move by a royal **fiat** 국왕의 명령에 따라 움직이다
★☆☆☆☆	**figurehead** [fígjərhèd]	n 명목상의 대표 / nominal leader	• merely a **figurehead** president 단순히 허울뿐인 사장
☆☆☆☆☆	**finicky** [fíniki]	a 지나치게 까다로운 / fussy	• a **finicky** eater 식성이 까다로운 사람

☆☆☆☆☆	**flaccid** [flǽksid]	a (근육 등이) **늘어진** / flabby	• strengthen one's **flaccid** muscle 연약한 근육을 튼튼하게 하다
★☆☆☆☆	**flake** [fleik]	n **얇은 조각, 파편** / chip	• **flakes** of ice floating on the pond 연못 위에 떠있는 얼음조각들
★☆☆☆☆	**flank** [flæŋk]	n **옆구리, 측면** / side	• We walked along the **flank** of the valley. 우리는 계곡 측면을 따라 걸었다.
★★☆☆☆	**flaw** [flɔː]	n **결점, 흠** / defect, fault	• pick **flaws** with ~에 트집을 잡다
☆☆☆☆☆	**florid** [flɔ́ːrid]	a (얼굴 등이) **불그스레한** / ruddy; **화려한** / ornate	• the old-fashioned **florid** oratory 옛날풍의 화려한 웅변
★☆☆☆☆	**fluorescent** [fluərésnt]	a **형광성의, 빛나는** / luminous n **형광등**	• The **fluorescent** lamp keeps blinking. 형광등이 계속 깜빡거린다.
★☆☆☆☆	**flush** [flʌʃ]	a **붉어진** / red v (얼굴이) **붉어지다** / blush n **홍조** / blush	• She **flushed** into rage. 그녀는 얼굴을 붉히며 화를 냈다.
★☆☆☆☆	**fluster** [flʌ́stər]	n v **당황(하게 하다)** / agitate	• all in a **fluster** 몹시 당황하여
☆☆☆☆☆	**flux** [flʌks]	n (끊임없는) **변화** / fluctuation	• the education system in a state of **flux** 끊임없이 변화하는 교육 체계
☆☆☆☆☆	**foist** [fɔist]	v **억지로 떠맡기다** / press; **속여서 팔다** / palm off	• **foist** off an imitation 모조품을 속여 팔다
★☆☆☆☆	**foolhardy** [fúːlhɑːrdi]	a **무모한** / rash	• take a **foolhardy** step 무모한 조치를 취하다
★☆☆☆☆	**fowl** [faul]	n **닭, 가금, 새** / bird	• It is permitted to slaughter **fowl** for private consumption. 개인 소비를 위한 가금류의 도살이 허용된다.
★☆☆☆☆	**fracas** [fréikəs]	n **싸움, 소동** / quarrel	• The **fracas** finally ended. 소동이 마침내 끝났다.
☆☆☆☆☆	**franchise** [frǽntʃaiz]	n **특권** / privilege, **선거권; 체인점 영업권**	• run a **franchise** clinic 프랜차이즈 의원을 운영하다
★☆☆☆☆	**frantic** [frǽntik]	a (흥분 · 무서움 때문에) **미친 듯한** / distraught	• be **frantic** with worry 걱정으로 제정신이 아니다
★☆☆☆☆	**fratricide** [frǽtrisàid]	n **형제[자매] 살해, 동족 살해**	• a brutal teen **fratricide** 잔인한 10대 형제 살해
★☆☆☆☆	**freak** [friːk]	n **변칙, 일탈** / aberration a **별난, 이상한** / unusual	• One of my neighbors was killed in a **freak** accident. 내 이웃 중 한 명은 기이한 사고로 죽었다.
★☆☆☆☆	**frill** [fril]	n **가장자리 주름장식** / decoration	• Her fancy blouse had **frills** around the neck. 그녀의 화려한 블라우스는 목주변에 주름장식이 되어있었다.
★★☆☆☆	**frivolous** [frívələs]	a **경솔한** / careless; **하찮은** / petty	• a **frivolous** complaint 하찮은 불평불만
☆☆☆☆☆	**froward** [fróuwərd]	a **완고한** / perverse	• a **froward** and ill-mannered woman 고집 세고 예의 없는 여자
★★☆☆☆	**fugitive** [fjúːdʒətiv]	n **도망자** / runaway a **도망치는** / fleeing; **덧없는** / temporary	• a **fugitive** idea[thought] 일시적인 생각
☆☆☆☆☆	**fulminate** [fʌ́lmənèit]	v **맹렬히 비난하다** / thunder	• **fulminate** about grammatical errors 문법적인 실수에 대해 비난하다
☆☆☆☆☆	**functionary** [fʌ́ŋkʃənèri]	n **직원** / official	• a government **functionary** 정부 공무원

★☆☆☆☆	**furor(e)** [fjúərɔ:r]	**n** 열광 / frenzy	• the recent **furore** over the tax increases 세금 인상에 대한 최근의 격분
☆☆☆☆☆	**fusion** [fjú:ʒən]	**n** 융해, 융합 / union	• a **fusion** administration 연립 내각

G, H

★☆☆☆☆	**garble** [gá:rbl]	**v** (사실 · 문서 등을) 왜곡하다 / distort ; 혼동하다 / confound	• a strange and **garbled** message 이상하고 혼란스러운 메시지
★☆☆☆☆	**gastronomy** [gæstránəmi]	**n** 미식법	• show a special interest in **gastronomy** 미식법에 특별한 흥미를 보이다
★☆☆☆☆	**gelatinous** [dʒəlǽtənəs]	**a** 아교 모양의, 아교질의 / semiliquid	• The **gelatinous** coating protects eggs from predators. 젤라틴으로 된 코팅은 포식자로부터 알을 보호한다.
★☆☆☆☆	**gelid** [dʒélid]	**a** 얼음같은, 극한의 / icy	• **Gelid** weather keeps more of us indoors. 극한의 날씨는 우리를 더 실내에 머물게 했다.
★☆☆☆☆	**gender** [dʒéndər]	**n** 성, 성별 / sex	• **gender** discrimination 성 차별
☆☆☆☆☆	**genre** [ʒá:nrə]	**n** 유형, 장르 / style	• the **genre** of avant-garde art 전위 예술 장르
★☆☆☆☆	**gestation** [dʒestéiʃən]	**n** 임신(기간) / pregnancy ; (계획 등의) 구상 / conception	• human **gestation** period 사람의 임신 기간
☆☆☆☆☆	**gibe/jibe** [dʒaib]	**v** 〈at〉 비웃다 / mock **n** 비웃음 / sneer	• a cheap **gibe** 천박한 비웃음
☆☆☆☆☆	**glaze** [gleiz]	**v** 윤을 내다 / polish; 유리를 끼우다	• a **glazed** doughnut 윤기가 나는 도넛 • a **glazed** door 유리를 끼운 문
★☆☆☆☆	**glean** [gli:n]	**v** (이삭 · 정보 등을) 모으다 / gather	• **glean** information from all sources 모든 출처로부터 정보를 조금씩 모으다
★☆☆☆☆	**glut** [glʌt]	**v** (~을) 지나치게 공급하다 / oversupply	• **glut** the market 상품을 시장에 과잉공급하다
☆☆☆☆☆	**glutinous** [glú:tənəs]	**a** 끈적끈적한 / viscous	• eat **glutinous** rice cake 찹쌀떡을 먹다
☆☆☆☆☆	**gory** [gɔ́:ri]	**a** 피투성이의 / sanguinary	• find a **gory** figure 피투성이가 된 사람을 발견하다
★☆☆☆☆	**gourmet** [gúərmei]	**n** 미식가 / epicure	• want to eat **gourmet** food 고급요리를 먹기를 원하다
★☆☆☆☆	**gratis** [grǽtis]	**a** **ad** 무료로[의]가 / free, gratuitous	• cannot be given **gratis** 공짜로 받을 수 없다
★☆☆☆☆	**gravitate** [grǽvətèit]	**v** 인력에 끌리다; 가라앉다 / sink ; 자연히 끌리다	• **gravitate** to his story 그의 이야기에 끌리다
☆☆☆☆☆	**guffaw** [gʌfɔ́:]	**n** (갑작스런) 큰 웃음 / explosive laugh, 폭소 **v** 크게 웃다 / laugh boisterously	• **guffaw** at her jokes 그녀의 농담에 크게 웃다
★☆☆☆☆	**gusto** [gʌ́stou]	**n** 즐거움, 열정 / enthusiasm	• They sang with **gusto**. 그들은 열정적으로 노래했다.
★☆☆☆☆	**gut** [gʌt]	**n** 내장; 〈pl.〉 용기, 배짱 / courage	• have no **guts** 배짱이 없다

★★☆☆☆	**gynecologist** [gainəkálədʒist]	n 부인과 의사	• go see a **gynecologist** 산부인과에 가다
★☆☆☆☆	**hangar** [hǽŋər]	n 격납고(비행기 등을 넣어두는 창고), 곳간, 차고 / garage	• enter an airplane **hangar** 비행기 격납고로 들어가다
★☆☆☆☆	**hapless** [hǽplis]	a 불운한 / unfortunate	• the **hapless** victims of exploitation 착취의 불운한 피해자들
★☆☆☆☆	**headstrong** [hédstrɔ̀(:)ŋ]	a 완고한, 고집 센 / stubborn	• **headstrong** police officer 완고한 경찰관
★☆☆☆☆	**hectic** [héktik]	a 소모열의; 열광적인 / frantic ; 몹시 바쁜 / busy	• lead a **hectic** life of the capital 수도의 정신없이 바쁜 삶을 살다
★☆☆☆☆	**helm** [helm]	n 지배적 지위 / controlling position ; 지도	• Upon the President's death, the Vice President took the nation's **helm**. 대통령이 서거함에 따라, 부통령이 실권을 잡게 되었다.
★☆☆☆☆	**hem** [hem]	n (천, 옷의) 가두리, 옷단 / edge	• The **hem** of the pants is dragging. 바짓단이 끌린다.
★☆☆☆☆	**henceforth** [hènsfɔ́:rθ]	ad 이제부터는 / from now on	• be **henceforth** called recession 이제부터 경기 침체라고 불리다
★☆☆☆☆	**heyday** [héidèi]	n 전성기 / golden age	• the **heyday** of the 3D movies 3D 영화의 전성기
★☆☆☆☆	**histrionic** [hìstriánik]	a (배우의) 연기의 / dramatic ; 연극조의	• **Histrionic** personality disorder 연기성(演技性) 인격 장애
☆☆☆☆☆	**homespun** [hóumspʌn]	a 소박한 / rustic, 투박한; 손으로 짠	• **homespun** humor and manner 촌스러운 유머와 태도
☆☆☆☆☆	**homily** [háməli]	n 〈pl.〉 설교, 연설 / sermon	• deliver a **homily** on ~에 대해 설교를 늘어놓다
★★☆☆☆	**hookup** [húkʌp]	n (관련 부품의) 접속, 네트워크, 중계 / relay ; 제휴, 동맹 / alliance	• a close **hookup** between the two 둘 사이의 긴밀한 동맹
★☆☆☆☆	**hub** [hʌb]	n 중심 / center	• a **hub** of airline traffic 항공교통의 중심지
☆☆☆☆☆	**hubbub** [hʌ́bʌb]	n 시끌시끌한 소음 / din	• the **hubbub** of city life 도시 생활의 소란스러움
★☆☆☆☆	**hush** [hʌʃ]	n 고요함, 침묵 / silence	• a policy of **hush** 쉬쉬해버리는 정책

I, J, K, L

★☆☆☆☆	**iconoclastic** [aikɑnəklǽstik]	a 인습 타파적인, 우상 파괴적인 / profane	• an irreverent and **iconoclastic** figure 불경스럽고 인습 타파적 인물
☆☆☆☆☆	**idiom** [ídiəm]	n 관용어구, 숙어 / phrase	• violate the English **idiom** 영어의 관용어법을 어기다
★☆☆☆☆	**imbroglio** [imbróuliou]	n 난국 / dilemma, 혼란 / chaos	• an **imbroglio** of papers and books 복잡하게 쌓인 서류와 책더미
★☆☆☆☆	**inane** [inéin]	a 어리석은 / silly	• make an **inane** remark 어리석은 말을 하다
★☆☆☆☆	**invidious** [invídiəs]	a 기분 나쁘게 만드는, 부당한 / unpleasant	• draw **invidious** comparison 비위에 거슬리는 비교를 하다

★★☆☆☆	**iridescence** [ìrədésns]	n 무지갯빛, 보는 각도에 따라 달라지는 빛	• a bird with **iridescent** feathers 무지갯빛 깃털을 가진 새
★☆☆☆☆	**iterate** [ítərèit]	v 반복하다 / repeat	• **literate** a calculation quickly 계산을 빨리 반복하다
☆☆☆☆☆	**jaded** [dʒéidid]	a 싫증난 / surfeited	• the most **jaded** palate 음식에 싫증난 미각
☆☆☆☆☆	**jargon** [dʒɑ́:rgən]	n (특수 직업의) 특수 용어 / cant	• use technical **jargon** 전문 용어를 사용하다
★☆☆☆☆	**jaundiced** [dʒɔ́:ndist]	a 편견을 가진 / prejudiced	• have a **jaundiced** view of life 삶에 대해 비뚤어진 생각을 갖고 있다
★☆☆☆☆	**jaunt** [dʒɔ́:nt]	n 소풍, 산책 / outing	• make an overland **jaunt** together 함께 횡단 여행을 하다
★☆☆☆☆	**jaunty** [dʒɔ́:nti]	a 멋진 / stylish ; 쾌활한 / cheerful	• **jaunty** piano melody 멋진 피아노 멜로디
★☆☆☆☆	**javelin** [dʒǽvəlin]	n 던지는 창 / the light spear	• hurl a **javelin** 창을 던지다
★☆☆☆☆	**jolly** [dʒáli]	a 즐거운, 유쾌한 / happy	• with a **jolly** fellow (어울리면) 유쾌한 친구와 함께
★☆☆☆☆	**jostle** [dʒásl]	v (난폭하게) 밀다 / push ; ~와 겨루다 / contend with	• **jostle** through a crow 군중 속을 밀치고 나가다
★☆☆☆☆	**journal** [dʒɔ́:rnl]	n 일지; 잡지 / periodical	• a monthly **journal** 월간 잡지
★☆☆☆☆	**junk** [dʒʌŋk]	n 폐품, 쓰레기 / trash	• buy from a **junk** dealer 고물 상으로부터 사다
★★☆☆☆	**kidnap** [kídnæp]	v 유괴하다 / abduct n 유괴	• the **kidnap** and death threat 유괴와 살해 위협
☆☆☆☆☆	**kismet** [kízmit]	n 운명 / destiny	• accept as **kismet** 운명으로 받아들이다
★☆☆☆☆	**kitschy** [kítʃi]	a (작품이) 저속한, 저질의 / vulgar, chintzy	• pursue **kitschy** pleasures 저속한 쾌락을 추구하다
★☆☆☆☆	**knavery** [néivəri]	n 부정 행위 / injustice	• be embroiled in **knavery** 부정행위에 휘말리다
☆☆☆☆☆	**lacerate** [lǽsərèit]	v 찢다 / mangle	• **lacerate** one's arm in an accident 사고로 자신의 팔이 찢어지다
☆☆☆☆☆	**lackadaisical** [lækədéizikəl]	a 열의 없는 / lethargic	• take a **lackadaisical** way toward work 일에 대한 태만한 태도를 갖고 있다
☆☆☆☆☆	**lag** [læg]	v 처지다, 뒤떨어지다 / be inferior n 뒤처짐, 지연 / delay	• **lag** behind other nations 다른 나라에 비해 뒤처지다
☆☆☆☆☆	**laggard** [lǽgərd]	n 느린 사람 / sluggard	• a technological **laggard** 기술적으로 뒤쳐진 사람
☆☆☆☆☆	**laity** [léiəti]	n 〈집합적〉 평신도 / laymen	• both clergy and **laity** 성직자들과 평신도 모두
★☆☆☆☆	**lampoon** [læmpú:n]	n v (글로써) 풍자(하다) / burlesque	• promise not to **lampoon** 풍자하지 않겠다고 약속하다
★☆☆☆☆	**law-abiding** [lɔ́:əbàidiŋ]	a 법을 지키는 / non-criminal	• **law-abiding** workers 준법 노동자들

★☆☆☆☆	**levelheaded** [lévəlhédid]	**a** **온건한** / anodyne ; **분별 있는** / sensible	• **levelheaded** and sensible investors 분별있고 합리적인 투자자
☆☆☆☆☆	**levity** [lévəti]	**n** **경박함** / frivolity	• treat a serious subject with **levity** 심각한 문제를 경솔하게 처리하다
☆☆☆☆☆	**liaison** [lìːeizɔ́ːŋ]	**n** **연락** / connection	• a **liaison** officer 연락 장교
☆☆☆☆☆	**libertine** [líbərtìːn]	**a** **n** **방탕한 (사람)** / reprobate	• a chartered **libertine** 천하가 다 아는 난봉꾼
☆☆☆☆☆	**libretto** [librétou]	**n** **가극 대본**	• the author of an opera's **libretto** 오페라의 작사가
★☆☆☆☆	**licensed** [láisənst]	**a** **면허를 받은, 인가[허가]된**	• out of **licensed** hours 영업 허가 시간 이외에
☆☆☆☆☆	**lucre** [lúːkər]	**n** **이익, 돈** / profit	• resist the lure of filthy **lucre** 더러운 돈의 유혹을 뿌리치다
★☆☆☆☆	**lurid** [lúərid]	**a** **붉게 빛나는** / fiery ; **무시무시한** / ghastly	• capture **lurid** headlines 충격적인 표제를 달다

M

★☆☆☆☆	**macabre** [məkɑ́ːbrə]	**a** **무시무시한** / gruesome	• make up a **macabre** tale 무시무시한 이야기를 만들어내다
☆☆☆☆☆	**Machiavellian** [mækiəvéliən]	**a** (마키아 벨리처럼) **권모술수를 부리는** / crafty	• use **Machiavellian** methods 권모술수를 부리는 방법을 사용하다
☆☆☆☆☆	**machination** [mækənéiʃən]	**n** **음모** / scheme	• the endless political **machinations** 끝없는 정치적 음모
☆☆☆☆☆	**malleable** [mǽliəbl]	**a** **두들겨 펼 수 있는** / pliable ; **유순한** / tractable	• a very soft and **malleable** metal 매우 부드럽고 탄성 있는 금속
☆☆☆☆☆	**maniacal** [mənáiəkəl]	**a** **미친 듯한** / insane	• burst into a **maniacal** laughter 미친 듯한 웃음을 터트리다
☆☆☆☆☆	**manifesto** [mænəféstou]	**n** **성명[선언]서** / declaration	• issue an election **manifesto** 선거 공약 선언문을 발표하다
☆☆☆☆☆	**manor** [mǽnər]	**n** (영주의) **영지** / territory, (업적을) **영토; 관할구** / jurisdiction	• **manor** house and gardens 영주의 저택과 정원
★☆☆☆☆	**manumission** [mænjumíʃən]	**n** (노예) **해방** / emancipation	• **manumission** movement (노예) 해방 운동
★☆☆☆☆	**marital** [mǽrətl]	**a** **결혼의, 부부의** / conjugal	• resolve a **marital** problem 결혼 생활 문제를 해결하다
★☆☆☆☆	**matriarch** [méitriɑːrk]	**n** **여자 가장** / a strong mother	• become the **matriarch** of her family 가족의 여자 가장이 되다
★☆☆☆☆	**matrimony** [mǽtrəmòuni]	**n** **결혼** / marriage, **결혼상태**	• embark on **matrimony** 결혼 생활로 들어가다
★☆☆☆☆	**matrix** [méitriks]	**n** **주형(鑄型)** / mold ; **모형(母型), 모체** / model	• the Chinese cultural **matrix** 중국의 문화적 모체

☆☆☆☆☆	**memorialize** [məmɔ́:riəlàiz]	v 기념하다 / commemorate	• **memorialize** Jackson in some significant way 특별한 방법으로 Jackson을 추모하다
☆☆☆☆☆	**mercantile** [mə́:rkəntì:l]	a 상업의 / commercial	• a German **mercantile** alliance 독일 상인들의 동맹
☆☆☆☆☆	**meretricious** [mèritríʃəs]	a 겉만 번지르르한 / flashy ; 저속한 / tawdry	• be **meretricious** and superficial 저속하며 피상적이다
☆☆☆☆☆	**mesa** [méisə]	n 《지질》 고원, 대지 / plateau	• A **mesa** is a type of land formation. 메사는 지형의 한 종류이다.
☆☆☆☆☆	**militate** [mílətèit]	v 작용하다 / operate	• **militate** in favor of[against] success 성공에 도움이 되다[방해가 되다]
★☆☆☆☆	**milk** [milk]	v 우유를 짜다; (돈, 정보를) 뽑아내다, 착취하다 / utilize	• **milk** a small fortune from the company 그 회사로부터 상당한 돈을 뽑아내다
★☆☆☆☆	**mince** [mins]	v (고기를) 잘게 썰다 / chop ; 완곡하게 말하다 / soften	• **mince** one's words 말을 완곡하게 하다
★☆☆☆☆	**mire** [maiər]	n 곤경, 궁지 / distress	• sink in deep **mire** 깊은 곤경에 빠지다
★☆☆☆☆	**mite** [mait]	n 잔돈; 소량, 조금 / exchange	• a **mite** of coldness 약간의 추위
★☆☆☆☆	**mnemonic** [ni:mɑ́nik]	a 기억의 / retentional ; 기억을 돕는	• use common **mnemonic** devices 흔한 기억술을 사용하다
☆☆☆☆☆	**modicum** [mɑ́dəkəm]	n 소량 / bit	• show up with a mere **modicum** of clothing 나체에 가까운 모습으로 출현하다
★☆☆☆☆	**moldy** [móuldi]	a 곰팡이 핀; 케케 묵은 / outmoded	• a **moldy** joke 케케 묵은 농담
☆☆☆☆☆	**moot** [mu:t]	a 논의할 여지가 있는 / debatable	• discuss a **moot** point 논란의 여지가 있는 문제를 토론하다
★☆☆☆☆	**moratorium** [mɔ̀:rətɔ́:riəm]	n 일시적 정지[연기] / suspension ; 《금융》 지불유예	• declare a **moratorium** 지불유예를 발표하다
☆☆☆☆☆	**morsel** [mɔ́:rsəl]	n (음식의) 한 입 / mouthful ; 조금 / small piece	• a tasty **morsel** of food 맛있는 음식 약간
★☆☆☆☆	**mug** [mʌg]	v (강도가) 습격하다 / assault n 머그잔; (용의자의) 얼굴 사진 / head shot	• He was **mugged**. 그는 노상강도를 당했다.
★☆☆☆☆	**musty** [mʌ́sti]	a 곰팡이 냄새나는 / rotten	• get out of a **musty** room 퀴퀴한 냄새가 나는 방에서 나가다
☆☆☆☆☆	**mutinous** [mjú:tənəs]	a 반항적인 / rebellious	• wear a **mutinous** expression 반항하는 표정을 짓다
★☆☆☆☆	**myopic** [maiɑ́pik]	a 근시의, 근시안적인 / nearsighted	• a **myopic** view 근시안적인 시각

N, O, P, Q

★☆☆☆☆	**nagging** [nǽgiŋ]	a 잔소리 심한 / carping; (의심, 통증이) 끈질긴, 누그러지지 않는 / unrelenting	• feel a **nagging** pain 계속되는 통증을 느끼다
★☆☆☆☆	**negative** [négətiv]	a 부정의 / contradictory	• have a **negative** effect on trade 무역에 부정적인 영향을 미치다

★☆☆☆☆	**nerve** [nə́:rv]	n 신경; 용기 / courage	• don't have the **nerve** to do ~할 용기가 없다
★☆☆☆☆	**neutralize** [njú:trəlàiz]	v 중화시키다, 무효화하다 / nullify	• **neutralize** terrorist threats 테러 위협을 무력화하다
★☆☆☆☆	**noisome** [nɔ́isəm]	a (냄새 등이) 불쾌한 / unwholesome	• give off **noisome** smells 고약한 냄새를 풍기다
★☆☆☆☆	**nomenclature** [nóumənklèitʃər]	n 명명(법), 명칭 / appellation	• standard **nomenclature** 표준 명칭
★☆☆☆☆	**no-nonsense** [nounánsens]	a 진지한, 사무적인 / serious; 현실적인 / practical	• It wasn't long before a **no-nonsense** type. 그것은 머지않아 실제 유형이 되었다.
★☆☆☆☆	**noted** [nóutid]	a 유명한, 저명한 / celebrated	• be **noted** for one's wit 재치가 있기로 유명하다
★★☆☆☆	**nullify** [nʌ́ləfài]	v 무효화하다, 취소하다 / invalidate, annul	• **nullify** some regulations 몇몇 규정을 무효화하다
☆☆☆☆☆	**nutritious** [nju:tríʃəs]	a 영양이 되는 / healthy	• have tasty and **nutritious** meals 맛있고 영양가 높은 식사를 하다
★☆☆☆☆	**ocular** [ɑ́:kjulər]	a 눈의, 시각상의 / visual	• an **ocular** organ 시각 기관
★☆☆☆☆	**odds and ends**	n 잡동사니 / miscellaneous tasks; motley	• a box full of **odds and ends** 잡동사니로 가득 찬 상자
★☆☆☆☆	**odorous** [óudərəs]	a 〈주로 詩〉 향기로운 / fragrant	• secrete sticky and **odorous** fluid 끈적끈적하고 냄새가 나는 액체를 분비하다
☆☆☆☆☆	**ogle** [óugl]	v 추파를 던지다 / leer	• be in the habit of **ogling** women. 여자들에게 추파를 던지는 버릇이 있다
★☆☆☆☆	**olfactory** [alfǽktəri]	a 후각의 / olfactive, osmatic	• an **olfactory** organ 후각 기관
★☆☆☆☆	**oligarchy** [ɑ́ləgɑ:rki]	n 소수 독재 정치, 과두 정치	• an extremely sophisticated corporate **oligarchy** 매우 노련한 조직의 과두 정치
★☆☆☆☆	**oracular** [ɔ:rǽkjulər]	a 예언적인 / prophetic; 수수께끼같은 / ambiguous	• an **oracular** statement 애매한 말
★☆☆☆☆	**orator** [ɔ́:rətər]	n 연설자, 웅변가 / speaker	• an outstanding **orator** 탁월한 웅변가
★☆☆☆☆	**oscillate** [ɑ́səlèit]	v (진자처럼) 진동하다, 동요하다 / vacillate	• **oscillate** between depression and elation 침울함과 의기양양함 사이를 왔다 갔다 하다
★★☆☆☆	**pagan** [péigən]	n 이교도 / heathen a 이교도의	• deal with a **pagan** god 이교도 신을 다루다
☆☆☆☆☆	**palatial** [pəléiʃəl]	a (궁전처럼) 호화로운 / luxurious	• reside in a **palatial** mansion 대궐 같은 저택에 거주하다
☆☆☆☆☆	**palaver** [pəlǽvər]	n (사소한 일에 대한) 협상 / discussion; 잡담 / chatter v 재잘거리다 / jabber	• talk **palaver** ceaselessly 계속해서 헛소리만 지껄이다
★☆☆☆☆	**palm** [pɑ:m]	v 손바닥에 감추다, (가짜를) 속여 팔다 / foist off	• **palm** off a cheap table as a genuine antique 싸구려 탁자를 진짜 골동품으로 속여 팔다
★★☆☆☆	**pamphlet** [pǽmflət]	n 팜플렛, 소책자 / brochure	• distribute **pamphlets** 팸플릿을 배포하다
☆☆☆☆☆	**pander** [pǽndər]	v (천박한 것에) 영합하다 / cater	• **pander** to somebody's wishes 다른 사람의 바람에 영합하다

☆☆☆☆☆	**parlance** [pɑ́:rləns]	n 말투 / idiom	• make a speech in common **parlance** 상투적인 말투로 연설하다
☆☆☆☆☆	**parley** [pɑ́:rli]	n v 교섭, 협의(하다) / conference	• hold a **parley** with …와 협상하다
★☆☆☆☆	**passive** [pǽsiv]	a 수동적인 / submissive	• play a **passive** role 수동적인 역할을 하다
★☆☆☆☆	**paternity** [pətə́:rnəti]	n 아버지임, 부권 / fatherhood ; (생각의) 기원, 근원 / origin	• the **paternity** of this idea 이 아이디어의 근원
★☆☆☆☆	**patrimony** [pǽtrəmòuni]	n 유산 / inheritance	• be regarded as a national **patrimony** 국가적 유산으로 간주되다
☆☆☆☆☆	**paucity** [pɔ́:səti]	n 부족 / scarcity	• be confronted with a **paucity** of information 정보 부족에 직면하다
★★☆☆☆	**peasant** [péznt]	n 농부, 소작인, 소작농 / plebeian	• **peasant** land rights 농민의 토지 권리
☆☆☆☆☆	**peccadillo** [pèkədílou]	n 가벼운 잘못 / misdeed	• be tolerant of another's **peccadilloes** 다른 사람의 사소한 실수를 참아내다
☆☆☆☆☆	**pedestal** [pédəstl]	n 받침대 / underpinning ; 기초, 근거 / base	• mount a statue on a **pedestal** 받침대 위에 조각상을 올려놓다
☆☆☆☆☆	**pedigree** [pédəgrì:]	n 가계(家系), 혈통 / lineage	• have a good **pedigree** 혈통이 좋다
☆☆☆☆☆	**pell-mell** [pélmél]	ad 뒤죽박죽으로 / confusedly	• lie **pell-mell** in the battlefield 엉망진창이 되어 전장에 누워있다
☆☆☆☆☆	**pendant** [péndənt]	n 늘어뜨린 장식 / ornament	• wear a crystal **pendant** 수정 펜던트를 하고 있다
☆☆☆☆☆	**perforce** [pərfɔ́:rs]	ad 어쩔 수 없이 / necessarily, 부득이	• **Perforce**, he had to remain in the room. 부득이 그는 방안에 남아있어야 했다.
☆☆☆☆☆	**pert** [pə:rt]	a 건방진 / impertinent	• give a **pert** reply 당돌한 대답을 하다
★☆☆☆☆	**phantasmagoric** [fæntæzməgɔ́:rik]	a 환영 같은 / bizarre	• **phantasmagoric** images of gods 신들에 대한 환영 같은 이미지
☆☆☆☆☆	**philistine** [fíləstì:n]	n 속물 / barbarian	• be materialistic and **philistine** 물질주의적이고 속물적이다
☆☆☆☆☆	**pillory** [píləri]	n v 웃음거리(로 만들다) / scorn	• be in the **pillory** 웃음거리가 되다
☆☆☆☆☆	**pique** [pi:k]	n 화냄 / irritation v 화나게 하다 / enrage	• act in a fit of **pique** 홧김에 욱하고 행동하다
★☆☆☆☆	**piscatorial** [pìskətɔ́:riəl]	a 어업[어부]의	• become a **piscatorial** professor 어로(漁撈)학 교수가 되다
★☆☆☆☆	**plague** [pleig]	n 역병(疫病), 전염병 / epidemic v 〈구어〉 괴롭히다 / vex	• **plague** a person with questions 질문공세로 사람을 괴롭히다
★★☆☆☆	**plebiscite** [plébəsit]	n 국민투표 / referendum	• decide through a **plebiscite** 국민투표로 결정하다
★☆☆☆☆	**ply** [plai]	v 부지런히 일하다 / work assiduously ; 정기적으로 왕복하다	• The steam boats **plied** the canal. 증기선들이 그 운하를 정기적으로 오갔다.
★☆☆☆☆	**pneumatic** [njumǽtik]	a 공기가 가득한; 압축 공기에 의한, 공압의 / filled with compressed air	• a **pneumatic** tire 공기가 가득한 타이어

★☆☆☆☆	**podium** [póudiəm]	n 지휘대 / dais ; 연단 / platform	• He was called up to the **podium**. 그는 연단 위로 불려 나갔다.
★☆☆☆☆	**point-blank** [pɔint blæŋk]	ad 정면으로, 노골적으로 / directly	• refuse **point-blank** to join in 참여하는 것을 노골적으로 거부하다
★★☆☆☆	**pompous** [pá:mpəs]	a 거만한, 거드름 피우는 / thinking oneself to be important	• in a **pompous** tone 거만한 목소리로
☆☆☆☆☆	**port** [pɔ:rt]	n 항구, 항만 / harbor ; 창구(艙口)	• **port** facilities 항만 시설
★☆☆☆☆	**portal** [pɔ́:rtl]	n 정문, 입구 / entrance ; 〈pl.〉 시작 / beginning	• enter the **portal** to the temple 그 사원의 정문으로 들어가다
★☆☆☆☆	**postulate** [pástʃulèit]	v 가정하다 / presume	• **postulate** the interests of ~의 이익을 가정하다
☆☆☆☆☆	**prate** [preit]	v 재잘재잘 지껄이다 / babble	• Quit **prating** about other people. 다른 사람들에 대해 지껄이는 것을 그만해라.
★☆☆☆☆	**predator** [prédətər]	n 약탈자, 육식동물 / an animal that kills and eats other animals	• ferocious **predators** 사나운 육식동물
☆☆☆☆☆	**primordial** [praimɔ́:rdiəl]	a 최초의 / primitive	• inhabit the **primordial** rain forest 원시 우림 속에 살고있다
★☆☆☆☆	**probation** [proubéiʃən]	n 견습기간 / apprenticeship ; 집행유예 / reprieve	• a period of **probation** 견습기간
☆☆☆☆☆	**prosody** [prásədi]	n 운율학 / the art of versification ; 운율(체계) / rhythm	• the **prosody** and intention with words 운율과 말의 의미
☆☆☆☆☆	**provender** [právəndər]	n 여물 / supplies	• prepare **provender** for the cattle 소의 여물을 준비하다
★☆☆☆☆	**prowl** [praul]	v 어슬렁거리다, 배회하다 / wander	• **prowl** around at night 밤에 밖을 배회하다
★☆☆☆☆	**prudish** [prú:diʃ]	a 숙녀인 체 하는, 얌전빼는 / demure, prim	• Stop being so **prudish**! 얌전한 체 그만해라!
☆☆☆☆☆	**prurient** [prúəriənt]	a 호색적인 / lecherous	• have a **prurient** mind 호색적인 마음을 가지고 있다
★☆☆☆☆	**psyche** [sáiki]	n 영혼 / spirit	• have an insight into the human **psyche** 인간의 마음을 간파하는 통찰력을 가지고 있다
☆☆☆☆☆	**pulchritude** [pʌ́lkrətjù:d]	n (육체적) 아름다움 / comeliness	• an unblemished specimen of **pulchritude** 오점 없는 육체미의 표본
☆☆☆☆☆	**pulsate** [pʌ́lseit]	v (맥박 등이) 뛰다 / throb	• suffer from a **pulsating** headache 지끈거리는 두통을 앓다
☆☆☆☆☆	**punitive** [pjú:nətiv]	a 처벌의 / punishing	• call for **punitive** measures 처벌적 조치를 요구하다
★☆☆☆☆	**puritanical** [pjùəritǽnikəl]	a 청교도의, 금욕적인 / moralistic	• **puritanical** attitudes 금욕적인 태도
★☆☆☆☆	**putrid** [pjú:trid]	a 부패한 / rotten	• the **putrid** smell of rotten meat 썩는 고기에서 나는 악취
★☆☆☆☆	**queasy** [kwí:zi]	a (속이) 메스꺼운, 느글거리는 / nauseous	• feel **queasy** from eating pizza 피자를 먹어서 느끼하다
☆☆☆☆☆	**quibble** [kwíbl]	v 얼버무리다 / equivocate n 둘러댐 / prevarication	• **quibble** over every little detail 시시콜콜 따지다

★☆☆☆☆	**quip** [kwip]	v 빈정거리다 / joke n 빈정대는 말; 재치 있는 말 / repartee	• make a **quip** 재담을 하다
☆☆☆☆☆	**quirk** [kwəːrk]	n (행동 등의) 기발함, 변덕 / oddity, crotchet	• by a strange **quirk** of fate 기이한 운명의 장난으로
★☆☆☆☆	**quiver** [kwívər]	v 흔들리다 / vibrate n 진동 / tremor	• **quiver** with fear 공포에 떨다

R, S, T

★☆☆☆☆	**rabid** [rǽbid]	a 열렬한 / furious	• a **rabid** right-wing politician 광적인 우익 정치가
★☆☆☆☆	**racism** [réisizm]	n 인종차별(주의) / apartheid	• **Racism** still exists today. 인종 차별은 오늘날 여전히 존재한다.
★☆☆☆☆	**ragged** [rǽgid]	a 누더기의 / tattered ; 울퉁불퉁한 / rough, uneven ; 거친 / harsh	• a **ragged** beggar 누더기를 걸친 거지
☆☆☆☆☆	**ramp** [ræmp]	n 경사로 / incline	• a freeway exit **ramp** 고속도로 나들목
☆☆☆☆☆	**rant** [rænt]	v 고함치다 / rave	• **rant** at a lazy student 게으른 학생에 고함을 치다
☆☆☆☆☆	**ravening** [rǽvəniŋ]	a 약탈하는 / rapacious ; 탐욕스러운 / voracious	• Those tigers look too **ravening**. 저 호랑이들은 매우 탐욕스럽게 보인다.
☆☆☆☆☆	**reek** [riːk]	v 냄새가[연기가] 나다 / emit n 악취 / stink ; 증기[연기] / vapor	• **reek** of tobacco 담배 냄새가 지독하게 나다
★☆☆☆☆	**rift** [rift]	n 갈라진 틈 / aperture ; 불화 / discord	• cause a **rift** within religious communities 종교 사회 내에 불화를 유발하다
★☆☆☆☆	**rip-off** [rip-ɔːf]	n 강탈, 갈취 / exploitation	• be infamous for **rip-off** price 바가지요금으로 악명 높다
☆☆☆☆☆	**risible** [rízəbl]	a 웃음의 / ludicrous	• make **risible** attempts to write a novel 소설을 쓰려는 우스운 시도를 하다
☆☆☆☆☆	**risque** [riskéi]	a 외설스러운 / obscene	• be shocked at the **risque** image 외설스러운 사진에 충격 받다
☆☆☆☆☆	**rococo** [rəkóukou]	a 지나치게 장식한 / ornate	• the staircase with **rococo** decorations 지나치게 장식한 계단
★☆☆☆☆	**roseate** [róuziət]	a 장미빛의 / pink; rosy	• indulge in **roseate** fantasy 장밋빛 환상에 탐닉하다
☆☆☆☆☆	**rote** [rout]	n 기계적인 방식 / repetition	• learn English words by **rote** 기계적으로 영단어를 외우다
☆☆☆☆☆	**rotund** [routʌ́nd]	a (둥글둥글하게) 살찐, 통통한 / chubby, plump	• He is a **rotund** man in his forties. 그는 둥실둥실한 40대 남성이다.
☆☆☆☆☆	**ruse** [ruːz]	n 계략 / trick	• a clever **ruse** intended to discomfit the enemy 적을 당황케 할 기발한 계략
☆☆☆☆☆	**rusticate** [rʌstikèit]	v 시골에 살다[보내다] / banish	• **rusticate** and lead a pastoral life 시골로 가서 전원생활을 보내다
★☆☆☆☆	**rustle** [rʌ́sl]	n 살랑 살랑 소리 / soft sound	• hear a faint **rustle** of paper 종이의 희미하게 바스락거리는 소리를 듣다

★☆☆☆☆	**sacrosanct** [sǽkrousæŋkt]	**a** 신성 불가침의 / inviolable	• The Confessional is **sacrosanct** and utterly inviolable. 고해실은 신성불가침이자 누구도 침범할 수 없는 곳이다.
☆☆☆☆☆	**sallow** [sǽlou]	**a** 혈색이 나쁜 / pale	• His skin is **sallow** and haggard. 그의 피부는 혈색이 나쁘고 야위었다.
★☆☆☆☆	**sanctuary** [sǽŋktʃuèri]	**n** 성스러운 장소, 성전 / shelter	• a wildlife **sanctuary** 야생 동물 보호구역
★☆☆☆☆	**sanctum** [sǽŋktəm]	**n** 서재, 사실, 밀실 / closet	• light the way to the underground **sanctum** 지하 밀실로 가는 길에 불을 켜다
☆☆☆☆☆	**saturnine** [sǽtərnàin]	**a** 우울한 / gloomy	• make a **saturnine** face 음울한 표정을 짓다
☆☆☆☆☆	**savoir faire** [sǽvwɑːrféər]	**n** 임기 응변의 재주 / tact	• be renowned for one's **savoir faire** 사교적 수완으로 명성이 자자하다
★☆☆☆☆	**savvy** [sǽvi]	**a** 아는 것이 많은 / knowledgeable **n** (실제적) 지식, 능력 / know-how	• considerable political **savvy** 상당한 정치적 수완
★☆☆☆☆	**schism** [sízm]	**n** 분열 / division	• devise a plan on how to end the **schism** 분열을 종식하는 방법에 대한 계획을 고안하다
☆☆☆☆☆	**scrap** [skræp]	**v** 버리다; 폐기하다 / discard	• **scrap** the new deal 새로운 거래를 파기하다
★☆☆☆☆	**screen** [skriːn]	**v** (지원자 등을) 심사하다, 가려내다 / filter; investigate ; 차단하다 / block	• **screen** out dangerous rays 위험한 광선을 차단하다
★☆☆☆☆	**scribe** [skraib]	**n** 필사가 / writer	• She is a class **scribe**. 그녀는 자기 반의 서기이다.
★☆☆☆☆	**scurrilous** [skə́ːrələs]	**a** 품위 없는 / obscene	• spread **scurrilous** rumours 악의적인 소문을 퍼뜨리다
★☆☆☆☆	**seasoning** [síːzəniŋ]	**n** 양념 / condiment	• add **seasoning** to a meat dish 고기 요리에 양념을 치다
★☆☆☆☆	**sedulous** [sédʒuləs]	**a** 근면한 / diligent	• a **sedulous** student 열심히 공부하는 학생
★☆☆☆☆	**sentinel** [séntənl]	**n** 보초, 파수병 / guard	• stand **sentinel** 보초를 서다, 파수 보다
★☆☆☆☆	**sepulchral** [səpʌ́lkrəl]	**a** 무덤의, 음산한 / dismal	• He spoke in **sepulchral** tones. 그는 음침한 목소리로 말했다.
★★☆☆☆	**serendipity** [sèrəndípəti]	**n** 뜻밖의 발견, 행운 / luck	• a moment of **serendipity** 뜻밖의 발견의 순간
☆☆☆☆☆	**serrated** [séreitid]	**a** 톱니 모양의 / notched	• a knife with a **serrated** edge 칼날 끝이 톱니 모양인 칼
☆☆☆☆☆	**shackle** [ʃǽkl]	**n** **v** 속박(하다) / fetter	• The prisoners were kept **shackled** during the trial. 그 죄수들은 재판을 받는 도중에 족쇄가 채워져 있었다.
☆☆☆☆☆	**shimmer** [ʃímər]	**v** 아른아른 빛나다 / gleam	• **shimmering** moonlight in the night sky 밤하늘의 희미하게 빛나는 달 빛
★☆☆☆☆	**shrub** [ʃrʌb]	**n** 관목, 키 작은 나무 / bush	• The valley was clothed in **shrubs**. 그 계곡에는 관목들이 우거져 있었다.
★★☆☆☆	**shun** [ʃʌn]	**v** 피하다 / avoid	• **shun** evil companions 나쁜 친구를 멀리하다

★★☆☆☆	**sibling** [síbliŋ]	**n** 형제, 자매 / a brother or sister	• How many **siblings** do you have? 형제 자매가 몇 명이지?
★☆☆☆☆	**sidestep** [sáidstep]	**v** 회피하다, 피하다 / evade	• **sidestep** tricky questions 까다로운 질문을 피하다
☆☆☆☆☆	**simian** [símiən]	**a** 유인원의, 원숭이같은 / anthropoidal	• **simian** entertainments 원숭이 곡예
☆☆☆☆☆	**sinuous** [sínjuəs]	**a** 꾸불꾸불한 / winding	• the **sinuous** course of the river 꾸불꾸불한 그 강줄기가 되는 초기단계
☆☆☆☆☆	**skew** [skjuː]	**v** 비스듬하게 하다 / tilt; 왜곡하다 / pervert **a** 비스듬한, 비뚤어진 / slanting **n** 비뚤어짐 / wryness	• **skew** the statistics 통계를 왜곡하다
★☆☆☆☆	**skid** [skid]	**v** (차가) 미끄러지다 / slide; slip	• The car **skidded** and hit a lamp post. 그 승용차는 미끄러져서 가로등 기둥을 들이받았다.
★☆☆☆☆	**skinny** [skíni]	**a** 말라빠진 / thin; bony	• a tall **skinny** youngster 키 크고 깡마른 젊은이
★☆☆☆☆	**slack** [slæk]	**a** 늘어진 / loose, limp; 되는대로의 / random **n** 느슨함, 늘어짐 / slackness	• have a good **slack** 편히 쉬어 피로를 풀다
☆☆☆☆☆	**sleazy** [sléiːzi]	**a** 누추한 / shabby	• stay at a **sleazy** inn 지저분한 여관에 묵다
★☆☆☆☆	**sleuth** [sluːθ]	**n** 탐정 / detective	• She is an amateur **sleuth**. 그녀는 아마추어 탐정이다.
☆☆☆☆☆	**slough** [slʌf]	**v** (허물 · 신념 등을) 벗어버리다 / cast off	• a snake **sloughing** its skin 허물을 벗고 있는 뱀
★☆☆☆☆	**smudge** [smʌdʒ]	**v** 더럽히다, 더러워지다 / smear **n** 얼룩 / stain, spot	• a **smudge** of lipstick on a cup 컵에 묻은 립스틱 자국
☆☆☆☆☆	**sneeze** [sniːz]	**v** 재채기하다; 깔보다 / scorn **n** 재채기	• coughs and **sneezes** 기침과 재채기
☆☆☆☆☆	**solecism** [sáləsìzm]	**n** 문법 위반 / violation of grammar	• pick out a **solecism** from the report 리포트에서 문법위반을 골라내다
☆☆☆☆☆	**solstice** [sálstəs]	**n** ≪천문≫ 지점(至點) / point at which the sun is farthest from the equator	• eat red bean soup on the summer **solstice** 동지에 팥죽을 먹다
★☆☆☆☆	**somatic** [soumǽtik]	**a** 신체의, 육체의 / physical	• original **somatic** cells from patients 환자들의 체세포
★☆☆☆☆	**spawn** [spɔːn]	**v** 알을 낳다 / produce; ~을 야기시키다 / generate	• swim upriver to **spawn** 알을 낳기 위해 강을 거슬러 올라가다
☆☆☆☆☆	**spectral** [spéktrəl]	**a** 유령 같은 / ghostly	• have no **spectral** fears at all 유령에 대한 공포심을 전혀 갖고 있지 않다
★☆☆☆☆	**spiral** [spáiərəl]	**a** 나선형의 / helical	• The old house has a **spiral** staircase. 그 오래된 집에는 나선형 계단이 있다.
★☆☆☆☆	**splendor** [spléndər]	**n** 웅대함, 화려함 / magnificence	• be impressed by the **splendor** and magnificence 화려함과 장엄함에 감명을 받다
★☆☆☆☆	**splice** [splais]	**v** ~을 합쳐 잇다; 합성하다 / join	• The gene **splicing** process should be precise. 유전자 결합 과정은 정밀해야 한다.
★☆☆☆☆	**spooky** [spúːki]	**a** 유령같은 / ghostly	• visit a **spooky** old house 귀신이 나올 것 같은 낡은 집을 방문하다
☆☆☆☆☆	**sportive** [spɔ́ːrtiv]	**a** 장난치기 좋아하는 / playful	• be **sportive** in every situation 매사에 장난스럽다

★☆☆☆☆	**spouse** [spaus]	n 배우자 / partner	• bring his **spouse** 그의 배우자를 데려오다
★★☆☆☆	**squeak** [skwi:k]	v 앙앙 울다, 삐걱거리다 / creak, grate ; 밀고하다, 고자질하다 / squeal	• Mice **squeak**. 생쥐가 찍찍 운다.
★☆☆☆☆	**squeamish** [skwí:miʃ]	a 지나치게 결벽한 / fastidious ; 까다로운 / fussy; 토하기를 잘하는	• This movie is not for the **squeamish**. 이 영화는 비위가 약한 사람들을 위한 것이 아니다.
☆☆☆☆☆	**staid** [steid]	a (사람 · 행동 등이) 차분한 / sober	• a relatively **staid** and old-fashioned hotel 비교적 고루하고 고풍스런 호텔
★★☆☆☆	**stake** [steik]	n 말뚝 / post ; 화형(火刑); 내기, 판돈 / wager	• at **stake** 성패가 달려 있는, 위태로운
★☆☆☆☆	**stale** [steil]	a 싱싱하지 못한 / vapid; 김빠진 / insipid	• a slab of **stale** bread 묵은 빵 한 조각
★☆☆☆☆	**stalemate** [stéilmeit]	n 교착(상태) / deadlock	• resolve the diplomatic **stalemate** 외교적 교착상태를 해결하다
☆☆☆☆☆	**stamina** [stǽmənə]	n 체력 /strength	• It takes a lot of **stamina** to run a marathon. 마라톤을 하는 데는 많은 체력이 든다.
☆☆☆☆☆	**sta(u)nch** [stɔ:ntʃ]	v (출혈 등을) 멎게 하다 / check	• try to **stanch** people's wounds 사람들의 상처를 지혈시키려 하다
★☆☆☆☆	**starry-eyed** [stá:riàid]	a 공상적인 /visionary ; 비실제적인 / unpractical	• **starry-eyed** expectation 비현실적인 기대
★☆☆☆☆	**stasis** [stéisis]	n 균형 상태 / equilibrium ; 징지, 정체 / stagnation	• enter a period of **stasis** 정체상태에 들어가다
★☆☆☆☆	**station** [stéiʃən]	n 신분, 지위 / social position	• get ideas above one's **station** 자기 신분을 망각한 생각을 하다
☆☆☆☆☆	**stint** [stint]	n 할당된 일 /quota; (양의) 제한 v 아끼다 /skimp	• Don't **stint** on foods. 음식을 아끼지 마라.
☆☆☆☆☆	**stipend** [stáipend]	n (목사 · 교사 등의) 봉급 / salary	• increase a monthly **stipend** 월급을 인상하다
★☆☆☆☆	**stocky** [stáki]	a 땅딸막한 / short and heavy	• He has a **stocky** figure. 그는 땅딸막한 체구를 가졌다.
☆☆☆☆☆	**stratagem** [strǽtədʒəm]	n 전략, 책략 / scheme; strategy	• adopt a subtle **stratagem** 빈틈없는 책략을 쓰다
★☆☆☆☆	**strenuous** [strénjuəs]	a 힘든 / arduous ; 격렬한 / vigorous	• make **strenuous** efforts 힘껏 노력하다
★☆☆☆☆	**stricken** [stríkən]	a 비탄에 잠긴 / heartsick	• be **stricken** by food poisoning 식중독에 시달리다
☆☆☆☆☆	**stricture** [stríktʃər]	n 혹평 / hypercriticism ; 제한 / restriction	• **strictures** on the ill-advised plan 무모한 계획에 대한 혹평
★☆☆☆☆	**string** [striŋ]	n 끈 / cord , 줄; 일련(一連) / line, series v 실에 꿰다, 묶다 / thread	• a **string** of questions 일련의 질문들
★☆☆☆☆	**strive** [straiv]	v 노력하다 / make efforts	• **strive** towards bigger profits 더 큰 수익을 위해 노력하다
★☆☆☆☆	**stroke** [strouk]	v 쓰다듬다 / caress ; (세게) 치다 / bash n 타격 / hit ; 뇌출혈 / cerebral hemorrhage	• a **stroke** of lightning 낙뢰
★☆☆☆☆	**stubby** [stʌ́bi]	a 그루터기 같은 / stubbed, stumplike ; 땅딸막한 / thick and short	• point a **stubby** finger at something 짧고 굵은 손가락으로 무언가를 가리키다

★☆☆☆☆	**stuck-up** [stʌ́kʌ́p]	**a** 자부심이 강한, 거만한 / conceited	• become unbearably **stuck-up** 몹시 거만해지다
★☆☆☆☆	**stupor** [stjú:pər]	**n** 무감각 / daze	• a drunken **stupor** 술에 취해 인사불성인 상태
★☆☆☆☆	**stymie** [stáimi]	**v** 방해[훼방]하다 / encumber	• **stymie** an euthanasia bill 안락사 법안을 막다
☆☆☆☆☆	**sully** [sʌ́li]	**v** 더럽히다 / tarnish	• **sully** the reputation of a politician 정치가의 명성을 더럽히다
★☆☆☆☆	**swarthy** [swɔ́:rði]	**a** 거무스레한, 가무잡잡한 / dark	• have dark eyes and **swarthy** skin 까만 눈과 까무잡잡한 피부를 가지고 있다
☆☆☆☆☆	**swathe** [swað]	**v** 붕대를 감다 / bind	• be **swathed** in luxurious silk 고급스러운 실크로 감싸여 있다
★☆☆☆☆	**sycophantic(al)** [sìkəfǽntik]	**a** 아첨하는 / fawning	• the **sycophantic** praise inducing nausea 메스꺼움을 유발하는 아첨어린 칭찬
☆☆☆☆☆	**tactics** [tǽktiks]	**n** 전술, 술책, 책략 / maneuver	• adopt delaying **tactics** 지연 전술을 채택하다
☆☆☆☆☆	**tantrum** [tǽntrəm]	**n** 갑자기 화내기 / outburst	• throw a **tantrum** at bedtime 취침시간에 짜증을 내다
★☆☆☆☆	**tart** [tɑ:rt]	**a** 시큼한 / acidulous, 신맛이 나는 ; 신랄한 / sour	• potato salad with **tart** dressing 시큼한 드레싱으로 버무린 감자 샐러드
★☆☆☆☆	**tattered** [tǽtərd]	**a** (옷이) 해진, 너덜너덜한 / ragged	• sleep under only a **tattered** blanket 너덜너덜한 담요 하나만을 덮고 자다
★☆☆☆☆	**tawdry** [tɔ́:dri]	**a** 값싸고 번지르르한 / gaudy	• a **tawdry** imitation of diamond 값싸고 번지르르한 다이아몬드 모조품
★☆☆☆☆	**tenant** [ténənt]	**n** 세든 사람, 소작인 / occupant	• work as **tenant** farmers and servants 소작농과 하인으로 일하다
★☆☆☆☆	**tender** [téndər]	**v** 제공하다, 제출하다 / offer **a** 부드러운, 다정한 / gentle, kind	• **tender** one's resignation to shoulder the responsibility 책임을 지고 사직서를 제출하다
☆☆☆☆☆	**terrestrial** [təréstriəl]	**a** 지구의 / earthly	• see my son on **terrestrial** television 아들을 지상파 텔레비전에서 보다
★☆☆☆☆	**testify** [téstəfài]	**v** 증언[증명]하다 / give evidence, attest	• **testify** in court 법정에서 증언하다
☆☆☆☆☆	**testy** [tésti]	**a** 성미 급한 / irritable	• give a **testy** reply 성급한 대답을 하다
★☆☆☆☆	**thesis** [θí:sis]	**n** 논제, 주장 / argument ; 논문 / treatise	• submit a doctoral **thesis** 박사학위 논문을 제출하다
☆☆☆☆☆	**thrall** [θrɔ:l]	**n** 〈of, to〉 노예(상태) / bondage	• He is in **thrall** to his work. 그는 일의 노예가 되어있다.
★★☆☆☆	**threshold** [θréʃhould]	**n** 문지방, 입구 / entrance ; 발단, 시초; 한계 / limit	• the **threshold** of becoming a millionaire 백만장자가 되는 것의 초기 단계
★☆☆☆☆	**tip** [tip]	**v** 기울이다 / tilt; 버리다 / dump	• The chair began to **tip**. 그 의자가 기울어지기 시작했다.
★☆☆☆☆	**titter** [títər]	**v** 킥킥 웃다 / giggle	• Most people **tittered** in embarrassment. 대부분의 사람들은 당황하여 킥킥거렸다.
☆☆☆☆☆	**tome** [toum]	**n** 큰 책 / large volume	• read a legal **tome** 법률서적을 읽다

★★☆☆☆	**top-notch** [tάpnatʃ]	**n** (도달할 수 있는) **최고점, 최고도** / summit **a** **일류의** / bang-up, **최고의** / first-rate	• a **topnotch** university 최고의 일류 대학
★☆☆☆☆	**tout** [taut]	**v** (의도적으로) **칭찬하다;** 〈for〉 **손님을 끌다, 귀찮게 권유하다; 크게 선전하다** / trumpet	• **tout** for orders 귀찮게 주문을 권유하다
★★☆☆☆	**track** [træk]	**v** **~의 뒤를 쫓다, 추적하다** / follow **n** **자국, 흔적** / vestige	• **track** down a criminal 범인을 추적하여 잡다
★☆☆☆☆	**tract** [trækt]	**n** **넓은 면적** / district ; **소책자** / pamphlet	• cover immense **tract** of forest 광대한 삼림 지대를 뒤덮다
★☆☆☆☆	**traitorous** [tréitərəs]	**a** **반역의, 반역죄의** / treacherous	• stop the **traitorous** treaty 반역적인 조약을 멈추다
★☆☆☆☆	**treachery** [trétʃəri]	**n** **반역, 배반** / disloyalty	• be destroyed by **treachery** 반역에 의해 망하다
☆☆☆☆☆	**tribulation** [trìbjuléiʃən]	**n** **고난** / distress	• the trials and **tribulations** of married life 결혼생활의 시련과 고난
★☆☆☆☆	**truncate** [trʌ́ŋkeit]	**v** **자르다** / cut	• **truncate** an overlong part 너무 긴 부분을 줄이다
☆☆☆☆☆	**tryst** [trist]	**n** **밀회, 만날 약속** / appointment	• end a years-long **tryst** 수년간의 밀회를 끝내다
★☆☆☆☆	**tumbler** [tʌ́mblər]	**n** (밑이 평평한 보통의) **큰 컵** / highball glass	• Pour limeade in frosted **tumbler**. 얼린 텀블러에 라임에이드를 부어라.
☆☆☆☆☆	**tumid** [tjú:mid]	**a** **부어 오른** / swollen; **과장된** / bombastic	• a prose written in **tumid** and tedious style 과장되고 지루한 문체로 쓰인 산문
★☆☆☆☆	**twilight** [twáilàit]	**n** (해지기 전의) **황혼** / dusk	• be nearing the end of his **twilight** years 그의 황혼기가 끝나가고 있다

U, V, W

★☆☆☆☆	**unctuous** [ʌ́ŋktʃuəs]	**a** **지나치게 상냥한, 살살 녹이는** / oily, fulsome	• speak in an **unctuous** voice 살살 녹이는 목소리로 말하다
☆☆☆☆☆	**usury** [jú:ʒəri]	**n** (법정률 이상의) **고리** / high interest	• condemn the practice of **usury** 고리대금업의 관행을 비난하다
☆☆☆☆☆	**vaporization** [vèipərizéiʃən]	**n** **증발 (작용), 기화(氣化)** / evaporation	• heat of **vaporization** 기화열
★☆☆☆☆	**variegated** [vέəriəgèitid]	**a** **여러 색깔의** / multicolor	• a plant with **variegated** leaves 얼룩덜룩한 잎을 지닌 식물
☆☆☆☆☆	**vaunt** [vɔ:nt]	**v** **자랑하다** / boast	• **vaunt** one's educational achievements 교육적 업적을 자랑하다
★☆☆☆☆	**veneer** [vəníər]	**n** **허식** / gloss ; **베니어판** / plywood	• barbarians with a **veneer** of culture 교양의 겉치장을 한 미개인들
☆☆☆☆☆	**venial** [ví:niəl]	**a** (죄 등이) **용서할 수 있는** / forgivable	• Her sins are **venial**. 그녀의 죄는 용서할 수 있다.
★☆☆☆☆	**venomous** [vénəməs]	**a** **악의에 찬** / hateful, spiteful ; **독이 있는** / poisonous	• a **venomous** attack 악의에 찬 공격
☆☆☆☆☆	**verity** [vérəti]	**n** **진실** / truth	• **Verity** reveals our innocence. 진실은 우리의 결백을 밝힌다

★☆☆☆☆	**vessel** [vésəl]	n 용기, 그릇 / container	• This **vessel** holds a lot of water. 이 그릇은 많은 양의 물을 담고 있다.
★☆☆☆☆	**vice versa** [váisə və́:rsə]	ad 거꾸로, 반대로 / conversely	• consider crime or **vice versa** 범죄로 생각하거나 또 그 반대로 생각하다
☆☆☆☆☆	**virago** [virɑ́:gou]	n 잔소리가 심한 여자 / shrew	• have a **virago** wife 바가지 긁는 여자를 아내로 두다
★☆☆☆☆	**visionary** [víʒənèri]	a 환상적인 / fanciful	• have a **visionary** turn of mind 공상에 잠기는 경향이 있다
★☆☆☆☆	**vista** [vístə]	n (멀리 내다보이는) 경치, 조망 / spectacle ; 전망 / prospect	• **vistas** of the future 미래에 대한 전망
★☆☆☆☆	**vitriolic** [vìtriɑ́lik]	a 신랄한 / mordant	• launch a **vitriolic** attack on a lawmaker 국회의원에게 신랄한 공격을 하다
☆☆☆☆☆	**vituperate** [vaitjú:pərèit]	v ~을 심하게 나무라다 / berate	• **vituperate** a musician for indecent lyrics 외설적인 가사에 대해 음악가를 혹평하다
☆☆☆☆☆	**votary** [vóutəri]	n 열렬한 지지자 / fanatic	• an enthusiastic **votary** of Bacchus 엄청난 술꾼
☆☆☆☆☆	**vouchsafe** [vautʃséif]	v 허락[하사]하다 / permit	• He **vouchsafed** top secrets in company. 그가 회사의 일급기밀을 알려주었다.
★☆☆☆☆	**wan** [wɔn]	a 창백한 / pallid	• His face looked **wan** and sunken. 그의 얼굴은 창백하고 퀭해 보였다.
★☆☆☆☆	**watchword** [wɑ́:tʃwɜ:rd]	n 표어, 슬로건 / catchphrase	• Honesty is our **watchword**. 정직이 우리의 좌우명이다.
★★☆☆☆	**wedlock** [wédlɑk]	n 결혼[부부] 생활, 혼인 / wedding	• be conjoined in **wedlock** 부부가 되다
☆☆☆☆☆	**whet** [hwet]	v 자극하다 / stimulate	• **whet** the appetite for more meal 식사를 더 하도록 식욕을 돋우다
☆☆☆☆☆	**wily** [wáili]	a 교활한 / shrewd, sly	• act like a **wily** old fox 교활한 늙은 여우처럼 행동하다
★☆☆☆☆	**winnow** [wínou]	v (낟알, 겨 등을) 키질하다, 까부르다 / sift	• **winnow** barley from chaff 보리를 키질하다
☆☆☆☆☆	**wraith** [reiθ]	n 생령(生靈), 유령 / apparition	• flit about like a **wraith** 유령처럼 돌아다니다
☆☆☆☆☆	**wreak** [ri:k]	v (벌 · 복수 등을) 가하다 / inflict	• **wreak** havoc on the economy 경제를 대 혼란에 빠뜨리다

3

혼동?어휘

CONFUSING WORDS

1 혼동 어휘 CONFUSING WORDS

서로 혼동하기 쉬운 어휘들을 총정리했습니다.
더 이상의 헷갈림은 없습니다.

- **abate** [əbéit] v. 잠잠해지다, 줄다 lessen
- **abase** [əbéis] v. (지위, 평가를) 떨어뜨리다 lower

- **ablation** [æbléiʃən] n. 제거 removal
- **ablution** [əblú:ʃən] n. ≪종교≫ 목욕 bathing

- **able** [eibl] a. 유능한 competent
- **liable** [láiəbl] a. 의무가 있는 responsible

- **abjure** [æbdʒúər] vt. 버릴 것을 맹세하다 give up
- **adjure** [ədʒúər] vt. 엄명하다 command

- **abroad** [əbrɔ́:d] ad. 외국에, 널리 overseas
- **aboard** [əbɔ́:rd] ad. 배 위에, 탑승하여 on board

- **abrogate** [ǽbrəgeit] vt. (법률 · 습관 등을) 폐지하다 abolish
- **arrogate** [ǽrəgeit] vt. (권리 등을) 침해하다 appropriate

- **abstruse** [æbstrú:s] a. 심오한 profound
- **obtuse** [əbtjú:s] a. 둔한 blunt

- **abundant** [əbʌ́ndənt] a. 풍부한 plentiful
- **redundant** [ridʌ́ndənt] a. 장황한 unnecessary

- **accede** [æksí:d] vi. 동의하다 agree
- **concede** [kənsí:d] v. 인정하다 admit

- **access** [ǽkses] n. 접근 approach
- **excess** [iksés] n. 과잉 surplus

- **accidental** [æksədéntl] a. 우연한 casual
- **incidental** [ìnsədéntl] a. 부수적인 attendant

- **acclamation** [ækləméiʃən] n. 갈채 cheer
- **acclimation** [ækləméiʃən] n. 적응 adaptation

- **acquiescent** [ækwiésnt] a. 묵인하는, 순종하는 amenable
- **quiescent** [kwiésnt] a. 정지한, 고요한 quiet

- **acquired** [əkwáiərd] a. 후천적인
- **acquisitive** [əkwízətiv] a. 탐내는, 욕심 많은 greedy

- **acrid** [ǽkrid] a. (물질의 자극 등이) 날카로운 sharp
- **arid** [ǽrid] a. 건조한 dry

- **activate** [ǽktəveit] vt. 활기차게 하다 invigorate
- **actuate** [ǽktʃueit] vt. ~하게 하다 incite, trigger

- **adapt** [ədǽpt] vt. 적응시키다 fit
- **adept** [ədépt] a. 숙련된 skillful n. 숙련자 expert
- **adopt** [ədápt] vt. 채택하다 accept ; 양자로 삼다

- **additive** [ǽdətiv] a. 부가적인 additional n. 첨가물
- **addictive** [ədíktiv] a. 중독성인 habit-forming

- **addition** [ədíʃən] n. 부가(물) supplement
- **addiction** [ədíkʃən] n. 중독 indulgence

- **adorn** [ədɔ́:rn] v. 장식하다 decorate
- **adore** [ədɔ́:r] v. 숭배하다 worship

- **adjoin** [ədʒɔ́in] v. 인접하다 join
- **adjourn** [ədʒɔ́:rn] v. (회의 등을) 휴회하다 put off

- **adolescent** [ædəlésnt] a. 사춘기의 developing into an adult
- **convalescent** [kɑnvəlésnt] a. 회복기의 of time getting well

- **adverse** [ædvə́:rs] a. 반대의 opposing ; 불리한 unfavorable
- **averse** [əvə́:rs] a. <서술 용법> 싫어하는 disinclined

- **adventitious** [ædvəntíʃəs] a. 우연한, 우발적인 accidental
- **adventurous** [ædvéntʃərəs] a. 모험을 좋아하는, 모험적인 adventuresome

- **affect** [əfékt] vt. 영향을 미치다 influence
- **effect** [ifékt] n. 영향, 효과 vt. 초래하다 result

- **affection** [əfékʃən] n. 애정 love
- **affectation** [æfektéiʃən] n. ~인 체하기 pretense

- **affinity** [əfínəti] n. 좋아함 liking
- **infinity** [infínəti] n. 무한 unlimited

- **afflict** [əflíkt] v. (병이) 괴롭히다 aggrieve
- **inflict** [inflíkt] v. (형벌, 고통을) 주다, 가하다 impose

- **afflux** [ǽflʌks] n. 유입 inflow
- **efflux** [éflʌks] n. (액체 · 공기 등의) 유출 outflow

- **aggression** [əgréʃən] n. 침략 attack
- **egression** [i:gréʃən] n. 퇴출 going out

- **aid** [eid] n. 도움 help
- **aide** [eid] n. 보조자 assistant

- **ailment** [éilmənt] n. (가벼운) 병 illness
- **aliment** [ǽləmənt] n. 영양물 nutriment

- **airless** [éərlis] a. 공기가 없는 lacking air
- **hairless** [héərlis] a. 털이 없는 bald
- **heirless** [éərlis] a. 상속인이 없는 without an heir

■ **allergy** [ǽlərdʒi] n. 알레르기
□ **allegory** [ǽləgɔ̀:ri] n. 풍유 fable
■ **elegy** [élədʒi] n. 애가 dirge

■ **alley** [ǽli] n. 골목길 a side street
□ **alloy** [ǽlɔi] n. 합금 mixing metal

■ **allegiance** [əlí:dʒəns] n. 충성 loyalty
□ **allegation** [æligéiʃən] n. (증거 없는) 주장

■ **allude** [əlú:d] vi. 암시하다 hint
□ **elude** [ilú:d] vt. 피하다 escape

■ **allusion** [əlú:ʒən] n. 암시 a hint
□ **illusion** [ilú:ʒən] n. 환상 misconception
□ **delusion** [dilú:ʒən] n. 망상 daydream

■ **altar** [ɔ́:ltər] n. 제단(祭壇) a raised platform
□ **alter** [ɔ́:ltər] v. 바꾸다 change
■ **alteration** [ɔ̀:ltəréiʃən] n. 변화 change
□ **alternation** [ɔ̀:ltərnéiʃən] n. 교대 turn
□ **altercation** [ɔ̀:ltərkéiʃən] n. 언쟁 verbal dispute

■ **alternately** [ɔ́:ltərnətli] ad. 교대로 by turns
□ **alternatively** [ɔ:ltə́:rnətivli] ad. 양자 택일로

■ **amaze** [əméiz] vt. ~을 놀라게 하다 surprise
□ **amuse** [əmjú:z] vt. 즐겁게 하다 entertain
■ **bemuse** [bimjú:z] v. 멍하게 만들다 stun

■ **amenable** [əmí:nəbl] a. 고분고분한 compliant
□ **amendable** [əméndəbl] a. 고칠 수 있는 correctable

■ **amend** [əménd] v. (법을) 고치다 correct
□ **amends** [əméndz] n. 보상, 배상 compensation
■ **emend** [iménd] vt. (책을) 교정하다 revise

■ **amity** [ǽməti] n. 우호 관계, 친목 friendship
□ **enmity** [énməti] n. 적의, 증오 hostility

■ **amnesia** [æmní:ʒə] n. 기억 상실 loss of memory
□ **anemia** [əní:miə] n. 빈혈증 bloodlessness
■ **amentia** [eiménʃə] n. 정신 박약 mental weakness

■ **anecdote** [ǽnikdòut] n. 일화 story
□ **antidote** [ǽntidòut] n. 해독제 remedy

■ **anonymous** [ənánəməs] a. 익명의 nameless
□ **anomalous** [ənáməlәs] a. 특이한 unusual

■ **annual** [ǽnjuəl] a. 1년을 단위로 하는 yearly
□ **annul** [ənʌ́l] vt. 취소하다 cancel
■ **annals** [ǽnlz] n. 연보(年譜) chronicle

■ **apathy** [ǽpəθi] n. 무관심 indifference
□ **antipathy** [æntípəθi] n. 반감 dislike

■ **apologia** [æpəlóudʒiə] n. 변명 justification
□ **apologue** [ǽpəlɔ̀:g] n. 우화 fable
■ **apology** [əpálədʒi] n. 사과 excuse

■ **appraise** [əpréiz] vt. 평가하다 estimate
□ **apprise** [əpráiz] vt. 알리다 inform

■ **apprehend** [æprihénd] vt. 체포하다; 이해하다; 염려하다
□ **comprehend** [kɑmprihénd] vt. 포함하다; 이해하다

■ **appropriate**[əpróupriət] a. 적절한 relevant
v. 전유하다, 횡령하다 embezzle
□ **expropriate** [eksprόuprièit] v. 징발하다, 빼앗다 take away

■ **archaic** [ɑ:rkéiik] a. 고대의 ancient ; 낡은
□ **arcane** [ɑ:rkéin] a. 비밀의, 불가해한 cryptic

■ **arouse** [əráuz] v. (관심, 기대 등을) 일으키다 cause
□ **arise** [əráiz] v. 발생하다 originate

■ **arraign** [əréin] vt. 기소[고발]하다 indict
□ **arrange** [əréindʒ] v. 정돈하다; 계획하다

■ **argument** [ɑ́:rgjumənt] n. 논쟁 disagreement
□ **augment** [ɔ:gmént] v. 증가하다 increase

■ **artful** [ɑ́:rtfəl] a. 교활한 clever at deceiving
□ **artificial** [ɑ:rtəfíʃəl] a. 인공의 not natural

■ **artistic** [a:rtístik] a. 예술적인 connected with art
□ **autistic** [a:rtístik] a. 자폐증의 of autism

■ **artifact** [ɑ́:rtəfækt] n. 인공물 object
□ **artifice** [ɑ́:rtəfis] n. 계략 clever trick

■ **ascent** [əsént] n. 상승 rising
□ **assent** [əsént] n. 동의 agreement

■ **ascetic** [əsétik] a. 금욕주의의 stoical
□ **(a)esthetic** [esθétik] a. 미학적인
■ **ecstatic** [ekstǽtik] a. 무아지경의 in raptures

■ **assiduous** [əsídʒuəs] a. 근면한 diligent
□ **acidulous** [əsídʒuləs] a. 신맛이 나는 sour ; 신랄한 caustic

■ **assumed** [əsú:md] a. 가장한 false ; 허위의
□ **assumptive** [əsʌ́mptiv] a. 가설의, 추측의 presumptive
■ **assuming** [əsú:miŋ] a. 건방진, 주제넘은 forward

■ **astray** [əstréi] a. 길을 잃은 wandering
□ **estray** [istréi] n. 길 잃은 사람[가축]

+3 혼동 어휘

- **astronomer** [əstránəmər] n. 천문학자
- **astronaut** [ǽstrənɔ̀:t] n. 우주비행사 spaceman

- **astronomy** [əstránəmi] n. 천문학
- **astrology** [əstrálədʒi] n. 점성술

- **atrophy** [ǽtrəfi] n. 위축, 쇠약 wasting
- **eutrophy** [jú:trəfi] n. 영양 양호
- **dystrophy** [dístrəfi] n. 영양실조 malnutrition

- **attendance** [əténdəns] n. 출석(자) presence
- **attention** [ətén∫ən] n. 주의 notice ; 친절 kindness

- **attenuate** [əténjuèit] v. 줄이다 lessen
- **extenuate** [iksténjuèit] vt. (죄 등을) 가볍게 하다 mitigate

- **authorship** [ɔ́:θər∫ìp] n. 저작권 copyright
- **authorities** [ɔ́:θərətiz] n. 당국, 권위(자); 권한
- **authorization** [ɔ:θərizéi∫ən] n. 허가, 승인 permission

- **autism** [ɔ́:tizm] n. 자폐증
- **atavism** [ǽtəvìzm] n. 격세유전

- **autocratic** [ɔ:təkrǽtik] a. 독재적인 despotic
- **automatic** [ɔ:təmǽtik] a. 자동의 not manual

- **automation** [ɔ:təméi∫ən] n. 자동 조작
- **automaton** [ɔ:támətɑn] n. 기계 같은 사람

- **avenue** [ǽvənjù:] n. 거리, 대로 boulevard
- **revenue** [révənjù:] n. 수익 earnings ; 세입
- **venue** [vénju:] n. 개최지 locale

- **avocation** [æ̀vəkéi∫ən] n. 부업, 취미 hobby
- **evocation** [evəkéi∫ən] n. 불러 일으킴 summoning
- **vocation** [voukéi∫ən] n. 본업, 천직 calling
- **vacation** [veikéi∫ən] n. 휴가 holiday

- **avoid** [əvɔ́id] vt. ~을 피하다 escape
- **ovoid** [óuvɔid] a. 계란형의 egg-shaped

- **awful** [ɔ́:fəl] a. 지독한 terrible
- **awesome** [ɔ́:səm] a. 멋진, 훌륭한 amazing

- **babble** [bǽbl] v. 옹알거리다 blather, prattle
- **bauble** [bɔ́:bl] n. (겉만 뻔지르르한) 장식물 gewgaw
- **dabble** [dǽbl] v. 물장난하다 paddle

- **balmy** [bá:mi] a. 온화한 mild
- **barmy** [bá:rmi] a. 약간 미친 slightly crazy

- **bandage** [bǽndidʒ] n. 붕대 dressing
- **bondage** [bándidʒ] n. 노예 상태 slavery

- **bare** [bεər] a. 벌거벗은 naked
- **bear** [bεər] n. 곰 a large strong animal

- **banish** [bǽni∫] v. 추방하다 expel
- **vanish** [vǽni∫] v. 사라지다 disappear n. 소음(消音)

- **bastard** [bǽstərd] n. 서자
- **dastard** [dǽstərd] n. 겁쟁이 coward

- **bathetic** [bəθétik] a. 진부한 old-fashioned
- **pathetic** [pəθétik] a. 불쌍한 pitiful

- **bass** [beis] n. 저음부 very low voice
- **base** [beis] n. 기초 foundation

- **bazaar** [bəzá:r] n. (자선 기금 등이 목적인) 바자회; 시장
- **bizarre** [bizá:r] a. 이상한 strange , 기괴한 eccentric

- **beatify** [bi:ǽtəfài] vt. 죽은 사람을 시복하다 bless
- **beautify** [bjú:təfài] vt. 아름답게 하다 decorate

- **benefactor** [bénəfæ̀ktər] n. 후원자 helper ; 자선가
- **beneficiary** [bènəfí∫ièri] n. 수혜자, 수령인 donee

- **beneficent** [bənéfəsənt] a. 자선심이 많은 generous
- **beneficial** [bènəfí∫əl] a. 유익한 advantageous

- **berth** [bə:rθ] n. 정박 anchor ; 숙소 lodging
- **birth** [bə:rθ] n. 탄생 bearing

- **beside** [bisáid] prep. ~의 옆에 next to
- **besides** [bisáidz] prep. ~외에도 in addition to

- **biannual** [baiǽnjuəl] a. 연 2회의 half-yearly
- **biennial** [baiéniəl] a. 2년마다의 every two years
- **semiannual** [sèmiǽnjuəl] a. 반년마다의 half-yearly

- **bilateral** [bailǽtərəl] a. 양쪽의 two sides
- **biliteral** [bailítərəl] a. 두 자의 of two letters

- **blanch** [blænt∫] v. 표백하다 pale
- **bleach** [bli:t∫] v. 표백하다; 표백제
- **breach** [bri:t∫] n. 위반 v. 위반하다 violate
- **break** [breik] v. 깨다 smash
- **broach** [brout∫] n. 송곳 v. 구멍을 내다 open ; (말 등을) 꺼내다 introduc

- **bland** [blænd] a. 온화한 mild ; 맛없는 flat
- **blend** [blend] v. 혼합하다 mix
- **brand** [brænd] n. 상표 mark v. 낙인을 찍다 stigmatize

- **blandish** [blǽndi∫] v. 아첨하다 flatter
- **brandish** [brǽndi∫] v. 곤봉을 휘두르다 wave

- **bloc** [blak] n. (정치 · 경제상의) 블록, 권
- **block** [blak] n. (돌 · 나무 등의) 덩어리 bar

■ **blunt** [blʌ́nt] a. 무딘; 퉁명스러운
□ **brunt** [brʌ́nt] n. (공격 등의) 예봉, 타격 batting
■ **blurt** [blə:rt] v. 불쑥 말하다

■ **boarder** [bɔ́:rdər] n. 기숙생 lodger
□ **border** [bɔ́:rdər] n. 국경 frontier

■ **boast** [boust] v. 자랑하다 pride
□ **boost** [bu:st] vt. 격려하다 encourage

■ **bombard** [bambá:rd] vt. 포격하다 attack
□ **bombastic** [bambǽstik] a. 과장된 exaggerated

■ **bonny** [báni] a. 예쁜 pretty
□ **bony** [bóuni] a. 여윈 thin

■ **bouillon** [búljan] n. 부용 clear soup
□ **bullion** [búljən] n. 금[은]괴 bar of gold or silver

■ **bright** [brait] a. 빛나는 light ; 총명한 intelligent
□ **blight** [blait] v. ~을 망쳐놓다 spoil

■ **brink** [briŋk] n. 가장자리 threshold ; ~할 찰나
□ **blink** [bliŋk] v. 깜빡거리다

■ **bust** [bʌst] v. 부수다 break
□ **burst** [bə:rst] v. 터지다 explode

■ **bustle** [bʌ́sl] v. 부산하게 움직이다, 서두르다
□ **hustle** [hʌ́sl] v. 난폭하게 밀치다 pluck , 척척 해치우다
■ **hustings** [hʌ́stiŋz] n. 선거유세
□ **bristle** [brísl] n. 뻣뻣한 털 v. 화를 내다

■ **calendar** [kǽləndər] n. 달력
□ **colander** [kʌ́ləndər] n. (부엌용) 여과기 filter

■ **calibrate** [kǽləbrèit] vt. 측정하다 measure
□ **celebrate** [séləbrèit] v. 축하하다 congratulate
■ **celibate** [séləbət] n. (종교적 이유의) 독신
□ **cerebrate** [sérəbreit] v. 생각하다

■ **callous** [kǽləs] a. 냉담한 indifferent
□ **callus** [kǽləs] n. 굳은 살 hardened skin

■ **calumniate** [kəlʌ́mnièit] v. 비방하다 defame
□ **culminate** [kʌ́lmənèit] v. 절정을 이루다 climax

■ **candid** [kǽndid] a. 솔직한 frank
□ **candied** [kǽndid] a. 설탕으로 절인 sugared

■ **cannon** [kǽnən] n. 대포 heavy gun
□ **canon** [kǽnən] n. 법규 law

■ **canvas** [kǽnvəs] n. 강한 천 strong cloth
□ **canvass** [kǽnvəs] v. 선거 운동하다 campaign

■ **capital** [kǽpətl] n. 수도; 대문자; 자본 a. 으뜸의 chief
□ **Capitol** [kǽpətl] n. (미국의) 국회의사당

■ **captious** [kǽpʃəs] a. 책망하는 critical
□ **capricious** [kəpríʃəs] a. 변덕스러운 changeable
■ **capacious** [kəpéiʃəs] a. (용량이) 큰 spacious

■ **cardinal** [ká:rdənl] a. 주요한 principal ; 진홍빛의 n. 추기경
□ **cardiac** [ká:rdiæk] a. 심장의 n. 강심제

■ **carnal** [ká:rnl] a. 육체의, 육욕적인 sensual
□ **canal** [kənǽl] n. 운하 waterway

■ **carousal** [kəráuzəl] n. 흥청망청 마시기 revelry
□ **carrousel** [kærəsél] n. 회전식 원형 컨베이어

■ **castigate** [kǽstəgèit] vt. 응징하다 punish severely
□ **castrate** [kǽstreit] vt. 거세하다 remove the sexual organ

■ **casualty** [kǽʒuəlti] n. 사상자 the killed and the wounded
□ **causality** [kɔ:zǽləti] n. 인과 관계
■ **cataclysm** [kǽtəklìzm] n. 대변동 sudden change
□ **catechism** [kǽtəkìzm] n. 문답식 교수법

■ **chafe** [tʃeif] v. 닳게 하다; 화나게 하다 gall
□ **chaff** [tʃæf] v. 놀리다 tease n. 왕겨

■ **choral** [kɔ́:rəl] a. 합창의 singing together
□ **coral** [kɔ́:rəl] a. 산호로 만든 made of coral

■ **chord** [kɔ:rd] n. (악기의) 줄 string
□ **cord** [kɔ:rd] n. 끈 a very thin rope

■ **celerity** [səlérəti] n. 속력 speed
□ **celebrity** [səlébrəti] n. 유명 인사 a famous person

■ **censor** [sénsər] vt. (출판물 등을) 검열하다 examine
□ **censure** [sénʃər] v. 비난하다 blame

■ **ceremonial** [serəmóuniəl] a. 의식(儀式)의 ritual
□ **ceremonious** [serəmóuniəs] a. 격식을 차리는 formal

■ **cession** [séʃən] n. (재산 등의) 양도 turning over
□ **cessation** [seséiʃən] n. 정지 pause
■ **session** [séʃən] n. (의회 등의) 개회 meeting

■ **chronic** [kránik] a. 상습적인 habitual ; 만성인 deep-seated
□ **choleric** [kálərik] a. 화를 잘 내는 angry

■ **clang** [klæŋ] v. 부딪쳐 쨍 소리를 내다 clank
□ **cling** [kliŋ] v. 들러붙다 cleave , 매달리다 stick

■ **clink** [kliŋk] v. (컵, 동전이) 쨍 울리(게 하)다 tinkle
□ **click** [klik] v. 찰깍 소리를 내다 snap

- ■ **classic** [klǽsik] a. 일류의 excellent
- □ **classical** [klǽsikəl] a. 고전의 traditional

- ■ **clench** [klentʃ] v. (이를) 악물다 grasp tightly
- □ **clinch** [klintʃ] v. 구부려 고정시키다 clip
- ■ **clunch** [klʌ́ntʃ] n. 경화 점토

- ■ **climatic** [klaimǽtik] a. 기후의 of climate
- □ **climactic** [klaimǽtik] a. 절정의 of climax

- ■ **cluster** [klʌ́stər] v. 무리를 이루다 constellate
- □ **clutter** [klʌ́stər] n. 난장판, 혼란 jumble

- ■ **clutch** [klʌtʃ] n. 붙잡음 clasp v. 꽉 잡다 seize
- □ **crutch** [krʌtʃ] n. 목발

- ■ **coalesce** [kòuəlés] vi. 하나로 합치다 unite
- □ **convalesce** [kɑnvəlés] vi. 건강을 회복하다 recuperate

- ■ **collision** [kəlíʒən] n. 충돌 crash
- □ **collusion** [kəlú:ʒən] n. 공모(共謀)

- ■ **command** [kəmǽnd] v. 명하다 direct
- □ **commend** [kəménd] vt. 칭찬하다 praise

- ■ **common** [kámən] a. 공동의 shared ; 일반적인 general
- □ **commune** [kəmjú:n] vi. 교감하다 share feeling

- ■ **comparable** [kámpərəbl] a. 비교할 만한 similar
- □ **comparative** [kəmpǽrətiv] a. 비교의 relative

- ■ **complacent** [kəmpléisnt] a. 자기 만족의 self-satisfied
- □ **complaisant** [kəmpléisnt] a. 고분고분한 compliant

- ■ **complement** [kámpləmənt] n. 보충물 supplement
- □ **compliment** [kámpləmənt] n. 찬사 praise

- ■ **comport** [kəmpɔ́:rt] v. 처신하다 conduct ; 어울리다
- □ **comfort** [kʌ́mfərt] v. 위로하다 soothe

- ■ **comprehensible** [kɑmprihénsəbl] a. 이해하기 쉬운 easy
- □ **comprehensive** [kɑmprihénsiv] a. 포괄적 inclusive ; 이해력있는 bright

- ■ **concede** [kənsí:d] v. 인정하다 admit
- □ **conceit** [kənsí:t] n. 자만심 pride

- ■ **condemn** [kəndém] v. 비난하다 blame
- □ **contemn** [kəntém] vt. 경멸하다 disregard

- ■ **condign** [kəndáin] a. 응분의 deserved
- □ **cognate** [kágneit] a. 동족의 kindred

- ■ **conducive** [kəndjú:siv] a. 도움이 되는 helping
- □ **conductive** [kəndʌ́ktiv] a. (열 등을) 전도 할 수 있는 transmissible

- ■ **conflagration** [kɑnfləgréiʃən] n. 대화재 holocaust
- □ **configuration** [kənfigjuréiʃən] n. 배치, 배열; 형상 constellation

- ■ **consequently** [kánsəkwèntli] ad. 따라서, 그러므로
- □ **subsequently** [sʌ́bsikwəntli] ad. 나중에, 후에 later

- ■ **conservative** [kənsə́:rvətiv] a. 보수적인 cautious
- □ **conservatory** [kənsə́:rvətɔ̀:ri] n. 온실; 음악학교

- ■ **console** [kənsóul] vt. 위로하다 comfort
- □ **condole** [kəndóul] vi. 애도하다 sympathize
- ■ **condone** [kəndóun] vt. 용서하다 forgive

- ■ **confidant** [kánfədæ̀nt] n. 막역한 친구 close friend
- □ **confident** [kánfədənt] a. 확실한 sure

- ■ **congenial** [kəndʒí:njəl] a. 서로 마음이 맞는 agreeable
- □ **congenital** [kəndʒénətl] a. (병이) 선천적인 inborn

- ■ **considerate** [kənsídərət] a. 사려깊은 thoughtful
- □ **considerable** [kənsídərəbl] a. 상당한 great

- ■ **constituent** [kənstítʃuənt] n. 구성요소; 선거구민
- □ **constitution** [kɑnstətjú:ʃən] n. 구조; 헌법; 체질

- ■ **counsel** [káunsəl] v. 조언하다 advise
- □ **consult** [kənsʌ́lt] v. 조언을 구하다 confer on

- ■ **contagious** [kəntéidʒəs] a. (병 등이) 전염의 infectious
- □ **contiguous** [kəntígjuəs] a. 인접한 near

- ■ **contention** [kənténʃən] n. 다툼 struggle
- □ **contentment** [kənténtmənt] n. 만족

- ■ **convert** [kənvə́:rt] v. 바꾸다 change
- □ **culvert** [kʌ́lvərt] n. 지하수로 underdrain
- ■ **covert** [kóuvərt] a. 감추어진 hidden

- ■ **convey** [kənvéi] vt. 운반하다 transport
- □ **convoy** [kánvɔi] vt. (군함 등이) 호위하다 escort

- ■ **cooperate** [kouápərèit] vi. 협력하다 collaborate
- □ **corporate** [kɔ́:rpərət] a. 법인의, 공동의 shared

- ■ **corps** [kɔ:r] n. (특별한 의무 등을 맡은) 단체 group
- □ **corpse** [kɔ:rps] n. 시체 cadaver

- ■ **correspondent** [kɔ:rəspándənt] n. 통신원
- □ **corespondent** [kourispándənt] n. (이혼 소송의) 공동 피고인

- ■ **crack** [kræk] v. 깨지다 break n. 기회 a. 뛰어난 excellent
- □ **clack** [klæk] n. 딱딱 하는 소리 clap
- ■ **crackle** [krǽkl] v. 우지직 소리 내다

■ **credible** [krédəbl] a. 믿을 만한 believable
□ **credulous** [krédʒuləs] a. 쉽게 믿는 gullible
■ **creditable** [kréditəbl] a. 칭찬할 만한 worthy of praise

■ **cramp** [kræmp] n. 꺾쇠; 쥐, 경련 spasm
□ **clamp** [klæmp] v. 단속하다
■ **clump** [klʌmp] n. 덩어리 bunch ; 집단
□ **crump** [krʌmp] n. 우지끈하는 소리 v. 오도독 씹다

■ **crash** [kræʃ] n. 충돌 collision v. 부서지다, 실패하다
□ **clash** [klæʃ] n. 분쟁, 충돌

■ **crave** [kreiv] v. 열망하다 yearn
□ **rave** [reiv] v. 고함치다; 격찬하다
■ **craven** [kréivn] a. 비겁한 cowardly
□ **raven** [réivən] n. 까마귀

■ **cull** [kʌl] v. 따 모으다, 고르다 pick
□ **curl** [kə:rl] v. 곱슬곱슬하게 하다 curve

■ **currant** [kə́:rənt] n. 건포도 dried grape
□ **current** [kə́:rənt] a. 현재의 now n. 흐름 flow

■ **daily** [déili] a. 매일의 everyday
□ **dairy** [déəri] n. 낙농장 dairy farm
■ **diary** [dáiəri] n. 일기 journal

■ **death** [deθ] n. 죽음 permanent end of the life
□ **dearth** [də:rθ] n. 결핍, 부족 shortage

■ **decade** [dékeid] n. 10년간 a period of ten years
□ **decadent** [dékədənt] a. 타락하는 decaying

■ **decease** [disí:s] n. 사망감소 death
□ **decrease** [dikrí:s] n. 감소 reducing
■ **disease** [dizí:z] n. 병 illness

■ **decent** [dí:snt] a. 적당한 proper
□ **descent** [disént] n. 하강 going down ; 혈통 blood
■ **dissent** [disént] n. 불찬성 vi. 불찬성하다
□ **decant** [dikǽnt] vt. (액체를) 따르다 pour
■ **descant** [déskænt] v. 상세하게 설명하다 enlarge

■ **decolor** [di:kʌ́lər] vt. 탈색시키다 remove color
□ **discolor** [diskʌ́lər] vt. 변색시키다 tarnish

■ **decry** [dikrái] v. 비난하다 disintegrate
□ **descry** [diskrái] v. 어렴풋이 알아보다 spot

■ **deduce** [didjú:s] vt. 연역하다, 추론하다 infer
□ **deduct** [didʌ́kt] vt. 공제하다 take off

■ **deem** [di:m] v. 생각하다 consider
□ **doom** [du:m] n. 운명 fate
■ **redeem** [ridí:m] vt. ~을 되찾다 regain

■ **defer** [difə́:r] v. 연기하다 put off ; 순순히 따르다
□ **deter** [ditə́:r] vt. 저지하다, 막다 prevent

■ **deference** [défərəns] n. 복종 submission ; 존경
□ **difference** [dífərəns] n. 차이 unlikeness

■ **definite** [défənit] a. 명확한 exact
□ **deficient** [difíʃənt] a. 부족한 lacking
■ **definitive** [difínətiv] a. 최종적인 final

■ **delegate** [déligət] n. 대표 v. 파견하다 depute
□ **relegate** [réləgèit] v. 좌천시키다 submit

■ **demonstrate** [démənstrèit] v. 증명하다 prove ; 시위하다
□ **remonstrate** [rimánstreit] v. 항의하다 protest

■ **demur** [dimə́:r] v. 이의를 말하다 except
□ **demure** [dimjúər] a. 새침한, 수줍은 체하는 coy

■ **den** [den] n. 소굴
□ **din** [din] n. 소음 blare

■ **dent** [dent] n. 움푹 패인 곳 incision ; 일시적 감소
□ **dint** [dint]] n. 힘 favor , 덕택

■ **denture** [déntʃər] n. 의치 plate , 틀니
□ **indenture** [indéntʃər] n. 계약서 agreement

■ **depend** [dipénd] v. 의지하다 count
□ **defend** [difénd] v. 방어하다; 변호하다 support

■ **deplete** [diplí:t] v. 고갈시키다 consume
□ **replete** [riplí:t] a. 가득 찬 full

■ **deplore** [diplɔ́:r] v. 비탄하다 lament
□ **implore** [implɔ́:r] v. 간청하다 pray

■ **deport** [dipɔ́:rt] vt. 추방하다 expel
□ **disport** [dispɔ́:rt] v. 즐기다 amuse

■ **depose** [dipóuz] v. 물러나게하다 displace
□ **deposit** [dipázit] vt. 축적하다 put
■ **dispose** [dispóuz] v. 배열하다 arrange

■ **deprecate** [déprikèit] vt. 반대하다 condemn
□ **depreciate** [diprí:ʃièit] v. 경시하다 belittle

■ **desert** [dézərt] n. 사막; <-s> (당연한) 상벌
□ **dessert** [dizə́:rt] n. 후식
■ **dissertate** [disə́rtèit] vi. 논술하다

■ **desperate** [déspərət] a. 자포 자기의 hopeless
□ **disparate** [díspərət] a. 이종(異種)의 different
■ **disparage** [dispǽridʒ] vt. (명예를) 손상시키다 belittle

+3 혼동 어휘

- **detract** [ditrǽkt] v. (가치가) 떨어지다 take away
- **distract** [distrǽkt] v. (주의를) 전환시키다 deflect

- **die** [dai] v. 죽다 stop living
- **dye** [dai] v. 염색하다 change color

- **different** [dífərənt] a. 다른 not the same
- **diffident** [dífədənt] a. 자신이 없는 lacking in self-confidence

- **diffuse** [difjú:z] v. (열 · 냄새 등을) 발산하다 spread
- **defuse** [di:fjú:z] vt. 해소하다 become weak

- **dilate** [dailéit] v. 크게 하다 enlarge; 상술하다
- **dilute** [dilú:t] v. 묽게 하다 weaken

- **disapprove** [dìsəprú:v] v. 비난하다 blame
- **disprove** [disprú:v] vt. 반증하다 prove against

- **disassemble** [dìsəsémbl] vt. 분해하다 take apart
- **dissemble** [disémbl] v. 감추다 hide

- **discard** [diskɑ́:rd] v. 버리다 fling, 포기하다
- **discord** [dískɔ:rd] n. 불일치, 의견충돌 disagree

- **disciple** [disáipl] n. 제자 follower
- **discipline** [dísəplin] n. 훈련 training

- **discompose** [dìskəmpóuz] v. 불안하게 하다 upset
- **decompose** [dì:kəmpóuz] v. 분해되다 disintegrate, 썩다

- **discreet** [diskrí:t] a. 신중한 careful
- **discrete** [diskrí:t] a. 분리된 separate

- **disjoin** [disdʒɔ́in] v. 분리하다 separate
- **disjoint** [disdʒɔ́int] v. 관절을 삐게 하다; 어지럽히다

- **disperse** [dispə́:rs] v. 흩어지게 하다 spread
- **dispense** [dispéns] v. 분배하다 divide; 조제하다

- **distinct** [distíŋkt] a. 다른 different
- **distinctive** [distíŋktiv] a. 독특한 special

- **divers** [dáivərz] a. 여러가지의 various
- **diverse** [divə́:rs] a. 다른 different
- **divert** [divə́:rt] vt. (목적 등을) 바꾸다 change

- **dizzy** [dízi] a. 어지러운 giddy
- **dingy** [díndʒi] a. 거무죽죽한, 때 묻은 begrimed

- **dose** [dous] n. (약의) 1회분
- **doze** [douz] v. 꾸벅꾸벅 졸다 snooze

- **dramatic** [drəmǽtik] a. 연극의 theatrical
- **traumatic** [trəmǽtik] a. 충격적인 shocking

- **drawl** [drɔ:l] v. 소리를 길게 끌다
- **trawl** [trɔ:l] n. 저인망 spiller

- **drop** [drɑp] v. 떨어지다 degenerate
- **drip** [drip] v. (수도꼭지에서) 물이 떨어지다

- **drought** [draut] n. 가뭄, 건조
- **draft** [dræft] n. 밑그림, 초고; 마시기; 통풍; 징집

- **dual** [djú:əl] a. 이중의 double
- **duel** [djú:əl] n. (두 사람 간의) 싸움 fight

- **dwindle** [dwíndl] v. 줄다; 작아지다
- **swindle** [swíndl] v. 속이다 defraud

- **economic** [ekənɑ́mik] a. 경제의 financial
- **economical** [ekənɑ́mikəl] a. 경제적인 frugal

- **eclipse** [iklíps] n. 식; 실추 loss v. 초월하다 excel
- **ellipsis** [ilípsis] n. 생략(부호) omission

- **edit** [édit] v. 편집하다 compile, revise
- **edict** [í:dikt] n. 칙령 decree, command
- **addict** [ǽdikt] v. 중독되게 하다 hook n. 중독자

- **egoism** [í:gouìzm] n. 이기주의
- **egotism** [í:gətìzm] n. 자기중심주의

- **elective** [iléktiv] a. 선거의; (과목을) 선택할 수 있는
- **eclectic** [ikléktik] a. 취사선택의; 절충적인 compromising
- **selective** [siléktiv] a. 선택적인

- **elemental** [eləméntl] a. 기본적인 basic
- **elementary** [èləméntəri] a. 초보의 introductory

- **elicit** [ilísit] vt. 끌어내다 extract
- **illicit** [ilísit] a. 불법의 unlawful

- **eligible** [élidʒəbl] a. 적당한 suitable
- **illegible** [ilédʒəbl] a. 읽기 어려운 difficult to read
- **illegitimate** [ìlidʒítəmət] a. 불법의 unlawful

- **emaciate** [iméiʃièit] vt. 여위게 하다 become thin
- **emanate** [émənèit] v. 발산하다 come from
- **emancipate** [imǽnsəpèit] vt. 해방하다 free

- **embroil** [imbrɔ́il] v. 혼란시키다 tangle
- **embroider** [imbrɔ́idər] v. 수를 놓다, 장식하다 embellish

- **emerge** [imə́:rdʒ] vi. 나오다 appear
- **immerge** [imə́:rdʒ] v. 담그다 dip

- **eminent** [émənənt] a. 저명한 famous
- **imminent** [ímənənt] a. 임박한 impending

■ **endue** [indjúː] vt. 부여하다 give
□ **endure** [indjúər] v. 견디다 bear

■ **ensure** [inʃúər] vt. 보장하다 guarantee
□ **insure** [inʃúər] v. 보험에 들다 secure

■ **entomology** [entəmálədʒi] n. 곤충학
□ **etymology** [entəmálədʒi] n. 어원 연구

■ **enormity** [inɔ́ːrməti] n. 극악 outrageousness
□ **enormous** [inɔ́ːrməs] a. 거대한 huge

■ **epidemic** [epədémik] n. 유행 widespread
□ **epidermic** [epədə́ːrmik] a. 표피의

■ **epigram** [épəgræm] n. 경구, 격언 adage
□ **epigraph** [épəgræf] n. 비문 epitaph

■ **equable** [ékwəbl] a. 변화가 없는 steady
□ **equitable** [ékwətəbl] a. 공정한 fair

■ **equanimity** [iːkwənímәti] n. 침착 equilibrium
□ **equality** [ikwáləti] n. 평등, 동등 par
■ **equation** [ikwéiʒən] n. 등식
□ **equity** [ékwəti] n. 공평; 순가치

■ **equestrian** [ikwéstriən] n. 기수, 승마자
□ **equalitarian** [ikwalitéəriən] n. 평등주의자 egalitarian

■ **errant** [érənt] a. 잘못된
□ **arrant** [ǽrənt] a. 지독한, 악명 높은 notorious

■ **erratic** [irǽtik] a. 이상한 odd
□ **erotic** [irátik] a. 호색의 of sexual love

■ **esoteric** [èsətérik] a. 비밀의 secret
□ **eccentric** [ikséntrik] a. 괴상한 strange
■ **exoteric** [èksətérik] a. 대중적인, 알려진 popular

■ **ethnic** [éθnik] a. 민족의 national
□ **ethical** [éθikəl] a. 윤리[도덕]의 moral

■ **exactly** [igzǽktli] ad. 정확히 precisely
□ **exacting** [igzǽktiŋ] a. (요구 등이) 엄한 severe

■ **exalt** [igzɔ́ːlt] vt. 높이다 raise
□ **exult** [igzʌ́lt] vi. 크게 기뻐하다 rejoice

■ **excite** [iksáit] vt. 자극하다 provoke
□ **incite** [insáit] vt. 격려하다 encourage

■ **excrete** [ikskríːt] vt. 분비하다 discharge
□ **execrate** [éksəkrèit] v. 아주 싫어하다 feel hatred
■ **execute** [éksikjùːt] vt. 실행하다 accomplish

■ **exhort** [igzɔ́ːrt] v. 훈계하다 admonish, 충고하다
□ **extort** [ikstɔ́ːrt] v. 강제로 탈취하다 squeeze

■ **exigent** [éksədʒənt] a. 긴급한 urgent
□ **exiguous** [igzígjuəs] a. 근소한 small, 얼마 안 되는

■ **expansive** [ikspǽnsiv] a. 팽창적인
□ **expensive** [ikspénsiv] a. 비싼 high-priced
■ **extensive** [iksténsiv] a. 광범위한 wide

■ **expiate** [ékspièit] v. 속죄하다 atone
□ **expatiate** [ikspéiʃièit] v. 상세히 논하다 detail

■ **expatriate** [ekspéitrièit] v. 추방하다 exile
□ **repatriate** [riːpéitrièit] v. (본국으로) 송환하다

■ **extend** [iksténd] v. 연장하다
□ **extent** [ikstént] n. 넓이, 범위 width

■ **extraterrestrial** [ékstrətəréstriəl] a. 외계의
□ **extraterritorial** [ékstrətèrətɔ́ːriəl] a. 치외 법권의

■ **factitious** [fæktíʃəs] a. 인위적인 artificial
□ **factious** [fǽkʃəs] a. 당파의 party-spirited
■ **fatuous** [fǽtʃuəs] a. 어리석은 foolish
□ **factual** [fǽktʃuəl] a. 사실에 입각한 based on facts
■ **fictitious** [fiktíʃəs] a. 가짜의 not real

■ **faint** [feint] a. 희미한 unclear
□ **feint** [feint]] n. 시늉 pretense; 가짜 공격

■ **fair** [fɛər] a. 공평한 n. 박람회
□ **fare** [fɛər] n. 운임, 요금 price v. 살아 나가다 get along

■ **famine** [fǽmin] n. 기근 starvation
□ **feminine** [fémənin] a. 여성의 female
■ **feline** [fíːlain] a. 고양이의

■ **fester** [féstər] v. 곪다 gather; 괴롭히다
□ **pester** [péstər] v. 괴롭히다, 들볶다 annoy

■ **fickle** [fíkl] a. 변하기 쉬운 volatile
□ **pickle** [píkl] n. 오이절임

■ **figment** [fígmənt] n. 허구 fiction
□ **pigment** [pígmənt] n. 안료, 물감 paint

■ **figure** [fígjər] n. 인물; 형상 shape; 숫자 v. 이해하다; 계산하다
□ **feature** [fíːtʃər] n. 특징; 특집기사; 주요 장편 영화

■ **flaccid** [flǽksid] a. 축 늘어진, 흐늘흐늘한 flabby
□ **placid** [plǽsid] a. 평온한 quiet

■ **flagrant** [fléigrənt] a. 명백한 obvious; 극악한
□ **fragrant** [fréigrənt] a. 향기로운 perfumed

▪ **flair** [flɛər] n. 제 6감각, 천부적인 재능
▫ **flare** [flɛər] v. 훨훨 타오르다 blaze up

▪ **flank** [flæŋk] v. 양 옆에 위치하다 side
▫ **flunk** [flʌŋk] v. 실패하다 fail

▪ **flash** [flæʃ] n. 섬광 v. 번쩍이다 glitter a. 가식적인
▫ **flesh** [fleʃ] n. 살, 고기
▪ **flush** [flʌʃ] v. 홍조를 띠다 crimson n. 홍조
▫ **plush** [plʌʃ] a. 사치스러운 lavish

▪ **flatter** [flǽtər] v. 아첨하다 curry favor
▫ **flutter** [flʌ́tər] v. (깃발 등이) 펄럭이다 wave

▪ **flaunt** [flɔːnt] v. 과시하다 show
▫ **flout** [flaut] v. 비웃다 sneer

▪ **flaw** [flɔː] n. 결점, 약점 defect
▫ **flow** [flou] n. 흐름 v. 흐르다
▪ **plow** [plau] n. 쟁기 v. (땅을) 갈다

▪ **flay** [flei] v. (가죽, 껍질을) 벗기다 skin ; 혹평하다
▫ **fray** [frei] v. 닳게 하다 frazzle n. 싸움 affray

▪ **flee** [fliː] v. 도망치다 fly
▫ **flea** [fliː] n. 벼룩
▪ **plea** [pliː] n. 구실, 핑계 excuse ; 탄원, 청원 supplication

▪ **flight** [flait] n. 비행; 도주
▫ **fright** [frait] n. 공포 fear
▪ **freight** [freit] n. 화물 cargo
▫ **plight** [plait] n. 궁지, 곤경 predicament

▪ **flog** [flɑg] v. 매질하다
▫ **flop** [flɑp] v. 털썩 주저앉다, 망하다 fall through n. 실패

▪ **forage** [fɔ́ːridʒ] n. 여물 v. 샅샅이 뒤지다 rummage
▫ **foliage** [fóuliidʒ] vt. <집합적> 잎 leaves

▪ **foul** [faul] a. 불쾌한 disgusting ; 더러운
▫ **fowl** [faul] n. 가금류 poultry

▪ **florescent** [flɔːrésnt] a. 꽃이 피는 blooming
▫ **fluorescent** [fluərésnt] a. 형광성의

▪ **flounder** [fláundər] vi. 바둥거리다 stumble
▫ **founder** [fáundər] v. 침몰하다 sink

▪ **forbear** [fɔːrbέər] v. 참다 endure
▫ **forebear** [fɔ́ːrbɛər] n. 조상 ancestor

▪ **forceful** [fɔ́ːrsfəl] a. 힘있는 powerful
▫ **forcible** [fɔ́ːrsəbl] a. 강제적인 violent

▪ **forego** [fɔːrgóu] v. 선행하다 precede
▫ **forgo** [fɔːrgóu] vt. ~없이 지내다 do without

▪ **formally** [fɔ́ːrməli] ad. 정식으로 officially
▫ **formerly** [fɔ́ːrmərli] ad. 이전에는 previously

▪ **fortuitous** [fɔːrtjúːətəs] a. 우연한 accidental
▫ **fortunate** [fɔ́ːrtʃənət] a. 운이 좋은 lucky

▪ **fraction** [frǽkʃən] n. 소량; 파편
▫ **friction** [fríkʃən] n. 마찰; 충돌 crash
▪ **fracture** [frǽktʃər] n. 골절 break

▪ **frail** [freil] a. 허약한, 연약한 feeble
▫ **flail** [fleil] n.v. 도리깨(질 하다) thrash

▪ **frieze** [friːz] n. 띠모양의 장식 border
▫ **freeze** [friːz] v. 얼다 ice

▪ **froward** [fróuwərd] a. 고집 센 headstrong, 완고한, 심술궂은
▫ **forward** [fɔ́ːrwərd] a. 전진하는 advancing, 진보적인 v. 제출하다

▪ **function** [fʌ́ŋkʃən] n. 기능 role
▫ **fluctuation** [flʌ̀ktʃuéiʃən] n. 변동 change

▪ **fussy** [fʌ́si] a. 까다로운, 야단 법석하는 fastidious
▫ **fuzzy** [fʌ́zi] a. 보풀 같은; 흐린 blurry

▪ **gamble** [gǽmbl] v. 도박하다 play for money
▫ **gambol** [gǽmbl] vi. 뛰어다니다 hop

▪ **garish** [gέəriʃ] a. 야한, 화려한 showy
▫ **garnish** [gɑ́ːrniʃ] v. 장식하다 adorn

▪ **gasp** [gæsp] v. 숨을 헐떡이다 pant
▫ **grasp** [græsp] v. 붙잡다 hold

▪ **genteel** [dʒentíːl] a. 상류 사회의
▫ **gentle** [dʒéntl] a. 온화한 moderate
▪ **gentile** [dʒéntail] a. (유대인 입장에서의) 이교도의 not Jewish

▫ **genuine** [dʒénjuin] a. 진짜의, 진품인 real
▫ **genius** [dʒíːnjəs] n. 천재 prodigy

▪ **german** [dʒə́ːrmən] a. 같은 부모에게서 태어난
▫ **germane** [dʒərméin] a. 적절한 relevant

▪ **gest** [dʒest] n. (중세의 운문의) 모험담 adventure
▫ **gist** [dʒist] n. 요지 main idea

▪ **ghastly** [gǽstli] a. 무서운, 소름끼치는 awful
▫ **ghostly** [góustli] a. 유령의 spectral

▪ **gloss** [glas] n. 광택 polish
▫ **gross** [grous] a. 총계의 whole ; 뚱뚱한 overweight

▪ **grateful** [gréitfəl] a. 감사하는 thankful
▫ **gratuitous** [grətjúːətəs] a. 무료의 of no reason
▪ **gratifying** [grǽtəfàiiŋ] a. 만족을 주는 satisfying

- **grim** [grim] a. 엄한 stern ; 어두운, 불길한 dismal
- **grimy** [gráimi] a. 때 묻은, 더러운 filthy

- **grisly** [grízli] a. 섬뜩한 horrifying
- **grizzly** [grízli] a. 회색의 gray

- **grueling** [grú:əliŋ] a. 혹독한, 지치게 하는 arduous
- **grudging** [grʌ́dʒiŋ] a. 마지못해 하는 unwilling

- **gust** [gʌst] n. 돌풍 blast ; 큰 기쁨
- **gusto** [gʌ́stou] n. 즐거움, 맛 좋음 relish

- **hacker** [hǽkər] n. ≪컴퓨터≫ 해커 cyber terrorist
- **hackle** [hǽkl] v. 잘게 썰다
- **heckle** [hékl] v. 연설을 방해하다

- **hallow** [hǽlou] vt. ~을 신성하게 하다 consecrate
- **hollow** [hálou] v. 속이 비게 하다 excavate a. 움푹 팬, 텅 빈
- **harrow** [hǽrou] v. 써레질하다, 괴롭히다 pester

- **haptic** [hǽptik] a. 촉각의 tactile
- **hectic** [héktik] a. 몹시 분주한, 광적인 feverish

- **haughty** [hɔ́:ti] a. 거만한 arrogant
- **naughty** [nɔ́:ti] a. 버릇없는, 외설적인 obscene

- **healthy** [hélθi] a. 건강한 strong
- **healthful** [hélθfəl] a. 건강에 좋은 making healthy

- **helical** [hélikəl] a. 나선형의 spiral
- **heliacal** [hiláiəkəl] a. 태양의 solar

- **historic** [histɔ́:rik] a. 역사상 중요한 famous
- **historical** [histɔ́:rikəl] a. 역사의 of history
- **histrionic** [hìstriánik] a. 꾸민듯한 dramatic)

- **hoard** [hɔ:rd] v. 비축[저장]하다, 사재기하다
- **horde** [hɔ:rd] n. 무리 host v. 떼 짓다

- **homily** [háməli] n. 설교, 훈계 preachment
- **homely** [hóumli] a. 못생긴 plain

- **hostel** [hástl] n. 숙박소 lodge
- **hostile** [hástl] a. 적의 있는 unfriendly

- **hue** [hju:] n. 색조 tint
- **rue** [ru:] n. 참회, 후회 regret
- **cue** [kju:] n. 암시 clue

- **human** [hjú:mən] a. 사람의 of people
- **humane** [hju:méin] a. 자비로운 merciful

- **hyperbole** [haipɔ́:rbəli] n. 과장 overstatement
- **hyperbola** [haipɔ́:rbələ] n. 쌍곡선 smooth curve

- **hurdle** [hɔ́:rdl] n. 장애물 obstacle
- **hurtle** [hɔ́:rtl] v. 빠르게 움직이다 shot

- **hypercritical** [hàipərkrítikəl] a. 혹평하는
- **hypocritical** [hìpəkrítikəl] a. 위선의 double-faced

- **imaginary** [imǽdʒənèri] a. 상상의 fanciful
- **imaginative** [imǽdʒənətiv] a. 상상력이 풍부한 inventive
- **imaginable** [imǽdʒənəbl] a. 상상 가능한 conceivable

- **immanent** [ímənənt] a. 내재하는 present
- **imminent** [ímənənt] a. 임박한 impending

- **immunity** [imjú:nəti] n. 면역(성) protection
- **impunity** [impjú:nəti] n. 형벌을 받지 않음 exemption

- **impassable** [impǽsəbl] a. 지나갈 수 없는 unpassable
- **impassible** [impǽsəbl] a. 무감각한 impassive

- **impossible** [impásəbl] a. 불가능한 hopeless
- **impassive** [impǽsiv] a. 냉정한 dispassionate

- **impertinent** [impɔ́:rtənənt] a. 무례한 rude
- **impenitent** [impénətənt] a. 뉘우치지 않는

- **implacable** [implǽkəbl] a. 달랠 수 없는 grim
- **impeccable** [impékəbl] a. 나무랄 데 없는 perfect

- **importable** [impɔ́:rtəbl] a. 수입될 수 있는
- **impotable** [impátəbl] a. 마실 수 없는 undrinkable

- **important** [impɔ́:rtənt] a. 중요한 significant
- **impotent** [ímpətənt] a. 무력한 powerless

- **imprudent** [imprú:dnt] a. 경솔한 unwise
- **impudent** [ímpjudnt] a. 뻔뻔스러운 impertinent

- **impugn** [impjú:n] v. 이의를 제기하다, 비난하다 censure
- **impinge** [impíndʒ] v. 침해하다 encroach

- **inane** [inéin] a. 어리석은 asinine
- **insane** [inséin] a. 제정신이 아닌, 미친 mad

- **inapt** [inǽpt] a. 부적절한 unfit
- **inept** [inépt] a. 서투른 having no skill

- **incident** [ínsədənt] n. 사건 event
- **incidence** [ínsədəns] n. 발생 정도[범위, 율] rate

- **incredible** [inkrédəbl] a. 놀라운, 믿어지지 않는 unbelievable
- **incredulous** [inkrédʒuləs] a. 의심 많은 skeptical

- **inculcate** [inkʌ́lkeit] v. 가르치다, 주입하다 instill, implant
- **inculpate** [inkʌ́lpeit] v. 죄를 씌우다, 비난하다 incriminate, accuse

- **incumbent** [inkʌ́mbənt] a. 현직의 n. 현직자 officeholder
- **recumbent** [rikʌ́mbənt] a. 드러누운 supine ; 태만한

- **indict** [indáit] vt. 고발하다 accuse
- **indite** [indáit] vt. (연설 · 시 등을) 쓰다 write

- **indigenous** [indídʒənəs] a. 고유의 native
- **indigent** [índidʒənt] a. 가난한 poor
- **indignant** [indígnənt] a. 분개하는 very angry

- **indiscriminate** [ìndiskrímənət] a. 무차별의; 마구잡이의
- **incriminate** [inkrímənèit] v. 죄를 씌우다 inculpate

- **indolent** [índələnt] a. 게으른 lazy
- **insolent** [ínsələnt] a. 거만한 rude
- **insoluble** [insáljubl] a. 해결할 수 없는 unsolvable
- **insolvent** [insálvənt] a. 파산한 bankrupt

- **induce** [indjú:s] vt. 유도하다; 귀납하다
- **induct** [indʌ́kt] vt. 안내하다, 앉히다 place

- **industrial** [indʌ́striəl] a. 산업의 of industry
- **industrious** [indʌ́striəs] a. 근면한 diligent

- **infinite** [ínfənət] a. 무한한 very great
- **infinitesimal** [infinitésəməl] a. 극소의
- **indefinite** [indéfənit] a. 불분명한 unclear

- **inflammable** [inflǽməbl] a. 타기 쉬운 burning very easily
- **nonflammable** [nɑnflǽməbl] a. 불연성 incombustible

- **ingenious** [indʒí:njəs] a. 영리한 clever
- **ingenuous** [indʒénjuəs] a. 솔직한 frank

- **inject** [indʒékt] v. 주사하다, 주입하다 syringe
- **interject** [ìntərdʒékt] v. (말 따위를) 불쑥 끼워 넣다 insert

- **intelligent** [intélədʒənt] a. 총명한 sharp
- **intelligible** [intélədʒəbl] a. 쉽게 이해되는

- **intension** [inténʃən] n. 강화, 긴장
- **intention** [inténʃən] n. 의도 purpose

- **interment** [intə́:rmənt] n. 매장 burial
- **internment** [intə́:rnmənt] n. 감금 imprisonment

- **intimate** [íntəmət] a. 친밀한 familiar
- **intimidate** [intímədèit] vt. 위협하다 threaten

- **inveigh** [invéi] v. 비난하다 rail
- **inveigle** [invéigl] v. 꾀다, 꼬드기다 wheedle

- **invidious** [invídiəs] a. 비위에 거슬리는, 불쾌한 odious
- **invisible** [invízəbl] a. 눈에 보이지 않는 unseeable

- **jaunty** [dʒɔ́:nti] a. 쾌활한; 말쑥한 dapper
- **jaunt** [dʒɔ:nt] n. 산책, 소풍 excursion

- **jealous** [dʒéləs] a. 질투하는 envious
- **zealous** [zéləs] a. 열광적인 extremely enthusiastic

- **jocund** [dʒákənd] a. 명랑한, 쾌활한 jovial
- **jocular** [dʒákjulər] a. 우스꽝스러운 jocose

- **joggle** [dʒágl] v. 흔들리다 jolt
- **jiggle** [dʒígl] v. 가볍게 흔들다 wiggle
- **juggle** [dʒʌ́gl] v. 조작하다, 재주부리다 beguile n. 마술

- **jot** [dʒat] v. 간단히 메모하다 memo
- **jut** [dʒʌt] n. 돌기 bulge v. 돌출하다 stick out

- **journeyman** [dʒə́:rnimdʒə́:rnin] n. 기능공 craftsman
- **journeyer** [dʒə́:rniər] n. 여행객 wayfarer

- **judicial** [dʒu:díʃəl] a. 재판의 of a judge
- **judicious** [dʒu:díʃəs] a. 신중한 careful

- **kneel** [ní:l] vi. 무릎을 꿇다
- **knell** [nel] n. 종소리
- **knoll** [noul] n. 작고 둥근 언덕 hillock

- **knave** [neiv] n. ≪카드 놀이≫ 잭 jack ; 악당
- **naive** [na:í:v] a. 순진한 innocent

- **lapse** [elapse] vi. 끝나다 end
- **elapse** [ilǽps] vi. 경과하다 pass away
- **relapse** [rilǽps] vi. 되돌아 가다 revert

- **label** [léibəl] v. 이름을 붙이다 tag n. 상표
- **level** [lévəl] n. 수준 a. 수평의 flat v. 평평하게 하다

- **laboratory** [lǽbərətɔ̀:ri] n. 실험실 lab
- **lavatory** [lǽvətɔ̀:ri] n. 화장실 toilet

- **lacerate** [lǽsərèit] v. 찢다 tear
- **macerate** [mǽsərèit] v. 물에 담가서 부드럽게 하다

- **laud** [lɔ:d] vt. 칭찬하다 praise
- **loud** [laud] a. 시끄러운 noisy ; 야한 showy

- **latitude** [lǽtətjù:d] n. 위도 range
- **lassitude** [lǽsətjù:d] n. 무기력 fatigue
- **altitude** [ǽltətjù:d] n. 높이 height

- **leap** [li:p] v. 뛰다 jump
- **reap** [ri:p] v. 수확하다 harvest
- **rip** [rip] v. 잡아 찢다 rend

- **legal** [lí:gəl] a. 합법적인 allowed by law
- **regal** [rí:gəl] a. 왕다운 royal
- **regale** [rigéil] v. 대접하다 entertain

- **liberal** [líbərəl] a. 관대한 generous
- **literal** [lítərəl] a. 문자 그대로의 of original meaning

- **literate** [lítərət] a. 읽고 쓸줄 아는 learned
- **literary** [lítərèri] a. 문학의 of literature

- **light** [lait] v. 불을 붙이다 start to burn
- **lighten** [laitn] v. (부담 · 고통 등을) 덜다 reduce

- **likelihood** [láiklihùd] n. 가능성 probability
- **likeness** [láiknis] n. 닮기 resemblance

- **limb** [lim] n. 손발, 사지 an arm or leg
- **limp** [limp] vi. 다리를 절다 hobble

- **loose** [lu:s] a. 풀어진 not fixed
- **lose** [lu:z] v. 잃어버리다 forget

- **loyal** [lɔ́iəl] a. 충성스러운 patriotic
- **royal** [rɔ́iəl] a. 국왕의 imperial n. 왕족

- **lucrative** [lú:krətiv] a. 돈벌이가 되는 profitable
- **ludicrous** [lú:dəkrəs] a. 우스운 foolish

- **lustrous** [lʌ́strəs] a. 광택 있는, 빛나는 bright
- **lustful** [lʌ́stfəl] a. 호색적인 lascivious; 탐욕스런 greedy

- **luxuriant** [lʌgʒúəriənt] a. 울창한 growing thickly
- **luxurious** [lʌgʒúəriəs] a. 사치스러운 lavish

- **malign** [məláin] a. 악의가 있는 malevolent v. 중상하다 slander
- **malinger** [məlíŋgər] v. 꾀병을 부리다 play sick

- **martial** [má:rʃəl] a. 호전적인 warlike
- **marital** [mǽrətl] a. 혼인의 matrimonial
- **maritime** [mǽrətàim] a. 해양의 nautical

- **massage** [məsá:ʒ] n. 안마
- **message** [mésidʒ] n. 전갈 information

- **malleable** [mǽliəbl] a. 펴 늘릴 수 있는 easy to press or pull
- **mailable** [méiləbl] a. 우송할 수 있는

- **marvel** [má:rvəl] n. 경이로움 surprise
- **marble** [má:rbl] n. 대리석 hard white rock

- **masterful** [mǽstərfəl] a. 권위적인 authoritative
- **masterly** [mǽstərli] a. 훌륭한 excellent

- **material** [mətíəriəl] n. 재료 thing
- **materiel** [mətìəriél] n. 군수품 military supplies

- **maul** [mɔ:l] n. 나무 망치 v. 혹평하다 pan
- **mall** [mɔ:l] n. 쇼핑몰 plaza ; 산책길 promenade

- **mediate** [mí:dièit] v. (분쟁 등을) 조정하다 negotiate
- **meditate** [médətèit] v. 숙고하다 ponder

- **medical** [médikəl] a. 의학의
- **medicinal** [mədísənl] a. 효험이 있는 efficacious

- **mendacious** [mendéiʃəs] a. 거짓말하는 lying
- **mendicant** [méndikənt] n. 거지 beggar, 탁발승 a. 구걸하는 begging

- **menial** [mí:niəl] a. (일 등이) 시시한, 천한 lowly
- **manual** [mǽnjuəl] n. 안내서 a. 손의
- **manure** [mənjúər] n. 비료, 거름

- **meretricious** [merətríʃəs] a. 눈속임의 false
- **meritorious** [meritɔ́:riəs] a. 칭찬할 만한 valuable

- **metabolism** [mətǽbəlìzm] n. 신진대사
- **anabolism** [ənǽbəlìzm] n. 동화작용
- **catabolism** [kətǽbəlìzm] n. 이화작용 dissimilation

- **metropolis** [mitrápəlis] n. 대도시
- **megalopolis** [mègəlápəlis] n. 거대 도시
- **cosmopolis** [kazmápəlis] n. 국제 도시

- **militate** [míləteit] vi. 불리하게 작용하다
- **mitigate** [mítəgeit] v. 완화하다

- **minuet** [mìnjuét] n. 미뉴엣(3박자의 우아한 춤)
- **minute** [mínit] n. 분, 순간 moment

- **miserly** [máizərli] a. 인색한 stingy
- **misery** [mízəri] n. 비참함 distress

- **misogamy** [miságəmi] n. 결혼 혐오
- **misogyny** [misádʒəni] n. 여성 혐오

- **moan** [moun] n. (고통 · 슬픔으로 인한) 신음 groan
- **mourn** [mɔ:rn] v. 슬퍼하다 feel very sad

- **momentary** [móumənteri] a. 순간의 of short time
- **momentous** [mouméntəs] a. 중대한 important

- **monetary** [mánətèri] a. 화폐의 financial
- **monitory** [mánətɔ:ri] a. 경고를 주는

- **monopoly** [mənápəli] n. 독점 exclusive possession
- **monotony** [mənátəni] n. 단조로움 tedium, humdrumness

- **moral** [mɔ́:rəl] a. 도덕의 about right and wrong
- **morale** [mərǽl] n. (군대의) 사기 vigor

- **munificent** [mju:nífəsnt] a. 아낌없는 generous
- **magnificent** [mægnífəsnt] a. 웅장한 gorgeous

+3 혼동 어휘

■ **negligent** [néglidʒənt] a. 태만한 careless
□ **negligible** [néglidʒəbl] a. 사소한 unimportant

■ **nemesis** [néməsis] n. 천벌 scourge
□ **mimesis** [mimíːsis] n. 모방 imitation ; 의태

■ **nibble** [níbl] v. 조금씩 떼먹다 gnaw
□ **nimble** [nímbl] a. 민첩한 agile

■ **notify** [nóutəfài] vt. 알리다 inform
□ **notice** [nóutisi] v. 알아차리다 perceive

■ **objective** [əbdʒéktiv] a. 객관적인 real
□ **objectionable** [əbdʒékʃənəbl] a. 불쾌한 unpleasant

■ **oblique** [əblíːk] a. 비스듬한 inclined
□ **opaque** [oupéik] a. 흐릿한 unclear

■ **official** [əfíʃəl] a. 공적인 authorized
□ **officious** [əfíʃəs] a. 참견하는 interfering

■ **ordinance** [ɔ́ːrdənəns] n. 법령 official rule
□ **ordnance** [ɔ́ːrdnəns] n. 군수품 military supplies

■ **ostensible** [ɑsténsəbl] a. 명백한 apparent ; 외관상의 seeming
□ **ostentatious** [ɑstəntéiʃəs] a. 과시하는 pretentious , 야한

■ **palatal** [pǽlətl] a. ≪의학≫ 구개(口蓋)의 authorized
□ **palatial** [pəléiʃəl] a. 궁궐같은 magnificent

■ **palpable** [pǽlpəbl] a. 명백한 obvious
□ **palatable** [pǽlətəbl] a. 입에 맞는 pleasant to taste
■ **palpitate** [pǽlpitèit] v. 두근거리다 tremble

■ **paramount** [pǽrəmàunt] a. 최고의 supreme
□ **tantamount** [tǽntəmàunt] a. 동등한 equal

■ **parish** [pǽriʃ] n. 교구 area with own church
□ **perish** [périʃ] v. 죽다 die

■ **parch** [paːrtʃ] v. 바싹 마르다 very dry
□ **perch** [pəːrtʃ] v. 위치하다 land

■ **parry** [pǽri] v. 받아 넘기다, 회피하다 evade
□ **tarry** [tǽri] v. 체재하다, 늦어지다 lounge
■ **tally** [tǽli] n. 득점; 계산서 v. 일치하다 match
□ **dally** [dǽli] v. 희롱하다; 빈둥빈둥 지내다 dawdle

■ **pediatrician** [pìːdiətríʃən] n. 소아과 의사 pediatrist
□ **podiatrist** [pədáiətrist] n. 족 치료 전문의 chiropodist

■ **percolate** [pə́ːrkəlèit] v. 스며들다 permeate
□ **perforate** [pə́ːrfərèit] v. 구멍 뚫다 pierce

■ **perimeter** [pərímətər] n. 주변, 둘레 margin
□ **parameter** [pərǽmətər] n. 매개변수; 한계, 요소

■ **perpetrate** [pə́ːrpətrèit] vt. (죄 등을) 범하다 commit a crime
□ **perpetuate** [pərpétʃuèit] vt. 영속하다

■ **persecute** [pə́ːrsikjùːt] vt. 박해하다 treat cruelly
□ **prosecute** [prɑ́sikjùːt] v. 기소하다 accuse

■ **personal** [pə́rsənl] a. 개인의 individual
□ **personnel** [pəːrsənél] n. 전직원 staff

■ **personality** [pə̀ːrsənǽləti] n. 성격 character
□ **personalty** [pə́ːrsənəlti] n. 동산(動産) personal property

■ **perspective** [pərspéktiv] n. 관점 viewpoint
□ **prospective** [prəspéktiv] a. 미래의 expected

■ **perspicacious** [pə̀ːrspəkéiʃəs] a. 통찰력이 있는
□ **perspicuous** [pərspíkjuəs] a. 명확한 clear

■ **perverse** [pərvə́ːrs] a. 심술궂은 vicious
□ **pervert** [pərvə́ːrt] vt. 타락시키다 debase

□ **phony** [fóuni] a. 가짜의 bogus
□ **pony** [póuni] a. 작은 n. 조랑말

■ **physiology** [fìziɑ́lədʒi] n. 생리학
□ **philology** [filɑ́lədʒi] n. 문헌학; 언어학 linguistics

■ **pile** [pail] n. 더미 heap ; 다수 v. 축적하다
□ **file** [fail] v. 철하다; 고소를 제기하다

■ **plague** [pleig] v. 괴롭히다 harass
□ **plaque** [plæk] n. 액자; 치석

■ **plumb** [plʌm] v. 수심 재다 sound n. 연추
□ **plump** [plʌmp] a. 포동포동한 chubby

■ **polite** [pəláit] a. 정중한 courteous
□ **politic** [pɑ́lətìk] a. 사려 깊은 prudent
■ **politics** [pɑ́lətiks] n. 정치

■ **polyglot** [pɑ́liglɑt] a. 수개국어를 쓰는 multilingual
□ **polygraph** [pɑ́ligræf] n. 거짓말 탐지기 lie detector

■ **portable** [pɔ́ːrtəbl] a. 휴대용의 movable
□ **potable** [póutəbl] a. 음료로 적합한다 drinkable

■ **portent** [pɔ́ːrtent] n. 전조, 조짐 omen
□ **potent** [póutnt] a. 강력한, 힘센 mighty

■ **postulation** [pɑstʃəléiʃən] n. 가정, 전제조건 presupposition
□ **expostulation** [ikspɑ́stʃuléiʃən] n. 충고, 간언 admonition

■ **precipitous** [prisípətəs] a. 벼랑 같은 sheer
□ **precipitate** [prisípitèit] a. 황급한 unexpected

- **predicate** [prédəkèit] v. 단언하다 assert
- **predict** [pridíkt] v. 예언하다 foretell

- **premature** [prì:mətʃúər] a. 너무 이른 too early
- **precocious** [prikóuʃəs] a. 조숙한 mature

- **premise** [prémis] n. 전제 assumption
- **promise** [prámis] n. 약속 engagement

- **prerequisite** [pri:rékwəzit] n. 필요조건 requirement
- **perquisite** [pə́:rkwəzit] n. 임직원의 특전[혜택]

- **prescribe** [priskráib] v. 규정[지시]하다 order
- **proscribe** [prouskráib] vt. 금지하다 ban

- **presumptive** [prizʌ́mptiv] a. 가정의, 추정의 assumed
- **presumptuous** [prizʌ́mptʃuəs] a. 주제넘은, 건방진 assuming
- **sumptuous** [sʌ́mptʃuəs] a. 사치스러운 deluxe ; 화려한

- **prim** [prim] a (여자가) 새침한, 깔끔 떠는 prudish
- **prime** [praim] a. 주요한 main v. 준비하다 prepare
- **primp** [primp] v. 치장하다, 맵시내다 preen

- **principal** [prínsəpəl] a. 주요한 main
- **principle** [prínsəpl] n. 원리 rule

- **probation** [proubéiʃən] n. 시험 trial ; 집행유예 respite
- **approbation** [æprəbéiʃən] n. 허가, 인가 approval

- **proceed** [prəsí:d] v. 진행하다, 계속하다 continue n. 수익
- **precede** [prisí:d] v. 선행하다 predate

- **profound** [prəfáund] a. 심오한, 깊은 recondite
- **propound** [prəpáund] v. 제출하다, 제의하다 present

- **progeny** [prádʒəni] n. (사람 등의) 자손 offspring
- **prodigy** [prádədʒi] n. 신동 genius
- **prodigal** [prádigəl] a. 방탕한 lavish

- **prone** [proun] a. ~하는 경향이 있는 liable
- **prune** [pru:n] v. 잘라내다 cut, trim

- **property** [prápərti] n. 재산 estate ; 성질 nature
- **propriety** [prəpráiəti] n. 예의 바름; 단정 decorum
- **proprietor** [prəpráiətər] n. 소유자 owner

- **prostate** [prásteit] n. 전립선 prostate gland
- **prostrate** [prástreit] v. 엎드리다; 굴복시키다, 쇠약하게하다

- **provident** [právədənt] a. 선견지명이 있는 foreseeing
- **providential** [právədénʃəl] a. 시기 적절한 lucky

- **psychologist** [saikálədʒist] n. 심리학자
- **psychiatrist** [sikáiətrist] n. 정신과 의사

- **punctuate** [pʌ́ŋktʃuèit] v. 구두점을 찍다 mark ; 중단시키다
- **puncture** [pʌ́ŋktʃər] v. ~을 찌르다 pierce; 펑크내다

- **punctual** [pʌ́ŋktʃuəl] a. 정각의 on time
- **punctilious** [pʌŋktíliəs] a. 꼼꼼한 meticulous

- **quota** [kwóutə] n. 할당 apportion
- **quotation** [kwoutéiʃən] n. 인용 extract
- **quarter** [kwɔ́:rtər] n. 1/4 one-fourth n. ~을 4등분하다

- **ragged** [rǽgid] a. 누더기를 걸친, 너덜너덜한 tattered
- **rugged** [rʌ́gid] a. 울퉁불퉁한 furrowed

- **saga** [sá:gə] n. 모험담 legend
- **sage** [seidʒ] n. 현인(賢人) wise man

- **rampant** [rǽmpənt] a. 만연하는 widespread
- **rampart** [rǽmpa:rt] n. 성벽 bastion

- **raze** [reiz] v. 파괴하다, 부수다
- **razor** [réizər] n. 면도칼 v. ~을 면도칼로 밀다, 자르다
- **erase** [iréis] v. 지워 없애다, 지우다 wipe out

- **reality** [riǽləti] a. 현실 actuality
- **realty** [rí:əlti] n. 부동산(不動産) real estate

- **recondite** [rékəndàit] a. 난해한 difficult
- **recondition** [ri:kəndíʃən] vt. 수리하다 repair

- **reflect** [riflékt] v. 반사하다 mirror
- **refract** [rifrǽkt] vt. 굴절시키다 bend

- **refectory** [riféktəri] n. 식당, 휴게실
- **refractory** [rifrǽktəri] a. 다루기 어려운 unmanageable ; 난치의

- **refute** [rifjú:t] v. 반박하다 controvert
- **refuse** [rifjú:z] v. 거절하다 decline n. 유기물, 쓰레기 garbage
- **repute** [ripjú:t] n. 평판 reputation v. 간주하다, 평가하다 judge

- **regime** [rəʒí:m] n. 정치 제도, 정체, 정권
- **regimen** [rédʒəmən] n. 식이요법 diet
- **regiment** [rédʒəmənt] n. 연대 v. ~을 연대로 편성하다

- **region** [rí:dʒən] n. 지대, 지방, 지역 area
- **legion** [lí:dʒən] n. 부대, 군단 a. 다수의 numerous

- **reign** [rein] n. 통치 기간 period of rule
- **rein** [rein] n 고삐 bridle

- **repel** [ripél] v. 쫓아버리다 fend
- **repeal** [ripí:l] v. 철회하다 revoke

- **respectable** [rispéktəbl] a. 존경스러운 honorable
- **respectful** [rispéktfəl] a. 정중한 polite
- **respective** [rispéktiv] a. 각각의 several

- reserve [rizə́:rv] v. 남겨두다
- reverse [rivə́:rs] v. 완전히 바꾸다 exchange
- revere [rivíər] vt. 존경하다 respect

- responsible [rispánsəbl] a. 책임이 있는 accountable
- responsive [rispánsiv] a. 반응을 보이는, 민감한 sensitive

- revelry [révəlri] n. 환락, 흥청대는 잔치 carousal
- reverie [révəri] n. 환상, 망상, 몽상 daydream

- rout [raut] n. 완패 complete defeat
- route [ru:t] n. 길 road
- root [ru:t] n. 뿌리 source

- salon [səlán] n. (미용 · 양장 등의) 가게 shop
- saloon [səlú:n] n. 술집 bar

- sagacious [səgéiʃəs] a. 현명한 wise
- salacious [səléiʃəs] a. 외설스러운 obscene

- salvage [sǽlvidʒ] a. 인양, 구출 v. ~을 구하다 save
- savage [sǽvidʒ] a. 야만적인, 잔인한 cruel
- ravage [rǽvidʒ] n. 파괴, 약탈 depredation v. ~을 파괴하다 devastate

- sanguine [sǽŋgwin] a. 쾌활한, 낙천적인 ; 혈색이 좋은 rubicund
- sanguinary [sǽŋgwənèri] a. 피비린내 나는 bloody, gory

- sap [sæp] n. 수액 v. 약화시키다 weaken
- sag [sæg] v. 축 처지다, 늘어지다 droop
- sip [sig] v. ~을 홀짝홀짝 마시다 n. 한 모금
- seep [si:p] v. 새어나오다 ooze

- satiate [séiʃièit] v. ~을 충분히 만족시키다 sate
- saturate [sǽtʃərèit] v. 흠뻑 스며들게 하다, 물에 젖게 하다 soak

- saw [sɔ:] v. 톱질하다
- sow [sou] v. (씨를) 뿌리다 scatter seeds
- sew [sou] v. (옷 등을) 꿰매다 stitch

- scorch [skɔ:rtʃ] v. ~의 겉을 태우다 sear , 눋게 하다
- scotch [skatʃ] v. 상처입히다

- scurry [skə́:ri] v. 서두르다 scuttle
- scurvy [skə́:rvi] a. 천한, 야비한 abject

- sensuous [sénʃuəs] a. 감각적인 pleasant
- sensible [sénsəbl] a. 현명한 reasonable ; 상당한
- sensitive [sénsətiv] a. 민감한 easily offended
- sensual [sénʃuəl] a. 관능적인 sexy
- sensational [senséiʃənl] a. 선풍적인
- sensory [sénsəri] a. 감각의 using your senses
- sentimental [sèntəméntl] a. 감상적인 emotional

- sentinel [séntənəl] n. 파수 sentry , 감시인
- sentient [sénʃənt] a. 감각이 있는, 의식하는

- sequester [sikwéstər] v. 격리하다 isolate
- sequential [sikwénʃəl] a. 연속하여 일어나는

- serious [síəriəs] a. 심각한 earnest
- serene [sərí:n] a. 평화로운 calm

- sermon [sə́:rmən] n. 설교 preaching
- summon [sʌ́mən] v. 소환하다, 호출하다 call up, page

- severe [sivíər] a. 엄한 strict
- sever [sévər] v. 끊다 cut

- sheer [ʃiər] a. 완전한, 순수한 utter
- shear [ʃiər] v. 자르다, 털을 깎다 fleece
- sear [siər] v. 표면을 태우다 singe a. 시든, 마른 sere

- shimmer [ʃímər] v. 희미하게 빛나다 glimmer
- simmer [símər] v. 서서히 끓다

- skim [skim] v. ~을 대충 읽다
- skimp [skimp] v. ~을 아까워하다, 절약하다 spare

- skyscraper [skáiskreipər] n. 초고층 빌딩
- skyscape [skáiskeip] a. 하늘의 경치

- slander [slǽndər] n. 비방 insult
- slender [sléndər] a. 호리호리한 thin

- smother [smʌ́ðər] v. 질식시키다 strangle
- smolder [smóuldər] v. 연기가 나다, 그을다 smoulder

- smug [smʌg] a. 잘난체 하는, 자기만족의 self-satisfied
- snug [snʌg] a. 아늑한, 편안한 cozy

- sober [sóubər] a. 술 취하지 않은 serious
- somber [sámbər] a. 어두컴컴한, 음산한 gloomy

- source [sɔ:rs] n. 근원, 출처 origin
- resource [rí:sɔ:rs] n. 공급원, 자원

- spacious [spéiʃəs] a. 넓은 large
- spatial [spéiʃəl] a. 공간의 spacial
- specious [spí:ʃəs] a. 겉만 그럴듯한 seeming

- spurn [spə:rn] v. 퇴짜 놓다, 거절하다 reject
- spurt [spə:rt] v. 분출하다 gush

- stanch [stɔ:ntʃ] vt. 유출을 멎게 하다 stop the flow
- stench [stentʃ] n. 악취 bad smell

- stationary [stéiʃənèri] a. 정지된 fixed
- stationery [stéiʃənèri] a. 문구류

■ **statue** [stǽtʃuː] n. 상(像) image of a person
□ **stature** [stǽtʃər] n. 신장 height
■ **statute** [stǽtʃuːt] n. 법령 law
□ **status** [stéitəs] n. 지위 position

■ **stilted** [stíltid] a. 거드름 피우는, 과장된
□ **tilted** [tiltid] a. 기울어진 leaning

■ **stricture** [stríktʃər] n. 혹평 severe criticism
□ **structure** [strʌ́ktʃər] n. 구조 frame

■ **strife** [straif] n. 불화, 반목 conflict
□ **stripe** [straip] n. 줄무늬, 줄 v. ~에 줄무늬를 넣다
■ **strip** [strip] v. 껍질을 벗기다
□ **stifle** [stáifl] v. ~의 숨을 막다, 질식시키다 smother

■ **sublime** [səbláim] a. 숭고한 splendid
□ **subliminal** [sʌblímənl] a. 잠재의식의

■ **subsequent** [sʌ́bsikwənt] a. 이후의 following
□ **consequent** [kánsəkwènt] a. 결과의

■ **subside** [səbsáid] n. 가라앉다 sink; 진정되다 abate
□ **subsidize** [sʌ́bsədàiz] v. 보조하다, 원조하다 support
■ **subsidy** [sʌ́bsədi] n. 보조금, 기부금 grant

■ **successive** [səksésiv] a. 연속하는 continuous
□ **successful** [səksésfəl] a. 성공적인 prosperous

■ **symmetry** [símətri] n. 대칭 parallel
□ **symposium** [simpóuziəm] n. 토론

■ **synonym** [sínənim] n. 동의어
□ **synopsis** [sinápsis] n. 요약 summary

■ **taboo** [təbúː] n. 금기 ban
□ **tattoo** [tætúː] n. 문신 a marked picture on your skin

■ **tabulate** [tǽbjulèit] v. ~을 표로 만들다
□ **tubulate** [tjúːbjulət] v. ~을 관 모양으로 하다

■ **tacit** [tǽsit] a. 무언의 implied
□ **taciturn** [tǽsətə̀ːrn] a. 말이 없는, 말수가 적은 reticent

■ **timorous** [tímərəs] a. 겁많은 easily frightened
□ **temerarious** [tèməréəriəs] a. 무모한 reckless

■ **temper** [témpər] n. 기질 disposition; 기분 mood v. 완화시키다
□ **tamper** [tǽmpər] v. 간섭하다 meddle, 함부로 변경하다

■ **tenant** [ténənt] n. 임차인, 소작인 v. 점유하다
□ **tenet** [ténit] n. 주의, 신조 dogma, 교리

■ **tenure** [ténjər] n. 성질 nature
□ **tenor** [ténər] n. ≪음악≫ 테너; 취지, 진로 course

■ **torpid** [tɔ́ːrpid] a. 움직이지 않는 inactive
□ **tepid** [tépid] a. 미지근한 lukewarm
■ **turbid** [tə́ːrbid] a. 탁한 dirty and muddy
□ **turgid** [tə́ːrdʒid] a. 부풀은 swollen; 과장된 bombastic

■ **tortuous** [tɔ́ːrtʃuəs] a. 뒤틀린 winding
□ **torturous** [tɔ́ːrtʃərəs] a. 고문과 같은, 몹시 괴로운 agonizing

■ **touching** [tʌ́tʃiŋ] a. 감동시키는 moving
□ **touchy** [tʌ́tʃ] n. 민감한 sensitive

■ **traverse** [trǽvəːrs] v. 가로지르다 cross
□ **transverse** [trænsvə́ːrs] a. 가로 놓인 placed across

■ **unchartered** [ʌntʃáːrtərd] a. 면허증이 없는, 불법의 unlicensed
□ **uncharted** [ʌntʃáːrtid] a. 지도에 없는, 미지의 unknown

■ **uncover** [ʌnkʌ́vər] v. (비밀 등을) 밝히다 find out
□ **undercover** [ʌndərkʌ́vər] a. 비밀리에 하는 secret

■ **undo** [ʌndúː] vt. (묶인 것 등을) 풀다 unloose
□ **outdo** [autdúː] vt. ~보다 뛰어나다 excel

■ **unwilling** [ʌnwíliŋ] a. 마음이 내키지 않는 reluctant
□ **unwitting** [ʌnwítiŋ] a. 무의식적인, 부주의한, 고의가 아닌 unintentional

■ **upright** [ʌ́pràit] a. 똑바른 straight up
□ **outright** [áutrait] a. 분명한 clear and direct

■ **urban** [ə́ːrbən] a. 도시의
□ **urbane** [əːrbéin] a. 도시풍의, 세련된 refined

■ **vague** [veig] a. 모호한 obscure
□ **vogue** [voug] n. 유행 fashion

■ **vaunt** [vɔːnt] v. 자랑하다 boast
□ **vault** [vɔːlt] n. 아치형 천장 v. 뛰다, 도약하다 leapfrog

■ **venal** [víːnl] a. (사람이) 매수되기 쉬운 corrupt
□ **venial** [víːniəl] a. 용서할 수 있는 easily forgiven

■ **veracious** [vəréiʃəs] a. 정직한 truthful
□ **voracious** [vɔːréiʃəs] a. 걸신들린 hungry

■ **vindicative** [vindíkətiv] a. 옹호하는, 변호하는 defensive
□ **vindictive** [vindíktiv] a. 복수심을 품은, 원한 깊은 revengeful

■ **virtual** [və́ːrtʃuəl] a. 사실상의 in fact
□ **virtuous** [və́ːrtʃuəs] a. 고결한 moral

■ **waive** [weiv] vt. (권리 등을) 포기하다 abandon
□ **wave** [weiv] n. 물결 a line of raised water
■ **waver** [wéivər] v. 망설이다, 흔들리다 vacillate

- ■ **wage** [weidʒ] n. 임금, 급료 pay v. (전쟁 등을) 하다 carry on
- □ **wager** [wéidʒər] v. 돈을 걸다 bet

- ■ **wallow** [wálou] v. 뒹굴다, 몸부림치다 writhe
- □ **willow** [wílou] n. 버드나무
- ■ **winnow** [wínou] v. 가리다, 키질하다 sift

- ■ **wan** [wɑn] a. (병 · 피곤 등으로) 창백한 pale
- □ **wane** [wein] vi. 쇠퇴하다 fade

- ■ **weird** [wiərd] a. 특이한 peculiar
- □ **wield** [wi:ld] vt. (권력 등을) 휘두르다 handle

- ■ **whet** [hwet] v. 갈다; 자극하다 stimulate n. 갈기, 연마
- □ **whit** [hwit] n. 불꽃; 소량 scintilla

- ■ **whisper** [hwíspər] v. 속삭이다
- □ **whimper** [hwímpər] v. 흐느껴 울다 whine

- ■ **wither** [wíðər] v. 시들다, 말라죽다 dry up, shrivel
- □ **wuther** [wʌ́ðər] v. 바람이 강하게 불다

- ■ **woo** [wu:] v. 구애[구혼]하다 court
- □ **woe** [wou] n. 비통 sorrow

- ■ **wrath** [ræθ] n. 격노 rage, fury
- □ **wraith** [reiθ] n. 생령, 유령 spook

- ■ **wreak** [ri:k] v. 가하다, 퍼붓다 inflict
- □ **wreck** [rek] n. 파괴 crash v. 난파시키다 shipwreck

4

주요 어원해설
(접두어, 어근, 접미어)

MAJOR ETYMOLOGY

1 접두어 개괄
PREFIX

영어의 접두사(prefix)를 의미별로 요약 정리해 보았습니다.
구구단 표와도 같은 귀중한 분석자료이니 틈이 날 때 마다 자주 익히도록 합시다. www.moonduk.com을 방문하셔서 문덕 선생님의 접두사 개괄 해설 동영상과 그 밖의 학습 동영상을 참조해 보세요.

(L) LATIN 접두어 (GK) GREEK 접두어 (A-S) ANGLO-SAXON 접두어

전 / 후

(L)	ANTE-	**anticipate** 예상하다
(A-S)	FORE-	**forebear** 조상
(GK)	NEO-	**neolithic** 신석기의
(L)	PRE-	**prejudice** 선입견
(L)	POST-	**postpone** 미루다

이탈 / 근접

(L)	AB-	**abnormal** 비정상의
(GK)	APO-	**apology** 사과
(L)	DIS-	**dismiss** 해고하다
(A-S)	FOR-	**forbear** 참다
(L)	SE-	**seduce** 유혹하다
(GK)	TELE-	**telescope** 망원경
(L)	AD-	**adjacent** 인접한
(GK)	ANA-	**analogy** 유사
(L)	COM-	**cooperate** 협동하다
(L)	SYN-	**sympathy** 공감

아래 / 위

(GK)	CATA-	**cataract** 폭포
(L)	DE-	**decrease** 감소하다
(GK)	HYPO-	**hypothesis** 가설
(L)	INFRA-	**infrastructure** 하부구조
(L)	SUB-	**submarine** 잠수함
(A-S)	UNDER-	**underground** 지하의
(GK)	EPI-	**epidermic** 표피의
(GK)	HYPER-	**hypersensitive** 과민한
(GK)	META-	**metaphor** 은유
(A-S)	OVER-	**overestimate** 과대평가하다
(L)	SUPER-	**supernatural** 초자연적인
(L)	ULTRA-	**ultraviolet** 자외선의
(A-S)	UP-	**uprising** 폭동

안 / 밖

(GK)	ESO-	**esoteric** 비밀의
(L)	IN-	**import** 수입하다
(L)	INTRO-	**introspect** 내성하다
(L)	EX-	**export** 수출하다
(GK)	EXO-	**exoteric** 공개적인
(A-S)	OUT-	**outgoing** 외향적인

앞 / 뒤

(L)	PRO-	**produce** 생산하다
(L)	RE-	**retire** 은퇴하다
(L)	RETRO-	**retrospect** 회상하다
(A-S)	WITH-	**withdraw** 인출하다

상태 / 주위

(A-S)	A-	**asleep** 잠들어있는
(L)	CIRCUM-	**circumstance** 환경
(GK)	PERI-	**periscope** 잠망경

관통 / 횡단

(GK)	DIA-	**diameter** 지름
(L)	PER-	**perceive** 인식하다
(L)	TRANS-	**transport** 수송하다

좋음 / 나쁨

(L)	BENE-	**benefit**
(GK)	EU-	**eulogy** 칭송
(GK)	CACO-	**cacophony** 불협화음
(GK)	DYS-	**dystrophy** 영양실조
(L)	MAL-	**malodor** 악취
(A-S)	MIS-	**misunderstand** 오해하다
(GK)	MISO-	**misanthrope** 인간혐오론자

찬성 / 반대

(L)	PRO-	**pro-communist** 친공산주의자
(GK)	ANTI-	**anti-communist** 반공주의자
(L)	CONTRA-	**contrary** 반대의
(L)	OB-	**object** 반대하다
(A-S)	WITH-	**withstand** 저항하다

부정

(GK)	A-	**atheist** 무신론자
(L)	DIS-	**disease** 질병
(L)	IN-	**informal** 비공식적인
(L)	NON-	**nonfiction** 논픽션
(A-S)	UN-	**unable** ~할 수 없는

같음 / 다름

(GK)	HOMO-	**homosexual** 동성애의
(GK)	HETERO-	**heterosexual** 이성애의

큼 / 작음

(GK)	MACRO-	**macroeconomics** 거시경제학
(GK)	MICRO-	**microscope** 현미경

동사형성

(A-S)	BE-	**befriend** ~의 친구가 되다
(L/GK)	EN-	**enable** 가능케 하다

기타

(GK)	AUTO-	'스스로'의 의미 **autobiography** 자서전
(GK)	PROTO-	'처음'의 의미 **prototype** 원형
(L)	VICE-	'둘째'의 의미 **vice-president** 부통령
(GK)	HOLO-	'전체'의 의미 **holocaust** 대화재

수량을 나타내는 접두어

반	(GK)	HEMI-	**hemisphere** 반구
	(L)	SEMI-	**semicircle** 반원
하나	(GK)	MONO-	**monarch** 군주
	(L)	SOL-	**solitary** 외로운
	(L)	UNI-	**uniform** 균일한
둘	(L)	BI-	**bicycle** 자전거
	(GK)	DI- / DUO-	**duet** 이중창
셋	(L)	TRI-	**triangle** 삼각형
넷	(L)	QUA-	**quarter** 4분의 1
다섯	(GK)	PENTA-	**pentagon** 오각형
열	(L)	DECI- / DECA-	**decimal** 십진법의
백		CENT-	**century** 100년
많은	(L)	MULTI-	**multitude** 다수
	(GK)	POLY-	**polygon** 다각형
전부	(L)	OMNI-	**omnipotent** 전지전능한
	(GK)	PAN-	**panacea** 만병통치약

2 중요 **어근** 해설 ROOT

독자 여러분의 어근에 대한 이해를 돕기 위해 주요 어근을 정리하였습니다. 어근에 대한 이해를 돕기 위해 관련어휘를 제시하였으니 학습하시면 복습의 효과도 동시에 거둘 수 있다고 생각합니다.

001	AC / ACR	날카로운 sharp	LATIN어 *acidus*에서 유래	**ácid** 신맛의 **ácme** 정상 **ácumen** 날카로움, 총명 **ácupuncture** 침술 **ácute** 날카로운 **ácrid** 매운 **ácrimonious** 신랄한
002	ACRO	높은 high	GREEK어 *acros*에서 유래	**ácrobat** 곡예사 **ácronym** 머리글자어 **ácrophobia** 고소공포증
003	ACT / AG	행하다 do	LATIN어 *agere, actum*에서 유래	**áctive** 활동적인 **áctual** 실제의 **áctuate** ~하게 하다 **ágile** 민첩한 **ágitate** 선동하다 **agénda** 안건 **enáct** 법률로 만들다 **transáct** 처리하다 **návigate** 항해, 조종하다 **cógent** 설득력 있는
004	AERO	공기 air	GREEK어 *aeros*에서 유래	**áerial** 공기의, 항공에 관한 **áerobatics** 곡예 비행 **aeróbics** 에어로빅 **áeroplane** 비행기(airplane)
005	AGON	다투다 to struggle	GREEK어 *agonos*에서 유래	**ágony** 고뇌 **antágonist** 경쟁자 **protágonist** 주인공
006	AGRI / AGRO	들, 토지 soil	LATIN어 *ager*에서 유래	**ágriculture** 농업 **ágrochemical** 농약 **agrárian** 토지의, 농업의
007	ALI(E)	다른 other	GREEK어 *allos*에서 유래	**álienate** 멀리하다 **álias** 별명 **álien** 외국의 **álienable** 양도 가능한
008	ALL / ALTER	다른 other	LATIN어 *alterare*에서 유래	**álloy** 합금(하다) **álter** 바꾸다 **álternate** 교대하다
009	ALT	높은 high	LATIN어 *altus*에서 유래	**áltar** 제단 **áltitude** 높이 **álto** 알토: 남성 성악의 최고음 **exált** 높이다
010	AM / EM	사랑하다 love	LATIN어 *amare*에서 유래	**ámateur** 아마추어 **ámiable** 상냥한 **ámicable** 우호적인 **ámity** 우호관계 **aménity** 기분 좋은 **énemy** 적 **énmity** 반감, 증오
011	ANG / ANX	매달다 to hang	LATIN어 *angustus*에서 유래	**ánger** 화(나게 하다) **ánguish** 고통 **anxíety** 걱정
012	ANIM	생명 life, breath	LATIN어 *animus*에서 유래	**ánimate** 생기있는 **animósity** 증오 **magnánimous** 관대한 **unánimous** 만장일치의
013	ANN / ENN	년 year	LATIN어 *annualis*에서 유래	**ánnals** 연대기 **biánnual** 연 2회의 **perénnial** 다년생의 **biénnial** 2년에 1회의 **ánnual** 매년의 **annivérsary** 기념일 **biánnual** 1년에 두번의
014	ANTHROP	인류 mankind	GREEK어 *anthropos*에서 유래	**ánthropoid** 유인원 **anthropólogy** 인류학 **philánthropy** 박애
015	ANV / ANC	이전의 before	LATIN어 *ante*에서 유래	**áncestor** 조상 **áncient** 옛날의, 고대의 **advánce** 전진(하다), 진보(하다)

016	APT	적당한 fit	LATIN어 *aptus*에서 유래	**apt** 적절한 **áptitude** 적성 **adápt** 적응시키다 **inápt** 부적절한 **áttitude** 자세, 태도
017	AQUA	물 water	LATIN어 *aquarius*에서 유래	**aquárium** 수족관 **aquátic** 수생의 **áqueduct** 수도관, 송수로
018	ARCH	처음 first, 장 chief	LATIN어 *archi*에서 유래	**árchaeology** 고고학 **árchaic** 고대의, 고풍의 **árchitect** 건축가 **árchetype** 원형
019	ARCH	지배하다 rule	LATIN어 *archos*에서 유래	**ánarchy** 무정부상태 **ánarchist** 무정부주의자 **mónarchy** 군주국 **pátriarchy** 가부장제도
020	ARM	무기 weapon	LATIN어 *arma*에서 유래	**arm** 무장시키다, 무기 **ármament** 군병기 **ármistice** 휴전 **ármour** 갑옷 **alárm** 경보기; 놀라게하다
021	ART	기교 skill	LATIN어 *artis*에서 유래	**ártful** 교묘한 **artifícial** 인공적인 **ártifice** 술책 **ártisan** 장인 **árticle** 기사, 물품
022	ASPER	거친 rough	LATIN어 *asperitas, aspergere*에서 유래	**aspérity** 혹독함 **ásperse** 비방하다 **exásperate** 몹시 화나게 하다
023	ASTRO / AST	별 star	GREEK어 *astros*에서 유래	**astrólogy** 점성술 **ástronaut** 우주비행사 **astrónomy** 천문학 **catástrophe** 대재앙 **disáster** 재앙
024	AUDI	듣다 to hear	LATIN어 *audire*에서 유래	**áudible** 들을 수 있는 **áudience** 청중 **áudit** 회계감사(를 하다) **audítion** 오디션 **obédient** 순종하는
025	AUG	증가시키다 to increase	LATIN어 *augure*에서 유래	**augmént** 증대하다 **augúst** 당당한 **áuction** 경매(하다)
026	AVI	새 bird	LATIN어 *avis*에서 유래	**áviate** 비행하다 **áviator** 항공사 **ávid** 탐욕스러운, 열광적인
027	BAN	금지하다 prohibit	LATIN어 *bannum*에서 유래	**banál** 진부한 **bándit** 강도, 산적 **bánish** 추방하다 **abándon** 포기하다, 단념 **cóntraband** 밀수품; 부정의한
028	BAR	막대 rod, 장애 barrier	LATIN어 *barros*에서 유래	**bar** 막대, 주점, 법정 **barómeter** 기압계 **bárricade** 바리케이드(를 치다) **bárrier** 장애물 **embárrass** 당황하게 하다 **embárgo** 통상금지; 통상을 금지하다
029	BAS	낮은 low	LATIN어 *acidus*에서 유래	**base** 토대, 기반; (기초를) 세우다 **báshful** 수줍은 **básis** 기초, 근처 **abáse** (격을) 떨어뜨리다 **debáse** 저하시키다
030	BAT	치다 to beat	LATIN어 *battuere*에서 유래	**bat** 치다 **báttle** 전투 **bátter** 난타하다 **cómbat** 전투 **debáte** 토론(하다) **abáte** 줄(이)다
031	BEL(L)	전쟁 war	LATIN어 *bellum*에서 유래	**béllicose** 호전적인 **bellígerent** 교전중인 **post-bellúm** 전후의 **rébellion** 반란 **rébel** 반역자
032	BIO	삶 life	GREEK어 *bios*에서 유래	**áutobiography** 자서전 **biólogy** 생물학 **biónic** 생체공학의 **antibiótic** 항생의

033	BODY	신체 body	ANGLO-SAXON어 *body*에서 유래	**ántibody** 항체, 항독소 **embódy** 구체화하다 **bódily** 신체의; 통째로
034	BOND	묶다 to bind	ANGLO-SAXON어 *bond*에서 유래	**bond** 묶는 것; 속박; 채권 **bóndage** 노예의 신분, 속박 **bóndholder** 채권 소지자
035	BRACE	팔 arm	GREEK어 *brachion*에서 유래	**brace** 잠금쇠, 고정시키다 **brácelet** 팔찌, 수갑 **embráce** 포옹하다
036	BREV / BRIE	짧은 short	LATIN어 *brevis*에서 유래	**abbréviate** 요약하다 **brévity** 간결함 **abrídge** 요약하다, 총명 **brief** 짧은
037	CAD / CAS / CID	떨어지다 to fall	LATIN어 *cadere*에서 유래	**cascáde** 폭포 **décadence** 쇠퇴기 **cásualty** 사상자 **áccident** 사고 **decíduous** 낙엽성의 **coincíde** 동시에 발생하다; 우연히 일치하다
038	CAP / CEIV / CEPT / CUP	잡다 take	LATIN어 *ceivere*에서 유래	**cáptivate** 사로잡다 **cáptive** 포로 **concéive** 생각해 내다 **accépt** 받아들이다 **intercépt** 가로채다 **óccupy** 차지하다 **antícipate** 기대하다
039	CAND	빛 light, 흰 white	LATIN어 *candela*에서 유래	**cándent** 백열의 **cándid** 솔직한 **cándidate** 지원자 **incandéscent** 백열의; 눈부신
040	CANT / CENT	노래하다 sing	LATIN어 *canere*에서 유래	**chant** 노래, 찬송가 **enchánt** 매혹하다 **incéntive** 자극적인; 동기 **recánt** 소[철회]하다
041	CAP, CHI	머리 head	LATIN어 *caput*에서 유래	**cápital** 수도 **cápitalism** 자본주의 **cáptain** 장(長) **capríce** 일시적 변덕 **escápe** 탈출; 누출 **achíeve** 달성하다 **míschief** 해; 장난기
042	CARE, CURE	돌보다 take care	LATIN어 *cura*에서 유래	**cure** 치료(제) **cúrious** 호기심이 있는 **áccurate** 정확한 **obscúre** 애매한 **secúre** 확실한 **chárity** 매력 **chérish** ~을 소중히 하다(value)
043	CARN	육체 flesh	LATIN어 *carn*에서 유래	**cárnage** 대학살 **cárnal** 육체의 **carnívorous** 육식성의 **reíncarnate** 환생시키다
044	CAU, CUS	원인 cause, 조심하다 take care	LATIN어 *causa*에서 유래	**cause** 원인 **accúse** 고발하다 **cáution** 조심 **precáution** 예방
045	CEAS, CED, CEED, CESS	나아가다 go	LATIN어 *cedere*에서 유래	**cease** 끝나다 **accéde** 동의하다 **cede** 양도하다 **excéed** 초과하다 **succéed** 성공하다
046	CELER	빠른 swift	LATIN어 *celeritas*에서 유래	**celérity** 신속 **accelérate** 가속하다 **excéllence** 탁월; 장점
047	CERN, CREET, CRET	분리하다 separate	LATIN어 *cernere*에서 유래	**discérn** 분별하다 **discréet** 분별력있는 **excréte** 배설하다 **sécret** 비밀의 **sécretary** 비서; 서기
048	CERT	확실한 sure	LATIN어 *certus*에서 유래	**ascertáin** 확인하다 **cértify** 보증하다 **certíficate** 증명서 **cértainly** 확실히 **cértitude** 확신; 확실성
049	CHRON	시간 time	GREEK어 *chroma*에서 유래	**chrónic** 만성적인 **chrónicle** 연대기 **anáchronism** 시대착오 **synchronize** 동시 발생하다

050	CLAIM	외치다 cry	LATIN어 *clamare*에서 유래	**claim** 요구 **accláim** 정상 **decláim** 연설하다 **discláim** 포기하다 **excláim** 외치다 **procláim** 선언하다
051	CLAUSE, CLOS, CLUD, CLUS	닫다 shut	LATIN어 *claudere*에서 유래	**clause** 조항 **close** 닫다 **disclóse** 발표하다 **conclúde** 결론짓다 **exclúde** 추방[제외]하다 **inclúde** 포함하다 **reclúse** 은둔자
052	CLIN, CLIVE	굽히다 bend	LATIN어 *clinare*에서 유래	**declíne** 기울다 **inclinátion** 경향 **reclíne** 기대다 **acclívity** 오르막 경사 **declívity** 내리막
053	COR, CORD, COUR	심장 heart	LATIN어 *corere*에서 유래	**core** 핵심 **accórd** 일치 **díscord** 불일치 **cóurage** 용기
054	CORP	육체 body	LATIN어 *corpous*에서 유래	**córporal** 육체의 **córporate** 단체(의) **corps** 군단 **corpse** 시체 **córpulent** 살찐
055	COVER	덮개 cover	LATIN어 *cooperire*에서 유래	**cóvert** 숨은 **discóver** 발견하다 **recóver** 되찾다
056	CRACY, CRAT	다스리다 govern	GREEK어 *Kratia*에서 유래	**aristócracy** 귀족정치 **autócracy** 독재정치 **demócracy** 민주주의 **plutócracy** 금권정치 **búreaucrat** 관료주의자
057	CRE(T)	자라다 grow	LATIN어 *creare*에서 유래	**créature** 생물 **cóncrete** 구체적인 **íncrease** 늘리다; 증가 **decréase** 줄이다; 감소
058	CRED	믿다 believe	LATIN어 *credere*에서 유래	**crédible** 믿을 만한 **crédulous** 속기쉬운 **discrédit** 불신하다; 불명예 **creed** 교리, 신조
059	CRIM, CULP	위반 offense	LATIN어 *crimen*에서 유래	**crime** 범죄 **críminate** ~을 고소하다 **cúlpable** 비난할만한 **cúlprit** 용의자
060	CRIS, CRIT	구별하다 discern	LATIN어 *Krinein*에서 유래	**crític** 비평가 **críticize** 비평[혹평]하다 **critérion** 표준 **crísis** 위기 **hýpocrite** 위선자; 위선하는
061	CUMB	눕다 lie down 구부리다 bend	LATIN어 *cubare*에서 유래	**encúmber** ~을 방해하다 **incúmbent** 의지하는 **recúmbent** 게으른 **succúmb** 굴복하다
062	CUR(R), COUR	달리다 run	LATIN어 *currere*에서 유래	**cúrrent** 현재의 **currículum** 교과 과정 **recúr** 재발하다 **course** 과정
063	DAM(N), DEMN	저주하다 curse	LATIN어 *damnus*에서 유래	**dámage** 손상 **condémn** 비난하다 **indémnify** 보상하다 **indémnity** 보장
064	DEM(O)	사람들 people	GREEK어 *demos*에서 유래	**démonstrate** 증명하다 **demócracy** 민주정치 **endémic** 풍토성의 **epidémic** 전염성의
065	DEXTR	오른손 right hand	LATIN어 *dextere*에서 유래	**déxtrous** 솜씨 좋은 **dextérity** 솜씨가 좋음 **ambidéxtrous** 양손을 다 쓰는
066	DIC, DICT	말하다 say	LATIN어 *dicere*에서 유래	**dédicate** 헌신하다 **índicate** 지적하다 **predíct** 예언하다 **vérdict** 평결

067	**DIGN**	**가치가 있는** worthy	LATIN어 *dignus*에서 유래	**dígnify** ~에 위엄을 갖추다 **disdáin** ~을 멸시하다 **indígnant** 분개한 **dáinty** 예쁘장한
068	**DOC**	**가르치다** teach	LATIN어 *docere*에서 유래	**dócile** 가르치기 쉬운 **dóctor** 의사 **dócument** 문서 **dógma** 교리
069	**DOL**	**슬픈** grievous	LATIN어 *dolere*에서 유래	**dóleful** 슬픈 **dólour** 비애 **condóle** 조문하다 **índolent** 게으른 **dólesome** 슬픈(doleful)); 쓸쓸한
071	**DOM, DOMI**	**지배하다** rule	LATIN어 *domus*에서 유래	**domáin** 영토 **dóminate** 지배하다 **domésticate** 길들이다 **dóminant** 지배적인 **predóminate** 우세하다 **indómitable** 불굴의
071	**DOX**	**의견** opinion	GREEK어 *doxa*에서 유래	**doxólogy** 찬송가 **héterodox** 이단의 **órthodox** 정통의 **páradox** 역설
072	**DUC(T)**	**인도하다** lead	LATIN어 *ducere*에서 유래	**dúctile** 유순한 **condúct** 처신하다, 인도[안내]하다 **dedúct** (금액을) 공제하다 **dedúce** 연역하다 **indúce** 유도하다, 귀납하다 **introdúce** 소개하다 **redúce** 축소하다 **abdúct** 유괴하다
073	**DUR**	**지속하다** last	LATIN어 *durare*에서 유래	**durátion** 지속 **dúrable** 오래 견디는 **endúre** 견디다 **óbdurate** 완고한
074	**DYNA**	**강한** strong	GREEK어 *dynas*에서 유래	**dynámics** 동력(학) **dýnamite** 다이나마이트 **dýnasty** 왕조
075	**ECO**	**집** house	LATIN어 *oikos*에서 유래	**ecólogy** 생태학 **económic** 경제학의 **económical** 절약하는 **ecónomize** 절약하다
076	**EM, EMPT, OMPT**	**잡다** take	LATIN어 *emere*에서 유래	**prémium** 할증금 **redéem** 되찾다 **exémpt** 면제하다 **imprómptu** 즉석에서 **exémplify** 예시하다 **prompt** 신속한; 즉석의
077	**ENT, ESS, EST**	**존재하다** to be	LATIN어 *esse*에서 유래	**éntity** 실재물, 실체 **ábsent** 결석한 **présent** 출석한 **ínterest** 흥미 **májesty** 위엄; 주권 **éssence** 본질 **quintéssence** 정수; 본질
078	**EQU**	**같은** the same	LATIN어 *aeqialis*에서 유래	**équal** 같은 **equívocal** 모호한 **equilíbrium** 평정 **ádequate** 충분한
079	**ERR**	**방황하다** wander	LATIN어 *errare*에서 유래	**érror** 오류 **érrand** 심부름 **aberrátion** 탈선 **errátic** 불규칙적인
080	**EV, ER**	**시간** age	LATIN어 *aevum*에서 유래	**évergreen** 상록수 **priméval** 원시의 **etérnal** 영원한 **ínterval** 간격 **longévity** 장수 **medíeval** 중세의
081	**FA, FAM, FESS**	**말하다** speak	LATIN어 *fari*에서 유래	**fáble** 우화 **fábulous** 놀라운 **áffable** 상냥한, 붙임성 있는 **fame** 명예 **defáme** 비방하다 **profféss** 공언하다 **conféss** 자백하다
082	**FAC, FIC**	**얼굴** face	LATIN어 *facies*에서 유래	**facáde** 건물정면 **facétious** 익살맞은 **effáce** 삭제하다 **préface** 서문 **súrface** 표면 **superfícial** 피상적인
083	**FACT, FECT, FEAT, FEIT**	**만들다** make	LATIN어 *facere*에서 유래	**factítious** 인위적인 **fáculty** 교수진, 기능 **benefáction** 은혜 **manufácture** 제조하다 **afféct** 영향을 주다 **deféat** 쳐부수다 **cóunterfeit** 위조의 **deféct** 결점

084	FAN, PHAN	보이다 show	GREEK어 *phantazein*에서 유래	fáncy 공상력 fánciful 공상에 잠긴 fántasy 공상 phántom 유령
085	FARE	가다 to go	ANGLO-SAXON어 *faran*에서 유래	fare 운임 farewéll 작별인사 wélfare 복지 thóroughfare 통로
086	FEAL, FEDER, FID, FY	믿다 trust	LATIN어 *fidere*에서 유래	féalty 충성 féderation 연맹 conféderate 동맹하다; 동맹자 confíde 털어 놓다 fidélity 충실 pérfidy 배신; 불신 bóna-fide 진실된 defý 도전하다
087	FER	운반하다 carry	LATIN어 *ferere*에서 유래	fértile 비옥한 confér 수여하다 dífer 다르다 infér 추론하다 interfére 방해하다 prefér ~보다 좋아하다 refér 언급[암시]하다 súffer 겪다
088	FIC, FIG	만들다 make	LATIN어 *fictio*에서 유래	artifícial 인위적인 benefícial 유익한 effícient 능률적인 magnífícent 아낌없이 주는 confígure 형성하다 fígure 모양 disfígure (모양을) 손상시키다 transfígure (모양을) 바꾸다
089	FIN	끝 end, limit	LATIN어 *finis*에서 유래	fínal 최종적인 fínish 끝나다 affínity 유사성 confíne 한정하다 defíne 규정하다 refíne 정제[순화]하다 ínfinite 무한한 semifínal (경기)준결승의
090	FIRM	강한 strong	LATIN어 *firmus*에서 유래	firm 튼튼한; 회사 affírm 단언하다 confírm 확실하게 하다 affírmative 긍정적인 infírm 허약한
091	FLAGR, FLAM	불타다 burn	LATIN어 *flagrare*에서 유래	flágrant 악명높은 conflagrátion 대화재 flame 불꽃 infláme 불붙이다 flambóyant 화려한
092	FLAT	불어넣다 blow	LATIN어 *flare*에서 유래	afflátus 영감(靈感) deflátion 통화 수축 flátulent 부풀은 infláte 팽창시키다
093	FLECT, FLEX	구부리다 bend	LATIN어 *flectere*에서 유래	fléction 굴곡 refléction 반사 fléxible 휘기 쉬운 circumfléct ~을 감다
094	FLIC, FLIG	치다 strike	LATIN어 *flicore*에서 유래	afflíct 괴롭히다 conflíct 투쟁하다 inflíct 고통을 가하다 prófligate 방탕한
095	FLO, FLU	흐르다 flow	LATIN어 *fluere*에서 유래	flow 흐르다 flúctuate 동요하다 flúent 유창한 flúid 유동체의 flux 끊임없는 변화 áffluent 풍부한 ínflux 유입 supérfluous 여분의
096	FORC, FORT	강한 strong	LATIN어 *fortis*에서 유래	enfórce 시행[실시]하다 reinfórce 강화하다 fort 요새 fórtify 강화하다 fórtitude 용기 cómfort 위로하다 éffort 노력
097	FORM	형성하다 form	LATIN어 *formare*에서 유래	form 형태; 형성하다 confórm 일치하다; 따르다 infórm 알리다 infórmal 비공식의 perfórm 실행하다 refórm 개편하다 transfórm 변화[변형]시키다 úniform 획일적인
098	FRACT, FRAG	부서지다 break	LATIN어 *frangere*에서 유래	fráction 파편 frácture 파열 fráctious 까다로운 infráction 위반행위 frágile 부서지기 쉬운 frágment (부서진) 조각
099	FRONT	앞 forehead	LATIN어 *frons*에서 유래	fróntage 정면 fróntier 국경(지방) affrónt 모욕하다 confrónt ~을 직면하다 effróntery 뻔뻔스러움

+4 중요 어원 해설(어근)

100	FUND, FOUND	바닥 bottom	LATIN어 *fundus*에서 유래	**fund** 기금 **fúndamental** 근본적인 **found** 설립하다 **foundátion** 기초 **profóund** 심오한
101	FUS	붓다 pour, 녹이다 melt	LATIN어 *fusus*에서 유래	**fuse** 신관; 녹(이)다 **confúse** 혼란시키다 **diffúse** 발산하다 **infúse** 주입하다 **refúse** 거절하다 **refúsal** 거절
102	GEN	탄생 birth, 정신 spirit	GREEK어 *genus*에서 유래	**génerate** 발생시키다 **génesis** 기원, 발생 **génetics** 유전학 **génial** 온화한 **géneral** 일반적인 **genération** 세대 **congénial** 같은 성질의 **prógeny** 자손
103	GEO	땅, 지구 earth	GREEK어 *geos*에서 유래	**geógraphy** 지리학 **geólogy** 지질학 **geómetry** 기하학 **ápogee** 정점
104	GER, GEST	나르다 carry	LATIN어 *gerere*에서 유래	**gésture** 몸짓 · 손짓 **congést** 혼잡하게하다 **digést** 소화하다 **ingést** 섭취하다 **suggést** 암시하다 **gist** 요점 **régister** 등록하다 **exággerate** 과장하다
105	GN, GNO	알다 know	LATIN어 *gnoscere*에서 유래	**cognítion** 인식 **récognize** 인지하다 **diagnósis** 진단 **ígnorance** 무지 **agnóstic** 불가지론
106	GRAC, GRAT	감사하는 lathankful	LATIN어 *gratus*에서 유래	**gráceful** 우아한 **disgráce** 불명예 **grátify** 만족시키다 **gráteful** 감사하는 **gratúitous** 무료의 **grátis** 무료로 **congrátulate** 축하하다 **ingrátitude** 배은망덕
107	GRAD, GRESS	나아가다 go	LATIN어 *gradus*에서 유래	**grade** 등급, 정도 **gráduate** 졸업생 **grádual** 점진적인 **úpgrade** 등급을 올리다 **degráde** 지위를 낮추다 **transgréss** (제한 범위를) 넘다 **aggréssive** 공격적인 **prógress** 진보
108	GRAM, GRAPH	쓰다 write	GREEK어 *graphein, gramma* 에서 유래	**díagram** (설명을 위한) 도형; 도표 **épigram** 경구 **grámmar** 문법 **autobiógraphy** 자서전 **áutograph** 자필
109	GRAV, GRIEV	무거운 heavy	LATIN어 *gravis*에서 유래	**grave** 중대한 **grávity** 중력 **engráve** ~을 새기다 **ággravate** 악화시키다 **gríevance** 불평 **aggríeve** 고통을 주다
110	GREG	무리 flock	LATIN어 *gregare*에서 유래	**ággregate** 집합하다 **egrégious** 극악한 **gregárious** 군집성의 **ségregate** 분리시키다 **cóngregate** 모이다
111	HAB, HIB	가지다 have	LATIN어 *habere*에서 유래	**hábit** 버릇 **inhábit** 거주하다 **exhíbit** 전시하다 **prohíbit** 충분한 **hábitat** 서식지 **habítual** 습관적인 **habítuate** 길들이다 **beháve** 행동하다
112	HER, HES	달라붙다 stick	LATIN어 *haerere*에서 유래	**adhére** 달라붙다 **cohérent** 일관성이 있는 **hésitate** 주저하다 **cohésive** 결합력 있는 **incohérent** 일관성이 없는 **inhérent** 선천적인, 타고난
113	HER, HEI	상속하다 heir	LATIN어 *heres*에서 유래	**herédity** 유전 **héritage** (전통 등) 유산 **heir** 상속인 **inhérit** 상속하다
114	HOM, HUM	인간 man, 땅 earth	LATIN어 *humanus, humus*에서 유래	**hómage** 존경 **húman** 인간 **húmble** 겸손한 **humáne** 인정있는 **exhúme** 발굴하다 **humíliate** 창피를 주다 **inhumánity** 무정 **inhúme** 매장하다
115	HOMO	같은 the same	GREEK어 *homo*에서 유래	**homogéneous** 동종의 **hómonym** 동음이의어 **homophóny** 동음 **homoséxual** 동성애의

116	HORR	떨다 shudder	LATIN어 *horrere*에서 유래	**hórrible** 소름끼치는 **horrífic** 무시무시한 **hórrify** 소름끼치게 하다 **abhór** 혐오하다
117	INSUL, ISOL	고립되다 island	LATIN어 *insula*에서 유래	**ínsular** 편협한 **ínsulate** 격리하다 **península** 반도 **ísolate** 고립시키다
118	IT	나아가다 go	LATIN어 *ire*에서 유래	**íterate** 되풀이하여 말하다 **itínerant** 순회하는 **itínerary** 여정 **transítional** 일시적인 **ámbit** 영역 **circuítous** 우회하는 **inítiative** 시작 **reíterate** 반복하다
119	JAC, JECT, JET	던지다 throw	LATIN어 *jacere*에서 유래	**abjéct** 비참한 **adjácent** 인접한 **injéct** 주입하다 **rejéct** 거절하다 **conjécture** 추측하다 **jéttison** 투하하다 **objéctive** 객관적인 **subjéctive** 주관적인
120	JOIN, JUG, JUNC	결합하다 join	LATIN어 *jungere, junctus*에서 유래	**joint** 접점 **adjoin** 인접하다 **disjóin** 분리하다 **cónjugal** 부부의 **júnction** 연합; 합류점 **adjúnctive** 부속의 **conjúnct** 결합한
121	JOURN	하루 day	LATIN어 *diurnalis*에서 유래	**jóurnal** 정기간행물 **jóurney** 여행 **adjóurn** 연기하다 **sojóurn** 머무르다
122	JUD	판정하다 judge	LATIN어 *judicare*에서 유래	**judge** 판단[판결]하다 **júdgement** 재판; 심판 **judícious** 현명한 **adjúdge** 판결하다 **préjudice** 편견
123	JUR	맹세하다 swear	LATIN어 *jurare*에서 유래	**jury** (집합적) 배심원 **jurisdíction** 재판권 **jurístic** 법률상의 **abjúre** 맹세코 그만두다 **ínjure** 상처를 입히다
124	JUS(T)	올바른 right	LATIN어 *justus*에서 유래	**just** 공정한 **jústice** 정의 **jústify** 정당화하다 **adjúst** 조정하다
125	LABOR	일하다 work	LATIN어 *laborare*에서 유래	**lábor** 노동자 **láboratory** 실험실 **labórious** (일 따위가) 힘드는 **belábor** 세게 때리다 **colláborate** 협력하다 **eláborate** 정성들인, 정교한
126	LAP, LAB	떨어지다 fall	LATIN어 *labi*에서 유래	**collápse** 무너지다 **dilápidate** 황폐해지다 **elápse** 경과하다 **lapse** 실수
127	LAT	나르다 carry	LATIN어 *latus*에서 유래	**colláte** 대조하다 **eláte** 의기 양양하게 하다 **reláter** 진술하다 **transláte** 번역하다
128	LATER	옆 side	LATIN어 *latus*에서 유래	**uniláteral** 일방적인 **biláteral** 상호간의 **colláteral** 평행한 **equiláteral** 등변의
129	LAV, LU	씻다 wash	LATIN어 *lavare*에서 유래	**lávish** 아끼지 않은 **allúvial** 충적의 **déluge** 대홍수; 범람 **dilúte** 묽게[약하게]하다
130	LECT, LEG	모으다 gather, 읽다 read, 보내다 send, 선택하다 choose, 법률 law	LATIN어 *lectus, legere*에서 유래	**lécture** 강의 **colléct** 모으다 **seléct** 선택하다 **légible** 읽기 쉬운 **illégal** 불법의 **législate** 법률을 정하다 **legítimate** 합법적인
131	L(I)EV	가벼운 light	LATIN어 *levare*에서 유래	**levy** 과세, 징세 **lévity** 경솔 **élevate** 올리다 **belíeve** 믿다 **relíeve** 경감시키다 **alleviate** (고통을) 완화하다

+4 중요 어원 해설(어근)

132	LI(G)	묶다 bind	LATIN어 *ligare*에서 유래	**liabílity** 책임 **líaison** 연락 **allíance** 동맹 **oblíge** 강요하다 **oblígatory** 의무적인 **lígate** 묶다 **relígion** 종교
133	LIBER, LIVER	자유로운 free	LATIN어 *liber*에서 유래	**líberty** 자유 **líberate** 해방하다 **delíberate** 계획적인 **delíver** 배달하다
134	LIC	허용하다 permit	LATIN어 *licere*에서 유래	**lícense** 면허 **licéntious** 방탕한 **elícit** 이끌어 내다 **illícit** 불법의
135	LIGN, LIN	선 line	LATIN어 *lineare*에서 유래	**alígn** 일렬로 하다 **delíneate** 윤곽을 그리다 **líneage** 혈통 **líneal** 직계의
136	LING	언어 language	LATIN어 *lingua*에서 유래	**lingúist** 언어학자 **lingúistic** 언어 **bilíngual** 2개 국어를 하는 **múltilingual** 다국어를 하는
137	LITER, LETE(R)	글자 letter	LATIN어 *litera*에서 유래	**líterary** 문학의 **líterally** 문자 그대로 **líterature** 문학 **oblíterate** 삭제하다 **illéterate** 무식한 **deléte** 지우다
138	LIQU	액체 fluid	LATIN어 *liquidus*에서 유래	**líquid** 액체(상의) **líquor** 알코올 음료 **líquidate** (빚을) 청산하다
139	LOC	장소 place	LATIN어 *locus*에서 유래	**lócal** 장소의 **lócate** 위치하다 **relócate** 재배치하다 **locomótion** 운동(력) **állocate** 할당하다
140	LOCUT, LOG, LOGUE, OLOGY	말하다 speak	LATIN어 *locutus, loquire*에서 유래	**elocútion** 연설법 **loquácious** 말하기 좋아하는 **diálogue** 대화 **apólogy** 사과 **éulogy** 찬사 **óbloquy** 불명예 **prólogue** 머릿말 **análogous** 유사한
141	LONG	긴 long	LATIN어 *longus*에서 유래	**longévity** 장수 **lóngitude** 경도 **alóngside** 나란히 **elóngate** 길게하다 **prolóng** 연장하다
142	LUC, LUX, LUMIN	빛 light	LATIN어 *lucidus*에서 유래	**lucid** 명백한, 빛나는(lustrous) **elúcidate** 명백히하다 **luxúriant** 무성한 **luxúrious** 사치스러운 **lúminous** 빛을 발하는 **illúminate** 본질 **lúster** 광택
143	LUD, LUS	놀다 play	LATIN어 *ludus*에서 유래	**lúdicrous** 우스운 **allúde** 암시하다 **collúde** 공모하다 **delúde** 속이다 **elúde** 교묘히 피하다 **prélude** 전주곡; 서문 **illúsion** 환영
144	MAGN, MEGA	큰 great	GREEK어 *megas*에서 유래	**magnánimous** 도량이 넓은 **mágnify** 확대하다 **magníficent** 장대한 **mégaphone** 확성기
145	MAJ	큰 great	LATIN어 *magnus*에서 유래	**májor** 주요한 **majórity** 대다수 **májesty** 위엄
146	MAN, MANU	손 hand	LATIN어 *manus*에서 유래	**mánage** 관리하다 **manípulate** 조종[조작]하다 **mánner** 방법 **mánual** 소책자 **mánifest** 명백한 **manéuver** 책략 **manufácture** 제작(하다) **mánuscript** 원고
147	MAND	명령하다 order, 위탁하다 entrust	LATIN어 *mandere*에서 유래	**mándatory** 강제적인 **commánd** 명령(하다) **countermánd** 취소하다 **demánd** 요구(하다) **réprimand** 비난하다 **comménd** 칭찬하다 **recommménd** 추천하다

148	MARC, MARK	경계 boundary, 표시 sign	OLD ENGLISH어 *mearc*에서 유래	mark 표시 márkdown 가격인하(하다) márkup 가격인상(하다) remárkable 주목할만한
149	MAT	익은 ripe	LATIN어 *maturus*에서 유래	matúre 성숙한 immatúre 미성숙한 matúrity 성숙 prematúre 조숙한
150	MED	중간 middle	LATIN어 *medius*에서 유래	médiate 조정하다 méditate 숙고하다 méddle 간섭하다 mediéval 중세의 mediterránean 지중해 immédiate 직접적인 intermédiate 중간의
151	MEM(O)	기억하다 remember	LATIN어 *memor*에서 유래	meménto 기념물 memorándum 비망록 mémoir 전기 memórial 기억의 commémorate 기념하다 remémber 기억하다
152	MENS, MEAS	측정하다 measure	LATIN어 *mensura*에서 유래	diménsion 치수 imménse 막대한 méasurement 측정 imméasurable 헤아릴 수 없는 comménsurate 상응하는
153	MEN, MIN	돌출하다 project	LATIN어 *minari*에서 유래	ménace 협박하다 comménce 시작하다 éminent 저명한 ímminent 임박한 próminent 눈에 띄는
154	MEN(T), MIND	정신 mind	LATIN어 *mens*에서 유래	méntal 정신의 méntion 언급하다 méntor 현명한 조언자 véhement 격렬한 remínd 생각나게 하다 cómmentator 해설자 deméntia (의학)치매
155	MERC	거래하다 trade	LATIN어 *merces*에서 유래	mérchandise 상품 mércenary 돈을 좋아하는 mérciful 자비로운 cómmerce 상업
156	MERG, MERS	잠기다 dip	LATIN어 *mergere*에서 유래	merge 합병하다 emérge 나타나다 emérgency 비상사태 immérse 몰두시키다 submérge 잠기다
157	MESS, MIT, MIS(S)	보내다 send	LATIN어 *mittere*에서 유래	admít 받아들이다 commít (범죄를)저지르다 permít 허락하다 remít 송금[지불]하다 submít 제출하다 dismíss 해고하다 remíss 태만한
158	METER, METR	측정하다 measure	GREEK어 *metros*에서 유래	barómeter 기압계 diaméter 직경 geómetry 기하학 sýmmetry 대칭 thermómeter 온도계 sýmmetry 균형; 조화
159	MIGR	움직이다 move	LATIN어 *migrare*에서 유래	mígrate 이주하다 mígrant 이주자 émigrate (타국으로)이주하다 ímmigrate 이주해오다
160	MIN	작은 small	LATIN어 *minutus*에서 유래	míniature (물건의) 축소물 mínimize 최소 한도로 하다 mínor 중요하지 않은 dimínish 줄이다
161	MOB, MOV, MOT	움직이다 move	LATIN어 *movere*에서 유래	móbile 움직이는 mótive 동기 remóve 제거하다 emótion 감정 demóte 강등시키다 promóte 승진[진급]시키다 remóte 먼 remóve 옮기다; 제거하다
162	MOD(E)	태도 mananer	LATIN어 *modus*에서 유래	mode 양식, 방식 móderate 절제하는 módern 현대의 módest 알맞은 módify 수정하다 módulate 조절하다 accómmodate 적응시키다 commódity 일용품
163	MOL	갈다 grind, 곡식알 grain	LATIN어 *molere*에서 유래	mólecule (화학 · 물리의) 분자 molést 괴롭히다 demólish (헌 건물 따위) 부수다

164	MON	경고하다 warn	LATIN어 *monere*에서 유래	**reminíscent** 회상시키는 **mónitor** 모니터; 감시하다 **admónish** 훈계하다 **súmmon** 소환하다
165	MONT, MOUNT	오르다 rise	LATIN어 *montare*에서 유래	**montáge** 몽타지 **prómontory** 융기 **amóunt** 총계가 되다 **páramount** 최고의
166	MOR(T)	죽음 death	LATIN어 *mors*에서 유래	**móribund** 죽어가는 **mórtal** 죽을 운명의 **mórtify** 굴욕감을 주다 **remórse** 후회 **mórtgage** 저당 **immórtal** 죽지 않는
167	MORPH	형태 form	GREEK어 *morphos*에서 유래	**morphólogy** 형태학 **amórphous** 무정형의 **metamórphose** 변형시키다 **polymórphic** 다형의
168	MUN	기능 function, 의무 duty, 선물 gift	LATIN어 *munis*에서 유래	**mundáne** 세속적인 **munícipal** 시의 **muníficent** 인심이 후한 **immúne** 면역성의
169	MUT	변하다 change	LATIN어 *mutare*에서 유래	**mútable** 변하기 쉬운 **mutáte** 변하다 **mútual** 상호간의 **transmúte** 바꾸다
170	NAI, NAT	타고난 born	LATIN어 *nasci, natus*에서 유래	**naíve** 순진한 **nátion** 국가 **nátive** 타고난 **cógnate** 기원이 같은 **cónnate** 타고난 **innáte** 타고난 **renaissance** (문예 · 예술의) 부흥
171	NECT, NEX	묶다 bind	LATIN어 *nectere*에서 유래	**connéct** 연결하다 **disconnéct** (연락 전원 따위를) 끊다 **néxus** 유대관계 **annéx** 부가하다 **interconnéct** 서로 연결시키다
172	NEG	부인하다 deny	LATIN어 *negare*에서 유래	**négate** 부정하다 **négligent** 태만한 **négligible** 무시할 만한 **negótiate** 교섭하다 **ábnegate** (권리 따위를) 포기하다 **renegótiate** 재교섭하다
173	NERV, NEU	신경 nerve	LATIN어 *nervus*에서 유래	**nérve** 신경 **énervate** 힘을 약하게 하다 **neurón** 신경세포 **neurólogy** 신경학
174	NIC, NOC, NOX	해로운 harm	LATIN어 *nocere*에서 유래	**perníćious** 유해한 **nócuous** 해로운 **nóxious** 해로운 **innoxióus** 무해한 **obnóxious** 불쾌한 **ínnocent** 무해한
175	NOM, NONYM	이름 name	LATIN어 *nomen*에서 유래	**nóminal** 명목상의 **nóminate** 지명하다 **denóminate** 명명하다 **anónymous** 익명의 **ignomínious** 불명예스러운
176	NOM	법 law, 다스리다 rule	GREEK어 *nomos*에서 유래	**antínomy** 이율배반 **astrónomy** 천문학 **autónomy** 자치권 **ecónomics** 경제학 **agrónomy** 농학 **anómalous** 불규칙한; 변칙의 **gastrónomy** 요리법
177	NORM	표준 standard	LATIN어 *norma*에서 유래	**nórm** 표준 **nórmal** 정상적인 **nórmalize** 정상화하다 **enórmous** 거대한 **abnórmal** 변칙의; 변태의 **subnórmal** 표준이하의
178	NOT	알다 know	LATIN어 *notare*에서 유래	**nótable** 주목할 만한 **nóted** 저명한 **nótify** 통지하다 **nótice** 알아보다 **nótion** 개념 **notórious** 악명높은 **connotátion** 함축 **denóte** 의미하다
179	NOUNCE, NUNC	보고하다 report	LATIN어 *nuntiare*에서 유래	**annóunce** 알리다 **pronóunce** 발음하다 **renóunce** 포기하다 **annúnciate** 통고하다 **enúnciate** 선언[발표]하다 **denóunce** 비난하다
180	NOV	새로운 new	LATIN어 *novus, novellus*에서 유래	**innováte** 쇄신하다 **nóvel** 새로운 **nóvice** 초심자 **rénovate** 혁신하다

181	NUL(L), NIHIL	아무것도 없는 nothing	LATIN어 *nullus*에서 유래	**null** 무효의 **núllify** 무효로하다 **annúl** 무효로하다 **annúllable** 무효로 할 수 있다 **anníhilate** 완전히 파괴하다 **níhilism** 무정부주의
182	NUM(BER)	숫자 number	LATIN어 *numero*에서 유래	**númeral** 숫자의 **númerous** 다수의 **enúmerate** 열거하다 **outnúmber** 수적으로 우세하다 **innúmerable** 무수한; 헤아릴 수 없는
183	NUR, NUTRI	영양 nourish	LATIN어 *nutrire*에서 유래	**núrse** 간호사 **nútrient** 자양분이 있는 **nutrítion** 영양물 **malnutrítion** 영양실조
184	ODOR, OL	냄새 smell	OLD FRENCH어 *odor*에서 유래	**ódor** 냄새 **malódor** 악취 **olfáction** 후각 **rédolent** 향기나는
185	OP(T)	눈 eye, 봄 night	GREEK어 *optikos, opsis*에서 유래	**áutopsy** (시체)부검 **synópsis** 줄거리 **óptical** 눈의 **óptics** 광학
186	OPER	일하다 work	LATIN어 *operati*에서 유래	**ópera** 오페라, 가극 **óperate** 작동하다 **coóperate** 협동하다
187	OPT	선택하다 choose	LATIN어 *optare*에서 유래	**adópt** 채택하다 **óption** 선택 **óptimal** 최적의 **óptimism** 낙천주의
188	OR	입 mouth	LATIN어 *orare*에서 유래	**óral** 구두의, 입의 **óratory** 웅변 **adóre** 숭배하다 **órate** 연설하다
189	ORD	정돈하다 arrange, 명령하다 order	LATIN어 *ordinare*에서 유래	**órdain** 규정하다 **órdinance** 법령, 조례 **inórdinate** 무절제한 **disórder** 무질서 **subórdinate** 종속하는 **coórdinate** 동등한 **órdinary** 보통의 **extraórdinary** 비범한
190	ORI, ORT	오르다 rise	LATIN어 *oriri*에서 유래	**oriéntal** 동양의 **orientátion** 오리엔테이션 **órigin** 기원 **óriginative** 독창성 있는 **aboríginal** 토착의 **abórt** 낙태하다
191	PAC, PEAS	평화 peace	LATIN어 *pax*에서 유래	**pacífic** 평화로운 **pácify** 달래다 **copacétic** 만족스러운 **appéase** 가라앉히다
192	PACT	단단히 고정시키다 fasten	LATIN어 *pactum*에서 유래	**pact** 계약 **cómpact** 빽빽히 **ímpact** 영향; 충돌
193	PAR, PAIR	같은 equal, 정돈하다 arrange	LATIN어 *parere*에서 유래	**párity** 등가; 일치 **ápparatus** 기구 **compáre** 비교하다 **prepáre** 준비하다 **séparate** 분리[선별]하다
194	PAR, PEAR	보이다 show, 생산하다 produce	LATIN어 *parere*에서 유래	**appárent** 분명한 **appárel** 옷 **appéar** 나타나다 **párents** 부모님
195	PART	부분 part	LATIN어 *partem*에서 유래	**pártial** 부분적인 **partícipate** 참가하다 **párticle** 극소량 **partítion** 분할 **apárt** 떨어져서 **compártment** 구획; 칸막이 **depárt** 출발하다 **impártial** 공정한
196	PASS	단계, 지나가다 pass	LATIN어 *passus*에서 유래	**pásser-by** 통행인 **pássenger** 승객 **pássport** 여권 **encómpass** 둘러싸다 **surpáss** 뛰어나다 **tréspass** 침입하다
197	PAT, PED	발 foot	LATIN어 *pes*에서 유래	**péddler** 행상인 **pedéstrian** 보행자 **dispátch** 급파하다 **expédient** 편리한 **éxpedite** 진척시키다 **impéde** 방해놓다

198	PED, PAED	어린이 child	GREEK어 *pais*에서 유래	**pediátrics** 소아과 **pedólogy** 육아법 **pédagogue** (경멸적) 선생 **encyclopédia** 백과사전
199	PAT(R)	아버지 father	LATIN어 *pater*에서 유래	**patérnal** 아버지의 **pátriot** 애국자 **compátriot** 동포 **expátriate** 추방하다 **pátron** 후원자 **pátronize** 후원하다
200	PATH, PASS	느낌 feeling	GREEK어 *pathos*에서 유래	**sýmpathy** 동정 **ápathy** 무관심 **pássion** 열정 **compássion** 공감 **pátience** 인내 **compátible** 적합한 **dispássionate** 공평한 **impássive** 냉정한
201	PEL, PULS	밀다 push	LATIN어 *pellere*에서 유래	**compél** 강요하다 **dispél** (생각 따위를) 떨쳐버리다 **expél** 추방하다 **ímpulse** 충동
202	PEN, PUN	처벌하다 punishment	GREEK어 *poine*에서 유래	**pénalty** 형벌 **pénitent** 후회하는 **impénitent** 뉘우치지 않는 **púnish** 처벌하다 **repéntant** 후회하는 **impúnity** 처벌되지 않음 **repént** 후회하다
203	PEND, PENS	매달다 hang, 소비하다 pay	LATIN어 *pendere*에서 유래	**pensíon** 연금 **appénd** 첨가하다 **depénd** 의지하다 **expénd** 소비하다 **dispénse** 분배하다 **appéndix** 부록 **cómpensate** 보상하다 **suspénd** 연기하다
204	PER, PIRE	시도하다 try, 위험 risk	LATIN어 *peira*에서 유래	**péril** 위험(물) **expérience** 경험[하다] **expériment** 실험[하다] **éxpert** 전문가 **impéril** 위험하게 하다 **píracy** 해적행위; 표절
205	PET	구하다 seek	LATIN어 *petere*에서 유래	**petítion** 탄원서 **áppetite** 욕망 **compéte** 경쟁하다 **incómpetent** 무능력한 **perpétual** 영원한 **pétulant** 화를 잘 내는 **impétuous** 성급한 **repetítion** 되풀이
206	PHAN	보여주다 show	GREEK어 *phantazein*에서 유래	**phántasy** 공상 **phántom** 유령(ghost) **phenómenon** 현상
207	PHIL	사랑 love	GREEK어 *phileín*에서 유래	**philósophy** 철학 **philánthropist** 박애주의자 **philátelist** 우표수집가 **philógynist** 여자를 좋아하는 사람
208	PHOBIA	공포 fear	GREEK어 *phobos*에서 유래	**acrophóbia** 고소공포증 **agoraphóbia** 광장공포증 **anthrophóbia** 대인공포증 **claustrophóbia** 밀실공포증
209	PHON, SON	소리 sound	GREEK어 *phone*에서 유래	**phónate** 발음하다 **phonétics** 음성학 **sýmphony** 교향곡 **únison** 화음
210	PICT	그리다 paint	LATIN어 *pictum*에서 유래	**pícture** 그림 **picturésque** 그림같이 아름다운 **depíct** 묘사하다 **pictógraphy** 상형문자
211	PLAC, PLAIS	부드럽게 하다 soften	LATIN어 *placare*에서 유래	**placáte** 달래다 **plácid** 평온한 **complácent** 자기 만족의 **compláisant** 유순한
212	PLANT	심다 plant	LATIN어 *planta*에서 유래	**implánt** 심다, 불어넣다 **supplánt** 대신하다 **transplánt** 이식하다 **plantátion** 대규모농장
213	PLIC, PLO, PLY	접다 fold	LATIN어 *plicare*에서 유래	**cómplicate** 복잡하게 하다 **emplóy** 고용하다 **implícit** 함축적인 **applý** 신청하다 **replý** 대답하다 **dúplicate** 복사하다 **explícit** 명백한

214	PLI, PLE, PLY	채우다 fill	LATIN어 *plicare*에서 유래	accómplish 성취하다 depléte 고갈시키다 repléte 충만한 supplý 공급하다
215	PLOR	울다 wail	LATIN어 *plorare*에서 유래	deplóre 슬퍼하다 deplórable 비참한 explóre 탐험하다 implóre 간청하다
216	PLU	더 많은 more	LATIN어 *plus*에서 유래	plúral 다수의 plurilíngual 다개국어를 하는 plus 더하기 súrplus 나머지
217	PON, POST, POSE, POUND	두다 put, place	LATIN어 *ponere*에서 유래	oppónent 적 pósture 자세 compónent 구성요소 compóse 구성하다 áppposite 적절한 compóund 혼합하다 impóse 부과하다 expóse 노출시키다
218	POPUL, PUBL	사람들 people	LATIN어 *populus*에서 유래	pópular 인기 있는 pópulation 인구 pópulous 인구가 조밀한 públic 공공의
219	PORT	나르다 carry	LATIN어 *portare*에서 유래	pórtable 휴대용의 pórtion 몫 expórt 수출하다 impórt 수입하다 compórt 처신[행동]하다 suppórt 지지하다 transpórt 수송하다 pássport 여권
220	POSS, POT	할 수 있는 able	LATIN어 *posse*에서 유래	impóssible 불가능한 pótent 능력있는 déspot 독재자 ímpotent 무력한 omnípotent 전능한
221	POST(ER)	뒤따라 일어나는 come after	LATIN어 *post*에서 유래	postérior 뒤의 postérity 자손 póstlude (음악의) 후주곡 prepósterous 터무니 없는 postpóne 연기하다
222	PRAIS, PRICI	가치 value	OLD FRANCH어 *preisier*에서 유래	praise 칭찬하다 appráise 평가하다 dispráise 비난(하다) précious 귀중한 príceless 귀중한 appréciate 평가하다 depréciate 가치를 떨어뜨리다
223	PREHEND, PRIS, PREGN	잡다 take	LATIN어 *prehendere*에서 유래	apprehénd 체포하다; 이해하다 reprehénd 비난하다 comprise 포함하다 prégnant 임신한 imprégnable 난공불락의
224	PRESS	누르다 press	LATIN어 *pressare*에서 유래	préssure 압력 préssing 긴급한 compréss 압축하다 depréss 실망시키다 expréss 표현하다 impréssive 인상적인 oppréss 억압하다 suppréss 억압하다
225	PRIM, PRIN	처음 first		prime 제일의 prímary 첫째의 prímitive 원시의 príncipal 우두머리 prínciple 원리
226	PRIS	잡다 take	LATIN어 *prendere*에서 유래	príson 감옥 impríson 수감하다 apprise ~에게 알리다 comprise 이루어지다 reprísal 보복 énterprising 진취적인
227	PRIV	개인 individual	LATIN어 *privus*에서 유래	prívacy 사생활 prívilege 특권 deprive 박탈하다 underprívileged 혜택을 받지 못하는
228	PROB, PROV	증명하다 prove	OLD FRENCH어 *prover*에서 유래	próbable 있음직한 prove 증명하다 appróve 인정하다 repróve 꾸짖다
229	PRO, PROX	가까운 near	LATIN어 *proximus*에서 유래	proxímity 근접 appróximate 대략의 appróach 접근하다 repróach 책망하다
230	PROPER, PROPR	자신의 것 one's own	LATIN어 *proprius*에서 유래	próperty 소유물 impróper 부적당한 propríety 예의 바름 apprópriate 적당한 exprópriate 몰수하다

231	PSYCH	정신 mind	GREEK어 *psychos*에서 유래	**psyche** 영혼 **psychedélic** 황홀한 **psychoanálysis** 정신분석(학) **psychósis** 정신병
232	PUGN	싸우다 fight	LATIN어 *pugnare*에서 유래	**pugnácious** 싸움을 좋아하는 **impúgn** 반박하다 **oppúgn** 항쟁하다 **repúgnant** 싫어하는
233	PUR, PURG	맑은 clean	LATIN어 *purus*에서 유래	**pure** 순결한 **púrify** 정화하다 **éxpurgate** 삭제하다 **impúre** 더러운
234	PUT	생각하다 think	LATIN어 *putare*에서 유래	**putative** 추정상의 **compúte** 계산하다 **députy** 대리인 **dispúte** 논쟁하다 **repútation** 평판 **depúte** 위임하다
235	QUER, QUIR, QUEST	부탁하다 ask	LATIN어 *querere*에서 유래	**quest** 탐색 **cónquer** 정복하다 **acqúire** 얻다 **inquíre** 문의하다 **reqúire** 요구하다 **requést** 요구 **réquisite** 필요한 **quérulous** 불평많은
236	QUIET, QUI	쉬다 rest	LATIN어 *quiescere*에서 유래	**quíetude** 휴식 **inquíetude** 불안 **disquíet** 불안하게 하다 **acquíesce** 묵인하다 **acquít** 무죄석방하다 **tranquílity** 평온; 침착
237	RAD	광선 ray	LATIN어 *radius*에서 유래	**rádar** 레이다 **rádiate** 방사하다 **erádiate** 발산하다 **rádioactive** 방사능의
238	RADIC	뿌리 root	LATIN어 *radix*에서 유래	**rádical** 근본적인 **erádicate** 뿌리째 뽑다 **rácial** 인종상의 **multirácial** 여러 민족의
239	RAP, RAV, REP	잡다 seize	LATIN어 *rapax*에서 유래	**rapácious** 강탈하는 **enrápture** 기쁘게 하다 **rávage** 약탈하다 **rávenous** 몹시 굶주린; 탐욕스런 **surreptítious** 비밀의
240	RAT	계산하다 reckon	LATIN어 *ratus*에서 유래	**rátify** 비준하다 **rátio** 비율 **rátion** 배급하다 **rátional**합리적인
241	RECT, REG, RIG	올바른 right	LATIN어 *regere*에서 유래	**réctify** 개정하다 **réctitude** 정직 **corréct** 정확한 **eréct** 똑바로 선; 세우다 **régulate** 조정하다 **rígid** 엄한 **rígorous** 엄격한 **óutright** 완전한
242	RI(D), RISI	웃다 laugh	GREEK어 *rhinos*에서 유래	**ridículous** 우스운 **deríde** 비웃다 **ríant** 쾌활한 **rísible** 웃고 싶어하는
243	RIP, RIV	흐르다 flow	LATIN어 *ripa*에서 유래	**rípple** 잔 물결 **arríve** 도달하다 **deríve** 이끌어내다 **rívalry** 경쟁
244	ROG	부탁하다 ask	LATIN어 *rodere*에서 유래	**ábrogate** 폐기하다 **árrogant** 건방진 **árrogate** (부당하게) 빼앗다 **dérogate** 제거하다 **súrrogate** 대리인 **intérrogate** 질문하다 **prerógative** 특권 **derógatory** 손상시키는
245	RUPT	부서지다 break	LATIN어 *rumpere*에서 유래	**rúpture** 파열 **abrúpt** 뜻밖의 **corrúpt** 타락한 **interrúpt** 방해하다 **bánkrupt** 파산한 **disrúpt** 분열시키다 **erúpt** (화산이) 분출하다 **irrúpt** 침입하다
246	SACR, SECR	신성한 holy	LATIN어 *sacere*에서 유래	**sácred** 신성한 **sácrifice** 희생 **sécret** 비밀의 **cónsecrate** 신성하게 하다
247	SAG, SAP, SIP	현명한 wise	LATIN어 *sagax*에서 유래	**sage** 현인 **sagácious** 현명한 **sápient** 현명한 **dissípate** 흩뜨리다

248	SAL, SUL, SAIL	날뛰다 leap	LATIN어 *salire*에서 유래	**salácious** 외설스러운 **consúlt** 조언을 구하다 **resúlt** 결과 **assáil** 공격하다 **assáult** 공격(하다) **désultory** 산만한 **éxile** 추방(하다) **exúlt** 매우 기뻐하다
249	SAN, SAL	건강 health	LATIN어 *sanitas, salus*에서 유래	**salúte** 인사(하다) **sálutary** 유익한 **sane** 제 정신의 **sánitary** 위생의
250	SATI(S), SATUR	충분한 enough	LATIN어 *satis*에서 유래	**sátiate** 만족시키다 **sátire** 풍자 **sátisfy** 만족시키다 **sáturate** 적시다 **insátiable** 만족할 줄 모르는
251	SCEND	오르다 climb	LATIN어 *scandere*에서 유래	**ascénd** 오르다 **descénd** 내리다 **condescénd** 겸손하게 굴다 **transcénd** 초월하다
252	SCI	알다 know	LATIN어 *scire*에서 유래	**scientífic** 과학적인 **scíence** 과학 **conscientíous** 양심적인 **omníscient** 전지한 **scíolist** 설배운 학자 **cónscious** 의식[자각]하고 있는 **omníscient** 전지의
253	SCRIB, SCRIPT	쓰다 write	LATIN어 *scribere*에서 유래	**describe** 묘사하다 **prescríbe** 규정하다 **proscríbe** 금지하다 **cónscript** 징집하다
254	SE, SECT	자르다 cut	LATIN어 *secare*에서 유래	**séver** 절단하다 **séctor** 구역 **séction** (전체에서 잘린) 부분 **dissect** 가르다 **bisect** 이등분[양분]하다 **intersect** 가로지르다; 교차하다
255	SECUT, SUE	따르다 follow	LATIN어 *sequi*에서 유래	**consécutive** 연속적인 **pérsecute** 박해하다 **ensúe** 잇따라 일어나다 **pursúe** 추적하다
256	SED, SID, SESS	앉다 sit	LATIN어 *sedere*에서 유래	**sédative** 진정시키는 **séd iment** 침전물 **consíder** 숙고하다 **resíde** 거주하다 **résidue** 나머지 **súbsidy** 보조금 **posséss** 소유하다 **séssion** (의회 · 법정의) 개회, 회기
257	SEMBL	같은 the same	OLD FRENCH어 *sembler*에서 유래	**sémblance** 유사 **assémble** 모으다 **dissémble** 가장하다 **resémble** 닮다
258	SENS, SENT	느끼다 feel	LATIN어 *sentire*에서 유래	**sénsible** 분별있는 **sénsitive** 민감한 **consénsus** (의견 따위의) 일치 **séntence** 형을 선고하다 **assént** 동의하다 **consént** 동의하다 **dissént** 의견을 달리하다 **resént** 분개하다
259	SERV	봉사하다 serve	LATIN어 *servus*에서 유래	**sérvant** 하인 **desérve** ~할 만하다 **consérve** 보존하다 **obsérve** 관찰하다 **consérvative** 보수적인 **presérve** 보존하다 **resérve** 예약하다 **subsérvient** 비굴한
260	SIGN	표시 mark	LATIN어 *signum*에서 유래	**signíficant** 중요한 **assígn** 할당하다 **sígnature** 서명 **resígn** 포기하다
261	SIM(IL)	같은 the same	LATIN어 *simile*에서 유래	**símple** 간단한 **símilar** 유사한 **símulate** 모방하다 **símultaneous** 동시에 일어나는 **assímilate** 흡수하다; 동화하다
262	(S)IST, STA	서다 stand	LATIN어 *stare*에서 유래	**stáble** 안정된 **círcumstance** 상황 **assíst** 돕다 **consíst** 구성되다 **exíst** 존재하다 **insíst** 주장하다 **resíst** 저항[반항]하다 **estáblish** 확립하다
263	SOL(ID)	전체 whole	LATIN어 *solari*에서 유래	**solícit** 간청하다 **solícitude** 근심 **consólidate** 합병하다 **sólidify** 강화하다

264	SOLU, SOLV	풀다 release	LATIN어 *solvere*에서 유래	**sólution** 해결(책) **sólvent** 지불 능력이 있는 **dissólve** 녹이다 **resólve** 결심하다 **ábsolute** 절대의 **absólve** 용서하다 **dissólve** 용해시키다 **díssolute** 방탕한
265	SOCI	결합하다 join	LATIN어 *socius*에서 유래	**sóciable** 사교적인 **sóciology** 사회학 **assóciate** 연합하다 **dissóciate** 분리하다
266	SPEC	보다 look	LATIN어 *specere*에서 유래	**expéct** 기대다 **respéct** 존경하다 **suspéct** 의심하다 **spécimen** 견본 **spécify** 명시하다 **áspect** 양상 **inspéct** 검사[조사]하다 **círcumspect** 신중한
267	SPIR	숨쉬다 breath	LATIN어 *spirare*에서 유래	**spiírit** 정신 **aspíre** 열망하다 **conspíre** 공모하다 **expíre** 만기가 되다 **inspíre** 고무시키다 **pérspiration** 땀 **prospérity** 번영 **respíre** 호흡하다
268	STRI, STRA	묶다 bind	LATIN어 *stringere, strictus*에서 유래	**stríct** 엄격한 **dístrict** 지역 **restríct** 제한하다 **stríngent** 엄한 **constráin** 강요하다 **distréss** 괴롭히다 **restráin** 억제하다 **constríct** 조이다
269	STRU(CT)	세우다 build	LATIN어 *struere*에서 유래	**strúcture** 구조 **constrúct** 건축하다 **destrúction** 파괴 **instrúct** 가르치다 **obstrúct** 방해하다 **ínstrument** 기구 **ínfrastructure** 하부구조
270	SUMM	최고 highest	LATIN어 *summus*에서 유래	**súmmary** 요약 **súmmit** 정상 **súmmon** 소환하다 **cónsummate** 성취하다
271	SUM(P)	잡다 take, 소비하다 waste	GREEK어 *sumere*에서 유래	**assúme** 떠맡다 **consúme** 소비하다 **presúme** 추정하다 **resúme** 재개하다 **súmptuous** 사치스러운
272	SUR(G), SOUR	오르다 rise	LATIN어 *surgere*에서 유래	**surge** 파도 **insúre** 보증하다 **insurréction** 반란 **resóurce** 자원
273	TACH, TACT, TA(N)G	닿다 touch	LATIN어 *tactus*에서 유래	**attách** 붙이다 **detách** 떼어내다 **cóntact** 접촉 **táctics** 전술 **contágious** (접촉성) 전염성의 **tángible** 만질 수 있는
274	TAIL	자르다 cut)	LATIN어 *tailer*에서 유래	**táilor** 재단사 **rétail** 소매 **cúrtail** 줄이다 **détail** 세부 **entáil** 수반하다
275	TEN, TIN, TAIN	같은 the same	LATIN어 *tenere*에서 유래	**ténable** 유지할 수 있는 **contínue** 계속하다 **abstáin** 삼가다 **attáin** 달성하다 **contáin** 담고 있다 **maintáin** 유지하다 **obtáin** 얻다 **retáin** 보유하다
276	TEMP(O)	시간 time	LATIN어 *tempus*에서 유래	**témporary** 일시적인 **attémpt** 시도하다 **contémpt** 경멸 **extémporal** 즉석의 **contémporary** 동시대의
277	TEND, TENS	뻗다 stretch	LATIN어 *tendere*에서 유래	**tend** ~의 경향이 있다 **atténd** 참석하다 **conténd** 경쟁하다 **exténd** 늘이다 **inténd** ~할 작정이다 **téntative** 임시의 **preténtious** 허세부리는 **tense** 팽팽한
278	TERM	끝 end	LATIN어 *terminus*에서 유래	**términate** 끝내다 **detérmine** 결심하다 **intérminable** 지루한 **extérminate** 근절시키다
279	TERRA	땅 earth	LATIN어 *terra*에서 유래	**terréstrial** 지구의 **térritory** 영토 **Mediterránean** 지중해의 **subterránean** 지하의
280	TEST	목격하다	LATIN어 *testis*에서 유래	**téstify** 증명하다 **attést** 증명하다 **cóntest** 경쟁(하다) **detést** 항의하다 **protést** 항의하다 **téstimony** 증언

281	THE(O)	신 God	GREEK어 *theos*에서 유래	theócracy 신권정치 theólogy 신학 átheism 무신론 pólytheism 다신교
282	THES, THET	장소; ~에 두다 place	GREEK어 *tithenai*에서 유래	thésis 논문 hypóthesis 가설 synthétic 합성의; 인공의 theme 주제
283	TOR, TORT	비틀다 twist	LATIN어 *torquere*에서 유래	tórment 괴롭히다 tórrent 급류 contórt 비틀다 distórt 왜곡하다 extórt 강탈하다 retórt 반박하다 tórture 고문(하다) tórtuous 비틀린
284	TOX	독 poison	GREEK어 *toxikon*에서 유래	tóxic 유독한 antitóxin 항독소 detóxicate 해독하다 intóxicate 취하게 하다
285	TRA, TRACT	끌다 draw	LATIN어 *tractus*에서 유래	trace 자취 trait 특성 ábstract 추상적인 attráct (매력을)끌다 cóntract 계약(하다) extráct 발췌하다 retráct 철회하다 subtráct (수 · 양을) 빼다
286	TRIBUTE	주다 give	LATIN어 *tributus*에서 유래	tríbute 공물 attríbute ~의 탓으로 돌리다 contríbute 기여하다 distríbute 분배하다
287	TRUD, TRUS	찌르다 thrust	LATIN어 *trudere*에서 유래	extrúde 쫓아내다 intrúde 밀어 넣다 obtrúde 강요하다 abstrúse 심오한
288	TURB	소용돌이 치다 whirl	LATIN어 *turbare*에서 유래	túrbid 혼탁한 túrbulent 소용돌이치는 distúrb 방해하다 pertúrb 당황시키다
289	UND, OUND	물결치다 wave	LATIN어 *undare*에서 유래	ínundate 범람시키다 úndulate 물결치다 abúndant 풍부한 redóund 돌아오다
290	US, UT	사용하다 use	LATIN어 *uti*에서 유래	úsual 보통의 abúse 남용하다 útilize 활용하다 uténsil 도구
291	VAC, VAS	비어있는 empty	LATIN어 *vacare*에서 유래	vácant 공허한, 빈 vácuous 공허한 vácuum 진공 evácuate 대피시키다 dévastate 황폐시키다 vácillate 망설이다
292	VAD, VAS	가다 go	LATIN어 *vadere*에서 유래	eváde 회피하다 inváde 침입하다 perváde 만연하다
293	VAL, VAIL	강한 strong	LATIN어 *valere*에서 유래	váliant 용감한 válid 유효한 ínvalid 재발하다 válor 용기 eváluate 평가[감정]하다 inváluable 매우 귀중한 aváilable 이용할 수 있는 preváil 우세하다
294	VAN	빈, 공허한 empty	LATIN어 *vanus*에서 유래	vain 공허한 vánish 사라지다 vánity 허영심 vánquish 정복하다
295	VAR(I)	다양한 diverse	LATIN어 *varius*에서 유래	váriable 변하기 쉬운 variátion 변이 váry 변화하다 varíety 다양성 várious 다양한
296	VEN, VENT	오다 come	LATIN어 *venire*에서 유래	convéne 소집하다 ádvent 도래 invént 발명하다 prevént 막다 vénerate 존경하다 véntilate 환기시키다 vénture 모험적 사업 contravéne (법 · 관습 등을) 위반하다
297	VER	진실한 true	LATIN어 *verus*에서 유래	vérdict 평결 verácious 정직한 áverage 평균 avér 단언하다 vérify 증명하다 verificátion 입증; 확증

298	VERB	말, 글 word	LATIN어 *verbum*에서 유래	**vérbal** 말의 **verbóse** 장황한 **próverb** 속담; 격언
299	VERS, VERT	돌리다 turn	LATIN어 *vertere*에서 유래	**advérse** 역의 **divérse** 다양한 **revérse** 반대로의 **advért** 언급하다 **convért** 바꾸다 **divért** (방향을) 돌리다 **invért** 거꾸로 하다 **subvért** 전복시키다
300	VIA, VEY	길 way	LATIN어 *viare*에서 유래	**via** ~을 경유하여 **déviate** 벗어나다 **trívial** 사소한 **convéy** 운반하다
301	VICT, VINC	정복하다 conquer	LATIN어 *vicis*에서 유래	**víctim** 희생자 **convíct** 선고하다 **convínce** 납득시키다 **víncible** 정복할 수 있는
302	VIG, VIT	살다 live	LATIN어 *vita, vigor*에서 유래	**vígor** 원기 **vítal** 생명의 **invíte** 초대하다 **invígorate** 기운나게 하다 **revítalize** 소생시키다
303	VIS, VID	보다 look	LATIN어 *videre*에서 유래	**vísible** 눈에 보이는 **advíse** 충고하다 **évidence** 입증하다 **províde** 공급하다
304	VOC, VOK	부르다 call	LATIN어 *vocare*에서 유래	**vocátion** 직업 **ádvocate** 옹호하다 **convóke** 소집하다 **vocíferous** 큰 소리로 외치는 **invóke** 간청하다 **revóke** 취소하다 **provóke** 자극하다 **revóke** 취소하다
305	VOID	빈 empty	OLD FRENCH어 *voide*에서 유래	**void** 빈, 공허한 **avóid** 피하다 **devóid** 결핍된
306	VOL	의지 will, 날다 fly	LATIN어 *volo*에서 유래	**vólatile** 휘발성의 **voluntéer** 지원하다 **vóluntary** 자발적인 **benévolent** 자비심 많은
307	VOLV, VOLT	구르다 roll	LATIN어 *volvere*에서 유래	**evólve** 발전시키다 **invólve** 포함하다 **revólve** 회전하다 **revólt** 반란(을 일으키다)
308	VOR, VOUR	먹다 eat	LATIN어 *vocare*에서 유래	**vorácious** 게걸스러운 **devóur** 게걸스럽게 먹다 **carnívorous** 육식성의 **herbívorous** 초식성의 **omnívorous** 잡식성의
309	WAR, WARD	지켜보다 watch	ANGLO-SAXON어 *warden*에서 유래	**ward** 병실 **warn** 경고하다 **wáry** 조심성있는 **awáre** 깨닫고 있는 **bewáre** 조심하다

MEMO

3 중요 **접미어** 해설
DESINENCE

영어의 주요 접미어를 철자순으로 정리해 놓았습니다.
특히 파생(derivation) 변화에 대한 자신감을 가지게 되므로 필히 학습 하시기 바랍니다.

001	-A	그리스어나 라틴어에서 차용한 명사의 복수형을 만들때 쓰인다.	• **dáta** 자료 / **memoránda** 메모; 비망록
002	-ABLE -IBLE	① 주로 동사와 결합하여 '**~할 수 있는, ~하기 쉬운**'의 뜻을 갖는 형용사를 만든다.	• **ámiable** 상냥한 / **dúrable** 내구성이 있는
		② 몇몇 명사와 결합하여 그 '**특질, 자질, 경향**'등을 드러내는 형용사를 만든다.	• **knówledgeable** 박식한 / **sáleable** 잘 팔리는
003	-AC(-AL)	'**~성질, ~같은, ~한 사람**'의 뜻을 나타내는 형용사, 명사를 만든다.	• **cárdiac** 심장의 / **mániac** 미치광이
004	-ACEOUS	'**~의, ~같은, ~의 성질을 지닌**'의 뜻을 나타내는 형용사를 만든다.	• **herbacéous** 풀과 같은 / **crustacéous** 갑각류의
005	-ACIOUS	'**~의 경향이 있는, ~이 많은**'이라는 뜻의 명사를 만든다.	• **sagácious** 현명한 / **audácious** 대담한
006	-ACY	'**자질, 상태, 행동, 위치**'을 나타내는 명사를 만든다.	• **suprémacy** 최고; 주권 / **píracy** 해적 행위
007	-ADE	'**동작,(행위의) 결과, 산물, 행동에 참가하는 사람들**'을 드러내는 명사를 만든다.	• **éscapade** 분방한 행위 / **tírade** (비난 · 공격 등의) 긴 연설
008	-AGE	① 명사나 동사와 결합하여 '**행위, 상태, 결과**'의 뜻을 지닌 명사를 만든다.	• **cléavage** 분열, 틈 / **bréakage** 파손
		② 명사와 결합하여 '**집합**'을 나타내는 명사를 만든다.	• **bággage** 수화물 / **fóliage** 잎
009	-AHOLIC	주로 명사와 결합하여 결합하여 '**중독자, 광(狂)**'이라는 의미의 명사나 형용사를 만든다.	• **alcohólic** 음식 중독자 / **spendahólic** 낭비벽이 심한 사람
010	-(I)AL	① 명사와 결합하여 '**~의, ~같은, ~와 관련된**'의 의미를 나타내는 형용사를 만든다.	• **vérbal** 말[언어]의 / **mágical** 마술의; 이상한
		② 동사와 결합하여 '**행동, 과정**'을 나타내는 명사를 만든다.	• **survíval** 생존; 생존자 / **tríal** 재판; 시도
011	-AN(E) -IAN	'**소유, 관계**'를 나타내며, 일반적으로 장소 · 사람 · 계급 · 조직 · 교리와 관계된 형용사와 명사를 만든다.	• **republican** 공화국(의) / **musicían** 음악가; 작곡가
012	-ANCE·ANCY -ENCE·ENCY	'**행동, 상태, 특질**'를 나타내는 명사를 만든다.	• **admíttance** 입장 허가; 입장 / **déference** 복종
013	-ANT -ENT	① 동사와 결합하여 '**~성(性), ~하는**'이라는 뜻의 형용사를 만든다.	• **cónfident** 확신하는 / **látent** 잠복한
		② 동사어근과 결합하여 '**~하는 사람, ~하는 것**'이라는 명사를 주로 만든다.	• **deféndant** 피고 / **pátent** 특허권

014	-AR	① '**~의, ~관련된, ~같은**'의 의미를 나타내는 형용사를 만든다.	• **círcular** 원형의; 순환하는 / **réguler** 통상의; 규칙적인
		② -er, -or의 변형으로 행위자를 뜻하는 명사를 만든다.	• **schólar** 학자 / **péddler** 행상인
015	-ARCHY	'**통치, 정부**'라는 의미의 명사를 만든다.	• **ánarchy** 무정부상태 / **pátriarchy** 가부장 제도[정치]
016	-ARD	'**지나치게 ~하는 사람, ~에 빠진 사람**'이라는 뜻의 명사를 만든다.	• **bástard** 사생아; 서자 / **cóward** 겁쟁이
017	-ARIAN	주로 '**~하는 사람**'이라는 뜻으로 신념, 연구, 학설을 나타내는 명사나 형용사를 만든다.	• **humanitárian** 인도주의자 / **utilitárian** 실용주의; 공리주의자
018	-ARIUM	'**장소**'와 관련된 명사를 만든다.	• **aquárium** 수족관), / **vivárium** 동물 사육장
019	-ARY	① 주로 명사,라틴어 어근과 결합하여 '**~에 관한**'이라는 뜻의 형용사를 만든다.	• **exémplary** 모범적인 / **mílitary** 군사의
		② '**~에 종사하거나 관련된 사람이나 사물**'을 나타내는 명사를 만든다.	• **díctionary** 사전 / **benefíciary** 수익자
020	-ASTER	'**열등한, 엉터리의, 불완전하게 닮은**'의 뜻의 명사를 만든다.	• **philosopháster** 사이비 철학자 / **médicaster** 돌팔이 의사
021	-ATE	① '**~되다, 시키다**'의 뜻을 지닌 동사를 만든다.	• **vénerate** 존경하다 / **ágitate** 흔들다; 선동하다
		② 주로 명사와 결합하여 '**특질, 자질**'을 나타내는 형용사를 만든다.	• **pássionate** 열정적인 / **emásculate** 거세하는; 연약하게 하는
022	-ATION	-ate, -ize로 끝나는 동사와 결합하여 '동작·상태·결과'를 나타내는 명사를 만든다.	• **examinátion** 검사; 심사 / **civilizátion** 문명
023	-(AT)IVE	주로 -ate로 끝나는 동사와 결합하여 '**경향, 관계, 성질**'등을 나타내는 형용사를 만든다.	• **infórmative** 상상적인 / **conclúsive** 결정적인
024	-OR	-ate 로 끝나는 단어와 결합하여 '**~행동을 하는 사람 · 사물**'을 나타내는 명사를 만든다.	• **díctator** 명령자; 권위자 / **véntilator** 환기 장치
025	-ILITY	-ble, -ible, -uble 로 끝나는 형용사와 결합하여 명사를 만든다.	• **solubílity** 용해성; 해결 가능성 / **visibílity** 눈에 보임; 가시도
026	-CIDE	'**살해, 살인자**'를 나타내는 명사를 만든다.	• **génocide** 민족 말살 / **súicide** 자살
027	-CLE -CULE	명사와 결합하여 '**적은**' 뜻을 나타내는 또 다른 명사를 만든다.	• **mólecule** ((화학 · 물리))분자 / **párticle** 미량
028	-CRACY	'**통치, 지배, 힘, 통치 계급**' 등을 나타내는 명사를 만든다.	• **demócracy** 민주주의 / **plutócracy** 금권 정치; 부호 계급
029	-CRAT	'**통치자, 통치 계급**' 등을 나타내는 명사를 만든다.	• **áutocrat** 전제군주, 독재자 / **démocrat** 민주주의자; 평등론자

030	**-CY**	**'상태, 성질, 직분, 지위, 신분'** 등을 나타내는 추상 명사를 만든다.	• **bánkruptcy** 파산 / **flúency** 유창함
031	**-DOM**	**'지위, 신분, 영지(領地), 영역, 상태, ~의 전체'**를 나타내는 명사를 만든다.	• **wísdom** 지혜 / **bóredom** 지루함
032	**-DROME**	**'경주로, 트랙, 큰건조물'** 등을 나타내는 명사를 만든다.	• **áirdrome** 비행장 / **mótordrome** 자동차 경주장
033	**-ED**	① 동사의 행위 결과로 생기는 **'상태, 특질'** 나타내는 분사 형용사를 만든다.	• **léarned** 학문[학식]이 있는 / **náked** 벌거벗은
		② 명사와 결합하여 **'~의 성질이 있는'**의 의미를 지닌 형용사가 된다.	• **wrétched** 가엾은, 비참한 / **diséased** 병에 걸린
034	**-EE**	동사와 결합하여 **'~ (행위를) 당하는 사람'**이라는 수동의 의미를 지닌 명사를 만든다.	• **employée** 고용인, 종업원 / **examinée** 수험자; 심리 받는 사람
		명사와 결합하여 **'~ 하는 사람, ~한 상태에 있는 사람'**이라는 능동 의미의 명사를 만든다.	• **refugée** 피난민; 망명자 / **absentée** 결석자; 부재자
035	**-EER**	**'~의 관계자, ~을 쓰는 사람'**의 의미를 나타내는 명사를 만든다.	• **enginéer** 기술자, 공학자 / **auctionéer** 경매인
036	**-EN**	① 형용사나 명사와 결합하여 **'~하게 하다, ~으로 되다'**라는 의미의 동사를 만든다.	• **hásten** 서두르다 / **fríghten** ~을 깜짝놀라게 하다
		② 물질명사와 결합하여 **'~의 성질을 가진, ~으로 만든'**이라는 뜻의 형용사를 만든다.	• **gólden** 금빛의; 귀중한 / **éarthen** 흙으로 만든; 세속의(earthly)
037	**-(E)OUS**	**'~의 성질을 가진'**이라는 형용사를 만든다.	• **zéalous** 열정적인 / **cóurageous** 용기있는
038	**-ER**	① 사람을 가리키는 명사를 나타낸다.	• **geógrapher** 지리학자 / **astrónomer** 천문학자
		② 동사와 결합하여 **'반복'**을 나타내는 동사를 만든다.	• **shíver** 떨다 / **shudder** 몸서리치다
039	**-(E)REL**	**'작은, 경멸적인'**의 뜻의 명사를 만든다.	• **wástrel** 낭비자 / **dótterel** (우둔해서 쉽게 잡히는) 물새; 바보
040	**-ERY**	① **'성질, 상태, 행위, 습관'**을 나타내는 명사를 만든다.	• **drúgery** 고된 일 / **adúltery** 간통
		② **'직업, 물건,(제조) 장소'**등을 나타내는 명사를 만든다.	• **róbbery** 강도, 약탈 / **súrgery** 외과; 수술(실)
041	**-ESCENT**	**'~하기 시작한, ~이 되는, ~의 성질의'**라는 의미의 형용사를 만든다.	• **convaléscent** 병이 차츰 나아져가는 / **obsoléscent** 쇠퇴하고 있는
042	**-ESE**	**'장소, 주민, 언어, 방언'**을 나타내는 형용사나 명사를 만든다.	• **Chinése** 중국어; 중국인(의) / **Vietnamése** 베트남 사람(의)
043	**-ESQUE**	**'~양식의, ~풍의, ~의 성질을 지닌, ~같은'** 등의 의미를 지닌 형용사를 만든다.	• **grotésque** (예술)괴상한 / **burlésque** 희작; 광시

044	**-ESS**	여성명사를 만든다.	• **wáitress** 여급, 웨이트리스 / **príncess** 공주; 왕녀
045	**-ET(TE)**	'**적은, 여성, 모조품**'을 나타내는 명사를 만든다.	• **étiquette** 예의 / **coguétte** 바람둥이 여자
046	**-(E)Y**	'**~의 성질을 가진, ~같은, ~의 경향이 있는**'의 형용사를 만든다.	• **múddy** 진흙의; 흐린 / **sléepy** 졸리는; 조용한
047	**-FOLD**	'**~의 배의, ~부분의**'라는 의미의 형용사를 만든다.	• **mánifold** 다양한, 복합의 / **twófold** 2요소가 있는; 2배의
048	**-FUL**	'**~로 가득찬,~경향이 있는**'등의 의미를 나타내는 형용사 또는 명사를 만든다.	• **hélpful** 도움이 되는 / **forgétful** 잊기 쉬운; 부주의한
049	**-(I)FY**	'**~을 만들다, ~상태를 야기하다**'라는 의미의 동사를 만든다.	• **solídify** ~을 고체로 만들다 / **pútrefy** ~을 부패시키다
050	**-HOOD**	명사와 결합하여 '**상태, 계급, 시절, 단체 · 집단**'을 나타내는 명사를 만든다.	• **chíldhood** 유년 시대 / **príesthood** 사제직; ≪집합적≫ 사제단
051	**-IA**	'**병명, 병적인 상태, 국가명, 복수**' 등을 나타내는 명사를 만든다.	• **mánia** 열광, 열중 / **média** medium(매체)의 복수형
052	**-IC**	주로 명사와 결합하여 '**~의, ~특질이 있는, ~같은**'이라는 의미의 형용사를 만든다.	• **alcohólic** 알콜성의 / **angélic** 천사의
053	**-ICAL**	'**~의, ~의 특질이 있는, ~을 포함한**' 등과 같은 의미의 형용사를 만든다.	• **económical** 검소한 / **histórical** 역사적인; 역사상 실제인
054	**-ICE**	동사나 형용사와 결합하여 '**상태, 성질**'의 뜻을 나타내는 명사를 만든다.	• **ćowardice** 겁, 비겁 / **ávarice** 탐욕
055	**-ICIAN**	-ic 로 끝나는 명사와 결합하여 '**~에 전문가**'라는 명사를 만든다.	• **musícian** 음악가 / **mortícian** 장의사
056	**-ICS**	'**예술, 학문, 연구**' 등의 명사를 만들며, 단수 취급한다.	• **económics** 경제학 / **pólitics** 정치학
057	**-IDE**	화합물의 이름을 나타낸다.	• **óxide** 산화물 / **súlphide** 황화물
058	**-IL(E)**	'**~하기 쉬운, ~같은, ~와 연관된**' 의 의미를 지닌 형용사 · 명사를 만든다.	• **frágile** 깨지기 쉬운, 약한 / **fóssile** 화석
059	**-INE**	① '**~같은, ~성질의**'의 뜻을 갖는 형용사를 만든다.	• **divíne** 신의, 신성한 / **vúlpine** 여우같은, 간사한
		② 추상명사, 여성, 화학용어, 상품명을 나타내는 명사를 만든다.	• **díscipline** 훈련, 규율 / **médicine** 약; 의학
060	**-ION**	'**동작, 상태, 결과**' 를 나타내는 명사를 만든다.	• **compléxion** 안색, 용모 / **opínion** 생각; 의견
061	**-IO(U)R**	라틴계 형용사의 비교급을 만든다.	• **inférior** 아래인, 열등한 / **supérior** 상위의; 우수한

062	-ISE -IZE	'**~이 되다, ~화(化)하다, ~을 따르다, ~을 시키다**' 의 뜻을 지닌 동사를 만든다.	• **théorize** 이론화하다 / **légalize** ~을 합법화하다)
063	-ISH	① '**~에 속하는, ~같은, ~정도인, ~의 성질을 가지는**'의 뜻을 지닌 형용사를 만든다.	• **snóbbish** 속물(근성)의 / **sélfish** 이기적인
		② 형용사나 명사와 결합하여 '**~을 만들다, ~하다**'라는 의미의 동사를 만든다.	• **abólish** (제도 · 법률 등을) 폐지하다 / **nóurish** ~을 기르다; (생각을) 품다
064	-ISM	'**행위, 상태, 특질, 병**' 등을 나타내는 명사를 만든다.	• **térrorism** 폭력 행위 / **pátriotism** 애국심
065	-IST	'~하는 사람으로 '**행위자, 추종자, 실천가, 전문가**' 등을 나타내는 명사를만든다.	• **apólogist** 변명자; 변증가 / **sócialist** 사회주의자
066	-ITE	동사와 결합하여 형용사 · 명사 · 동사를 만든다.	• **cómposite** 합성물(의) / **fávorite** 인기 있는(사람)
067	-ITIS	'**((의학))~의 염증, ~광(狂)**'을 나타내는 명사를 만든다.	• **gastritis** 위염 / **bronchítis** 기관지염
068	-ITY(-TY)	'**상태, 성질**'등을 나타내는 명사를 만든다.	• **crúelty** 잔혹, 비참 / **stupídity** 우둔; 어리석은 행동
069	-LE	'**반복되는 행위, 빈발, 적은**' 등을 나타내는 동사나 명사를 만든다.	• **scríbble** 휘갈겨 쓰다 / **fíckle** 변하기 쉬운
070	-LESS	명사나 동사와 결합하여 '**~이 없는, ~할 수 없는**'이라는 형용사를 만든다.	• **dáuntless** 불굴의, 무적의 / **cáreless** 부주의한
071	-LIKE	명사와 결합하여 '**~같은, ~와 유사한, ~비슷한**'이라는 의미의 형용사를 만든다.	• **chíldlike** 어린애 같은 / **dóglike** 개와 같은; 충실한
072	-LING	명사, 형용사, 동사와 결합하여 '**~와 관계된 것 · 사람**'이라는 명사를 만든다.	• **híreling** (경멸적) 돈 때문에 일하는 사람 / **éarthling** 인간; 속인
073	-LOG(UE)	'**특정 종류의 말**'을 나타내는 명사를 만든다.	• **díalogue** 대화 / **mónologue** 독백
074	-LOGY	'**학문 분야, 말, 이야기**' 등을 나타내는 명사를 만든다.	• **biólogy** 생물학, 생태학 / **sociólogy** 사회학
075	-LY	'**매번 일어나는, ~방식의, ~특징의, 정도, 방향**' 등을 나타내는 형용사 · 부사를 만든다.	• **schólarly** 학자의, 박식한 / **cówardly** 겁많은
076	-MAN	'**~와 관계있는 사람, ~에 사는 사람**'같은 뜻을 나타내는 명사를만든다.	• **clérgyman** 성직자, 목사 / **póstman** 우편 배달부
077	-MENT	동사와 결합하여 '**동작, 상태, 결과, 방법**' 등을 나타내는 명사를 나타낸다.	• **góvernment** 통치; 정부 / **nóurishment** 영양분
078	-MONY	'**결과, 상태, 동작**'을 나타내는 명사를 만든다.	• **téstimony** 일치, 조화 / **ácrimony** 신랄함
079	-NESS	형용사와 결합하여 '**특질, 상태, 성격**' 등을 나타내는 명사를 나타낸다.	• **dárkness** 어둠; 무지 / **sílliness** 어리석음
080	-OID	'**~같은, ~와 닮은**'이라는 의미의 형용사나 명사를 만든다.	• **húmanoid** 인간에가까운 / **cubóid** 입방형의

081	**-OR**	동사와 결합하여 '**~행위를 수행하는 사람 · 사물**'을 나타내는 명사를 만든다.	• **góvernor** 통치자 / **élevator** 엘리베이터
082	**-ORY**	동사 · 명사와 결합하여 '**~의 성질이 있는**'라는 의미의 형용사를 만든다.	• **compúlsory** 강제적인, 의무적인 / **sénsory** 감각의; 지각의
083	**-OSE, -OSITY**	'**~으로 가득찬, ~이 풍부한, ~같은**'이라는 형용사를 만든다.	• **moróse** 시무룩한 / **glóbose** 구형의
084	**-OSIS**	'**상태, 과정, 비정상적이거나 병적인 상태**' 등의 의미를 나타내는 명사를 만든다.	• **neurósis** 신경증, 노이로제 / **narcósis** 혼수 상태
085	**-PLE**	'**~ 배, ~겹**'이라는 의미의 형용사를 만든다.	• **tríple** 3중의, 3배의 / **dúple** 두배의, 이중의
086	**-RY**	'**직업, 행위, 상태, 경우, 집합, 제조 장소**' 등을 나타내는 명사를 만든다.	• **jéwelry** 보석류 / **bákery** 빵집
087	**-SCAPE** **-SCOPE**	'**광경**'의 의미를 지닌 명사를 만든다.	• **landscape** 풍경 / **séascape** 바다의 경치
088	**-SHIP**	명사나 형용사와 결합하여 '**상태, 자질, 권위, 직분, 기술**' 등을 나타내는 추상명사를 만든다.	• **schólarship** 학식; 장학금 / **chámpionship** 선수권; 우승
089	**-SOME**	명사나 형용사와 결합하여 '**~같은, ~에 적합한, ~의 경향이 있는**'이라는 형용사를 만든다.	• **lónesome** 외로운 / **méddlesome** 참견하기 좋아하는
090	**-STER**	'**~의 특질을 지닌 사람, ~와 관계된 사람**'이라는 사람 명사를 만든다.	• **spínster** 미혼 여성 / **trícksteer** 사기꾼; 마술사
091	**-TH**	형용사나 동사와 결합하여 추상명사를 만든다.	• **truth** 진리, 사실 / **faith** 신용; 신앙
092	**-TUDE**	형용사 · 동사의 과거 분사와 결합하여 '**성질, 상태**' 등을 나타내는 추상명사를 만든다.	• **áptitude** 경향; 소질 / **áltitude** 높이, 고도
093	**-ULAR** **-ULE**	'**~에 관한, ~과 닮은**'이라는 의미의 형용사를 만든다.	• **glóbular** 구형의 / **túbular** 관(모양)의
094	**-URE**	'**동작, 과정, 결과, 상태, 집합체**' 라는 뜻의 명사를 만든다.	• **législature** 입법부 / **léisure** 한가, 여가
095	**-WARD(S)**	'**방향**' 이라는 뜻의 부사 · 형용사를 만든다(wards는 주로 부사형)	• **ónward** 앞으로 / **áfterward** 뒤에; 그 후
096	**-WAYS**	형용사나 명사와 결합하여 '**과정, 위치, 방식, 주로 방향**'을 나타내는 부사를 만든다.	• **sídeways** 옆의(으로), 간접의(적으로) / **léngthways** 길게, 세로로
097	**-WISE**	'**방법, 위치, 방향, ~에 관해서**'라는 의미의 부사를 만든다.	• **clóckwise** 시계 방향으로 / **sídewise** 측면의; 간접의
098	**-WORTHY**	'**~할 만한, 안전한, ~에 적합한**' 과 같은 의미의 형용사를 만든다.	• **práiseworthy** 칭찬할 만한 / **créditworthy** 신용할 수 있는

MEMO

5

MD 우선순위 기출 어휘

+5 MD 우선순위 기출 어휘

대학 졸업수준의 각종 영어 시험 기출어휘 완전 분석- 최근 20여년의 TOEFL, TEPS, 대학원, 유학, 편입, 공무원, 고시, 입사 시험 등을 철저 분석하여 우선순위 빈도로 제시하였습니다.

★★★★★ 별 5개

각종 시험 5회 이상의 최고 출제 빈도를 보이는 왕 필수 어휘들로 절대적으로 마스터해야 할 어휘들입니다.

- **abandon** 단념[포기]하다 renounce, give up; 버리다 desert
(16 기상직 9급, 17 경찰, 02 04고려, 01 04 동국, 04 강남, 07 계명, 11 한양)
- **abstruse** 심오한, 난해한 recondite, profound
(04 07 고려, 12 서강, 14 한양)
- **abundant** 풍부한 plentiful (01 동국, 02 중앙, 03 고려, 08 경희, 15 강남)
- **accommodate** ~에게 공간[돈]을 제공하다 provide; (분쟁 따위를) 조정하다 arrange; (새로운 환경에) 적응시키다 adapt
(04 경기도 교육행정직 9급, 00 고려, 04 중앙, 05 가톨릭, 16 가천)
- **accumulate** 모으다, 축적하다 amass, pile up
(00 단국, 01 강남, 03 건국, 04, 06 중앙, 06 성균관, 15 강남)
- **adamant** 굳은, 단호한 firm, unyielding
(02 15 중앙, 04 가톨릭, 04 숭실, 13 명지, 13 인천)
- **adapt** 적응하다[시키다] adjust; 개작하다 modify
(02 04 행정자치부 9급, 02 중앙선거관리위원회9급, 11 행정안전부 9급, 10 12 상반기 지방직 9급, 13 안전행정부, 13 서울시9급, 02 고려, 04 동국, 04 세종, 08 경희)
- **adequate** 충분한 sufficient; 적절한 appropriate
(04 경기도 교육행정직 9급, 01 동국, 04 가톨릭, 06 동덕여, 04 06 고려)
- **adversity** 불운, 역경 misfortune, mishap
(05 국회사무처 8급, 03 국민, 05 덕성여, 07 계명, 09 성균관, 11 중앙)
- **affable** 상냥한 amiable, genial
(01 동덕여, 04 가톨릭, 04 단국, 05 중앙)
- **afford** 주다, 제공하다 give, provide; ~할 여유가 있다 manage
(13 경찰, 02 계명, 03 고려, 04 총신, 13 한국외)
- **affect** ~에 영향을 주다 influence; ~인 체하다 pretend
(09 13 행정안전부 9급, 05 06 중앙인사위원회 9급, 02 단국, 04 고려, 04 광운, 07 계명)
- **affection** 애정 fondness, moving, attachment
(00 09 행정자치부9급, 00 국민, 04 고려, 04 광운, 07 계명)
- **affluent** 풍부[부유]한 wealthy, abundant
(01 03 고려, 04 광운, 05 한성대, 12 서강, 13 서울여)
- **aggravate** 악화[가중]시키다 exacerbate; 화나게 하다 irritate, exasperate
(07 국회사무처 8급, 11 서울시 9급, 13 행정안전부 9급, 02 15 고려, 04 광운, 05중앙, 05 경기, 08 명지)
- **alleviate** (고통을) 경감[완화]하다 assuage, relieve
(15 지방직 9급, 02 경기, 05 중앙, 06 한성, 07 경기, 09 국민, 인천)
- **altruistic** 이타적인 charitable, unselfish
(02 성균관, 02 홍익, 04 가톨릭, 05 경기, 06계명, 08 중앙)
- **ambiguous** 불확실한, 모호한 equivocal, vague, nebulous
(01 숙명, 01 03 04 06 고려, 03 10 가톨릭, 05 경기, 05 중앙, 09 14
- **ambivalence** 양면 가치, 모순 conflicting feeling
(04 경기, 04 고려, 05 중앙, 10 인천, 16 성균관)
- **ambivalent** 양면가치의, 상반되는 equivocal
(10 서울시 9급, 02 중앙, 03 세종, 07 숙명여, 09 서강, 11 14
- **amiable** 상냥한 good-tempered
(01 고려, 04 건국, 07 성균관, 12 서울여, 17 중앙)
- **anticipate** ~을 예상[예측]하다 expect, forecast; ~을 앞당기다, 앞지르다 hasten
(00 중앙인사위원회 9급, 03 서울여, 03 강남, 04 영남)
- **antidote** 해독제 counterpoison
(10 11 15 고려, 10 중앙, 13 이화여, 13 홍익)
- **appreciate** ~의 진가를 인정하다 recognize; 이해하다 understa ~을 고맙게 여기다 thank for
(04 전북 9급, 00 법원서기보, 13 행정안전부 9급, 01 한성, 고려, 05 덕성여, 06 국민)
- **appropriate** 사유화하다 seize; (특정한 목적에) 충당하다 allot; 적당한 proper
(04 경기도 교육행정직 9급, 03 06 고려, 10 홍익)
- **arbitrary** 제멋대로인, 변덕스러운 wayward, whimsical; 전제적인 despotic
(10 14 한국외, 11 홍익, 12 숙명여, 14 고려)
- **arrogant** 거만한 haughty, insolent
(03 행자부 9급, 06 07 서울시 9급, 01 광운, 02 동덕여, 05

- **assiduous** 근면한 diligent, sedulous
(02 경기, 02 성균관, 05 고려, 05 중앙, 05 항공, 16 중앙)

- **audacious** 대담한 intrepid, bold, unrestrained
(00 고려, 00 단국, 05 중앙, 12 홍익)

- **audacity** 대담(성) boldness
(03 세종, 04 항공, 04 국민, 05 중앙, 16 경기)

- **auspicious** 길조의 propitious, favorable
(04 서울시 9급, 01 경기, 05 06 중앙, 10 가톨릭, 12 경희)

- **autonomous** 자치의 sovereign, independent
(04 중앙선관위 9급, 00 01 세종, 12 성균관, 15 한양, 15고려)

- **available** 이용할 수 있는, 구할 수 있는 accessible, attainable, obtainable
(04 행자부9급, 13 행안부, 10 경원, 10 경기, 12 가천, 13 국민)

- **avert** 피하다, 막다 ward off, forestall; (얼굴, 생각 등을) 돌리다 turn away
(17 서울시 9급, 00 고려, 01 경기, 05 13 가톨릭, 10 이화여)

- **ban** 금지; 금지하다 forbid, prohibit
(00 행정자치부9급, 01 숙명여, 02 계명, 13 상명)

- **belie** 거짓[잘못] 전하다 misrepresent; (기대, 약속 따위에) 어긋나다 break
(03 세종, 10 국민, 11 경기, 13 중앙, 16 한양)

- **benign** 친절한, 자비로운 gracious, beneficent; (병이)양성인 remediable
(03 행정자치부9급, 08 상반기 지방직 9급, 00 서울여, 01 중앙, 01 동국, 03 경희, 06 성균관)

- **bolster** 지지하다 support, boost
(04 중앙선거관리위원회 9급, 04 가톨릭, 05 경기, 06 숭실, 11 중앙, 12 서울여, 13 한국외, 15 한양)

- **breakthrough** 돌파; (과학 등의) 큰 발전, 약진 development
(04 서울시9급, 01 세종, 06 고려, 09 국민, 09 이화, 11 성균관)

- **candid** 솔직한 frank, outspoken
(06 중앙인사위원회 9급, 10 국가직 9급, 행정안전부 9급, 00 고려, 02 동국, 03 경기)

- **candor** 솔직함 frankness
(09 행정안전부 9급, 00 경원, 고려; 02 성균관; 04 가톨릭; 10 서울여)

- **capricious** 변덕스러운 changeable, fickle
(04 중앙, 10 12 경희, 12 국민, 이화여)

- **chronic** (병이) 만성적인 deep-seated; 상습적인 habitual
(01 02 고려, 02 세종, 06 성균관, 10 경원)

- **commit** (범죄 따위를) 저지르다 perpetrate; 약속하다 promise; 맡기다 entrust
(04 전북 9급, 07 중앙인사위원회 9급, 13 행정안전부, 14 경찰직 1차, 07 국민)

- **complacent** 자족해 하는 self-satisfied, self-contented, content; 무관심한 uninterested
(12 국가 9급, 11 12 행안부 9급, 04 가톨릭, 06 경희, 15 고려)

- **comply** (~에) 따르다 agree, assent
(01 가톨릭; 03 성균관; 05 홍익, 아주; 06 국민; 12 경희)

- **comprehensive** 포괄적인 general; 이해력이 있는 intelligent
(00 02 세종, 03 단국, 05 중앙, 12 홍익)

- **compromise** 타협 arrangement; 타협하다 meet halfway; (명예를)실추시키다 dishonor
(06 중앙인사위원회 9급, 07 서울시 9급 , 01 세종, 03 고려, 05 중앙, 06 건국, 06 경희, 07 동국, 14 경희, 15 한양)

- **condense** (사물 또는 문장을) 압축하다 compress, summarize; (기체, 액체가 냉각에 의해 압축되어) 액화[고체화]되다
(00 고신, 01 숙명여, 01 가톨릭, 06 항공, 06 건국, 13 고려)

- **conduct** ~를 안내[인도]하다 guide; 행동[처신]하다 behave; 행동, 품행 behavior; 수행, 관리 management
(06 중앙인사위원회 9급, 06 13 서울시 9급, 01 중앙, 04 광운, 04 한양)

- **contentious** 논쟁의 여지가 있는 arguable, 논쟁하기 좋아하는 quarrelsome
(01 02 중앙, 06 한양, 08 경희, 09 서울여, 12 경희)

- **critical** 비평의, 비판적인 fault-finding, pejorative, dyslogistic; 위기의, 중대한 crucial, important
(00 02 03 행정자치부 9급, 05 대구시 9급, 13 제 1회 지방직 9급, 00 고려, 03 영남, 05 중앙, 07 가톨릭, 13 가천)

- **curtail** 줄이다 reduce, shorten
(05 가톨릭, 09 고려, 10 덕성여, 10 성균관, 14 한국외)

- **deceive** 속이다 cheat, delude
(16 사회복지직 9급, 00 행정자치부 세무직 9급, 01 법원서기보,07 중앙인사위원회 9급, 10 동국)

- **decline** (쇠)약해지다 weaken; ~을 거절하다 refuse, turn down; 쇠퇴, 감소 decrease
(01 계명, 03숭실, 05 한성, 11 덕성여, 14 경희)

- **destitute** 빈궁한, 빈곤한 indigent, needy, impoverished; ~이 없는 devoid, lacking
(16 국회사무처 9급, 04 07 단국, 07 동국, 10 이화여)

- **deteriorate** (가치, 품질 따위를) 떨어 뜨리다[지다] depreciate, degenerate
(18 서울시 9급, 01 14성균관, 02 한국외, 03 세종, 04 중앙, 04 경기, 05 가톨릭, 06 경희, 16 가톨릭, 18 이화여)

★★★★★ 별 5개

각종 시험 5회 이상의 최고 출제 빈도를 보이는
왕 필수 어휘들로 절대적으로 마스터해야 할 어휘들입니다.

- **detrimental** 해로운 injurious, mischievous, pernicious, 불리한 prejudicial
  (01 계명, 02 숭실, 03 13 경희, 06 숙명여, 10 국민, 16 18 한국외)
- **devastate** 황폐화하다 ravage; (정신적으로) 압도하다 overwhelm
  (03 숭실, 04 건국, 04 단국, 07 서울여, 07 명지, 13 국민)
- **dire** 무시무시한, 극심한 terrible
  (05 중앙, 08 09 경희, 09성균관, 11 가톨릭, 12 명지, 13 이화여)
- **discreet** (말, 행동에 있어서) 신중한, 조심스러운 prudent, heedful , 분별 있는
  (15 경찰, 00 01 고려, 02 중앙, 11 서울여, 15 항공, 18 이화여)
- **dismiss** 해산시키다 dispel; 해고하다 fire, sack
  (04 중앙선거관리위원회 9급, 03 고려, 04 서울여, 11 한양, 12 동국, 15 강남)
- **disperse** 흩뜨리다 scatter; 퍼뜨리다, 보급하다 distribute, circulate
  (02 상명, 02 건국, 04 고려, 04 세종, 05 중앙, 06 한국외)
- **disseminate** (사상, 소식을) 퍼뜨리다, 유포시키다 diffuse, propagate
  (10 행정안전부 9급, 04 06 경희, 05 한국외, 10 단국)
- **distinction** 탁월성; 두각 separation
  (00 법원서기보, 13 제 1회 지방직, 01 가톨릭, 02 한국외, 05 고려, 06 성균관)
- **distinguish** ~을 구별[식별]하다 discern; 두각을 나타내다
  (15 사회복지직 9급, 05 중앙, 05 덕성여, 09 세종, 16 경기)
- **distort** 비틀다, 일그러뜨리다 contort, deform; 왜곡[곡해]하다 pervert
  (01 중앙, 17 국회직 9급,02 경기, 05 가톨릭, 06 고려, 12 덕성여)
- **distract** (마음, 주의를) 딴 데로 돌리다, 어지럽히다 divert; ~을 즐겁게 하다 entertain, amuse
  (04 중앙선거관리위원회 9급, 10 행정안전부 9급, 02 경기, 03 숭실, 05 중앙, 05 고려)
- **distraction** 주의를 딴 데로 돌리기, 방해 hindrance; 기분 전환 entertainment
  (05 대구시 9급,06 서울시 9급, 01 경기, 03 건국, 06 고려, 12 홍익)
- **docile** 유순한 obedient, submissive
  (03 07 국민, 05 중앙, 05 12 성균관, 06 건국, 11 경희)
- **dormant** 잠자는, 휴면의 lethargic
  (04 행정자치부 9급, 00 명지, 02 10 고려, 04 06 경희, 05 10 서울여, 06 가톨릭, 07 숭실, 08 강남, 09 세종, 10 동국, 14 성균관, 16 한국외)
- **elaborate** 공들인, 정교한 exquisite; 공들여 만들다; 상세히 설명하다 expound
  (00 법원서기보, 08 행정안전부 9급, 04 중앙, 04 건국, 11 경희, 13 이화여)
- **eligible** 적격의, 적임의 competent, qualified
  (02 광운, 04 건국, 06 경희, 07 11 가톨릭)
- **eliminate** 제거하다, 근절하다 get rid of
  (03 법원서기보, 04 행정자치부 9급, 06 중앙인사위원회 9급, 07 계명, 08 덕성여, 12 홍익, 13 15 서울여)
- **emulate** 경쟁하다 compete; 모방하다 imitate, mimic
  (09 행정안전부 9급, 14 서울시 9급, 04 동국, 04 서강, 05 경기, 06 11 경희, 13 서울여)
- **endorse** 이서하다 back; 승인[인정]하다 sanction, uphold
  (04 서울시 9급, 03 서강, 03 광운, 03 홍익, 03 단국, 03 동덕여, 06 세종, 15 강남)
- **enhance** 높이다, 향상시키다 heighten, exalt; 강화하다 reinforce
  (00 법원서기보, 11 국가직 9급, 13 안전행정부, 01 고려, 06 세종, 14 한국외, 15 강남)
- **enigma** 수수께끼(같은 사람) puzzle, riddle
  (01 05 중앙, 06 동덕여, 06고려)
- **ephemeral** 일시적인 transitory, fleeting
  (00 10 고려, 02 동국, 03 세종, 04 중앙, 09 한국외, 10 상명, 14 한양, 14 이화여)
- **eradicate** 근절하다 extirpate, root up
  (03 성균관, 03 광운, 04 건국, 11 국민, 15 서울여)
- **erudite** 박식한, 학식 있는 learned, scholarly
  (00 대구, 00 강남, 01 고려, 04 가톨릭, 10 국민, 13 가천, 14 경희)
- **eschew** (싫어서) 피하다 shun, avoid
  (04 고려, 06 중앙, 07 서울여, 12 중앙, 16 명지, 17 이화여)
- **evacuate** 대피[철수]시키다 withdraw, vacate, desert
  (03 고려, 12 명지, 13 한국외, 13 성균관)
- **exacerbate** (고통, 병, 화 따위를) 악화시키다, 더하게 하다 make worse, aggravate
  (11 서울시 9급, 17 경찰, 05 가톨릭, 10 상명, 11 14 고려,13 명지, 14 한양, 15 서강)

- **exhaustive** 전면적인, 철저한 sweeping, thorough
ad. exhaustively
(03 고려, 04 동국, 06 건국, 10 동덕여, 12 숙명여, 11 15 중앙)

- **extensive** 광범위한, 넓은 affluent, broad
(02 행정자치부 9급, 01 07 가톨릭, 03 건국, 09 명지)

- **extinction** 전멸, 소등; 폐지
(01 법원서기보, 04 경기도 교육행정직 9급, 02 건국, 01 가톨릭, 03 세종, 08 덕성여, 13 한양)

- **extraneous** 외부로부터의, 밖의 external;
관계[관련]없는 irrelevant
(02 계명, 05 중앙, 10 홍익, 10 한국외, 11 세종)

- **feasible** 실행할 수 있는 practicable, possible, attainable
(04 서울시 9급, 10 상반기 지방직 9급, 01 가톨릭, 04 명지, 10 광운, 13 가천)

- **flourish** 번창[번영]하다 prosper
(04 경기도 교육행정직 9급, 06 중앙인사위원회 9급, 03 중앙, 05 덕성여, 06 건국, 06 경희, 11 경기, 11 서울여)

- **fluctuate** 변동하다 vacillate, vary
(11 사회복지직 9급, 01 국민, 01 동덕여, 01 성균관, 02 세종, 03 건국, 12 서울여)

- **forge** 위조하다 counterfeit; 형성하다 form
(15 경찰, 04 광운, 05 가톨릭, 06 동아, 13 서울여)

- **formidable** 끔찍한 dreadful;
가공할 만한 awesome, difficult to defeat
(04 행정자치부 9급, 11 국회사무처 9급, 01 고려, 07 중앙, 08 경원, 11 이화여, 13 서울여, 16 한국외)

- **fortuitous** 우연한 accidental, unexpected; 운 좋은 fortunate
(01, 06 고려, 06 국민, 07 08 성균관, 14 경희)

- **fragile** 깨지기 쉬운 breakable, brittle
(04 행정자치부 9급, 05 국회사무처 8급, 05 중앙인사위원회 9급, 14 사회복지직 9급, 00 인천)

- **futile** 소용없는 inefficient, worthless
(16 국가직 9급, 02 경희, 02 성균관, 02 한국외, 03 고려, 04 세종, 04 단국, 08 덕성, 08 명지, 09 서강, 11 경기)

- **generous** 관대한 benevolent, lenient
(06 서울시 9급, 02 홍익, 04 고려, 09 세종)

- **genuine** 진짜의, 진품인 authentic; 진실된, 참된 sincere
(00 행정자치부 9급, 01 동덕여, 02 홍익, 03 09 성균관)

- **gregarious** 군집성의 clustered; 사교적인 sociable
(01 가톨릭, 02 경기, 09 단국, 12 중앙, 15 서강, 14 한양)

- **habitat** 서식지 environment, home, 주소
(01 삼육, 01 가톨릭, 03 계명, 13 서강, 15 항공)

- **hamper** 방해하다 obstruct, hinder
(16 서울시 7급, 02 세종, 04 05 고려, 11 세종,12 경기, 14 이화여)

- **hereditary** 유전적인 genetic, 세습적인
(04 국회사무처 8급, 01 가톨릭, 06 경희,09 한양)

- **homogeneous** 동종의, 동일성의 similar, analogous
(02 덕성, 02 06 성균관, 07 서울여, 18 이화여)

- **hostile** 적의 있는 unfriendly, ill-disposed
(02 행자부 9급, 06 서울시 9급, 01 동국, 01 중앙, 04 성균관)

- **imminent** 절박[긴급]한 impending, pressing
(00 덕성여, 02 광운, 02 고려, 06 중앙)

- **immune** 면제[면역]된 exempt, free; 면제[면역]자 exempt
(01 세종, 01 중앙, 02 고려 02 13 국민, 14 경희)

- **immutable** 변경할 수 없는, 불변의 unchangeable, immovable
(15 지방직 7급, 00세종, 01 단국, 09 경희, 15 국민)

- **impair** 손상시키다, 해치다 damage, undermine
(04 경기, 04 고려, 06 한국외, 10 서강, 12 항공)

- **impartial** 공평한, 편견 없는 fair, unbiased
(00 세종, 01 05 고려, 01 홍익, 02 동덕여, 03 광운, 08 경원, 10 경희, 11 경원)

- **impeccable** 결함[흠]없는 flawless, faultless
(00 단국, 00 01 03 08 고려, 03 광운, 07 성균관, 10 서울여)

- **impending** 절박[임박]한 imminent, exigent
(00 단국, 00 대구, 10 12 경기)

- **impetuous** 맹렬한, 충동적인, 성급한 hasty, impulsive
(15 경찰, 00 경기, 03 광운, 06 세종, 09 이화여, 13 서울여)

- **implement** 도구 tool, instrument;
실행[이행]하다 carry out, fulfill
(04 경기도 교육행정직 9급, 06 중앙인사위원회 9급, 11 국가직 9급, 02 중앙, 03 경기, 03 성균관, 06 중앙, 11 명지, 11 덕성여, 14 이화여)

- **impromptu** 즉석[즉흥]의 improvised, extemporaneous;
즉석으로 offhand
(11 국회사무처 9급, 01 고려, 01 동덕여, 06 건국, 09 한양)

- **improvise** 즉석으로 하다[만들다] extemporize, ad-lib,
임시변통하다 (18 기상직 9급, 05 서울여, 06 동국, 08 단국, 09 이화여, 13 국민, 18 한국외)

- **inactive** 활동적이지 않은 dormant, torpid
(02 경희, 05 중앙, 09 세종, 14 성균관)

- **inadvertently** 부주의하게, 우연히,
무의식중에 accidentally, unintentionally
(06 국민, 06 성균관, 12 한국외, 13 국민, 16 경기)

★★★★★ 별 5개

각종 시험 5회 이상의 최고 출제 빈도를 보이는
왕 필수 어휘들로 절대적으로 마스터해야 할 어휘들입니다.

- **incompatible** 양립할 수 없는 inconsistent, incongruent
(01 중앙, 02 경희, 03 서강, 15 동덕여)

- **incorporate** 통합[합병]하다, 포함시키다 include; 구체화하다
(11 행정안전부 9급, 01 가톨릭, 09 중앙, 10 덕성여, 15 한양, 18 이화여)

- **indelible** 지울 수 없는 ineffaceable, permanent, unerasable
(01 행정자치부 9급, 02 중앙선거관리위원회 9급, 17 기상직 9급, 00 강남, 00 고려, 01 세종, 08 경희, 09 경기, 09 대구, 13 동국)

- **indifferent** 무관심한 uninterested, uninvolved
(02 국민, 03 광운, 06 09경희, 15 강남)

- **indigenous** 토착의 native, aboriginal
(18 국가직 9급, 01 동덕여, 02 숭실, 02 국민, 04 단국, 06 건국, 10 경기)

- **indispensable** 없어서는 안 될 essential, vital
(01 경기, 03 숭실, 09 이화여, 13 명지)

- **inevitable** 피할 수 없는, 필연적인 unavoidable, fated
(02 06 성균관, 03 숭실, 04 06 고려, 13 경희, 13 15 국민)

- **infuriate** 격노[격분](하게)하다 enrage, incense
(07 국회사무처 8급, 12 국회사무처 9급, 00 고려, 00 동국, 04 성균관, 13 국민)

- **initial** 처음의, 최초의 incipient, inchoate
(03 가톨릭, 03 숭실, 05 계명, 05 서울여, 06 세종, 08 경희, 16 광운)

- **innate** 타고난, 선천적인 natural, inborn
(12 경찰, 04 광운, 05 중앙, 10 숙명여, 13 서울여, 14 경희, 15 동덕여)

- **insatiable** 만족할 줄 모르는, 탐욕스러운 insatiate,greedy, unquenchable, insuppressible
(00 행정자치부 세무직 9급, 14 지방직 9급, 01 서울여, 04 가톨릭, 13 한국외, 13 이화여)

- **insecure** 불안정한, 위태로운 precarious
(02 중앙선거관리위원회 9급, 04 국회사무처 8급, 13 행정안전부 9급, 10 동국)

- **insipid** 맛없는 unpalatable;
(성격이나 이야기가) 재미없는, 지루한 dull, boring
(01 02 고려, 02 서울여, 04 건국, 05 한성, 05 중앙, 08 경희, 13 가천)

- **inspire** 영감을 주다, 고무[격려]하다 encourage, uplift
(06 중앙선거관리위원회 9급, 12 사회복지직 9급, 13 안전행정부, 18 기상직 9급, 04 고려, 06 동덕여)

- **intrepid** 용맹스러운, 대담한 dauntless, audacious
(06 서울시 9급 , 00 대구, 08 서울여, 10 성신여)

- **inundate** 범람[침수]시키다 overflow, deluge,
쇄도하다 overwhelm, flood, engulf
(02 숭실, 06 세종, 07 중앙, 11 경희)

- **invaluable** 매우 귀중한 priceless, precious
(01 강남, 03 세종, 03 13 가톨릭)

- **legitimate** 합법적인, 정당한 justifiable, reasonable, proper
(00 동국, 03 가톨릭, 03 서강, 11 경기)

- **lenient** 관대한, 너그러운 generous, merciful, tolerant
(07 국회사무처 8급, 02 고려, 05 강남, 11 가톨릭, 11 경원)

- **lethargic** 나른한 indolent ,
무기력한, 활발하지 못한 apathetic, inactive
(02 10 경희, 03 05 중앙)

- **lucrative** 수지맞는 profitable, well-paying
(03 행정자치부 9급, 06 중앙선거관리위원회 9급, 01 중앙, 04 단국, 05 한성, 11 덕성여, 13 한양)

- **mandatory** 강제[의무]적인 obligatory, prescribed, compulsory
(01 02 03 행정자치부 9급, 00 대구, 03 국민, 06 서강, 06 동국, 08 광운, 08 명지, 09 12 경희, 17 성균관)

- **manifest** 명백한 apparent; 분명히 보여주다 show, display
(01 숙명여, 03 영남, 04 서강, 06 성균관, 08 명지, 12 경기)

- **material** 재료, 요소; 물질의, 중요한 crucial, significant
(04 행정자치부 9급, 05 대구시 9급, 13 행정안전부 9급, 01 (세종, 04 고려, 04 중앙, 13 가천)

- **meticulous** 세심[꼼꼼]한 precise, particular, fastidious, accurate
(01 06 고려, 03 경기, 05 덕성여, 06 세종, 07 숭실, 07 동국, 1 성균관, 13 명지, 18 성균관)

- **mitigate** 완화시키다 soften, soothe
(06 서울시 9급, 12 상반기 지방직 9급, 10 이화여, 14 한양, 1 서강, 16 한국외, 17 중앙)

- **mundane** 세속적인 earthly, worldly;
평범한, 흔히 있는 ordinary
(13 서울시 9급, 01 세종, 03 고려, 05 덕성여, 05 중앙, 07 성균관, 14 한양)

- **nebulous** 성운(모양)의, 흐린, 애매한 ambiguous
(08 경원, 09 14 이화여, 10 한국외, 12 경희, 13단국)

- **neglect** 게을리 하다, 소홀히 하다, 간과하다 slack, disregard; 무시, 태만
(00 행정자치부 9급, 01 법원서기보, 13 제1회 지방직, 00 세종, 05 고려, 13 광운)

- **negligible** 무시해도 좋은, 사소한 unimportant, trivial
(04 행정자치부 9급, 03 건국, 04 14 고려, 07 서울여, 10 숙명여)

- **notorious** 악명 높은 infamous, opprobrious
(17 경찰, 00 영남, 00 경기, 01 숙명, 08 건국)

- **obligation** 의무 duty, compulsion
(04 국회사무처 8급, 06 중앙선거관리위원회 9급, 01 성균관, 02 고려, 10 서울여)

- **oblivious** 잘 잊어버리는 forgetful, unheeding, unaware
(01 가톨릭; 02 국민, 중앙; 04 고려; 11 홍익)

- **obscure** 애매한 vague, cryptic; 잘 알려지지 않은, 무명의 unknown; 숨기다 conceal
(15 경찰, 16 국회사무처 9급, 00 01 04 11 고려, 00 건국, 02 03 13 경희, 05 한국외, 09 세종, 09 경기, 15 강남)

- **obsolete** 지금은 쓰이지 않는, 구식의 out of date, outmoded, outdated
(13 지방직 9급, 01 가톨릭, 02 동국, 02 중앙, 06 한성, 06 단국, 09 경희, 11 한국외, 14 경희, 15 국민)

- **obvious** 명백한 apparent, noticeable; 이해하기 쉬운
(04 전북 9급, 05 대구시 9급, 01 05 중앙, 03 성균관, 04 세종, 07 고려, 18 이화여)

- **ominous** 불길한, (구름 등이) 험악한 threatening, unpromising
(01 가톨릭, 01 03 05 고려)

- **palpable** 뚜렷한, 명백한 obvious
(05 영남, 10 12 경희, 13 서울여, 14 중앙, 17 이화여)

- **perfunctory** 형식적인, 기계적인 superficial, mechanical, unwilling, cursory (05 중앙, 06 동국, 06 세종, 10 이화여, 17 서강)

- **perpetuate** 영속화하다 make something permanent, maintain
(11 기상직 9급, 05 고려, 05 중앙, 08 세종, 13 경희, 17 한국외)

- **persistent** 고집스런, 집요한 obstinate; 계속되는 continuous
(02 성균관, 07 숙명여, 08 경희, 09 명지, 13 한양, 15 항공)

- **pertinent** (주제와) 관련된, 적절한 relevant, suitable
(02 경희, 02 성균관, 04 덕성여, 05 중앙, 07 삼육, 09 광운, 09 고려)

- **pervasive** 널리 퍼진, 만연한 widespread, prevalent
(11 서울시 9급, 00 건국, 00 세종, 04 광운, 06 숭실, 07 단국, 08 성균관, 10 서울여)

- **plight** 궁지, 곤경 hardship, predicament
(09 행정안전부 9급, 11 서울시 9급, 02 05 중앙, 03 09 단국, 07 광운, 07 12 경희, 10 서강, 13 이화여)

- **potential** 가능한, 잠재하는 possible; 가능성, 잠재(능)력 possibility
(00 법원서기보, 04 서울시 9급, 행정자치부 9급, 06 중앙인사위원회 9급, 07 중앙인사위원회 9급, 13 행정안전부 , 제 1회 지방직, 01 02 고려, 06 성균관, 06 동덕여)

- **precarious** 불안정한 unsteady, unstable, 불확실한, 위험한 hazardous, insecure, perilous
(12 경찰, 16 경찰, 02 가톨릭, 04 06 고려, 04 덕성여, 05 경기, 05 07 17 중앙, 06 항공, 06 건국, 09 이화여, 13 명지, 16 국민)

- **prevalent** 만연된 pervasive, popular, widespread
(06 중앙인사위원회 9급, 18 기상직 9급, 01 서울여, 03 덕성, 03 세종, 04 광운, 10 성신여)

- **profound** 심오한, 난해한 abstruse, recondite
(04 서울시 9급, 05 중앙인사위원회 9급, 03 성균관, 03 숭실, 06 국민, 13 상명)

- **prolific** 다산의, 다작의 productive, fertile
(02 경희, 03 서강, 04 세종, 12 홍익, 15 서울여, 16 명지)

- **prominent** 돌출한 protruding; 눈에 띄는, 탁월한 outstanding, noticeable
ad. prominently
(02 고려, 06 성균관, 10 경희, 10 세종, 11 경기)

- **promote** 승진시키다 elevate; 홍보[촉진]하다, 조장하다 advertise
(05 국회사무처 8급, 06 중앙선거관리위원회 9급, 13 행정안전부 9급, 서울시 9급, 02 동아)

- **put off** 연기하다, 제거하다 delay
(02 광운, 02 성균관, 03 명지, 06 건국, 09 광운, 10 경기)

- **radical** 급진적인, 과격한
(01 05 중앙, 04 세종, 06 경희, 07 숙명여, 13 고려)

- **ratify** 비준하다 approve, authorize, endorse
(04 국회사무처 8급, 00 경기, 06 경희, 06 세종, 10 광운, 11 성신, 12 서강, 13 경희)

- **redundant** 과잉의 superfluous, inessential; 장황한 repetitious
(02 중앙, 07 성균관, 08 건국, 13 한국외)

- **reiterate** 반복하다 repeat, restate
(00 건국, 04 서강, 10 12 국민)

- **release** 방면하다 set free; 발표하다 distribute; 석방, 방출, 발매 discharge
(04 행정자치부 9급, 14 경찰직 2차, 00 단국, 01 동국, 01 중앙, 05 강남, 09 경희, 18 이화여)

★★★★★ 별 5개

각종 시험5회 이상의 최고 출제 빈도를 보이는 왕 필수 어휘들로 절대적으로 마스터해야 할 어휘들입니다.

- **relevant** (당연한 문제에) 관련된, 적절한 proper, pertinent
(02 성균관, 04 광운, 05 세종, 06 고려, 12 숙명여)

- **relinquish** 포기[양도]하다, 단념하다 abandon, surrender
(03 단국, 04 고려, 05 경원, 07 경기, 08 강남, 16 한국외)

- **reluctant** 싫어하는, 꺼리는 hesitant, unwilling
(13 서울시 9급, 00 건국, 01 서울여, 03 세종, 15 한양)

- **resentment** 적의, 분노 indignation, anger
(06 서울시 9급, 01 06 13 중앙, 04 건국, 13 광운, 14 이화여)

- **resolve** 결심하다 determine; 해결하다 settle;
결심, 결의 determination
(04 국회사무처 8급, 11 상반기 지방직 9급, 11 경찰, 15 사회복지직 9급)

- **resume** 재개하다 renew, restart, recommence;
이력서 curriculum vitae
(01 경기, 08 덕성여, 11 명지, 13 한국외)

- **retain** 유지[간직]하다 hold, remember
(07 국회사무처 8급, 중앙인사위원회 9급, 행정자치부 9급, 02 고려, 08 경희, 12 국민)

- **reveal** ~을 드러내다 disclose, divulge
(06 중앙인사위원회 9급, 15 기상직 9급, 04 12 고려, 04 성균관, 08 경희)

- **sanguine** 혈색이 좋은 red; 낙관[낙천]적인 optimistic, buoyant
(02 성균관, 04 세종, 06 단국, 06 계명, 08 경기, 15 서강)

- **scarce** (식량, 생활필수품이) 부족한, 모자라는 deficient, insufficient, 드문, 진귀한 rare
(06 서울시 9급, 11 12 지방직 9급, 03 강남, 03 건국, 04 세종, 08 계명, 10 성신여, 15 항공)

- **scrutinize** 정밀히 조사하다 examine, probe
(09 상반기지방직 9급, 00 명지, 02 중앙, 05 13 고려, 11 경희)

- **scrutiny** (매우 정밀한) 조사 close examination, analysis;
감시, 감독
(09 상반기지방직 9급, 00 명지, 02 중앙, 05 13 고려, 11 경희)

- **secular** 세속적인 worldly, mundane
(01 단국, 04 명지, 04 총신, 10 국민)

- **sedentary** 앉아 있는 inactive; 앉아서 하는 immobile
(02 10 중앙, 08 서울여, 10 숙명여, 13 경기, 15 서울여, 16 한국외)

- **sensible** 현명한 reasonable, wise;
눈에 띌 정도로, 상당한 considerable
(00 법원서기보, 행정자치부 9급, 13 안전행정부 ,14 기상직 9급, 01 02 동국, 02 단국, 07 한양, 17 한국외)

- **sensitive** 민감한, 과민한, 감각이 예민한 susceptible, touchy
(00 법원서기보, 13 안전행정부, 01 가톨릭, 13 동국)

- **sluggish** 게으른, 동작이 느린 languid, lethargic
(08 하반기 지방직 9급, 00 건국, 09 경희, 09 세종)

- **sophisticated** 세련된 cultured; 정교한; 소박한 데가 없는, 닳고 닳은
(02 05 중앙, 04 고려, 10 경희, 12 한국외, 15 서울여)

- **specific** 특정한, 명확한 certain, definite
(00 법원서기보, 13 안전행정부, 01 고려, 02 중앙, 02 세종, 09 한국외)

- **spontaneous** 자발적인 improvised, voluntary;
자연발생적인 natural, 충동적인
(04 11 명지, 12 동국, 13 인천)

- **sporadic** 간헐적인 intermittent, occasional
(00 경기, 00 세종, 02 성균관, 03 고려, 06 중앙, 07 숭실, 12 항공, 17 이화여)

- **stimulate** 자극하다, 고무시키다 promote, incite
(07 국회사무처 8급, 중앙인사위원회 9급, 02 숙명여, 02 동국 03 서강, 11 고려, 11 중앙)

- **stringent** 엄격한 strict, rigorous
(02 중앙선거관리위원회 9급, 05 중앙인사위원회 9급, 02 03 중앙, 06 고려, 07 한국외, 10 광운, 16 경기)

- **substantiate** 증명[입증]하다 verify, corroborate, affirm;
구체[실체]화하다 embody
(02 건국, 02 중앙, 02 서울여, 03 고려, 04 07 성균관, 09 서강)

- **subversive** 전복하는, 타도하는 rebellious, seditious
(01 단국, 07 09 15 고려, 14 한양, 16 가천)

- **superfluous** 여분의, 불필요한 unnecessary, redundant
(01 국민, 03 건국, 03 08 고려)

- **surge** 큰 파도 billow; (감정의) 격동 outburst;
(파도가) 요동치다 billowt;
(군중, 물가 따위가) 쇄도[급등]하다 rush, pour, increa
12 서울시, 기상직 9급, 07 국회사무처 8급, 07 명지, 10 덕성여, 15 고려)

- **surpass** ~보다 낫다, 초월하다 excel, transcend
(04 광운, 11 이화여, 11 경희, 13 서울여)

- **susceptible** 영향 받기 쉬운 sensitive, vulnerable; 민감한 sensitive
(09 국가직 9급, 행정안전부 9급, 06 가톨릭, 09 단국, 12 서강, 15 건국, 15 한양, 16 한국외)

- **sustain** ~을 유지[지탱]하다 maintain;
(부상, 손해 따위를) 입다, 겪다 suffer
(01 서울여, 06 숭실, 07 단국, 15 국민, 16 경기)

- **tangible** 만질 수 있는, 구체적인 substantial, recognizable
(01 숙명여, 02 경희, 03 가톨릭, 03 고려, 06 항공)

- **tedious** 지루한 boring, dull
(01 국민, 01 영남, 01 03 고려, 03 숭실, 03 상명, 05 경기, 15 강남)

- **tenacious** 완강한 stubborn, persistent
(00 경기, 04 세종, 05 고려, 10 경기, 15 한국외)

- **tenuous** 얇은, 가는 thin; 빈약한 insignificant, unsubstantial
(00 02 세종, 11 단국, 11 17 이화여)

- **thrive** 번영하다 flourish, prosper, 성공하다
(07 국회사무처 8급, 00 경기, 04 세종, 05 서강, 07 동아, 08 고려)

- **thwart** 방해하다 frustrate, hinder
(03 12 고려, 06 한성, 07 경원)

- **transitory** 일시적인, 덧없는 passing, volatile, fleeting
(02 계명, 11 이화여, 15 서강, 15 동덕여)

- **trigger** 방아쇠; 유발하다 set off, cause
(00 행정자치부 9급, 07 국회사무처 8급, 02 세종, 05 가톨릭)

- **trivial** 하찮은 unimportant, trifle
(00 홍익, 02 동국, 03 06 고려, 04 영남, 08 경원, 09 명지, 10 숙명여)

- **undermine** (~의) 밑을 파다, (명성 따위를) 손상시키다, 약화시키다 spoil, weaken
(02 한국외, 04 동국, 05 06 고려, 06 경희, 08 09 중앙, 09 가톨릭, 13 단국)

- **verify** (진실, 사실임을) 확인하다 confirm, prove
(12 13 행정안전부 9급, 18 경찰, 00 건국, 02 고려, 04 세종)

- **versatile** 다재다능한 protean, multi-faceted,
다용도의 proficient, many-sided
(06 서울시 9급, 13 기상직 9급, 00 강남, 01 세종, 04 광운, 05 11 중앙, 06 성균관, 09 명지, 10 경기, 13 경희, 10 15 서울여)

- **voracious** 게걸스러운 ravenous, hungry, gluttonous;
열성이 대단한
(04 국회사무처 8급, 03 경기, 05 중앙, 14 16 한국외)

- **vulnerable** (비난 등을) 받기 쉬운, 취약한 susceptible, precarious
(03 행정자치부 9급, 12 경찰, 00 인천, 00 한성, 00 03 건국, 01 중앙, 03 국민, 04 세종, 06 경희, 13 경기)

- **wary** 조심성 있는 careful, cautious
(02 광운, 03 계명, 06 경희, 07 11 명지, 14 성균관)

★★★★☆ 별4개

각종 시험4회 이상의 최고 출제 빈도를 보이는 어휘들로 언제든지 반복 출제 될 수 있는 최고로 중요한 단어들입니다.

- **abhor** (매우) 혐오하다 detest, abominate
(11 국회사무처 9급, 03 세종, 04 광운, 06 성균관)

- **abjure** (신념, 권리 따위를 공개적으로) 버리다 forswear
(06 서울시 9급, 12 고려, 13 중앙, 15 서강)

- **abolish** (특히 오래된 제도나 관습 따위를) 폐지하다 abrogate, eliminate
(06 서울시 9급, 01 고려, 02 명지, 04 경희)

- **abstract** 추상적인 unreal; 발췌[요약]하다 summarize
(04 06 고려, 06 항공, 12 동덕여)

- **abuse** 남용(하다) misuse; (특히 아동을) 학대(하다) maltreat;
욕(하다) maltreat
(07 중앙인사위원회 9급, 06 중앙, 07 건국)

- **acclaim** ~에게 갈채를 보내다, 환호하며 맞이하다 applaud;
환호, 갈채 plaudit
(00 고려, 03 세종, 03 경기, 14 서강)

- **accomplice** 공범자 accessory, confederate, collaborator
(00 동국, 05 단국, 09 국민, 11 경희, 13 인천)

- **accountable** 책임이 있는 responsible, liable
(03 중앙, 03 동국, 08 경원)

- **adept** 숙련된, 능숙한 proficient, adroit; 전문가, 달인 expert
(11 지방직 9급, 06 고려, 06 중앙, 15 동덕여)

- **adjacent** 근접[인접]한 contiguous, adjoining
(00 경기, 01 대구, 06 중앙)

- **adroit** 능숙한, 재치 있는 dexterous, light-handed
(05 서강, 12경희, 13 단국, 14 중앙)

- **adverse** 반대의, 역의 opposite, contrary; 불리한 unfavorable
ad. adversely
(16 지방직 9급, 00 고려, 06 건국, 11 경희)

★★★★☆ 별 4개

각종 시험4회 이상의 최고 출제 빈도를 보이는 어휘들로 언제든지 반복 출제 될 수 있는 최고로 중요한 단어들입니다.

- **affliction** 고통, 괴로움 malady, woe
(00 고려, 02 성균관, 06 중앙, 10 서울여)
- **aftermath** 결과, 여파 outcome, result
(01 상명, 06 경희, 15 서울여)
- **agile** 민첩한, 기민한 quick-moving, nimble, 머리가 좋은 clever, bright
(07 서울시 9급, 04 경기, 12 서강)
- **agitate** 자극하다, 동요하게 하다 upset, stir, roil
(04 국회사무처 8급, 04 경기, 13 단국)
- **agreeable** 마음에 맞는, 인상이 좋은 congenial, pleasant
(03 04건국, 04 세종, 15 동덕여)
- **alert** 기민한; 정신을 바짝 차리고 있는 vigilant ; 경계태세
(04 국회사무처 8급, 10 단국, 13 이화여, 16 가천)
- **alienate** 소외하다, (사이가) 소원하게 하다 estrange
(09 행정안전부 9급, 02 광운, 06 건국, 10 이화여, 12 명지)
- **alternate** 교대의, 번갈아 하는; 교체하다
(05 국회사무처 8급, 13 제 1회 지방직, 04 중앙, 06 한성, 07 영남)
- **analogous** 유사한, 닮은 similar to, homologous
(03 행정자치부9급, 07 성균관, 11 성신여, 15 한양)
- **anguish** (특히 마음의 모진) 고통, 비탄 suffering
(12 상반기 지방직 9급, 02 성균관, 04 고려, 16 홍익)
- **anonymity** 익명, 가명
(04 경기도 교육행정직 9급, 11 지방직 9급, 01 가톨릭, 07 경기)
- **anxiety** 걱정, 불안, 갈망 disquiet, uneasiness
(00 한국외, 03 국민, 04 고려, 05 중앙)
- **apathetic** 냉담한, 무관심한 impassive
(01 삼육, 01 홍익, 03 고려)
- **apparent** 분명한 manifest, obvious; 외견상으로는 seeming, ostensible
(06 중앙인사위원회 9급, 00 고려, 03 숭실, 13 광운)
- **appearance** 출현 occurrence, 외모 visage
(04 서울시 9급, 01 중앙, 03 광운)
- **appease** 진정시키다 pacify, soothe
(17 국가직 9급 하반기, 04 06 세종, 10 동국)
- **apprehend** 체포하다 arrest; 염려하다 worry, care; 이해하다 understand
(04 전북 9급, 03 중앙, 14 한국외)
- **approve** 찬성[승인]하다 ratify, sanction
(05 국회사무처 8급, 00 01 동국)
- **approximately** 대체로, 대략 roughly, almost
(01 법원서기보, 04 행정자치부 9급, 06 서울시 9급, 13 동국)
- **arduous** 힘든 laborious
(01 02 고려; 06 중앙)
- **arid** 건조한 dry, barren
(03 성균관, 05 세종, 07 대구, 12 단국)
- **articulate** 똑똑히 발음하다 enunciate; 명료한, 또렷하게 발음된
(08 상반기 지방직 9급, 06 한성, 06 항공, 07 광운)
- **assault** 맹공 onslaught; ~에게 폭행[공격]을 가하다 attack
(04 서울시 9급, 05 국외 사무처 8급, 01 숙명여, 10 서울여)
- **atrocity** 포악, (pl) 잔학한 행위 cruelty, viciousness
(02 숙명, 03 고려, 03 서강)
- **atrophy** (영양 장애에 의한) 발육 불능, 감퇴 degeneration; 위축[약화]시키다 weaken
(06, 14 고려, 17 서강, 18 이화여)
- **attract** 매력을 끌다 charm, captivate
(02 성균관, 05 중앙, 06 대구, 07 국민)
- **attribute** ~의 탓[것]으로 돌리다 ascribe, impute; 속성, 특징 property
(02 고려, 04 건국, 05 항공)
- **authentic** 진짜의, 신뢰할 만한 genuine, valid
(02 05 고려, 04 동국, 13 한국외)
- **baffle** 당황하게 하다 perplex
(04 국회사무처 8급, 07 중앙, 09 서강, 11 명지)
- **beguile** 속이다 deceive; 현혹시키다 charm, allure; 즐겁게 하다 amuse
(08 성균관, 10 서울여, 13 동국, 13중앙)
- **belligerent** 호전적인 martial, contending
(01 가톨릭, 04 단국, 05 중앙)
- **beneficial** 이로운, 유익한 advantageous, helpful
(00 행정자치부9급, 03 고려, 07 계명, 08 단국)

- **bestow** 주다, 수여하다 confer, grant
(05 대구시 9급, 05 항공, 06 건국, 06 세종, 11 중앙)

- **blunder** (큰) 실수(를 저지르다) bungle, slip up
(00 법원서기보, 04 국회사무처 8급, 00 명지)

- **boost** 격려하다 encourage;
증대시키다 increase ; 밀어올리다; 상승
(04 서울시 9급, 07 중앙인사위원회 9급, 13 상명, 15 서울여)

- **brittle** 깨지기 쉬운 fragile, breakable
(04 경희, 04 삼육, 08 경기, 09 단국)

- **calculate** 계산하다, 산정하다 cipher, compute
(00 행정자치부 9급, 06 서울시 9급, 13 행정안전부, 03 고려)

- **capitalize** 투자하다; 대문자로 시작하다;
(사물을) 이용하다 exploit
(00 행정자치부 9급, 04 서울여, 10 성균관, 16 홍익)

- **cause** 야기하다; 원인, 이유
(14 서울시 9급, 05 세종, 11 경원, 13 한국외)

- **celestial** 하늘의 heavenly; 천국의 heavenly
(07 국회사무처 8급, 11 상반기 지방직 9급, 01 고려, 13 국민)

- **circumscribe** ~의 둘레에 선을 긋다 encircle;
~을 속박하다, 제한하다 confine
(12 상반 지방직 9급, 14 서울시 9급, 07 고려, 12 성균관, 18 한국외)

- **circumvent** (교묘히) 피하다 avoid;
따돌리다, 함정에 빠뜨리다 outwit, baffle
(15 서울시 9급, 05 중앙, 15 국민)

- **coincide** 동시에 발생하다 synchronize, concur;
(우연히) 일치하다 accord, correspond
(07 서울시, 중앙인사위원회 9급, 행정자치부 9급, 06 경희)

- **commensurate** 같은 크기의 equivalent, equal;
~에 상응하는, 적당한 suitable
(00 건국, 06 동덕여, 10 서울여, 14 국민)

- **commitment** 약속 engagement, pledge; 헌신, 전념 devotion
(04 국회사무처 8급, 05 대구시 9급, 05 중앙인사위원회 9급, 03 고려, 07 대구)

- **compatible** 양립할 수 있는, 조화되는 congenial, congruous;
호환되는 adaptable
(04 중앙, 08 덕성여, 12 가천, 12 한국외)

- **competition** 경쟁 rival; 경기, 대회 contest; (다른) 경쟁자들
(00 행정자치부 세무직 9급, 00 가톨릭, 07 국민, 11 고려)

- **complacency** 자기만족 self-satisfaction, contentment
(04 국회사무처 8급, 01 세종, 02 고려, 13 이화여)

- **complicated** 뒤얽힌, 복잡한 intricate, involved
(06 서울시 9급, 01 중앙, 02 성균관)

- **compulsory** 강제적인 imperative, involuntary; 필수적인 required
(02 세종, 04 건국, 07 동아)

- **conceive** ~을 생각해내다 contrive; 임신하다
(07 중앙인사위원회 9급, 행정자치부 9급, 13 행정안전부, 02 동아, 10 성신여)

- **concentrate** 집중시키다[하다] focus
(01 홍익, 05 항공, 07 서강)

- **concern** ~와 관련이 있다; 걱정하다; 관심사 business;
걱정 anxiety; 회사, 사업체 company, firm
(00 행정자치부 세무직 9급, 03 행정자치부 9급, 13 행정안전부, 09 광운)

- **concise** 간결한 brief, compact
(06 고려, 08 건국, 15 강남)

- **concoct** (여러 재료를 섞어 음식을) 만들다 cook;
(거짓말, 음모 등을) 꾸미다 devise
(01 덕성여, 10 경희, 11중앙, 15 고려)

- **condone** 용서하다 excuse, remit
(04 세종, 05 가톨릭, 05 고려)

- **conducive** 도움이 되는
(05 세종, 06 고려, 11 세종, 12 경희)

- **confidential** 비밀의 covert; 친한 close
(01 성균관, 02 가톨릭, 03 동덕여, 03 건국, 13 경희)

- **confine** 한정[제한]하다 restrict;
~을 가두다, 감금하다 imprison;
(pl) 경계, 한계 borders, limits
(02 광운, 03 고려, 10 성균관, 12 동국)

- **confiscate** 몰수[압수]하다 appropriate, impound
(00 동국, 02 계명, 03 고려, 12 경희)

- **conflict** 대립, 충돌 opposition
(06 07 중앙인사위원회 9급, 17 경찰, 02 가톨릭, 14 서강)

- **conformity** (형상, 성질의) 유사(함), 일치; (규칙, 습관 등에) 순응, 준수 compliance, agreement with customs or rules
(05 고려, 08 경희, 08 덕성여, 10 가톨릭)

- **confrontation** 직면; 대결, 대질 conflict
(07 서울시 9급, 12 단국, 12 항공, 14 이화여)

- **consensus** 일치 concord;
(대다수에 의해) 일치된 의견, 여론
(05 중앙인사위원회 9급, 07 국회사무처 8급, 03 04 05 고려)

★★★★☆ 별 4개

각종 시험4회 이상의 최고 출제 빈도를 보이는 어휘들로 언제든지 반복 출제 될 수 있는 최고로 중요한 단어들입니다.

- **conservative** 보수적인 traditional; 조심스러운 cautious; 보수주의자 diehard; 〈C~〉 보수당원
  (07 국회사무처 8급, 03 건국, 08 고려, 08 가톨릭)
- **conspicuous** 눈에 띄는 noticeable
  (00 행정자치부 9급, 03 경원, 04 경희, 05 고려, 10 국민)
- **constant** 변함없는 invariable
  (01 법원서기보, 00 건국, 02 동국, 14 성균관)
- **content** 만족한 satisfied, complacent; 만족시키다 satisfy; 만족; 내용(물); (pl.) 목차 list
  (04 05 국회사무처 8급, 02 고려, 06 한국외, 15 강남)
- **contract** 계약(서); 계약하다; 수축하다[시키다] shrink; (병을) 얻다 get
  (00 동국, 02 가톨릭, 06 고려, 06 계명, 06 항공)
- **contradictory** 모순된 conflicting
  (02 건국, 03 동덕여, 03 서강, 04 중앙)
- **controversial** 논쟁의 소지가 있는 debatable, moot; 논쟁하기 좋아하는 argumentative
  (07 서울시 9급, 11 국가직 9급, 12 경찰, 09 중앙)
- **conventional** 전통적인, 진부한 traditional, usual
  (00 동국, 01 중앙, 04 총신, 07 경기)
- **convert** 변환하다 transform; 전향[개종]시키다 proselyte; 개종자 neophyte
  (04 중앙선거관리위원회 9급, 06 중앙, 07 경희, 07 동아, 12 경희)
- **conviction** 유죄 판결; 설득 persuasion; 신념, 확신 confidence
  (07 국회사무처 8급, 00 06 고려, 01 원광)
- **convince** 확신시키다, 납득시키다 persuade
  (04 행정자치부 9급, 03 04 고려, 05 가톨릭, 07 강남)
- **copious** 많은, 풍부한 plentiful, exuberant, voluminous
  (03 단국, 10 광운, 10 인천, 12 경희)
- **corporal** 신체의 physical; 개인의
  (15 서울시 9급, 03 동국, 13 홍익, 14 중앙)
- **courteous** 예절바른 polite
  (01 전남, 02 성균관, 04 가톨릭, 09 광운)
- **crowd** 군중, 떼를 지어 모여 들다 flock
  (01 인천; 03 강남, 건국; 08 경원, 광운)
- **cryptic** 숨은, 비밀의 hidden, mystic, 모호한 obscure
  (01 고려, 05 서울여, 12 경희, 15 한양)
- **culprit** 죄인 offender, delinquent, 원인 cause
  (01 조선, 01 삼육, 06 국민, 12 명지)
- **curb** 억제[제한]하다 restrict, restrain
  (05 국회사무처 8급, 13 서울시 9급, 09 경희, 13 경기, 17 한국외)
- **current** 최신의, 현재의 prevailing
  (00 행정자치부 세무직 9급, 00 가톨릭, 04 고려, 04 광운)
- **deadlock** 막다른 골목, 교착상태 impasse, stalemate
  (00 경기, 02 광운, 05 고려)
- **deadly** 치명적인 fatal, lethal
  (01 국민, 03 건국, 03숭실, 15 강남)
- **dearth** 부족 shortage, scarcity
  (00 세종, 01 중앙, 11 단국, 13 국민)
- **debris** 부스러기, 파편 ruins
  (05 국회사무처 8급, 05 경기, 05 고려, 06 동국)
- **decimate** 격감시키다, 많은 사람을 죽이다 kill
  (00 09 고려, 05 15 중앙)
- **defiant** 반항적인 rebellious, contumacious; 도전적인 truculent ad. defiantly
  (02 광운, 11 이화, 15 강남)
- **deleterious** 유해한, 해로운 damaging, harmful
  (04 한성, 04 중앙, 08 고려, 08 덕성여)
- **deliberate** 고의적인 intentional; 신중한, 느린 slow; 심사숙고하다 ponder
  (05 중앙인사위원회 9급, 02 홍익, 06 고려, 09 중앙)
- **demolish** 파괴하다 destroy, tear down
  (01 한성, 01 고려, 03 단국)
- **deny** 부인하다 disown; 거절하다
  (02 03 고려,03 성균관, 04 건국, 15 동덕여)
- **derivative** 유래하는, 파생적인 spinoff; 파생물, 파생어
  (12 지방직 9급, 00 동국, 04 명지, 14 중앙)
- **derogatory** 손상하는, 경멸적인 disparaging
  (02 건국, 09 11 한국외, 12 명지, 12 서울여)
- **desolate** 사람이 살지 않는, 황폐한 deserted, barren, bleak; 외로운, 쓸쓸한 solitary; 황폐하게[쓸쓸하게] 하다 devastate
  (07 중앙인사위원회 9급, 행정자치부 9급, 07 강남, 15 서울여)

- **desperate** 절망적인 hopeless; 필사적인 frantic; 무모한, 앞 뒤 안 가리는 reckless (00 02 건국, 02 국민, 03 경희)
- **despicable** 경멸스런 abominable; 비열한 contemptible, mean (05 숭실, 06 단국, 13 홍익, 14 이화여)
- **despise** 경멸하다 disdain, scorn (01 04 고려, 03 덕성여)
- **deviate** 벗어나다 depart; 빗나가다 diverge, deflect (04 중앙, 10 고려, 13 경희)
- **dignity** 존엄, 위엄; 명성; 예의바름, 고상함 decorum (03 법원서기보, 05 07 국회사무처 8급, 05 고려)
- **dilate** 넓히다 expand, distend; 자세히 설명하다 expatiate (03 법원서기보, 05 동덕여, 07 경기, 12 경희)
- **discard** 버리다, 포기하다 abandon, desert; 해고하다 dismiss (04 서울시 9급, 01 중앙, 06 고려, 13 경희)
- **discharge** 석방하다 set free; 해고하다 dismiss; 배출하다 let out; (짐을) 내리다 unload (10 상반기 지방직 9급, 00 국민, 01 세종)
- **discipline** 훈련 drill; 통제 control; 벌 punishment; 학과 department;훈련하다, 단련하다; 징계하다 punish (07 국회사무처 8급, 09 상반기 지방직 9급, 05 고려, 18 중앙)
- **discriminate** 구별하다, 분간하다 distinguish; 차별 대우하다 differentiate (01 행정자치부 9급, 14 15 사회복지직 9급, 02 국민, 06 경희)
- **discrimination** 구별 discernment; 차별 segregation, differentiation (01 강남, 02 중앙, 02 건국, 05 고려)
- **disdain** 경멸하다 despise, contemn; 경멸, 모멸 scorn (01 법원서기보, 09 고려, 10 단국, 13 가천)
- **disguise** 변장시키다 pose; 숨기다 hide; 변장, 위장 mask (04 서울시 9급, 02 고려, 09 홍익, 12 이화여)
- **dismay** 당황[실망]하게 하다 bewilder, perturb; (놀라움 섞인) 낙심, 당황 consternation (04 중앙선거관리위원회 9급, 15 경찰, 07 명지, 09 이화여)
- **disparate** 이종의 different, incompatible (16 지방직 9급, 03 성균관, 10 단국, 11 한국외)
- **disparity** (본질적, 절대적) 차이, 상이함 dissimilarity, discrepancy (02 03 고려, 04 경기, 08 경희, 09 서울여)
- **dispatch** 급파[급송]하다 send, (신속히) 해치우다 kill; 급파, 급송; 공문서 (03 계명, 03 고려, 06 한성)
- **disprove** (~이 잘못되었음을) 증명하다, 반증을 들다 refute (00 건국, 03 영남, 15 고려, 15 강남)
- **distinctive** 독특한, 특유한 (00 국민, 00 세종, 05 고려, 15 국민)
- **distribute** 분배하다 dispense, circulate (04 서울시 9급, 03 고려, 09 세종)
- **disturb** ~을 방해하다 hinder; ~을 동요시키다 shake, agitate (02 행정자치부 9급, 04 전북 9급, 03 고려, 12 인천)
- **diverse** 다양한 various, multifarious (04 서울시 9급, 04 고려, 12 숭실)
- **diversity** 차이, 다양성 variety, difference (06 서울시 9급, 13 안전행정부, 03 명지, 15 건국)
- **divulge** (비밀 따위를) 누설하다, 폭로하다 reveal, disclose (00 법원서기보, 13 기상직 9급, 18 경찰, 06 세종)
- **down-to-earth** 현실적인, 실제적인 realistic, practical (12 서울시 9급, 14 경찰직 2차, 07 중앙, 15 한국외)
- **drastic** 과감한, 철저한 radical, extreme (01 경기, 08 홍익, 10 명지)
- **dubious** 의심 하는[스러운] doubtful, suspicious (01 고려, 04 건국, 06 경원)
- **dull** 지루한, 재미없는 boring, tedious; (칼날 등이) 무딘 blunt; 우둔한 stupid (04 고려, 05 서울여, 07 계명, 15 강남)
- **durable** 내구성이 있는, 질긴 sturdy (00 행정자치부 9급, 04 건국, 05 고려, 07 덕성여)
- **eccentric** 괴짜의 strange, peculiar; 이심원의 off-center; 괴짜, 기인 character (07 중앙인사위원회 9급, 01 성균관, 04 건국, 12 명지)
- **effect** 영향, 결과, 효과 influence; ~을 가져오다, ~을 초래하다 bring about (05 중앙인사위원회 9급, 13 안전행정부, 14 서울시 9급, 03 성균관)
- **elastic** 탄력 있는 resilient, flexible; 고무 끈 (05 중앙인사위원회 9급, 03 중앙, 03 건국, 06 명지, 06 고려)
- **elevation** 약간 높은 곳; 높이, 고도 height; 숭고함, 품위 sublimity; 승진 promotion (00 행정자치부 9급 , 04 전북 9급 ,05 국회사무처 8급, 07 계명)
- **elusive** 교묘히 잘 피하는; 알기 어려운 evasive (02 동덕여, 03 강남, 03 건국, 03 세종, 09 서강, 16 가천)

★★★★☆ 별 4개

각종 시험4회 이상의 최고 출제 빈도를 보이는 어휘들로 언제든지 반복 출제 될 수 있는 최고로 중요한 단어들입니다.

- **emancipate** 해방시키다 release, manumit
(09 국가직 9급, 행정안전부 9급, 02 중앙, 03 경희, 03 숙명여, 05 가톨릭)

- **emission** 방출, 발산 radiation; 발행 issue
(05 중앙인사위원회 9급, 05 08 09 경희)

- **encounter** 우연히 만나다 run across; (어려움 따위에) 부딪치다, 직면하다 confront, face; 뜻밖의 만남; 교전, 전투 battle
(01 법원서기보, 04 경기도 교육행정직 9급, 02 계명, 03 고려, 11 성균관)

- **entice** 꾀다, 유혹하다 tempt, seduce
(03 04 고려, 07 서울여, 09 국민, 11 동국)

- **equilibrium** 평정 equanimity
(02 03 고려, 03 경기, 14 국민)

- **equivalent** 동등한 coordinate; 같은 크기의 commensurate
(00 법원서기보, 00 한성, 02 08 고려, 06 성균관)

- **equivocal** 애매한 ambiguous ad. equivocally
(03 광운, 04 건국, 08 성균관, 10 경희)

- **estimate** 견적서 appraisal; 평가하다 assessment
(06 중앙인사위원회 9급, 13 제1회 지방직, 02 건국, 03 동아, 03 성균관)

- **evaporate** 증발하다 vaporize; 사라지다 vanish, disappear
(05 중앙인사위원회 9급, 04 중앙, 04 건국, 08 성균관)

- **evidence** 입증하다; 입증, 증거 proof
(06 서울시 9급, 13 안전행정부, 02 03 중앙)

- **evolve** 발전[진화]하다 develop, unfold; 고안하다 work out, devise
(04 경기도 교육행정직 9급, 행정자치부 9급, 06 중앙선거관리위원회 9급, 13 안전행정부 , 00 고려)

- **exceed** 초과하다 be more than
(05 대구시 9급, 13 안전행정부, 01 상명)

- **exclusion** 제외, 배제 exception
(05 가톨릭, 06 한성, 07 국민, 08 경희)

- **exclusive** 독점적인, 유일한 single; 고급의 high-class
(06 서울시 9급, 13 제1회 지방직, 09 명지, 09 고려, 12 용인)

- **exonerate** ~의 무죄[결백]을 증명하다, 혐의를 풀어주다 exculpate, acquit
(02 세종, 02 05 중앙, 10 동국, 12 국민)

- **exorbitant** 터무니없는, 과도한 excessive, extravagant
(07 국회사무처 8급, 01 가톨릭, 03 중앙)

- **experiment** 실험(하다) test
(03 행정자치부 9급, 07 중앙인사위원회 9급, 02 건국, 15 동덕여)

- **explicit** 명백한, 숨김없는 definite, evident
(00 명지, 02 중앙, 04 성균관, 08 건국)

- **exploit** 개발하다 develop ; 이용[착취]하다 take advantage of; 큰 공, 업적 feat
(00 01 14 고려, 01 숙명여)

- **exposure** 노출; 폭로 disclosure, divulgence
(02 건국, 03 서강, 06 한성, 11 고려, 13 국민)

- **expressive** (의미, 감정 따위를) 표현하는 vivid, expressing, (얼굴, 목소리 따위가) 의미심장한 meaningful, significant
(05 국회사무처 8급, 02 가톨릭, 04 05 세종, 05 고려)

- **extort** 강제로 빼앗다, 강탈하다 seize
(05 서강, 06 덕성여, 09 이화여, 15 중앙)

- **extricate** 구출[탈출]시키다 release, disentangle
(07 국회사무처 8급, 13 기상직 9급, 07 서강, 08 대구가톨릭)

- **facilitate** (일을) 용이하게 하다, 촉진하다 expedite, promote
(13 국가직 9급, 05 고려, 06 한성, 07 건국, 13 동국)

- **fallacious** 그릇된 misleading, faulty
(04 경기, 06 동아, 10 인천, 12 건국)

- **feeble** 연약한, 허약한 weak
(02 성균관, 00 03 04 고려)

- **ferocious** 사나운 fierce, savage
(00 동아, 03 중앙, 03 경기)

- **fertile** 비옥한, 풍부한 productive, fecund
(05 성균관, 11 국민, 15 서울여)

- **fictitious** 가짜의 not real, imaginary
(06 국민, 08 경희, 08 대구가톨릭, 10 단국)

- **filthy** 더러운 dirty
(00 세종, 04 경희, 06 단국, 10 숙명여)

- **fiscal** 재정의, 회계의, 금융의 monetary, financial
(05 국회사무처 8급, 07 국회사무처 8급, 04 성균관, 13 명지)

- **fledgling** 애송이, 풋내기 novice; 무경험의, 풋내기의 young
(07 성균관, 10 숙명여, 12 13 경희)

- **flippant** 건방진, 경박한, 경솔한 rash, reckless, frivolous
(01 광운, 10 중앙, 13 서울여)

- **fortitude** 용기 courage; 인내 perseverance
(02 성균관, 04 숭실, 05 중앙, 16 가천)

- **fraud** 사기 deception; 사기꾼 swindler, charlatan
(04 05 국회사무처 8급, 09 행정안전부 9급, 03 동국)

- **friendly** 친한, 친절한 kindly;
호의 있는, 도움이 되는 favorable
(06 13 서울시 9급, 04 고려)

- **frivolous** 천박한; 얄팍한, 피상적인 shallow; 경솔한 careless, trifling, flippant, imprudent
(18 서울시 7급, 지방직 7급, 01 계명, 03 동국, 17 서강)

- **furious** 격분한 incensed, indignant
(00 행정자치부 9급, 07 서울시 9급, 00경원, 05 한성, 06 건국)

- **furtive** 몰래 하는, 은밀한 stealthy, clandestine
(00 고려, 02 성균관, 06 계명, 06 강남, 12 홍익)

- **galvanize** 갑자기 활기 띠게 하다 stir up;
기운나게 하다 energize
(07, 15 서울시 9급, 12 광운, 13 경희)

- **gluttonous** 게걸스러운 voracious, 탐욕스러운
(04 국회사무처 8급, 08 하반기 지방직 9급, 00 동국, 06 건국, 14 중앙)

- **gradual** 점진적인, 점차적인 progressive
(06 중앙선거관리위원회 9급, 04 단국, 04 세종, 05 중앙)

- **gullible** 속기 쉬운 innocent, credulous
(06 서울시 9급, 00 03 고려, 10 중앙)

- **hasten** 서두르다 bustle, hurry
(03 행정자치부 9급, 01 중앙, 04 한국외, 13 고려)

- **havoc** 대파괴, 대혼란 disorder, devastation
(01 경기, 05 단국, 10 강남)

- **hazardous** 위험이 많은 risky, dangerous
(02 한국외, 03 숭실, 11 이화여)

- **heinous** 극악한 atrocious, 가증스러운 hatefully bad
(02 고려, 05 세종, 13 한양)

- **heterogeneous** 이종의 diverse, 다른 성분으로 이루어지는 miscellaneous, conglomerate
(02 06 성균관, 06 고려, 15 중앙, 17 이화여)

- **identify** (~가 틀림없다고) 확인하다 acknowledge, recognize;
동일시하다, 동일하다고 간주하다
(04 국회사무처 8급, 13 안전행정부, 04 고려, 04 세종)

- **identity** 동일함; 정체, 신원 personality
(04 국회사무처 8급, 03 중앙, 06 고려, 07 건국)

- **ignorance** 무지 illiteracy, stupidity
(04 서울시 9급, 00 01 가톨릭, 14 서강)

- **ignore** 무시하다 disregard
(04 행정자치부 9급, 00 세종, 01 동덕여, 02 건국)

- **immaculate** (흠 하나 없이) 깨끗한, 순결한 pure, taintless, blameless;
틀림[오점]없는 spotless
(00 세종, 04 경기, 10 중앙, 13 서강, 18 성균관)

- **immediately** 갑자기; 즉시, 당장에, 직접적으로 head on
(11 서울시 9급, 15 국가직 9급, 17 18 성균관)

- **impact** 충돌 crash; (강한) 충격, 영향 influence;
강한 충격을 주다 strike
(04 광운, 04 고려, 10 서강)

- **impasse** 막다름, 난국 deadlock, standstill
(02 05 경기, 10 명지)

- **impede** 방해하다, 지연시키다 hinder, encumber
(02 세종, 09 단국, 12 동덕여, 13 14 이화여)

- **imperative** 명령[강제]적인 commanding, compulsory,
긴급한 urgent, imperious
(04 국회사무처 8급, 02 숙명여, 07 대구, 07 단국)

- **impervious** (물, 공기, 빛 따위를) 통과시키지 않는 impermeable;
(정신적으로) 영향 받지 않는, 무감각한 insensible
(04 경희, 04 국민, 08 경기, 09 중앙, 14 이화여)

- **inadequate** 적절치 못한 inappropriate
(00 행정자치부 9급, 03 건국, 09 한국외, 15 동덕여)

- **inadvertent** 부주의한 careless, heedless;
고의가 아닌, 우연의 unintentional
(09 서울시 9급, 00 단국, 01 경기, 07 대구)

- **incipient** 초기의, 시초의 initial
(04 중앙선거관리위원회 9급, 11 덕성여, 11 광운, 12 동덕여)

- **incorrigible** 교정할 수 없는, 상습의
(02 중앙, 02 국민, 10 서울여, 15 한양)

- **independence** 독립 (02 03 건국, 03 강남, 10 경희, 11 고려)

- **indiscriminate** 무차별의, 가리지 않는 sweeping, wholesale
(01 세종, 01 경기, 08 세종)

★★★★☆ 별 4개

각종 시험4회 이상의 최고 출제 빈도를 보이는 어휘들로 언제든 지 반복 출제 될 수 있는 최고로 중요한 단어들입니다.

- **induce** 유도하다, 설득하다 persuade, prevail upon; 귀납하다 generalize (10 행정안전부 9급, 01 서울여, 02 동덕여, 04 동국, 05 경기, 09 이화여)
- **infant** 7세 미만의 유아 toddler (00 법원서기보, 06 중앙선거관리위원회 9급, 13 행정안전부 9급, 서울시 9급)
- **infertile** 메마른, 불모의 barren; 불임의 sterile (06감평사, 05 강남대, 04 서울여대)
- **ingenious** (발명의) 재능이 있는, 영리한 clever, inventive (03 고려, 04 항공, 04 동국, 04 가톨릭)
- **inherent** 선천적인, 고유의 inborn, intrinsic, congenital (01 세종, 06 아주, 11 성균관)
- **inhibition** 금지 embargo ; 억제 shyness, restraint (01 세종, 04 서울여, 07 건국)
- **injection** 주입, 주사(액), 관장(약), (우주) (인공위성 등을) 궤도에 진입시킴 (05 중앙인사위원회 9급, 06 서울시 9급, 09 행정안전부 9급, 02 덕성여)
- **innocuous** (특히 말, 행동이) 해가 없는 harmless (01 고려, 06 경희, 13 한국외, 16 중앙)
- **insidious** 교활한 hidden; (병이) 잠행성의 hidden (02 경기, 03 중앙, 07 동국)
- **insinuate** (사상 등을) 은근히 심어주다 inspire; 넌지시 비추다 hint, connote, imply, 암시하다 suggest (02 경기, 06 동국, 08 성균관, 18 중앙)
- **insolvent** 지지급불능의, 파산한 bankrupt, broke (10 국가직 9급, 행정안전부 9급, 04 경희, 01 명지)
- **inspiration** 영감, 신통한 생각 afflatus, brainstorm; 고취, 고무 encouragement (01 인천시 9급, 00 국민, 03 세종, 05 중앙, 05 경기)
- **instigate** 부추기다, 선동하다 foment, stir up (04 중앙선거관리위원회 9급, 05 한성, 11 중앙, 13 인천)
- **institution** 제도 system (04 경기도 교육행정직9급, 00 경기, 05 06 중앙)
- **intact** 완전한 whole; 손상되지 않은 undamaged, uninjured (02 동국, 13 경희, 15 강남)
- **intangible** 만져서 알 수 없는, 막연한; 실체가 없는, 무형의 impalpable, unreal (11 성균관, 14 경희, 14 17 이화여)
- **intriguing** 음모를 꾸미는; 흥미[호기심]을 자아내는 interesting, fascinating (06 중앙인사위원회 9급, 17 국회직 9급, 02 서울여, 02 성균관, 05 총신)
- **intrinsic** 본질적인, 고유의 inherent, ingrained (02 성균관, 03 아주, 04 경기, 04 08세종)
- **invigorate** 기운 나게 하다, 고무하다 animate, vivify, vitalize (07 국회사무처 8급, 01 고려, 03상명, 03 숭실)
- **irrelevant** 관계없는 inappropriate, impertinent (02 홍익, 04 중앙, 05 가톨릭, 18 이화여)
- **irritable** 화를 잘 내는, 신경질적인 grouchy (04 서울시, 04 전북 9급, 06 성균관, 15 한국외)
- **jeopardize** 위태롭게 하다 endanger (06 중앙인사위원회 9급, 09 상반기 지방직 9급, 04 숭실, 09 고려)
- **liabilities** 부채 debts; 약점, 불리한 점 handicap; 책임, 부담, 의무 duty (05 서울여, 07 가톨릭, 11 이화여, 07 서울시 9급)
- **luminous** 빛나는 bright, glowing; 명쾌한 clear (04 중앙, 07 서울여, 08 명지)
- **maintain** 유지하다 sustain; 주장하다 argue; 부양하다 support (04 서울시 9급, 02 건국, 07 가톨릭)
- **manipulate** (사람, 기계 등을) 조종[조작]하다 manage, control, doctor (04 경희, 04 05 국민, 07 건국, 11 가톨릭)
- **meager** 불충분한, 빈약한 scanty, poor, paltry (02 중앙, 04 고려, 07 건국)
- **measure** 재다, 측정하다 estimate (01 행정자치부 9급, 07 국회사무처 8급, 05 광운, 16 한국외)
- **mediocre** 평범한 ordinary (00 법원서기보, 04 서울시 9급, 14 성균관, 16 국민)
- **merge** 합병하다 combine, incorporate (02 한성, 03 명지, 05 중앙, 12 국민)
- **minute** 분, 순간 moment; 미세한, 정밀한 tiny (00 법원서기보, 02 동아, 03 계명)

- **moderate** 알맞은, (가격 등이) 적당한, (기후가) 온화한; 완화시키다 alleviate
(03 숭실, 07 서경, 09 고려, 15 강남)
- **modest** 겸손한, 수수한 humble, unostentatious; 적당한, 삼가는 temperate; 돈이 덜 드는
(00 홍익, 00 06 09 고려, 11 덕성여)
- **momentous** 중대[중요]한 important, crucial
(02 한국외, 06 고려, 07 명지, 07 경희)
- **monotonous** 단조로운, 지루한 boring, tedious, unvarying, dull
(02 중앙선거관리위원회 9급, 02 건국, 06 경희, 10 명지)
- **nervous** 긴장한, 초조한, 자신 없는 impatient
(05 대구시 9급, 12 기상직 9급, 13 안전행정부, 02 중앙)
- **nimble** 재빠른, 민첩한 quick-moving, swift
(07 서울시 9급, 13 지방직 9급, 03 덕성, 05 경기)
- **nocturnal** 밤의, 야간의 night; 야행성의
(05 아주, 09 중앙, 12 항공, 13 세종, 15 강남)
- **nonchalant** 무관심[냉담]한, 태연한 indifferent, unconcerned
(03 고려, 04 명지, 07 경원, 09 단국)
- **novice** 초심자 beginner, learner
(00 고려, 00 동국, 09 국민, 09 세종)
- **obliquely** 비스듬히; 간접적으로 indirectly, circuitously
(01 가톨릭, 02 국민, 04 경기, 10 동국)
- **obliterate** (흔적을) 말소하다, 삭제하다 delete, expunge
(04 건국, 05서울여, 08 고려, 12 명지)
- **observation** 관찰, 감시 surveillance
(00 법원서기보, 04 경기도 교육행정직 9급, 06 고려, 09 광운)
- **obstinate** 고집 센 stubborn, tenacious, mulish; (병이) 난치인 intractable
(04 국민, 05 서강, 06 세종)
- **odious** 싫은, 불쾌한 hateful
(01 세종, 05 서울여, 09 고려, 11 한양)
- **offset** 상쇄하다, 벌충하다 compensate for; 상쇄하는 것, 보상
(12 13 동국, 13 가천, 14 한양)
- **omniscient** 전지의, 박식한 all-knowing, all-wise
(01 가톨릭, 09 대구, 14 국민)
- **opulent** 부유한, 풍부한 abundant, lavish
(00 01 고려, 05 경기, 13 홍익)
- **ostentatious** 허세 부리는, 과시하는 pretentious, boastful
(02 중앙, 10 숙명여, 10 단국, 10 이화여)
- **overlook** 내려다보다, 전망하다 command; 무시하다, 못 보고 넘어가다 neglect; 눈감아주다 forgive; 감독[감시]하다 survey; 돌보다 direct, watch
(14 기상직 9급, 03 07 경기, 13 한국외)
- **overwhelming** 압도적인, 저항할 수 없는 dominant
(04 서울시 9급, 06 중앙선거관리위원회 9급, 중앙인사위원회 9급, 07 가톨릭)
- **parsimonious** 인색한 stingy
(01 고려, 06 건국, 07 삼육, 10 경희, 12 명지)
- **pathetic** 감동적인 touching, moving (02 중앙, 04 고려, 07 건국)
- **peer** 자세히 들여다보다, 친구, 동료 friends at same age, colleague, co-worker
(08 행정안전부 9급, 04 중앙선거관리위원회 9급, 15 국회사무처 8급, 01 인천)
- **perceive** 인식[인지]하다 recognize
(00 세종, 05 고려, 05 중앙, 07 강남)
- **perception** 지각(력), 인식, 이해, 견해 awareness
(04 경기도 교육행정직 9급, 08 하반기 지방직 9급, 01 중앙, 04 성균관)
- **performance** 공연, 연주 acting; 실행, 행동, 성과 accomplishment
(00 법원서기보, 04 서울시 9급, 국회사무처 8급, 04 고려, 06 계명)
- **pernicious** 해로운, 치명적인 noxious, baneful
(03 중앙, 04 광운, 12 가천)
- **perpetual** 끊임없는, 영원한 everlasting, constant
(04 세종, 05 국민, 12 강남)
- **persuade** ~을 설득시키다 induce, tout
(03 법원서기보, 04 서울시 9급, 행정자치부 9급)
- **phenomenon** 현상, 사건 event
(00 법원서기보, 04 서울시 9급, 국회사무처 8급, 중앙선거관리위원회 9급)
- **platitude** 상투어구, 진부한 표현 cliche (02 성균관, 04 국민, 11 15 서강)
- **plausible** 그럴듯한, 정말 같은 probable, acceptable, reasonable
(02 성균관, 04 중앙, 10 명지)
- **pleased** 기쁜, 만족스러운 gratified
(05 대구시 9급; 13 안전행정부, 서울시 9급, 01 중앙)
- **pragmatic** 실제[실용]적인 practical
(00 동국, 02 고려, 08 11 경희, 12 서울여)

★★★★☆ 별 4개

각종 시험4회 이상의 최고 출제 빈도를 보이는 어휘들로 언제든지 반복 출제 될 수 있는 최고로 중요한 단어들입니다.

- **precede** 앞서다, 먼저 일어나다 antedate
(00 법원서기보, 12 상반기 지방직 9급, 14 지방직 9급, 06 단국, 11 덕성여)

- **precipitate** 촉진시키다, 재촉하다 hasten, quicken; 떨어뜨리다 drop; 조급한 hasty
(00 동국, 04 경희, 05 09 가톨릭)

- **prescription** 처방(전) recipe, formula, 규정, 명령 orders, dictation
(01 고려대, 서울여대, 05 명지대, 07 서강대)

- **preserve** 보호하다, 보존하다 conserve; 전유물; 보호구역
(02 중앙선거관리위원회 9급, 07 국회사무처 8급, 02 성균관, 13 이화여)

- **pretend** ~인체하다 feign, fake; 가짜의, 모조의 spurious
(00 행정자치부 세무직 9급, 03 법원 서기보, 04 경기도 교육행정직 9급)

- **prevail** 우세하다, 이기다 predominate; 널리 퍼지다 spread; 설득하다 persuade
(01 가톨릭, 01 상명, 07 서울여, 14 경희)

- **procrastinate** 질질 끌다, 지체하다 delay, dawdle
(06 건국, 11 이화여, 12 항공)

- **productive** 생산적인, 비옥한 prolific, fertile
(05 대구시 9급, 06 서울시 9급, 08 동국)

- **profuse** 풍부한, 아낌없는 lavish, abundant
(05 한성, 11 경기, 11 중앙, 12 국민, 14 이화여)

- **prohibit** 금지하다 forbid, ban
(04 단국, 09 경희, 12 항공)

- **prompt** 재빠른, 신속한, 기민한 quick; 자극하다, 격려하다 stimulate, 상기시키다 remind
(07 국회사무처 8급, 01 12 서울여, 03 경기)

- **propagate** 번식시키다, 보급시키다 spread; 만연시키다, 선전하다, 전파하다 disseminate
(01 05 가톨릭, 01 중앙, 10 단국, 10 이화여)

- **property** 재산, 소유물 possessions; 특성, 특징 quality, feature
(01 법원서기보, 06 서울시 9급, 04 고려, 04 세종)

- **proscribe** (습관 따위를) 금지하다, 배척하다 forbid, ban
(17 지방직 7급, 02 경기, 06 동덕여, 12 중앙, 15 단국)

- **prowess** 용기 pluck; 훌륭한 솜씨 skill
(02 경희, 05 고려, 10 서울여, 11 덕성)

- **prudent** 사려 깊은, 빈틈없는, 현명한 discreet, sagacious
(00 국민, 01 고려, 02 광운, 05 숭실)

- **psychologist** 심리학자, 정신분석 의사
(00 01 03 법원서기보, 05 국회사무처 8급)

- **ramification** 가지, 분지, 분파 branching out
(16 국회사무처 8급, 04 건국, 08 단국, 09 국민)

- **reciprocal** 상호의 mutual; 호혜적인 complementary
(11 행정안전부 9급, 11 경찰, 08 국민, 08 건국)

- **reckless** 무모한, 무분별한 irresponsible, careless
(05 동아, 05 고려, 05 중앙)

- **refer** 언급하다, 암시하다, 참고로 하다 allude
(18 서울시 9급, 02 성균관, 02 동덕여, 06 동국)

- **refrain** 그만두다, 삼가다 abstain, stop
(14 경찰직 1차, 01 04 광운, 02 성균관)

- **reinforce** 강화[보강]하다, 힘을 북돋우다 bolster
(02 국민, 03 06 08 고려, 03 가톨릭)

- **relatively** 상대적으로, 비교적; (~에) 비례하여, 비해서 to
(05 국회사무처 8급, 05 대구시 9급, 13 안전행정부, 제1회 지방직, 01 가톨릭)

- **reliability** 신뢰할 수 있음, 믿음직함
(02 중앙선거관리위원회 9급, 11 행정안전부 9급, 10 15 한양)

- **reliable** 믿을 수 있는, 의지가 되는 dependable, 확실한
(02 중앙선거관리위원회 9급, 13 제1회 지방직, 02 고려, 02 동국)

- **remarkable** 주목할 만한, 두드러지는 conspicuous, noteworthy
(00 행정자치부 세무직 9급, 02 홍익, 02 고려, 05 08 중앙)

- **replicate** 복제하다, 모사하다 duplicate
(09 행정안전부 9급, 03 04 성균관, 10 명지, 13 한국외)

- **reprimand** (특히 공식적인) 견책, 질책 scolding; ~을 견책[질책]하다 reproach
(01 서울여, 02 단국, 03 명지, 12 국민)

- **reproach** 비난[책망](하다) blame, censure
(02 중앙, 02 세종, 08 건국)

- **reptile** 파충류
(00 행정자치부 세무직 9급, 01 법원서기보, 02 행정자치부 9급, 03 국민)

- **reputation** 평판, 명성 renown
(04 전북 9급, 행정자치부 9급, 02 국민, 06 성균관)
- **reservation** 보류, 거리낌, 유보(조항); 예약; 보호구역
(06 성균관, 08 경원, 11 덕성여, 13 경희)
- **responsibility** 책임, 의무 accountability
(04 국회사무처 8급, 13 안전행정부, 01 가톨릭, 05 단국)
- **restraint** 억제, 억제력, 구속, 속박 restriction, constraint
(04 13 성균관, 04 고려, 11 광운, 14 서강)
- **reticent** 말이 없는, 조심하는 silent, reserved, taciturn
(05 중앙인사위원회 9급, 02 06 중앙, 10 이화여, 12 명지)
- **roam** 돌아다니다, 배회하다 wander, rove
(00 경기, 04 경희, 04 경기, 10 명지)
- **rough** 거친, 울퉁불퉁한 uneven, rugged; 대략의 approximate
(03 행정자치부 9급, 00 행정자치부 세무직 9급, 02 건국, 03 세종)
- **rudimentary** 기본적인 elementary
(01 고려, 02 서강, 02 서울여, 09 세종, 10 한국외)
- **safeguard** (권익을) 보호하다, 호송하다 protect;
호위병, 보호(수단), 안전요원
(02 중앙선거관리위원회 9급, 03 행정자치부 9급, 04 경기도 교육행정직 9급, 05 국회사무처 8급, 09 국민)
- **sagacious** 현명한 wise, judicious
(11 기상직 9급, 02 고려, 05 중앙, 12 단국)
- **scrupulous** 양심적인 conscientious;
세심한, 꼼꼼한 meticulous, exact
(09 13 한국외, 09 대구)
- **setback** 방해 retardation; 실패, 퇴보, 좌절 frustration
(04 국회사무처 8급, 04 서울여, 11 이화여, 14 한양)
- **shrink** (천 등이) 오그라들다, (양이) 줄다, 적어지다;
움츠러들다, 겁내다 flinch, recoil, wince
(04 국회사무처 8급, 01 06 고려, 06 동국)
- **shun** 피하다 avoid, eschew (01 경원, 06 아주, 13 한양)
- **significant** 중요한, 의미심장한 important, material
(03 행정자치부 9급, 13 안전행정부, 04 고려, 05 중앙, 15 강남)
- **simultaneously** 동시에 at the same time, concurrently
(10 서울시 9급, 03 동국, 04 명지)
- **sinister** 불길한, 재수 없는, 사악한 evil
(04 고려, 06 동국, 12 한국외, 13 국민)
- **skeptical** 의심하는 doubtful; 회의적인 cynical
(10 서울시 9급, 02 서울여, 03 고려, 05 중앙, 09 한양)
- **slander** 중상, 욕설, (法) 구두 명예 훼손 libel;
중상하다 defame
(02 03 국민, 04 09 고려, 14 경희)
- **solemn** 엄숙한, 진지한 sober; 중대한 grave;
격식 차린, 종교상의 ceremonial
(05 국회사무처, 대구시 9급, 03 아주)
- **spur** 박차, 자극, 격려 stimulus;
~에 박차를 가하다, 몰아내다
(15 서울시 9급, 04 고려, 09 경희, 11 국민)
- **spurious** 가짜의 counterfeit, fake (01 고려, 12 13 중앙)
- **stable** 안정된, 고정된 fixed; 마구간, 우리
(04 국회사무처 8급, 04 가톨릭, 05 중앙, 06 고려)
- **stationary** 정지된 fixed, motionless
(09 지방직 9급, 03 덕성, 15 한국외, 15 서울여)
- **steel** 강철(제품), 검, 강철 같은 성질; 강철 같은, 단단한
(00 법원서기보, 01 행자부 9급, 04 경기도 교육행정직 9급, 12 홍익)
- **stigma** 치욕, 오명 disgrace, blot
(06 중앙인사위원회 9급, 01 삼육, 03 명지)
- **stingy** 인색한, 깍쟁이의 mean, miserly
(02 국민, 04 고려, 05 세종, 09 세종, 12 상명)
- **stubborn** 고집이 센 hard to deal with, unyielding
(01 가톨릭, 03 건국, 06 고려)
- **subject** 주제; 학과; 대상; 백성; 주어;
~영향을 받는 susceptible to, 지배를 받는; 필요로 하는
(06 중앙인사위원회 9급, 13 안전행정부, 03 동국, 04 경희)
- **subsequent** 뒤의, 잇따른 later, following, ensuing
(03 행정자치부 9급, 18 경찰, 02 명지, 04 동덕여)
- **substitute** 대리인, 대체물, 대용품; 대신하다 supersede, exchange
(12 지방직 9급, 18 경찰, 00 국민, 09 서강, 14 고려)
- **supersede** ~에 대신하다, 대체하다 replace, substitute
(06 서강, 06경희, 11 중앙, 13 경기)
- **suppress** 억압하다 keep under; 억제하다 restrain
(07 국회사무처 8급, 02 세종, 03 고려, 05 중앙, 13 세종)
- **survey** 측량, 실지 답사, 검사, 조사 examination;
조사하다, 둘러보다
(04 전북 9급, 13 안전행정부, 03 고려, 04 경희)
- **symptom** 증상, 조짐 indication, sign
(04 경기도 교육행정직 9급, 13 제1회 지방직, 09 세종)

★★★★☆ 별 4개

각종 시험4회 이상의 최고 출제 빈도를 보이는 어휘들로 언제든지 반복 출제 될 수 있는 최고로 중요한 단어들입니다.

- **synthetic** 인공적인, 합성의 artificial; 종합적인 combining
  (05 대구시 9급, 08 상반기 지방직 9급, 03 고려, 06 한성)
- **taciturn** 말수가 적은 mute, reserved
  (05 중앙인사위원회 9급, 16 서울시 7급, 06 11 단국)
- **tentative** 시험적인, 일시적인 experimental, temporary
  (03 고려, 04 가톨릭, 15 서울여)
- **terse** (문체 등이) 간결한 concise, succinct
  (03 숙명여, 10 경희, 18 성균관, 한국외)
- **testimony** 증언(서), 증명 proof; 고백, 십계명
  (04 고려, 05 서울여, 12 가천, 13 동국)
- **threaten** 위협하다 intimidate, ~에게 임박하다, ~할 우려가 있다
  (04 경기도 교육행정직 9급, 02 고려, 02 건국, 10 상명)
- **tolerance** 관용, 관대 generosity; 참음, 인내 endurance
  (02 중앙선거관리위원회 9급, 04 국회사무처 8급, 03 국민, 03 숭실, 05 가톨릭)
- **tout** 손님을 끌다, 귀찮게 권유하다 persuade
  (08 중앙, 09 고려, 12 한국외, 12 한양, 17 이화여)
- **transient** 일시적인, 덧없는 evanescent, momentary; 단기 투숙객, 부랑자 vagabond
  (17 서울시 9급, 05 대구시 9급, 02 동덕여, 05 서울여, 08 건국)
- **ubiquitous** (동시에) 도처에 존재하는 omnipresent, pervasive
  (01 경기, 06 건국, 12 경희)
- **undergo** (어려움을) 겪다, 경험하다 experience
  (03 성균관, 01 05 중앙, 13 동국)
- **unique** 독특한, 특이한 peerless, unparalleled
  (12 경찰, 00 가톨릭, 01 고려, 05 세종)
- **unprecedented** 선례[전례]없는 unexampled, unparalleled, unheard-of
  (16 국가직 9급, 06 국민, 07 단국, 08 한국외, 17 이화여)
- **unscrupulous** 사악한; 부도덕, 파렴치한 unconscionable
  (16 국회사무처 8급, 02 08 고려, 10 중앙)
- **utterly** 완전히 completely, thoroughly
  (07 국회사무처 8급, 05 항공, 06 동덕여)
- **vanish** 사라지다 disappear, fade
  (04 국회사무처 8급, 05 서울여, 05 중앙, 08 명지, 09 고려)
- **variation** 변화, 변이, 차이 change, difference
  (00 법원서기보, 13 제1회 지방직, 01 세종, 01 아주대, 05 중앙, 06 건국대, 13 건국)
- **vehicle** 탈것, 차, 운송수단, 매개물, 전달 수단, 발휘하는 수단
  (00 01 행정자치부 9급, 02 중앙선거관리위원회, 03 법원서기보, 04 국회사무처)
- **viable** 생존할 수 있는 strong; 실행 가능한 feasible
  (01 대구가톨릭, 03 동국, 12 13 이화여)
- **vigorous** 원기 왕성한, 활발한, 강력한, 단호한 buxom, strenuous
  (01 행정자치부 9급, 09 상반기 지방직 9급, 03 경희, 03 건국)
- **vindicate** 정당성[결백]을 입증하다 absolve, exonerate, 변호하다
  (01 고려, 02 06 성균관, 04 가톨릭)
- **vindictive** 보복적인 vengeful, malicious
  (01 고려, 02 06 성균관, 04 가톨릭)
- **violate** 위반하다, 침해하다 contravene, breach
  (04 경기도 교육행정직 9급, 07 서울시 9급, 01 고려, 06 건국)
- **virtually** 사실상, 거의 almost, nearly; 실질적으로
  (00 경기, 00 동국, 10 경희, 11 국민)
- **volatile** 휘발성의; 변덕스러운 fickle, capricious
  (07 경기, 08 홍익, 08 건국, 12 경희)
- **voluntarily** 자발적으로, 임의로 of their own accord, purposely
  (03 덕성여, 03 상명, 03 서울여, 05 중앙)
- **wane** 작아[약해]지다 dwindle, decline; 감퇴 ebb, dwindling
  (03 홍익, 06 성균관, 07 국민, 10 고려)
- **widespread** 널리 퍼진 prevalent, sweeping; 광범위한 extensive
  (03 04 행정자치부 9급, 00 영남, 01 가톨릭, 05 중앙)
- **withdrawal** 인출; 취소; 물러남, 탈퇴
  (인출; 취소; 물러남, 탈퇴(retreat)(04 중앙선거관리위원회 9급, 04 경기도 교육행정직 9급, 16 서울시 7급, 00 세종)

★★★☆☆ 별3개

각종 시험3회 이상의 최고 출제 빈도를 보이는 어휘들로 종종 출제될 가능성이 충분한 요주의 어휘를 모았습니다.

- **abhorrence** 혐오 loathing, reluctance
  (04 행정자치부 9급, 05, 11 가톨릭)
- **abrogate** 폐지하다 annul, nullify (15 경찰, 11 고려, 14 서강)
- **abruptly** 갑자기, 뜻밖에 sharply, out of the blue; 퉁명스럽게 bluntly
  (02 전남, 05 중앙)
- **absorb** 흡수하다 suck; 몰두시키다 engross, immerse
  (02 행정자치부9급, 13 제 1회 지방직, 05 중앙)
- **absorption** 흡수; 몰두 concentration
  (07 국회사무처 8급, 02 숙명여, 14 한국외)
- **absurd** 불합리한 unreasonable, 어리석은 foolish, ridiculous, ludicrous
  (01 고려, 09 서강)
- **accessible** 접근하기 쉬운, 이용할 수 있는 available
  (01 서울여, 02 중앙)
- **accidental** 우연한, 부수적인 casual
  (02 상명, 15 동덕여)
- **accommodation** 숙소 quarters; 합의 agreement
  (01 서강대, 01 세종대, 01 행자부 7급)
- **accord** (~와) 일치하다 agree; 주다 give; 일치, 합의 agreement
  (02 경기, 02성균관, 14 국민)
- **acquaint** 알리다, 익숙하게 하다 inform, familiarize
  (06 한양, 13 숙명여)
- **acute** 날카로운 sharp, keen, incisive
  (03 행정자치부9급, 01 가톨릭, 04 고려)
- **admonish** 훈계하다, 충고하다 exhort; (위험 따위를) 경고하다, 주의시키다 caution
  (04 광운, 10 국민, 11 서울여)
- **adopt** 채택[채용]하다 choose; 받아들이다, (아이를) 양자[양녀]로 삼다 (06 중앙선거관리위원회 9급, 09 경희, 13 한국외, 17 이화여)
- **adventurous** 모험을 좋아하는, 모험적인 daring, venturesome
  (01 법원서기보, 06 서울시 9급, 07 고려)
- **advocate** 지지[옹호]하다 support, uphold; 지지자, 주창자 supporter; 변호사 attorney
  (03 법원서기보, 12 국민, 16 가천)
- **affability** 상냥함, 싹싹한 태도 pleasantness, friendliness
  (01, 08 대국가톨릭, 06 동아)
- **affiliation** 입회, 가입, 가맹; 합병 association
  (03 고려, 03 건국, 06 성균관)
- **affluence** 풍부, 부유 wealth, opulence
  (03 세종, 10 서울여, 13 가천)
- **alien** 외국의, 외래의, 이질적인 exotic, different; 외계인
  (07 국회사무처 8급, 06 국민, 13 한국외)
- **allowance** 허용; 고려 consideration; 할인, 공제 reduction; 용돈, 수당 money
  (03 경기, 04 건국)
- **alternative** 대안, 양자택일 another choice, option
  (01 성균관, 06 대구, 16 서울시 9급)
- **amass** 모으다, 축적하다 accumulate, heap
  (05 국회사무처 8급, 03 한국외, 13 단국)
- **ambience** 환경, 분위기 atmosphere, mood
  (04 서강, 06 동국, 11 단국)
- **ambiguity** 모호함, 다의성 obscurity
  (03 고려, 03 가톨릭, 05 중앙)
- **amorphous** 무정형의, 형태가 없는 shapeless, formless
  (04 중앙, 11 이화여, 14 한양)
- **ample** 충분한 abundant, plenty
  (01 국민, 03 고려, 06 경희)
- **annoy** 짜증나게 하다 irritate, bother
  (04 행정자치부 9급, 13 서울시 9급, 15 사회복지직 9급)
- **anonymous** 익명[가명]의 incognito, pseudonymous
  (11 지방직 9급, 03 고려)
- **appalling** 소름 끼치는, 무시무시한 dreadful
  (07 국회사무처 8급, 06 경희, 07 서울여)
- **apparel** 옷, 복장 clothing, attire; (옷을) 차려 입히다 dress up, array
  (01 삼육, 02 계명)
- **apprehensive** 걱정[근심]하는 anxious, disquieted; 이해가 빠른 intelligent
  (04 서강, 05 중앙, 08 서울여)

★★★☆☆ 별3개

각종 시험3회 이상의 최고 출제 빈도를 보이는 어휘들로 종종 출제될 가능성이 충분한 요주의 어휘를 모았습니다.

- **aqueduct** 수로 water canals, 수도, 도관
(05 삼육, 05 명지, 11 경기)
- **ardent** 불타는, 타오르는 듯한; 열렬한 enthusiastic, fervent
(05 국회사무처 8급, 00 경기, 15 서울여)
- **assess** (과세를 위해) 평가[산정]하다 appraise, evaluate; 부과하다 levy (01 동덕여, 10 광운, 13 국민)
- **assume** 추정하다, (태도를) 취하다, (책임을) 떠맡다 believe before seeing proof
(01 중앙, 07 계명, 14 한국외)
- **assurance** 확신 confidence; 보장, 보증 guarantee
(03 행정자치부 9급, 04 서울시 9급, 03 고려)
- **astronaut** 우주비행사
(03 법원서기보, 07 중앙인사위원회 9급, 13 광운)
- **attenuate** 가늘게[묽게]하다[되다] dilute; (힘, 가치를) 떨어지게 하다 reduce
(03 경기, 06 한국외, 15 국민)
- **attractive** 매력적인, 유인하는 devastating, alluring
(02 04 건국)
- **augment** 증가시키다[하다] increase, boost
(07 성균관, 10 중앙, 16 서강)
- **avalanche** (눈)사태; (질문 등의) 쇄도 inundation
(04 서울시 9급, 06 동국, 12 홍익)
- **bellicose** 호전적인 belligerent
(02 성균관, 04 단국, 15 서강)
- **benefit** 이익, 이점 advantage; 보조금 subsidy, grant; 자선 행사[공연]; ~에게 이익을 주다, ~로부터 이익을 얻다 profit
(00 건국, 01 세종, 05 광운)
- **betray** ~를 배반[배신]하다; ~을 누설하다 reveal
(04 건국, 04 세종, 12 항공)
- **blatant** 뻔한, 명백한 clear, obvious, conspicuous; 뻔뻔스러운 shameless, vulgar; 시끄러운
(01 고려, 12 서울여, 13 경희, 17 한국외)
- **blunt** 무뚝뚝한, 퉁명스러운 brusque, curt; 둔감한, 어리석은 obtuse; 무딘, 날 없는; 솔직한(forthright)
(00 법원서기보 9급, 04 경기도 교육행정직 9급, 06 경희, 17 한국외)
- **bona fide** 진정한[으로], 충심의[으로] (done) in good faith, real(ly)
(01 세종, 11 중앙, 12 이화여)
- **boredom** 지루함 tediousness (04 서울시 9급, 06 건국, 11 덕성여)
- **breed** 새끼를 낳다, 알을 까다 hatch; 양육하다; (불화 등을) 일으키다, 유발하다 cause
(01 사시, 03 세무사, 08 법원직)
- **bulge** 부풀다; 늘어나다 balloon
(06 고려, 06 경희, 16 서울여)
- **burgeon** 싹트다 sprout, germinate
(03 숙명여, 07 경기, 12 가천)
- **camouflage** 위장, 속임수; 위장하다 whitewash, disguise
(04 행정자치부 9급, 17 지방직 7급, 05 가톨릭, 12 상명)
- **capacity** 수용능력, 역량 ability to think
(00 가톨릭, 01 계명, 03 고려)
- **capital** 자본(의) money; 주요한, 최고의 principal
(04 국회사무처 8급, 06 중앙인사위원회 9급, 05 총신)
- **carnivorous** 육식성의 flesh-eating, predatory
(04 국회사무처 8급, 10 상반기 지방직 9급, 04 고려)
- **cede** 양도하다 yield (04 고려, 10 경희, 15 서울여)
- **chaotic** 대혼란의 balled-up, 난잡한
(04 세종, 14 서강, 16 가톨릭)
- **characteristic** 독특한, 특징적인 distinctive, peculiar; 특성, 특질 trait, quality, feature
(03 법원서기보, 11 서울시 9급, 05 중앙)
- **charge** 고소[고발]하다 indict, accuse; 금액을 청구하다 bid; 가득차게 하다 permeate; 요금, 대금, 비용 payment
(14 국가직 9급, 08 성균관, 15 17 한국외)
- **chronological** 연대순의 according to a time sequence
(02 동국, 05 중앙, 12 상명)
- **circulate** 순환하다, 유포시키다 disperse (00 02 세종, 04 고려)
- **clandestine** 비밀의 secret, covert, surreptitious
(04 명지, 17 이화여)
- **clone** 복제하다; 클론, 복제인간, 복제품 duplicate
(01 가톨릭, 03 고려, 07 한성)

- **closet** 벽장; 밀담하다
(00 행정자치부 9급, 02 고려, 03 경기)

- **clutter** 난잡하게 흩어진 것 mess; 혼란, 소음; 어지르다 strew; 혼란스럽게 하다
(08 하반기 지방직 9급, 08 고려, 16 홍익)

- **cogent** 설득력 있는 persuasive
(05 중앙, 06 동국, 17 한국외)

- **collaborate** 협동하다 cooperate; (적에게) 협력[제휴]하다 conspire
(07 중앙인사위원회 9급, 00 홍익)

- **collapse** 붕괴[폭락]하다 crumble, disintegrate; 실패하다 break down; 접(히)다; 붕괴, 폭락 falling in; 실패, 좌절 failure; (정신, 육체적인) 쇠약 prostration
(06 중앙선관위 9급, 13 제 1회 지방직, 07 건국)

- **collision** 충돌 impact, crash
(01 법원서기보, 02 중앙인사위원회 9급, 04 세종)

- **collusion** 공모 conspiration
(06 항공, 06 07 경희)

- **colossal** 거대한 huge, enormous
(03 서강, 11 명지, 14 이화여)

- **compensation** 보상, 보충 amend, indemnification
(02 건국, 10 명지, 14 이화여)

- **competitive** 경쟁의; 경쟁력 있는
(03 동덕여, 05 중앙, 11 덕성여)

- **compile** (자료를) 모으다 gather; 편찬[편집]하다 assemble, edit
(05 중앙인사위원회 9급, 00 고려, 건국)

- **complexity** 복잡한 것
(06 서울시 9급, 04 건국, 14 서강)

- **compliant** 순종하는 obedient
(01 05 경기, 10 홍익)

- **composition** 구성, 조직; 작곡
(03 세종, 05 중앙, 15 서강)

- **compound** 복합의; 합성[혼합]하다 combine
(04 광운, 09 세종, 16 성균관)

- **conceal** 숨기다, 감추다 hide, mask
(15 기상직 9급, 04 세종)

- **concession** 양보 yielding; 양여된 것, 면허
(06 단국, 10 명지, 13 명지)

- **conciliatory** 회유적인, 달래는 appeasing, pacifying
(18 국회직 9급, 02 중앙, 16 홍익)

- **conclusion** 결말, 종결, 결론 end; (조약의) 체결 decision, 최종변론
(05 국회사무처 8급, 02 고려, 02 동덕여)

- **condemn** (강도 높게) 비난하다 denounce; ~에게 유죄판결하다, (형을) 선고하다 convict
(02 성균관, 04 단국, 10 고려)

- **confirmed** 확인[확립]된; 비준된; 확고한; 만성의 chronic
(00 법원서기보, 12 사회복지직 9급, 03 동덕여)

- **confound** 혼동하다 confuse; 당황[난처]하게 하다 perplex
(02 04 고려, 13 한양)

- **congenial** 같은 성질의, 마음이 맞는 sympathetic, consonant
(04 중아, 06 성균관)

- **congregate** (사람들이) 모이다, 집합시키다 assemble, convoke
(00 경기, 03 고려, 07 덕성여)

- **congruent** 일치하는, 어울리는 consonant, harmonious
(05 경희, 03 중앙, 13 고려)

- **conscious** 의식이 있는 awake; 의(~을) 알고 있는 aware; 의도적인 intentional
(03 동덕여, 04 고려, 04 한국외)

- **considerable** 상당한 sensible, 무시하지 못할
(05 국회사무처 8급, 01 가톨릭, 11 인천)

- **console** 달래다, 위로하다 soothe, relieve
(01 고려, 02 국민, 03 성균관)

- **construe** (말, 행동 등을) 해석하다 interpret, explicate
(06 아주, 12 한국외, 16 홍익)

- **consume** ~을 소비하다 use up; ~을 먹어치우다 devour; ~을 사로잡다 obsess
(00 법원서기보, 13 행정안전부, 07 대구대)

- **consummate** 완성[성취]하다 accomplish; 완벽한, 완전한 perfect, complete
(04 고려, 11 경희, 10 국민)

- **contagious** 전염성의 infectious, communicable
(01 중앙, 03 고려)

- **contemplate** 심사 숙고하다 ponder
(05 국회사무처 8급, 01 성균관, 04 중앙)

- **contemporary** 동시대의[인], 동시에 발생하는 concurrent; 현대의
(05 국회사무처 8급, 02 계명, 06 건국)

- **contempt** 경멸, 모욕 scorn
(15 경찰, 01 고려, 15 국민)

★★★☆☆ 별3개

각종 시험3회 이상의 최고 출제 빈도를 보이는 어휘들로 종종 출제 될 가능성이 충분한 요주의 어휘를 모았습니다.

- **contraction** 수축, 축약 abbreviation
  (00 행정자치부 9급, 03 건국, 13 세종)
- **contradict** 반박[부인]하다 deny, controvert; ~과 모순되다 conflict
  (06 중앙선거관리위원회 9급, 03 숭실, 03 상명)
- **contrast** 비교하다 compare; ~와 대조를 이루다; 비교, 대조 comparison; 차이 difference
  (02 중앙인사위원회 9급, 13 행정안전부, 13 중앙)
- **contribution** 기여; 기부(금) donation; (정기적인) 납입금
  (02 04 고려, 05 중앙)
- **convict** ~의 유죄를 입증[선고]하다 condemn, sentence, doom; 죄인, 죄수
  (00 행정자치부 9급, 18 경찰, 13 경희)
- **corollary** (필연적인) 결론, 결과 result
  (05 고려, 08 건국, 13 이화여)
- **corporation** 회사의, 기업의
  (06 중앙인사위원회 9급, 01 중앙, 04 건국)
- **corroborate** (증거 등을 통해) 확증[입증]하다 confirm, substantiate
  (06 가톨릭, 11 덕성여, 14 이화여)
- **corruption** 타락, 매수; 부패 depravity
  (05 국회사무처 8급, 03 세종, 05 덕성여)
- **count** (~을) 세다 reckon; ~을 ~라고 생각하다 look on; 중요하다 matter; 계산, 셈 calculation; (기소, 고발의) 원인, 소인 cause
  (06 중앙인사위원회 9급, 01 숙명여, 06 한국외)
- **counterfeit** 가짜[위조]의 fake, bogus; 위조, 모조품 imitation; 위조하다 forge
  (02 단국, 05 고려)
- **criticism** 비평, 평론 censure; 평론문; 비판주의; 비판철학; 혹평, 흠잡기; 성서비평 analysis
  (04 서울시 9급, 01 숙명여, 04 건국)
- **crucial** 결정적인, 중대한 material, momentous
  (03 건국, 06 성균관)
- **cumbersome** 방해가 되는, 귀찮은 burdensome
  (02 04 고려, 15 동덕여)
- **cursory** 대충의 careless
  (03 성균관, 06 한성, 12 가톨릭)
- **debatable** 논쟁의 여지가 있는 arguable; 미해결의
  (11 국가직 9급, 06 숙명여, 09 서강)
- **decipher** 해독하다 decode
  (01 중앙, 03 홍익)
- **decry** (공공연히) 비난[중상]하다 condemn
  (01 인천시 9급, 09 이화여, 14 중앙)
- **deduce** (이미 아는 것으로부터) 연역하다, 추론하다 infer, conjecture
  (01 가톨릭, 02 고려, 동덕여)
- **deem** 생각하다 consider
  (02 동덕여, 02 중앙, 12 국민)
- **deficient** 불충분한 inadequate
  (02 중앙선거관리위원회 9급, 08 동국, 16 서울여)
- **define** 밝히다, 규정하다 prescribe
  (04 중앙선거관리위원회 9급, 04 전북 9급, 04 고려)
- **deflect** (한쪽으로) 빗나가(게 하)다 swerve
  (04 서울시 9급, 06 동국, 10 서울여)
- **delivery** 배달; 출산; 연설(법)
  (04 05 국회사무처 8급, 00 세종)
- **delve** 깊이 파고들다, 탐구하다 examine
  (04 중앙, 06 세종, 09 대구)
- **denote** ~을 표시하다, 나타내다 indicate, mean
  (09 상반기 지방직 9급 , 03 건국, 09 이화여)
- **denounce** (공공연히) ~을 비난하다 condemn, reproach
  (04 서울시 9급, 00 세종, 11 경희)
- **deplete** 고갈[소모]시키다 exhaust, consume
  (00 건국, 15 서강)
- **deplore** (남의 죽음, 과오 등을) 비탄[개탄]하다 lament
  (04 서울시 9급, 00 세종, 05 가톨릭)
- **deposit** 내려놓다 place; 침전[퇴적]시키다 accumulate; 예금하다 bank; 침전물, 퇴적물 sediment; 예금(액), 적립금; 계약금, 보증금
  (03 법원서기보, 04 중앙선거관리위원회 9급, 03 건국)
- **depression** 의기소침 low-spirits; 불경기
  (05 국회사무처 8급, 02 건국, 06 경희)

- **deprivation** 박탈, 상실 dispossession; 빈곤
(02 성균관, 06 경희, 15 고려)

- **deserted** 사람이 없는, 황량한 desolate
(05 고려대, 08 경기대, 07 국가직 9급)

- **desirable** 바람직한, 호감이 가는; 매력적인 enticing;
호감이 가는 사람[물건]
(06 중앙인사위원회 9급, 11 상반기 지방직 9급, 01 건국)

- **deter** (공포, 위협 따위로) 그만두게 하다,
단념시키다 prevent, dissuade
(05 대구시 9급, 00 서울여, 16 성균관)

- **determined** 결심한 resolved; 단호한 firm, resolute
(02 한국외, 05 중앙, 06 건국)

- **detest** 몹시 싫어하다, 질색하다 abhor, hate
(17 국가직 9급·지방 사회복지직 9급, 00 강남, 08 명지)

- **detriment** 손해, 손상 loss, damage
(02 중앙, 04 고려)

- **devastating** 황폐화시키는, 파괴적인 destructive;
매우 매력적인 attractive
(03 상명, 06 건국, 13 경희)

- **devoid** ~이 빠진, 전혀 없는 empty
(02 행정자치부 9급, 05 덕성여, 11 고려)

- **dexterity** 손재주 있음, 솜씨 좋음 skillfulness
(11 행정안전부 9급, 15 고려, 15 중앙)

- **digressive** 주제에서 벗어난, 산만한 discursive
(02 성균관, 06 동국, 11 광운)

- **diminish** 줄(이)다, 축소하다 reduce, abate (03 05 중앙, 08 광운)

- **diplomacy** 외교, 협상 수완, 협상 절차, 외교국
(09 국가직 9급, 04 단국, 한양)

- **deplorable** 비참한, 슬퍼하는 lamentable, regretful
(04 숭실, 04 중앙, 16 단국)

- **deprecate** 불찬성하다, 비난하다 deplore, denounce
(03 고려, 05 경기, 16 명지)

- **discern** 분간하다, 분별하다 perceive
(05 중앙, 07 성균관, 09 세종)

- **disclose** 공개하다, 누설하다 divulge, reveal
(04 중앙선거관리위원회 9급, 00 건국, 13 경희)

- **discretion** 판단의 자유; 사려 깊음 judgment
(03 국민, 06 단국, 12 동국)

- **dismal** 음침한 dreary, 우울한 lugubrious
(01 중앙, 13 가톨릭, 14 한국외)

- **disorder** 무질서 disarray
(03 법원서기보, 04 국회사무처 8급, 14 한양)

- **disparaging** 얕보는, 헐뜯는 belittling, negative
(03 경기, 03 홍익, 15 동덕여)

- **disregard** 무시하다 ignore; 무시, 소홀 neglect
(03, 04 고려, 04 세종)

- **disrupt** 붕괴[분열]시키다 shatter, upset
(04 서울시 9급, 03 한국외, 10 경희)

- **dissatisfaction** 불만, 불평 gripe
(14 국가직 9급, 04 건국, 14 이화여)

- **dissuade** 단념시키다 discourage, deter
(11 기상직 9급, 00 세종, 11 경희)

- **domestic** 국내의, 가정의 household
(03 명지, 04 고려, 13 중앙)

- **dominate** 지배하다 control; 우세하다 tower above
(04 행정자치부 9급, 03 중앙)

- **dour** 시무룩한 sullen (01 고려, 06 성균관, 13 경희)

- **drastically** 격렬하게, 맹렬하게 violently
(01 한국외, 01 동덕여, 03 숭실)

- **drink** 마실 것, 음료 beverage; 마시다
(03 고려, 05 중앙, 10 덕성여)

- **drudgery** 잡일, 고된 일 menial work, unpleasant work
(03 경기, 13 고려)

- **duplicity** 표리부동, 사기 chicanery; 불성실
(00 고려, 05 중앙, 08 경희)

- **eclectic** 취사선택하는 miscellaneous, selective
(11 서강, 13 고려, 14 이화여)

- **economic** 경제의 financial
(05 대구시 9급, 13 안전행정부, 14 고려)

- **economical** 경제적인 frugal
(03 명지, 04 15 건국)

- **eerie** 섬뜩한 weird, spooky
(00 경기, 05 성균관, 13 한국외)

- **efface** 지우다, 삭제하다 erase, obliterate
(14 서울시 9급, 17 경찰, 05 고려)

★★★☆☆ 별3개

각종 시험3회 이상의 최고 출제 빈도를 보이는 어휘들로 종종 출제 될 가능성이 충분한 요주의 어휘를 모았습니다.

- **efficient** 능률적인, 효율적인 economical
  (06 중앙인사위원회 9급, 13 제1회 지방직, 05 한성)
- **elucidate** (문제 등을) 밝히다, 명료하게 설명하다 clarify, illuminate
  (03 성균관, 11 인천)
- **embark** 승선하다[시키다] board; 기업에 투자하다 lay out; 시작[착수]하다 set out, commence
  (01 중앙, 09 홍익, 10 세종)
- **embarrass** 당황하게 하다 perplex, fluster
  (01 고려, 08 경희)
- **emerge** 나타나다 appear, show up; (가난, 낮은 신분으로부터) 벗어나다 escape
  (06 중앙선거관리위원회 9급, 03 명지, 04 국민)
- **emit** (빛, 열 따위를) 내다, 방출하다 give off, discharge; 말하다 utter
  (01 가톨릭, 06 한국외)
- **empirical** 경험의, 경험적인 experiential
  (08 건국, 14 이화여, 15 동덕여)
- **employ** 고용하다, 사용하다 make use of; 고용, 직, 근무
  (04 세종, 12 용인, 17 서강)
- **enact** (법률을) 제정[규정]하다 legislate; (연극 등을) 상연하다 perform
  (02 행정자치부 9급, 05 단국, 16 한국외)
- **encompass** 둘러싸다, 에워싸다 encircle, environ; 포함하다 comprise
  (03 숭실, 06 세종, 09 홍익, 17 이화여)
- **encroach** (남의 재산, 권리를) 침해하다 intrude, infringe
  (01 경기, 04 한국외)
- **endanger** 위태롭게 하다 imperil
  (00 행정자치부 세무직 9급, 01 행정자치부 9급, 03 경기)
- **endangered** 위기에 처한, 위험에 처한 imperiled
  (00 행정자치부 세무직 9급, 01 행정자치부 9급, 02 건국)
- **endemic** 한 지방에만 나타나는, 풍토성의 indigenous, aboriginal
  (06 덕성여, 10 성균관, 11 단국)
- **enervate** 기력을 빼앗다, 약화시키다 unnerve
  (00 동국, 01 고려, 06 세종)
- **enigmatic** 수수께끼 같은, 알기 어려운 puzzling
  (07 숭실, 11 서울여, 14 한국외)
- **enormous** 거대한 huge, vast
  (01 강남, 04 고려)
- **ensue** 계속해서 (결과로서) 일어나다 follow, supervene
  (00 고려, 02 동덕, 04 서울여)
- **ensure** 책임지다, 보장[보증]하다 secure, guarantee
  (00 세종, 03 고려, 07 숙명여)
- **enthusiasm** 열심, 열중 zeal
  (02 행정자치부 9급, 12 행정안전부 9급, 00 세종)
- **epidemic** 유행[전염]병 plague; (사상, 현상 등의) 유행, 확산 prevalence
  (03 행정자치부 9급, 03 동국, 04 세종)
- **epitomize** 요약하다 sum up, encapsulate; ~의 전형(표본)이 되다 typify
  (17 지방직 7급, 03 경기, 12 한국외)
- **equitable** 공정한 fair
  (04 가톨릭, 07 경희, 09 중앙)
- **erase** 지우다 wipe out; 말소하다, 삭제하다
  (14 국가직, 14 서울직 9급, 18 이화여)
- **erode** ~을 좀먹다, 침식하다 gnaw, corrode, deteriorate
  (07 광운, 14 성균관, 16 경기, 17 이화여)
- **esteem** 존경하다, 존중하다 respect; 존중
  (01 고려, 03 세종, 13 상명)
- **eternal** 영원한 permanent
  (04 국회사무처 8급, 05 대구시 9급, 02 동국)
- **euthanasia** 안락사 mercy-killing
  (00 행정자치부 세무직 9급, 05 대구시 9급, 13 행정안전부 9급)
- **eventually** 결국 at last, finally
  (04 서울시 9급, 국회사무처 8급, 06 중앙선거관리위원회 9급)
- **evolution** 발전, 진화 development
  (04 서울시 9급, 국회 사무처 8급, 06 중앙선거관리위원회 9급)
- **excessive** 과도한, 지나친 extravagant, immoderate
  (04 전북 9급, 07 국회사무처 8급, 11 행정안전부 9급)
- **exhaust** (완전히) 지치게 하다 tire out; ~을 다 쓰다 use up
  (04 전북 9급, 04 동국, 14 서강)

- **expeditiously** 날쌔게, 신속하게 rapidly
  (05 경기, 07 고려, 15 서강)
- **expose** ~을 노출시키다 uncover;
  (죄, 잘못 따위를) 폭로하다 reveal
  (02 가톨릭, 04 세종, 05 고려)
- **exterminate** 근절[박멸]하다 eradicate, extirpate
  (05 항공, 07 동국)
- **extract** 뽑다, 추출하다 pull out, remove;
  발췌, 추출물 excerpt
  (04 서울시 9급, 13 안전행정부)
- **extrovert** 외향적인 사람
  (04 광운, 07 중앙, 14 이화여)
- **fabricate** (누군가를 속이기 위해) 만들어 내다 forge,
  위조하다 falsify
  (17 국회직 9급, 04 성균관, 17 한국외)
- **fall back on** ~에 의지하다 rely on, depend on
  (02 동덕여, 05 중앙, 08 강남)
- **fascinate** 매혹하다, 황홀하게 하다 attract
  (07 중앙인사위원회 9급, 01, 02 숙명)
- **fastidious** 까다로운 fussy; 세심한 meticulous
  (05 세종, 10 이화여, 15 중앙)
- **fatal** 치명적인 mortal
  (01 숙명여, 동국; 06 영남; 15 강남)
- **fatigue** 피로 tiresome; 노동; 피곤하게 하다 tire
  (04 전북 9급, 07 중앙인사위원회 9급, 09 명지)
- **fatuous** 어리석은 foolish, silly, 얼빠진
  (02 세종, 10 이화여, 18 중앙)
- **feature** 특징; 특색 characteristic
  (04 국회사무처 8급, 13 안전행정부, 05 중앙)
- **felicity** 행복, 지복 happiness; 적절함
  (02 중앙, 14 서강, 14 경희)
- **fiasco** 대실패 failure
  (02 세종, 06 고려, 06 동국)
- **fit** ~에 알맞다, 어울리다; 적당한; 건강한 healthy;
  적합, 발작
  (01 광운, 06 경희, 18 한국외)
- **foil** (상대방, 계략 등을) 좌절시키다 frustrate;
  대조되어 다른 것[사람]을 돋보이게 하는 것 contrast
  (00 법원서기보, 05 중앙, 12 홍익)
- **forgo** 포기하다 waive
  (16 기상직 9급, 11단국, 15 서울여)
- **formal** 공식적인, 형식을 갖춘 ceremonial; 표면적인; 정식의
  (04 세종, 06 성균관, 06 서강)
- **formerly** 전에, 이전에는, 먼저 previously
  (02 중앙, 04 광운, 06 단국)
- **formula** 판에 박은 말, 상투적인 문구;
  신앙형식, 신조 creed; 방식, 법칙; 공식
  (00 행정자치부 9급, 01 인천시 9급, 03 고려)
- **fortify** 강화하다, 요새화하다 strengthen, supply
  (05 국회사무처 8급, 01 국민, 02 고려)
- **foster** 촉진[증진]하다 promote, facilitate, expedite;
  (양자 등을) 기르다 rear
  (09, 13 이화여, 15 강남)
- **frank** 솔직한 candid, outspoken
  (04 계명, 04 고려)
- **fret (over)** 안달하다 worry about, be impatient
  (02 서울여, 12 성균관, 12 홍익)
- **function** 기능 role, faculty; 행사
  (00 행정자치부 세무직 9급, 13 안전행정부, 05 광운)
- **fundamental** 근본적인 ultimate, 중요한 essential
  (05 10 중앙, 11 성신여)
- **genocide** 민족 말살, 대량학살 massacre
  (06 중앙인사위원회 9급, 08 하반기 지방직 9급, 14 경희)
- **gloomy** 음울한 dark, melancholy, 우울한
  (09 한양, 10 홍익)
- **gratify** 만족시키다; 기쁘게 하다 satisfy, please
  (02 명지, 05 경기, 11 고려)
- **greedy** 탐욕스러운 rapacious, avaricious
  (04 국회사무처 8급, 07 중앙인사위원회 9급, 04 가톨릭)
- **grueling** 엄한, 녹초로 만드는 extremely difficult
  (04 동국, 08 한국외, 10 경희)
- **haggle** (값, 조건 등 때문에) 언쟁하다 wrangle
  (04 중앙선거관리위원회 9급, 09 16 중앙)
- **hail** ~을 환호하며 맞이하다 acclaim
  (00 경원, 11 덕성여, 14 경희)
- **harass** 괴롭히다 bother
  (04 서울시 9급, 04 홍익, 13 한양)
- **harness** (동력으로) 이용하다 control, exploit;
  마구 horse equipment
  (08 경희, 09 국민)
- **harsh** 황량한; 난폭한 cruel, rough
  (03 법원서기보, 11 서울시 9급, 03 고려)

★★★☆☆ 별3개

각종 시험3회 이상의 최고 출제 빈도를 보이는 어휘들로 종종 출제될 가능성이 충분한 요주의 어휘를 모았습니다.

- **hazard** 위험 danger (04 경기도 교육행정직9급, 00 고려, 05 중앙)
- **heredity** 유전 genetics (06 중앙, 07 계명, 10 명지)
- **holistic** 전체(론)의, 포괄적인 comprehensive (05 중앙, 09 가톨릭, 12 고려)
- **hospitable** 친절한 friendly (06 서울시 9급, 07 고려, 12 경희)
- **hostility** (노골적으로 드러내는) 적의 animosity (04 경기도 교육행정직9급, 00 영남, 05 덕성)
- **hunger** 굶주림 famine; 갈망, 열망 yearning (04 서울시 9급, 12 행정안전부 9급, 13 안전행정부)
- **hypnosis** 최면상태; 최면술 mesmerization (00 행정자치부 9급, 04 경기도 교육행정직 9급, 13 인천)
- **illegible** 읽기[판독하기] 어려운 indecipherable, unreadable (09 행정안전부 9급, 07 서경, 11 경희)
- **illicit** 불법의 illegitimate, illegal (12 상반기 지방직 9급, 01 영남)
- **imbibe** (술 등을) 마시다 drink, quaff; (사상 등을) 받아들이다 take into one's mind, absorb (05 16 중앙, 10 덕성여)
- **imitate** 모방하다 simulate; ~인 체하다 pretend (14 서울시 9급, 04 세종)
- **immensely** 막대[광대]하게; 아주, 굉장히 enormously (02 중앙선거관리위원회 9급, 06 한국외, 07 명지)
- **impassive** 감정이 없는, 무감각한 apathetic, phlegmatic (02 국민, 11 경희, 13 서울여)
- **impetus** 충동, 힘, 자극 impulse, force (14 국회사무처 9급, 00 경기대, 17 이화여)
- **implausible** 믿기 어려운, 거짓말 같은 unbelievable, preposterous, unconvincing (06 중앙인사위원회 9급, 02 중앙, 18 이화여)
- **impractical** 비현실적인, 비실용적인, 실천력이 없는 armchair; 실제로 쓸 수 없는 소도구 (03 행정자치부 9급, 11 행정안전부 9급, 05 세종)
- **impregnable** 난공불락의, 확고부동한 unconquerable, invincible (15 서울시 7급, 06 광운, 16 한국외)
- **imprison** 교도소[감옥]에 넣다, 수감하다, 가두다 confine, incarcerate (04 07 서울시 9급, 08 상반기 지방직 9급)
- **improve** 개선[개량]하다 ameliorate, progress (01 성균관, 02 한국외)
- **impulsive** 충동적인 impetuous, hasty (04 11 광운)
- **impute** (잘못 따위를) ~의 탓으로 하다 attribute, ascribe (02 중앙, 04 성균관)
- **inaccessible** 접근하기[도달하기] 어려운 inapproachable, unattainable (04 서울시 9급, 04 서울여, 14 서강)
- **inanimate** 생명이 없는, 죽은, 활기 없는 dull (04 중앙인사위원회 9급, 02 고려, 05 세종)
- **incisive** 날카로운, 예리한 sharp, acute, keen (02 국민, 05 경기, 14 경희)
- **incremental** 증가하는, 증대하는 (05 경기, 10 고려, 13 이화여)
- **incumbent** ~의 의무인 obligatory; 재직[현직] 중인 present; 재직자 office-holder (06 한양, 11 경희, 17 이화여)
- **incurable** 불치의, 고쳐지지 않는 rebellious, 교정 불능의; 불치의 환자 (01 행정자치부 9급, 03 숭실, 04 성균관)
- **indigent** 가난한, 궁핍한 needy, destitute (01 고려, 05 단국)
- **indolence** 게으름 sloth; 무통 being painless (04 경기, 08 중앙)
- **infamous** 악명 높은 notorious, disgraceful (12 경찰, 07 대구, 08 경원)
- **infer** 추리[추론]하다 reason, deduce; 암시하다 imply (01 가톨릭, 02 한성, 06 동국)
- **inflict** 고통을 주다, 형벌 등을 과하다 impose, 괴롭히다 (08 하반기 지방직 9급, 08 동국, 16 가톨릭)
- **ingenuity** 발명의 재능, 영리함 cleverness, inventiveness (02 06 성균관, 06 경기)
- **ingenuous** 순진한, 천진난만한, 솔직한 frank, naive (17 경찰, 04 광운, 08 경원, 10 이화여)

- **ingredient** (식품, 약의) 성분, 요소 component, element
(05 중앙, 06 국민, 16 가톨릭)

- **inhabitant** (장기 거주의) 주민, 거주자, 서식 동물 denizen, dweller
(04 행정자치부 9급, 13 제1회 지방직, 10 동국)

- **injury** 상해, 손상 harm
(06 서울시, 중앙인사위원회 9급, 01 동국)

- **innovation** (기술) 혁신 reformation
(03 숭실, 03 상명, 10 경기)

- **inordinate** 과도한, 지나친 excessive
(04 중앙, 11, 12 홍익, 17 한국외)

- **inquisitive** 호기심이 많은 curious, prying
(12 동국, 14 한국외)

- **insignificant** 중요하지 않은 unimportant, marginal,
(신분 등이) 천한 ignoble
(01 숙명여, 12 성균관)

- **insolent** 무례한, 거만한 arrogant, impudent, impertinent
(16 국회사무처 8급, 02 중앙, 10 단국)

- **insomnia** 불면(증) sleeplessness
(05 국회사무처 8급, 07 중앙인사위원회 9급, 03 고려)

- **insulation** (전기) 절연(체), 단열재; 분리, 격리
(05 국회사무처 8급, 08 하반기 지방직 9급, 09 국민)

- **integrate** 통합하다 combine
(10 상명, 11 고려, 13 성균관)

- **integrity** 성실, 청렴 probity, 완전, 보전
(03 국민, 08 계명, 08 중앙)

- **intensify** (정도, 강도가) 심해지다[격렬해지다], 강화하다
(12 행정안전부 9급, 04 세종, 05 고려)

- **interchangeable** 교환[교대]할 수 있는, 호환성이 있는 identical
(03 행정자치부 9급, 03 동국, 04 한성)

- **interfere** 방해하다, 훼방하다, 간섭하다 intrude,
중재하다 intervene
(04 서울시, 경기도 교육행정직 9급, 07 중앙인사위원회 9급,
16 국가직 9급)

- **intermittent** 때때로 중단되는, 간헐적인 sporadic
(02 성균관, 08 고려, 12 이화여)

- **interpret** 해석하다, 통역하다, 설명하다 construe
(06 서울시 9급, 01 중앙, 05 덕성여)

- **intimate** 매우 친한 confidential, close;
사사로운, 개인적인 personal, private; 암시하다 hint
(00 02 고려, 13 중앙)

- **intricate** 뒤얽힌, 복잡한 entangled, knotty
(00 세종, 10 동덕여)

- **intuitive** 직관력 있는, 직관적인
(06 국민, 09 중앙, 14 한양)

- **inure** (어려움 등에) 익숙하게 하다 acclimate
(01 대구가톨릭, 09 중앙, 13 숙명여)

- **invalid** (법적으로) 무효인 void; 병약한 infirm;
환자 convalescent
(02 경희, 05 경기)

- **invincible** 정복할[이길] 수 없는 unconquerable, insurmountable
(18 서울시 7급, 04 국민, 04 숭실)

- **invisible** 눈에 보이지 않는 imperceptible
(00 법원서기보, 03 가톨릭, 04 건국)

- **irksome** 진저리가 나는, 지루한 tedious, boring, tiresome
(06 고려, 11 국민, 12 경희)

- **ironically** 비꼬아, 반어적으로, 얄궂게도, 아이러니컬하게도
(04 국회사무처 8급, 01 동덕여, 14 한양)

- **issue** 발행(물), 유출, 논(쟁)점, 이슈
(01 05 중앙, 15 한국외)

- **itinerary** 여행일정[계획표] schedule
(01 한성, 02 06 동국)

- **knowledgeable** 박식한, 잘 아는 savvy
(06 서울시 9급, 13 안전행정부, 09 한국외)

- **languid** 나른한, 활기 없는 listless
(03 고려, 10 한국외, 14 한양)

- **lavish** 마음이 후한 generous, 낭비적인 prodigal
(03 04 고려)

- **lethal** 치사의, 치명적인 fatal, deadly
(04 서울시 9급, 01 경기)

- **limited** (수, 양 등이) 한정된
ex) a limited company 주식[유한]회사
(06 서울시 9급, 06 동덕여, 15 강남)

- **literally** 글자 그대로, 정말로, 실제로 precisely
(01 가톨릭, 04 고려, 11 덕성여)

- **longevity** 장수(長壽) long life, macrobiosis, 수명 life span
(16 서울시 7급, 03 명지, 05 중앙)

- **loquacious** 수다스러운 talkative, gabby
(05 중앙인사위원회 9급, 08 경원)

★★★☆☆ 별3개

각종 시험3회 이상의 최고 출제 빈도를 보이는 어휘들로 종종 출제될 가능성이 충분한 요주의 어휘를 모았습니다.

- **lukewarm** 미지근한 tepid; 열의가 없는 halfhearted
  (00 고려, 04 단국)
- **malicious** 악의 있는, 심술궂은 spiteful, wicked
  (17 경찰, 06 명지, 09 국민, 13 동국)
- **maneuver** 책략 intrigue, 교묘한 조치 ;
  (기계 등을) 조종하다; 계략을 써서 ~하게 하다
  (04 성균관, 06 건국, 13 명지)
- **marked** 현저한, 두드러진 striking
  (05 국회사무처 8급, 02 동덕여, 04 건국)
- **maturity** 성숙 ripeness
  (02 중앙선거관리위원회 9급, 03 숭실, 06 고려)
- **maxim** 격언 proverb, aphorism
  (05 고려, 06 대구, 08 건국)
- **mediate** 조정하다, 중재하다 intervene, intercede
  (03 행정자치부 9급, 06 중앙선거관리위원회 9급, 13 행정안전부)
- **meditate** 숙고하다 ponder, reflect
  (03 행정자치부 9급, 06 중앙선거관리위원회 9급, 04 한국외)
- **meek** 순한, 유순한 humble, submissive
  (00 인천, 08 명지)
- **menial** 천한 humble; 하인 servant
  (06 대구가톨릭, 08 경희, 13 이화여)
- **merciless** 무자비한, 잔인한 cruel, relentless
  (02 국민, 08 명지, 10 성신여)
- **mesmerize** 최면을 걸다, 매혹시키다 hypnotize
  (03 동국, 10 가톨릭, 10 경기)
- **migrate** 이주하다 emigrate
  (00 홍익, 06 한성, 07 국민)
- **milestone** 이정표 landmark; 획기적인 사건 turning point
  (01 홍익, 12 국민)
- **mind** 꺼리다; 마음, 기억
  (00 법원서기보, 13 서울시 9급)
- **misdemeanor** 경범죄, 비행 delinquency, misconduct
  (13 경찰, 03 계명, 09 한양)
- **miserly** 인색한 too small, stingy
  (03 고려, 09 경희, 10 성균관)
- **misgivings** 걱정, 불안 apprehension, anxiety
  (05 서강, 09 단국)
- **modify** 변경하다, 수정하다 change
  (04 국회사무처 8급, 01 서울여, 03 고려)
- **monitor** 감시하다, 청취하다 supervise
  (05 국회사무처 8급, 04 단국, 09 중앙)
- **moribund** 소멸해[죽어]가는 dying
  (05 고려, 08 세종, 12 명지)
- **mortal** 죽어야 할 운명의; 인간의 human; 치명적인 fatal
  (04 경희, 04 고려)
- **mortality** 죽음을 면할 수 없는 운명, 대규모의 사망(률) humanity
  (00 법원서기보, 03 경희, 15 건국)
- **naive** 순진한, 소박한 ingenuous, unsophisticated
  08 행정안전부 9급, 03 고려, 05 중앙
- **nascent** 초기의 initial, fledgling
  (05 경기, 08 동국)
- **nasty** 더러운, 역겨운 horrible, (문제가) 다루기 힘든,
  (병 등이) 심한
  (09 행정안전부 9급, 02 한국외, 03 고려)
- **nature** 천성, 성질, (사물의)본질, 자연
  (01 법원서기보, 13 안전행정부, 01 세종)
- **negotiation** 협상, 교섭
  (03 고려, 05 중앙, 16 국민)
- **negligence** 태만, 부주의 carelessness
  (00 인천, 03 동국, 04 고려)
- **nepotism** 연고자[친척] 등용 favoritism
  (03 단국, 10 이화여, 10 명지)
- **nominal** 명목상의 titular; 아주 적은, 근소한 insignificant
  (12 상반기 지방직 9급, 06 중앙, 09 명지)
- **norm** 표준, 기준 criterion, 규범, 모범
  (07 건국, 13 이화여, 16 광운)
- **nourish** 기르다, 자양분을 주다, 조장하다 feed, encourage
  (00 고려, 05 세종, 06 건국)
- **noxious** 유해한 harmful, poisonous
  (01 고려, 04 광운, 12 단국)

- **nuisance** 성가신[귀찮은] 것[사람] annoyance
(08 행정안전부 9급, 04 국민, 14 고려)
- **nullify** 무효로 하다 invalidate, annul
(02 고려, 11 덕성여, 14 한국외)
- **numerical** 수의, 수에 관한, 수적인
(02 중앙선거관리위원회 9급, 07 서울시 9급, 02 동국)
- **nurture** (아이를) 양육하다, 기르다 foster;
양성하다, 장려하다 promote
(01 법원서기보, 02 덕성, 09 한양)
- **obdurate** 완고한 obstinate, unyielding
(07 건국, 13 경희, 15 한양)
- **obnoxious** 아주 싫은, 불쾌한 repugnant, disagreeable
(03 동덕여, 11 건국, 15 고려)
- **obscene** 음란한, 외설스러운 salacious, lewd
(02 중앙선거관리위원회 9급, 13 안전행정부, 02 건국)
- **obstacle** 방해물, 장애물 impediment
(04 전북 9급, 05 대구시 9급, 04 고려)
- **offensive** 불쾌한, 무례한, 모욕적인 unpleasant
(00 한성, 02 동국, 03 경희)
- **officious** 참견 잘 하는 interfering, meddlesome
(06 서강, 11 서울여)
- **omnivorous** 잡식성의 eating any kind of food
(04 국회사무처 8급, 04 고려, 13 한국외)
- **onset** 개시, 시작 beginning; 공격, 습격 attack
(00 행정자치부 세무직 9급, 12 경찰, 05 중앙)
- **optimistic** 낙관적인 hopeful (10 서울시 9급, 02 국민, 03 고려)
- **ostensible** 표면상의, 겉으로 만의 seeming, specious;
명백한, 분명한 apparent
ad. ostensibly
(04 단국, 06 동덕여)
- **outrage** 난폭, 격분 indignation, 무도한 행위; 화나게 하다 anger
(02 전남, 09 중앙, 13 국민)
- **outstanding** 눈에띄는, 두드러진 distinguished;
(부채가) 미결제인 unpaid, due
(01 법원서기보, 11 성균관)
- **override** 무효화하다 annul; 무시하다 disregard
(05 국회사무처 8급, 09 이화여, 16 경기)
- **overwhelm** 압도하다, 당황하게 하다 devastate
(05 국회사무처 8급, 02 가톨릭, 10 동덕여)
- **pacify** 달래다, 진정시키다 calm, placate
(05 한성, 05 경기, 13 성균관)
- **palatable** 맛있는 luscious, 기분이 좋은
(08 행정안전부 9급, 17 지방직 9급, 05 항공)
- **paltry** 하찮은, (금액 등이) 얼마 안 되는 meager
(04 06 고려, 13 단국)
- **panacea** 만병통치약 cure-all, nostrum
(05 한성, 10 서울여, 13 서강)
- **paradoxical** 역설의, 자기모순의,
(사람이) 역설을 좋아하는 contradictory
(04 한국외, 08, 09 고려)
- **passion** 열정 enthusiasm, ardor, zeal (01 중앙, 04 건국, 14 서강)
- **pensive** 수심에 잠긴 meditative, thoughtful
(02 경기, 02 숙명여)
- **perennial** 영구적인 lasting, 1년 내내 끊이지 않는,
(식물이) 다년생의; 다년생식물
(02 숙명여, 11 가톨릭, 11 경희)
- **perfidy** 배반(행위) treachery
(08 중앙, 11, 12 경희)
- **permanent** 영구적인, 영속하는 eternal, lasting
(02 건국, 04 경희)
- **persist** 계속하다, 고집하다
(16 사회복지직 9급, 08 광운, 16 경기)
- **perspicuous** 명확한 clear, evident
(03 경기, 05 고려)
- **petition** 탄원(서), 청원(서), 신청(서) request
(03 법원 서기보, 04 서울시 9급, 06 중앙선거관리위원회 9급)
- **petty** 소규모의; 하찮은, 시시한 trivial
(06 서울시 9급, 02 동덕여, 06 고려)
- **phenomenal** 놀라운, 굉장한 great
(07 서울시 9급, 02 건국, 11 서울여)
- **pioneer** 개척자 explorer, 솔선자, 선구자
(04 행정자치부 9급, 04 경희, 04 중앙)
- **pivotal** 중대한, 중요한 critical, crucial
(12 국민, 13 가천, 13 경희)
- **plagiarism** 표절, 표절물 piracy
(08 경희, 09 한양, 13 세종)

★★★☆☆ 별3개

각종 시험3회 이상의 최고 출제 빈도를 보이는 어휘들로 종종 출제될 가능성이 충분한 요주의 어휘를 모았습니다.

- **poll** 투표하다 vote; 득표하다; 여론조사; 투표
(02 전남, 03 고려, 03 건국)

- **pompous** 잘난 체하는 presumptuous, pretentious;
(문체 등이) 과장된, 허풍 떠는 bombastic
(18 서울시 9급, 03 명지, 07 성균관)

- **posthumous** 사후의, 사후에 생긴 postmortem
(03 고려, 04 건국, 12 이화여)

- **practical** 실행할 수 있는, 사용할 수 있는; 실용적인 pragmatic;
사실상의 virtual
(12 서울시 9급, 01 가톨릭, 07 대구)

- **precipitately** 다급히, 갑자기, 곤두박질로 suddenly
(02 행시, 외시, 지시)

- **precis** 요약, 대요; 요약하다 synopsize
(04 전북 9급, 15 기상직 9급, 14 중앙)

- **precision** 정확, 정밀 accuracy, exactness
(10 행정안전부 9급, 04 홍익, 10 중앙)

- **precursor** 선구자 forerunner, harbinger, predecessor, 선조
(07 서울시 9급, 13 이화여, 16 광운)

- **predict** 예언하다, 예보하다 forecast, prophesy
(00 행정자치부 세무직 9급, 00 03 법원서기보, 04 한양)

- **premature** 조숙한, 조산의 precocious, rareripe , 시기상조의,
너무 이른 untimely, early days (yet)
(02 세종, 04, 13 고려)

- **prenatal** 출생전의 antenatal, 태아의 (04 고려, 04 건국, 13 경희)

- **preposterous** 앞뒤가 뒤바뀐, 터무니없는 absurd, ridiculous
(00 광운, 04 고려)

- **prerequisite** 미리 필요한 required; 선행[필수] 조건 requirement
(10 행정안전부 9급, 03 숭실, 03 상명)

- **presidency** president의 지위[직, 임기], 통솔, 대통령의 지위
(07 국회사무처 8급, 11 12 상반기 지방직 9급)

- **prestige** 위신, 명성 reputation
(02 행정자치부 9급, 03 세종, 06 성균관)

- **pretentious** 허세부리는 showy, four-flushing
(00 세종, 02 홍익, 16 한국외)

- **priority** 우선권, 우선순위, 상위 precedence
(03 법원서기보, 08 행정안전부 9급, 06 고려)

- **probe** 자세히 조사하다 scrutinize, scan; 조사, 정밀조사
(01 가톨릭, 07 서울여, 12 홍익)

- **proclaim** 선언하다, 공포하다 declare
(04 서울시 9급, 07 국회사무처 8급, 09 이화여)

- **proclivity** 성향, 기질 propensity
(11 서강, 12 가톨릭, 13 이화여)

- **procure** 얻다, 구하다 obtain
(12 사회복지직 9급, 01 고려, 04 단국)

- **prodigious** 거대한, 막대한 huge; 놀랄 만한 amazing, astonishing
(04 고려, 05 항공, 12 경희)

- **profitable** 이익이 되는, 유익한 advantageous, lucrative
(04 건국, 15 동덕여)

- **progeny** 자식, 자손 offspring, descendants; 결과 outcome
(05 국회사무처 8급, 09 단국, 12 서울여)

- **prolong** (시간적, 공간적으로) 연장하다 lengthen, elongate
(01 경기, 04 단국, 06 동덕여)

- **promulgate** ~을 공포[발표]하다 proclaim, declare
(06 건국, 12 경희, 16 명지)

- **prone** ~하기 쉬운 likely, ~하는 경향이 있는 disposed
(06 경원, 11 성균관, 17 이화여)

- **prop** 지주, 버팀목, 후원자; 지지하다 buttress, 보강하다
(07 중앙인사위원회 9급, 행정자치부 9급, 05 가톨릭)

- **propensity** 성질, 경향 proclivity, disposition
(05 한국외, 10 경희, 13 이화여)

- **protrude** (타) 내밀다, (자) 튀어나오다 project
(06 동덕여, 06 세종, 14 경희)

- **provision** 조항, 규정 proviso; 공급 supplying; 준비, 예비;
식량, 양식
(01 행정자치부 9급, 01 고려, 04 중앙)

- **proximity** 근접 adjacency, 접근
(08 고려, 13 중앙, 16 가톨릭)

- **pseudonym** 가명, 필명 alias
(06 서울시 9급, 03 세종, 10 명지)

- **psychological** 심리학의[을 사용한], 심리적인, 정신의 mental, cerebral
(05 국회사무처 8급, 02 국민, 08 경희)

- **punctual** 시간을 잘 지키는 on time, prompt
(00 세종, 01 동국)

- **qualms** 불안 uneasiness, misgivings
(03 05 고려, 08 한국외, 16 단국)

- **raise** 올리다, 세우다, 승진시키다[하다], 기르다 grow; 올림, 증가, 가격인상
(04 서울시 9급, 13 안전행정부, 06 홍익)

- **rampant** 만연하는 widespread, flourishing; 사나운 fierce
(00 광운, 15 한국외)

- **reasonable** 합리적인 logical, rational; (가격 등이) 적당한 moderate, affordable
(14 경찰직 2차, 04 광운, 06 국민)

- **rebellious** 반항하는 disobedient; 난치의 incurable
(16 서울시 9급, 05 국민, 15 고려)

- **recapitulate** 요약하다 summarize, 요점을 되풀이하다 reiterate
(06 서강, 10 숙명여, 13 단국)

- **recognition** 인지, 승인, 보수 acknowledge
(04 경기도 교육행정직 9급, 07 국회사무처 8급, 07 서강)

- **reconcile** ~을 조정하다, 조화[일치]시키다 harmonize, coordinate; ~을 화해시키다, 중재하다 mediate, conciliate
(08 행정안전부 9급, 09 지방직 9급, 18 이화여)

- **reconciliation** 화해 pacification, 조정, 조화 reunion
(04 07 서울시 9급, 13 성균관)

- **reflect** 반사하다, 반성하다, 곰곰이 생각하다 meditate
(00 동국, 02 건국, 14 고려)

- **refute** ~을 논박[반박]하다 confute, disprove
(00 건국, 05 경기)

- **relentless** 무정한, 잔인한 unrelenting, merciless
(06 경희, 10 명지, 12 중앙)

- **relieve** (고통 등을) 경감하다, 구제하다 lessen
(04 전북 9급, 02 가톨릭, 03 한성)

- **renounce** 포기하다, 단념하다 relinquish
(01 인천시 9급, 04 중앙, 15 서강)

- **repetitive** 반복적인, 되풀이하는 monotonous
(00 법원서기보, 03 성균관, 13 서강)

- **reprehensible** 비난 받을만한 blameworthy, heinous
(03 04 고려, 06 계명)

- **rescind** (법률 따위를) 폐지하다, 무효로 하다 revoke, repeal
(18 서울시 7급, 05, 08 경기)

- **resilience** 되튐, 탄력, 탄성 elasticity, 복원력, (병, 불행 등으로부터) 신속한 회복력; 쾌활성
(05 중앙, 14 이화여, 15 고려)

- **resolution** 결심, 결정, 결단력, 확고부동 determination
(04 건국, 09 국민, 12 광운)

- **respite** (일, 고통 따위의) 일시적 중단, 유예, 소강상태 pause, relief
(01 경기, 13 이화여, 14 중앙)

- **restive** 들떠 있는 nervous; 반항적인, 고집 센 resolute
(05 서울여, 06 강남, 11 이화여)

- **restrain** ~을 억누르다, 억제하다 hold back, curb
(07 국회사무처 8급, 07 경희)

- **retaliate** 보복하다, 복수하다 revenge
(06 세종, 07 성균관, 14 경희)

- **retaliation** (같은 방법에 의한) 앙갚음, 보복 vengeance, reprisal
(02 행정자치부 9급, 서울시 9급, 06 성균관)

- **retard** ~을 더디게 하다, 늦추다 delay, stunt, defer; 지체, 지연
(03 행정자치부 9급, 07 서울여, 13 가천)

- **retribution** 응보, 천벌 revenge, scourge
(00 인천, 01 중앙, 04 건국)

- **revere** 존경하다 respect
(02 숙명, 03 세종, 07 동국)

- **review** 평론, 비평, 재검토; 복습하다, 시찰하다, 비평하다 criticize
(03 행정자치부 9급, 07 중앙인사위원회 9급, 13 안전행정부)

- **revoke** 취소[철회]하다 withdraw, 무효로 하다
(06 동덕여, 12 명지, 14 서강)

- **revolve** 회전하다 rotate, 돌다, 공전하다
(04 행정자치부 9급, 02 건국, 04 고려)

- **robust** 건장[건강]한 sturdy, strong
(12 동덕여, 13 17 한국외)

- **rustle** 살랑살랑 소리 soft sound; (나뭇잎 등이) 살랑거리다, 바스락거리다
(02 고려, 03 경기, 05 서울여)

- **sacred** 신성한 treated with great reverence, hallowed
(06 중앙인사위원회 9급, 02 중앙, 13 성균관)

- **saturate** 흠뻑 스며들게 하다[적시다] soak, drench, imbue, impregnate; 채우다, 가득하게 하다
(03 세종, 07 삼육, 13 중앙)

★★★☆☆ 별3개

각종 시험3회 이상의 최고 출제 빈도를 보이는 어휘들로 종종 출제될 가능성이 충분한 요주의 어휘를 모았습니다.

- **security** 안전, 보안, 보호 protection
  (03 건국, 05 중앙, 06 계명)
- **seductive** 유혹하는, 매력있는
  (09 행정안전부 9급, 06 10 고려)
- **self-made** 자력으로 성공한[출세한], 자작의
  (04 중앙선거관리위원회 9급, 05 중앙인사위원회, 04 성균관)
- **serve** ~에 봉사하다, ~을 섬기다; 제공하다; 쓸모있다
  (02 중앙선거관리위원회 9급, 05 대구시 9급, 13 동국)
- **settle** 정착하다[시키다] colonize;
  해결하다, 결정하다 solve, decide
  (15 사회복지직 9급, 07 명지)
- **sheer** 순수한, 섞인 것이 없는 unmixed, pure; 얇은 fine;
  완전한 utter
  (01 가톨릭, 07 서울여)
- **similar** 비슷한, 유사한 same, analogous
  (02 국민, 07 고려)
- **similarity** 유사, 비슷함 affinity
  (03 상명, 03 고려, 15 건국)
- **skepticism** 회의, 의심 doubt, suspicion
  (01 가톨릭, 08 동국)
- **skillful** 숙련된, 능숙한 adept, adroit
  (05 대구시 9급, 17 이화여)
- **smuggle** 밀수입[수출]하다, 밀입국하다, 몰래 갖고 들어오다
  (01 행정자치부 9급, 01 가톨릭, 02 건국)
- **solace** 위로, 위안 comfort
  (05 고려, 06 단국, 16 한국외)
- **solely** 혼자서, 단독으로, 오로지 only
  (04 행정자치부 9급, 06 중앙인사위원회 9급, 10 행정안전부 9급)
- **solicit** 간청하다 entreat, request
  (04 서울시 9급, 03 고려, 17 성균관)
- **solitary** 혼자의, 혼자만의, 고독한, 외딴 isolated
  (04 중앙선거관리위원회 9급, 14 기상직 9급, 16 서울시 9급)
- **soporific** 졸리게 하는 sedative, hypnotic
  (07 한국외, 14 이화여)
- **specious** 그럴듯한 plausible, possible
  (00 세종, 11 이화여)
- **spoil** 완전히 망쳐놓다 ruin; 응석을 받아주다, 버릇없게 만들다 treat too well; 약탈하다; 전리품, 약탈품; 성과
  (01 법원서기보, 03 경기)
- **squalid** 불결한 filthy, sordid
  (01 경기, 03 고려, 11 홍익)
- **stain** 얼룩지게 하다, 더럽히다 discolor
  (04 행정자치부 9급, 04 고려, 06 경희)
- **stake** 말뚝, 버팀대; 내기에 건 돈, (경마의) 상금
  (04 경기도 교육행정직 9급, 06 중앙인사위원회 9급, 06 성균관, 16 경기)
- **startling** 깜짝 놀라게 하는, 놀라운 surprising
  (03 법원서기보, 12 홍익, 15 한양)
- **stem** 유래하다, 생기다 arise
  (05 국회사무처 8급, 05 중앙, 11 경희)
- **sterile** 불모의, 불임의 infertile, barren
  (03 국민, 06 단국)
- **stock** 자본금, 주식, 공채, 나무줄기, 혈통;
  재고의, 표준의, 상투적인 standard,
  주식의; 재고품으로 쌓아두다, 저장하다
  (05 중앙인사위원회 9급, 06 서울시 9급, 18 한국외)
- **strand** 좌초시키다 shipwreck, 오도가도 못하게 하다;
  (사람을) 무일푼이 되게 하다
  (07 중앙인사위원회 9급, 행정자치부 9급, 07 명지)
- **strict** 엄격한 stern, severe
  (04 전북 9급, 02 국민)
- **striking** 이목[주의]를 끄는, 두드러진 noticeable, remarkable
  (00 법원서기보, 01 행정자치부 9급)
- **stuff** 물질, 재료 material, 잡동사니, 쓰레기, 허튼소리, 마약
  (04 국회사무처 8급, 06 서울시 9급, 16 광운)
- **stumble** 비틀거리며 걷다, 발에 걸리다 trip, falter
  (03 동국, 06 고려)
- **subordinate** (계급이) 하위의, 보조적인 secondary, 비굴한;
  종속자, 하급자; 복종[종속]시키다
  (08 명지, 09 단국, 12 이화여)
- **subside** 가라앉다 submerge, plunge;
  (비바람, 소동 따위가) 진정되다 abate, die down
  (01 가톨릭, 05 항공, 10 서울여)

- **subsistence** 생존, 부양 , 생계(수단)
(11 서울여, 13 중앙, 13 한국외)

- **substantial** 상당한 considerable; 실질적인, 튼튼한 solid
(02 서울여, 10 명지, 17 이화여)

- **subtle** 미묘한, 포착하기 어려운 obscure, faint
(00 법원서기보, 03 고려)

- **succinct** 간결한, 간명한 concise, brief
(05 중앙, 07 성균관)

- **succumb** 지다, 굴복하다 give way, yield; 죽다 die, perish
(02 명지, 09 국민, 09 한양, 17 한국외)

- **suffer** (불행을) 당하다, 참다 undergo, tolerate;
(고통, 손해를) 입다
(01 가톨릭, 03, 15 고려)

- **suicide** 자살(행위), 자해, 자멸; 자살하다 kill oneself
(06 중앙인사위원회 9급, 02 04 고려)

- **suitable** 적당한, 상당한, 어울리는 proper, appropriate
(00 행정자치부 9급, 04 건국)

- **superficial** 피상적인 shallow, skin-deep
(03 성균관, 07 경기)

- **supplant** 밀어내다, 대신 들어앉다 take the place of, replace
(08 상반기 지방직 9급, 10 서울여, 12 경희)

- **surreptitious** 비밀의, 은밀한 secret, stealthy, clandestine
(17 서울시 사회복지직 9급, 02 경기)

- **survival** 생존(자), 잔존(물) pervert
(01 가톨릭, 09 세종, 09 고려)

- **suspicious** 의심스러운 doubtful
(07 서울시 9급, 13 안전행정부, 03 동국)

- **sustainable** 지탱할 수 있는, 견딜 수 있는
(04 가톨릭, 11 경희, 11 동국)

- **sweeping** 전반적인, 전면적인, 철저한 widespread,
exhaustive, board; 휩쓸어 가는
(03 행정자치부 9급, 03 경희, 12 경기)

- **tacit** 암묵적인, 묵시적인 unvoiced, unspoken
(02 세종, 05 고려)

- **taint** 오염시키다, 더럽히다 impair (07 서울여, 07 동덕여, 16 경기)

- **tamper** 간섭하다 interfere; 함부로 변경하다 alter;
뇌물을 주다 bribe
(00 경기, 04 고려, 17 이화여)

- **temper** 기질, 성질, 화 anger; 완화[단련]시키다
(01 동덕여, 06 건국, 16 중앙)

- **tenet** (특정집단의) 주의, 신조, 교리 doctrine
(02 단국, 05 고려, 10 성균관)

- **term(s)** 말, 전문어; 기간 period, 임기, 지불기일;
(지불) 조건, 조항 conditions
(03 행정자치부 9급, 13 제1회 지방직, 09 한양)

- **terminal** 끝의, 종말의; 말단, 종점; 단말기; 학기시험
(03 법원서기보, 04 서울시 9급, 행정자치부 9급)

- **terminate** 끝내다 end (17 지방직 9급 하반기,01 가톨릭, 02 건국, 06 고려)

- **theoretical** 이론(상)의, 학리적인, 이론상으로만 존재하는,
사색적인 speculative (01 법원서기보, 00 동국, 02 고려)

- **timid** 겁 많은, 소심한 timorous, cowardly,
수줍어하는 bashful, 머뭇거리는 hesitant
(03 상명, 03 숭실, 04 단국)

- **tolerate** 참다, 견디다 put up with, endure
(17 국가직 9급·지방 사회복지직 9급,02 숙명여, 06 동덕여)

- **transform** 변형시키다, 변모[변태]시키다 change,
다른 물질로 만들다, 변압하다
(02 건국, 09 한양, 09 명지)

- **transparent** 투명한 limpid, pellucid
(03 건국, 06 고려, 09 한양)

- **trepidation** 두려움 fear, fright
(02 건국, 05 중앙, 06 삼육)

- **trial** 공판, 재판, 시도, 노력, 시련 ordeal
(04 행정자치부 9급, 13 안전행정부, 00 고려)

- **trump** 으뜸 패를 내놓다, 이기다 beat
(04 중앙선거관리위원회 9급, 02 덕성여, 04 고려)

- **ubiquitously** 편재(偏在)적으로 omnipresently
(00 행시, 외시, 지시)

- **unaware** 알지 못하는, 모르는 ignorant
(04 고려, 04 건국, 13 가천)

- **understand** 이해하다 appreciate, comprehend, 알아듣다,
~에 정통하다, 생각하다
(00 영남, 01 명지, 07 강남)

- **unflagging** 지치지 않는, 지칠 줄 모르는 indefatigable
(08 하반기 지방직 9급, 02 덕성여, 05 서울여)

- **unpleasant** 불쾌한, 싫은 disagreeable, invidious
(04 경기도 교육행정직 9급, 02 경희, 02 성균관)

★★★☆☆ 별3개

각종 시험3회 이상의 최고 출제 빈도를 보이는 어휘들로 종종 출제될 가능성이 충분한 요주의 어휘를 모았습니다.

- **unpredictable** 예측할 수 없는 unforeseeable
(05 항공, 06 경원, 06 경희)
- **unravel** (실, 끈 등을) 풀(리)다 untangle; (문제 등을) 풀다, 해결하다 solve
(04 고려, 07 서울여, 07 중앙)
- **urgent** 긴급한, 급박한 pressing, imperative
(00 단국, 07 홍익)
- **use** 쓰다, 사용[이용]하다, 소비하다 utilize, employ; 사용, 이용(법), 사용 목적, 용도, 습관
(06 항공, 07 홍익, 12 용인)
- **vague** 막연한, 모호한 obscure, equivocal
(01 고려, 01 중앙)
- **vegetarian** 채식주의(자)
(03 행정자치부 9급, 04 고려, 06 건국)
- **verdict** 평결, 판결 judgment, decision
(05 서울여, 10 경기)
- **verbal** 말[언어]의 speaking
(05 국회사무처 8급, 18 서울시 9급, 03 명지)
- **vestige** 흔적 trace
(03 중앙, 10 광운, 11 명지)
- **vicious** 사악한, 악의 있는 wicked, cruel
(03 고려, 07 숙명여, 10 중앙)
- **victim** 희생자, 피해자, 조난자 casualties, prey
(06 서울시 9급, 14 경찰직 1차, 01 성균관)
- **vigilant** 경계하는, 방심하지 않는 watchful
(01 02고려; 11 명지)
- **vigorously** 정력적이게, 활발하게 strenuously, strongly
(03 고려, 03 경희, 03 숭실, 17 한국외)
- **vulgar** 속되고 천한, 상스러운 blatant, kitschy, indecent
(08 성균관, 11 명지, 14 한국외)
- **vulnerability** 상처 입기 쉬움 susceptibility, 취약성 weakness
(02 광운, 03 숭실, 10 경기)
- **waive** (권리 등을) 포기하다 abandon, relinquish, concede
(05 대구시 9급, 01 세종, 13 가천)

★★☆☆☆ 별 2개

각종 시험에 2회 이상의 출제된 적이 있는 단어들로 고득점을 원하는 학생이라면 꼼꼼히 공부하는 것이 좋습니다.

- **abate** 줄이다, 완화하다; 약해지다 lessen, diminish
(06 서울시 9급, 16 서울여)
- **abdicate** 포기하다, 버리다 renounce; 퇴위하다
(10 경희, 11 가톨릭)
- **aberrant** 정도를 벗어난, 탈선적인 abnormal, deviant
(00 건국, 10 한국외)
- **aberration** 탈선, 일탈 deviation
(01 성균관, 14 경희)
- **abnormal** 비정상적인 unusual
(03 고려, 03숭실)
- **abnormality** 이상, 변칙; 비정상적인[변칙적인] 것, 기형 deformity
(04 서울시 9급, 00 행정자치부 9급)
- **abortion** 낙태 miscarriage; 실패 failure
(04 서울시 9급, 06 중앙인사위원회 9급, 06 영남)
- **abrade** 마멸시키다; 찰과상을 입히다
(06 서울시 9급, 17 서강)
- **abrasive** 연마제; 닳게 하는, 거친 harsh
(04 중앙, 07 단국)
- **abstain** 삼가다, 절제하다 refrain, hold back; (고의로) 기권하다 disclaim
(01 고려, 10 성균관)
- **abundance** 풍부, 유복 plenty
(03 명지, 14 이화여)
- **accepted** 일반적으로 인정되는 permitted
(06 중앙선거관리위원회 9급, 02 한국외)
- **access** 접근, 이용; 입구, 통로 admission
(04 행정자치부9급, 07 중앙인사위원회 9급)

- **accomplishment** 성취, 완수 fulfillment; 소양, 교양 literacy, attainment (03 건국)
- **accuse** ~를 고소하다 charge; ~를 비난하다 blame (01 가톨릭, 13 경희)
- **accustomed** ~에 익숙한 familiar, used (02 계명)
- **acquiesce** 묵인하다 agree, subscribe (02 고려)
- **acquire** 얻다, 습득하다 gain, obtain (03 광운)
- **acquit** ~를 무죄로 하다 exonerate, release; 행동[처신]하다 behave, conduct (09 단국)
- **acrid** (냄새 등이) 콕 쏘는 pungent (04 가톨릭, 05 고려)
- **acrimonious** 신랄한 caustic, bitter (02 국민)
- **adaptation** 적응, 적합, 조절 adjustment (03 13 건국)
- **addict** ~에 빠지게 하다 habituate; 중독자, 탐닉자 devotee (03 행정자치부9급)
- **adhesive** 들러붙는, 부착성의 (03 세종, 15 동덕여)
- **adjust** ~에 적응하다[시키다] adapt; ~을 조정하다 arrange (00 동아, 11 경원)
- **administer** 관리[통치]하다 direct; (약 등을) 주다, 투약하다 dispense; 도움이 되다, 기여하다 contribute (03 건국, 09 동국)
- **admirable** 칭찬[감탄]할만한; 훌륭한, 우수한 excellent (01 행정자치부9급, 04 고려)
- **advantageous** 이로운, 유익한 beneficial, profitable, gainful (03 숭실, 04 세종)
- **advent** (중요한 사건, 시대의) 도래 arrival, coming (05 아주, 12 경희)
- **adversary** 적수, 반대자 opponent; 적수의, (법) 당사자의 (04 행정자치부9급, 12 인천)
- **affectionate** 다정한 fond (01 고려, 05 한성)
- **affordable** (가격 등이) 알맞은, 적당한 reasonable (10 행정안전부 9급, 03 고려)
- **agency** 대리점, 특약점, 기관 (05 단국, 07 국민)
- **agenda** 의제 program, 안건, 의사일정 (02 동국, 14 고려)
- **agnostic** 불가지론자(의) skeptical (03고려, 07 국민)
- **agreement** 동의, 일치, 협정, 계약(서) (01 국민, 02 가톨릭)
- **ailment** (가벼운) 병 illness, disease (06, 07 중앙인사위원회 9급)
- **alias** (특히 범인이 쓰는) 가명 pseudonym (06 서울시 9급, 14 경찰직 1차)
- **allege** (증거 없이) 주장하다, 단언하다 assert, maintain (07 상명, 09 고려)
- **allocate** 할당[배분]하다 assign, allot; 충당[마련]하다 appropriate (12 기상직 9급, 02 고려)
- **allot** 할당하다 allocate, assign (04 세종, 06 한성)
- **altercation** 변화 change; 말다툼 quarrel (17 국회직 9급, 11 서울여)
- **altruism** 이타주의 unselfishness (12 경희, 13 광운)
- **altruist** 애타주의자, 이타주의자 benefactor (02 성균관, 02 중앙)
- **amalgamation** 합동, 합병 merger, uniting (13 서울시 9급, 13 고려)
- **ameliorate** 개선[향상]시키다, 좋아지다 improve, enhance (10 강남, 10 서강)
- **amenable** 유순한, 기꺼이 따르는 obedient; 법, 의무 등을) 따라야[지켜야] 할 answerable (10 경희, 11 서강)
- **amend** (법을) 고치다 correct; (pl.) 보상, 배상 compensation (03, 07 건국)
- **amicable** 우호적인, 평화적인 friendly, peaceable (12 경희, 17 서강)

★★☆☆☆ 별 2개

각종 시험에 2회 이상의 출제된 적이 있는 단어들로 고득점을 원하는 학생이라면 꼼꼼히 공부하는 것이 좋습니다.

- **anachronism** 시대착오
  (08 고려)
- **ancestor** 조상, 선조; 생물의 시조; 원형, 선구자 predecessor, progenitor
  (11 상반기 지방직 9급, 04 경희)
- **announce** 발표하다 enunciate
  (01 가톨릭, 15 동덕여)
- **annual** 1년을 단위로 하는 yearly, yearlong; 연감, 연보, 일년생 식물 pervert
  (03 고려)
- **anodyne** 진통제; 진통의 sedative
  (11 고려, 12 상명)
- **Antarctica** 남극대륙
  (00 행정자치부 세무직 9급, 05 중앙인사위원회 9급)
- **anthropologist** 인류학자
  (05 중앙인사위원회 9급, 05 국회사무처 8급)
- **antibody** (혈청 중의) 항체, 항독소
  (12 행정안전부 9급, 04 경희)
- **antipathy** 혐오, 반감 aversion, hostility
  (05 중앙선거관리위원회 9급, 04 고려)
- **antique** 고풍스러운 ancient; 골동품 curio
  (02 성균관, 11 동국)
- **appeal** 호소[간청]하다 beg, (~에게) 매력을 끌다 attract, ~에 항소하다; 호소, 간청 entreaty, 매력, 흥미 interest, 항소
  (04 국회사무처 8급, 00 고려)
- **applaud** 칭찬하다 praise, extol, commend, 박수갈채하다 clap, acclaim, cheer
  (13 단국, 14 경희)
- **appoint** 임명하다; 약속하다 assign
  (04 전북 9급, 14 지방직 9급)
- **appraise** 평가하다 assess
  (03 동아, 세종 04)
- **approximate** 가까워지다, 근접하다 approach, come near to; 근사치의, 대략적인 proximate
  (02 세종, 04 건국)
- **arable** 경작에 적합한 cultivable, plowable
  (11 동아)
- **archaeology** 고고학
  (00 행정자치부9급, 06 서울시 9급)
- **archaic** 고대의, 고풍의 ancient, old-fashioned
  (02 숙명여, 09 고려)
- **aristocracy** 귀족정치 (06 중앙인사위원회 9급, 11 동국)
- **arrogance(-cy)** 거만, 오만 conceit, haughtiness
  (04 고려대, 07 감평사)
- **artery** 주요 수로[도로], 간선; 중추; 동맥
  (01 03 법원서기보)
- **ascend** 오르다
  (11, 12 지방직 9급)
- **ascribe** ~의 탓[것]으로 생각하다 attribute
  (01 동덕여, 12 명지)
- **ashamed** 부끄러워하는 disgraced; 부끄러워[수치스러워] ~하지 못하는 reluctant
  (01 법원서기보, 05 대구시 9급)
- **askance** 비스듬히, 의심의 눈으로
  (01 동덕여, 11 중앙)
- **assignment** (부여받은) 임무 mission; 지정, 할당; (임명된) 직위
  (00 행정자치부 세무직 9급, 04 한양)
- **assimilate** 동화하다, 소화하다
  (04 고려, 10 서강)
- **assimilation** 동화, 융화
  (07 성신여, 13 경기)
- **association** 제휴, 연합 organization; 연상
  (05 대구시 9급, 05 중앙)
- **athlete** 운동선수
  (04 국회사무처 8급, 13 행정안전부)
- **athletic** (운동) 경기의, 체육의, 운동선수의; 강건한, 발랄한 active, robust
  (05 대구시 9급, 13 한국외)
- **ATM** 자동입출금기 automated teller machine
  (03 법원서기보, 04 중앙선거 관리위원회 9급)

- **atmosphere** 공기, 대기 air, ambiance; 분위기 ambience, aura; 환경 (04 경기도 교육행정직 9급, 05 중앙)
- **attach** (~에) 붙(이)다 stick; ~에 애착을 느끼게 하다; (재산을) 차압하다 seize (02 행정자치부9급, 13 행정안전부)
- **attachment** 부착; 부속품; 애착 affection, fondness; 차압 (06 건국, 13 한국외)
- **attitude** (생각, 기분을 드러내는) 태도 position (04 경기도 교육행정직 9급, 13 서울시 9급)
- **austere** 엄한, 엄격한 ascetic, severe; 간소한, 간결한 ad. austerely (02 고려, 14 성균관)
- **authority** 권위, 권한 power; (pl.)당국, 정부 (04 전북 9급, 04 건국)
- **avaricious** 탐욕스러운, 욕심 많은 greedy (01 경기, 04 가톨릭)
- **average** 평균 normal, ordinary (00 법원서기보, 14 성균관)
- **aversion** 혐오, 반감 abhorrence (08 세종, 17 이화여)
- **awareness** 알아채고[깨닫고] 있음, 자각, 인식; 의식 consciousness (04 경기도 교육행정직 9급, 01 성균관)
- **awesome** 경외심을 일으키는, 장엄한 awful (05 한성, 06 건국)
- **awkward** 어색한, 서투른, 거북한 clumsy (01 동국, 02 고려)
- **awry** 구부러져, 비틀려서 askew; (계획 따위가) 잘못되어 amiss (03 경기, 06 성균관)
- **backdrop** 배경(막) background, back-cloth (06 동국, 13 홍익)
- **balance** 균형 equilibrium; 잔고, 잔액; 균형을 유지하다; 상쇄되다; 견줘 보다 (04 고려, 14 국민)
- **balk** 방해하다 foil; 장애물 obstacle (04 고려, 06 단국)
- **banal** 진부한 hackneyed, trite (02 성균관)
- **baneful** 해로운 harmful, poisonous, baleful (10 상반기 지방직 9급, 17 중앙)
- **bankrupt** 파산한, 도산한 insolvent, broke (03 경희)
- **banner** 기, 깃발, 기치, 현수막 flag (05 동아, 05 중앙)
- **bargain** 흥정하다 haggle, barter; 거래, 협정 deal (01, 04 고려)
- **bark** (개, 여우 등이) 짖다, (총, 대포가) 울리다, 크게 야단치다, 고함치다; 나무껍질 (04 행정자치부9급, 10 행정안전부 9급)
- **barren** 불모의 infertile; 불임의 sterile (06 경희)
- **batter** 연타하다, 난타하다 beat (04 중앙인사위원회 9급, 10 행정안전부 9급)
- **bearings** 태도, 자세; 관련, 영향; (일정한 지점에서 나침반으로 측정한) 방향 (01 성균관, 12 동국)
- **beckon** 손짓하다, 신호하다 gesture (05 한성, 13 인천)
- **beneficiary** 수령인 recipient, assignee (11, 12 행정안전부 9급)
- **benevolent** 자비로운, 인정 많은 charitable, philanthropic (03 고려)
- **bent** (천성적인) 경향, 성향 intent, inclination (04 서강, 04 성균관)
- **bequeath** (동산, 재산 등을) 물려주다, 유증하다 leave (03 행정자치부9급, 07 국회사무처 8급)
- **berate** 호되게 꾸짖다[야단치다] upbraid, chide (04 세종, 13 경희)
- **beverage** 마실 것, 음료 (03 고려, 04 건국)
- **bias** 선입견, 편견 prejudice, favoritism (00 대구, 07 국민)
- **bicker** 말다툼하다 argue (10, 12 경희)
- **biennially** 2년마다 every two years, in alternate years (08 명지)
- **bill** 고지서; 계산서; (국회에 제출된)법안; (극장등의)프로그램; 벽보,광고지 (01 동덕여, 15 한국외)

★ ★ ☆ ☆ ☆ 별 2개

각종 시험에 2회 이상의 출제된 적이 있는 단어들로 고득점을 원하는 학생이라면 꼼꼼히 공부하는 것이 좋습니다.

- **biracial** 두 인종으로 이루어진, 혼혈의 (06 서울시 9급, 13 경기)
- **bizarre** (외관, 양식, 성질 등이) 이상[기괴]한 strange, grotesque (01 고려, 05 항공)
- **blanch** 희게 하다, 표백하다 bleach (03 경기, 04 단국)
- **bleak** 쌀쌀한 cheerless; 황량한 bare, desolate (06 한국외, 13 경기)
- **blemish** 흠, 결점, 오점 defect, mark (00 행정자치부 9급, 04 고려)
- **blend** 혼합하다 mix (04 세종, 11 덕성여)
- **blood vessel** 혈관 (01, 03 법원서기보)
- **blossom** 꽃이 피다, 번영하다 thrive; 절정, 전성기 (02 중앙선거관리위원회 9급, 07 국회사무처 8급)
- **blue** 푸른; 우울한 gloomy (02 중앙선거관리위원회 9급, 03 국민)
- **bluff** 허세 four flush, 엄포 (12 상반기 지방직 9급, 13 경희)
- **blur** 흐리게 하다 obscure, (명예 등을) 더럽히다 (06, 12 중앙)
- **bogus** 가짜의 counterfeit (03 고려, 12 숙명여)
- **boisterous** 떠들썩한 vociferous, rowdy (12 서울여, 13 경희)
- **boom** 쿵하고 울리는 소리; 벼락 경기; 갑작스러운 인기; 급격한 증가 boost (00 행정자치부 세무직 9급, 08 고려)
- **bounce** (공이) 튀다, 뛰어오르다, (사람이) 벌떡 일어나다, (소리, 빛이) 반사하다, 급히 움직이다, 허풍치다, 튀게 하다, 부도처리하다, 반송하다 (02 행정자치부 9급, 06 건국)
- **brash** 경솔한, 성급한 rash, reckless, 뻔뻔한, 건방진 impudent (04 고려, 17 한국외)
- **breach** 어김, 위반 violation (07 국회사무처 8급, 03 동덕여)
- **breakdown** 붕괴 고장 collapse, trouble; 분석 analysis (04 서울시 9급, 13 행정안전부, 11 덕성여)
- **brevity** 간결함 conciseness (02 고려)
- **brightly** 밝게, 빛나게; 환하게, 명랑하게 brilliantly (02 동덕여, 03 고려)
- **browbeat** 으르다, 협박하다 threaten (10 서울시 9급, 11 명지)
- **bruise** 타박상 black mark (04 중앙선거관리위원회 9급, 11 경원)
- **burnish** 광내[나]다 polish; 광, 윤기 (12, 14 한국외)
- **buttress** 지지(물); 지지하다 prop, bolster (00 건국, 06 고려)
- **bygone** 과거의, 지나간 past; 과거(사) (04 서울시 9급, 10 상반기 지방직 9급)
- **cajole** 감언으로 속이다 coax (05 경기, 09 대구)
- **caliber** 지름, (총포의) 구경; 능력 capacity, faculty, competence (05 고려, 13 경희)
- **callous** 굳어진 hardened; 무감각한 unfeeling, insensitive (04 고려, 11 국민)
- **canine** 송곳니; 갯과의 동물, 개; 갯과의, 개와 같은; 송곳니의 (08 상반기 지방직 9급, 13 동국)
- **capitalism** 자본주의 (01 법원서기보, 05 국회사무처 8급)
- **captious** 흠잡기 좋아하는 fault-finding, quibbling (09 ,11 중앙)
- **cardinal** 진홍색의, 주요한 main, principal (17 서울시 사회복지직 9급, 15 한국외)
- **carefully** 세심하게, 신중하게 (00 법원서기보, 15 국가직 9급)
- **careless** 부주의한 cursory, frivolous (06 중앙선거관리위원회 9급, 15 한국외)

- **castes** 계급 (11 상반기 지방직 9급, 13 제 1회 지방직)
- **catholic** 전반적인, 보편적인 universal, cosmic, 다양한 (03 경기, 18 중앙)
- **cease** 끝나다 expire, desist (03 법원서기보, 07 건국)
- **ceaseless** 끊임없는 continuous, 부단한 (01 중앙, 13 국민)
- **celebrated** 유명한, 저명한 distinguished, renowned (13 경찰)
- **census** 인구 조사 population count (03 건국, 12 홍익)
- **certificate** 신분증, 증명서 document; 증명서를 주다, 증명하다 (07 국회사무처 8급, 03 동덕여)
- **certify** 보증하다, 증명하다, 확인하다 check, validate (04 세종, 17 기상직 9급, 04 세종)
- **chagrin** 분하게[원통하게] 하다 vex; 분함, 실망 dissatisfy (06 서강, 13 홍익)
- **challenge** 도전하다, 이의를 신청하다 (06 성균관, 15 강남)
- **champion** 옹호하다, 지지하다 support, advocate (04 중앙선거관리위원회 9급, 11 단국)
- **character** (도덕적) 성격, 인격 personality; (특히 한 계층이나 종족이 갖는) 특성 (01 중앙, 02 고려)
- **charitable** 자비로운, 관대한, 자선의 altruistic, benevolent (00, 03 고려)
- **chemical** 화학의; 화학적인, 화학작용의; (pl.) 화학제품, 약물 (04 경기도 교육행정직9급, 13 행정안전부)
- **chicanery** 속임수 trickery (04 중앙, 10 이화여)
- **chronologically** 연대순으로 historically (02 동국, 02 한국외)
- **chunk** (빵, 목재 따위의) 큰 덩어리; 상당량 hunk (05 대구시 9급, 15 서울여)
- **circuitous** 우회하는, 간접적인, 말을 돌리는 ambiguous (11 경희, 13 이화여)
- **circumlocution** 넌지시 둘러말하기, 완곡어법 periphrase (11 행정안전부 9급, 12 행정자치부 9급)
- **circumspect** 조심성 있는, 신중한 cautious (09 한국외, 11 서울여)
- **civic** 시의, 도시의, 시민의 civil, municipal (05 대구시 9급, 07 국회사무처 8급)
- **classified** 분류된; (군사 정보, 문서 등이) 기밀 취급인 confidential (04 경기도 교육행정직9급, 15 항공)
- **classless** 계급이 없는, 사회적 계급에 속하지 않는 (05 국민, 15 고려)
- **cliche** (진부한) 상투어구 commonplace; 진부한 (02 성균관, 13 건국)
- **client** 고객 customer (06 계명, 07 국민)
- **clog** (먼지 등이 기계의) 움직임을 방해하다 block (03 경기, 06 한국외)
- **cluster** 옹기종기 모여들다 gather, bunch; 송이, 다발 (08 단국, 13 서울여)
- **coastal** 근해[연안]의 maritime (04 경기도 교육행정직9급, 04 건국)
- **coax** (감언으로 속여) 빼앗다 cajole, extract (11 경희, 14 서강)
- **coerce** 강제로 ~하게 하다 ompel, oblige, force; 억제[진압]하다 suppress (02 18 한국외)
- **coercion** 강제, 억압 pervert (09 이화여, 10 고려)
- **coherent** 일관성[조리] 있는 consistent, logical (10 명지, 18 이화여)
- **cohesive** 결합력 있는 sticky (00 동국, 10 경희)
- **colleague** (직업상의) 동료 associate, companion (04 행정자치부 9급, 03 고려)
- **colorful** 색채가 풍부한, 다채로운; 화려한; 생기 있는 vivid (06 서울시 9급, 03 숭실)
- **combine** 결합[제휴]하다 unite, join, integrate (00 고려, 04 세종)
- **combustible** 타기 쉬운, 가연성의 inflammable; (pl.) 가연물 (01 인천, 16 서울여)
- **comely** 보기 좋은, 잘생긴 beautiful (02 중앙선거관리위원회 9급, 02 고려)

★ ★ ☆ ☆ ☆ 별 2개

각종 시험에 2회 이상의 출제된 적이 있는 단어들로 고득점을 원하는 학생이라면 꼼꼼히 공부하는 것이 좋습니다.

- **comfort** 안락함, 행복 solace, well-being (03 건국, 07 강남)
- **commercial** 상업적인, 영리적인; 돈벌이가 되는 (04 국회사무처 8급, 04 건국)
- **common knowledge** 상식 (00 법원서기보, 04 서울시 9급)
- **comparable** 비교 되는, 필적하는 analogous (01 가톨릭, 12 한국외)
- **compassion** 연민, 동정 sympathy, commiseration (00 국민, 12 경희)
- **compelling** 설득력 있는, 강력한 convincing; 강제적인 pressing; 흥미진진하게 하는 fascinating (18 경찰, 02 동국)
- **competent** 능력[권한]이 있는 able, proficient (07 서울시 9급, 03 건국)
- **complaint** 불평, 불만 grievance; 병 illness (04 경희, 13 광운)
- **complex** 복잡한 intricate; 복합적인 compound; 종합시설[체계]; 강박관념, 콤플렉스 (02 건국, 05 광운)
- **composure** 침착(함), 냉정 calmness, collectedness (07 서울시 9급, 04 국민)
- **compulsive** 강제적인 obsessive (12 한국외, 12 한양)
- **conception** 개념, 생각 idea; 구상, 착상; 임신 (07 중앙인사위원회 9급, 09 국민)
- **condescending** 거들먹거리는, 잘난 체하는 (12 행정안전부 9급, 15 서울시 7급)
- **confidence** 자신감 self-assurance; 믿음, 신뢰 trust, faith; 비밀 secret (00 단국, 03 국민)
- **confirm** 확인하다 corroborate, verify (03 고려)
- **conform** (법률, 규칙에) 따르(게 하)다 comply; (모양, 성질이) 같아지(게 하)다 correspond (05 세종, 12 중앙)
- **confront** 맞서다, 직면하다 face, encounter; (두 명을) 대질시키다 (05 가톨릭, 06 한성)
- **confuse** 혼란스럽게 하다, 당황하게 하다 bewilder, confound (01 05 세종)
- **confused** 혼란스러운 rattled (01 고려, 02 동덕여)
- **congested** 붐비는, 북적거리는 crowded (05 중앙인사위원회 9급, 00 가톨릭)
- **conglomeration** 복합(체), 집합 combination (07 서경, 13 단국)
- **conjugal** 부부(간)의 nuptial (03 광운, 03 단국)
- **connotation** 내포, 함축 (03 중앙, 11 단국)
- **conscience** 양심 compunction (00 행정자치부 세무직 9급, 07 국회사무처 8급)
- **conscientious** 양심적인 scrupulous; 성실한, 세심한 (03 동덕여, 15 중앙)
- **consecrate** 신성하게 하다, 봉헌하다 hallow; (어떤 목적에) 바치다 devote, dedicate (01 고려, 03 계명)
- **consecutive** 연속[계속]적인 successive; (논리가) 일관된 consistent (06 중앙인사위원회 9급, 04 고려)
- **consequence** 결과 result; 중대성 importance (01 명지, 01 숙명여)
- **considerate** 사려 깊은 thoughtful (05 중앙, 06 세종)
- **considered** 깊이 생각한 (후의); 존경받는, 중히 여겨지는 (06 서울시 9급, 13 행정안전부)
- **consign** 맡기다, 넘겨주다 commit, commend; (상품을) 보내다, (판매를) 위탁하다 transmit, entrust (08 하반기 지방직 9급, 05 고려)
- **constitutional** 헌법(상)의 statutory, 합법의; 체질상의, 타고난, 구조[조직]상의; 건강을 위한 운동, 산책 (02 행정자치부 9급, 01 중앙)

- **constructive** 건설적인, 구조적인, 구성적인 productive
(03 세종대, 08 전남대)

- **consumption** 소비(량) spending, expenditure; 폐결핵 tuberculosis
(10 국민대)

- **contention** 언쟁, 논쟁 dispute
(08 한국외, 13 서울여)

- **contingent (on)** ~에 달려있는, 좌우되는 depend on
(01, 11 중앙)

- **continuous** 계속적인, 끊임없는 ceaseless, persistent
(17 이화여)

- **contrary** 반대인 opposite; 고집을 부리는 obstinate; 반대(인 것) reverse
(00 가톨릭, 01 강남)

- **contravene** (주의, 진술 따위에) 반대하다, ~와 모순되다 oppose; (법, 규칙 따위를) 위반하다 violate
(08, 15 고려)

- **convenience** 편의, 편리함 accessibility
(04 국회사무처 8급, 06 경희)

- **convenient** 편(리)한 accessible
(04 건국, 06 한성)

- **convergence** 한 점으로 집합함; 집중성, 수렴
(05 덕성여, 09 경희)

- **correlation** 상호 연관성 association, connection
(06 중앙인사위원회 9급, 06 성균관)

- **corrosive** 부식성의 corroding, caustic
(03 세종, 15 동덕여)

- **courageous** 용기 있는 brave, gallant
(02 중앙선거관리위원회 9급, 08 상반기 지방직 9급)

- **coverage** 보도 범위; (보험의) 보상 금액, 적용범위 pervert
(04 건국, 05 고려)

- **covert** 비밀의, 은밀한 clandestine
(06 중앙, 14 고려)

- **craving** 갈망, 열망
(12 서울시 9급, 04 고려)

- **credential** 신임장, 신용증명서 certificate; 신임하는
(06 고려, 12 이화여)

- **credible** 신용할 수 있는
(06 성균관, 11 한양)

- **creditor** 채권자
(03 중앙, 05 광운)

- **credulous** 속기 쉬운, 쉽게 믿는 unsuspicious, gullible
(01 경원, 13 서울여)

- **creed** 신조 religion
(05 대구시 9급, 12 경희)

- **criteria** (criterion의 복수형) 표준, 기준
(00 서울여, 12 상명)

- **crooked** 마음이 비뚤어진, 부정직한 insincere, perverse; 굽은, 뒤틀린 curved, tortuous; 기형인 deformed; 불구의 disabled, maimed
(02 건국, 16 한국외)

- **crude** 천연 그대로의, 날것의 raw; 조잡한 coarse
(00 홍익, 08 세종)

- **cue** 신호, 암시, 단서 hint; 변발
(05 국회사무처 8급, 06 중앙선거관리위원회 9급)

- **culpable** 비난할만한 blameworthy, reprehensible
(08 경원)

- **cultivate** 경작하다 farm; 재배하다; (재능 등을) 양성하다 foster
(13 중앙, 15 동덕여)

- **curative** 치료의, 병을 고치는
(05 경기, 07 중앙)

- **curriculum vitae** 이력서 personal history, resume
(07 국회사무처 8급, 03 동덕여)

- **custody** (이혼 후의) 아동양육권; 관리, 보호; 구금, 감금 detention
(12 경찰, 13 한양)

- **customize** 주문을 통해 만들다
(11 경희, 13 고려)

- **damp** 축축한, 습한 wet, dank; 약하게 하다 enfeeble
(05 세종, 05 항공)

- **dampen** 축축하게 하다 moisten; (남의) 기를 꺾다 check
(09 고려, 16 서강)

- **dank** 축축한 damp
(13 경찰, 13 단국)

- **dark** 어두운, 거무스름한 somber; 애매한 obscure
(00 명지, 04 경기)

- **dated** 구식의, 구시대의 passe; 날짜가 있는, 날짜가 적힌
(14 이화여, 15 국민)

★★☆☆☆ 별 2개

각종 시험에 2회 이상의 출제된 적이 있는 단어들로 고득점을 원하는 학생이라면 꼼꼼히 공부하는 것이 좋습니다.

- **debacle** (갑작스런) 붕괴, 실패 fiasco, rout
(02 경기, 13 숙명여)
- **decent** 적당한 reasonable
(적당한(reasonable)(04 경기도 교육행정직9급, 05 단국)
- **deceptive** 속이는, 현혹시키는 misleading, delusive
(11 가톨릭)
- **decompose** (성분, 원소로) 분해하다 analyze; 썩다, 부패하다 decay
(13 국회사무처 9급, 05 고려)
- **defend** 막다, 방어하다 protect
(04 중앙선거관리위원회 9급, 04 고려)
- **deference** 복종 submission; 존경 respect
(02 고려, 05 경기)
- **deficiency** 부족, 결핍 shortage, dearth, lack; (심신의) 결함 defect
(01 중앙, 13 가천)
- **deficit** 부족, 적자 lack (07 국회사무처 8급, 01 중앙)
- **definite** 확실한, 명확한 concrete, explicit
(04 전북 9급, 04 건국)
- **defuse** 해소하다 become weak
(12 한국외, 16 경기)
- **deject** 낙담시키다 discourage
(08 행정안전부 9급, 06 동국)
- **delay** 지연[연기]시키다 defer; 연기, 지연, 지체
(06 중앙선거관리위원회 9급, 13 서울시 9급)
- **delicacy** 정교함, 민감함 fineness; 진미
(01 행정자치부 9급, 11 중앙)
- **delicate** (물건이) 깨지기 쉬운 fragile, (사람이) 허약한 weak; (상황이) 미묘한, 세심한 주의를 요하는 subtle
(00 건국, 04 경희)
- **delinquent** 비행의, 태만한 remiss; 체납된 overdue; 과실자 offender
(09 이화여, 11 인천)
- **delusion** 현혹, 기만; 망상, 착각 illusion
(02 명지, 08 고려)
- **demise** 서거, 별세 death; (재산의) 양도, 유증 bequest
(03 고려, 07 단국)
- **dense** 밀집한, 짙은; 우둔한
(05 홍익, 15 한국외)
- **deploy** (특히 군부대를) 전개[배치]하다 arrange
(06 한성, 09 이화여)
- **derail** 탈선시키다; (계획 등을) 틀어지게[실패하게] 하다 go wrong, upset
(04 경기도 교육행정직9급, 08 경희)
- **derelict** (특히 배, 건물이) 유기된, 버려진 abandoned; 직무에 태만한 remiss, neglectful
(05 고려, 08 경기)
- **derisive** 조롱하는, 경멸하는 scornful
(09 서강, 14 건국)
- **derive** (다른 근원에서) 끌어내다 draw; 유래하다 originate, stem
(02 동덕여, 13 성균관)
- **dermatologist** 피부과 전문의
(00 행정자치부 9급, 11 서울여)
- **descent** 하강 going down; 혈통 blood
(06 중앙선거관리위원회 9급, 10 서강)
- **description** 기술, 기재사항
(11 인천, 15 중앙)
- **desert** (사람, 가족을) 버리다 abandon, 비우다 evacuate; 사막, 황무지 wilderness, moor
(01 인천시 9급, 04 성균관)
- **destroy** 파괴하다 ruin, wreck
(07 계명)
- **destruction** 파괴 havoc; 전멸 annihilation
(03 법원서기보, 07 서울시 9급)
- **desultory** 종잡을 수 없는, 산만한 discursive, disconnected, vagrant
(17 서울시 7급, 14 고려)
- **detain** 유치하다, 감금하다 confine
(07 국회사무처 8급, 01 가톨릭)
- **detect** 발견하다, 알아채다 spot
(03 건국, 07 가톨릭)

- **detective** 사립탐정, 형사 investigator
(04 행정자치부 9급, 04 중앙선거관리위원회 9급)

- **deterioration** 악화; 저하
(04 국회사무처 8급, 13 가천)

- **deterrent** 단념하게 하는; 제지물 obstacle
(04 덕성여, 16 단국)

- **device** (특정한 일을 위해 고안된) 장비 mechanism
(04 행정자치부 9급, 04 서울시 9급)

- **devote** ~을 ...에 바치다, 할애하다 dedicate
(02 고려, 06 항공)

- **devout** 독실한, 경건한 pious, holy; 충심 어린, 열렬한 sincere
(04 동국)

- **dexterous** 솜씨있는 adroit
(03 강남, 03 건국)

- **dichotomy** 양분, 이분 bisection
(01 세종, 04 고려)

- **dictate** ~을 받아쓰게 하다, 명령하다 decree
(06 중앙선거관리위원회 9급, 05 한성)

- **differentiate** 구별하다 distinguish, discriminate
(07 건국)

- **dilapidated** 황폐한 desolate, run-down
(03 중앙)

- **dilatory** 시간을 끄는, 지연시키는 delaying
(02 세종, 05 경기)

- **dim** 어두침침한 somber, dark; 흐릿한; 이해력이 둔한
(01 중앙, 08 명지)

- **disagreement** 불일치; 의견 차이; 논쟁
(14 경희, 15 한양)

- **disappear** 사라지다 vanish, evaporate
(02 건국)

- **discernible** 분간할 수 있는, 분별할 수 있는 obvious
(12 경희, 16 광운)

- **disciplinary** 징계의 punitive, penal (17 서울시 7급)

- **disclaimer** 부인; 부인하는 사람 statement that you are not responsible for something
(05 11 중앙)

- **disconcert** 평정을 잃게 하다, ~을 당황하게 하다 embarrass, bewilder
(07 중앙, 15 한양)

- **discredit** ~의 신용을 떨어뜨리다 dishonor, ~을 믿지 않다 disbelieve; 명예의 실추, 악평 dishonor, 불신, 의심 disbelief, doubt
(05, 09 고려)

- **discrete** 분리된, 별개의 distinct, individual
(05 경기)

- **discriminating** 구별하는; 식별력이 있는 discerning
(01 단국, 08 경희)

- **disinterested** 사심 없는, 객관적인 unselfish, objective
(12 서강, 13 상명)

- **dismantle** 제거[철거]하다 disassemble
(04 동국, 12 경희)

- **dispose** 배열하다 arrange; ~할 마음이 생기게 하다 incline; 처분하다 remove
(02 성균관)

- **dissent** 의견을 달리하다, 반대하다 differ; 의견 차이, 이의 disagreement
(09 고려, 09 이화여)

- **distinguished** 유명한, 우수한 celebrated
(02 건국, 07 동아)

- **disturbance** 방해 obstruction
(04 중앙, 광운)

- **diversion** 전화; 오락(시설) amenities
(04 중앙, 06 고려)

- **divide** 나누다, 분할하다
(13 성균관, 18 이화여)

- **doctor** 의사, 박사, 고치다 fix, 조작하다 manipulate
(08 고려, 13 성균관)

- **dogged** 완강한, 끈질긴 stubborn, obstinate
(11 행정안전부 9급, 08 동국)

- **doleful** 슬픈 melancholy
(06 중앙선거관리위원회 9급, 00고려)

- **domesticate** 길들이다 tame
(00서울여, 03 중앙)

- **dominant** 지배적인, 우세한 superior, prevailing
(12 지방직 9급, 13 국민)

- **donate** 기부[기증]하다 endow
(02 고려, 05 한성)

- **draft** 초고, 초안 manuscript; 징병, 선발 conscription
(02 계명, 17 한국외)

★★☆☆☆ 별 2개

각종 시험에 2회 이상의 출제된 적이 있는 단어들로 고득점을 원하는 학생이라면 꼼꼼히 공부하는 것이 좋습니다.

- **drain** 배수하다, 고갈시키다 exhaust
(04 행정자치부 9급, 03 건국)
- **drawback** 결점 disadvantage
(04 경기도 교육행정직9급, 14 한양)
- **drop** 방울, 급강하; 떨어지다, 우연히 들르다, 암시를 주다, (습관 등을) 버리다
(05 중앙인사위원회 9급, 03 고려)
- **dub** ~라고 부르다 call, nickname
(03 건국, 06 경희)
- **due** ~때문에; ~할 예정인, 주어야 하는; 당연히 주어질 것
(09 국가직 9급, 13 성균관)
- **dumb** 벙어리의; 우둔한 stupid; 바보 stupid
(04 행정자치부 9급, 06 명지)
- **dwindle** (없어질 정도로) 점점 줄[게 하]다 taper, wane
(06 건국, 14 국민)
- **earmark** 귀표; 귀표를 하다 mark out
(01 대구가톨릭, 06 성균관)
- **eclipse** (해, 달의) 식, (명예 등의) 상실, 실추 decline; (천체가 다른 천체를) 가리다 darken, 능가하다 surpass
(03 법원서기보, 11 중앙)
- **ecological** 생태학의, 생태학적인
(04 건국, 13 국민)
- **ecstasy** 무아지경, 황홀 rapture
(01 동국, 03 고려)
- **effective** 효과적인 effectual
(00 행정자치부 세무직 9급,13 안전행정부, 01 가톨릭)
- **egalitarian** 평등주의의, 평등주의자의; 평등주의자 equalitarian
(12 숙명여, 14 이화여)
- **egregious** 난폭한, 터무니없는 outrageous, flagrant
(06 고려, 16 서강)
- **elasticity** 탄력; 신축성 flexibility
(01, 11 세종)
- **elicit** (대답, 웃음 따위를) 이끌어내다, 유도해내다 evoke, educe (01 세종, 02 고려)
- **eloquence** 달변
(13 서울시 9급, 09 서강)
- **embargo** (선박의 출입항, 교역의) 제재 prohibition, ban; 출입항[교역]을 금지하다 inhibit, restrict
(11 인천, 14 성균관)
- **embellish** 아름답게[장식]하다 decorate, bedeck; (이야기를) 재미있게 꾸미다 embroider
(02 단국, 03 세종)
- **embodiment** 구체화; 화신 (05 중앙, 11 국민)
- **embody** 구체화[구현]하다 materialize; 포함하다 include
(05 국회사무처 8급, 09 이화여)
- **embryonic** 태아[배]의; 미발달의; 초기의 rudimentary
(04 중앙선거관리위원회 9급, 08 고려)
- **eminent** 뛰어난, 탁월한 outstanding, distinguished
(00 경기)
- **emphasize** 강조하다 forcefully
(03 행정자치부 9급, 15 경찰)
- **emphatically** 강하게, 단호하게 forcefully (03 고려, 14 경희)
- **empower** ~에게 권한[능력]을 주다 authorize, entitle
(00 서울여, 02 숭실)
- **encouraging** 격려[장려]의, 힘을 북돋아 주는, 유망한 promising
(02 건국, 02 경희)
- **encroachment** 침입, 침해 infringement, invasion
(06 대구가톨릭, 10 강남)
- **enforce** 실행하다, 집행하다 execute; 강요하다, 강행하다 impose
(03 가톨릭, 05 단국)
- **engender** 발생시키다, 야기시키다 cause, breed
(00 대구, 03 경기)
- **engross** (마음을) 빼앗다, 몰두시키다 absorb, immerse; 큰 글자로[정식으로] 쓰다
(01 중앙, 07 경희)
- **enlighten** 계몽하다[시키다] illuminate, 교화하다
(00 행정자치부 세무직 9급, 00 단국)
- **enmesh** 그물에 걸리게 하다 inmesh, 말려들게 하다 entangle
(03 단국, 광운)

- **enrapture** 황홀하게 하다 entrance
(07 국회사무처 8급, 06 동국)

- **ensuing** (결과로서) 계속되는 subsequent;
결과로 일어나는 resulting
(03 경기, 13 경희)

- **entail** 수반하다, 필요로 하다 involve, necessitate;
상속인을 한정하다 impose
(03 행정자치부 9급)

- **entertaining** 즐거운, 즐겁게 하는
(13 국민, 17 서강)

- **enthusiastic** 열광적인, 열성적인 hectic, ardent, fervent, zealous, eager, passionate
(02 중앙, 03 고려)

- **entitle** ~에게 제목[이름]을 붙이다 name;
~에게 권리[자격]을 부여하다 empower
(03 동국, 04 성균관)

- **entrepreneur** 기업가 enterpriser, producer
(01 법원서기보, 04 단국)

- **epitome** 개략, 요약 summary, recapitulation;
전형, 표본 type, example
(09 경희, 10 성균관)

- **equanimity** (마음의) 평정 composure
(06 가톨릭, 10 중앙)

- **equate** 동등하게 다루다 parallel; 평균화하다
(00 법원서기보, 06 고려)

- **established** 확립된 (00 동국, 08 중앙)

- **estrange** (사이가) 멀어지게 하다, 멀리하다 separate
(05 고려, 09 이화여)

- **ethereal** 공기 같은; 가벼운; 천상의 celestial
(04 중앙, 14 이화여)

- **euphemism** 완곡어법[어구]
(11 행정안전부 9급, 04 건국)

- **evade** (교묘히) 피하다, 벗어나다 avoid, elude
(07 국회사무처 8급)

- **evasion** 회피; 탈세 avoidance
(01 가톨릭, 14 이화여)

- **exaggerate** 과장하다 magnify
(16 경찰, 00 건국)

- **exaggerated** 과장된; 비정상적으로 확장된
(01 법원서기보, 04 경기도 교육행정직 9급)

- **exasperate** 몹시 화나게 하다 enrage, provoke, frustrate
(05 숭실, 05 항공)

- **exceptional** 예외적인, 보기 드문 singular
(03 세종, 04 경희)

- **exchange** 교환, 거래소; 교환하다 barter
(01 법원서기보, 14 이화여)

- **exemplary** 모범적인, 훌륭한, 본보기의 ideal
(04 고려, 12 한국외)

- **exert** 발휘하다 exercise
(07 국회사무처 8급, 03 건국)

- **exhausted** 다 써버린, 고갈된 drained; 지친, 기진맥진한
(03 동국, 03 숭실)

- **exhilarating** 기분 좋게 하는, 유쾌한 cheerful
(08 하반기 지방직 9급, 02 건국)

- **exhort** ~에게 열심히 타이르다, 권고(재촉)하다 advise, spur
(04 명지, 15 서울여)

- **exhume** 발굴하다 unearth, excavate; 밝히다, 공개하다 reveal
(04 단국, 07 중앙)

- **expatriate** 추방하다 exile, expel, banish, ostracize; 국적을 버리다
(01 중앙, 13 명지)

- **expectation** 기대, 예상 anticipation
(05 중앙인사위원회 9급, 02 건국)

- **experience** 경험; 경험하다
(15 경찰, 02 건국)

- **explode** 폭발하다[시키다] go off
(04 국회사무처 8급, 13 안전행정부)

- **explosion** 폭발, 파열; (분노, 웃음 등의) 격발 outburst
(02 건국, 05 항공)

- **expound** 상세히 설명[해설]하다 explain, make clear
(07 서울시 9급, 16 서울여)

- **exquisite** 뛰어난, 정교한 elaborate
(08 상반기 지방직 9급, 01 가톨릭)

- **extinct** (불이) 꺼진 extinguished; 전멸[멸종]한 dead
(00 행정자치부 9급, 06 중앙)

- **extrapolate** (기존의 사실들을 통해) 추측하다 infer
(10 이화여, 15 고려)

- **extravagant** 돈을 낭비하는 wasteful; 과도한, 터무니없는 excessive
(01 행정자치부 9급, 07 서울시 9급)

★★☆☆☆ 별 2개

각종 시험에 2회 이상의 출제된 적이 있는 단어들로 고득점을 원하는 학생이라면 꼼꼼히 공부하는 것이 좋습니다.

- **exude** 발산[분비]하다 excrete
(09 서강, 이화여)
- **fabrication** 제작, 구성; 꾸며낸 것, 위조 invention
(01 세종, 06 숭실)
- **facial** 얼굴의, 얼굴에 사용하는; 표면의
(05 국회사무처 8급, 13 안전행정부)
- **facility** 재주, 솜씨 fluency; (pl. -ties) 설비, 시설; 쉬움
(03 세종, 06 서강)
- **fair** 공정한 impartial; 상당한 considerable; 살결이 흰; 화창한; 박람회, 시장 market
(01 법원서기보, 13 안전행정부, 01 중앙)
- **fallacy** 그릇된 생각, 오류 error
(01 중앙, 05 경기)
- **fallout** 낙진; 영향 aftermath
(07 국회사무처 8급, 08 인하)
- **falter** 망설이다, 주저하다 hesitate, waver; (말을) 더듬다 stammer
(04 단국, 16 경기)
- **fantasy** 공상 imagination
(04 행정자치부 9급, 08 하반기 지방직 9급)
- **far-fetched** 억지로 갖다 댄, 터무니없는 implausible, improbable
(04 서울여, 07 한국외)
- **faulty** 결점이 있는, 불완전한 defective; 비난할만한 reproachable, blamable
(06 동아, 10 인천)
- **fawning** 아첨하는, 아양떠는
(09 세종, 11 중앙)
- **fearless** 무서워하지 않는, 대담무쌍한 brave, plucky
(06 중앙선거관리위원회 9급)
- **feign** ~인 체하다 assume
(09 성균관, 11 한양)
- **felony** 중범죄
(13 경찰, 09 한양)
- **felicitous** 적절한, 들어맞는 apt, favorable
(17 18 한국외)
- **fervently** 열렬하게, 강렬하게 ardently
(08 명지, 15 서울여)
- **fickle** 변하기 쉬운 variable, capricious
(02 명지, 18 성균관)
- **figure** 수치; 계산 sum; 인물; 그림; 중요하다; 생각하다; 계산하다
(05 세종, 14 한국외)
- **flabbergast** 깜짝 놀라게 하다 boggle, bowl over
(13 경기, 15 동덕여)
- **flagrant** 명백한 obvious; 극악한 diabolic, blatant
(07 경희, 11 국민)
- **flamboyant** 화려한 ornate, showy
(08 성균관, 18 서강)
- **flare** 훨훨 타오르다 blaze up
(04 국회사무처 8급, 09 경희)
- **flatter** 아첨하다 curry favor, adulate
(04 고려, 05 경기)
- **flaw** 단점, 결점, 흠 fault, defect
(03 고려, 04 명지)
- **flout** 비웃다 deride
(12 고려, 12 서울여)
- **forbidden** 금지된 illicit
(02 건국, 03 영남)
- **foreboding** (불길한) 예감, 조짐 presentiment; 불길한, 전조가 되는 ominous
(01, 14 한국외)
- **forlorn** 버려진, 버림받은 deserted; 고독한, 쓸쓸한 solitary
(12 중앙, 16 서강)
- **foundation** 기초, 근거 ground, bedrock
(04 국회사무처 8급)
- **fragmentation** 분열, 붕괴 disintegration, 파쇄; (컴퓨터) 단편화
(06 중앙선거관리위원회 9급, 14 한양)
- **frail** 허약한, 연약한 infirm, feeble
(02 경기)
- **fratricide** 형제살해 killing one's brother
- **frigid** 매우 추운, 혹한의 freezing, cold
(16 성균관)

- **frugality** 검소, 검약 thrift, thriftiness, austerity
(10 상반기 지방직 9급, 13 단국)
- **frustrated** 실망한, 좌절한, 욕구 불만의, 좌절감을 느낀 thwarted, discouraged, abortive
(07 중앙인사위원회 9급, 06 건국)
- **frustration** 좌절, 실패 setback
(04 서울시 9급, 05 대구시 9급)
- **fussy** 까다로운 fastidious
(00 세종, 02 한국외)
- **gadget** 도구, 장치
(01 성균관, 15 서강)
- **gaffe** 결례, 과실 mistake
(13 홍익, 15 중앙)
- **garbage** (부엌에서 나오는) 음식 찌꺼기, 쓰레기; 시시한 이야기 rubbish
(00 행정자치부 9급, 00 건국)
- **garner** 모으다 gather, amass, 얻다 (01 고려, 06 강남)
- **gather** 모으다, 집결하다 congregate, compile, muster
(10 성균관, 16 한국외)
- **gelatinous** 아교모양의, 아교질의 semiliquid
(00 경기, 04 중앙)
- **gem** 보석 jewel; 귀중한 것[사람]
(05 대구시 9급, 01 경기)
- **gene** 유전자, 유전인자
(03 법원서기보, 13 제1회 지방직)
- **generic** 〈문법〉 (수, 인칭, 시제가) 총칭적인; 일반적인 general
(02 세종, 08 가톨릭)
- **generosity** 너그러움, 관대, 후함 benevolence, altruism
(04 경희, 13 한양)
- **genetic engineering** 유전자 공학 (03 법원서기보, 04 국회사무처 8급)
- **genetically** 유전적으로
(유전자변형식품: genetically modified food)
(01 법원서기보, 행정자치부 9급)
- **genetics** 유전학, 유전적 특질 heredity
(01 법원서기보, 인천시 9급, 05 고려)
- **genial** 온화한, 친절한 amiable, friendly
(10 서울여, 13 단국)
- **gigantic** 큰, 거대한, 육중한 colossal, huge
(02 건국, 03 광운)
- **gingerly** 매우 조심스럽게, 신중하게 cautiously, carefully
(04 고려, 11 가톨릭)
- **given** 주어진, 정해진; 가설의, ~이라고 가정하면; 버릇이 없는, 경향이 있는; 이미 아는 것, 기정사실
(05 대구시 9급, 13 안전행정부)
- **glimpse** 힐끗 봄[보임], 일견 glance; 희미하게 보임; 얼핏 보다, 희미하게 보이다
(03 건국, 12 홍익)
- **glorify** (신 등을) 찬미하다 honor
(01 고려, 06 한국외)
- **graduate** 졸업생, 졸업하다 from
(02 법원 서기보, 06 서울시 9급)
- **grapple (with)** 해결하려고 노력하다 struggle; 붙잡다 seize
(18 국회직 9급, 01 인천)
- **grasp** 붙잡다 hold; 이해하다 understand; 이해, 이해력 comprehension
04 행정자치부 9급, 07 중앙인사위원회 9급)
- **gratified** 만족한, 기뻐하는 pleased, satisfied
(05 경기대)
- **gratitude** 감사(하는 마음) appreciation
(18 서울시 7급, 03 고려)
- **gratuitous** 무료의 complimentary, free; 까닭 없는 of no reason, unnecessary
n. gratuity 팁 tip
(09 서울시 9급, 02 서강)
- **gravity** 인력, 중력 gravitation; 비중
(15 기상직 9급, 03 고려)
- **green** 활기있는, 원기왕성한
(02 중앙선거관리위원회 9급, 13 제 1회 지방직)
- **grievance** 불만; 불평 complaint
(07 덕성여, 10 경희)
- **ground** 기초, 근거 foundation, basis
(04 서강, 13 경희)
- **grudge** 원한 unfriendly feelings
(06 서울시 9급, 02 세종)
- **guide** 안내하다, 인도하다 lead; 안내자, 가이드; 정찰대, 지침
(03 고려, 05 서울여)
- **guile** 교활 deceit, deception, 간계
(00 고려, 18 이화여)

★★☆☆☆ 별 2개

각종 시험에 2회 이상의 출제된 적이 있는 단어들로 고득점을 원하는 학생이라면 꼼꼼히 공부하는 것이 좋습니다.

- **gullibility** 잘 속음 credulity
  (05 국회사무처 8급, 07 중앙)
- **hackney** 승마용 말, 잡무를 모는 사람; 낡은, 진부한 trite, cliched; 진부하게 하다
  (08 세종대, 11 이화여대)
- **hamlet** 작은 마을 village
  (00 경기, 05 경희)
- **handout** 광고전단, 인쇄물 printed matter; 동냥 alms
  (02 덕성)
- **haphazard** 우연의 random, accidental ad. haphazardly
  (03 경기, 05 경기)
- **hapless** 불운한 unfortunate, adverse, unfavorable
  (06 아주, 16 홍익)
- **harbor** (감정, 생각 등을) 마음속에 품다 cherish; (죄인 등을) 숨겨두다
  (06 서울시 9급, 04 경희)
- **hardship** 곤란, 역경 adversity
  (01 영남)
- **harmful** 해로운 deleterious
  (06 서울시 9급, 13 안전행정부)
- **harmonious** 조화된, 균형 잡힌; 사이가 좋은 congruous, congruent
  (00 국민, 02 고려)
- **haughty** 건방진 arrogant, pert
  (07 서울시 9급)
- **hazy** 흐릿한 misty, 애매한, 모호한
  (00 법원서기보, 14 이화여)
- **hectic** 몹시 바쁜, 흥분한, 열광한 frantic
  (09 상반기 지방직 9급, 10 경희)
- **heuristic** (교수법, 교육이) 자기 발견적 학습의, 체험적인
  (12 고려, 17 중앙)
- **hideous** 소름이 끼치는 repugnant
  (01 서울여, 05 서강)
- **hilarious** 즐거운, 흥겨운 cheerful
  (02 건국, 05 고려)
- **hind** 뒤쪽의, 후방의 rear
  (04 경기도 교육행정직9급, 00 홍익)
- **hindsight** 때늦은 지혜, 소 잃고 외양간 고치기
  (06 고려, 13 중앙)
- **hitch** 편승하다 (06 성균관, 11 고려)
- **hoarse** 목이 쉰 rough (02 경기, 09 세종)
- **hoax** (장난으로) 속이다 dupe; 속임 장난
  (06 국민, 11 중앙)
- **horrified** 공포에 휩싸인; 충격을 나타내는 appalled
  (05 대구시 9급, 02 성균관)
- **hover** 선회하다, 빙빙 맴돌다 hang about, wait nearby
  (09 상반기 지방직 9급, 05 서울여)
- **hubris** 오만, 자기 과신 arrogance, hauteur
  (06 한국외, 17 중앙)
- **humanity** 인간성, 인류 human beings, mankind
  (05 대구시, 05 국회사무처 8급)
- **humiliate** 모욕을 주다 embarrass, mortify
  (18 기상직 9급, 02 계명)
- **hybrid** 잡종 mongrel
  (04 세종, 10 덕성여)
- **iconoclastic** 인습 타파의
  (00 동국, 12 국민)
- **idolize** 우상화하다, 숭배하다 admire, worship
  (02 동덕여, 06 숙명여)
- **ignition** 발화, 점화, 연소, 점화장치
  (04 중앙선거관리위원회 9급, 08 하반기 지방직 9급)
- **illustrious** 뛰어난 distinguished; (공로 따위가) 빛나는
  (02 명지, 12 이화여)
- **imaginary** 상상의, 가상의
  (04 세종, 13 광운)
- **imagination** 상상; 창작력 creativity; 공상
  (01 법원서기보, 09 중앙)
- **immediate** 즉각적인 instant; 인접한, 가까운 near
  (02 고려, 07 영남)
- **immortal** 죽지 않는, 불멸의 everlasting, eternal; 불후의 명성을 가진 사람 paragon
  (02 동국)

- **impart** (나누어) 주다 bestow; (지식, 비밀 따위를) 전해주다 communicate (08 행정안전부 9급, 15 강남)
- **impeach** (관공리를) 탄핵[고발]하다 charge; 의심하다 distrust (02 중앙선거관리위원회 9급, 04 전북 9급)
- **impediment** 방해(물) hindrance, 신체[언어]장애 defect (01 한국외, 06 고려)
- **imperceptible** 알아차릴 수 없는, 미세한 impalpable, insensible (01 경기, 01 세종)
- **imperturbable** 침착[태연]한 nonchalant (04 성균관, 08 고려)
- **implication** 내포, 암시; 영향, 결과 (02 성균관, 18 한국외)
- **implicit** 함축[암시]적인 suggestive; 무조건[절대]적인 absolute (05 대구시 9급, 14 이화여)
- **implore** 애원[간청]하다 entreat (04 서울시 9급, 16 한국외)
- **impose** (의무, 세금 따위를) 부과하다 inflict, levy; 강요하다 compel; 속여 팔다, 이용하다 take advantage of, cheat (05 단국, 15 한국외)
- **imposing** 위압적인, 당당한 impressive (01 동국, 10 경원)
- **impressive** 인상에 남는, 인상적인 imposing, touching (04 국회사무처 8급, 05 대구시 9급)
- **imprint** 누른[찍은]자국, 흔적, 모습; (도장 등을) 누르다, 찍다 stamp, 감명시키다 impress (04 국회사무처 8급, 05 대구시 9급)
- **imprisonment** 투옥, 감금, 강제적 속박 custody (05 대구시 9급, 04 고려)
- **imprudent** 경솔한, 무분별한 unwise, rash (03 고려, 10 이화여)
- **impudent** 뻔뻔스러운, 염치없는 insolent, brazen (15 서울여)
- **impugn** (남의 행동, 의견, 성실성 등에 대해) 이의를 제기하다, 반박하다 doubt, gainsay, challenge, 비난하다 (09 고려, 12 서울여)
- **impulse** 충동 drive; 자극 stimulus (00 행정자치부 9급, 00 전남)
- **inane** 어리석은 silly, 공허한 empty (14 중앙, 15 한국외)
- **inaugural** (공식적인 연설, 모임 등에 해) 취임(식)의, 개회의, 첫 (02 중앙선거관리위원회 9급, 10 상반기 지방직 9급)
- **inauguration** (공공시설 등의) 정식 개시, 개업, 창업, 취업(식) launch (02 중앙선거관리위원회 9급, 11 상반기 지방직 9급)
- **incense** 화나게 하다 provoke (07 국회사무처 8급, 15 국가직 9급)
- **incessant** 끊임없는, 그칠 새 없는 unceasing, ceaseless (00 행정자치부 세무직 9급, 11 덕성여)
- **incessantly** 끊임없이 constantly (11 덕성여, 04 일반경찰)
- **incidental** 부수적인, 우연히 일어나는 not essential, minor (01 중앙, 12 경희)
- **incompetent** 무능(력)한, 자격이 없는 incapable, disqualified (00 단국)
- **inconclusive** (확고한 결정, 결과에 이를정도로) 결정적이 아닌, 결론에 이르지 못하는 (07 행정자치부 9급, 11 행정안전부 9급)
- **incontrovertible** 논쟁의 여지가 없는, 명백한 indisputable, positive (03 덕성, 13 중앙)
- **incorruptible** 매수되지 않는, 청렴결백한 uncorrupted (01 가톨릭, 04 성균관)
- **inculcate** 주입하다, 심어주다 indoctrinate, impart (17 중앙, 17 한국외)
- **indefatigable** 지칠 줄 모르는 tireless (13 단국, 14 경희)
- **indolent** 나태한, 게으른 lazy, sluggish; 무통(성)의 painless (01 중앙)
- **indulgent** 멋대로 하게 하는, 관대한 lenient (04 경기도 교육행정직9급, 14 기상직 9급)
- **industrialist** (특히, 생산 관계의) (대)기업[실업]가, 제조[생산]업자 (04 전북 9급, 05 대구시 9급)
- **inept** 부적당한 out of place, unsuitable; 서투른 clumsy (04 경희, 17 이화여)
- **inert** 활동적이지 못한 inactive, 무기력한 listless (18 국회직 9급, 04 중앙)
- **inexorable** 냉혹한, 가차 없는 unrelenting; 변경할 수 없는, 불변의 inevitable (18 경찰, 13 상명, 18 한국외)
- **inextricable** 탈출할 수 없는, 해결할 수 없는 inseparable (08 경희, 09 서울여)

★★☆☆☆ 별 2개

각종 시험에 2회 이상의 출제된 적이 있는 단어들로 고득점을 원하는 학생이라면 꼼꼼히 공부하는 것이 좋습니다.

- **infinite** 무한한, 끝없는 boundless, 막대한, 〈문법〉 부정형의, 부정의
(11 경찰, 04 건국)
- **inflammation** 〈병리〉 염증, 점화, 격노
(06 중앙인사위원회 9급, 08 상반기 지방직 9급)
- **inflexible** 구부러지지 않는 stiff; (정신적으로) 불변의, 확고한 unalterable
(05 항공, 09 숙명여)
- **influx** (강물, 인파 등의) 유입, 쇄도 inflow, rush
(03 행정자치부 9급, 03 광운)
- **infringe** 위반하다, 어기다 break, violate; (타인의 권리를) 침해하다 trespass
(04 중앙선거관리위원회 9급, 05 경기)
- **infuse** 부어 넣다, 주입하다
(07 숙명여, 16 서울여)
- **inherit** 물려받다 come into
(02, 09 고려)
- **inhibit** 금지[방해]하다 prohibit, hinder
(12 인천, 16 가천)
- **inimical** 적대적인, 불리한 hostile, unfavorable
(03 성균관, 05 세종)
- **inimitable** 흉내 낼 수 없는, 추종을 불허하는, 독특한 matchless
(01 고려, 06 국민)
- **initially** 처음에, 시초에 at first
(06 서울시 9급, 03 가톨릭)
- **initiative** 시작, 주도(권), 독창력, (정치) 국민발안, 의안 제출권
(06 중앙선거관리위원회 9급, 12 사회복지직 9급)
- **innocent** 순진한 ingenuous; 결백한, 무죄의 guiltless
(02 중앙, 14 경희)
- **innumerable** 셀 수 없는, 무수한 countless, myriad
(05 국회사무처 8급, 00 경기)
- **inordinately** 지나치게, 과도하게
(02 행자부 7급, 06 일반경찰)
- **insight** 통찰력 intuition (04 경기도 교육행정직9급, 07 동국여)
- **insignificance** 무의미, 무가치, 사소한 일, 하찮은 신분 unimportance, triviality
(05 국회사무처 8급, 13 가천)
- **insincere** 성의 없는, 성실치 못한, 거짓의 deceitful
(04 고려, 07 국민)
- **insincerity** 불성실, 무성의, 위선, 불성실한 언행
(01 법원서기보, 02 고려)
- **insistent** 강요하는 persistent, 주의를 끄는, 뚜렷한; 집요한 사람
(05 국회사무처 8급, 13 안전행정부)
- **insouciant** 무관심한, 태평한 indifferent (08 중앙, 10 숙명여)
- **institute** 기관, 단체; 설립[제정]하다 establish; 시작하다
(04 중앙선거관리위원회 9급, 04 성균관)
- **instruction** 교육 education; 교훈, 명령, 〈법〉 소송 위임장
(00 법원서기보, 05 중앙)
- **insult** 모욕하다; 모욕, 무례 taunt, (의학)손상, 상해
(06 서울시 9급, 03 경희)
- **intellectual** 지적인, 지성의, 이지적인 scholarly; 지식인, 두뇌 노동자
(01 중앙, 01 세종)
- **interaction** 상호작용, 상호의 영향
(00 법원서기보, 05 단국)
- **interminable** 끝없는 unceasing
(05 세종, 09 중앙)
- **intervene** 중재하다, 간섭하다, 개입하다 interfere, intercede, 사이에 끼어들다
(01 고려, 05 중앙)
- **intimidate** 위협[협박]하다 frighten, menace
(10 서울시 9급)
- **intimidation** 협박, 위협
(04 한국외, 11 세종)
- **intrigue** 음모 plot; 음모를 꾸미다 conspire; 흥미를 자아내다 interest
(06 건국)
- **introvert** 내향적인 사람 brooder; 내성적인
(03 중앙, 04 광운)
- **invalidate** 무효화하다 annul, nullify
(02 고려)
- **invariant** 불변의, 변화하지 않는 uniform
(04 고려, 12 강남)

- **investigate** 조사하다, 수사하다, 연구하다 examine, look into, scrutinize (14 서울시 9급, 01 중앙)
- **invidious** 기분 나쁘게 만드는, 부당한 unpleasant (05 경희, 12 중앙)
- **invigorating** 활력을 주는, 상쾌한 refreshing (08 행정안전부 9급, 15 강남)
- **inviting** 마음을 끄는, 유혹적인 enticing, alluring (04 행정자치부 9급, 00 동국)
- **involve** 포함[관련]시키다, 연루시키다 entail, implicate (06 중앙인사위원회 9급, 02 중앙)
- **involved** 복잡한, 뒤얽힌 complicated (05 대구시 9급, 00 세종)
- **irrational** 분별없는, 불합리한 unwise, fallacious (07 중앙인사위원회 9급, 02 가톨릭)
- **irreversible** 철회할 수 없는, 거꾸로 할 수 없는 irretrievable, irrevocable ad. irreversibly (04 중앙, 10 한양)
- **irritability** 화를 잘 냄, 성급함, 과민성 irascibility (05 국회사무처 8급, 11 행정안전부 9급)
- **irritate** 짜증나게 하다 annoy, vex (05 한성)
- **irritated** 짜증난, 화난 annoyed, impatient (04 서울시, 04 전북 9급)
- **isolationism** 고립주의 (04 중앙선거관리위원회 9급, 09 세종)
- **itinerant** 순회하는, 이동식의 unsettled (03 삼육, 09 중앙)
- **jaundiced** 편견을 가진 prejudiced, mistrustful (03 경기, 12 홍익)
- **jeopardy** 위험 risk, danger (00 영남, 04 경기)
- **jocular** 우스운, 익살맞은 (10 서울시 9급, 03 세종)
- **jurisdiction** 재판권, 관할권; 권한, 지배 authority (06 중앙인사위원회 9급, 07 국회사무처 8급)
- **justify** 정당화 하다 validate (03 11 성균관)
- **laborious** 힘든, 고된 arduous; 공들인 (02 행정자치부 9급, 16 한국외)
- **lackluster** 활기없는, 광택이 없는 lusterless (04 고려, 13 경희)
- **laconic** 간결한 concise, 말수가 적은 taciturn (05 경기, 18 서강)
- **lament** 슬퍼하다, 애도하다 deplore, mourn; 후회하다, 비탄 (04 행정자치부 9급, 15 한국외)
- **landlord** 주인, 집주인, 지주 landowner (03 법원서기보, 08 하반기 지방직 9급)
- **languish** 쇠약해지다 decline; 활기가 없어지다; 비참하게 살다 (04 성균관, 14 경희)
- **lanky** 여윈, 마른 lean, 호리호리한; 길고 나긋나긋한; 곱슬거리지 않은, 길고 부드러운 (08 단국, 13 경희)
- **lapse** 끝나다 end; 타락, 과실 mistake; 감소 decrease (01 가톨릭, 06 아주)
- **latent** 잠복한, 숨어있는 hidden (13 국회사무처 9급, 12 국민)
- **lateral** 옆의, 측면의 sideways (00 서울여, 04 고려)
- **laudable** 칭찬할 만한, 훌륭한, 기특한 creditable, praiseworthy, praisable (18 국회직 9급)
- **laudatory** 칭찬하는 complimentary, eulogistic (10 서울시 9급)
- **launch** (배를) 진수시키다, 착수하다, 시작하다 commence, initiate (03 숭실, 09 대구)
- **lax** 느슨한, 이완된 loose; 조심성 없는, 단정치 못한 (07 계명, 08 중앙)
- **lay off** 해고하다 dismiss (00 한성대, 02 일반경찰)
- **leaflet** 광고 전단, 간단한 인쇄물, 작은 잎, 어린 잎 (04 서울시 9급, 01 인천)
- **leave** 떠나다, 두고 가다, 방치하다, 위탁하다 (00 행정자치부 세무직 9급, 13 제1회 지방직)
- **legislation** 법률 제정, 입법 행위, 법률 decree (04 중앙선거관리위원회 9급, 07 국회사무처 8급)
- **lessen** 줄어들다[게 하다], 감소하다 abate, decrease (02 고려, 15 강남)
- **liability** 책임 burden; 부채; 약함 (05 서울여, 11 이화)

★★☆☆☆ 별 2개

각종 시험에 2회 이상의 출제된 적이 있는 단어들로 고득점을 원하는 학생이라면 꼼꼼히 공부하는 것이 좋습니다.

- **liable** 의무가 있는 responsible
(15 서울시 7급, 13 숙명여)
- **liberal** 자유로운
(01 가톨릭, 11 경기)
- **liberate** 해방하다 emancipate, 석방하다
(00 건국, 09 중앙)
- **licentious** (성적으로) 방탕한 lewd, wanton
(05 경기, 12 이화여)
- **lichen** 이끼, 지의(류)(地衣)
(00 행정자치부 세무직 9급, 16 중앙)
- **listless** 무관심한, 생기나 열의 등이 없는 languid
(03 서강, 09 한국외)
- **livid** 격노한 furious; 검푸른
(02 중앙, 03 고려)
- **load** 짐 place; (짐을) 싣다
(02 서강, 05 단국)
- **loom** 나타나다 appear, emerge
(03 가톨릭, 11 경기)
- **loyalty** 성실; 충성, 충의 allegiance
(00 법원서기보, 04 서울시 9급)
- **lubricate** 기름을 바르다; 매수하다 bribe
(03 고려, 04 경기)
- **lucid** 명백한 clear
(03 성균관, 11 한국외)
- **ludicrous** 우스운, 익살맞은; 어리석은 foolish, ridiculous, absurd
(11 서울여, 13 서강)
- **lull** 달래다, 진정시키다; 진정, 일시적인 잠잠함 pause
(02 덕성여, 09 한국외)
- **lure** 유혹하다 entice; 매력, 마음을 이끄는 것 attraction
(05 가톨릭)
- **lustrous** 빛나는 shining, luminous
(06 중앙선거관리위원회 9급, 05 서울여)
- **magnanimous** (사람, 행위 등이) 도량이 큰, 관대한 generous, 고결한
ad. magnanimously
(06 서울시 9급, 18 이화여)
- **main** 주된, 주요한 major
(04 국회사무처 8급, 15 강남)
- **malady** (특히 만성적인) 병 culprit
(02 성균관, 07 강남)
- **malefactor** 범법자 affliction
(18 국가직 9급, 18 한국외)
- **malfeasance** 부정행위, 위법행위
(10 동국, 13 상명)
- **malign** 유해한, (병이) 악성인 injurious;
중상[비방]하다 slander, libel
(02 고려)
- **manage** 이럭저럭 ~해내다, 용케 ~해내다 cope, 경영하다, 단속하다
(00 행정자치부 9급, 13 제1회 지방직)
- **marginal** 경계에 위치한, 하찮은 insignificant
(05 국회사무처 8급, 15 한국외)
- **maternal** 어머니의
(03 경희, 10 가톨릭)
- **mean** 의미하다; 비열한 despicable, unkind; 평균의 average
(00 경기, 17 한국외)
- **meddling** 참견하는, 간섭하는; 간섭, 참견 intervention
(10 경희대, 01 사시)
- **medication** 약물 치료[처리], 투약, 의약, 약물
(03 법원서기보, 01 중앙)
- **medieval** 중세(풍)의, 고풍의, 구식의
(02 행정자치부 9급, 05 대구시 9급)
- **meet** 만족시키다 satisfy; 맞서다, 대처하다
(05 서울여, 12 국민)
- **memorable** 기억할 만한, 인상적인 monumental, remarkable, noteworthy
(07 중앙인사위원회 9급, 15 강남)
- **menace** 위협(하다), 협박(하다) threat
(07 중앙, 12 경희)
- **metaphor** 은유 metaphor, 비유, 상징
(03 중앙, 14 건국)

- **meticulously** 꼼꼼하게, 정확하게 thoroughly, punctiliously
(15 국가직 9급)

- **mettle** 용기, 원기, 기개, 기질 courage
(08 고려, 13 경희)

- **mired** 곤경에 빠진, 난관에 봉착한 bogged
(07 서울여, 09 이화여)

- **misconduct** (공무원 등의) 위법 행위, 직권 남용, (회사의) 부실경영 mismanagement
(05 국회사무처 8급, 07 중앙인사위원회 9급)

- **mobility** 이동(성), 운동성
(06 중앙인사위원회 9급, 09 경희)

- **mock** 조롱하다, 놀리다 ridicule
(00 영남, 15 강남)

- **moderation** 중용(中庸), 온건, 절제 restraint
(06 중앙인사위원회 9급, 10 서울여)

- **mold** (성격을) 형성하다 form; 곰팡이; 틀, 거푸집
04 경기도 교육행정직9급, 07 중앙인사위원회 9급)

- **moment** 순간, 잠깐(동안) instant, (어느 특정한) 때, 중요(성)
(02 중앙선거관리위원회 9급, 13 제1회 지방직 9급)

- **monetary** 금융의, 재정(상)의 financial, pecuniary
(02 성균관, 03 가톨릭)

- **moniker** 이름, 별명 nickname
(06 서울시 9급, 12 경기)

- **morale** 사기, 의욕 spirit
(06 중앙인사위원회 9급, 06 성균관)

- **mortify** 굴욕감을 느끼게 하다 humiliate, humble
(00 세종)

- **motley** 잡색(雜色)의, 잡다한, 혼성의 parti-colored, mixed
(02 04 세종)

- **muddle** 혼란시키다, 뒤죽박죽으로 만들다 jumble; 혼란, 당황 confusion
(05 고려, 10 국민)

- **multitude** 다수, 군중 throng
(03 행정자치부 9급, 04 경기도 교육행정직 9급)

- **muscle** 근육, 완력, 깡패
(04 전북 9급, 13 안전행정부)

- **mutuality** 상호 관계, 상호 의존
(05 고려, 07 경기)

- **myopic** 근시의, 근시안적인 nearsighted
(08 성균관, 08 단국)

- **myth** 신화, 근거 없는 이야기 story that is not true
(05 국회사무처 8급, 10 한양)

- **name** 이름; 명성, 유명한 사람 celebrity; ~에게 이름을 붙이다 entitle
(05 삼육, 06 경희)

- **namelessness** 익명 (11, 12 지방직 9급)

- **nearby** 가까운, 가까이에, 근처에
(01 행정자치부 9급, 13 서울시 9급)

- **neat** 정돈된 orderly, 단정한 tidy, smart
(03 건국, 04 고려)

- **necessity** 필수품, 불가결한 것, 필요(성), 필연(성) requisite
(02, 03 행정자치부 9급)

- **nefarious** 사악한, 극악한 wicked, iniquitous; 부정한, 비도덕적인
(07 고려, 13 중앙)

- **negative** 부정적인, 반대의; 거부, 거절; 거부하다, 부정하다 deny
(06 경희, 07 고려)

- **negligent** 태만한 careless
(03 동국, 06 건국)

- **negotiate** 협상하다, 교섭하다, (교섭으로) 협정하다 conciliate, mediate
(04 국회사무처 8급, 01 가톨릭)

- **nemesis** 천벌, 응보 retribution; 네메시스(인과응보,복수의 여신)
(14 고려, 15 한국외)

- **nickname** (애칭이나 약칭으로서의) 이름
(08 중앙, 12 경기)

- **nomadic** 유목(생활)의, 방랑의 roving
(06 중앙선거관리위원회 9급, 11 경기)

- **noticeable** 이목을 끄는, 눈에 띄는, 현저한, 주목할 conspicuous, prominent
(03, 04 건국)

- **novelty** 새로움, 신기함 newness
(07 국회사무처 8급, 05 중앙)

- **nuclear** 핵무기의 atomic, 핵심의, 주요한; (세포) 핵을 이루는, (물리) 원자핵(력)의
(02 중앙선거관리위원회 9급, 07 중앙인사위원회 9

- **numerous** 다수의, 수많은 countless
(03 고려, 07 숭실)

- **nutrition** 영양물, 음식물 sustenance, 영양학
(00 행정자치부 9급, 13 안전행정부)

★★☆☆☆ 별 2개

각종 시험에 2회 이상의 출제된 적이 있는 단어들로 고득점을 원하는 학생이라면 꼼꼼히 공부하는 것이 좋습니다.

- **obduracy** 고집, 완고 induration; 냉혹 (14 경희, 15 고려)
- **obedient** 고분고분한, 순종하는 amenable, compliant (07 한양)
- **obesity** 비만 extreme fatness (07 서울시 9급, 03 동국)
- **obey** 복종하다 (02 고려, 04 한국외)
- **obituary** (신문지상의) 사망 기사 (06 동국, 11 홍익)
- **objective** 목적, 목표; 객관적인 (01 중앙, 04 한양)
- **obligatory** 강제적인, 의무의 mandatory, compulsory (18 경찰, 04 세종)
- **oblivion** 잊혀진 상태, 망각 forgetfulness, unawareness (09 명지, 10 국민)
- **obsess** 사로잡다 possess; 괴롭히다 torment, haunt (04 국회사무처 8급, 07 서울시 9급)
- **obsession** 강박관념, 열중 fixed idea (07 국회사무처 8급, 03 세종)
- **obtain** 얻다, 입수하다 come by, acquire (12 사회복지직 9급, 06 영남)
- **obtuse** 둔한 insensible, 뭉툭한 blunt (01 서강, 13 성균관)
- **obviate** 제거하다, 방지하다 get rid of, preclude (06 세종, 14 중앙)
- **odds** 가능성 chance, 확률 probability; 차이, 불화 (04 중앙선거관리위원회 9급, 13 경기)
- **offender** 범법자 culprit, delinquent (05 경기, 13 인천)
- **old-fashioned** 구식의, 낡은 outdated, quaint (02 성균관, 15 국민)
- **onerous** 성가신, 부담스러운 burdensome (10 이화여, 12 명지)
- **ooze** 빠져 나오다, 새어 나오다 exude (04 단국, 08 경기)
- **opaque** 불투명한 nontransparent (01 가톨릭, 02 국민)
- **opposition** 반대, 저항, 적대, 대립 conflict (01 가톨릭, 02 한국외)
- **oppressive** 압제적인, 가혹한, 포학한 (02, 15 국민)
- **orator** 연설자, 웅변가 (13 인천, 18 서울시 7급)
- **ordinary** 보통의, 평범한 common (00 가톨릭, 08 경희)
- **organism** 유기체, 생물, 인간 (06 중앙인사위원회 9급, 07 서경)
- **orgy** 진탕 먹고 마시며 난잡하게 노는 잔치, ~을 미친 듯이 해댐 (09 행정안전부 9급, 04 고려)
- **originality** 독창성, 참신함 novelty (04 경기도 교육행정직9급, 11 이화여)
- **orthodox** 정통의, 전통적인 traditional, conventional (04 성균관, 04 단국)
- **ostensibly** 표면상, 외관상 outwardly; 원칙상 (10 경희, 13 경기)
- **ostracize** 추방하다 exile, banish, expel, expatriate (03 고려, 13 단국)
- **oust** 내쫓다 expel (06 중앙인사위원회 9급, 03 한국외)
- **outbreak** (전쟁, 질병 등의) 발발, 돌발 burst (03 행정자치부 9급, 04 건국)
- **outline** 윤곽, 약도, 개요, 요점 profile, synopsis (05 국회사무처 8급, 02 중앙)
- **outnumber** ~보다 수가 많다, 수적으로 우세하다 (11, 12 상반기 지방직 9급)
- **outspoken** 거리낌 없는, 솔직한 frank, candid (10 국가직 9급, 행정안전부 9급)
- **outweigh** (가치, 중요성이) ~보다 뛰어나다 overweigh, surpass (04, 06 고려)

- **overall** 전반적인, 종합적인 comprehensive; 작업복
(00 행정자치부 세무직 9급, 13 안전행정부)

- **oversight** 간과 overlook, 실수 mistake, blunder, lapse, 착오
; 감독 (17 한국외)

- **pale** 창백한, 핏기 없는 pallid, (빛이) 희미한 faded
; 창백해지다, 엷어지다
(02 중앙선거관리위원회 9급, 17 이화여)

- **pallid** 창백한 pale, 핏기 없는
(03 고려, 16 한국외)

- **paradigm** 패러다임; 모범, 전형 example
(05 국민, 09 가톨릭)

- **paramount** (지위, 권위 따위가) 남보다 위인, 최고의 supreme, chief
(18 지방직 7급, 00 고려)

- **parsimony** 지나친 절약, 인색 stinginess, niggardliness
(09 세종, 14 고려)

- **part** (연극의) 등장인물, 역, 사, 본, 임무, 역할
(01 법원서기보, 13 제1회 지방직)

- **particular** 특별한, 특유의 definite, specific
(00 법원서기보, 04 경희)

- **pass away** 죽다 die
(03 고려, 10 서울여)

- **passionate** 열렬한, 열정적인 keen, eager about
(01 세종, 13 상명)

- **pathway** 통로, 경로, (사람만이 다닐 수 있는) 좁은 길, 오솔길,
(생화학) 경로
(06 중앙선거관리위원회 9급, 12 상반기 지방직 9급)

- **payoff** 청산, 분배, 지급; 성공하다; 완전히 갚다; 매수하다
(14 서강, 15 국민)

- **peasant** 농부, 소작인, 소작농 plebeian
(04 전북 9급, 06 중앙 선거관리 위원회 9급)

- **peculiar** 독특한, 고유한, 특별한 particular, unique
(04 경희, 06 건국)

- **pecuniary** 금전(상)의 financial, monetary
(03 계명, 05 경기)

- **pedestrian** 보행자; 평범한, 단조로운 ordinary
(09 고려, 17 중앙)

- **pensively** 생각에 잠겨 thoughtfully
(02 숙명, 12 명지)

- **pejorative** 경멸적인, 비방하는 critical, dyslogistic, derogatory
(17 서울시 7급, 13 이화여대)

- **perform** 실행하다, 이행하다, 연주[공연]하다 enact
(00 11 동국)

- **peripheral** 주위의, 주변의, 주변적인 auxiliary
(15 고려, 15 강남)

- **permeate** (~을) 침투하다, 퍼지다, 스며들다
penetrate, pervade, imbue, spread into
(11 경기, 13 이화여)

- **persecute** 박해하다 oppress
(03 동국, 13 단국)

- **pessimistic** 비관적인, 염세적인 cynical, gloomy
(01 03 고려)

- **petrified** 돌 같이 된, 석화 된 stone; 극도로 겁에 질린 frightened
(04 단국, 08 한국외)

- **phony** 위조(품) fake; 가짜의, 허위의 sham
(04 경기, 11 덕성여)

- **photosynthesis** 광합성 (07 국회사무처 8급, 14 경희)

- **placate** 진정시키다 appease, soothe
(10 이화여, 10 서울여)

- **plaintive** 애처로운, 슬픈 mournful, sad
(02 경기, 09 서강)

- **plastic** 플라스틱으로 된, 유연한 malleable;
가짜의; 진실되지 못한
(15 한양, 18 한국외)

- **plethora** 과다, 과잉 excess
(02 중앙, 13 홍익)

- **pliant** 유연한, 유순한 yielding, flexible
(14 중앙)

- **plutocracy** 금권 정치; 부호계급
(05 숭실, 15 한국외)

- **poignant** 날카로운, 매서운, 신랄한 bitter
(03 중앙, 14 이화여)

- **pointless** 무딘, 뾰족하지 않은 unpointed;
무의미한 meaningless
(04 행정자치부 9급, 05 대구시 9급)

- **poisonous** 독이 있는 toxic
(06 고려, 15 건국)

- **ponder** 숙고하다, 깊이 생각하다 ruminate, contemplate
(01 서울여, 01 중앙)

- **ponderous** 크고 무거운; (문체 등이) 지루하고 답답한 dull
(05 중앙, 05 세종)

★★☆☆☆ 별 2개

각종 시험에 2회 이상의 출제된 적이 있는 단어들로 고득점을 원하는 학생이라면 꼼꼼히 공부하는 것이 좋습니다.

- **populace** 대중, 민중 people, 서민 the commonality; (한 지역의) 전체 주민 (01 행정자치부 9급, 13 단국)
- **porous** 작은 구멍이 많은 full of pores, 스며드는 permeable (04 국회사무처 8급, 13 단국)
- **portent** 징조, 전조 omen (08 중앙, 09 서울여)
- **positive** 긍정적인, 낙관하는 optimistic, 확신하는 certain; 적극적인 (18 한국외)
- **posterity** 자손, 후손 descendants (15 한국외, 18 이화여)
- **postpone** 연기하다 put off, 뒤로 미루다; (말 등을)문장 끝에 두다 (03 법원서기보, 10 명지)
- **potable** 마실 수 있는 drinkable; 음료수 beverage (01 한국외)
- **poverty** 가난 indigence, 빈곤 (04, 14 경희)
- **precipitous** 가파른, 급경사의 extremely steep; 성급한, 무모한 (02 동국, 09 이화여)
- **preclude** 배제[차단]하다, 방해하다 impede (05 한성, 12 명지)
- **predator** 약탈자, 육식 동물 (04 행정자치부 9급, 01 단국)
- **predicament** 곤경, 궁지 dilemma (02 고려, 12 항공)
- **pregnant** 임신한 (06 중앙인사위원회 9급, 04 고려)
- **preliminary** 예비의, 서문의 introductory (02 명지, 경희)
- **premise** 전제 presumption; (pl.) 건물, 구내 precincts; 전제[가정]하다 postulate (15 국회사무처 8급, 04 건국)
- **prerogative** 특권 special privilege (06 중앙인사위원회 9급, 12 경희)
- **prescient** 통찰력이 있는, 선견지명이 있는 (05 국회사무처 8급, 11 고려)
- **prescribe** 규정[지시]하다 order, direct; (약을) 처방하다 (05 국회사무처 8급, 09 상반기 지방직 9급)
- **present** (사람이) 있는, 존재하는, 출석한 attending; 현재의, 존재하는; 선물 (04 서울시 9급, 12 경찰)
- **presentiment** (불길한) 예감, 육감 foreboding (14 중앙, 14 한국외)
- **preservation** 보존, 유지, 보호 protection (05 중앙인사위원회 9급, 11 고려)
- **presumptuous** 주제넘은, 건방진 assuming, arrogant (01 서강)
- **prevent** 막다, 방해하다, 예방하다, 방지하다 deter (09 지방직 9급, 11 동국)
- **preventable** 막을 수 있는, 방해 할 수 있는, 예방할 수 있는 (04 서울시 9급, 06 고려)
- **prey** 먹이, 희생물 victim; 잡아먹다 hunt and eat (00 세종, 03 고려)
- **priceless** 값을 헤아릴 수 없는, 매우 귀중한 invaluable, precious (01 성균관, 08 덕성여)
- **primarily** 주로, 근본적으로 principally (01 숙명여, 02 국민)
- **prime** 준비시키다 prepare (03 경기, 15 강남)
- **primitive** 원시의, 옛날의, 미개의 prehistoric (06 중앙인사위원회 9급, 02 중앙)
- **principal** 주요한, 주체의 main; (단체의) 장, 장관, 교장 (00 행정자치부 9급, 05 한성)
- **principle** 원리, 원칙 rule; 주의, 신념; (기계 등의) 구조, 원리, 본질 (00 행정자치부 9급, 02 건국)
- **prior** 이전의, 앞의 former, antecedent (02 홍익, 09 성균관)
- **pristine** 초기의, 순수한, 오염되지 않은 unspoiled (04 중앙선거관리위원회 9급, 10 동덕여)
- **privilege** 특권, 특별 취급, 특허 prerogative (04 국회사무처 8급, 01 고려)
- **procedure** 절차, 수속 proceedings (01 고려, 08 덕성여)

- **process** (일련의) 과정, 공정 course; 가공[처리]하다
(13 안전행정부, 00 고려)
- **prodigal** 낭비하는, 방탕의 profligate; 풍부한, 많은 abundant
(16 서울시 9급, 02 국민)
- **productivity** 생산력, 생산성 yield, 다산(성), 풍요
(04 경기도 교육행정직9급, 13 가천)
- **profit** 도움이 되다, 얻는 바가 있다, 이득이 되다 benefit
(06 중앙선거관리위원회 9급, 13 안전행정부)
- **profligate** 낭비적인, 방탕한 wasteful; 난봉꾼
(08 경원, 12 중앙)
- **profusion** 풍부 abundance, 다량 large amount, 낭비, 사치
(11 명지, 14 이화여)
- **progressive** 진보하는, 진보적인 gradual, (병이) 진행하는
(08, 13 가톨릭)
- **proliferate** 증식하다 multiply
(10 경희, 12 국민)
- **proliferation** 증식, 번식, 증가 increase
(01 숙명, 04 경희)
- **propel** 추진하다, 나아가게 하다, 몰아내다
(07 중앙인사위원회 9급, 행정자치부 9급)
- **prophecy** 예언[능력], 신의의 전달, 예언서 revelation
(03 법원서기보, 08 행정안전부 9급)
- **propitious** 징조가 좋은, 길조의 auspicious, promising; (특히 하느님이) 호의를 가진, 자비로운 gracious, favorable
(04 서울시 9급, 11 경희)
- **proportion** 비율, 크기, 균형 balance, 부분
(03 행정자치부 9급, 04 세종)
- **prosper** 번영, 번창하다, 성공하다 thrive
(04 한국외, 04 단국)
- **protean** 변화무쌍한, 다방면의 versatile, multi-faceted
(07 고려, 13 단국)
- **protect** 보호하다 cover
(05 중앙인사위원회 9급, 00 건국)
- **provisional** 임시의, 일시적인 temporary
(02 경기, 15 서울여)
- **pugnacious** 호전적인 bellicose, belligerent
(11 중앙, 15 서강)
- **pull** 끌어당기기; 끌어당기는 힘, 인력, 매력
(04, 13 서울시 9급)
- **punctuate** ~에 구두점을 찍다, 강조하다 accentuate
(08 상반기 지방직 9급, 14 경희)
- **pure** 순수한, 단순한 mere
(01 동덕여, 02 성균관)
- **purge** 제거하다 extirpate, 숙청하다; 정화하다; 추방, 숙청; 정화
(05 14 중앙)
- **purify** 정화하다 clean up
(06 중앙, 09 세종)
- **puritanical** 청교도적[금욕적]인, 엄격한 moralistic
(07 한국외, 15 중앙)
- **quack** 돌팔이의사, 사기꾼 charlatan, impostor
(09 행정안전부 9급, 06 국민)
- **qualified** 자격 있는, 적격의 capable, 조건부의, 제한된 limited
(12 숭실, 17 한국외)
- **quandary** 난처한 처지 predicament, plight
(05 경기, 07 고려)
- **quell** (반란 등을) 진압하다 put down, put out, suppress
(08 동국, 10 서울여)
- **quintessential** 전형, 제5원의 essential; 전형적인 typical; 본질적인 essential
(17 국가직 9급 하반기, 05 고려)
- **radiation** 방사, 발광, 방열
(07 중앙인사위원회 9급, 03 고려)
- **rancid** 썩은 냄새가 나는 stinking, spoiled
(04 고려, 06 세종)
- **rankle** 곪다 fester; 마음을 괴롭히다 irritate
(01 대구가톨릭, 03 고려)
- **ransack** 샅샅이 뒤지다 rummage; 약탈하다 rob
(07 홍익, 07 광운)
- **rapidly** 급속히 by leaps and bounds, 빨리 quickly, fast
(07 고려, 08 경원)
- **reason** 이유, 원인; 이성
(00 건국, 14 서강)
- **reasoning** 추리, 추론 logic
(05 대구시 9급, 01 중앙)
- **rebuff** 거절하다 reject, 퇴짜 놓다 snub
(04 행정자치부 9급, 06 세종)
- **rebuke** 비난하다 reprimand, reproach
(06 동덕여, 10 이화여)

★★☆☆☆ 별 2개

각종 시험에 2회 이상의 출제된 적이 있는 단어들로 고득점을 원하는 학생이라면 꼼꼼히 공부하는 것이 좋습니다.

- **recapture** 탈환
(01 고려, 11 이화여)
- **reception** 피로연, 환영회 party; 입회, 가입, 수령
(06 서울시 9급, 13 광운)
- **recession** 후퇴, 철수 withdrawal, retreat; (일시적)경기후퇴, 불경기
(05 대구시 9급, 05 단국)
- **recipient** 수납자, 수령인; 수령하는, (잘)받아들이는, 감수성이 있는
(11 13 행정안전부 9급)
- **reclaim** 반환을 요구하다 recover, retrieve; 개간하다 develop; ~을 교정[선도]하다 rehabilitate, regenerate
(11 행정안전부 9급, 04 중앙)
- **recognize** 인식하다; 인정하다
(07 서경, 14 이화여)
- **recondite** 심오한, 난해한 profound
(14 기상직 9급, 03 경원)
- **recourse** 의지, 의지할 수단[사람] resort
(08 세종, 08 한국외)
- **recuperate** (건강을) 회복하다 convalesce
(00 고려, 06 건국))
- **redress** 배상, 보상(하다) compensation, 교정(하다) remedy
(18 서울시 7급, 06 고려)
- **referendum** 국민투표
(04 서울시 9급, 15 서강)
- **refine** 정제하다, 세련되다 purify
(03 행정자치부 9급, 06 동덕여)
- **reflex** 반사작용의, 반사적인, 반성하는, 내성적인
(05 중앙, 12 상명)
- **refuse** 거절[거부]하다 reject; 쓰레기 rubbish
(00 건국, 05 세종)
- **regard** 간주하다 consider, look on; ~을 존중[주의]하다 pay attention to; 존중 respect; 관계, 관련 relation
(01 계명, 06 동덕여)
- **regime** 정권 a governing power
(03 행정자치부 9급, 03 고려)
- **rejuvenate** 젊어지게 하다, 회춘시키다 make young again
(03 숭실, 10 강남)
- **relaxation** 풀림, 이완, 경감, 휴양, 기분전환 leisure, 쇠약
(02 행정자치부 9급, 05 국민)
- **relegate** (중요하지 않은 자리로) 좌천시키다 demote
(04 성균관, 10 중앙)
- **reluctance** 마음 내키지 않는, 마지못해 하는 unwilling, hesitant
(06 중앙선거관리위원회 9급, 15 고려)
- **remit** 송금하다 send; 용서하다 overlook
(06 한국외, 11 세종)
- **renowned** 유명한, 명성 있는 famous, prominent, celebrated
(11 명지, 15 서울여)
- **repair** 수리[보수]하다 mend
(06 중앙선거관리위원회 9급, 13 제1회 지방직)
- **repeal** ~을 취소하다, 폐지하다 revoke, annul
(04 경희)
- **repel** 불쾌감을 일으키다, 쫓아버리다 rebuff
(08 경희, 13 중앙)
- **repellent** 불쾌한 abhorrent, obnoxious, unpleasant; 구충제
(05 중앙, 12 서울여)
- **replace** ~를 대신하다 supplant, supersede, 돌려놓다
(04 국회사무처 8급, 13 안전행정부)
- **replenish** ~을 다시 채우다, 보충하다 refill
(01 동국, 07 고려)
- **representation** 대표, 표시, 연출, 국회의원 선출권 illustration, symbol
(08 덕성여, 08 한국외)
- **reproduction** 재생; 복사물, 복제; (생물) 생식(작용), 번식
(04 행정자치부 9급, 14 서강)
- **required** 필수의 necessary, obligatory (03 세종, 12 경희)
- **research** 조사하다, 연구하다 investigate, examine; 학술연구, 학술조사, 탐구, 조사
(00 행정자치부 세무직 9급, 13 안전행정부)
- **resemble** 닮다 take after, look like
(00 행정자치부 9급, 15 경찰)
- **resident** 거주자, 거류민, 외국 주재 사무관; 거주하는
(04 전북 9급, 13 안전행정부)

- **resiliency** 탄성 elasticity, 복원력
(15 서울시 7급, 14 경희)

- **resilient** 되돌아가는, 탄력성이 있는 flexible;
곧 기운을 차리는, 잘 회복하는 cheerful; 쾌활한, 발랄한
(01 동덕여, 14 고려)

- **resolute** 결심이 굳은, 단호한 firm, determined
(02 중앙, 05 경기)

- **respectable** 존경스러운 honorable, admirable
(11 사회복지직 9급)

- **restore** 복구[재건]하다 fix; 부흥하다; 부활시키다
(04 단국, 16 서강)

- **retreat** 후퇴(하다) retire, recede
(01 경기, 16 광운)

- **retrieve** ~을 되찾다, 복구하다 recover, regain;
보상하다, 벌충하다 redeem
(04 단국, 04 고려)

- **retrospect** 회고 looking back
(08 행정안전부 9급, 12 한국외)

- **revenge** 보복하다 retaliate
(06 서울시 9급, 04 건국)

- **revenue** (정기적인) 수입 income
(10 지방직 9급, 04 건국)

- **reverence** 존경, 경의, 경외 awe
(05 대구시 9급, 00 한국외)

- **revision** 개정, 교정 correction, emendation
(01 인천, 03 세종)

- **revive** 부활[부흥]시키다, 소생하다 resuscitate
(02 건국, 03 고려)

- **reward** 보상, 현상금, 보답 remuneration, 응보, 벌;
보답하다, 보상하다, 보복하다
(04 고려, 04 건국)

- **ridicule** 비웃다, 조롱하다 deride, mock; 조롱, 비웃음
(04, 06 고려)

- **rigorous** 엄격한, 철저한 thorough (01 인천, 10 가톨릭)

- **ritual** 종교적인 의식 ceremony, 로마 정식서,
의식적인 행사, 예의, 풍습
(05 국회사무처 8급, 15 국민)

- **rivet** 사로잡다, 매혹하다 fascinate
(09 이화여, 11 성균관)

- **rookie** 신병, (스포츠의) 신인선수 first-year
(14 서울시 9급, 05 경원)

- **roughly** 거칠게, 대략, 어림잡아 approximately
(03 건국, 08 명지)

- **run-of-the-mill** 보통의, 평범한 ordinary, average (06 광운, 16 국민)

- **ruthless** 무자비한 unsympathetic, merciless
(02 중앙)

- **ruthlessly** 무자비하게, 냉혹하게 mercilessly
(02 홍익, 09 국민)

- **sabotage** 쟁의 중인 노동자에 의한 공장 설비,
기계 등의 파괴 subversion, 생산방해
(08 하반기 지방직 9급, 08 경기)

- **sacrifice** 산 제물을 바침, 희생(물); 희생으로 바치다, 희생하다
(07 서울시 9급, 15 한양)

- **salacious** 음란한, 외설적인 obscene, lustful, lewd
(10, 13 상명)

- **salient** 눈에 띄는 prominent, noticeable
(06 숭실, 09 이화여)

- **salubrious** (기후 등이) 건강에 좋은 healthy
(10 이화여, 12 서울여)

- **salutary** (경험 등이) 유익한 beneficial, useful
(00 행정자치부 9급, 10 명지)

- **salvage** 구출하다, 회수하다 recover, rescue
(05 경기, 05 고려)

- **salvation** 구제, 구조, 구원 deliverance
(05 국회사무처 8급, 05 경기)

- **sanction** 인가[승인]하다 approve; 인가, 승인 approval;
제재 embargo (18 서울시 7급, 01 세종)

- **sap** 서서히 약화시키다 weaken gradually, delete;
수액, 원기, 활기, 활력
(03 홍익, 04 경기)

- **saturnine** 무뚝뚝한, 음침한 sullen
(13 중앙, 13 경희)

- **saunter** 산책하다 stroll
(00 동아, 15 한국외)

- **savvy** 지식이 있는, 잘 아는 knowledgeable;
이해력, 수완, 요령
(01 숙명, 12 경희)

★★☆☆☆ 별 2개

각종 시험에 2회 이상의 출제된 적이 있는 단어들로 고득점을 원하는 학생이라면 꼼꼼히 공부하는 것이 좋습니다.

- **scare** 위협하다, 겁나게 하다 petrify
(06 서울시 9급, 13 안전행정부)
- **scenic** 경치의, 풍경의, 무대(상)의, 연극의, (사건, 이야기 등이) 생생한, 그림 같은; 풍경화[사진]
(04 행정자치부 9급, 05 고려)
- **scheme** 계획, 안 plan, contrivance; 음모, 계략 plot
(05 중앙인사위원회 9급, 11 경희)
- **scholarly** 학자[학구]적인, 박식한 erudite
(05 국회사무처 8급, 02 고려)
- **scintillate** 불꽃을 내다 glow, 재치가 번득이다 twinkle
(11 경희, 14 중앙)
- **scorn** 경멸하다 disdain
(04 05 고려)
- **scourge** 벌, 재앙; 벌하다, 괴롭히다 afflict
(06 한성, 14 경희)
- **scrap** 쓰레기로 버리다; 폐기하다 discard;
쓰레기 offal, waste
(02 덕성여, 04 단국)
- **scratch** 긁다, 할퀴다, 긁어서 상처를 내다 abrade
(01 법원서기보, 06 한성)
- **scrupulously** 양심적으로 conscientiously;
세세히, 꼼꼼히 meticulously
(01 단국, 16 중앙)
- **searing** 타는 듯한, 극심한
(04 행정자치부 9급, 16 홍익)
- **seasoned** 경험 많은, 노련한 adroit; 양념을 한, 조미한; 잘 건조된
(14 중앙, 14 고려)
- **secede (from)** (특히 견해 차이로 인해) 탈퇴하다 withdraw
(00 전남, 10 성신여)
- **secure** 안전한, 위험 없는; (신념이)확고한;
(성공 등이) 확실한, 안정된 anchor, ensure
(11 행정안전부 9급, 09 서강)
- **security blanket** 담요, 안전을 보장하는 것
(03 건국, 05 중앙)
- **sedulous** 근면한, 부지런한 assiduous, diligent;
꼼꼼한, 용의주도한 careful, scrupulous
(12 상명, 15 서강)
- **self-evidence** 자명함
(05 대구시 9급, 09 행정안전부 9급)
- **sentence** 선고하다; 판결, 선고
(05 서울여, 12 한국외)
- **separate** 분리하다, 분할하다 dissever
(02 가톨릭, 18 이화여)
- **sever** 절단하다, 끊다
(03 경희, 08 대구가톨릭)
- **shabby** 초라한, 낡아빠진, 해진 worn-out
(01 원광, 03 고려)
- **shallow** 얕은, 천박한, 피상적인 superficial
(04 국회사무처 8급, 00 세종)
- **shield** 방패, 방어 defense; 보호하다 cover
(01 인천, 02 계명)
- **shiver** 떨리다, 전율하다 tremble
(00 행정자치부 9급, 01 법원서기보)
- **shortcoming** 단점, 결점 weakness
(01 성균관, 13 경희)
- **shorthand** 속기; 약칭
(12 상반기 지방직 9급, 15 고려)
- **shoulder** 어깨, 책임을 지는 능력;
어깨로 밀다 jostle, 짊어지다, (책임을) 떠맡다
(02 고려, 15 서강)
- **shrewd** 예민한, 영리한 clever, canny
(00 경기)
- **sibling** 형제, 자매 a brother or sister
(04 행정자치부 9급, 08 건국)
- **sight** 시각, 시력; 조망, 광경 view; 기회 opportunity
(05 대구시 9급, 13 안전행정부)
- **simplicity** 단순, 평이함; 소박함, 순박함 naivete
(14 서강, 15 한국외)
- **sincere** 성실한; 참된, 진실의 earnest, unfeigned
(04 고려)
- **slip** 미끄러지다; 하락하다; 미끄러짐; 실수; (종이) 조각
(01 가톨릭, 14 성균관)
- **sloppy** 엉성[지저분]한 imperfect, messy
(05 06 고려)

- **sloth** 게으름, 나태 indolence, sluggishness (10 중앙, 12 홍익)
- **sneer** 조롱하다, 비웃다 show contempt (04 한양, 04 고려)
- **sober** 진지한 serious, solemn; 술에 취하지 않은, 맑은 정신의 clear-headed (02 경기)
- **solidarity** 연대, 단결 (13 서울시 9급, 13 국민)
- **solidify** 강화하다 assure, strengthen, 굳어지다, 굳히다 (04 홍익, 13 경희)
- **solitude** 고독, 외로움 isolation; 외딴 장소 (04 중앙인사위원회 9급, 03 건국)
- **solve** 해결하다 (13 국가직 9급, 08 덕성여)
- **soothe** 달래다, 진정시키다 appease, mollify (15 한국외)
- **sordid** 더러운, 지저분한 squalid, filthy (01 고려, 05 국민)
- **sound** (귀에 들리는) 소리; (물체 진동으로 생기는)음; 견실한; 철저한; 건강한 (04 경희, 15 한국외)
- **sovereignty** 주권, 통치권, 자치 공동체 autonomy (07 국회사무처 8급, 15 경찰)
- **spacious** 넓은 large, roomy (00 서울여, 06 경희)
- **spatial** 공간의, 공간적인 relating to space (06 중앙, 11 고려)
- **specialized** 전문의, (생물) 분화[특수화]된 (00 법원서기보, 15 고려)
- **specify** 일일이 열거하다; (조건으로서) 지정하다 designate (03 덕성, 04 중앙)
- **specimen** 견본 sample (05 삼육, 10 세종)
- **spectacular** 장관인, 극적인 amazing, dramatic (04 행정자치부 9급)
- **spiritual** 정신(상)의; 성령의, 종교적인 devout (05 대구시 9급, 05 덕성여)
- **splendor** 웅대함, 화려함 magnificence (00 세종, 00 고려)
- **spurn** (분노와 경멸감을 느끼며) 거절하다 reject (03 고려, 11 홍익)
- **squander** (돈, 시간 등을) 낭비하다 waste (06 동덕여, 07 중앙)
- **staggering** 어마어마한, 경이적인 astonishing, amazing (06 동국, 07 단국)
- **stagnant** 정체된, 활기 없는 inactive; 불경기의 depressed (03 고려, 15 한국외)
- **stagnate** (생산, 경기 등이) 차분한, 침착한 sedate (04 국회사무처 8급, 10 경희)
- **stalemate** 곤경, 궁지, 교착상태 deadlock (03 06 고려)
- **stand** (법률, 명령 등이) 유효하다, 효력이 있다 continue to be effective (03 경기, 02 계명)
- **standoff** 떨어져 있는, 원격의; 고립, 서먹함; 균형상태; 휴식; 막힘, 교착상태 impasse (07 상명, 08 경희)
- **stark** 완전한, 가혹한, 엄격한 harsh, (장소 등이) 황량한 (06 아주, 10 세종)
- **startle** 깜짝 놀라게 하다 astonish, astound, surprise (03 행정자치부 9급, 03 건국)
- **starvation** 기아, 굶주림 famine (01 법원서기보, 07 서울시 9급)
- **statistical** 통계적인, 통계학상인, 통계에 근거한 (06 중앙인사위원회 9급, 02 중앙)
- **status** 지위, 상태 position (05 계명, 11 동국)
- **steadfastly** 확고하게, 일관되게 determinedly (06 덕성여, 07 동아)
- **steadily** 꾸준히 continuously (02 서강, 03 세종)
- **stentorian** 음성이 큰 extremely loud (06 고려)
- **stern** 엄한, 엄격한 strict ad. sternly(grimly) (04 경기도 교육행정직 9급, 15 서울여)
- **stifle** 질식(사)시키다; 억누르다, 억압하다 suffocate (04 국회사무처 8급, 15 서울여)
- **stigmatize** ~에 오명을 씌우다; ~을 비난하다 (01 행정자치부 9급, 14 고려)

★ ★ ☆ ☆ ☆ 별 2개

각종 시험에 2회 이상의 출제된 적이 있는 단어들로 고득점을 원하는 학생이라면 꼼꼼히 공부하는 것이 좋습니다.

- **stipulate** 규정하다, 명기하다 specify (05 중앙, 08 서울여)
- **strain** 잡아당기다; 긴장시키다; 상하게 하다 (06 고려, 07 서울여)
- **strategy** 전략, 전술 strategics, 계략, 술수 (04 행정자치부 9급, 04 고려)
- **stray** 길을 잃다, 벗어나다 digress; 길을 잃은 lost (03 06 영남)
- **streamline** 능률적으로 하다, 합리화하다 simplify (00 경기, 07 동덕여)
- **strenuous** 분투하는, 격렬한 arduous; 정력적인, 활기찬 vigorous (13 숙명여)
- **stuck-up** 자부심이 강한, 거만한 conceited (03 국민, 09 세종)
- **stupendous** 거대한, 엄청난 monumental (04 성균관, 06 중앙)
- **stymie** 방해[훼방]하다 encumber, thwart (05 고려, 14 중앙)
- **submerge** 물속에 잠기다, 가라앉(히)다 sink, immerse (01, 12 국민)
- **submission** 복종, 항복, 굴복, 순종 compliance (01 세종, 01 국민)
- **submissive** 복종하는, 고분고분한 meek (05 중앙, 15 강남)
- **submit** 제출[제시]하다, 맡기다 hand in; 복종시키다[하다] surrender (02 고려)
- **substance** 물질; 내용, 요지, 본질 essence, gist (04 국민, 16 한국외)
- **subtract** 빼다, 공제하다 deduct, discount (03 건국, 06 경희)
- **succession** 연속, 승계 (08 하반기 지방직 9급, 13 고려)
- **successive** 연속하는 continuous (06 건국, 07 서강)
- **succulent** 수분이 많은 juicy; 맛있는 mouth-watering (01 단국, 16 국민)
- **sufficient** 충분한, (~하기에) 족한 adequate, satisfactory (03 건국)
- **suffrage** 투표(권), 선거권, 참정권 voting right, franchise (06 숙명여, 13 한양)
- **supplicate** (신이나 사람에게) 간청하다 beg, 기원하다 (04 세종, 08 중앙)
- **support** 지지하다 stand up for; 부양하다 provide for; 참다 bear (01 고려)
- **surfeit** 과식, 과다 excess, plethora; 과식(과음)하다, 물리게 하다 satiate (07 서울시 9급, 11 중앙)
- **surrender** 항복하다 yield; ~을 포기하다 give up; 항복 capitulation (01 세종)
- **surveillance** 감시, 감독 supervision, observation (13 경찰, 03 한국외)
- **suspect** 의심하다 distrust, 혐의를 가지다; 용의자 (07 중앙인사위원회 9급, 11 덕성여)
- **suspend** ~을 중단시키다 interrupt; ~를 정학[정직]시키다; ~을 매달다 hang (10 행정안전부 9급, 01 덕성여)
- **sustained** 지속적인, 일관된 continuous (00 동아, 14 성균관)
- **sympathy** 동감, 공감, 호감, 동정, 연민 compassion (07 중앙인사위원회 9급, 14 이화여)
- **synonym** 동의어, 유의어, 유사물, 별명 (00 법원서기보, 03 중앙)
- **tactless** 재치 없는, 요령 없는, 무뚝뚝한 impolite, 분별없는 (08 한국외, 18 이화여)
- **tame** 길들여진 domesticated, 순환 docile, 시시한; 길들이다 break in, 복종시키다, 경작하다 (04 서울시 9급, 04 고려)
- **tangential** 접하는, 지엽적인 indirect (09 중앙, 12 상명)
- **tap** 가볍게 두드리다; 활용하다, 자원을 개발하다 exploit; 수도꼭지 (12 동국, 13 한국외)

- **tarnish** (명예 등을) 더럽히다 blemish; 변색시키다 discolor
(06 아주, 09 경기)
- **taunt** 조롱(하다) insult
(03 고려, 05 단국)
- **teem with** 충만하다, ~로 가득 차다 crowd with
(06 서울시 9급, 07 단국)
- **temperance** 자제, 극기, 절제, 절주 abstinence
(02 중앙선거관리위원회 9급, 12 지방직 9급)
- **temporal** 이승의, 세속의, 속세의 secular
(05 덕성여, 07 계명)
- **temporary** 일시적인 passing, tentative
(15 고려)
- **testify** 증언하다, 증명하다 allege, attest (01 명지, 02 고려)
- **therapeutic** 치료의 curative, remedial, sanative
(13 성균관, 14 고려)
- **thoroughfare** 주요도로, 큰길 street
(06 중앙인사위원회 9급, 00 경기)
- **thoughtful** 생각이 깊은, 사려 깊은 considerate
(02 홍익, 06 고려)
- **tip** 기울이다 tilt; 버리다 dump;
비밀정보, 충고, 조언 information
(02 동아, 04 고려)
- **toil** (뼈 빠지는) 일, 노역; 힘써 일하다, 고생하다 moil, strive
(04 전북 9급, 경기도 교육행정직 9급)
- **topple** (정권을) 전복시키다, 타도하다 overthrow, overturn
(01 경기, 05 단국)
- **torpid** 활발치 못한, 둔한 lethargic (00 세종, 03 고려)
- **touch off** ~을 발사하다; 전화를 끊다; ~을 정확히 묘사[표현]하다; ~을 유발하다
(05 고려, 08 덕성여)
- **toxin** 독소
(03 행정자치부 9급, 06 동국)
- **tractable** 다루기 쉬운 docile, pliant
(00 건국, 13 중앙)
- **trait** 특성 tendency
(03 광운, 03 단국)
- **tranquil** 조용한, 평온한 quiet, serene
(01 행정자치부 9급, 00 세종)
- **tranquility** 조용함, 평화 peacefulness
(06 계명대, 09 서강대)
- **transaction** 취급, 처리; 거래, 계약; 사무 compact, contract
(05 중앙인사위원회 9급, 14 이화여)
- **transcend** (경험, 이해력의 범위를) 초월하다, 능가하다 surpass
(07 고려, 12 중앙)
- **transcendental** 선험적인, 직관적인, 초자연적인
(05 중앙인사위원회 9급, 07 서울시 9급)
- **transcript** 사본, 등본 written copy; (학교의) 성적증명서 credential
(06 서울시 9급, 01 명지)
- **traumatic** (매우) 충격적인 deeply shocking; (상처가) 외상성의
(01 경기, 09 경희)
- **travail** 노고 very tiring work, pains, drudgery
(06 강남, 10 중앙)
- **treachery** 배신, 배반 disloyalty
(02 고려, 06 단국)
- **treatment** 취급, 대우, 치료(법) therapy, 처리; 논술법; 드라마구성
(06 중앙인사위원회 9급, 01 중앙)
- **trenchant** 날카로운 keen, incisive; 신랄한
(02 경기, 10 이화여)
- **trend** 경향, 동향 tendency, inclination, current, 방향 direction
(05 광운, 07 경희)
- **tropical** 열대(지방)의, 심한 더위의, 열렬한, 비유적인; 열대어
(03 법원서기보, 04 경기도 교육행정직 9급)
- **tumble** 넘어지다, (가격이) 폭락하다;
공중제비를 하다 somersault; (건물) 무너지다, 굴리다
(04 경기도 교육행정직 9급, 02 고려)
- **turbid** 흐린, 탁한, 혼란한 muddy
(00 세종, 10 중앙)
- **turmoil** 소동, 혼란 tumult, commotion (02 가톨릭)
- **tutelage** 후견, 보호, 감독, 지도 supervision, guardianship
(09 고려, 10 중앙)
- **tyranny** 독재[전제]정치 despotism
(00 경기, 06 계명)
- **unaltered** 변경되지 않는, 불변의; (가축이) 거세되지 않은
(05 중앙인사위원회 9급, 01 중앙)
- **unanimous** 만장[전원]일치의 in full accord, harmonious
(06 건국)

★★☆☆☆ 별 2개

각종 시험에 2회 이상의 출제된 적이 있는 단어들로 고득점을 원하는 학생이라면 꼼꼼히 공부하는 것이 좋습니다.

- **unassuming** 주제넘지 않은, 겸손한 not putting on airs, humble, modest
(05 서울여, 16 한국외)
- **unbridled** 억제되지 않은, 방자한 unrestrained
(06 항공, 13 인천)
- **uncanny** 불가사의한, 이상[기묘]한, 엄청난 weird, supernatural, extraordinary, odd
(17 국가직 9급·지방 사회복지직 9급, 00 국민, 15 서강)
- **uncertain** 불확실한, 확신이 없는 precarious
(01 광운, 11 국민)
- **uncertainty** 불확실성, 확신이 없음, 불안정, 불확실한 일 ambiguity
(05 중앙, 10 인천)
- **uncompromising** 완강한, 타협하지않는 implacable
(03 영남, 09 경기)
- **underestimate** 낮게[적게] 어림하다, 과소평가하다 depreciate; 싼 견적, 과소평가
(03 행정자치부 9급, 13 고려)
- **underlying** 근원적인, 기초를 이루는 basic, fundamental; 잠재적인 potential
(04 서울시 9급, 15 강남)
- **underpinning** 토대, 지주, 기초(물) foundation
(09 경기, 13 가천)
- **underscore** 밑줄을 긋다, 강조하다 underline, emphasize
(00 서울교, 10 가톨릭)
- **unearth** 발굴하다 dip up, exhume; 밝혀[발견해]내다 reveal, discover
(05 중앙, 06 고려)
- **uneasiness** 불안, 걱정 anxiety
(04 국회사무처 8급, 03 경희)
- **uneasy** 불안한, 걱정스러운 anxious
(02 동국, 10 홍익)
- **unequivocal** 모호[애매]하지 않은, 명백한 definite
(05 경기, 15 고려)
- **unexpected** 예기치 않은, 뜻밖의, 갑작스러운 abrupt
(04 세종, 15 고려)
- **unflattering** 아첨하지 않는, 있는 그대로의
(03 숭실, 상명)
- **uniform** 한결 같은, 불변의 constant, invariable; 제복, 군복, 관복
(05 중앙, 08 건국)
- **unilateral** 일방적인, 한쪽만의 one-sided
(05 중앙, 09 이화여)
- **unimaginable** 상상할 수 없는, 생각조차 못하는, 기상천외한
(04 국회사무처 8급, 14 이화여)
- **uninhabited** 사람이 살지 않는 unoccupied
(05 항공, 06 경희)
- **unostentatious** 허세부리지 않는, 수수한 modest
(06 경원, 13 한양)
- **unquenchable** 만족할 줄 모르는, 탐욕스러운 insatiable, greedy
(14 지방직 9급)
- **untenable** (진지 등이) 지킬 수가 없는, (이론, 입장 등이) 지지[주장]할 수 없는 illogical
(04 중앙, 06 동국)
- **unusual** 보통이 아닌, 비범한, 진귀한 uncommon, rare
(01 법원서기보, 01 가톨릭)
- **unwieldy** (무거워서) 다루기 힘든, 부피가 큰 hefty; (조직 등이 너무 방대하고 복잡해서) 통제하기 힘든 unmanageable, awkward
(11 국가직 9급, 행정안전부 9급)
- **unwittingly** 무의식적으로 involuntarily, in spite of oneself
(01 사시, 01 변리사)
- **urban** 도시의 of a town or city (13 명지, 15 국민)
- **urbanization** 도시화
(00 행정자치부 9급, 04 전북 9급)
- **urge** 충동 desire; 재촉하다, 촉구하다 goad
(12 서울시 9급, 01 서울여)
- **usher** 안내하다; 안내인 guide
(05 서울여, 14 국민)
- **utilize** 이용하다, 활용하다 make use of
(08 경희, 13 한국외)
- **vacant** 비어있는 unoccupied, available; 공허한, 멍한 blank
(03 고려)

- **vacuous** 공허한 empty; 멍청한 unintelligent (02 07 중앙)
- **vainglorious** 자부심이 강한 haughty (02 건국, 07 숙명여)
- **valid** 근거가 확실한, 유효한, 효과적인 effective (11 경찰, 03 고려)
- **value** 가치, 진가, 가격 price; 대가, 참뜻 (00 행정자치부 9급, 13 제1회 지방직)
- **vapid** 맛없는, 김빠진 insipid; 재미없는 dull (02 14 중앙)
- **variety** 변화, 다양성 diversity, 차이, 불일치 difference, 종류, 별종, 변종 mutation; 버라이어티 (02 13 고려)
- **venomous** 독이 있는, 악의에 찬 spiteful (04 경기, 06 성균관)
- **verdant** 초록의, 신록의 green, lush, 미숙한, 무경험의 (05 항공, 13 고려)
- **veto** 거부; 거부하다 ban, 거부권을 행사하다 (05 국회사무처 8급, 01 동국)
- **vex** 짜증나게 하다 irritate (03 중앙, 04 고려)
- **viability** 생존 능력, 생활력; 실행 가능성 (11 행정안전부 9급, 08 고려)
- **vicinity** 근처, 부근, 근접 neighborhood (07 국회사무처 8급, 03 경원)
- **vilify** 중상[비방]하다 defame, accuse (03 성균관, 10 중앙)
- **violation** 위반, 위배 infraction; 방해, 침입; (신성) 모독, 강간, 폭행 (12 경찰, 09 고려)
- **violent** 격렬한, 난폭한, 폭력적인 fiery, brutal (03 고려, 09 한국외)
- **vocational** 직업상의, 업무상의, 직업 교육의 (02 행정자치부 9급, 03 가톨릭)
- **volition** 의지, 결단력 will (08 건국, 14 서강)
- **voluble** 유창한, 수다스러운 fluent, glib (15 중앙, 17 서강)
- **voluntary** 자발적인, 임의의, 고의의 spontaneous (00 행정자치부 9급, 03 고려)
- **wager** 보증하다 guarantee, 책임지고 맡다, 내기를 걸다; 내기, 노름 (04 경기, 12 동국)
- **waning** 작아지는 diminishing (05 덕성여, 11 경희)
- **wanton** (행위가) 부당한, 제멋대로의 licentious (07 중앙, 07 동덕여)
- **watershed** 분수선, 분수계; (강의) 유역, 분수령; 분기점, 중대한 시기 (04 중앙선거관리위원회 9급, 12 한국외)
- **wave** 파도, 물결; (머리) 웨이브; 흔들다 move, gesture (02 중앙선거관리위원회 9급, 04 서울시 9급)
- **weaken** 약화시키다, 약해지다 decline, dilute (15 국민)
- **weakness** 결점, 약점, 결함 drawback, defect (02 광운, 10 경기)
- **weave** (베를) 짜다, 뜨다 twine; 꾸미다, 만들어 내다 create (02 중앙선거관리위원회 9급, 04 서울시 9급)
- **weigh** 무게를 달다; 압박하다 (13 상명, 14 고려)
- **welfare** 복지(사업), 복리, 번영 prosperity, 행복, 생활보호 (06 중앙인사위원회 9급, 04 성균관)
- **whereas** 반면에, ~에 반하여 while, ~이기 때문에 (00 행정자치부 세무직 9급, 13 안전행정부)
- **whimper** 훌쩍훌쩍 울다 sob; 훌쩍거림 (12 상반기 지방직 9급, 09 이화여)
- **wholesale** 대량 판매의, 도매의, 대량의 extensive (03 법원서기보, 07 국회사무처 8급)
- **wield** (권력 등을) 휘두르다 handle, use (07 홍익, 09 국민)
- **wither** 시들다 wilt, shrivel (00 세종, 00 고려)
- **withstand** 저항하다, 버티다 resist (03 법원서기보, 00 고려)
- **worldly** 현세의, 세속적인 earthly, mundane (12 한국외)
- **worn-out** 써서 낡은, 닳아 해진, 기진맥진한 exhausted, 진부한 (01 원광, 05 성균관)
- **wound** 상처, 부상 입히다 (01 중앙, 11 성균관)

- **wrangle** 말다툼, 말다툼 하다 dispute, contention
  (00 동국, 15 서강)

- **yielding** 굽힐 수 있는, 유연한, 고분고분한 tractable
  (00 강남, 06 세종)

- **young** 젊은, 어린, 한창의, 손아래의, 숙성되지 않은 immature; 젊은이들
  (07 성균관, 13 경희)

- **zeal** 열심, 열성, 열의 enthusiasm
  (12 숭실, 15 항공)

★☆☆☆☆ 별 1개

각종 시험에 1회 **출제된 적이 있는** 고급어휘들로 고난이도 **시험을 보시기 직전 체크하는 것이 좋습니다.**

- **abatement** 감소, 폐지
  (13 이화여)

- **abbreviate** (특히 글자를) 생략[축약]하다 shorten
  (07 서울여)

- **abbreviation** 생략[단축](형) contraction
  (03 계명)

- **abide** ~을 참다 bear, tolerate; 살다, 머무르다 stay
  (00 행정자치부 세무직 9급)

- **aboard** 승선[탑승]하여 on board
  (00 행정자치부 세무직 9급)

- **abode** 주소, 거주지 address
  (14 중앙)

- **aboriginal** 원시의, 토착의 indigenous
  (02 중앙)

- **abort** 중단하다, 유산하다
  (13 경희)

- **abortive** 유산의; 실패의 unsuccessful
  (02 경희)

- **about-face** 뒤로 돌기; 180도 전향; 뒤로 돌다
  (13 고려)

- **abridge** 요약하다 summarize, condense
  (14 한국외)

- **abridgment** 요약
  (15 기상직 9급)

- **abrupt** 갑작스러운, 돌연한
  (11 기상직 9급)

- **abscond** (특히 처벌을 피해) 달아나다 flee, decamp, run off
  (04 단국)

- **absence** 부재, 결석
  (09 서강)

- **absolute** 절대적인 unconditional
(04 06 서울시 9급)
- **absolutely** 완전히, 전적으로 completely
(07 고려)
- **absolve** 면제하다 release; 용서하다, 사면하다 acquit
(12 단국)
- **abstemious** 절제하는, 금욕적인 abstinent
(09 중앙)
- **abstraction** 추상(작용), 추상적 개념 generality
(10 상명)
- **absurdly** 불합리하게, 부조리하게 ridiculously
(06 서울시 9급)
- **abysmal** 심연의, 한없이 깊은 profound
(04 경희)
- **academic** 대학의, 학구적인, 이론적인 scholarly
(04 국회 사무처 8급)
- **accelerate** 촉진하다, 가속하다, 빠르게 하다 hasten
(15 항공)
- **accentuate** 강조하다 emphasize, 두드러지게 하다
- **acceptable** 받아들일 만한, 허용할 수 있는; 만족스러운
(13 경찰)
- **accolade** 포상, 칭찬
(15 한양)
- **accompany** ~와 동행하다, ~을 수반하다 attend
(04 고려)
- **accomplish** ~을 성취[달성]하다 achieve, attain
(02 행정자치부9급)
- **accomplished** 통달한, 재능 있는 talented, gifted
(09 국민)
- **accordingly** (상황에 따라) 적절히 properly
- **account** 계산; 설명; 이유 reason; 이익
(18 한국외)
- **accountability** 책임, 의무 responsibility
(13 성균관)
- **accountant** 회계사, 경리 직원 (02 입법고시)
- **acculturative** 문화를 변용시키는, (유아를) 사회에 적응시키는 adopting cultural traits
- **accumulation** 누적, 축적; 집계 collection
(07 행정자치부 9급)
- **accurate** 정확한 precise, exact ad. accurately
(04 전북 9급)
- **accusation** 기소, 고발; 비난 impeachment, indictment
(07 한성)
- **accusatory** 비난의
(10 서울시 9급)
- **accused** 혐의를 받는; (형사) 피고인 defendant
- **accuser** 비난자; 고소인; 고발자 complainant, prosecutor, plaintiff
- **acerbate** 화나게 하다 anger, nettle, provoke; 시게 하다, 쓰게 하다; 쓰라린, 신랄한; 화내는
(03 경기)
- **achievement** 달성, 성취, 성공 accomplishment; 업적, 공적; 학업성적, 학력
(03 건국)
- **acquired** 획득한; 후천적인
(00 세종)
- **acquisition** 인수, 취득 gain
(11 상반기 지방직 9급)
- **acquisitive** 얻고자[갖고자]하는, 탐욕스러운 greedy
(02 성균관)
- **acrobat** 곡예사
(04 중앙선거관리위원회 9급)
- **activist** (정치적) 행동주의자; 능동[활동]주의자
- **acuity** 예민; 격렬, 신랄 incisiveness
(07 경기 9급)
- **acumen** (관찰력 등의) 날카로움 perspicacity
(12 중앙)
- **acupuncture** 침술, 침 치료
(08 가톨릭)
- **acutely** 날카롭게, 격렬하게 strongly, keenly
(04 서강)
- **ad** 광고 advertisement
(00 법원서기보)
- **adage** 속담 proverb
(05 세종)

★ ☆ ☆ ☆ ☆ 별 1개

각종 시험에 1회 출제된 적이 있는 고급어휘들로 고난이도
시험을 보시기 직전 체크하는 것이 좋습니다.

- **adaptive** 적응할 수 있는, 적응하는
(15 한양)
- **addiction** 중독
(03 숭실)
- **addictive** 중독성이 있는 habit-forming
(04 건국)
- **address** 주소 abode; 연설 speech; ~에 주소를 쓰다 direct; ~에게 연설하다 deliver
(01 가톨릭)
- **adduce** 제시[인용]하다 cite, quote, present
(01 국민)
- **adherence** 집착 obsession, 고수, 충실
(14 이화여)
- **adjourn** 휴정하다, 휴회하다, 연기하다 postpone
(18 한국외)
- **adjudicate** 판결[선고]하다 adjudge
(14 고려)
- **adjunct** 부가[부수]물 accessary; 부가사, 꾸며주는 말
(09 행정안전부 9급)
- **administrator** 관리자; 집행자; 행정관; 통치자 director, manager
(07 중앙인사위원회 9급)
- **admirably** 훌륭히, 상당히
(01 행정자치부 9급)
- **admission** 입장(료), 입회 entrance; 인정 acknowledgement
- **admittance** 입장 (허가)
- **admittedly** 널리 인정되어, 틀림없이
(08 성균관)
- **adolescent** 청소년기의, 사춘기의 pubescent
(05 국민)
- **adornment** 장식(품) decoration
(05 대구시 9급)
- **adulation** 아첨, 칭찬 flattery
(14 이화여)
- **adulterate** (섞어) 질을 떨어뜨리다 degrade; (불순물이) 섞인, 품질이 나쁜 coarse
(08 고려)
- **adultery** 간통 infidelity
- **advance** 나아가(게 하)다 proceed; ~을 증진시키다 improve; (의견을) 내놓다 suggest; 전진, 진보 progress; 선불, 가불; 접근
(00 법원서기보)
- **aesthetician** 미학자 (01 중앙)
- **affectation** 가장, 꾸밈, 허세 pretension
(16 서울여)
- **affecting** 감동적인, 애처로운 touching
(02 단국)
- **affirm** 확언하다 aver, declare
(04 세종)
- **affirmative** 긍정의, 단정적인 approving; 긍정적 명제
(07 광운)
- **affront** (맞대놓고) 모욕[창피]을 주다 offend; (의도적이고 공공연한) 모욕 insult
(02 고려)
- **aftershock** 여진, 여파
- **agglomeration** 집합체, 복합체, 덩어리
(13 서강)
- **aggressive** 공격적인 quarrelsome; 적극적인; 과감한
(공격적인(quarrelsome); 적극적인; 과감한(15 경찰)
- **aggrieve** (부당하게) 괴롭히다, 손상하다 mistreat
(07 한국외)
- **agitation** 동요, 선동 instigation, commotion
(05 홍익)
- **agricultural** 농업의, 농사의, 농학상의
(06 서강)
- **agronomy** 작물학, 농학, 농경 husbandry
- **aground** 뭍에; 좌초하여 foundered
(04 중앙선거관리위원회 9급)
- **ailing** 병든, 앓고 있는 sick; 괴로워하는; 침체한
(06 중앙인사위원회 9급)

- **aimlessly** 목적 없이, 정처 없이 desultorily
(08 덕성여)
- **aircraft** 항공기
- **airmail** 항공우편(물), 항공우표; 항공우편의; 항공우편으로; 항공우편으로 부치다[보내다]
- **alacrity** 민활함 eagerness, willingness
(15 서강)
- **alienable** 양도할 수 있는 exchangeable
- **alike** 비슷한 (것)
(13 한국외)
- **allegedly** 소문[들리는 바]에 의하면 reportedly, supposedly
(01 숙명여)
- **all-knowing** 전지의 omniscient
(14 국민)
- **allocation** 할당, 배급 allotment, apportionment, parceling
(13 고려)
- **all-out** 총력을 다한, 전면적인
(05 한성)
- **allure** (강하게) 유혹[매혹]하다 tempt, beguile; 유혹, 매력 fascination
(06 한성)
- **allusion** 암시
(07 숙명여)
- **almighty** 전능한 omnipotent, 만능의; 어마어마한
(05 충북 9급)
- **alter** (부분적으로) 변화시키다, 바꾸다 change, shift
(13 건국)
- **alteration** 변화 change
(01 강남)
- **alternatively** 양자택일로 (13 단국)
- **altogether** 전적으로; 전혀 entirely; 전체로서, 총계로; 전체적으로 보아, 요컨대
(00 법원서기보)
- **amalgam** 혼합물 blend
(05 고려)
- **amalgamate** 결합[합병]하다 combine
(13 한양)
- **amateur** 아마추어(의) nonprofessional
- **amazing** 놀라운 marvelous
- **ambassador** 대사; 사절, 대표; 사자 emissary
- **ambient** 주위의, 둘러싼 surrounding
(07 한국외)
- **ambit** 범위, 영역 realm
(11 서강)
- **ambulatory** 보행의, (환자가) 걸을 수 있는
- **ambush** 매복, 잠복(한 곳) lurk; 급습, 습격 assault; 급습하다 raid, assail
(03 고려)
- **amendment** 수정, 개정 revision
(05 국회 사무처 8급)
- **amenities** 쾌적함, 예의 pleasure, courtesy; 편의 시설 convenience
(07 경기 9급)
- **amnesia** 기억 상실, 건망증 forgetfulness
(16 가천)
- **amnesty** 대사, 특사; 사면
(18 한국외)
- **amount** 총계가 되다 sum
(06 경희)
- **amphibian** 양서류(의); 수륙양용차(의)
(02 행정자치부9급)
- **amplified** 증폭된, 증대된
(04 세종)
- **amputation** 절단 (수술), 잘라내기
(13 경기)
- **anabolic steroid** 단백동화 스테로이드[근육 증강제]
(03 행정자치부9급)
- **analogy** 유사함 similarity, semblance; 비교, 비유
(11 중앙)
- **analysis** 분석 examination
(06고려)
- **analytic** 분석의, 해석의
(15 고려)
- **analyze** 분석하다 examine
(04 서울시 9급)

★☆☆☆☆ 별 1개

각종 시험에 1회 출제된 적이 있는 고급어휘들로 고난이도 시험을 보시기 직전 체크하는 것이 좋습니다.

- **anathema** 저주, 혐오(스러운 것) malediction (13 홍익)
- **ancient** 아주 오래된, 고대의 archaic (04 국회 사무처 8급)
- **ancillary** 보조의, 부가적인 adjunct, adjuvant, auxiliary (13 단국)
- **anemic** 빈혈의, 아주 약한 feeble (10 경희)
- **anesthesia** 마취, 무감각증 (04 경기도 교육행정직 9급)
- **anesthesiologist** 마취학자, 마취학 (07 서울시 9급)
- **animated** 활기찬, 활발한 lively, vivacious (06 건국)
- **animistic** 물활론적인 (11 세종)
- **anniversary** (해마다의) 기념식, 기념제, 기념일 (03 행정자치부9급)
- **annotate** 주석을 달다, 주해하다 gloss (07 국회사무처 8급)
- **annually** 매년, 연례로 yearly
- **annul** (계약, 법령 등을) 취소[폐지]하다 neutralize (03 국회 사무처 8급)
- **anomaly** 변칙, 이상, 기형, 비정상 aberration (16 단국)
- **anonymously** 익명으로 (05 국회 사무처 8급)
- **anorexia** 식욕 감퇴, 신경성 식욕 부진증 (05 국회 사무처 8급)
- **anoxemia** 무[저]산소증
- **antediluvian** 아주 구식인 (12 중대)
- **anthropological** 인류학의 (05 국회 사무처 8급)
- **anthropology** 인류학 (00 행정자치부9급)
- **anthropomorphic** 의인화된 (18 서강)
- **anticipation** 예상, 예측 expectation (03 건국)
- **anticlerical** 교권에 반대하는 (10 세종)
- **antimonarchist** 군주정치반대자 (08 가톨릭)
- **antithesis** 대조, 정반대 (11 경희)
- **antithetical** 정반대의 opposite
- **antonym** 반의어 (13 성균관)
- **aperture** 틈, 구멍 hole (02 세종)
- **apex** 정점 summit (13 이화여)
- **aphorism** 금언, 격언; 경구 (17 이화여)
- **apiarist** 양봉가
- **aplomb** (어려운 상황에서의) 침착, 평정 composure, collectedness (13 중앙)
- **apogee** 원지점; 절정, 정상 (15 한양)
- **apologetic** 변명의, 사죄의 (00 고려)
- **appall** 소름 끼치게[섬뜩하게] 하다 terrify, horrify (03 고려)
- **appearing** ~인 듯한 looking
- **applicable** 적용할 수 있는, 적절한

- **application** 지원서, 신청(서)
(06 서울시 9급)

- **apposite** 적합[적절]한 pertinent
(12 중앙)

- **appreciably** 눈에 띄게 noticeably, 상당하게
(13 경희)

- **apprentice** 도제, 견습[수습]생 novice
(11 중앙)

- **apprise** ~에게 알리다, 통지하다 inform, notify
(08 대구가톨릭)

- **approval** 찬성; (정식) 승인, 인가; (반품 가능한) 시제품 consent
(04 고려)

- **approving** 찬성하는
(10 서울시 9급)

- **appurtenance** 부속물 부속물 appendage, 부속품
(14 중앙)

- **aptitude** 소직, 적성 fitness
(03 건국)

- **aqueous** 물의, 물 같은 watery

- **arbitrate** 중재하다, 조정하다 (17 한국외)

- **arcadian** 목가적인 idyllic, 시골풍의
(13 서강)

- **archery** 궁술; 활과 화살

- **archipelago** 군도
(01 경기)

- **architecture** 건축(술), 건축학; 건축양식;
(the ~) 구조, 구성 construction, 건축물; 아키텍처
(00 행정자치부9급)

- **ardently** 격렬하게; 열렬히 enthusiastically
(18 한국외)

- **argument** 논쟁 disagreement
(01 숙명여)

- **armada** 함대 fleet
(02 중앙선거관리위원회 9급)

- **armchair** 이론뿐인, 관념적인 impractical
(03 국민)

- **arouse** 깨우다 awake
(12 사회복지직 9급)

- **arrest** 체포(하다) apprehend
(14 한국외)

- **article** (신문 등의) 기사; 물품, 품목 item
(00 행정자치부 세무직 9급)

- **articulator** 조음 기관(혀, 입술, 치아같이 소리를 내는 데 이용되는 입 속 기관), 발음이 또렷한 사람
(08 상반기 지방직 9급)

- **artifice** 속임수 deception
(08 가톨릭)

- **artificial** 인공의 not natural, man-made
(04 가톨릭)

- **artisanal** 장인의
(13 고려)

- **ascendant** 우월, 지배; 선조, 조상; 상승하는
(05 국회사무처 8급)

- **ascent** 상승 rising
(05 국회사무처 8급)

- **ascertain** 알아내다 find out, 확인하다
(14 중앙)

- **ascetic** 금욕주의의 austere
(15 중앙)

- **ascription** 귀속(시키기)

- **ashtray** 재떨이
(12 행정안전부 9급)

- **aspect** (측)면, 양상 side, dimension
(06 중앙인사위원회 9급)

- **aspersion** 비난, 중상 slander; (세례의) 성수뿌리기
(14 경희)

- **aspiration** 열망, 야망 ambition
(01 경기)

- **ass** 나귀; 고집쟁이, 바보; 엉덩이
(04 경기도 교육행정직 9급)

- **assembly** 집회, 모임; (A-)주의 의회의 하원
(07 국회사무처 8급)

- **assert** 단언하다, (권리를)주장하다 claim, allege, protest
(04 고려)

- **assertion** 주장 claim
(04 고려)

★☆☆☆☆ 별 1개

각종 시험에 1회 출제된 적이 있는 고급어휘들로 고난이도
시험을 보시기 직전 체크하는 것이 좋습니다.

- **assessment** 평가 appraisal, estimate
(05 중앙인사위원회 9급)
- **asset** 가치 있는 것, 이점 advantage;
(회사, 개인의) 자산, 재산 possession, belongings
(04 동국)
- **assortment** 분류 classification;
여러 가지를 한 데 모은 것 miscellany
(13 세종)
- **assuage** 누그러뜨리다, 달래다 soothe
(16 사회복지직 9급)
- **assumption** 가정, 추측 conjecture; 인수
- **asteroid** 소행성 (01 법원서기보)
- **asthma** 천식 (06 중앙인사위원회 9급)
- **astonish** 놀라게 하다 amaze, surprise
(00 고려)
- **astonishing** 놀라운, 눈부신 amazing
(02 고려)
- **astound** 깜짝 놀라게 하다 amaze
(11 경원)
- **astronomy** 천문학 (02 명지)
- **astrophysics** 천체물리학
- **astute** (사람, 판단, 행위 등이) 빈틈없는 shrewd
(11 명지)
- **atavism** 격세유전
(11 상반기 지방직 9급)
- **atheist** 무신론자 unbeliever
(09 서강)
- **atheistic** 무신론(자)의
(05 경기)
- **atmospheric** 대기(중)의, 공기의; 대기에 의한
(04 경기도 교육행정직 9급)
- **attendant** 수행원, 안내원 aide; 수반하는, 정중한
- **attest** 입증[증명]하다 demonstrate, corroborate;
증언하다 testify, bear witness to
(09 이화여)
- **attic** 다락방, 지붕 밑층 loft, garret; 애틱; (A-) 아티카의;
아테네의, 고전적인, 고아한
- **attraction** 매력, 관광명소 fascination, lure
(01 법원서기보)
- **atypical** 이례적인 anomalous
(14 이화여)
- **auction** 경매(에 부치다)
- **audible** 들리는, 들을 수 있는 discernible
(10 행정안전부 9급)
- **audience** 청중, 관객 (08 동국)
- **augmentative** 증가적인,
〈접사 또는 접사가 붙은 단어가〉 어의를 확장하는
(11 행정안전부 9급)
- **augur** 전조가 되다 herald
(11 서울여)
- **august** 당당한, 위엄 있는 impressive, majestic
- **austerity** 엄격; 간소, 내핍 (11 경희)
- **autarchy** 전제정치 autocracy, 독재권
- **authoritarian** 권위적인, 권위주의(자) dictator
(13 한양)
- **authoritative** 권위 있는, 믿을만한; 명령적인 commanding
(13 한양)
- **autism** 자폐증 (12 상반기 지방직 9급)
- **autochthonous** 토착의, 자생의 indigenous
(18 서강)
- **autocide** 자동차 충돌에 의한 자살
(06 중앙인사위원회 9급)
- **autocracy** 전제정치, 독재정부 tyranny, despotism
(07 경희)

- **autograph** 자필서명, 사인 signature; (자필) 서명[사인]하다 sign (08 명지)
- **automatic** 자동의, 무의식적인 (18 경찰)
- **autopilot** 자동조종장치
- **avenue** 대로, ~가 thoroughfare, 가로수길; (접근) 수단, 방법means (04 서울시 9급)
- **aver** 주장[단언]하다 affirm (08 상반기 지방직 9급)
- **averse** ~을 싫어하는, 반대하는 (18 중앙)
- **aviary** 새장, 새 사육장
- **awash** 파도에 씻기어; (장소가) ~으로 가득하여 filled (07 경희)
- **axiomatic** 자명한 (10 중앙)
- **baby-sitter** 베이비시터, 보모 (01 법원서기보)
- **backdate** ~의 날짜를 거슬러 올라가게 하다, ~까지 소급시키다
- **backlash** 역회전, 반동 reaction (06 단국)
- **backwater** 역류, 배수; 침체 (06 고려)
- **badinage** 가벼운 농담 banter, persiflage
- **baggage** 수하물 luggage; 공군 행낭; 낡은 인습 (06 서울시 9급)
- **bagpipe** 풍적, 백파이프 (04 경기도 교육행정직 9급)
- **balanced budget** 건전 재정, 균형 예산
- **ballsy** 배짱 있는 (12 중앙)
- **bondage** 구속, 억압 (11 경기)
- **bane** 독, 파멸(의 원인), 재난 plague
- **banish** 추방하다 expel, exile, expatriate, ostracize (13 이화여)
- **bankruptcy** 파산, 도산 (07 국회사무처 8급)
- **banquet** 연회
- **baptize** 세례를 베풀다 (11 덕성여)
- **bar** (길을) 막다, 금지하다 forbid, prohibit (00 행정자치부9급)
- **barbarian** 야만인 savage, 미개인, 교양 없는 사람, 속물, 이방인; 야만스러운, 교양 없는, 이방의 (06 중앙인사위원회 9급)
- **barbarities** 야만, 잔인, 잔학(한 행위); 야비; (문체 등이) 파격, 조잡 savagery
- **bareheaded** 모자를 쓰지 않은[않고] (03 법원서기보)
- **barely** 간신히, 겨우, 가까스로 hardly; 거의 ~않다 scarcely; 빈약하게, 불충분하게
- **barge** (바닥이 평평한) 짐배, 바지선 (02 중앙인사위원회 9급)
- **barometer** 기압계, 척도 measure, 기준
- **barrage** 일제 엄호 사격; 세례; 댐, 보; (질문을) 퍼붓다 besiege
- **barrel** 쏜살같이 달리다, 질주하다 dash (17 성균관)
- **barricade** 방해물 (11 경희)
- **barter** (물물)교환하다 trade (06 명지)
- **bask** 햇볕을 쬐다 sunbathe; (은혜 등을) 입다
- **battlefield** 싸움터, 전장 battleground (04 행정자치부9급)
- **bear** 운반하다 carry, convey; 낳다, 산출하다 yield, produce; (무게를) 지탱하다, 견디다 support, sustain (08 명지)
- **beat** 치다, 두드리다 hit; 격퇴하다 defeat; ~을 앞지르다; 부딪히는 소리, 박자; 순찰구역, 전문분야; 지친, 녹초가 된 (07 국민)
- **beat about** 이리저리 찾다 seek anxiously (03 경기)

★☆☆☆☆ 별 1개

각종 시험에 1회 출제된 적이 있는 고급어휘들로 고난이도 시험을 보시기 직전 체크하는 것이 좋습니다.

- **beat-up** 오래 써서 낡은, 닳은; 지쳐 빠진 tired (07 국민)
- **beaver** (동물) 비버, 근면한 사람
- **becoming** 어울리는, 적당한 suitable (00 일반경찰)
- **bed** 침대; 지층; 모판 (00 경기)
- **bedraggled** 흠뻑 젖은, 더럽혀진 wet and dirty (14 국회사무처 8급)
- **beef-up** 강화하다 strengthen, 보강하다 reinforce
- **beekeeper** 양봉가
- **befriend** 친구가 되다; 돌보다 (14 한양)
- **befuddle** ~을 만취시키다, 당황하게 하다 confuse (09 단국)
- **beggar** 거지, 기부금을 모으는 사람; 빈곤자; 녀석 fellow
- **beguiling** 묘한 매력이 있는 (11 상반기 지방직 9급)
- **behave** 행동하다; 예절 바르게 행동하다; 움직이다, 작동하다; (약, 물건 등이) 작용하다; 처신하다 (00 행정자치부 세무직 9급)
- **behemoth** 거대한 것, 거인, 거물 monster
- **beholder** 보는 사람, 구경꾼 spectator (01 법원서기보)
- **belated** (때)늦은 delayed, tardy; 시대에 뒤진 out-of-date, obsolete (03 성균관)
- **belittle** (남을) 과소평가하다, 비하하다 depreciate (05 덕성여)
- **bellwether** 산업계의 선두주자; 음모 등의 주동자 (08 중앙)
- **belonging** 소유물, 소지품 effects; 성질, 속성 (01 성균관)
- **bemoan** 슬퍼하다, 한탄하다 (13 중앙)
- **bemused** 멍한, 어리벙벙한 bewildered (05 고려)
- **benediction** 기도, 축복 grace, blessing (13 서울여)
- **benefactor** 자선가, 후원자 patron, sponsor (02 숭실)
- **benevolence** 애타주의, 자비심, 자선 (00 단국)
- **bereave** (죽음이 가족을) 빼앗다, 잃게 하다 deprive; (희망 등을) 빼앗다 rob, strip (05 경기)
- **bereavement** 사별; 가족의 사망, 상 (15 한국외)
- **bereft** ~가 없는 lacking, ~을 빼앗긴 (05 덕성여)
- **besiege** ~을 포위[공격]하다 beset, beleaguer; (질문 따위를) 퍼붓다, 괴롭히다 harass (01 서강)
- **better off** 한결 더 잘 살다, 더욱 형편이 좋다 (01 고려)
- **biddable** 고분고분한, 순종적인 pliant (14 중앙)
- **bilingual** 2개 국어를 말하는 (02 고려)
- **bimonthly** 2달마다 (05 대구시 9급)
- **biodegradable** (미생물에 의해 무해물질로) 분해되는
- **biography** 전기
- **biological** 생물학의, 생물학적인 (15 건국)
- **biology** 생물학 (01 인천시 9급)

- **biometeorologist** 생물기상학자 (06 중앙인사위원회 9급)
- **biometeorology** 생물기상학 (06 중앙인사위원회 9급)
- **biometric** 생물 측정(학)의; 수명 측정(법)의 (06 중앙인사위원회 9급)
- **bionomics** 생태학 ecology
- **biotech** 생물[생명] 공학; 인간 공학 biotechnology (01 행정자치부 9급)
- **bitter** 쓴, 쓰라린, 비통한; (바람, 추위 등이) 지독한, 모진; (증오 등이) 격렬한; 신랄한 acerbic, acid ad. bitterly (02 고려)
- **black out** 잠시 의식을 잃다 pass out; 등화 관제하다 (02 덕성여)
- **blame** 비난하다 accuse, reproach (11 동국)
- **blameworthy** 나무랄만한, 비난할만한 reprehensible, culpable (08 경원)
- **blandish** 부추기다, 아첨하다 flatter (04 단국)
- **blandishment** (pl.) 아첨(의 말) flattery
- **blandly** 부드럽게, 침착하게
- **blankly** 멍하니, 우두커니 vacantly; 완전히 (04 단국)
- **blast** 돌풍 gust (03 명지)
- **blast furnace** 용광로, 고로(高爐) (05 대구시 9급)
- **blessing** 은총, 은혜; 축복(의 말); 기도; 찬성, 찬의 benediction; (반의적 의미) 비난, 질책
- **blight** 망치다; 시들게 하다 (13 단국)
- **blinding** 눈에 안보이게 하는, 분별을 잃게하는 (13 경희)
- **blink** 깜빡거리다 flutter; 힐끔 보다, 간과하다 (05 대구시 9급)
- **blissful** 더없이 행복한, 지복(至福)의 beatific (04 고려)
- **bloodshed** 유혈참사, 학살 butchery (07 국회사무처 8급)
- **blooper** 근처에 있는 라디오에 잡음을 나게 하는 라디오; 큰 실수 (07 중앙인사위원회 9급)
- **blurred** 흐린, 불분명한 indistinct (00 법원서기보)
- **blush** (얼굴이) 붉어지다; 부끄러워하다; 부끄러움, 수줍음 shyness, coyness; 홍조 (01 전남)
- **bluster** 고함치며 말하다, 허세 부리다 swagger; (바람, 물결이) 거세게 몰아치다 blow
- **blustery** (바람이) 휘몰아치는, 떠들썩한
- **boast** 자랑하다 pride (02 동덕여)
- **bobcat** 살쾡이 (02 행정자치부 9급)
- **body fluid** 체액 (04 중앙선거관리위원회 9급)
- **bogged** 꼼짝 못하는, 수렁에 빠진 mired (07 서울여)
- **bold** 대담한, 용감한 brave, daring, courageous, valiant; 뻔뻔스러운; 선 등이 굵은, 힘 있는 ad. boldly (06 단국)
- **bombshell** 폭탄; 깜짝 놀라게 하는 일(사람), 돌발사건 (01 상명)
- **bonanza** (풍부한) 광맥, 노다지; 대성공, 뜻밖의 행운 windfall (09 단국)
- **bond** 묶는 것, 속박 tie; 약정, 계약; 채권 (04 고려)
- **bondage** 노예상태 slavery, captivity (06 중앙선거관리위원회 9급)
- **book** 예약을 하다 (15 서울시 9급)
- **booklet** (보통 종이 표지의) 작은 책자, 팸플릿 pamphlet
- **boring** 지루한 insipid; 천공, 구멍 뚫기 (02 건국)
- **bosom** 가슴; 가슴속(의 생각), 내심; 애정; (의복의) 흉부, 셔츠의 가슴, 속, 내부 (02 고려)
- **botany** (한 지방의) 식물(전체); 식물의 생태; 식물학 서적 (01 인천시 9급)

★☆☆☆☆ 별 1개

각종 시험에 1회 출제된 적이 있는 고급어휘들로 고난이도
시험을 보시기 직전 체크하는 것이 좋습니다.

- **bothersome** 귀찮은, 성가신 irritating, annoying
(04 전북 9급)
- **bough** 큰 가지, (특히) 주된 가지; 큰 가지가 있는[로 덮인] limb
- **boundary** (공식적인) 경계선 barrier
- **boundless** 무한한, 한없는, 끝없는 infinite
(03 동아)
- **bovine** 소의, 소 같은 cowlike, 둔한
- **boycott** (개인, 회사, 국가, 상품 등을) 보이콧하다, 불매동맹을 맺다, 배척하다; (회의 등에) 참가를 거부하다; 불매동맹
- **brace** 정신을 차리다, 긴장하다, 대비하다 become tense
(04 서울시 9급)
- **brain trust** 전문 위원회, 고문단
- **branch** 가지, 지점 subsidiary
- **break** 깨다 smash; 중단, 짧은 휴식 시간
(01 홍익)
- **breakable** 깨지기[부서지기] 쉬운 fragile, brittle
(04 국회사무처 8급)
- **breath** 숨, 호흡; 한숨, 순간; 휴식; 기미, 조짐
- **breathtaking** (너무 아름답거나 놀라워서) 숨이 턱 막히는 amazing
(12 동국)
- **bred** ~하게 자란
ex) well-bred 교육을 잘 받은, 예의바른
- **breeding** 번식, 양육 upbringing; 예절 courtesy
- **bribable** 매수할 수 있는 venal, 부패한
(04 서울여)
- **bridge** ~의 중개역할을 하다, (간격 따위를) 메우다
(18 이화여)
- **briefly** 아주 간결하게, 요약해서 in a nutshell; 일시적으로 temporarily (16 성균관)
- **briefness** 간결성 conciseness
(02 고려)
- **brigade** 여단(으로 편성하다) division
- **brilliantly** 찬란히, 훌륭히 radiantly
(00 홍익)
- **brink** 가장자리, 테두리 edge, brim
(02 숙명여)
- **bristle** 격분하다 rage; (털이) 곤두서다 stand up stiffly
(04 중앙)
- **broad** 폭이 넓은 wide; 광대한; 포용력이 큰, (지식, 경험이) 광범위한; 대체적인; 충분히, 완전히; 손바닥
(12 홍익)
- **brokered** 막후의 조종을 받은
- **broth** 묽은 수프; (고기, 생선 야채 등의) 육즙, 수프 스톡 stock
(04 경기도 교육행정직9급)
- **brotherly** 형제의, 형제로서의, 형제다운 fraternal
- **browse** (상품 따위를) 이것저것 구경하다 scan
(03 건국)
- **brush up (on)** 재검토하다, 복습하다 review, improve, go over
- **brutal** 짐승 같은, 잔인한, 난폭한 cruel
(03 건국)
- **brutalities** 잔인성, 야만성, 무자비; 잔인한 행위, 만행 cruelness
- **bucolic** 양치기의, 목가적인 pastoral, rustic
(11 단국)
- **budge** 움직이다, 견해를 바꾸다, 양보하다 yield
(03 고려)
- **buffering** 완충작용
(11 한양)
- **buffet** 뒤흔들다 destabilize
(12 한국외)
- **buildup** 증강, 강화; 증진; 축적; 발전, 성장; (최종 목표를 달성하기 위한) 준비, 예비 공작; 선전
(05 국회사무처 8급)
- **bulimia** 이상식용항진; 과식증; 폭식증
(04 국회사무처 8급)

- **bullet** 총알, 탄환 pellet, slug
- **bulletin board** 게시판, 전자우편 게시판
  (04 행정자치부 9급)
- **bullion** 금[은]괴
  (03 경기)
- **bully** 괴롭히다 torment; 괴롭히는 사람
  (10 경기)
- **bulwark** 성채, 보루
  (00 경기)
- **bunch** (포도 등의) 송이; (꽃, 열쇠 등의) 다발, 묶음; 한패; 한 떼가 되다 group
- **burden** 짐, 부담 load, encumbrance
  (11 이화여)
- **bureau** (보통 뚜껑을 여닫을 수 있는)책상; (특정 주제에 한 정보를 제공하는) 사무실, 단체;(미국 정부의) 부서, 국
  (08 하반기 지방직 9급)
- **bureaucracy** 관료정치 government by bureaus
  (05 국회사무처 8급)
- **burgeoning** 급증하는, 급성장하는 blooming
- **burglar** 강도 bandit
  (07 중앙인사위원회 9급)
- **burrow** (짐승의) 굴, (도둑의) 소굴 dig
  (02 행정자치부 9급)
- **bury** 묻다, 매장하다; (덮어서) 숨기다, 가리다 cover, veil, hide, conceal; (얼굴 등을) 파묻다; 몰두하다
  (05 대구시 9급)
- **bush** 덤불, 관목
  (05 대구시 9급)
- **business cycle** 경기 순환 trade cycle
  (01 법원서기보)
- **busker** 거리의 악사[배우]
  (09 중앙)
- **bustle** 분주히 움직이다 scurry
  (05 한성)
- **butcher** 정육점 주인; 잔인한 도살자; 도살[학살]하다 slaughter
  (04 경기도 교육행정직9급)
- **by design** 의도대로 deliberately
  (11 한국외)
- **cabinet** (C-) 내각
  (04 서울시 9급)
- **cadastral** 토지 대장의, 지적도의
- **cadre** 간부(회), 중견요원
  (02 중앙선거관리위원회 9급)
- **calibrate** (계기 등에) 눈금을 매기다, 측정하다
  (13 중앙)
- **calm** 고요한, 잔잔한; 평온한, 차분한 level-headed, sedate, composed; 진정시키다 pacify, placate
  (04 행정자치부 9급)
- **calumny** 비방 slander
  (07 중앙)
- **campaign** 캠페인, 선거 운동, 군사행동 operation
  (06 성균관)
- **canard** 허위 보도, 유언비어 false report
  (16 서강)
- **cannibalism** 사람 고기를 먹는 풍습; 잔인, 만행; (대기업 등에 의한) 중소기업의 합병 인수
  (08 경희)
- **canny** 신중한; 눈치 빠른, 약삭빠른 shrewd
  (15 지방직 7급)
- **canopy** 천개; 하늘; (천개 모양의) 차양; 덮개
- **canvass** 선거 운동하다; 조사하다 scrutinize; 토론하다 discuss
  (14 중앙)
- **capable** 유능한, 재능이 있는 able
- **capital system** 자본제도 (01 법원서기보)
- **capitulate** 항복하다 surrender
  (04 덕성여)
- **capsize** 뒤집(히)다 turn over, upset
  (06 고려)
- **captive** 포로 prisoner
  (05 국회사무처 8급)
- **capture** 사로잡다 catch, 체포하다
- **carbon dioxide** 이산화탄소, 탄산가스 (01 법원서기보)
- **carceral** 교도소의; 감금을 목적으로 한
  (15 서강)

★ ☆ ☆ ☆ ☆ 별 1개

각종 시험에 1회 출제된 적이 있는 고급어휘들로 고난이도
시험을 보시기 직전 체크하는 것이 좋습니다.

- **carefree** 걱정없는, 느긋한 untroubled, blithe
- **caregiver** (병자, 불구자, 아이들을) 돌보는 사람 (07 국회사무처 8급)
- **caress** 애무; 껴안다, 어루만지다 stroke; ~에게 친절히 대하다; (바람 등이) 상쾌하게 닿다 (04 고려)
- **carnage** (전쟁터 등에서의) (대)학살 slaughter (09 상반기 지방직 9급)
- **carousel** 회전목마, 수하물용 원형 컨베이어, 전자레인지 회전 (15 서울시 9급)
- **carping** 흠잡는, 잔소리하는 captious (02 경기)
- **carry** 소지하다, 지니고 다니다; 나르다, 데려가다 (16 경찰)
- **carton** 판지 상자 bin, box
- **cashier** 현금출납원
- **castigate** 엄벌[혹평]하다 reprimand, rebuke (11 서강)
- **casual** 우연한, 뜻밖의 adventitious, 부주의한 careless, 약식의 (06 성균관)
- **casualties** 사상자 victim (07 영남)
- **casualty** 사상자, 피해자 (16 서울여)
- **cataract** 큰 폭포 cascade; 백내장 (07 중앙인사위원회 9급)
- **catastrophic** 큰 재해의, 종말적인 disastrous (07 계명)
- **catchy** 매력적인, 유쾌한 pleasant (04 중앙)
- **categorically** 절대적으로, 명확히, 무조건 absolutely (04 서울시 9급)
- **cater to** 만족을 주다, 요구에 응하다 gratify (06 서강)
- **catharsis** 마음의 정화 (18 서강)
- **catholicity** 보편성, 포용성 (13 경희)
- **caustic** 신랄한 sarcastic, acrimonious, 부식성의 (07 서울시 9급)
- **cautious** 주의하는, 신중한 circumspect, conservative (14 성균관)
- **cavernous** 동굴 같은; 움푹한 hollow (06 경희)
- **caviler** 트집쟁이 fault-finder
- **cavity** 공동, 구멍; 충치 (15 중앙)
- **ceasefire** 정전(명령), 휴전 armistice
- **ceaselessly** 끊임없이 continuously (04 행정자치부 9급)
- **celebrate** 기념[축하]하다; 식을 거행하다 solemnize (13 경희)
- **celibacy** 독신(주의), 금욕 abstinence (12 중앙)
- **celluloid** 셀룰로이드 (10 동국)
- **cemetery** (공동) 묘지
- **censorship** 검열
- **censure** 비난(하다) condemn (03 경희)
- **centennial** 100년간의, 100년마다의 (06 숙명여)
- **center** 중심, 중앙, 가운데 converge, hub
- **ceremony** 의식; 식 (15 국민)

- **cetacean** 고래목의; 고래목의 동물
(14 중앙)
- **chancellor** 수상, 대학총장, 재무장관
(01 명지)
- **channel** (관심, 노력 등을 어떤 방향으로) 돌리다 direct, guide, convey; 경로 route, 수로, 해협 strait
- **characterize** ~의 특징을 나타내다 distinguish
(07 서강)
- **charisma** 카리스마, 재능, 권능; 카리스마적 권위[매력]
- **charity** 사랑 agape; 자비, 동정, 관용; 자선(행위); 구호금[물자]; (pl.) 자선사업
(00 국민)
- **charlatan** 돌팔이, 허풍선이 quack, 잘난체 하는 사람
(10 중앙)
- **charm** 매혹하다 attract, allure, fascinate; 부적
(05 대구시 9급)
- **chase** 뒤쫓다, 추적하다 run after; (여자를) 귀찮게 하다; 추구하다; 쫓아내다
(00 법원서기보)
- **chastise** 징벌[질책]하다 castigate
(13 중앙)
- **chastisement** 징벌 scourge, 응징, 체벌
(14 경희)
- **chat** 잡담하다 talk
(04 행정자치부 9급)
- **chauffeur** 운전자 driver; 운전사로 일하다
(04 경기도 교육행정직9급)
- **check** 수표; 검사하다; 막다, 억제하다 stop, inhibit
(11 한국외)
- **check-up** (정기) 신체검사, 건강 진단
- **cheek tooth** 어금니
(04 경기도 교육행정직9급)
- **chemist** 화학자; 약사; 매약업자 druggist
(04 경기도 교육행정직9급)
- **cherish** 소중히 여기다, (희망 등을) 마음에 품다 keep in mind
- **cherubic** 천사의, 천사 같은; 순진한 ↔ impish
(12 이화여)
- **chestnut** 밤, 밤나무; 진부한 이야기
(05 고려)
- **chew** 씹다 chaw, chewing, masticate, manducate; 심사 숙고하다
(13 서강)
- **chief** (조직, 집단의) 장, 우두머리; 장관, 상관; (종족의) 추장, 족장; 최고의 paramount, 주요한
- **childish** 어린이 같은 immature; 유치한, 어른답지 못한; 노인성 치매에 걸린 senile
(01 동국)
- **chilling** 으슬으슬한, 쌀쌀한 eerie
(01 국민)
- **chimerical** 비현실적인, 터무니없는; 기상천외한
(15 서강)
- **choose** 선택하다, 채택하다 adopt
(13 한국외)
- **chore** 허드렛일, 집안 잡일, 하기 싫은 일 errand
- **chromosome** 염색체
(06 중앙인사위원회 9급)
- **chronicle** 연대기 annals
- **chronologist** 연대[연표]학자
(04 전북 9급)
- **chronology** 연대학; 연대기, 연표
(05 경희)
- **circulation** 순환 ventilation, 발행 부수
(04 건국)
- **circumference** 원주, 둘레 periphery, circuit
(05 경기)
- **circumstance** 상황, 환경, 사정
(09 성균관)
- **civility** 정중함, 공손함, 예의바름 propriety
(14 고려)
- **civilized** 교화된, 문명화한 cultivated; 예의 바른, 품위 있는; 문명인[국]의; 다루기 쉬운
(06 중앙선거관리위원회 9급)
- **claimant** 청구인, 요구인; 원고 (16 국민)
- **clamor** 소란, 아우성 치는 소리 bedlam
(05 국회사무처 8급)

★☆☆☆☆ 별 1개

각종 시험에 1회 출제된 적이 있는 고급어휘들로 고난이도
시험을 보시기 직전 체크하는 것이 좋습니다.

- **clang** (무기, 종 등이) 울리(게 하)다
(04 서울시 9급)
- **clap** 박수치다 applaud; 박수, 손뼉치기; 파열음, 일격
- **classification** 분류(법), 범주, 유형 assortment
(05 고려)
- **classify** 분류하다, 등급으로 나누다 categorize
(02 건국)
- **claustrophobic** 밀실 공포증의
(04 건국)
- **clean-cut** 명확한[분명한] (구분)
(06 고려)
- **clearly** 뚜렷하게, 명료하게 lucidly; 명확히
(06 서울시 9급)
- **clinch** 성사시키다, 이루어내다 conclude
(11 경희)
- **clinic** (외래 환자) 진료소 dispensary
(00 고려)
- **close call** 위기일발, 아슬아슬한 순간 close shave
- **clot** (피 등의) 엉긴 덩어리 coagulation; (사람의) 소집단
- **clue** 단서 hint
(00 홍익)
- **cluster around** (중심으로) 모여들다
- **clutch** 꽉 붙잡다 grab, grip, grasp, seize, snatch;
권력을 취다; 클러치; 위기
(04 행정자치부 9급)
- **coauthor** 공저자, 공동 집필자; 공동 집필하다
(05 국회사무처 8급)
- **coax** 구슬리다, 알랑거리다 blandish, 달래다 (18 중앙)
- **cocksure** (지나칠 정도로) 자신만만한 arrogant (18 중앙)
- **codify** 성문화하다 write, 법전으로 편찬하다
- **coed** 남녀공학(의)
- **coercive** 강제[억압]적인 compulsory, obligatory, mandatory
(08 덕성여)
- **cog** (톱니바퀴의) 이;
사기, 속임수; 부정 수단을 쓰다, 속이다
(05 국회사무처 8급)
- **cognitive** 인식의, 인식력 있는
(09 가톨릭)
- **cognizant** 인식하고 있는 aware
(01 인천)
- **coherence** 부착[응집](성); 일관성 consistency
01 경기)
- **cohesion** 화합, 결합, 응집력
(12 상반기 지방직 9급)
- **coin** (지폐에 대해서) 경화, 주화; 돈, 금전;
(화폐를) 주조하다 mint, (사상 등을) 바꾸다
(01 인천시 9급)
- **coinage** 화폐; 신조어 neology, neologism
(13 중앙)
- **coincidence** 우연한 일치 chance, accident
- **collaborator** 공동제작자, 합작자, 공저자 co-worker
(04 국민대)
- **collectedness** 차분함, 침착함 composure, aplomb
(13 중앙)
- **collective** 단체의, 총체적인; 집합체, 공동체
(07 동국)
- **collide** 충돌하다 crash;
(의견 따위가) 일치하지 않다, 상충되다 conflict
(05 중앙인사위원회 9급)
- **colloquial** 일상 회화의, 구어(체)의 conversational
(04 세종)
- **colonist** 해외 이주민, 식민지 이주자; 외래 동식물
(04 경기도 교육행정직9급)
- **colony** 식민지; 거류지 settlement
(01 법원서기보)
- **colorless** 무색의; 흐릿한; (날씨가) 흐린; (얼굴 등이) 핏기
가 없는; 재미없는; (사람이) 분명하지 않은 dull
(07 중앙)

- **combination** 결합, 배합, 단결 mixture; 공동동작; 결사, 단체; (pl.) 콤비네이션
(04 세종)
- **comity** 예의, 예절 decency
(14 고려)
- **commence** 시작[개시]하다 enter into, launch; 학위를 받다
(07 국회사무처 8급)
- **commiseration** 연민, 동정 compassion (09 고려)
- **commission** 수수료 margin; 임무, 일 task; 위원회 committee; ~에게 위임하다, ~를 임명하다 appoint
(07 국회사무처 8급)
- **commodity** 상품 goods
(01 홍익)
- **common** 흔한 vulgar; 공통의; 평범한; 공원; 식당
(14 한국외)
- **commonality** 공통성, 공유성; the c~ (평민, 서민 populace)
(13 단국)
- **common-law** 관습법의, 관습법상의, 민사상의
(04 경기도 교육행정직9급)
- **commotion** 소요, 소동 tumult, turbulence
(06 국민)
- **communicable** 전달할 수 있는; 전염성의 contagious
(09 경기)
- **communicative** 말하기 좋아하는, 수다스런 talkative, chatty; 통신의, 전달의
(08 중앙)
- **communism** 공산주의; 〈C~〉 공산주의 체제, 공산주의 이론
(01 인천시 9급)
- **commuter** 통근자 daily traveller, straphanger
(06 중앙인사위원회 9급)
- **compact** 계약, 협정 contract; 빽빽한 dense; 간결한 concise; 밀집시키다 compress; 화장품 케이스
(04 국회사무처 8급)
- **companionable** 붙임성이 있는, 서글서글한 (15 서강)
- **compartment** 칸막이, 구획 partition; (열차 내의) 독방
(00 세종)
- **compendium** 요약 summary; 개요, 개론
(16 명지)
- **compete** ~와 경쟁하다 contend
(09 명지)
- **complain** 불평하다 grumble; (고통을) 호소하다
(00 건국)
- **complementarity** 상호 보완성, 상보성 (13 서강)
- **complementary** 보충[보완]하는 reciprocal (07 서울여)
- **compliance** 준수 observance; 동의 consent
(02 행정자치부 9급)
- **complication** 복잡함 tangle; 〈병리〉 합병증
(03 행정자치부 9급)
- **complicit** 공모한 involved
(11 경희)
- **compliment** 칭찬, 인사; 칭찬하다; 증정하다 praise
(04 건국)
- **comport** 행동[처신]하다 conduct
(08 중앙)
- **compose** ~로 구성되다; (글을) 짓다, (음악을) 작곡하다 write, produce; (마음을) 가라앉히다 soothe, (분쟁을) 해결하다 settle (05 한양)
- **composite** 합성물(의) combined
(13 경희)
- **comprehensible** 이해할 수 있는, 이해하기 쉬운 understandable
(05 대구시 9급)
- **comprehension** 이해(력) conduct; 포함, 포괄
(04 건국)
- **compulsively** 강제적으로 according; (자기 행동을) 통제하지 못하는, 상습적인
(04 가톨릭)
- **conceited** 자부심이 강한, 자만한 proud, self-important
(01 영남)
- **concert** (음악) 공연, 콘서트 performance; 일치, 조화 concord
(08 국민)
- **conclude** 결론을 내리다 complete
(07 국회사무처 8급)
- **conclusively** 결정적으로, 최종적으로 once (and) for all
(13 이화여)
- **concoction** 혼합, 조합; 꾸며낸 것, 조작한 것
(15 중앙)

★ ☆ ☆ ☆ ☆ 별 1개

각종 시험에 1회 출제된 적이 있는 고급어휘들로 고난이도 시험을 보시기 직전 체크하는 것이 좋습니다.

- **concord** 일치(시키다) consensus, concert (08 건국)
- **concrete** 구체적인, 명확한 definite (05 대구시 9급)
- **concur** (의견 따위가) 동의[일치]하다 agree; 동시에 일어나다 coincide (08 세종)
- **concurrence** 동의 agreement, 의견 일치; 동시 발생 (14 경희)
- **concurrent** 동시에 발생하는 contemporary; 일치하는 agreeing (08 행정안전부 9급)
- **concurrently** (~와) 동시에, 함께, 겸임하여 (07 단국)
- **condemnation** 비탄, 규탄 (07 국회사무처 8급)
- **condolence** 애도(의 말) comfort (06 동국)
- **conducted** 안내인이 딸린
- **confederation** 동맹, 연합 alliance (01 인천시 9급)
- **confer** 수여하다, 부여하다 accord; 의논하다 (16 국민)
- **confessional** 고백의, 신앙고백의, 특정 종파의; 고해소[실], 고해 (제도), 참회 기도서 (05 대구시 9급)
- **confident** 자신(감) 있는 self-assured (06 경희)
- **conflagration** 큰 불, 대화재 holocaust (11 중앙)
- **conflicting** 모순되는, 상충되는 mutually disagreeing (06 경희)
- **confusion** 혼란, 혼동 (16 광운)
- **congenital** (병, 결함 따위가) 선천적인, 타고난 inborn (14 경희)
- **congregation** 모임 assembly; (종교적인) 집회; (교회의) 회중 (11 서울여)
- **congress** (C-) 의회 parliament (05 국회사무처 8급)
- **congressman** 국회의원, 하원의원 (04 서울시 9급)
- **conjecture** 추측하다 suppose; 추측, 짐작 guess (03 삼육)
- **conjunction** 결합, 합동 (06 성균관)
- **conjure** 마술[요술]로 ~하다 juggle; (마음속에) 떠오르게 하다, 불러일으키다 evoke (05 중앙)
- **connoisseur** (보석, 미술품 등의) 감식가, 감정인 expert (00 동국)
- **conquer** 정복하다 subdue, vanquish (13 동국)
- **consanguineous** 동족의, 혈족의 akin, kindred (03 단국)
- **conservation** 보존, 보호, 유지 (11 경희)
- **conserve** 보존[보호]하다 preserve; (pl.) (과일의) 설탕 절임, 잼 jam (04 세종)
- **consistence** 일관성; (액체의) 농도 thickness (01 경기)
- **consistent** 일관된, 일치하는 coherent, consecutive (05 대구시 9급)
- **conspire** 공모하다, 음모를 꾸미다 plot (17 경찰)
- **consolidate** 합병[통합]하다 merge; 강화하다[되다] strengthen (07 국회사무처 8급)
- **consort** 배우자; 교제하다 associate (13 서울여)
- **constantly** 끊임없이; 계속적으로 continually (05 국회사무처 8급)

- **consternation** 놀람, 대경실색 fright, dismay (10 경희)
- **constitute** ~을 구성[형성]하다 form, 구조를 이루다 (04 행정자치부 9급)
- **constraint** 강제, 강요; 구속 restraint (04 국회사무처 8급)
- **constrict** 조이다, 압축하다 compress (04 경희)
- **construct** 건설하다, 구성하다 (03 중앙)
- **consult** 협의하다; 의견을 듣다 confer with (00 건국)
- **containment** 억제 restraint
- **contemplation** 눈여겨 봄; 숙고, 명상 meditation (04 경기도 교육행정직9급)
- **contemptible** 경멸할 만한, 비열한 despicable (14 이화여)
- **contemptuously** 경멸조로 disdainfully (05 중앙인사위원회 9급)
- **contentment** 만족, 흡족함 satisfaction; 안도감 (14 경희)
- **contest** 경쟁, 논쟁; 논쟁하다, 이의를 제기하다 (13 가톨릭)
- **Continental Congress** 대륙회의 (01 법원서기보)
- **contingency** 우연 chance; 우발 사건 incident (13 중앙)
- **continuance** 계속, 연속; 체류; (이야기, 소설 등의) 계속, 속편 sequel; (소송 절차의) 연기 (04 경기도 교육행정직9급)
- **continue** 계속하다 pursue (07 서강)
- **contour** 윤곽, 외형 profile; (지도 따위의) 지형선, 등고선 (06 동국)
- **contrariwise** 반대로, 거꾸로; 이에 반하여; 외고집으로, 심술궂게
- **contretemps** (다른 사람과의) 안 좋은 일, 사소한 언쟁 argy-bargy (12 중앙)
- **contribute** 기부하다 donate; 기여하다 help; 기고하다 write; ~의 원인이 되다 (06 경희, 18 이화여)
- **contrite** (죄를) 깊이 뉘우치는, 회한의 penitent, regretful (11 서울여)
- **contrive** ~을 해내다 manage; ~을 만들어[생각해]내다 (04 국민)
- **controversy** 논쟁 argument (07 중앙인사위원회 9급)
- **controvertible** 논쟁의 여지가 있는, 논쟁할 만한 (13 동국)
- **contumaciously** 반항적으로 mutinously (12 중앙)
- **conundrum** 수수께끼 puzzle, riddle, enigma (04 건국)
- **convalesce** 요양하다, 회복기를 보내다, 차도가 있다 (17 중앙)
- **convalescence** 요양, 회복 recuperation (17 한국외)
- **converge** 한 곳[점]에 모이다 center, focus; 일치하다 (06 경희)
- **conversant** ~에 정통한, 잘 알고 있는 versed (05 덕성여)
- **conversely** 거꾸로, 반대로 oppositely, vice versa (07 한국외)
- **convolute** 둘둘 감다; 서로 얽히다 (15 한양)
- **convoluted** 복잡한, 어려운 complicated (17 지방직 9급 하반기)
- **convulsion** 경련, 경기 spasm; (국가나 조직의) 격변 (12 명지)
- **cooperative** 협력적인, 협조적인; 협동의 (01 행정자치부 9급)
- **copyright** 저작권, 판권; 저작권으로 보호된
- **cordless** 줄[끈]이 없는; 코드를 쓰지 않는; 전지식의 (04 행정자치부 9급)
- **cornucopia** 풍요, 풍부 abundance, affluence
- **corporeal** 신체의; 형체를 가진, 실체적인 palpable (14 중앙)

★☆☆☆☆ 별 1개

각종 시험에 1회 출제된 적이 있는 고급어휘들로 고난이도 시험을 보시기 직전 체크하는 것이 좋습니다.

- **corps** (특별한 의무 등을 맡은) 단체 group (04 행정자치부 9급)
- **corpse** 시체 cadaver (03 동국)
- **corps-like** 시체 같은, 시체같이 힘없는 cadaverous
- **corral** (한 곳으로) 모으다 (12 이화여)
- **correction** 정정, 수정, 교정 amendment
- **corrective** 교정하는, 올바르게 하는 (11 서울시 9급)
- **correspond** 일치하다 accord; 편지를 주고받다(14 이화여) (14 이화여)
- **corrupt** 부패[타락]한 immoral; 타락시키다 deprave (07 국회사무처 8급)
- **cosmologist** 우주론자 cosmist; 우주론 학자
- **cosmopolitan** 세계주의의, 전 세계적인, 국제적인 international (08 중앙)
- **cosset** 응석받이로 기르다, 애지중지하다 pamper (13 중앙)
- **couch** 긴의자, 소파; (몸을) 누이다, 웅크리다; 말로 표현하다 (09 대구)
- **cough** 기침; 기침을 하다
- **countenance** 얼굴, 표정 face, complexion; 지지 support; ~을 지지하다 sanction (05 국회사무처 8급)
- **counter-current** 역류; 역전류; (~와) 반대 방향의[으로]
- **counterpart** 상대물; 닮은 물건(사람) parallel (15 국민)
- **courier** 급사, 특사 messenger; 안내원 (04 경기)
- **court** 환심을 사려하다, 구애하다; 교제하다 (15 고려)
- **cover** ~을 덮다; 보호하다; 보상하다 compensate; 뚜껑, 표지 lid; 은신처 shelter; 보상 insurance (05 국회사무처 8급)
- **cover-up** 숨김, 은닉 concealment
- **cowardly** 겁이 많은; 비겁한, 비열한; 겁을 내어 timidly (06 서울시 9급)
- **co-worker** 같이 일하는 사람, 동료, 협력자 colleague, peer
- **cozy** 아늑한, 편안한; 기분 좋은 comfortable, easy, snug; 친해지기 쉬운 affable; 아늑하게 하다 up; 안심시키다, 위로하다; 속이다 along
- **crack down** 단속하다, 엄하게 다스리다 enforce law, clamp down
- **crackdown** 단속, 탄압 clampdown
- **craft** 기능, 기술; 선박, 항공기
- **crafty** 교활한, 간사한 cunning (06 덕성여)
- **craggy** 바위가 많은 rocky (11 덕성여)
- **cram** (좁은 곳에) 밀어 넣다 stuff, 벼락공부를 하다; (시험을 위한) 벼락공부 (00 행정자치부 세무직 9급)
- **cramp** 회피하다, 제한하다 (15 서울시 9급)
- **cramped** 비좁은, 답답한 stuffy (15 한국외)
- **cranium** 두개(골) skull, 대가리 (06 서울시 9급)
- **crash** (비행기) 추락; (충돌 등에 의한 차량) 파괴 collision; 와르르 부수다 collapse (05 고려)
- **crave** 간청하다; 열망하다 desire (00 명지)
- **craven** 비겁한, 겁 많은 dastardly (00 동국)
- **craze** 광기, 열광 fad, infatuation; 미치게 하다; 열광하다 (07 단국)

- **create** 창조하다, 창작하다, 창립하다, 창설하다; 야기하다, 일으키다 produce (00 건국)
- **creativity** 독창성, 창조성
- **credibility** 진실성 integrity; 확실성
- **creep** 기다, 포복하다 crawl; 살살 걷다 sneak; (덩굴, 나무, 뿌리 등이) 얽히다 (00 법원서기보)
- **crescendo** 점점 커짐 intensification (13 경희)
- **cricket** 귀뚜라미; 크리켓; 공명정대함, 페어플레이; 발판 footstool (04 행정자치부 9급)
- **criminologist** 범죄학자 (04 중앙선거관리위원회 9급)
- **crimson** 진홍색의 deep-red, (석양이) 진홍색의, 피비린내 나는; 진홍색; 진홍색으로 물들이다, 새빨개지다 blush
- **crisis** 위기, 결정적 단계, 중대 국면; 고비 critical point (06 서울시 9급)
- **criterion** 표준, 기준 touchstone (06 서울시 9급)
- **critic** 비평가 analysis (09 국가직 9급)
- **criticize** 비평하다, 평론하다 condemn (15 동덕여)
- **croon** 낮은 소리로 노래하다, 중얼거리다; 낮게 부르는 노래 hum (02 행정자치부 9급)
- **cross-current** 대립하는 경향 count-currents (02 경원)
- **crotchety** 변덕스러운 petulant (11 이화여)
- **crow** 까마귀
- **cruel** 잔혹한 merciless (05 명지)
- **crumble** (빵 등을) 부스러뜨리다, 산산이 무너지다, 망하다 disintegrate, collapse (01 인천)
- **crusade** 십자군, (주의 등의 옹호를 위한) 운동 (03 행정자치부 9급)
- **cuddly** 껴안고 싶은 (00 행정자치부 9급)
- **cuisine** 절정에 이르다 conclusion (03 행정자치부 9급)
- **culinary** 부엌(용)의, 요리의
- **culmination** 절정 conclusion
- **cumulative** 누적하는; 누적적인; 가중한 additive
- **curatorial** 큐레이터의 customarily (05 경기)
- **cure** 치료하다 heal; 치유, 치료
- **cure-all** 만병통치약; 모든 문제를 해결할 수 있는 것 panacea
- **curfew** 통행금지령, (부모가 자녀에게 부과하는) 귀가시간 (09 상반기 지방직 9급)
- **curious** 호기심이 강한; 궁금한; 신기한 (14 한국외)
- **currently** 일반적으로 generally; 현재 now
- **curse** 저주하다 malediction; 저주 (01 국민)
- **customer** 손님, 고객 consumer (06 계명)
- **custom-tailored** 특별 주문에 따라 제작된
- **cutlery** 칼붙이, 식탁용 날붙이 (05 경기)
- **cutting-edge** 최선두, 최첨단 most advance (04 동국)
- **cynic** 냉소적인 사람; 비꼬는 cynical (05 중앙인사위원회 9급)
- **dabble** 물을 튀기다, 물장난하다 splash (00 세종)
- **dabbler** 장난[취미]삼아 해보는 사람 (13 중앙)
- **damage** 피해, 손상(시키다) impair (02 국민)
- **damaging** 손해를 끼치는, 해로운 deleterious; 불리한 (06 중앙선거관리위원회 9급)

★ ☆ ☆ ☆ ☆ 별 1개

각종 시험에 1회 출제된 적이 있는 고급어휘들로 고난이도
시험을 보시기 직전 체크하는 것이 좋습니다.

- **Danish** 덴마크 사람의; 덴마크 인
  (03 행정자치부 9급)
- **daredevil** 물불 가리지 않는, 저돌적인 temerarious
  (13 세종)
- **dart** 다트, 던지는 화살; 던지다; 날아가다
  (06 아주)
- **dash** 내던지다 fling, hurl;
  낙담시키다; 돌진하다; 돌진, 돌격, 충돌
  (09 서강)
- **daunt** ~을 위압하다, 기세를 꺾다 intimidate
  (10 중앙)
- **daydream** 공상에 잠기다; 백일몽, 공상 fancy
  (06 중앙)
- **dead heat** 접전 needle match, 막상막하; 동시에 골인하다
- **deadening** 방음재, 방음 장치; 무광 도료; 개간한 토지
- **deadline** 마감일, 기한
- **death** 죽음 demise
  (15 한국외)
- **death sentence** 사형 선고 (06 서울시 9급)
- **debase** (품질, 가치를) 저하시키다 degrade, depreciate
  (05 고려)
- **debate** 토의하다, 논의하다; 숙고하다
  (18 이화여)
- **debilitate** 쇠약하게 하다
  (11 이화여)
- **debt-ridden** 빚[적자]에 허덕이는
- **debunk** 정체를 폭로하다 disclose
  (11 중앙)
- **decay** 썩다, 부패(하다) rot (00 고려)
- **deceitfully** 허위로 fraudulently (14 성균관)
- **decelerate** 속도를 줄이다, 감속하다 retard, slow down
- **decency** 보기 좋음; 예절 바름 courtesy, proprieties;
  단정함; 관대, 친절
  (01 숙명여)
- **decentralization** 분산 scatteration; 집중 배제; 지방 분권
  (14 고려)
- **deception** 속임, 사기 artifice, guile, fraud
  (13 가톨릭)
- **decide** 결심하다, 결정하다 make up one's mind
  (14 경찰직 2차)
- **deciduous** 탈락성의; 낙엽성의
  (13 경찰)
- **decision-making** 의사결정 (06 중앙선거관리위원회 9급)
- **decisive** 결정적인, 중대한 determined, crucial
- **declare** 발표[선언]하다; (공공연히) 주장하다 affirm, promulgate
  (07 명지)
- **decorate** 장식하다 adorn, embellish
  (06 경희)
- **decorously** 예의 바르게 properly
  (06 중앙)
- **decrepit** 노쇠한, 노후한 frail, feeble
  (05 고려)
- **decrepitude** 노쇠 , 노후
  (10 중앙)
- **decriminalize** (사람, 행위를) 기소[처벌] 대상에서 제외하다
  (13 세종)
- **dedicated** (이상, 정치, 목표 등에) 일신을 바친, 헌신적인 devoted;
  전용의
  (04 중앙선거관리위원회 9급)
- **dedication** 헌신 devotion
  (12 중앙)
- **deduction** 추론 inference, 추정, 연역; 공제, 차감액
- **defeat** 패배(시키다) beat
  (01 고려)
- **defect** 패결함, 단점 flaw, shortcoming; 도망치다 flee;
  탈당하다 desert
  (11 이화여)

- **defective** 결함이 있는 faulty
  (02 사법시험)
- **defender** 방어[옹호]자 protector; 선수권 보유자
- **defense** 방어, 방위, 수비; 방어물, (pl.) 방어 시설 bastion; 수비수; 변명
  서울(01 인천)
- **defensive** 방어적인
  (14 기상직 9급)
- **defer** (남의 의견에) 따르다 yield; 미루다, 연기하다 delay
  (04 고려)
- **deferential** 경의를 표하는, 공손한 respectful
  (15 강남)
- **defiance** 도전; 반항, 무시 resistance, disobedience
  (04 고려)
- **definition** 정의; 한정, 명확 clarification; (TV 등의) 선명도
  (04 전북 9급)
- **defray** 지불하다, 부담하다
  (13 단국)
- **deft** 손재주 있는, 솜씨 좋은 skillful, dexterous, adroit
  ad. deftly
  (00 홍익)
- **defy** ~에게 반항하다 disobey; ~에게 강력히 요구하다; ~을 불가능하게 하다 disable
  (08 동국)
- **degrade** (~의 지위를) 떨어뜨리다, 강등시키다 demote, downgrade; (~의 품성을) 타락시키다 debase
  (01 국민) ■
  degradation 비하; 수모; 저하, 악화 (17 이화여)
- **deign** (마지못하여) 자신을 낮춰 ~하다 stoop
  (05 고려)
- **deity** 신 god; 신격, 신성 divinity
  (09 성균관)
- **delegate** 대표[대리]로 파견하다 depute; (권한 따위를) 위임하다 commit; 연기, 지연, 지체 representative, deputy
  (08 중앙)
- **deliberatively** 고의적으로 intentionally; 신중하게 carefully
  (05 고려)
- **delineate** (선으로) 윤곽을 그리다 sketch; (말로) 묘사[기술]하다 represent, depict
  (04 고려)
- **deliver** 배달하다 carry; 연설하다 address; 분만[해방]시키다; 이행하다
  (08 동국)
- **deliverance** 구출 release
- **delude** 현혹하다, 속이다 deceive
  (01 중앙)
- **deluge** 대홍수, 폭우 cataclysm; (질문, 주문 등의) 쇄도, 폭주 flood; ~을 범람하게[잠기게] 하다 inundate
  (01 중앙)
- **democratic** 민주적인
  (09 한양)
- **demographic data** 인구통계학 자료
- **demonism** 귀신 숭배; 귀신학(론)
- **demonstrate** 증명하다, 설명하다 prove; 시위운동을 하다 display
  (04 한국외)
- **denationalize** 비국영화하다, 민영화하다 privatize
  (12 서강)
- **denizen** (특정 지역 내의) 거주자, 생물 inhabitant, dweller
  (05 단국)
- **density** 밀도, 농도 thickness; (인구의) 조밀도
  (06 중앙인사위원회 9급)
- **dent** 움푹 파이다 push in, 파인 곳; 손상하다, 약화시키다
  (04 단국)
- **depict** (생생히) 묘사[서술]하다 represent
  (04 경기도 교육행정직9급)
- **deport** (국외로) 추방하다 expel, banish; 행동[처신]하다 behave, conduct
  (07 상명)
- **deposition** 퇴적 sediment, 퇴적물; 퇴위, 폐위; 증언, 증언서
  (14 중앙)
- **depreciate** (가치에 대해) 떨어지다[뜨리다] deteriorate; 경시하다, 얕보다 belittle
  (07 국회사무처 8급)
- **depreciation** 가치 감소, 감가상각; 경시 devaluation
  (04 경기도 교육행정직9급)
- **deprive** ~에게서 빼앗다 rob, dispossess
  (07 경기)
- **deputize** 대리 근무를 하다 delegate
  (10 강남)

★☆☆☆☆ 별 1개

각종 시험에 1회 출제된 적이 있는 고급어휘들로 고난이도
시험을 보시기 직전 체크하는 것이 좋습니다.

- **deracinate** 근절하다 uproot, extirpate, root out
(13 단국)
- **derange** 어지럽히다 disarrange, disturb
- **deride** 비웃다, 조롱하다 ridicule, mock
(02 단국)
- **descendant** 자손, 후예 posterity, progeny;
제자, 문하생 disciple, follower
(00 행정자치부 세무직 9급)
- **descending** 내려가는, 강하하는, 하향의
- **descry** (먼 것, 희미한 것을) 알아보다, 발견하다 espy
(11 인천)
- **desecrate** (신성한 것을) 속된 용도로 쓰다,
(신성함을) 모독하다 profane
(01 고려)
- **design** 디자인; 계획, 의도 intention
(16 한국외)
- **designate** 가리키다, 나타내다 point out, indicate;
명명하다 name, entitle; 임명[지명]하다 appoint
(01 중앙)
- **desire** 바라다 hope; 욕구, 욕망 drive
(09 중앙)
- **desperately** 필사적으로; 절망적으로; 극도로
(01 법원서기보)
- **despite** 무례, 악의; ~에도 불구하고 in spite of
(02 행정자치부 9급)
- **despoil** 빼앗다, 약탈하다
(17 중앙)
- **despondence** 낙담, 절망
(17 국회직 9급)
- **despotic** 독재적인, 횡포한 arbitrary
(03 세종)
- **despotism** 독재정치 autocracy
(03 경기)
- **destination** 목적지 goal
- **destructive** 파괴적인 devastating, 파멸적인; 부정적인 negative
(00 행정자치부 9급)
- **detached** (건물이) 분리된 separate;
공평한, 초연한 impartial, aloof
(02 성균관)
- **detailed** 상세한, 세부에 걸친 full, intricate, 파견된
(04 건국)
- **detention** 구류, 구금; 지체, 붙듦
(10 숙명여)
- **determine** 결정하다, 결심하다 decide
(14 경희)
- **detractor** 명예훼손자, 험담꾼 disparager, depreciator
(13 서울여)
- **devaluate** (화폐의) 가치를 내리다 depreciate, devalue
- **devilish** 악마 같은; 극악무도한; 지독한, 극도의 extreme;
지독하게, 엄청나게
- **devour** 게걸스럽게 먹다 gorge, gobble;
(화재, 질병 따위가) 삼켜버리다, 파괴하다 consume;
~의 마음을 사로잡다 possess
(04 동국)
- **diagnose** 진단하다 identify
(04 국민)
- **diagnosis** 진단(법), 진찰
(13 고려)
- **dictum** (권위 있는) 선언 saying
(11 세종)
- **didactic** 가르치기 위한, 교훈적인 instructive
(12 서강)
- **difference** 차이(점); 구별
(15 항공)
- **differentiation** 차별(의 인정), 구별 distinction;
차별 대우; 분화, 파생; 미분
(05 국회사무처 8급)
- **difficult** 곤란한, 어려운; 까다로운;
대처하기 어려운 hard, arduous

- **diffidence** 겁 많음, 수줍음, 자신없음 bashfulness (15 고려)
- **diffuse** 퍼뜨리다 disseminate; 널리 퍼진, 장황한 (00 건국)
- **dilapidate** 허물어지다; 황폐케 하다 ruin (18 중앙)
- **dilemma** 딜레마, 진퇴양난 predicament (15 고려)
- **diligent** 근면한 industrious (03 명지)
- **dilute** 묽게 하다, 약하게 하다 attenuate, weaken; 묽은, 약한 thin (03 세종)
- **dimension** 치수, 크기 extent; (문제, 주제 등의) 특징, 양상 aspect; 차원 (09 세종)
- **diminutive** 작은 (것) small, tiny (05 항공)
- **din** 소음 noise; 소음으로 귀를 멍멍하게 하다 (10 홍익)
- **dine** 정찬을 대접하다; 만찬에 초대하다 feast (03 행정자치부 9급)
- **diploma** 졸업증서, 학위수여증 (03 동덕여)
- **diplomatic** 외교의 수완이 있는 tactfulness (00 고려)
- **directionality** 지향성, 방향성 directivity (13 세종)
- **directness** 똑바름; 직접적임, 솔직함 (05 국회사무처 8급)
- **directory** 주소록, 전화번호부, 명부
- **dirt-cheap** 터무니없이 싼 extremely cheap (01 행시)
- **disability** 불구 handicap; 무자격
- **disabled** 불구가 된 crooked
- **disabuse** 깨게 하다 disenchant with (11 경희)
- **disadvantage** 손해, 손실; 상해; 불이익 drawback (03 법원서기보)
- **disagreeing** 의견을 달리하는, 반대하는 dissenting
- **disappearance** 사라짐, 소실, 소멸 vanishing; 실종 (01 법원서기보)
- **disappoint** 실망[좌절]시키다 discourage (15 강남)
- **disaster** 재난 calamity; 대실패 (02 경기)
- **disastrous** 재앙의 calamitous (07 중앙인사위원회 9급)
- **disavow** ~을 부인하다 disclaim, repudiate, deny (04 고려)
- **disbar** 변호사의 자격을 박탈하다
- **discerning** 통찰력이 있는, 안목이 있는 (15 한양)
- **disciplined** 훈련된, 규율 바른 (11 상반기 지방직 9급)
- **disclaim** 부인하다 deny, disown, disavow (04 한양)
- **discomfiture** 실패, 좌절, 당황 (03 경기)
- **discomfort** 불편(한) inconvenience (00 행정자치부 세무직 9급)
- **discord** 의견 차이, 불화 dissension (06 경희)
- **discordant** 일치하지 않는 incongruous; 귀에 거슬리는, 불협화음의 (14 경희)
- **discourage** 단념시키다, 낙심시키다 depress (03 법원서기보)
- **discouraged** 낙담한, 낙심한; 술에 취한 depressed (05 대구시 9급)
- **disgraceful** 수치스러운, 불명예스러운 infamous (00 법원서기보)
- **disgruntle** 기분 상하게 하다 (11 이화여)
- **disgust** 역겨움 dislike; 넌더리나게 하다 sicken (11 경희)

★☆☆☆☆ 별 1개

각종 시험에 1회 출제된 적이 있는 고급어휘들로 고난이도
시험을 보시기 직전 체크하는 것이 좋습니다.

- **dishevelled** (머리, 복장 등이) 단정치 못한 unkempt
(04 서울시 9급)
- **disinformation** (특히 적의 간첩을 속이기 위한) 그릇된 정보, 역정보
(05 국회사무처 8급)
- **disintegrate** 분해하다, 분해되다 decompose
(05 중앙)
- **disintegration** 분해, 분열 decomposition, breakdown
(02 숭실)
- **disjointed** 뒤죽박죽인, 일관성이 없는
(18 이화여)
- **disloyalty** 불충, 불성실; 신의 없음 treachery
(11 경기)
- **disobey** 위반하다 transgress, violate, 거역하다
(13 서울여)
- **disorderly** 무질서한, 난잡한 violate; 무질서하게
(04 중앙)
- **disoriented** 방향을 잃은, 혼란스러운 lost
(11 세종)
- **disparage** 폄하하다, 헐뜯다, 비방하다
(18 서울시 7급)
- **dispassionate** 냉정한 flat, cold-eyed; 공정한 impartial
(04 고려)
- **dispel** (생각 따위를) 없애다, 떨쳐버리다 disperse
(11 이화여)
- **dispensary** 약국; 진료소 clinic
(00 고려)
- **dispersity** 분산도
(13 고려)
- **disposal** 처분(권) discarding; 배치
(07 건국)
- **disputable** 논쟁의 여지가 있는 controversial
(06 고려)
- **dispute** 논쟁하다; (격렬한) 논쟁, 다툼 wrangle, content
(06 중앙인사위원회 9급)
- **disqualify** ~의 자격을 빼앗다 debar; ~을 부적격자로 간주하다
(05 중앙)
- **disreputable** 평판이 안 좋은, 악평의
(15 중앙)
- **disrespect** 무례, 결례
(11 상반기 지방직 9급)
- **disruption** 붕괴(시키기) disturbance
(11 경희)
- **dissemination** 보급, 유포; 선전
(10 행정안전부 9급)
- **dissension** 의견 충돌, 불화 discord, division, disagreement
(11 경원)
- **dissipate** 흩어지(게 하)다 scatter, dispel;
(시간, 돈 따위를) 낭비하다 squander
(02 세종)
- **dissolve** 녹(이)다 melt; 해산[해체]시키다 dissipate;
사라지다, 희미해지다 fade
(13 가천)
- **dissonant** 귀에 거슬리는 cacophonous; 일치하지 않는
(11 이화여)
- **distant** 먼, 떨어져있는; 서먹서먹한, 냉담한 aloof
(13 한국외)
- **distend** (압력에 의해) 팽창시키다[하다] expand
(05 경기)
- **distill** 정제하다, 증류하다; ~을 거르다, ~의 정수를 뽑다
(09 세종)
- **distorted** 왜곡된
(12 기상직 9급)
- **distrust** 불신(하다) discredit, mistrust
(04 서울시 9급)
- **distrustful** 의심이 많은, 의심스러운 dubious
(04 전북 9급)
- **diuretic** 이뇨의, 이뇨제
(03 행정자치부 9급)

- **diverge** 갈라지다 branch; (의견 따위가) 다르다, 이탈하다 differ, deviate (03 명지)
- **divergent** 갈라지는; 다른 different ad. divergently (05 중앙)
- **diversify** 다양화하다, 다각화하다 vary (10 상반기 지방직 9급)
- **diversionary** 견제적인, 주의를 딴 데로 돌리는
- **divert** (~의 방향, 주의를) 바꾸다, 돌리다 turn, distract; ~을 즐겁게 하다 amuse (09 단국)
- **divine** 신의, 신성한 sacred; 점치다, 예견하다 (05 명지)
- **division** 분할, 구분; (의견) 차이 dissension; 부서, (군대의) 사단 (04 고려)
- **divorce** 이혼, 분리; 이혼하다[시키다] (15 건국)
- **dock** 선창, 부두; 도킹하다; 짧게 자르다, ~을 빼다, 공제하다 (13 서강)
- **doctrine** 교리, 신조 tenet (05 세종)
- **doddering** 비틀거리는, 흔들리는; 늙어서 떨리는 (15 중앙)
- **doe** 암사슴; (토끼, 양, 염소 등의) 암컷
- **doggedly** 억세게 (11 행정안전부 9급)
- **dogma** 교리; 학설; 독단적 견해 doctrine (04 서울시 9급)
- **dogmatic** 독단적인 arbitrary (02 홍익)
- **doldrums** (pl.) 침체기, 정체기 dumps (06 고려)
- **dolorous** 비통한, 슬픈 sorrowful (14 중앙)
- **doom** (보통 나쁜) 운명 fate, 파멸 (05 국회사무처 8급)
- **doorknob** (문의)손잡이 (11 행정안전부 9급)
- **doorstep** (현관문 밖의) 단, 현관계단; (갓난아이를) 남의 집 문 앞에 버리다 (03 행정자치부 9급)
- **dope** 마약, 흥분제; 마약을 주다[상용하다]
- **doppelganger** 도플갱어 double goer, 똑 닮은 사람
- **dopy** 어리숭한, 바보 같은, 멍청한 (18 서강)
- **dose** (약의) 1회 분량; 투약하다 medicate (05 중앙선거관리위원회 9급)
- **dote** 망령들다; 맹목적으로 사랑하다 coddle; ~에 홀딱 빠지다 (00 경기)
- **double-check** 재확인[점검]하다; 재확인
- **double-digit** (인플레이션, 실업률 등이) 두자리 수의 (10 상반기 지방직 9급)
- **doubt** 의심하다 suspect; 의심, 불신; (결과 등이) 의심스러운 skeptical (11 이화여)
- **dovetail** 꼭 들어맞다 (01 광운)
- **downcast** 풀이 죽은 dejected; 파멸, 멸망 (09 이화여)
- **download** 다운로드; 다운로드의; (데이터를) 다운로드하다 (04 행정자치부 9급)
- **downside** 아래쪽, 하강부분; 아래쪽의, 하강의 (01 조선)
- **downturn-proof** 침체하지 않는, 번영하는 thrifty (13 경기)
- **dowry** (결혼) 지참금, 혼수; 천부의 재능, 자질 (16 홍익)
- **drab** 단조로움; 칙칙한 황갈색(의) dull (07 중앙)
- **draconian** 가혹한, 엄중한 severe, rigorous (11 단국)
- **dramatic** 희곡의, 각본의, 연극의[에 관한]; 극적인, 연극 같은 histrionic, spectacular (05 국회사무처 8급)
- **dread** 무서워하다, 두려워하다 fear, scare; 공포 fright, fear (05 고려)

★ ☆ ☆ ☆ ☆ 별 1개

각종 시험에 1회 출제된 적이 있는 고급어휘들로 고난이도 시험을 보시기 직전 체크하는 것이 좋습니다.

- **dreadful** 끔찍스런, 무시무시한 appalling, formidable (15 강남)
- **dregs** 찌꺼기, 앙금; 쓰레기 (15 국민)
- **drench** 흠뻑 젖게 하다 immerse (03 건국)
- **dress** 옷을 입다[입히다]; 붕대를 감다, (상처를) 치료하다 bandage (016 한국외)
- **drift** 표류하다, 떠내려가다 float; 표류, 흐름; 경향, 동향 추세 tendency (04 중앙선거관리위원회 9급)
- **drill** 단련, 수련, 훈련, 군사훈련 discipline (04 행정자치부 9급)
- **drinkable** 마실 수 있는 (pl.) 음료 beverage (01 한국외)
- **drive** 운전하다; 모금 운동, 단체 운동 campaign
- **drizzle** 이슬비[안개비]가 내리다 sprinkle; 이슬비, 보슬비 sprinkle
- **drone** 게으름뱅이 idler (04 경기)
- **drool** 침을 질질 흘리다 salivate (13 경희)
- **drought** 가뭄, 한발 dry spell (07 중앙)
- **drowsy** 졸리는, 졸리게 하는 dozy, somnolent; 활기가 없는, 둔한 languid, inactive (01 전남대)
- **duck** 갑자기 쳐 넣었다가 빼다 (10 동국)
- **duel** (특히 두 사람 간의) 결투 fight (04 행정자치부 9급)
- **duke** 공작, 군주; (-out) 치고받고 싸우다 (04 전북 9급)
- **dulcet** (목소리 등이) 감미로운 melodious, soft
- **dullness** 둔함, 불경기, 지루함 (13 서강)
- **dump** (쓰레기로) 버리다, 유기하다 tip (00 건국)
- **dungeon** 지하감옥 prison
- **duplicate** 복사(사본)의 facsimile; 사본, 복사 facsimile; ~을 복사(모방)하다 copy, replicate (04 국회사무처 8급)
- **duress** 구속, 감금 forcible restraint, 협박
- **dutifully** 충성하게; 예의 바르게 obediently
- **dwell** 살다, 거주하다 abide, live, reside; (과거 등에) 연연하다 (00 행정자치부 9급)
- **dweller** 거주자, 주민; 머뭇거리는 말 (05 단국)
- **dynamic** 정력적인 energetic
- **dynasty** 왕조; (어느 분야의) 명문 empire (03 행정자치부 9급)
- **dystopic , ian** 반이상향의, 암울한 depressing (07 고려)
- **earl** 백작 (02 행정자치부 9급)
- **earnest** 진지한, 열심인 serious; 중대한; 성실한; 계약금 (00 경기)
- **easily-deceived** 쉽게 속는 gullible, credulous (00 고려)
- **eatable** 먹을 수 있는, 식용에 적합한 edible; (pl.) 먹을 수 있는 것, 식료품
- **eavesdropper** 남의 이야기를 엿듣는 사람 (01 광운)
- **ebb** 썰물, 쇠퇴; (조수가) 빠지다, 기울다, 쇠퇴하다 wane (13 한양)
- **eccentricity** (복장, 행동이) 이상함, 엉뚱함 peculiarity (06 경희)

- **ecologist** 생태학자; 사회생태학자
(04 국회사무처 8급)
- **ecology** 생태학; 인간 생태학 bionomics;
자연환경, 생태; 환경 보존, 환경 보존 정책
(01 인천시 9급)
- **economize** 절약하다 skimp
(01 한성)
- **ecosystem** 생태계
- **edifice** 큰 건물 building
(05 경기)
- **edify** 교화하다 instruct
(01 세종)
- **editorial** 편집자의, 편집(상)의; 사설의; 사설
- **effects** 자산, 소지품 belongings
(13 한국외)
- **efficiency** 능률, 효과 competence
(04 경기도 교육행정직9급)
- **effrontery** 철면피, 파렴치 nerve
(11 경기)
- **effulgence** 광휘, 광채 resplendence
(14 중앙)
- **egocentric** 자기중심의, 이기적인; 이기주의자
(07 성신여)
- **egoistic** 이기주의의; 자기 본위의
(05 경기)
- **elbow** 팔꿈치; 팔꿈치로 쿡 찌르다;
밀치고 나아가다 push, jostle
(04 경기도 교육행정직9급)
- **election** 선거, 표결, 투표 vote
(04 국회사무처 8급)
- **electrocution** 감전사, 전기사형
(06 서울시 9급)
- **electrode** 전극, 전극봉
(04 서울시 9급)
- **eleemosynary** 은혜를 베푸는, 자선의
- **elegant** 우아한, 멋진 stylish, attractive, graceful
(02 중앙선거관리위원회 9급)
- **elemental** 기본적인 basic, 본질적인; 요소의
(06 중앙선거관리위원회 9급)
- **elimination** 제거, 근절 removing
- **elite** 엘리트, 우수한 사람들 best
(06 중앙선거관리위원회 9급)
- **elitism** 엘리트 주의
(13 이화여)
- **elliptical** 타원형의, 요약의
(10 경희)
- **elude** 교묘히 피하다, 빠져 나오다 evade
(05 단국)
- **emaciate** 여위게[메마르게] 하다
(15 중앙)
- **embassy** 대사관; 대사 일행; 사절의 사명 mission
- **embed** 꽂아[끼워]넣다 fasten
(03 성균관)
- **embezzle** 공금을) 유용[횡령]하다 peculate, appropriate
(12 경기)
- **embezzlement** 횡령, 착복 misappropriation
(05 국회사무처 8급)
- **embitter** 쓰라리게 하다, 상처주다
- **emblem** 상징, 문장; 전형 (15 경찰)
- **embolden** 대담해지게 하다; 용기를 돋우어주다
(04 홍익)
- **emboss** (금속, 종이 따위를) 튀어나오게[돋아
나게]하다 adorn, decorate, ornament
(11 상반기 지방직 9급)
- **embrace** 포옹하다 hug; ~을 포함하다 include
(04 행정자치부 9급)
- **embroil** 휘말리게 하다, 관련시키다 implicate, involve
(06 건국)
- **emergence** 출현; 탈출 appearance
(01 서울여)
- **emergency room** (병원의) 응급실
(06 중앙인사위원회 9급)
- **emergent** (물속에서) 떠오르는; 뜻밖의, 긴급한; 신생 독립국의
appearing

★☆☆☆☆ 별 1개

각종 시험에 1회 출제된 적이 있는 고급어휘들로 고난이도
시험을 보시기 직전 체크하는 것이 좋습니다.

- **emissary** 밀사, 사절 messenger; 사자[밀사]의 (02 경기)
- **emotional** 감정의, 정서적인; 감동시키는 (02 고려)
- **empathy** 감정이입 (11 고려)
- **empire** 제국; 제왕의 영토; (거대 기업의) 왕국 (06 중앙선거관리위원회 9급)
- **en route** 도중에 along the way (04 고려)
- **encircle** 에워[둘러]싸다 surround (00 건국)
- **enclosure** 둘러쌈 confinement (11 홍익)
- **encourage** 용기를 돋우다 boost (00 건국)
- **encumber** 방해하다, 막다 hinder (02 삼육)
- **encumbrance** 방해물, 장애물 (18 이화여)
- **endow** (돈을) 기부하다 donate; (재능 따위를) 부여하다 (07 국회사무처 8급)
- **endowment** (기금의) 기부, 기증; 자질, 재능 award (05 고려)
- **endure** 견디다, 지속하다 forebear (15 항공)
- **enduring** 오래가는, 지속되는 persistent; 참을성 있는 (18 지방직 7급)
- **energize** 기운을 북돋우다 galvanize, 활발하게 하다 (06 세종)
- **engaging** 매력적인 charming (07 국민)
- **enkindle** (불을) 타오르게 하다; (정열을) 불러일으키다, 자극하다 ignite (00 국민)
- **enlarge** 확대하다[되다] broaden (00 동국)
- **enliven** 활기[생기]있게 하다 animate (06 중앙인사위원회 9급)
- **ennui** 권태 boredom (00 세종)
- **enroll** 등록[가입, 입대]시키다 register (00 법원서기보)
- **ensconce** 안락하게 자리를 잡다 (17 중앙)
- **enterprise** 계획 project; 용기 bravery; 회사 company (01 행정자치부 9급)
- **entertainment** 오락(물), 대중 연예; 대접, 기분전환 distraction (05 중앙)
- **enthrall** 매혹시키다 captivate, bewitch; 노예화하다 enslave (02 숭실)
- **enthralling** 마음을 사로잡는, 매혹적인 riveting (15 고려)
- **enticement** 유혹(물) (05 국회사무처 8급)
- **entity** 실재 existence (04 중앙선거관리위원회 9급)
- **entrepreneurial** 기업가의, 기업가적인 (18 이화여)
- **enumerate** (일일이) 열거하다 recount, recite (05 한양)
- **enunciate** (제안 따위를) 발표[선언]하다 announce; (명확히) 발음하다 articulate (09 서울시 9급)
- **envelope** (휩)싸다 wrap up; 봉투 (03 숙명여)
- **envisage** 마음에 그리다, 상상하다 picture (13 가천)
- **envy** 부러움, 질투 jealousy; 부러워하다 (00 법원서기보)

- **epiphany** (사물이나 본질에 대한) 직관, 통찰 intuition
(15 고려)
- **equality** 평등, 동등, 균등 parity
(13 경희)
- **equation** 방정식, 등식
(04 경기도 교육행정직9급)
- **equator** (the~) 적도
(13 이화여)
- **equity** 공정, 공평 fairness
(07 한국외)
- **equivocate** 모호한 말을 쓰다, 속이려고 하다 prevaricate
(12 가천)
- **eradiate** (빛, 열을) 방사하다 emit
- **erosion** 부식, 침식 abrasion
(01 가톨릭)
- **err** 잘못하다, 틀리다; 도덕에 어긋나다, 죄를 범하다 sin
- **erratic** 이상한 odd
(10 중앙)
- **erroneous** 잘못된, 틀린 incorrect
(14 국회사무처 9급)
- **erupt** (화산 등이) 분출[폭발]하다 explode; 발진하다, 돋아나다
(04 서울시 9급)
- **escalate** (전쟁 등이) 단계적으로 확대되다, (임금, 물가가) 차츰 오르다 increase
(12 상반기 지방직 9급)
- **esoteric** 비밀의 secret
(08 중앙)
- **essential** 필수적인
(18 서울시 9급)
- **establish** 설립하다, 개설하다 found, set up
(03 경희)
- **establishment** 기관, 시설; 설립, 수립; 지배층 ruler
(18 한국외)
- **estate** 소유지, 토지, 재산 property
(03 건국)
- **esthetic(=aesthetic)** 유미주의, 탐미주의
- **esthetician** 유미주의자, 탐미주의자
- **ethnic** 민족의, 소수 민족 racial
(13 단국)
- **ethnocentrism** 자기 민족 중심주의
(10 경희)
- **ethos** (한 국민, 사회, 제도 등의) 기풍, 민족정신; (개인의 지속적인) 기질, 성품; 도덕적 특질, 윤리적 기품
(11 덕성여)
- **eulogy** 찬사, 칭송 laudation, praise
(14 이화여)
- **euphoria** 행복감, 쾌감 bliss
(09 고려)
- **euthenics** (단수취급) 환경우생학
- **evaluation** 평가 (10 세종)
- **evanescent** (쉽사리) 사라지는, 덧없는 transitory
(10 세종)
- **even-tempered** 마음이 안정된, 온화한 성질의, 침착한
(01 행정자치부 9급)
- **eventuate** 결국 ~이 되다
- **everyday** 매일, 나날이 daily; 일상의 usual; 평범한, 흔히 있는 commonplace
(13 서울시 9급)
- **evict** (가옥, 토지에서) 퇴거시키다, 쫓아내다 oust
(05 중앙)
- **evil omen** 흉조, 불길한 징조
(03 법원서기보)
- **evince** (감정 따위를) 분명히 나타내다, 표명하다 show clearly, manifest
(03 경기)
- **exaggeration** 과장 overstatement
(05 항공)
- **exalt** 격상시키다, 몹시 기쁘게 하다, 칭찬(찬양)하다
(18 기상직 9급)
- **examine** 조사[검사]하다 inspect, delve into
(14 국가직 9급)
- **excess** 초과, 과잉 surplus; 월권; 무절제 intemperance
(13 한양)

★☆☆☆☆ 별 1개

각종 시험에 1회 출제된 적이 있는 고급어휘들로 고난이도 시험을 보시기 직전 체크하는 것이 좋습니다.

- **exclude** 배제하다, 제외시키다, 금지하다 rule out (15 지방직 9급)
- **exclusively** 배타적으로, 독점적으로, 유일하게 only, solely (04 동아)
- **excrescence** 이상 생성물[성장물], 사마귀, 혹 (14 고려)
- **excusable** 변명(용서/ 용납)이 되는 (10 상반기 지방직 9급)
- **exemption** 면제 immunity (03 건국)
- **exertion** (힘의) 발휘, 애씀 effort; 힘든 작업 (04 경기도 교육행정직9급)
- **exhaustible** 고갈시킬 수 있는, 다 사용할 수 있는 (11 명지)
- **exhilarate** 유쾌하게 하다, 들뜨게 하다 exalt (13 국가직 7급)
- **exhortation** 권유, 훈계 advice (05년 행자부 7급)
- **existing** 현존하는; 현행의, 현재의 current (05 중앙인사위원회 9급)
- **expand** (~을) 확장하다, 팽창시키다(inflate); 자세히 설명하다 enlarge (06 고려)
- **expectancy** 기대, 희망 hope (04 서울시 9급)
- **expedite** 재촉[촉진]하다, 진척시키다 quicken (01 국민)
- **expedition** 신속; 원정 journey (06 한성)
- **expertise** 전문기술[지식] expertness
- **expiable** 보상할 수 있는 (12 상반기 지방직 9급)
- **expiration** 만료, 종결, 만기; 숨을 내쉬기 (15 경찰)
- **explicable** 설명할 수 있는 (12 지방직 9급)
- **explosive** 폭발의 enormous; 폭발물 (00 행정자치부 세무직 9급)
- **exponent** 설명자, 해설자 supporter; (수학) 지수 (05 서강)
- **expurgate** (책, 글 따위에서 불온한 부분을) 삭제하다 obliterate, censor (05 경희)
- **extemporaneous** 즉흥적인, 즉석의 impromptu (09 고려)
- **extempore** (특히 연설이 약간의 준비만 되어) 즉흥적인 without preparation (07 덕성여)
- **extemporize** 즉석에서[즉흥적으로] 하다 improvise, make do with (05 서울여)
- **extend** (친절, 은혜, 원조를) 베풀다 offer (07 서경)
- **extended** 쭉 뻗은; (기간 등을) 연장한 prolonged; 넓은, 광대한; (책 등이) 증보된; 파생적인, 2차적인 (05 국회사무처 8급)
- **extermination** 근절, 박멸 (10 한국외)
- **exterminator** 근절자, 해충 구제업자 (02 덕성)
- **external** 겉의, 외부의 exterior (08 경희)
- **extirpate** 근절하다, 박멸하다 eradicate (14 중앙)
- **extol** 칭찬[칭송]하다 commend, exalt (11 서강)
- **extortion** (금권, 재물의) 강탈, 강요 squeeze (04 단국)
- **extraordinary** 비상한, 뛰어난 exceptional; 기이한, 놀라운; 임시의; 특별히 임명된 ((15 경찰)
- **extremely** 굉장히, 몹시 very (06 세무사)

- **exult** 크게 기뻐하다, 의기양양해하다 rejoice
(10 서강)
- **fable** 우화 a story intended to teach a moral truth
(04 성균관)
- **facade** (건물의) 정면 front
- **face** 얼굴; 표면; ~을 향하다, 면하다, 직면하다 confront
(01 숙명)
- **faceless** 익명의, 신원을 숨기는, 정체불명의
(04 경기도 교육행정직9급)
- **facet** (보석 등의) 일면 aspect
(06 대구)
- **facetious** 익살맞은 humorous
(10 서울시 9급)
- **faction** 파벌 clique
(05 국회사무처 8급)
- **factionalism** 파벌주의, 당파주의
(05 국회사무처 8급)
- **fade** (빛깔이) 바래다; (소리가) 사라지다 vanish;
자취를 감추다; 노쇠하게 하다
(02 행정자치부 9급)
- **fair-minded** 공평한, 공정한, 편견을 가지지 않는
(01 행정자치부 9급
- **fairy tale** 전래동화
(05 국회사무처 8급)
- **fake** 모조[위조]품 simulation; 모조[위조]하다 forge;
가짜의 spurious
(04 동국)
- **fakery** 속임수, 사기; 가짜, 모조품 pinchbeck
(13 중앙)
- **fallible** 틀리기 쉬운, 오류에 빠지기 쉬운 erring
- **falling-out** 싸움, 불화, 충돌 conflict, clash
- **fallow** 경작하지 않은 uncultivated; 휴한지
(09 중앙)
- **familiar** 잘 알려진, 익숙한, 통속적인, 잘 아는, 정통한,
친밀한 intimate, 격식을 차리지 않는,
길들여진 domesticated; 친한 사람
(06 중앙인사위원회 9급)
- **famine** 굶주림, 기아 starvation
(01 법원서기보)
- **farrago** 잡동사니 hotchpotch
(13 중앙)
- **far-sighted** 원시안의, 먼 곳을 잘 보는; 선견지명이 있는 wise
(05 중앙인사위원회 9급)
- **fart** (특히 소리가 크게 나게) 방귀를 뀌다
(10 행정안전부 9급)
- **fashion** 방법, 방식 manner; 유행 vogue; 양식, 형식 style, shape
(04 중앙선거관리위원회 9급)
- **fashion-conscious** 유행에 민감한 (07 국민)
- **fasting** 단식, 금식, 절식
(13 제1회 지방직 9급)
- **fat** 살찐, 뚱뚱한; 지방
- **fatalism** 운명론, 숙명론; 체념
(16 국민)
- **fatalities** 사망자(수) death, 재난, 참사
(07 영남)
- **fateful** 숙명적인, 결정적인, 불길한 운명을 안
고 있는, 불길한, 치명적인 fatal, 파멸적인
(01 법원서기보)
- **faucet** 수도꼭지, 물 주둥이 tap, cock
- **fault** 결점, 단점, 결함; 잘못 defect
(03 광운)
- **faultless** 결점이 없는
(14 국가직 9급)
- **fauna** 동물군
- **favor** 호의, 지지; 찬성하다
(14 고려)
- **favorable** 호의적인, 찬성하는 approving;
유리한, 형편에 알맞은 good, suitable
(06 서울시 9급)
- **favorite** 인기 있는 (사람) adored
(07 영남)
- **fecal** 찌꺼기의; 배설물의
(15 한국외)
- **fecklessness** 무기력함; 무책임함
(15 한양)
- **federalist** 연방주의자(의); 연방당원(의)
(05 국회사무처 8급)

★☆☆☆☆ 별 1개

각종 시험에 1회 출제된 적이 있는 고급어휘들로 고난이도
시험을 보시기 직전 체크하는 것이 좋습니다.

- **federation** 연맹 (01 인천시 9급)
- **feed** (음식을) 먹이다 nourish;가축의 먹이 food
  (04 서울시 9급)
- **feminist** 남, 여 동권주의자, 페미니스트
  (00 법원서기보)
- **feral** 야생의, 길들이지 않은 undomesticated
  (13 서강)
- **ferret out** 찾다, 캐내다 search for
  (10 동국)
- **ferry** 나룻배, 나루터; 나룻배로 건네주다[건너다]
- **fertility** 비옥, 다산, 풍부 fruitfulness; 번식력, 출생률
  (08 한국외)
- **fertilizer** 비료 compost, (특히) 화학비료
  (04 국민)
- **fervent** 열렬한 ardent
  (03 고려)
- **fetch** (가서) 가지고[데리고, 불러]오다 bring, retrieve; 의식을 회복시키다; 매혹하다
- **fetus** (임신 3개월 후의) 태아
  (02 중앙선거관리위원회 9급)
- **feud** (집안 간) 불화, 다툼 quarrel
  (13 인천)
- **feudal** 영지[봉토]의; 봉건(제도)의
  (06 중앙선거관리위원회 9급)
- **fiat** 명령 decree
  (08 고려)
- **fiber** 섬유, 섬유조직; 강도 strength, 내구성
  (02 중앙선거관리위원회 9급)
- **fictionalize** (실화를) 소설화(영화화)하다
  (12 행정안전부 9급)
- **fiduciary** 수탁자, 피신탁자 trustee
- **fierce** 사나운; 격렬한; 치열한 ferocious
  (00 동아)
- **figures** 합계(수), 총계
  (08 전남대)
- **filch** 좀도둑질하다 steal
  (05 세종)
- **finagler** 속임수를 쓰다 swindle
  (10 중앙)
- **finalize** 결말을 짓다
- **financial** 재정의, 금융(상)의 fiscal
  (07 중앙인사위원회 9급)
- **financier** 재정가, 자본가
  (05 대구시 9급)
- **finding** 발견(물), 조사[연구] 결과; 평결; 부속품류
  (03 법원서기보)
- **finesse** 교묘한 솜씨
  (10 중앙)
- **finite** 한정된 limited
  (05 동국)
- **first-year** 초년, 초기 early years, 원년, 일년생
  (05 경원)
- **flag** 깃발; 축 늘어지다 droop
  (08 중앙)
- **flat** 평평한, 멋없는, 단조로운, 기운이 없는 inactive, 평평하게, 단호하게; 평면
  (03 건국)
- **flattering** 아첨하는 obsequious
  (17 국회직 9급)
- **flaunt** 과시하다 show off
  (07 중앙)
- **flawless** 흠 없는, 완전한, 완벽한 faultless, immaculate, impeccable
  (04 경기도 교육행정직9급)
- **flawlessly** 흠없이, 완벽하게 impeccably
  (05 중앙)
- **fleeting** 덧없는, 일시적인 transitory
  (09 서강)

- **fleetingly** 어느덧 지나가는, 무상한, 잠깐 temporarily
(06 대구가톨릭)

- **flexible** 휘기 쉬운, 유연한 limber, pliable
(10 서울시 9급)

- **flight** 여행, 비행; 도망
(14 한양)

- **flimsy** (얇고) 부서지기 쉬운 fragile, weak
(02 숙명여)

- **flinch** (두려워서) 움찔하다, 위축되다 recoil, wince
(05 서울여)

- **fling** 내동댕이치다 throw, (욕설을) 퍼붓다,
(곤경에) 빠뜨리다
(05 대구시 9급)

- **flip** (손가락으로) 튀겨 올리다, 던져 올리다 flick

- **float** 뜨다, 떠오르게 하다 drift
(00 행정자치부 세무직 9급

- **flock** (소, 말, 새 등의) 떼
(04 서울시 9급)

- **floral** 꽃의, 식물(군)의

- **floriculture** 화초재배, 화초원예

- **florist** 꽃가게 주인; 화초 재배자

- **flourishing** 번영하는; 무성한 rampant
(00 광운)

- **flowing** 흐르는 물, 거침없이 이어지는, 유창한 fluent; 풍부한
(06 중앙선거관리위원회 9급)

- **flu** 독감
(03 행정자치부 9급)

- **fluctuation** 변동 alternation
(08 한국외)

- **fluency** 유창함, 솜씨 facility
(06 서강)

- **fluid** 유체, 액체, 수분
(16 국민)

- **flummox** 당황하게 만들다
(11 고려)

- **flush** 불그스레한 red
(01 계명)

- **fly the coop** 탈옥하다 leave
(10 동국)

- **folklore** 민속, 민간전승; 민속학; 신화
(04 성균관)

- **following** 다음의, 순풍의; 다음에 말하는 것[일, 사람],
수행원 retinue, 제자 followers, 신봉자
(02 명지)

- **follow-up** 속행; 사후점검; 추적; (신문의) 속보, 후속 기사

- **folly** 어리석음 stupidity
(04 영남)

- **foment** (불화, 반란 등을) 유발하다, 조장하다 incite
(13 서강)

- **foolish** 어리석은 silly; 판단력이 없는; 얼빠진, 창피한

- **foolproof** 누구나 다룰 수 있는, 안전한, 절대 확실한 fully reliable
(09 동국)

- **forage** 마구 뒤지며 찾다 search for
(00 고려)

- **forbearance** 참을성; 자제력 patience
(13 서울여)

- **forbid** (개인적으로) 금지하다 bar, inhibit, prohibit
(15 강남)

- **forefather** 조상 ancestor
(00 행정자치부 세무직 9급)

- **foresee** 예상하다 expect, predict
(04 한양)

- **foresight** 예지, 선견, 통찰
(15 한양)

- **forestall** ~을 미리 막다, 선수를 치다 preclude
(02 한국외)

- **forfeit** (죄, 과실로 인해 재산, 권리를) 몰수당하다, 잃다 yield;
벌금, 몰수물 price
(01 고려)

- **forgetfulness** 건망증 oblivion; 소홀, 태만 neglect
(13 건국)

- **forgive** 용서하다 remit, overlook, excuse
(06 서울시 9급)

- **form** 형성하다, 구성하다 mold, constitute, 서식용지

★☆☆☆☆ 별 1개

각종 시험에 1회 출제된 적이 있는 고급어휘들로 고난이도 시험을 보시기 직전 체크하는 것이 좋습니다.

- **formality** 형식에 구애됨, 딱딱함; 정식, 본식, 상례; (pl.) 정규절차
(05 국회사무처 8급)
- **forthwith** 곧, 즉시 at once; 곧 실행해야 할 명령
- **fortnightly** 2주일에 한번의, 2주일마다; 격주 발간의; 격주 간행물 every 2 weeks
- **foul-up** (무능, 우둔함으로 생기는) 혼란 bungle; (기계의) 고장; 멍청이
(04 국회사무처 8급)
- **foxhole** 간이호; 피난처, 은신처 hermitage, hermit
(01 행정자치부 9급)
- **fracas** 소동, 싸움 quarrel, brawl, fight
(07 고려)
- **fractious** 까다로운 bad-tempered, irritable
(15 한국외)
- **fragment** 조각, 단편 pieces
(07 서울여)
- **fragmentary** 파편의, 단편적인 incomplete
(05 경기)
- **fragrant** 향기로운 perfumed, aromatic
(06 건국)
- **frantic** (흥분, 무서움 때문에) 미친듯한 distraught, distracted
(08 상반기 지방직 9급)
- **fraudulent** 사기를 치는 deceitful, fallacious, 부정의
(13 경희)
- **fraudulently** 사기를 쳐서 deceitfully
(13 한국외)
- **fraught (with)** ~으로 가득 찬 filled with, laden with
(07 성균관)
- **frazzle** 닳아 떨어지게 하다 abrade, 지치(게 하)다; 닳아빠짐
(00 행정자치부 세무직 9급)
- **freaked** 화난, 충격을 받은 upset
(01 경기)
- **free** 무료인, 무료로 for nothing, gratis
(09 국가직 9급)
- **free from** ~에서 벗어난
- **Freeze!** 꼼짝마
- **frenzied** 광포한, 열광적인 frenetic, frantic
(02 단국)
- **frenzy** 격분, 격앙 fury; 광란; 발작
- **frequent** 자주 일어나는; 자주 출입하다, 자주가다 visit
(00 세종)
- **fresh water** 맑은 물, 단물; 담[염]수
(05 중앙인사위원회 9급)
- **fretful** 화를 잘 내는, 성마른 hotheaded
(03 고려)
- **friendship** 우정; 교우; 우호, 친선 fellowship
- **frighten** 겁먹게[놀라게] 만들다, 위협하다 cast a chill over
(11 행정안전부 9급, 00 동아)
- **frightened** 깜짝 놀란, 겁먹은, 무서워하는 astonished, astounded, startled
(03 법원서기보)
- **fringe** 술 장식, 가장자리, 변두리, 패거리, 야당 periphery; 부수적인, 2차적인; ~에 술을 달다
- **frivolity** 경솔, 경박 flippancy, levity
(04 경기도 교육행정직9급)
- **frolic** 까불며 뛰놀기; 까불며 뛰놀다 play
(05 서울여)
- **frown** 눈살을 찌푸리다 wrinkle one's brow
(03 숙명여)
- **frugal** 검소한 thrifty, economical
(10 인천)
- **fruitfully** 비옥하게, 효과적으로 effectively
(01 행정자치부 9급)
- **fruition** 결실, 달성, 실현 accomplishment
(04 한국외)
- **fudge** 꾸민 일, 허튼소리, 신문의 별쇄; 날조하다, 적당히 꾸며대다, 속이다 equivocate

- **fugacious** 붙잡기 어려운, 덧없는, 휘발성의
(08 중앙)
- **fugitive** 도망자 runaway;
도망가는, 덧없는 temporary, fleeting
(03 경기)
- **fulfill** 이행하다, 실행하다, 성취하다 accomplish, achieve, execute; 만족시키다 satisfy, meet
(00 법원서기보)
- **full** 완전한 entire, complete; 최고조의, 한창때인; 상세한 minute, detailed
- **fulminate** 맹렬히 비난하다, 호통치다 rail
(13 경희)
- **fumble** 손으로 더듬다, 더듬어 찾다 grope about;
우물우물 말하다, 말을 더듬다
- **fungus** 진균류, 효모균; 일시적 현상; 턱수염
(04 전북 9급)
- **furnish** 공급하다, 제공하다, 주다
(18 한국외)
- **furthermore** 더욱이
- **fury** 격노, 분노, 격분 rage, wrath, exasperation
(02 건국)
- **fuss** 야단법석 ado, 호들갑, 대소동 havoc
(04 경기도 교육행정직9급)
- **futility** 헛됨, 무익, 공허; 무익한 행동 uselessness
(05 고려)
- **futurity** 미래; 후세; 후세의 사람들; (pl.) 미래의 일, 미래성
(04 경기도 교육행정직9급)
- **gainsay** 부정하다, 반박하다 oppose
(16 중앙)
- **gale** 강풍 a very strong wind
- **gallant** 용감한 courageous, brave
(03 계명)
- **gallery** 맨 위층 관람석, 화랑; 관객, 구경꾼
(00 행정자치부 9급)
- **galling** 짜증나게 하는, 화나는, 분통이 터지는 vexing, irritating, harrowing, harassing
- **gallivant** 여기저기 돌아다니다 roam
(16 홍익)
- **gallop** 질주하다
- **game** 경기, 시합; 계략, 속임수; 사냥감 prey
(18 한국외)
- **galvanization** 직류 전기를 통하기; 자극하기 invigoration
(14 경희)
- **garment** (특히 여성 의복) 한 점 raiment
(03 행정자치부 9급)
- **garrulous** 수다스러운 talkative
(05 중앙)
- **gastronome(r)** 미식가, 식도락가 epicure
- **gastronomy** 미식 gourmandism
(17 중앙)
- **gateway** 출입구, 통로 door leading outside
(01 서울산업)
- **gaudy** 화려한, 번지르르한, 야한 garish
(02 건국)
- **gauge** 재다, 측정하다 measure
(01 서강)
- **gender roles** 남녀의 역할
- **genealogy** 계, 혈통; 계보, 족보 family tree
(00 행정자치부 9급)
- **general** 일반적인, 보편적인 universal, generic, catholic
(02 세종)
- **general specialist** 일반화된 전문가 (08 경희)
- **generate** 낳다 spawn, 산출하다; 발생하다, 야기시키다 create
(03 행정자치부 9급)
- **geneticist** 유전학자
(04 행정자치부 9급)
- **geographic** 지리학(상)의
(13 경기)
- **geography** 지리학; (어떤 지역의) 지리; 지리책
- **geology** 지질학 geognosy
- **germane** 적절한, 밀접한 관계가 있는 relevant, pertinent
(05 경희)
- **germinate** 싹트다, 발아하다 sprout
(06 건국)

★☆☆☆☆ 별 1개

각종 시험에 1회 출제된 적이 있는 고급어휘들로 고난이도
시험을 보시기 직전 체크하는 것이 좋습니다.

- **gesticulate** 몸짓하다
(10 단국)
- **gesture** 손짓, 고갯짓, 의사 표시
(03 법원서기보)
- **ghastly** 무시무시한 grim, grisly, macabre, 지독한
(13 단국)
- **gibberish** 횡설수설 galimatias, 알 수 없는 말
(14 중앙)
- **giddy** 현기증 나는, 어지러운 dizzy; (마음이) 들떠있는
(11 경희)
- **giggle** 깔깔대며 웃다 titter, snicker
(12 홍익)
- **girth** (물건, 몸통의) 둘레; 비만, 비대 circumference
- **give** 주다, 제공하다 afford, allocate
(02 고려)
- **give off** 방출하다; 뿜다
(14 중앙)
- **giveaway** 포기, 누설, 폭로, 경품; 헐값의, 비밀을 누설하는
(07 국회사무처 8급)
- **gizmos** 장치
(15 서강)
- **glacier** 빙하
- **glamorous** 매력에 찬, 매혹적인
(11 이화여)
- **glance** 흘긋 보다; 흘긋 봄, 일견
(09 성균관)
- **gland** 분비기관; 눌림쇠
(04 행정자치부 9급)
- **glandular** 선의; 선천적인, 타고난; 육체적인
(07 국회사무처 8급)
- **glaringly** 눈부시게; 화려하게; 눈에 띄게 obviously
(16 경기)
- **glean** 줍다, 주워 모으다, 모으다 collect
(14 국회사무처 8급)
- **gleefully** 매우 기뻐서 joyously, joyfully
(13 경기)
- **glimmer** 희미한 빛; 희미하게 빛나다 flicker, 소멸하다
(06 강남)
- **glob** (액체의) 작은 방울, 덩어리, 반고체의 구슬
(08 상반기 지방직 9급)
- **gloom** 그늘, 암흑 darkness, 어두운 곳, 우물, 침울; 어두워지다, 어두운 얼굴을 하다, 침울해지다
- **glue** 아교, 접착제; 접착제를 바르다 stick, paste
(01 법원서기보)
- **glum** (기분이) 울적한, 우울한 gloomy, melancholy
- **gluttony** 대식, 폭식 greed, surfeit
- **gnaw** 갉아먹다; 부식하다, 침식하다 nibble
(02 덕성여)
- **gnomic** 금언의 aphoristic, 격언적인
(13 중앙)
- **golem** 골렘[인조인간]; 얼간이; 자동인형, 로봇 automaton
(04 중앙선거관리위원회 9급)
- **goods** 물건 commodity; 소유물, 재산
(11 경희)
- **goof-up** (부주의, 태만으로) 실수를 저지르는 사람; 실수, 대실책; 고장
(07 행정자치부 9급)
- **gorge (on)** 배불리 먹다 glut
(08 경기)
- **gorgeous** 화려한, (여자가) 멋진 beautiful
(08 경원)
- **gossamer** 섬세한 delicate
(11 서강)
- **gourmet** 미식가 gourmand, gastronome, epicure
(06 건국)
- **govern** (나라, 국민을) 다스리다, 통치하다; (공공기관, 학교, 기업체 등을) 운영하다; (사람, 행동 등을) 좌우하다 rule
(01 법원서기보)

- **grace** 우아하게 하다; (자리를) 빛내다 honor
(16 중앙)
- **grammar** 문법, 어법
(15 고려)
- **graphically** 그림을 보는 것 같이, 생생하게 vividly
- **grassland** 목초지, 초원; 목초용 농지
(03 법원서기보)
- **gratification** 만족(감) satisfaction
(14 이화여)
- **grating** (창문, 하수구등의) 쇠창살소리, 목소리가 귀에 거슬리는; 삐걱거리는
(08 하반기 지방직 9급)
- **grave** 심각한, 중대한 critical, crucial, serious
(04 전북 9급)
- **gray** 회색, 땅거미, 어스레한 빛; 그레이 misty
(04 서울시 9급)
- **grazing** 목초지; 방목 (04 경기도 교육행정직9급)
- **greatly** 크게, 몹시; 위대하게, 숭고하게
- **greed** 대식, 폭식 gluttony, surfeit; 탐욕, 큰 욕심 avidity, avarice, rapacity
(05 세종)
- **green light** (정식) 허가 permission
- **greet** ~을 환영하다, 인사하다 welcome
(06 중앙)
- **grim** 엄한; 잔인한; 불쾌한 unpleasant
(05 숭실)
- **grimly** 엄하게; 잔인하게 sternly
(02 고려)
- **grit** 모래, 투지; 빙판에 모래(소금)를 뿌리다
(08 상반기 지방직 9급)
- **grossly** 몹시, 매우, 심히, 크게 greatly
(00 행정자치부 9급)
- **grotesque** (예술) 괴상한 dreadful
(04 세종)
- **grouch** 투덜대다, 토라지다 carp; 잔소리; 불평꾼
(11 경희)
- **grouchy** 화를 잘 내는, 신경질적인 irascible, irritable
(11 경희)
- **grounds** 찌꺼기
(15 국민)
- **groundwater** 지하수, 갱내수
(05 중앙인사위원회 9급)
- **grouse** 불평(하다), 투덜대다
- **grow** 성장하다, 자라다 raise; 발생하다, 시작되다; 증대하다, 커지다 swell
- **grown** 다 큰, 장성한
(18 경찰)
- **grudgingly** 마지못해서 unwillingly
(02 서울여)
- **gruesome** 소름 끼치는 grisly, horrible
(06 서강)
- **grumble** 속기 쉬운 innocent, credulous, gullible
(02 중앙선거관리위원회 9급)
- **guideline** (장래 정책 등을 위한) 지침 instruction
(04 서울시 9급)
- **guilt-ridden** 죄책감 (12 행정안전부 9급)
- **guinea pig** 기니 피그; 실험 대상 experiment subject
- **habit-forming** (약물, 마약 등이) 습관성인
- **haggard** 초췌한 gaunt
(01 경기)
- **halcyon** 평온한; 번영의 prosperous
(11 중앙)
- **hallmark** 특징, 특성 distinguish characteristic
(04 한국외)
- **hallow** ~을 신성하게 하다 make holy, consecrate
(13 경희)
- **hallway** 복도, 통로
(08 상반기 지방직 9급)
- **hammer out** 애써 생각해내다; 머리를 짜내 풀다; (문제, 곤경 따위를) 해결하다; 망치로 두드려 ~을 만들다
- **handicapped** 신체[정신]적 장애가 있는; (경쟁자가) 핸디캡이 있는; 신체[정신] 장애자
(01 행정자치부 9급)
- **handling** 취급, 운용, 조종, 취급방법, 출하; (이동, 배달 등의) 취급의
(01 법원서기보)

★☆☆☆☆ 별 1개

각종 시험에 1회 출제된 적이 있는 고급어휘들로 고난이도 시험을 보시기 직전 체크하는 것이 좋습니다.

- **handpick** 고르다, 정선하다 select
- **handsome** 잘생긴, 매력적인; (금액, 재산, 선물 등이) 상당한 considerable (13 광운)
- **handy** 편리한 convenient; 능숙한 skillful (09 지방직 9급)
- **hang-loose** 느긋한, 긴장이 풀린; 자유로운, 속박당하지 않은 uninhibited (03 법원서기보)
- **hangover** 잔존물, 숙취 surviving trace (01 동국)
- **happiness** 행복, 만족, 기쁨 felicity (14 서강)
- **harangue** (열렬한) 연설 oration; 열변을 토하다 (11 경희)
- **harassment** 괴롭힘, 애먹임; 고민(거리) (05 세종)
- **hard-and-fast** (규칙 등이) 엄중한 strict; 명확한, 엄밀한
- **hard-line** 강경론[노선]의, 타협하지 않는; 신조가 굳은
- **harmonize** 조화[화합]시키다; 일치시키다; 조화[일치]하다; 잘 어울리다 blend
- **harp seal** 바다표범, 물개
- **harrowing** 애통한, 비참한 distressing
- **harvest** 수확(하다) pick (04 경기도 교육행정직9급)
- **hassle** 귀찮은(번거로운) 상황(일), 귀찮을 정도로 따지기 (09 상반기 지방직 9급)
- **hasty** 조급한, 성급한, 참을성 없는 impetuous, impulsive (10 경희)
- **hatch** 부화; 한 배의 새끼; 부화시키다; (갑판의) 승강구, 창구 (07 국민)
- **hatchet** 전투용 도끼 differ, 자귀, 손도끼; 손도끼로 자르다, 단축[축약]하다 (07 서울시 9급)
- **hatred** 증오, 원한, 앙심, 적개심 (04 고려)
- **hay** 건초, 푼돈; (일, 노력의) 결과; 보상 (04 경기도 교육행정직9급)
- **head cold** 코감기 (04 중앙선거관리위원회 9급)
- **headhunter** 인재 스카우트 전문가; 사람 사냥꾼, 살인 청부업자
- **headstrong** 완고한, 고집 센 stubborn (04 홍익)
- **health service** 건강보험, 건강의료서비스 (03 행정자치부 9급)
- **healthy** 건강한 strong (09 서강)
- **heap** 쌓아올리다, 축적하다 amass, gather, accumulate (02 중앙선거관리위원회 9급)
- **heart attack** 심장마비, 심장발작
- **heartbeat** 심장의 고동; 중추, 핵심; ~에서 바로 가까이에 (06 중앙선거관리위원회 9급)
- **heated** 뜨거워진, 격한, 흥분한; 성난 furious (06 서울시 9급)
- **heavy-handed** 가혹한, 냉정한; 고압적인; 솜씨 없는 (16 서강)
- **hedonist** 쾌락주의자 (06 건국)
- **hefty** 상당한, 많은, 무거운 strong, bulky (10 한양)
- **heighten** 고상하게 하다, (가치 따위를) 증가시키다; 강화하다, 강조하다 intensify (15 강남)
- **hellhole** 지옥, 불쾌한 장소 (01 단국)
- **helm** 지배적 지위 controlling position (01 경기)

- **helper** 도와주는 사람, 조력자 supporter (00 동국)
- **hemisphere** 반구 (04 행정자치부 9급)
- **herbivore** 초식성동물 (04 국회사무처 8급)
- **heretical** 이교의, 이단의 unorthodox (03 고려)
- **heritage** 유산, 유전 genetics (04 중앙)
- **hermaphroditically** 자웅동체, 암수 한몸의; 상반된 두 성질을 가진 (12 상반기 지방직 9급)
- **hermit** 은자 recluse (04 국민)
- **hesitant** 주저하는 reluctant (03 고려)
- **hiccup** 딸꾹질; (주식 시장의) 일시적인 하락 (01 행정자치부 9급)
- **hick** 시골뜨기, 교양 없는 사람; 시골뜨기의, 촌스러운 boorish; 시골에 있는 (16 홍익)
- **hide** 숨기다 conceal, ~을 비밀로 하다; 가죽 skin, 피혁, 피부, 목숨 (00 행정자치부 9급)
- **hidebound** (생각이) 편협한, 고루한 conventional (14 중앙)
- **highway** 간선도로, 대로
- **hijack** 납치하다; 장악하다, 이용하다 (18 서강)
- **hinge** ~에 좌우된다[달려있다] depend (02 고려)
- **hoarder** 축적가 (08 하반기 지방직 9급)
- **hodgepodge** 뒤범벅, 잡탕 jumble (03 행정자치부 9급)
- **hoist** (짐 등을 기중기 등을 써서) 올리다 raise; (전쟁 등이 물가 등을) 상승시키다 elevate (04 경기도 교육행정직9급)
- **hole** 구멍; 누추한 집[곳] hellhole (01 단국)
- **hollow** 공허한, 빈 void (13 상명)
- **homage** 존경 deference, respect (13 단국)
- **home** 집, 가정; 휴식처, 피난처; 서식지; 고향, 본국
- **homebody** 가정적인 사람; 집에만 있는 사람, 외출하기 싫어하는 사람 stay at home (01 법원서기보)
- **homicide** 살인 murder (06 중앙인사위원회 9급)
- **homogeneity** 동종, 동질성 (08 중앙)
- **homologous** 상동기관의 (10 고려)
- **honoraria** (전문적 서비스에 대한) 사례비 (12 중앙)
- **hookup** (관련 부품의) 접속, 네트워크, 중계; 제휴, 동맹 (06 중앙선거관리위원회 9급)
- **horizontal** 수평의, 평평한 level; 수평선, 지평선
- **horn** (사슴 등의) 뿔; (달팽이 등의) 촉수 antler, feeler; 뿔피리 bugle, trumpet; 자동차의 경적
- **horrible** 무서운, 끔찍한 dreadful; 지독한 (05 대구시 9급)
- **horrid** 아주 못마땅한 nasty; 무시무시한 horrible (04 덕성여)
- **hortatory** 충고의, 권고적인 exhortative; 장려의, 격려의 (16 서울시 7급)
- **hospice** (순례자를 위한) 숙박소, 수용소, 수용시설 (01 행정자치부 9급)
- **hospitality** 친절, 서비스업 hospitality industry (06 숙명여)
- **hound** 따라다니며 괴롭히다; 사냥개 (09 상반기 지방직 9급)
- **hub** 중심지, 중심 center (18 서강))
- **huddle** 떼지어 모이다 together, (비밀리에) 상담하다, 토론하다, 마구 쑤셔 넣다; 뒤범벅; 큰 소동

★☆☆☆☆ 별 1개

각종 시험에 1회 출제된 적이 있는 고급어휘들로 고난이도
시험을 보시기 직전 체크하는 것이 좋습니다.

- **humanitarian** 인도주의자
  (01 인천시 9급)
- **humble** 자존심을 꺾다, 콧대를 꺾다 humiliate; 겸손한 modest; 비천한 low
  (02 건국)
- **humbly** 겸허하게 modestly, 천한 신분으로
  (04 중앙선거관리위원회 9급)
- **humdrum** 지루한 monotonous, 평범한, 단조로운 repetitious
  (13 홍익)
- **humidity** 습기, 습도 moisture
  (01 법원서기보)
- **humility** 겸손(한 행위), 비하 humbleness
  (04 한국외)
- **humor** 유머, 해학; 성미, 기질; 인간의 체액; 어르다, 만족시키다 gratify, 적응하다
  (01 계명)
- **humorous** 해학적인; 유머를 이해하는 comic
  (05 대구시 9급)
- **hunch** 예감, 직감, 육감 premonition, presage, 덩어리 lump, mass, 혹, 군살; (등 따위를) 둥글게 구부리다; (~할) 예감이 들다
  (03 변리사)
- **hunker** 숨다, 잠복하다 down; 쭈그리고 앉다
  (05 고려)
- **hurdle** 장애; 허들, 장애물 impediment
  (14 국회사무처 9급)
- **hurl** 세게 내던지다 throw
- **hurriedly** 서둘러, 다급하게
- **hurry** 서두르다, 재촉하다; 급히 ~하다
  (15 고려)
- **husbandry** 절약 frugality, thrift; 농업, 축산
- **hush** 고요함, 침묵 silence
  (04 경기)
- **husky** 쉰 목소리의, 허스키한 hoarse
  (00 법원서기보)
- **hustle** 거칠게 밀치다 jostle; 척척 해치우다
  (00 행정자치부 9급)
- **hybridity** 잡종성
  (13 고려)
- **hydro** 탕치장 spa, 수치료원, 수력 발전소
- **hydrogen** 수소
  (05 국회사무처 8급)
- **hygienic** 위생학의, 위생적인 sanitary
- **hyperactive** (특히 아동들이나 그들의 행동이) 활동 과잉의
  (08 상반기 지방직 9급)
- **hyperbole** 과장 overstatement, tall tale
  (03 중앙)
- **hyperinflation** 초인플레이션
- **hypnoid** 최면양의, 최면모양의
  (10 행정안전부 9급)
- **hypocrisy** 위선 insincerity
  (08 경희)
- **hypocritical** 위선의 double-faced
  (03 고려)
- **hypodermic** 피하(주사)의 under the skin, subcutaneous
  (03 광운)
- **hypothesis** 가설 postulate
  (06 국민)
- **hypothetically** 가정하여, 가설하여 theoretically
  (04 세종)
- **iceberg** 빙산; 냉담한 사람
  (06 중앙인사위원회 9급)
- **idealism** 이상주의, 이상화된 것, 관념론
  (05 대구시 9급)
- **identifiable** 인식 가능한 recognizable, 알아볼 수 있는
  (14 한양)
- **identification** 신분증, 신분 확인 recognition

- **idiomatic** (언어) 특유의; 관용적인; 독특한
(06 서울시 9급)
- **idiosyncrasy** (개인의) 특징, 특이성 peculiarity
(10 단국)
- **idiosyncratic** 특이한, 독특한
(15 고려)
- **idleness** 게으름 피우기, 나태 laziness; 쓸모없음
(13 고려
- **idyllic** 목가적인, 전원풍의 pastoral, rural, rustic; 소박한
(13 서강)
- **ignite** 점화하다
(14 서울시 9급)
- **ignominious** 수치스러운, 치욕적인 shameful, disreputable
(02 중앙)
- **ill-advised** 무분별한, 분별없는, 경솔한 careless
- **illuminate** 조명하다 lighten; 설명[해명]하다 explain, elucidate, clarify; 계몽[계발]하다 edify
(12 항공)
- **illusion** 환상 delusion
(01 국민)
- **illustrate** (실례, 그림 따위로) 설명하다 clarify
(00 행정자치부 세무직 9급)
- **imaginative** 상상력이 풍부한 inventive, creative;
상상의, 가공의 fictitious
(00 행정자치부 세무직 9급)
- **imagine** 상상하다, 떠올리다; 생각하다;
가정하다, 추측하다 guess
- **imbue** (감정, 사상 등을) 불어넣다, 고취하다 inspire;
스며들게 하다 pervade, penetrate, 적시다
(10 세종)
- **imitation** 모방, 모조(품) copy
(11 서울시 9급)
- **immaterial** 비물질적인, 정신적인 incorporeal;
중요치 않은 insignificant, unimportant
(02 중앙선거관리위원회 9급)
- **immeasurable** 헤아릴 수 없는, 끝없는, 무한의; 광대한 vast
(04 덕성여)
- **immediacy** 긴급함; 현재 상황
(10 고려)
- **immerse** (물속에) 잠기게 하다, 담그다 dip;
(일 등에) 빠지게 하다, 몰두시키다 absorb, engross
(07 경희)
- **immunity** 면제, 면역(성) protection
(05 가톨릭)
- **immunization** 면역시킴; 면역
- **impaired** 약화된, 건강이 나빠진
(15 한양)
- **impairment** (신체적, 정신적) 장애
(10 행정안전부 9급)
- **impassioned** 감동적인, 열의에 찬 stirring, passionate, ardent
(06 국민)
- **impecunious** 돈이 없는, 가난한 needy, indigent, penurious, penniless
(11 인천)
- **impelling** 추진하는, 강요하는 motivating, demanding
(05 명지)
- **imperator** 전제 군주, 황제, 대장군
- **imperceptibly** 알아차릴 수 없게, 눈에 안보이게 invisibly
(03 고려)
- **imperil** (생명, 재산 따위를) 위태롭게 하다 endanger, jeopardize
(03 세종)
- **impersonation** 의인화; 분장
(11 단국)
- **impertinent** 건방진, 뻔뻔한 impolite; 부적절한 inappropriate
(01 고려)
- **impiety** 불경스러움 blasphemy, irreverence
(02 고려)
- **implacable** 달랠 수 없는, 무자비한 relentless, unyielding
(04 성균관)
- **implicate** 관련시키다 involve
(11 서강)
- **implode** 자멸하다 collapse internally
(01 한성)
- **imply** 암시하다, 내포[함축]하다 suggest
(06 중앙선거관리위원회 9급)
- **impound** 가두다, 몰수하다 confiscate
(13 경희)

★☆☆☆☆ 별 1개

각종 시험에 1회 출제된 적이 있는 고급어휘들로 고난이도
시험을 보시기 직전 체크하는 것이 좋습니다.

- **impoverish** 가난하게 하다 pauperize; 고갈시키다 deplete, exhaust (13 숙명여)
- **impregnate** 임신시키다; (어떤 물질을) 가득 스며들게 하다 permeate (12 국민)
- **impression** 인상, 생각, 신념, (눌러서 된) 자국
- **impressionable** 감수성이 예민한 sensitive (05 중앙)
- **improbable** 일어날 것 같지 않은, 사실 같지 않은 unlikely, impossible, 기발한 whimsical (13 건국)
- **improvisation** 즉석에서 하기 spontaneity, 즉석에서 한[지은] 것, 즉흥시[곡, 연주] (08 경희)
- **improvise on** ~을 즉흥적으로 하다[연주하다] extemporize
- **impunity** 처벌받지 않음 freedom from punishment (07 서울시 9급)
- **inaccuracy** 부정확, 정밀하지 않음, 틀림 error (02 중앙선거관리위원회 9급)
- **inalienable** 양도할 수 없는 untransferable (09 이화여)
- **inattention** 부주의, 태만, 무뚝뚝함, 무심 neglect
- **incalculable** 헤아릴 수 없는, 무수한 innumerable, inestimable (04 덕성여)
- **incapable** 할 수 없는, 무능한 incompetent
- **incapacitate** 무능력하게 만들다 disable (02 경기)
- **incentive** 동기 motive, stimulus (04 고려)
- **inchoate** 초기 단계인, 불완전[미발달]한 incomplete (13 고려)
- **incident** 사건, 사변, 분쟁 event (04 서울시 9급)
- **incitement** 자극, 고무, 선동, 자극물 stimulus, incentive (04 경희)
- **inclusion** 함유, 포함; 함유물 (15 중앙)
- **incognito** 익명으로, 암행으로 with identity concealed; 익명의 anonymous (13 경희)
- **incoherent** (의논 등이) 조리가 서지 않는, 모순된, 조화가 없는 unintelligible (14 한국외)
- **income** 수입 (04 건국)
- **incomparable** 비할 데가 없는, 무쌍의, 빼어난 (16 한양)
- **incompatible with** ~와 상극하는, ~와 양립할 수 없는, ~와 호환되지 않는 inconsistent
- **incomplete** 불완전한, 미완성의 fragmentary (04 전북 9급)
- **inconceivable** 상상[생각]할 수 없는 unthinkable, beyond one's grasp (08 상반기 지방직 9급)
- **incongruous** 조화되지 않는, 어울리지 않는 conflicting (17 한국외)
- **inconsistent** 일치하지 않는; 일관성 없는 incongruous (09 상반기 지방직 9급)
- **inconsolable** 위로할 길 없는, 슬픔에 잠긴 disconsolate
- **inconspicuous** 눈에 띄지 않는 low-profile (04 행정자치부 9급)
- **inconvenient** 불편한, 부자유스러운 (18 서울시 9급)
- **incorrect** 부정확한 erroneous, 온당치 못한, 관례상 어긋난
- **increasingly** 점점, 더욱 더 more and more (06 서울시 9급)
- **incredible** 믿을[신용할] 수 없는 unbelievable, beyond belief (09 광운)

- **inculpatory** 죄를 씌우는 incriminatory; 연루시키는; 비난하는 (14 중앙)
- **indecent** (매우) 버릇없는, 품위 없는, 상스러운 improper, immodest (07 홍익)
- **indefinite** 불명확한, 일정하지 않은; 무기한의 (17 이화여)
- **indelibly** 지울 수 없게, 영구히 permanently (00 고려대)
- **independent** 독립한, 독립적인 (08 고려)
- **independently** 독립하여, 자주적으로 (13 상명)
- **indestructible** 파괴할 수 없는, 불멸의 permanent
- **indeterminate** 확실하지 않은; 막연한, 애매한 (15 고려)
- **indication** 지시, 지적, 징조, 징후 symptom (03 상명)
- **indicator** 지표, 경계지표 sign
- **indict** 기소[고발]하다 accuse, charge (12 경희)
- **indifference** 무관심, 냉담, 무차별 unconcern, apathy, nonchalance (15 한양)
- **indigence** 극심한 곤궁, 극빈 penury (14 경희)
- **indignant** (악, 부정에 대해)분개한, 성난 resentful (00 건국)
- **indignation** 분개, 분노 fury (04 경기)
- **indiscreet** 지각[분별]없는, 경솔한 imprudent, 부주의한 (11 고려)
- **indisputable** 논쟁의 여지가 없는, 명백한 incontrovertible (08 행정안전부 9급)
- **indistinguishable** 구별할 수 없는 (03 동국)
- **indivisible** 분할할 수 없는, 불가분의
- **indomitable** 불굴의, 꿋꿋한 unconquerable, invincible (10 경희)
- **inductive** 귀납적인
- **indulge** (욕망, 정렬 따위를) 만족[충족]시키다 satisfy, cater; (제멋대로) 내버려 두다 leave (09 행정안전부 9급)
- **industrious** 근면한 diligent (02 명지)
- **industry** 공업, 산업, 근면 (00 법원서기보)
- **inedible** 먹을 수 없는, 식용으로 부적합한 (04 행정자치부 9급)
- **ineffable** 형언할 수 없는 indescribable (04 성균관)
- **ineffective** 무효의, 효과가 없는, 쓸모없는 useless, 무능한, 무력한 (01 법원서기보)
- **inefficacious** 효력없는 (06 경희)
- **inefficient** (사람이) 무능한 tame, (사물이) 효력[효과] 없는; 무능한 사람
- **inertia** 활발치 못함, 둔함 inactivity, slackness, (물리) 관성, 타성, (의학) 무력(증)
- **inessential** 긴요[중요]하지 않은, 없어도 무방한 superfluous; 없어도 되는 것, 불필요한 것
- **inevitability** 피할 수 없는 (14 서울시 9급)
- **inexperienced** 풋내기의, 경험 없는 unworldly (01 법원서기보)
- **inexplicable** 불가해한, 설명할 수 없는 (12 상반기 지방직 9급)
- **inextricably** 불가분하게, 뗄 수 없게 inseparably (17 서울시 9급)
- **infanticide** 영아 살해(죄/범) prolicide (06 중앙인사위원회 9급)
- **infantile** 어린애 같은, 유치한; 유아의 (15 서강)
- **infatuation** 열중(하게 함), 심취 engrossment, fascination (06 중앙)

★ ☆ ☆ ☆ ☆ 별 1개

각종 시험에 1회 출제된 적이 있는 고급어휘들로 고난이도 시험을 보시기 직전 체크하는 것이 좋습니다.

- **infeasible** 실행 불가능한
(15 한양)
- **infectious** 전염성의 contagious
(05 항공)
- **inference** 추론, 추리, 결론, 함축된 의미 deduction
(06 노무사)
- **infest** (해충, 도적 등이) 우글거리다, 들끓다 beset
(02 고려)
- **infiltrate** 스며들다 permeate; 침투하다, 침투시키다
(14 국민)
- **infiltration** 침입, 침투, 〈군사〉 잠입
(05 중앙인사위원회 9급)
- **inflammatory** 염증성의, 열광시키는
(04 고려)
- **inflorescence** 꽃이 핌, 개화, 꽃차례, (집합적) 꽃
(07 국회사무처 8급)
- **informal** 비공식의, 격식에 얽매이지 않는 unbuttoned, 허물없는
(14 이화여)
- **informality** 비공식, 약식, 약식 행위 casualness
(08 단국)
- **information** 정보, 소식, 견문, (법) 범죄 신고, 고발 charge, (컴퓨터) 정보, 데이터
(02 동아)
- **infusion** 주입(물), 고취, 우려냄
(09 경희)
- **ingest** (음식물 등을) 섭취하다 consume
(14 사회복지직 9급)
- **ingrained** 깊이 배어든, 뿌리 깊은 firmly established, deep-rooted
(13 동국)
- **ingratiating** 알랑거리는, 아첨하는 flattering
(14 경희)
- **inhalation** 흡입제
(11 국민)
- **inheritance** 상속 재산, 유산, 유전성 patrimony, property
(07 중앙인사위원회 9급)
- **inherited** 물려받은, 선천적인 hereditary
(06 성균관)
- **inhospitable** 손님을 냉대하는, 불친절한 unfriendly; (기후 등이) 살기에 적합하지 않은
(04 행정자치부 9급)
- **initiate** ~을 개시[창시]하다, 시작[착수]하다 launch; ~에게 전수하다 instruct; ~를 가입[입회]시키다 affiliate
(05 중앙)
- **injunction** 지시, 명령 order, command
(07 서울시 9급)
- **innovative** 혁신적인, (사람이) 창조력이 풍부한 creative
(04 서울시 9급)
- **inoperable** 수술 불가능한
- **inroad** 침해, 침투, 잠식 encroachment
(16 가천)
- **insanity** 정신 이상, 광기 lunacy; 미친 짓, 무모한 짓
(14 경희)
- **inscrutable** 해독할 수 없는 incomprehensible
(14 한국외)
- **insensible** 감각을 잃은, 둔감한 obtuse
(01 동국)
- **insensitive** 무감각한, 둔감한, 반응 없는, 영향을 받지 않는 callous
(04 고려)
- **inseparable** 분리할 수 없는, 나눌 수 없는; 떨어질 수 없는 것[사람]
(00 세종)
- **insightful** 통찰력이 있는 perceptive
(04 고려)
- **insolvency** 파산 bankruptcy
(02 덕성여)
- **inspect** 면밀하게 살피다, 점검[검사]하다 examine
(13 단국)
- **inspiring** 분발[고무]시키는 stimulating, encouraging
(05 단국)

- **instantaneous** 순간적인, 즉각[즉시]적인 immediate
(01 세종)
- **instantly** 즉시로, 즉석에서, 절박하게 at once
(08 고려)
- **instill** (감정, 사상 등을) 주입시키다, 스며들게 하다 pour
(01 경기)
- **instinctively** 본능적인, 직관적인, 본능[천성, 직관]에서 나오는 intuitively
(04 서울시 9급)
- **instruct** 가르치다, 교육하다, 지시[명령]하다, 알리다 inform
(04 세종)
- **instrument** 기구, 도구 implement, device
(01 계명)
- **insulate** 분리[격리]시키다, 절연하다 isolate, shield
(05 가톨릭)
- **insuperable** 극복할 수 없는, 이겨낼 수 없는 insurmountable
(10 고려)
- **insuppressible** 억누를 수 없는, 억제할 수 없는 unquenchable
(13 한국외)
- **insurgent** 반란을 일으키는; 반란자, 폭도 rebel
(06 중앙)
- **insurmountable** 극복할[넘을] 수 없는 insuperable
(00 경기)
- **integral** 필수의, 필요불가결한
(18 서울시 9급)
- **intensity** 강렬, 격렬
(11 경희)
- **intensive** 강한, 집중적인, (농업, 경제) 집약적인, (문법) 강조하는 emphasizing
(02 행정자치부 9급)
- **intent** 의지, 의향 intention, 취지;
(시선 따위가) 집중된, 열중하여 bent
(04 건국)
- **intentionally** 국제적으로, 고의적으로 deliberatively, knowingly
(02 국민)
- **interact** 상호작용하다 interplay, mingle
(04 단국)
- **interbreed** 이종 교배하다[시키다], (근친)교배하다[시키다]
(05 중앙인사위원회 9급)
- **intercede** 중재[조정]하다 mediate
(05 경희)
- **interdependent** 서로 의존하는
- **interdict** 금지하다, 막다 forbid
(11 이화여)
- **interject** (말 따위를) 불쑥 끼어들어 하다, 첨가하다 insert, interpose
(05 강남)
- **interlocutor** 대화자, 질문자 conversationalist
(11 국민)
- **interloper** 침입자 intruder, trespasser, 주제넘은 사람
(13 중앙)
- **intermarry** (다른 종족 등과) 결혼하다, 근친[혈족]결혼을 하다
(02 한성)
- **intermediary** 중간의, 중재[매개]자 mediator
- **intermittently** 간헐적[단속적]으로 periodically
(10 한국외)
- **international** 국제적인, 국제의
- **internationalization** 국제화 (01 인천시 9급)
- **internment** 유치, 억류 detention
(03 명지)
- **interrupt** 가로막다, 중단하다 stop, cease
(02 경희)
- **interruption** 훼방, 방해, 중단, 방해물 check
(06 서울시 9급)
- **intimacy** 친밀함; 친밀감을 나타내는말, 성행위
(12 상반기 지방직 9급)
- **intimidating** 위협적인 frightening
(18 지방직 7급, 01 세종)
- **intoxicated** 술에 취한 drunken, (기쁨에) 흥분한
(07 국회사무처 8급)
- **intoxicating** 취하게 하는; 열중케 하는 captivating
(17 서강)
- **intoxication** 취함; 취한 상태; 도취; 중독
(16 경기)
- **intractable** (병이) 잘 낫지 않는, 고치기 어려운
(18 한국외)

★ ☆ ☆ ☆ ☆ 별 1개

각종 시험에 1회 출제된 적이 있는 고급어휘들로 고난이도
시험을 보시기 직전 체크하는 것이 좋습니다.

- **intrepidity** 대담함, 용맹함
(15 고려)
- **intrinsically** 본질적으로, 본래 inherently
(02 중앙선거관리위원회 9급)
- **introduction** 소개, 서론 prologue, 입문서, 도입 innovation, 창설
(04 국회사무처 8급)
- **intrude** (억지로) 밀어 넣다, 강요하다 force, impose; 간섭하다 interfere; 침입하다 trespass
(07 영남)
- **intrusion** 강요, 침입
(11 경희)
- **intuition** 직관, 직감 insight
(09 행정안전부 9급)
- **invariably** 항상, 반드시 always
(08 상반기 지방직 9급)
- **invasion** 침입, 침공, 침해 aggression
- **invective** 욕설 abuse, 독설, 비난의 말; 독설의
- **invention** 발명(품), 창안, 날조, 조작한 것, 발명[창안]의 재능, 발견 discovery
(04 단국)
- **inverted** 반대의, 반전된, 동성애의, 성도착의
(10 행정안전부 9급)
- **invest** 투자하다, 운용하다, (권한을) 부여하다 empower
(06 서울시 9급)
- **inveterate** (병, 습관 등이) 뿌리 깊은, 상습적인, 만성의 chronic
(12 가톨릭)
- **invigoration** 격려, 고무 stimulation
(14 경희)
- **invoke** 불러일으키다, 간청[호소]하다 entreat, appeal
(03 세종)
- **involuntary** 타의에 의한, 강제적인 compulsory, mandatory; 무심코 한 automatic, unintentional
(07 경기)
- **invulnerable** 상처를 줄 수 없는, 이겨낼 수 없는, 불사신의 unconquerable, invincible
(02 고려)
- **irascible** 화를 잘 내는, 성급한 irritable, grouchy
(07 중앙)
- **irate** 노한, 성난 angry, heated, freaked
- **irenic** 평화의; 평화적인, 협조적인 peaceful
(09 중앙)
- **ironic** 반어적인, 빈정대는 sarcastic, cynical
(00 행정자치부 9급)
- **irradiant** 빛나는, 눈부신 dazzling, luminous, fluorescent
- **irrationally** 분별없이, 불합리하게도 imprudently
(04 전북 9급)
- **irreplaceable** 바꿀 수 없는, 대체할 수 없는
(00 행정자치부 9급)
- **irrespective of** ~에 상관없이, 관계없이 unrelated to, irrelevant
(03 일반경찰)
- **irresolute** 결단력이 없는, 우유부단한, 망설이는 hesitating
(16 기상직 9급)
- **irreverence** 불경, 불손 impiety
(02 고려)
- **irrevocable** 취소할 수 없는, 돌이킬 수 없는 irreversible, final
(01 중앙)
- **irrigate** 물을 대다, 관개하다 water
(06 한성)
- **irritant** 성가시게 하는 것, 자극제 annoyance
(05 서울여)
- **irritating** 성가신, 귀찮은 annoying
- **isle** (작은) 섬
(01 법원서기보)
- **isolate** 고립시키다, 격리[분리]시키다 insulate, segregate
(11 국민)
- **isolated** 고립된, 격리된 secluded, separated
- **jack up** (차 등을) 잭으로 들어 올리다 lift
(04 홍익)

- **jackal** 자칼(여우와 늑대의 중간형 야생개) (05 대구시 9급)
- **janissary** 터키왕의 근위 보병, 친위대의 일원[보병], 앞잡이 (04 행정자치부 9급)
- **jaywalk** (신호를 무시하다) 길을 횡단하다 (04 서울시 9급)
- **jealousy** 질투(심) envy (06 중앙인사위원회 9급)
- **jejune** 고지식한; 재미없는 staid; 불모의 infertile; 미숙한 (14 고려)
- **jettison** 버리다, 폐기하다, 포기하다 discard (16 서울시 7급)
- **jewel** 보석; 보석처럼 귀중한 것[사람] gem (01 경기)
- **jobless** 일이 없는, 실직한 out of work (13 경기)
- **join** 참가하다, 입사하다 participate (05 가톨릭)
- **jubilation** 환호, 경축 (00 경원)
- **judge** 판단[판결]하다 decide, arbitrate
- **judgement** 재판; 판결 ruling, finding, decision (06 단국)
- **judicious** 현명한 prudent, wise; 신중한 careful (00 고려)
- **juggernaut** 강력하고 거대한 것[조직, 힘] leviathan; 대형 버스 (14 경희)
- **juggler** 요술쟁이, 마술사, 사기꾼 (04 중앙인사위원회 9급)
- **juice** 즙 sap, moist, 원기, 완력 inspiration (06 고려)
- **justice** 정의, 공정, 정당(성) fairness (06 중앙선거관리위원회 9급)
- **juvenile** 소년, 소녀; 젊은, 미숙한 young, immature (01 고려)
- **keep** 보유하다 reserve; 계속하다; 부양하다 support; (약속 등을) 지키다
- **kernel** (문제 등의) 핵심, 요점 core, gist; 낟알
- **kidnap** 유괴하다 abduct (08 건국)
- **kidnapper** 유괴자, 납치범 abductor (04 행정자치부 9급)
- **kind** 종류 class, sort, 본성, 성질; 친절한, 동정심이 있는 compassionate; 신중한, 온화한
- **kinetic** 운동의 ; 활동적인, 정력적인
- **kinship** 혈족 관계, 친족 관계 relation (06 중앙인사위원회 9급)
- **kiss off** 해고[면직]하다, 내쫓다 dismiss, lay off, fire, discharge; 죽이다
- **kissoff** 해고, 파면 dismissal; 죽음 death
- **kitsch** 저속한 작품, 천한
- **kitschy** (작품이) 저속한, 저질의 vulgar (02 덕성여)
- **knack** 어떤 일을 쉽게 할 수 있는 자질, 능력 skill, 버릇 (13 한양)
- **knock up** 급히 만들다; 녹초가 되게 만들다 (03 경기)
- **knockabout** (돛이 하나 있는) 소형요트 sailboat, (손쉽게 탈 수 있는) 소형 실용차; 소란한, 법석 떠는, (옷 등이) 막일할 때 입는
- **knot** 매듭, 끈 tie; 무리, 인연; 혹, 옹이; 난관
- **know** 알다, 알고 있다, 구별할 수 있다, 이해하다 (05 중앙)
- **knowingly** 알고서, 고의로 intentionally, purposely, deliberately, wittingly, 아는 듯이, 아는 체하고; 빈틈없이
- **kudos** 영광, 영예; 찬사, 칭찬 (07 중앙)
- **laddie** 젊음이, 총각; 여보게 old chap (04 경기도 교육행정직9급)
- **laden (with)** ~으로 가득 찬 fraught with, filled with
- **laid-back** 느긋한 relaxed, 마음 편한 (13 홍익)
- **laissez-faire** 불간섭주의, (자유) 방임주의(의 정책) (08 중앙)

★ ☆ ☆ ☆ ☆ 별 1개

각종 시험에 1회 출제된 적이 있는 고급어휘들로 고난이도
시험을 보시기 직전 체크하는 것이 좋습니다.

- **lamentable** 슬픔, 유감스러운 sad
(06 중앙인사위원회 9급)
- **land** (노력의 결과로서) 획득하다 win
(08 경희)
- **land bridge** 해륙 수송(해상 운송과 육상 운송을 결합시킨 운송 방식)
(04 경기도 교육행정직9급)
- **landmark** 경계표; 획기적인 사건 milestone
(09 가톨릭)
- **lane** 차선, 좁은 길, 도로 path, passage, aisle
(00 행정자치부 9급)
- **larceny** 절도, 도둑질 theft
(16 홍익)
- **large** 큰 big; 넓은 spacious; 다수의 numerous
- **lassitude** 나른함, 권태, 피로 languor
(10 중앙)
- **lasting** 영구적인; 오래 견디는, 내구력 있는 perennial, permanent
- **late** (죽은) 고(故), 전(前)
(10 중앙)
- **later** 후에 hidden, 나중에
(04 동덕여)
- **latitude** 위도; 지대; 허용범위, 자유
(13 이화여)
- **laud** 칭찬하다 praise
(00 동국)
- **launching** (새 배를) 진수, (로켓의) 발사 send-off
(05 국회사무처 8급)
- **law-breaking** 법률위반의 delinquent
- **lawlessness** 무법
- **lawsuit** (민사) 소송(사건)
(03 한국외)
- **layman** 속인, 평신도; 아마추어, 초보
(12 가천)
- **layoff** (일시적) 해고 redundancy
(04 덕성여)
- **leap-frogging** 등 짚고 뛰어넘기 vaulting
(08 고려)
- **learned** 박식한 erudite, 학구적인
(14 경희)
- **learner** 배우는 사람, 학습자, 초학자, 초심자 novice, beginner
(00 고려)
- **leer** 곁눈질하다, 흘겨보다
(15 중앙)
- **leftover** 나머지, 찌꺼기, (먹다) 남은 음식 debris, residue, remains; 나머지의, 남은 odd, residual
(08 하반기 지방직 9급)
- **legacy** 유산, 유증 bequest
(07 국회사무처 8급)
- **legerdemain** 손으로 하는 요술, 손으로 부리는 재주, 속임수, 허위 magic, deception
(08 중앙)
- **length** 길이, (긴) 가닥
(13 경희)
- **leniently** 관대하게, 너그럽게 mildly
(13 국가직 9급)
- **lethal doses** 치사량 deadly amount
(03 광운)
- **lethargy** 무기력, 권태, 기면 honor
(15 국회사무처 8급)
- **letup** 정지; 완화, 감속 stop
- **level-headed** 온건한, 분별 있는, 냉정한 calm
(04 고려)
- **leviathan** 거대한 것 juggernaut; 레비아단(성서에 나오는 바다 속 괴물)
(14 경희)
- **levy** 세금을 부과하다 impose
(15 한국외)
- **lewd** 음탕한 lecherous, obscene
(05 경희)

- **libel** 명예훼손 slander; 중상[비방]하다 (01 대구)
- **liberalization** 자유주의, 자유화, 개방화 (00 행정자치부 세무직 9급)
- **liberating** 자유롭게 하는, 해방시키는 (15 국민)
- **license** 면허, 인가, 허락, 면허장 certificate (01 고려)
- **lift** 차에 태워줌 ride, 들어올리기 (01 가톨릭)
- **life span** 수명 longevity
- **liftoff** (항공기, 로켓의) 이륙, 발사 (05 국회사무처 8급)
- **likable** 호감이 가는, 마음에 드는 pleasant
- **likelihood** 있음직함, 가능성, 가망 (15 한국외)
- **likewise** 똑같이, 마찬가지로, 또한 similarly (04 국회사무처 8급)
- **limp** 흐느적거리는, 무기력한, 맥 빠진 lifeless and drooping; 다리를 절다 hobble (04 국회사무처 8급)
- **limpid** 맑은 lucid (10 명지)
- **lineage** 혈통, 계통 ancestry (11 덕성여)
- **lineal** 직계의, 정통의 direct;선 모양의; 직계 비속
- **linen** 리넨(류)
- **linger** 남아있다 remain, stay, tarry; 꾸물거리다 loiter, lag, 좀처럼 사라지지 않다 drag, delay (03 행정자치부 9급)
- **linguist** (언)어학자, 외국어에 능통한 사람 philologist
- **linguistic** 말의, 언어의, 언어학(상)의 (02 성균관)
- **liquidate** (부채 등을) 청산하다 clear up; 숙청하다 kill (07 국회사무처 8급)
- **lissome** 유연한, 나긋나긋한 limber; 민첩한 (14 중앙)
- **literacy** 읽고 쓰는 능력, 교양 있음, 교육받음 ability to read and write (15 국민)
- **literal** 문자그대로의 of original meaning (08 경원)
- **litigate** 소송을 제기하다, 법정에서 다투다 take legal action, 논쟁하다 argue, debate, altercate (02 명지)
- **litigious** 소송[논쟁]하기를 좋아하는; 소송상의 (04 고려)
- **liver** 간장, 간, ~식으로 생활하는 사람; 간장색의, 적갈색의
- **lizard** 도마뱀, 도마뱀 가죽 (04 서울시 9급)
- **loaf** 빵의 한 덩어리 (02 행정자치부 9급)
- **loathe** 몹시 싫어하다 detest, hate (05 경희)
- **loathing** 혐오 strong hatred (05 가톨릭)
- **locate** 위치하다, 놓다; 위치를 알아내다; 위치를 가리키다 (12 경찰)
- **locomotion** 운동(력) movement; 교통기관; 여행 (03 경기)
- **lofty** 매우 높은, 당당한, 거만한 haughty (04 단국)
- **logical** 논리적인, 이치에 맞는 tenable, reasonable
- **logistic** 병참(학)의; 기호(記號) 논리학
- **loneliness** 고독 solitude, 쓸쓸함 desolation
- **longing** 갈망, 동경 yearning
- **long-lasting** 길게 계속[지속]되는, 장기간에 걸친
- **lookism** 외모지상주의 (13 건국)
- **loose** 헐렁한, 느슨한, 풀린 lax (06 중앙선거관리위원회 9급)
- **lot** 많음, 다량; 많은; 모두, 전부 (13 홍익)

★☆☆☆☆ **별 1개**

각종 시험에 1회 출제된 적이 있는 고급어휘들로 고난이도 시험을 보시기 직전 체크하는 것이 좋습니다.

- **loud** 귀에 거슬리는, 시끄러운
(09 서울시 9급)
- **lowland** 저지(低地), 스코틀랜드 남동부의 저지 지방
(07 국회사무처 8급)
- **lowly** 지위가 낮은, 천한 humble, 겸손한 modest; 천하게, 겸손하게
(06 대구가톨릭)
- **lubricant** 윤활유, 윤활제; 미끄럽게 하는
(14 고려)
- **lucidly** 알기 쉽게, 명료하게 clearly
(07 강원 9급)
- **lucubrate** 부지런히 일하다, 밤늦게까지 공부하다
(13 중앙)
- **lugubrious** 가련한, 애처로운, 불쌍한 sad, 우울한 dismal
(11 서울여)
- **lunar eclipse** 월식
- **lunatic** 미친, 미친 사람 insane
(02 고려)
- **lurch** (배가) 갑자기 기울어지다 tilt, 비틀거리다, 비틀거리며 걷다 stagger
(04 국회사무처 8급)
- **lurk** 숨다, 숨어 기다리다, 잠복하다 hide, ambush
- **luxuriant** (식물, 머리카락이 보기 좋게) 무성한, 풍성한; (특히 예술, 분위기에 해서) 풍부한
(09 상반기 지방직 9급)
- **lyric** 서정적인, 가사의; 서정시, (pl.) 가사
(13 동국)
- **machination** 교묘한 책략, 음모, 모략
(15 중앙)
- **magazine** 잡지; 탄창, 무기고
- **magisterially** 주인답게; 위엄 있게, 당당하게; 고압적으로 authoritatively
(16 단국)
- **magnificence** 웅대, 장엄 splendor; 호화; (M~)각하, 전하
- **magnify** 확대하다 aggrandize
(02 고려)
- **mainspring** 중요 동기, 큰 태엽
- **majestic** 위엄 있는, 당당한, 웅대한 grand
(04 서울시 9급)
- **majority** 대부분, 다수, 과반수, 성년 adulthood
(01 광운)
- **makeshift** 임시의, 일시적인 temporary
(05 경희)
- **maladroit** 솜씨 없는, 서투른 clumsy, awkward
(02 고려)
- **malediction** 저주, 악담 curse, imprecation
(00 고려)
- **malevolence** 악의, 적의, 증오
(17 한국외)
- **malevolent** 악의 있는, 사악한 wicked, vicious
(03 숭실)
- **malignancy** 악의, 적의, 악성 종양
(06 중앙선거관리위원회 9급)
- **malignant** 악성의; 악의에 찬
(17 서강)
- **malinger** 꾀병을 부리다 play sick
(07 중앙)
- **malnourished** 영양실조[부족]의 underfed
(03 광운)
- **malnutrition** 영양실조
(03 동국)
- **mammal** 포유동물 (04 전북 9급)
- **manacle** 수갑 handcuff, 속박; 수갑을 채우다, 속박하다 restrain
- **mandate** 명령하다, 요구하다 require; 명령
(06 국민)
- **manlike** 사람 같은, 남자다운 manly, (여자가) 남자 같은 mannish
- **mannered** 태도가 ~한, 타성적인, 틀에 박힌
(01 법원서기보)

- **manslaughter** 살인 homicide, 〈법〉 과실치사
- **margin** 여백, 여유, 최저한도, 가장자리 edge, border, 매매 차익금, 한계 수익점 (04 고려)
- **marital** 결혼의, 부부의 pertaining to marriage (01 중앙)
- **maritime** 바다(위)의, 해운상의; 해상무역의 marine, nautical; 선원다운, 선원 특유의 seamanly, seamanlike; 해안 가까이 사는 seaside, seashore, coastal (02 세종)
- **market** 가축, 식료품 등을 파는 시장; 식료품 가게 (01 중앙)
- **marshal** 정렬시키다, 집결시키다 (04 성균관)
- **masculine** 남자의, 남성의, 남자다운 male (06 서울시 9급)
- **masonry** 석공직, 석공 기술, 석조물 (04 행정자치부 9급)
- **masquerade** 가면[가장]무도회; ~로 변장하다, ~인 체하다 fake (06 고려)
- **massacre** 대학살, (경기 등의) 완패, 참패; (많은 사람, 동물 등을) 학살하다 slaughter, butcher (04 행정자치부 9급)
- **masterpiece** 걸작
- **mastery** 지배(력), 승리, 전문적 지식 expertise (04 국회사무처 8급)
- **masticate** 씹다 chaw, chew, chewing, manducate, 분쇄하다 (13 서강)
- **matriarch** 여자 가장 a strong mother (03 건국)
- **matricide** 모친살해 (06 중앙인사위원회 9급)
- **matriculate** (대학에) 입학하다 enroll
- **matrimony** 결혼, 결혼상태 nuptials (03 건국)
- **mature** 성숙한 grown up (06 중앙선거관리위원회 9급)
- **maul** 때리다, 상처를 입히다 beat (02 경기)
- **maverick** 낙인이 찍히지 않은 송아지; 무소속 정치가[예술가], 독불장군 nonconformist
- **mawkishness** 몹시 감성적임 sentimentality; 역겨움, 구역질 (07 고려)
- **maze** 미로 labyrinth (10 서강)
- **meadow** 목초지, 초원 (01 행정자치부 9급)
- **meaningless** 뜻[의미]없는, 무의미한 pointless
- **measured** 신중한 prudent, 숙고한 (13 성균관)
- **mechanic** 수리공, 정비사, 기계공 (03 행정자치부 9급)
- **mechanical** 기계(상)의, 기계적인 (05 국회사무처 8급)
- **mechanism** 기계 장치, 도구 device, instrument, apparatus; (정해진) 절차, 방법 means, method; 기교, 수법 technique (07 국회사무처 8급)
- **mechanistic** 기계론적인, 기계론의; 기계학(상)의 (14 한양)
- **meddlesome** 간섭[참견]하기 좋아하는 officious (03 숙명여)
- **mediation** 조정, 중재 arbitration (03 법원서기보)
- **medical** 의학의, 의료의 (07 중앙인사위원회 9급)
- **mediocrity** 평범, 보통; 보통 사람 (13 이화여)
- **meditation** 명상, 묵상; 숙고; 명상록 contemplation (00 국민)
- **Mediterranean (Sea)** (the-) 지중해 (04 서울시 9급)
- **megalomania** 과대망상(증), 과장하는 버릇
- **melange** 혼합물; 뒤범벅 (15 중앙)
- **mellow** 과일이 익어서 말랑말랑하고 달콤한
- **meltdown** 완전 붕괴, (주가의) 대폭락; (원자로의) 노심 용해 07 국회사무처 8급)

★☆☆☆☆ 별 1개

각종 시험에 1회 출제된 적이 있는 고급어휘들로 고난이도
시험을 보시기 직전 체크하는 것이 좋습니다.

- **memento** 기념(품) token
- **menacing** 위협적인 threatening (13 한국외)
- **mend** 고치다, 수선하다 (13 한국외)
- **mendacious** 거짓의 lying, 허위의 (08 중앙)
- **mendacity** 허위, 거짓말 lie, fib (12 가톨릭)
- **mendicant** 구걸하는 beggarly; 거지 beggar (13 한국외)
- **mentally** 정신적으로, 지적으로 intellectually (04 국회사무처 8급)
- **mention** 언급하다, 말하다; 언급 reference (04 국회사무처 8급)
- **mere** 단지 ~에 불과한, 순전한, 대수롭지 않은 insignificant (01 가톨릭)
- **mercurial** 변덕스러운; 활달한; 수은이 함유된 (17 서강)
- **meretricious** 겉치레뿐인, 저속한 tawdry (18 중앙)
- **merger** (기업의) 흡수 합병 (13 서울시 9급)
- **messy** 지저분한, 단정치 못한 sloppy, imperfect (04 고려)
- **meter** 미터, (자동)계량기; 미터로 재다
- **microcosm** 소우주, 축도 (11 홍익)
- **Midas** (그리스신화) 미다스, 큰 부자
- **middle-of-the-road** 중도의, 중용의 moderate (05 고려)
- **midway** 중도에[의], 중간쯤에[의] (04 경기도 교육행정직9급)
- **migraine** 편두통 (06 중앙인사위원회 9급)
- **migration** 이동, 이주 (13 경기)
- **militate (against)** (불리하게) 작용하다
- **milk** 우유를 짜다; 이용하다 utilize (04 경기)
- **mill** (곡물을) 맷돌로 갈다, (제분기[물방아, 기계]로) 빻다 grind; 제조공장, 물방앗간 (02 행정자치부 9급)
- **millennia** 수 천 년의 기간 thousands of years (04 동덕여)
- **millennium** 천 년간 a thousand years
- **millstone** 맷돌; 〈성서〉무거운 짐 (04 경기도 교육행정직9급)
- **mince** (고기 등을) 잘게 썰다 cut, 점잔빼며 걷다; 조심스레 말하다 tone down (08 경희)
- **mindfulness** 주의, 조심, 마음에 둠 (03 행정자치부 9급)
- **mindless** 생각[지각]없는, 어리석은 stupid, 무심한, (폭력 등이) 까닭 없는 (01 동국)
- **mineral** 광물, 광석 (05 대구시 9급)
- **minimize** 과소평가하다, 경시하다; 줄이다 (15 중앙)
- **minister** 섬기다, 봉사하다 serve (02 한국외)
- **ministerial** 성직자의; 이바지하는, 도움이 되는 instrumental
- **minuteness** 미세, 상세
- **Miocene** 중신세의 (04 경기도 교육행정직9급)

- **misanthrope** 사람을 싫어하는 사람
  (11 중앙)
- **misappropriate** 부적절한, 엉뚱한 irrelevant;
  (남의 돈을) 착복[횡령]하다
  (05 국회사무처 8급)
- **miser** 구두쇠 niggard
  (00 동국)
- **miserable** 비참한 distressful, wretched
  (00 법원서기보)
- **mishap** 불행, 불운 misfortune, adversity
  (02 고려)
- **misnomer** 틀린 이름, 잘못 부르기 misnaming
  (03 세종)
- **mist** 안개, 이슬비, 흐릿한 것 fog
  (02 중앙선거관리위원회 9급)
- **mistake** (기준에서 벗어난) 오류, 실수 blunder, gaffe
  (07 고려)
- **mistress** 주부, 여주인, 여왕, 여류 대가
  (04 서울시 9급)
- **mistrustful** 의심 많은, 신용하지 않는 jaundiced
  (03 경기)
- **misty** 안개가 짙은 foggy, 흐릿한
- **mite** 잔돈 exchange, 얼마 안 되는 돈 money
  (01 경기)
- **mitigation** 완화
  (11 동국)
- **mixture** 혼합, 혼합물 amalgam, 감정의 교착
  (00 법원서기보)
- **modernize** 현대화하다, 근대화하다 renovate
- **modesty** 겸손, 정숙, 수수함 demureness
- **modification** (부분적) 변경, 변형, 제한, (문법) 수식, 한정
- **modulate** 조정하다, 변화시키다 adapt
  (11 덕성여)
- **moil** 악착같이 일하다 toil
  (13 중앙)
- **moist** 습기 있는, 축축한 damp
  (01 고려)
- **molar** 갈아 부수는, 어금니의; 어금니
  (04 중앙선거관리위원회 9급)
- **moldiness** 곰팡이가 핀 상태
- **molt** (새가)털을갈다, (곤충 등이) 허물을 벗다, (동물이) 뿔을 갈다; 털갈이, 털갈이 시기, 벗은 허물
  (11 행정안전부 9급)
- **momentum** 추진력, 여세; 운동량
  (09 이화여)
- **money** 화폐, 통화, 돈 currency
  (05 총신)
- **monk** 수도사, 성직자
- **monumental** 기념비적인 outstanding
- **moody** 시무룩한, 언짢은 depressed; 변덕스러운
  (01 광운)
- **moped** 모터 달린 자전거
  (00 행정자치부 9급)
- **moralistic** 선악에 대해서 엄격한[융통성 없는], 교훈적인, 도덕주의의 puritanical
  (07 한국외)
- **moratorium** 일시 중지, 동결 freeze
  (18 서강)
- **morally** 도덕[도의]상, 도덕적으로 virtuously, 정신적으로, 실제로, 사실상 virtually
- **morbid** (생각 등이) 병적인, 불건전한 unwholesome, unhealthy
  (09 명지)
- **mordant** 통렬한, 신랄한 sarcastic
  (13 명지)
- **more often than not** 자주, 대개 frequently (10 경기)
- **morgue** 시체 공시소; (신문사의) 자료실
- **mortifying** 굴욕적인, 분한 humiliating
  (06 성균관)
- **mosaic** 모자이크, 모자이크 그림[무늬], 모자이크 식의 물건[글]
- **moth** 나방, 옷좀나방
  (04 행정자치부 9급)
- **motionless** 움직이지 않는, 부동의, 정지한
  (03 덕성여)

★☆☆☆☆ 별 1개

각종 시험에 1회 출제된 적이 있는 고급어휘들로 고난이도
시험을 보시기 직전 체크하는 것이 좋습니다.

- **motivate** 자극하다, ~에게 동기를 주다 impel
- **motive** 동기, 이유, 목적 object; 움직이게 하는, 원동력이 되는 (14 고려)
- **mount** 오르다, 올라가다; 야산, 구릉 (00 법원서기보)
- **mournful** 슬픈 elegiac, sad (05 중앙)
- **mouthful** 한 입(의 양), 소량; 중대한 significant
- **move** 감동주다 (02 덕성여)
- **moving** 감동적인 stirring, touching (06 충남 9급)
- **muggy** (기후 등이) 찌는 듯이 더운 hot and humid (04 서울시 9급)
- **mule** 노새(암말과 수나귀와의 잡종); 고집쟁이 (00 법원서기보)
- **mulish** 고집 센 stubborn, tenacious, obstinate (13 단국)
- **mull** 실수, 실패; 엉망으로 만들다, 곰곰이 생각하다 (over) (ponder)
- **mull over** 숙고하다 ponder (08 경희)
- **multi-faceted** 다면적인 versatile (13 경희)
- **multiformity** 다양성 multiplicity
- **multiple** 많은, 다수의; 다양한, 복합적인 various (16 사회복지직 9급)
- **multiplicity** 다양성 multiformity (03 건국)
- **multiply** 증가하다, 증식하다 increase (09 경희)
- **municipal** (자치) 시의 city (13 서울시 9급)
- **munificent** 아낌없는, 후한 lavish, unstinting (13 경희)
- **murk** 암흑, 음울함 gloom, darkness
- **muster (up)** (검열, 점호에) 소집하다 gather (04 경기)
- **musty** 곰팡내 나는, 퀴퀴한 냄새가 나는 stale, spoiled by age (14 경희)
- **mutability** 덧없는 일, 무상 vicissitude
- **mutable** 변하기 쉬운 changeable (04 한성)
- **mutiny** 반란, 폭동, 항명 rebellion (14 경찰직 2차)
- **mutter** 중얼거리다, 투덜거리다, 불평을 말하다 mumble
- **muzzle** 재갈을 물리다, 억압하다 suppress (18 서울시 9급)
- **myriad** 무수(한 사람, 것) a huge number (06 중앙인사위원회 9급)
- **mystical** 신비(주의)적인, 정신적 의의가 있는, 불가사의의
- **mythology** (집합적) 신화, 신화집 legend (04 성균관)
- **nadir** 최하점, 천저 bottom (02 중앙)
- **naivete** 순진, 소박, 단순 bottom (18 이화여)
- **narrow** 좁은; 편협한; 좁아지다, 줄이다 (08 경기)
- **narrow-minded** 마음이 좁은, 편협한 insular, parochial (04 가톨릭)
- **nationalize** 국영화하다; 전국에 보급시키다; 귀화하다 (07 경기)
- **naught** 제로, 영, 없음
- **nausea** 욕지기, 메스꺼움, 뱃멀미
- **nauseate** 구역질나게 하다 disgust (03 행정자치부 9급)

- **necessary** 필수적인 required, indispensable, essential, 필연적인 inevitable
- **necropolis** 대규모 공동묘지 cemetery, burial ground (13 경희)
- **nectar** 신주(神酒), 진한 과즙, 달콤한 음료 (07 국회사무처 8급)
- **needle** 바늘(로) 꿰매다; 괴롭히다, 잔소리하다 irritate (02 덕성여)
- **needlessly** 불필요한, 쓸데없는 useless
- **negate** (사실을) 부인[부정]하다, 취소하다 invalidate, deny (08 고려)
- **negation** 부정, 부인, 거절 denial (14 한양)
- **neologism** 신조어 neology, coinage (13 중앙)
- **nerve** 신경; 용기 courage (05 대구시 9급)
- **nettle** 짜증나게 하다 vex (11 중앙)
- **neural** 신경(계)의 nervous, 척수와 같은 쪽에 있는 (07 국회사무처 8급)
- **neurologist** 신경과 의사, 신경과
- **neuron** 뉴런(신경 단위) (06 중앙선거관리위원회 9급)
- **neurotic** 신경증의, 아주 신경질적인 disturbed
- **neutralize** 중화시키다, 중립화하다, (~에) 반대로 행동[작용]하다 counteract (05 세종)
- **niche** (수익 가능성이 높은) 틈새시장 (08 고려)
- **niggardly** 인색한 stingy (06 계명)
- **niggling** 사소한 petty, 하찮은 일에 골몰하는
- **nimbleness** 민첩함 agility (03 덕성)
- **Nimby** 지역 이기주의 (18 서강)
- **nitty-gritty** 핵심, 진실 gist; 가장 중요한 (06 한성)
- **nomenclature** 명칭, 학명, 명명(법) (09 이화여)
- **nominate** 지명하다 name (05 삼육)
- **nonconformity** 불복종, 비협조, 불일치 dissent (04 중앙선거관리위원회 9급)
- **non-criminal** 법을 지키는 law-abiding
- **nondescript** 흥미 없는, 뚜렷한 특징이 없는 ordinary (13 경희)
- **nonentity** 존재하지 않음, 보잘 것 없는 사람[물건] nobody (06 고려)
- **nonessential** 비본질적인(것[사물]), 중요치 않은 (것[사람]) unimportant
- **non-fatal** 치명적이지 않은 (10 경희)
- **non-fiction** 꾸민 이야기가 아닌, 논픽션 (04 서울시 9급)
- **nonpartisan** 당파심이 없는, 객관적인, 공정한 just (05 강남)
- **non-resistance** 무저항(주의)
- **nontransparent** 불투명한 opaque
- **normal** 표준의; 보통의; 정상적인 (12 경찰)
- **normative** 표준의, 기준의 criterial; 규범적인 (14 이화여)
- **notable** 주목할 만한 noteworthy, remarkable (05 국회사무처 8급)
- **notably** 현저하게, 명백하게 particularly
- **notify** 알리다, 신고하다 inform (05 세종)
- **notoriously** 악명 높게 (15 한양)
- **nourishment** 자양물[분], 음식 (07 서울시 9급)

★ ☆ ☆ ☆ ☆ 별 1개

각종 시험에 1회 출제된 적이 있는 고급어휘들로 고난이도
시험을 보시기 직전 체크하는 것이 좋습니다.

- **now** 지금, 현재, 즉시 at once, 방금, 막
- **nucleus** 핵, 핵심, 토대, 기점 core
- **numb** 감각을 잃게 하다, 마비시키다; 마비된 palsied (04 고려)
- **nutritive** 영양을 제공하는; 영양물
- **nutty** 미친 mad (01 경기)
- **obedience** 복종, 순종, 충실 (17 이화여)
- **obese** 비만인 fat, corpulent, overweight (03 광운)
- **obfuscate** ~을 혼란시키다, 당황하게 하다 confuse; 흐리게 하다 obscure (07 중앙)
- **obliteration** 말살, 말소, 삭제 (18 이화여)
- **obscurity** 불분명, 모호함; 잘 알려지지 않음 unknown
- **observe** 관찰하다; 준수하다; 논평하다 (04 한양)
- **obsequious** 아부하는; 비굴한 (16 중앙)
- **obstinacy** 고집; (병 등의) 난치 stubbornness (01 국민)
- **obstruct** 방해하다, 차단하다 block (14 중앙)
- **obtrusive** 쓸데없이 참견하는 officious (02 중앙)
- **obverse** 표면, 앞면; 상대물 counterpart (11 경희)
- **obviously** 분명히, 명백히, 눈에 띄게 clearly (04 서울시 9급)
- **occlude** 가리다 (12 이화여)
- **occupation** 직업, 업무 job, profession, 점유, 거주, 재직 (02 건국)
- **occur** 발생하다, 일어나다 (13 동국)
- **ochlophobia** 군중공포증
- **octogenarian** 80세(대)의 (사람)
- **ocular** 눈의, 시각상의 optical (12 덕성여)
- **odor** 냄새 smell
- **offal** 쓰레기 waste, garbage
- **offense** 공격; 위반; 화냄
- **off-line** 오프라인의 (15 국민)
- **ogle** ~에게 추파를 던지다; 곁눈질하다 (15 중앙)
- **ointment** 연고 (03 법원서기보)
- **old hand** 노련한 사람, 숙련자 veteran
- **omen** 조짐, 징조 sign of future (03 법원서기보)
- **omnipotent** 전능한 almighty, divine (06 중앙)
- **omnipresent** 편재하는, 어디에나 있는 (18 서울시 9급)
- **omnivore** 탐식가, 잡식성 동물 (04 국회사무처 8급)
- **on the level** 공평한 fair (10 중앙)
- **only** 유일한, 단지 ~뿐인 single
- **ontological** 존재론의; 존재론적인 (14 이화여)

- **op-ed** (신문에서) 사설란의 맞은 면(보통 서명이 든 특집 기사가 실림) opposite the editorial page
(04 중앙선거관리위원회 9급)
- **operatic** 가극의, 연극조의
(04 단국)
- **operator** (기계, 장치 등의) 조작자, 기사, 경영자, 운영자
(00 행정자치부 9급)
- **ophthalmologist** 안과의사 eye doctor (03 국민)
- **opiate** 아편제; 마취제
(15 고려)
- **opine** 의견을 말하다, 진술하다 observe
(11 경희)
- **opportunistic** 기회주의적인
(15 한양)
- **oppose** 반대[대항]하다 counter, 마주보다
(13 서강)
- **opposite** 정반대의 일[사람, 말]; 반대편의, 정반대의
(03 행정자치부 9급)
- **opt (for)** 선택하다 choose
(10 단국)
- **optical** 시각의, 광학상의
- **optics** 광학 (02 중앙선거관리위원회 9급)
- **optimal** 최적의 best
- **optimism** 낙천주의
- **optimist** 낙천가(↔ pessimist)
(08 가톨릭)
- **optimum** 최적의, 가장 알맞은 ideal
- **opulence** 부유함, 풍부함 wealth
(00 고려대)
- **oracular** 수수께끼 같은
(11 서울여)
- **orbit** 궤도, 생활의 궤도, 활동범위 influence
(04 고려)
- **ordeal** 가혹한 시련 severe trial
(04 광운)
- **ordered** 정돈된, 질서정연한
(18 중앙)
- **ordinance** 법령, 포고령 decree
(08 동국)
- **organ** (생물의) 기관
- **orient** 일정한 방향으로 향하게 하다 direct, place
(03 경희)
- **ornament** 장식, 장식품 adornment
(06 중앙인사위원회 9급)
- **ornamentation** 장식, 장식물, (집합적) 장식품 adornment
- **ornate** 잘 꾸민, 화려한 elaborate
(04 고려)
- **orphan** 고아, 의지할 데 없는 사람
(04 행정자치부 9급)
- **ostentatiously** 허세를 부리면서, 과시하듯이 boastfully
(17 국회직 9급)
- **outburst** (화산, 격정 등의)폭발, 분출 surge, turbulence
(05 중앙인사위원회 9급)
- **outcast** 쫓겨난, 버림받은; 추방된 사람, 부랑자 consequence, castaway
(04 서울시 9급)
- **outer space** (대기권 외) 우주 공간
(00 법원서기보)
- **outgrowth** 자연적인 발전[결과, 소산], 파생물, 부산물 by-product
(05 중앙인사위원회 9급)
- **outlaw** 불법화하다, 금지하다 prohibit; 무법자 criminal
(04 한국외)
- **outlet** 배출구 vent; 판매점 store
(13 한양)
- **outmoded** 구식의, 낡은 old-fashioned
(01 인천)
- **output** 생산, 생산고, 산출량 production
(00 홍익)
- **outright** 분명한, 솔직한 obvious, direct; 모두, 완전히 entirely, completely
(01 법원서기보)
- **outsourcing** 아웃소싱, 하청함

★☆☆☆☆ 별 1개

각종 시험에 1회 출제된 적이 있는 고급어휘들로 고난이도
시험을 보시기 직전 체크하는 것이 좋습니다.

- **outstrip** ~보다 뛰어나다, 능가하다 surpass
(11 국민)
- **outwardly** 표면상, 외관상 ostensibly; 바깥쪽으로
(13 경기)
- **overcritical** 너무 비판적인, 혹평하는 hypercritical
- **overdue** (지급) 기한이 지난, 늦은 late, belated
(07 동덕여)
- **overfeed** 너무 먹이다 stuff
- **overhaul** 철저히 조사하다 scrutinize; 점검 inspection, 정비
(13 성균관)
- **overrule** 파기[기각]하다, 무효로 하다, 압도하다 override
(08 경희)
- **overshadow** (명성 등을 상대적으로) 가리다 outshine; 어둡게 하다 dim, eclipse
(06 중앙)
- **overstatement** 과대, 과장 exaggeration
- **overt** 명백한, 공공연한 open to view ad. overtly
(05 고려)
- **overthrow** 타도하다, 전복시키다
(16 한국외)
- **overture** 제의, 제안 suggestion
(11 단국)
- **overturn** 뒤집다, 전복시키다 reverse
(10 동국)
- **overweening** 과시하는, 우쭐대는 conceited, overbearing, immoderate
(06 고려)
- **owe** 빚지다, ~할 의무가 있다
- **oxymoron** 모순어법
(09 동국)
- **pace** 속도를 유지하다
(17 서울시 사회복지직 9급)
- **pacification** 화해 reconciliation, 평정
(13 성균관)
- **paddle-wheeler** 외륜선 paddle steamer, paddleboat
(02 중앙선거관리위원회 9급)
- **pagan** 이교도; 이교도의 heathen
(03 행정자치부 9급)
- **page** (호텔, 공항 등에서) 이름을 불러 사람을 찾다
(00 광운)
- **paleontologist** 고생물학자
(12 한국외)
- **palm off** (가짜를) 속여 팔다 foist off
(05 경기)
- **pampered** 방자한, 제멋대로 하는
(12 고려)
- **panegyric** 찬사, 칭찬하는 말 commendation
(15 국회사무처 8급)
- **pan out** 금(金)이 나다; ~의 결과가 되다 turn out
- **pandemic** 전국[세계]적인 유행병; 전국적으로 유행하는 widespread; 보편적인
(02 경원)
- **pandemonium** 지옥, 수라장; 대혼란 hell
(02 경기)
- **panicky** 공포의, 겁먹은
(04 한국외)
- **panoply** 모음, 집합; (눈부시도록 화려한) 의식
(18 중앙)
- **parable** 우화, 비유담
(05 고려)
- **paradigm** 모범, 전형 model, pattern
(13 중앙)
- **parallel** 평행의, 비슷한; 평행선, 유사(성) similarity
(05 국회사무처 8급)
- **paralysis** 마비, 불구 disablement, cripple
(00 단국)
- **paralyze** 마비시키다 stupefy; 저리게 하다 benumb
(06 영남)

- **paranormal** 과학적으로 설명할 수 없는 unusual (04 고려)
- **pariah** 최하층민, (사회에서) 버림받은 자 outcast (14 중앙)
- **parity** 동등, 동질 equality (04 고려)
- **parochial** 교구의, 편협한 insular, narrow-minded (13 서울여)
- **parole** 가석방(하다), 석방하다 release
- **partial** 부분의 (11 경희)
- **partiality** 편파, 불공정; 편애, 특별히 좋아함 preference (07 단국)
- **participation** 참가, 관여 involvement (13 상명)
- **particle** 극히 작은 조각, 미립자; 극소량 (07 중앙인사위원회 9급)
- **partisan** 당파적인 committed to a party; 지지자, 게릴라 (06 중앙인사위원회 9급)
- **passing** 소멸, 죽음; 통행, 통과; 경과 (00 법원서기보)
- **paste** 밀가루 반죽, 풀; 풀칠하다
- **paterfamilias** 가장 patriarch (03 단국)
- **paternity** 아버지임, 부권; (생각의) 기원, 근원 (05 영남)
- **pathological** 병리상의; 병적인 (18 서울시 7급)
- **patience** 인내 forbearance, 참을성 (12 국가직 9급)
- **patient** 환자; 인내심이 강한
- **patricide** 부친 살해 (06 중앙인사위원회 9급)
- **patrimony** 유산 inheritance, property (07 가톨릭)
- **patriot** 애국자 (09 국가직 9급)
- **patriotism** 애국 (10 서울시 9급)
- **paucity** 소수, 소량; 결핍, 부족 (15 고려)
- **peculiarity** 특색, 특성, 독특 eccentricity
- **pedagogical** 교육학의
- **pedagogics** (단수취급) 교육학, 교수법
- **peek** 엿보다, 몰래 들여다보다 peep (04 고려)
- **peerage** 귀족, 귀족 사회
- **penal** 형벌의, 형법의 disciplinary, punitive (10 상반기 지방직 9급)
- **penance** 참회, 속죄, 벌 self-imposed punishment for a sin (07 국회사무처 8급)
- **penchant** 경향 inclination (07 중앙)
- **pendulous** 매달린, 흔들리는, 미정의, 주저하는
- **penetrate** 관통하다, 침투하다 pass through (06 건국)
- **penitence** 후회, 참회 repentance (12 서울여)
- **penmanship** 서법, 서도 (09 행정안전부 9급)
- **pension** 연금 annuity (02 경희)
- **penurious** 가난한 destitute, indigent (06 건국)
- **penury** 가난 indigence (10 서강)
- **percolate** 여과하다, 거르다 filter (07 단국)
- **perfidious** 불성실한, 배반의 treacherous (11 서울여)
- **perforation** 구멍 hole (01 삼육)
- **perfume** 향수를 바르다 (11 광운)

★☆☆☆☆ **별 1개**

각종 시험에 1회 출제된 적이 있는 고급어휘들로 고난이도
시험을 보시기 직전 체크하는 것이 좋습니다.

- **periodically** 정기적으로, 주기적으로 regularly
(10 한국외)
- **periostitis** 골막염
- **perish** 죽다 die
(04 한국외)
- **perjure** 위증하다
(09 명지)
- **perk** 거만하게 굴다, 젠체하다; (급료 이외의) 특전 perquisite
(13 고려)
- **permanently** 영구히, 영구불변으로 indelibly
(11 지방직 9급)
- **permeable** 투과성[삼투성]의 penetrable
(05 경기)
- **permissive** 허용된, 관대한
(13 한양)
- **perpendicular** 수직의; 수(직)선, 수직면 vertical
(08 경원)
- **perplex** 당황[혼란]스럽게 하다 confuse, puzzle
(07 한국외)
- **perplexing** 난처[당황]하게 하는, 착잡한, 복잡한 puzzling
(01 가톨릭)
- **persistence** 끈기, 고집, 영속 perseverance
(01 성균관)
- **perspective** 원근법, 전망, 경치, 전망 prospect, outlook, 관점
(05 국민)
- **perspicuity** 명확함, 명료함, 명석함 lucidity
(17 중앙)
- **perturb** (마음을) 어지럽히다, 교란하다 disturb, disconcert, bother (06 경기)
- **perusal** 통독, 숙독, 정독 careful reading
(07 중앙대)
- **peruse** 숙독하다, 정독하다 read
(18 한국외)
- **perverse** 성질이 비뚤어진, 외고집의 obstinate, obdurate, contrary
(06 광운)
- **pessimism** 비관주의(론), 비관설, 염세관
(07 상명)
- **pester** 괴롭히다 annoy
(06 고려)
- **petard** 지뢰, 폭발 기구, 폭죽 firecracker
- **peter** 점차 가늘어지다 fine; 점차 소멸하다; 지치다
- **petrify** 돌처럼 굳게 하다, 석질로 만들다 stone, 무감각하게 하다, 경직시키다 paralyze
(06 경희)
- **petulance** 안달, 보챔 irritability, fretfulness
(13 단국)
- **phantasmagoric** 환영 같은, 기괴한 bizarre
(11 경희)
- **phantasmatic** 환영의, 유령의; 비현실적인
(15 서강)
- **pharmaceutical** 제약의, 약사의; 약 drug
- **philander** (남자가) 여자를 건드리다, (일시적으로) 연애하다
- **philanthropic** 인정 많은, 박애주의의 altruistic
(02 동국)
- **philanthropist** 박애주의자 benefactor
(04 전북 9급)
- **philistine** 교양없는
(13 단국)
- **philosopher** 철학자
- **philosophical** 철학적인
- **philosophize** 철학적으로 설명[사색]하다
(05 국회사무처 8급)
- **phonograph** 축음기, 레코드플레이어
(04 국회사무처 8급)
- **physical** 신체의 corporal; 물리적인
(15 서울시 9급)

- **physician** 의사, 내과 의사
(04 국회사무처 8급)

- **physiological** 생리(학)적인, 생리학(상)의
(06 고려)

- **physiologist** 생리학자, 생리학
(04 서울시 9급)

- **pictorial** 그림을 이용한, 그림이 포함된, 그림(회화)의
(10 상반기 지방직 9급)

- **piece** 조각; 작품; 부분
(15 서강)

- **pierce** 관통하다, 꿰뚫다

- **pillow** 베개(모양의 것)
(04 행정자치부 9급)

- **pilot** 조종사, 수로 안내인, 지도자, 키잡이, 안내인 guide; 안내하다, 조종하다 steer

- **pimple** 여드름, 뾰루지
(00 행정자치부 9급)

- **PIN** 〈컴퓨터〉 개인 식별 번호 Personal Identification Number, code
(04 중앙선거관리위원회 9급)

- **pinchbeck** 가짜, 모조품 fakery
(13 중앙)

- **pinnacle** 최고점, 절정 zenith
(02 중앙)

- **pinpoint** 핀 끝, 하찮은 것, 소량; 정확한 precise; 정확하게 지적하다 locate, 정밀 폭격하다

- **pious** 경건한, 신앙심 깊은 devout
(03 고려)

- **pipe dream** 몽상, 허황된 생각
(08 고려)

- **piracy** 저작권 침해, 표절, 해적질 robbery
(04 고려)

- **pirate** 해적(선), 표절자, 저작권 침해자; 표절하다, 저작권을 침해하다 plagiarize
(01 법원서기보)

- **piscina** 양어지[장]

- **pit** 구덩이, 구멍

- **pitch** 음조, 음의 고저 tone
(05 국회사무처 8급)

- **pitfall** (눈에 잘 안 띄는) 위험[곤란]
(10 상반기 지방직 9급)

- **pithy** 힘찬, 함축성 있는; 간결한 laconic
(17 서강)

- **pivot** (기계의) 회전축, 중심점, 요점 axis, shaft
(07 국회사무처 8급)

- **place** 장소; 입장, 지위; 두다, 놓다 put
(02 서강)

- **placid** 평온한 peaceful
(09 서강)

- **plagiarize** 표절하다, 도용하다 pirate
(07 건국)

- **plague** 역병, 전염병; 천벌, 저주 curse, 성가신 사람, 골칫거리
(07 동덕여)

- **plain** 명백한, 분명한, 명료한 evident; 솔직한, 순전한, 소박한; 한탄하다, 슬퍼하다
(09 한양)

- **plaintiff** (소송의) 원고, 고소인

- **plangent** (파도 등이) 밀려와 부딪히는, 울려 퍼지는, (종소리 등이) 구슬프게 울리는
(08 고려)

- **plaster** 회반죽을 바르다, 두껍게 칠하다
(05 단국)

- **plateau** 고원, 높고 평평한 땅 highland, (경기) 안정기[상태] stability, 큰 접시; 안정 수준[상태]에 달하다

- **plasticity** 유연성 suppleness
(18 서울시 9급)

- **play** 놀다, 경기를 하다, 연주하다, 연극을 하다

- **playwright** 극작가

- **plea** 탄원, 청원 appeal; 변명, 구실, 핑계
(04 행정자치부 9급)

- **pledge** 서약; 공약 make a solemn promise of; 맹세하다, 서약하다 covenant
(00 경기)

- **plenary** 완전한 completely, full; 전원 출석의
(04 경희)

★ ☆ ☆ ☆ ☆ 별 1개

각종 시험에 1회 출제된 적이 있는 고급어휘들로 고난이도
시험을 보시기 직전 체크하는 것이 좋습니다.

- **plenty** 많음, 대량 abundance; 많은, 풍부한
- **plotter** 음모자, 공모자 conspirator, 제도 도구
- **plowable** 경작 가능한 arable, cultivable
- **plumbing** (건물의)배관[수도시설], 배관 작업[공사] (08 하반기 지방직 9급)
- **plume** (연기, 수증기) 기둥; 깃털 (15 서강)
- **plump** 뚱뚱한 corpulent (03 광운)
- **pluralism** 다원론, (둘 이상의) 겸임, 겸무 (07 경희)
- **plutocratic** 금권정치의, 재벌 정치의; 재벌의 (15 서강)
- **ply** 부지런히 일하다; 정기적으로 왕복하다 travel regularly (03 한국외)
- **pneumatic** 공기가 가득한 pertaining to air (10 이화여)
- **pneumograph** (의학) 호흡 운동 묘사기, 호흡, (곡선) 기록기 (04 서울시 9급)
- **pneumonia** 폐렴 (03 행정자치부 9급)
- **podium** 토대석 (11 광운)
- **poignancy** 날카로움, 매서움, 신랄 sharpness (08 덕성여)
- **point-blank** 딱 잘라, 정면으로 directly (06 한성)
- **poker** 찌르는 사람[물건], 부지깽이, 낙화 용구 (05 중앙인사위원회 9급)
- **polemic** 논쟁; 논쟁의, 논쟁을 좋아하는 debatable (11 중앙)
- **policymaker** 정책 입안자[담당자], 정책 결정자 (05 국회사무처 8급)
- **polish** 닦다, 윤내다, 세련되게 하다 gloss (05 대구시 9급)
- **political party** 정당 (05 국회사무처 8급)
- **pollster** 여론조사원
- **pollutant** 오염물질 (04 경기도 교육행정직9급)
- **pollute** 더럽히다, 오염시키다 contaminate
- **polychromatic** 다색의, (물리) 에너지 또는 파장이 단일하지 않은 빛[방사선]의
- **polyethnic** 다양한 민족이 살고 있는, 다양한 종족으로 이루어진 multiracial (14 고려)
- **polygraph** 거짓말 탐지기, 등사기, 복사기 (04 서울시 9급)
- **polytechnic** 여러 가지 공예의, 과학 기술의; 공예 학교, 과학 기술 전문학교
- **polytheistic** 다신론의, 다신교의
- **popular** 통속적인, 서민의 current, prevalent (15 고려)
- **popularity** 인기, 평판, 대중성 favor (04 경희)
- **popularization** 대중화, 통속화 (00 법원서기보)
- **population** 인구, 주민(수), 개체수 (11 경희)
- **pore** 심사숙고하다, 응시하다; 작은 구멍, 모공 (13 서강)
- **portable** 휴대용의, 운반 가능한 movable (04 행정자치부 9급)
- **portal** 입구, 시작 beginning (02 고려)
- **portentous** 전조의, 불길한 ominous (13 경희)

- **porter** 짐꾼
- **portray** (인물, 풍경을) 그리다, 표현하다, (글이나 말로) 묘사하다 depict (04 고려)
- **pose** 문제[곤란, 위협]을 제기하다 cause, 자세를 취하다 (05 국회사무처 8급)
- **position** 위치, 자세, 입장, 상태; 위치를 정하다, (부대를) 배치하다 place (01 경원)
- **possess** 소유하다, 지배하다 dominate (06 중앙선거관리위원회 9급)
- **posthumously** 사후에 (05 국회사무처 8급)
- **postmortem** 사후의, 죽은 뒤의, 검시(용)의; 부검, 검시(해부) autopsy (08 경희)
- **postulate** 가정하다 presume (04 건국)
- **posture** (몸의) 자세, 정신상태, 사태; (태도)를 취하다 pose, ~인 체하다 affect
- **potent** 강력한, 유력한 puissant, 설득력 있는, (약 등이) 효력 있는, (남성이) 성적 능력이 있는 (03 경원)
- **potentiality** 가능성, 잠재력 possibility (02 세종)
- **pottery** 도기류, 요업 제품, 도기 제조(소), 요업 ceramics (00 행정자치부 9급)
- **pour** 따르다, 흘리다, (말, 감정을) 거침없이 드러내다, 끊임없이 지껄이다 surge (00 동국)
- **power** 힘, 국(사)력, 권력, 세력, 군대, 유력한 사람[물건]
- **power outage** 정전 (13 동국)
- **practicable** 실용적인 practical; 실행 가능한 possible (04 국회사무처 8급)
- **practicality** 실용성, 실용주의, 실제적인 일
- **practitioner** 개업의, 변호사, 지적 직업인 professional (11 경희)
- **pragmatist** 실용주의자, 실무가
- **pragmatize** ~을 현실화하다
- **prairie** 대초원, 초원, 목초지 (08 행정안전부 9급)
- **prank** 농담, 희롱, (짓궂은) 장난 mischief; 부정확한 작동; 화려하게 차려입다
- **prankster** 장난꾸러기 (15 한국외)
- **prate** 재잘거리다, 수다 떨다 jabber (11 중앙)
- **preacher** 설교사, 전도자 clergyman (07 국회사무처 8급)
- **precariously** 불안정하게 unsteadily, insecurely (02 가톨릭)
- **precedent** 선례, 전례, 판례 guide (03 고려)
- **precept** 교훈 instruction; 격언 maxim, proverb (06 단국)
- **precise** 정확한 exact, punctilious (01 영남)
- **precocity** 조숙 (11 인천)
- **predacious** 포식성의, 육식성의 predatory, carnivorous
- **predilection** 애호, 편애 preference, fondness (03 서강)
- **predisposed** (사람이) (병에) 걸리기 쉬운, ~에 기울어진 inclined (06 건국)
- **pre-existing** 기존의
- **preface** 서문, 머리말 foreword (02 동덕여)
- **preference** 편애; 선취권; 특혜, 우대 (03 세종)
- **preferment** 승진, 진급 advancement (06 고려)
- **prehistoric** 유사 이전의, 선사의 (06 중앙인사위원회 9급)
- **prejudice** 편견, (비호의적) 선입관, 편애, 편파 bias, jaundice; (차별대우로 입은) 손해 disadvantage (04 한양)

★☆☆☆☆ 별 1개

각종 시험에 1회 출제된 적이 있는 고급어휘들로 고난이도 시험을 보시기 직전 체크하는 것이 좋습니다.

- **prejudiced** 편견을 가진, 편파적인 biased (06 건국)
- **preliterate** 문자사용 이전의, 원시적인 (07 건국)
- **prelude** 전주곡, 서곡 introduction (09 세종)
- **prematurely** 너무 이르게; 조산으로 (16 경기)
- **preoccupation** 몰두; 선입관, 선취 obsession (00 행정자치부 9급)
- **preponderance** 선취, 선점, 선입견, 몰두, 열중 (11 행정안전부 9급)
- **preschool** 미취학의, 학령 미달의 (01 법원서기보)
- **prescribed** 규정된, 미리 정해진 set (03 고려)
- **press** 언론, 보도; 누르다 (13 광운)
- **prestigious** 유명한 outstanding (05 서울여)
- **presumably** 아마 probably (06 동아)
- **presume** 추측[가정]하다 assume; 감히 ~하다 dare (09 이화여)
- **presumed** 당연한 것으로 여겨지는, (법률상) 추정된
- **pretense** 구실, 핑계, 변명 pretence (07 성균관)
- **pretext** 구실, 핑계 excuse, pretense (14 이화여)
- **prevalence** 보급, 유행; 우세, 유력 predominance (16 서울여)
- **preventive** 예방[방지]을 위한
- **previous** 이전의 antecedent (06 중앙인사위원회 9급)
- **previously** 이전에, 미리 formerly (05 국회사무처 8급)
- **privation** 결핍, 궁핍, 박탈, 몰수 destitution (07 고려)
- **prize** 높이 평가하다, 소중히 여기다 appreciate (06 중앙인사위원회 9급)
- **probation** 시험, 심사; 집행 유예, 보호 관찰, 가석방 (11 경찰)
- **probity** 정직, 성실 integrity, honesty (12 단국)
- **proceeds** 수입, 수익, 매상 yields (04 고려)
- **pro-choice** 임신 중절 권리를 지지[주장]하는, 낙태 합법화를 주장하는 ↔ pro-life (04 서울시 9급)
- **production** 생산 (00 홍익)
- **profane** 신을 모독하는, 불경스러운 impious; 신을 모독하다 desecrate (14 한양)
- **profess** 공언하다, 주장하다 (03 고려)
- **proficiency** 진보, 숙달, 능숙 adeptness (04 경희)
- **profundity** 깊이; 심오함 (17 서강)
- **prognosticate** (징후를 통해) 예언하다, 예지하다 foretell, forecast (02 경기)
- **prognosticator** 예언가 (10 서울시 9급)
- **prohibition** 금지, 금제, 금지령 banishment, embargo (15 건국)
- **prohibitive** 금지하는, (세금이) 과중한, (값이) 비싼 exorbitant (03 국민)

- **project** 계획하다 plan; 발사하다, 투영하다 launch; 튀어나오다, 돌출하다 protrude
(04 서강)

- **pro-life** 낙태 합법화에 반대하는
(13 동국)

- **prolix** 장황한, 장광설의, 지루하게 긴 tedious
(08 경기)

- **prolixity** 장황함, 지루함
(13 고려)

- **promiscuous** 뒤섞인, 난잡한 miscellaneous, indiscriminate
(03 경기)

- **promotion** 승진, 진급 elevation, 촉진, 판매
(15 건국)

- **promptly** 재빨리, 즉시 quickly
(01 서울여)

- **pronounce** 발음하다 utter; 선언하다, 공표하다 declare
(01 가톨릭)

- **pronunciation** 발음
(00 법원서기보)

- **proof** 증명, 증거(물) evidence, 시험
(00 법원서기보)

- **propinquity** (시간, 장소에의) 접근, 근접 closeness, nearness
(06 동국)

- **propitiate** 달래다, 비위 맞추다 appease
(11 국민)

- **proponent** 지지자 advocate, supporter
(07 경희)

- **proposition** 제안, 계획, 안, 논제 thesis
(01 일반경찰)

- **propound** 제출하다, 제의하다 propose
(08 중앙)

- **proprietary** 독점의, 전매의; 소유하는

- **propriety** 예의 바름, 예절 etiquette; 타당(성), 적당 fitness, suitability, decency
(06 대구가톨릭)

- **prosaic** 산문적인, 지루한 tedious, dull
(11 중앙)

- **prose** 산문; 단조로움, 지루한 이야기, 평범

- **prosecution** 〈법률〉 기소, 소추
(05 서울여)

- **prosperity** 번영, 번창, 호황, 호경기 success
(01 법원서기보)

- **protest** 이의를 제기하다, 항의하다 remonstrate; 항의, 주장
(03 숭실)

- **Protestant** 프로테스탄트, 신교도

- **protract** ~을 연장하다, 오래 끌게 하다 prolong, lengthen
(00 세종)

- **proud** 자존[자부]심이 있는, 거만한 haughty, 자랑으로 여기는; 식견 있는; 기운이 넘치는
(05 대구시 9급)

- **provenance** 기원, 출처, 유래 origin
(09 고려)

- **proverb** 속담, 격언, 금언, 교훈 saying, maxim
(04 국회사무처 8급)

- **provided** 만일 ~라면 if
(03 한국외)

- **provocation** 화나게 함, 도발, 자극 incitement
(00 홍익)

- **prowl** 어슬렁거리다, 배회하다 wander, hang around
(05 성균관)

- **proxy** 대리인 authorized agent, deputy
(06 중앙인사위원회 9급)

- **prudish** 고상한 체하는 prim, puritanical
(05 경기)

- **prying** 캐묻기 좋아하는 inquisitive
(02 세종)

- **psyche** 영혼, 정신 spirit, soul, 프시케(그리스 로마신화 중 영혼의 화신), 불안하게 하다
(03 숭실)

- **psychiatric** 정신 의학의, 정신병 치료법(에 의한)
(05 국회사무처 8급)

- **psychologically** 심리적으로, 정신적으로
(01 행정자치부 9급)

- **psychotherapist** 정신 요법가, 정신 요법

- **puberty** 사춘기

★☆☆☆☆ 별 1개

각종 시험에 1회 출제된 적이 있는 고급어휘들로 고난이도
시험을 보시기 직전 체크하는 것이 좋습니다.

- **publicity** 선전, 광고, 홍보 advertising
- **publicize** 공표하다, 광고하다, 선전하다 advertise (03 세종)
- **puerile** 어린애 같은, 유치한, 철없는 childish (15 한국외)
- **pugilist** 권투선수 boxer
- **punctilious** 꼼꼼한 precise, meticulous (05 가톨릭)
- **punctuality** 시간엄수 being on time (06 숙명여)
- **pundit** 학자, 박식한 사람 savant, expert (07 경기)
- **pungently** 날카롭게, 자극하게, 신랄하게 bitterly (09 서울여)
- **punishment** 벌, 처벌 (00 법원서기보)
- **purchase** 구입하다 buy, 획득하다, 얻다, 매수하다 (00 건국)
- **purist** 순수주의자 (05 국회사무처 8급)
- **purity** 맑음, 청순, 청렴결백 chastity
- **purport** 주장하다 allege; (문서, 연설 따위의) 요지, 취지 purpose, meaning (04 서강)
- **pursuant** ~에 따른[준한, 의거한]; ~에 준하여[따라서], ~후에 , ~에 이어서
- **pursue** 뒤쫓다, 추적하다; 추구하다 arrest (11 경찰)
- **pushy** 지나치게 밀어붙이는, 강요하려 드는 aggressive (15 지방직 9급)
- **pusillanimous** 겁 많은, 겁쟁이의 cowardly (16 한국외)
- **putative** 추정되고 있는, 가정되는 assumed (00 서울여)
- **put-down** 혹평 criticism (06 경기)
- **put-on** ~인 체하는, 꾸민, 거짓의 phony (03 국민)
- **putrid** 악취가 나는, 부패한 foul, fetid, rancid (02 중앙선거관리위원회 9급)
- **quaint** 고풍스러운 old-fashioned (04 중앙)
- **qualify** 권한을 부여하다 (10 중앙)
- **quantity** 양 (04 국회사무처 8급)
- **quarrel** 말다툼, 싸움, 싸움의 원인; 싸우다, 말다툼 하다 altercation, feud, fracas (02 세종)
- **quarry** 채석장, 돌산; 원천, 보고; 출처; 사냥감 victim, object of hunt
- **quarterly** 연 4회 발행 every three months (00 홍익)
- **query** 질문 question; 질문하다 (13 명지)
- **quest** 탐색, 탐구, 추구 search
- **questionnaire** 설문지 (09 상반기 지방직 9급)
- **quick-moving** 재빠른, 민첩한 nimble 서울
- **quietly** 조용히, 말없이, 침착하게, 은밀히 secretly (04 서울시 9급)
- **rabid** 맹렬[격렬]한, 미쳐 날뛰는 like a fanatic (03 경기)(18 중앙)
- **racial** 인종상의, 민족의, 종족의 ethnic
- **rack** (몹시) 괴롭히다 pain (18 중앙)

- **radiant** 빛나는, 반짝이는, 밝은 bright, brilliant, 방사되는
(04 서울시 9급)

- **radio signal** 무선 신호
(00 법원서기보)

- **radio wave** 전파, 전자파
(00 법원서기보)

- **rage** 격노, 격렬, 사나움; 열망 rabid, livid; (일시적) 대유행
(02 건국)

- **raillery** 놀림, 야유 disdain
(14 고려)

- **rambling** 어슬렁거리는, 한가로이 걷는, (말, 글 등이) 두서없는, 산만한 discursive, desultory
(15 강남)

- **ramshackle** 흔들거리는, 곧 쓰러질 듯한 rickety, falling apart

- **random** 마구잡이의, 무작위의, 닥치는 대로의 haphazard, without planning
(14 한국외)

- **rapacious** 탐욕스러운 greedy, 강탈하는
(13 경기)

- **rapport** (일치, 조화를 특징으로 한) 관계 relationship
(11 홍익)

- **rapturous** 기뻐 날뛰는, 열광적인 ecstatic

- **rare** 드문, 훌륭한 unusual
(01 가톨릭)

- **ratify** 비준하다 endorse
(14 지방직 9급)

- **ration** 배급하다 allot
(04 세종)

- **rationalize** 합리화하다 justify, reason

- **raucous** 귀에 거슬리는, 시끄러운
(09 서울시 9급)

- **react** 반작용하다 respond, 반동하다, 반항하다 rebel
(00 법원서기보)

- **reaffirm** 재확인하다, 다시 단언하다 declare again
(02 경희)

- **realism** 현실주의, 사실주의

- **realistic** 현실주의의 down to earth, 실제적인, 진짜 같은, 사실주의의
(04 경기도 교육행정직 9급)

- **rear** 기르다, 부양하다 nurture, nurse, bring up, look after, 재배하다 culture
(00 홍익)

- **rebellion** 모반, 반란, 폭동, 저항 revolt, riot
(05 단국)

- **rebuttal** 원고의 반박, 반증 refutation
(06 성균관)

- **recalcitrant** 반항하는, 고집 센 stubborn, defiant
(01 고려)

- **recant** 취소[철회]하다 revoke, recall
(04 고려)

- **recede** 물러나다 retreat, withdraw; 희미해지다 fade
(01 가톨릭)

- **recently** 요즈음, 최근에
(11 홍익)

- **receptionist** 접수원, 응접원
(01 행정자치부 9급)

- **recessive** 열성의
(12 상반기 지방직 9급)

- **recidivism** 상습성, 상습적 비행
(13 중앙)

- **reckon** 세다, 계산하다 count, ~를 ~로 간주[생각]하다 regard
(10 동국)

- **reclusive** 은둔한; 적막한
(09 중앙)

- **recognizable** 쉽게 알아볼 수 있는
(10 성균관)

- **recoil** 움찔하다 flinch, wince
(05 경기)

- **recommence** 다시 시작하다, 재개하다 renew, restart, resume
(13 한국외)

- **reconnaissance** (군사적인 목적의) 정찰 probe
(12 서강)

- **reconnoiter** 정찰하다, 조사하다 suss out
(14 중앙)

★ ☆ ☆ ☆ ☆ 별 1개

각종 시험에 1회 출제된 적이 있는 고급어휘들로 고난이도
시험을 보시기 직전 체크하는 것이 좋습니다.

- **reconstruct** 조립하다 rebuild, 꾸미다; 구조물 (01 가톨릭)
- **recovery** 되찾기, 회수, 복원, 회복 retrieval (13 한국외)
- **rectify** 고치다, 수정하다 revise (06 중앙)
- **rectitude** 정직 integrity, uprightness (10 서강)
- **recuperative** 회복시키는, 회복력이 있는 (00 동국)
- **recurrent** 재발하는 habitual (12 상반기 지방직 9급)
- **recurring** 되풀이해서 발생하는 repeated (10 성균관)
- **recusant** 복종을 거부하는 (11 경희)
- **recyclable** 재활용 가능한 (00 행정자치부 세무직 9급)
- **red** 좌익의, 공산주의의
- **red face** 겸연쩍어하는 얼굴, 쑥스러워하는 얼굴
- **red herring** 관심을 딴데로 돌리는 것 irrelevant comment (10 중앙)
- **redeem** ~을 되찾다 regain; (잘못, 결점 등을) 메우다 make up for, compensate; 구원하다 set free; (상품권 등으로) 상품으로 바꾸다 exchange (03 고려)
- **red-hot** 새빨갛게 단, 시뻘건 (05 중앙인사위원회 9급)
- **reduce** 줄이다, 축소하다 (16 국민)
- **reduction** 축소, 감소, 하락, 공제 allowance
- **redundancy** 여분, 과잉, 잉여 excess, surplus (01 국민)
- **reengineering** 다시 설계하기, 개량하기
- **referee** 심판, 중재인; 중재하다, 심판하다 (04 건국)
- **reference** 참조, 관련 (11 명지)
- **refill** 다시 채우다, 보충하다 replenish; 새 보충물, 다시 채운 것
- **refined** 세련된, 품위 있는, 우아한 graceful (02 행정자치부 9급)
- **reform** 개혁하다 (11 서울시 9급)
- **reformer** 개혁가, 정치 개혁론자 (05 국회사무처 8급)
- **refractory** 다루기 힘든, 복종하지 않는 intractable, disobedient, unmanageable (07 중앙)
- **refugee** 피난민, 도망자 escapee (04 국회사무처 8급)
- **refund** 반환하다, 상환하다 reimburse; 반환(물), 상환(금) (12 사회복지직 9급)
- **refutation** 논박, 논증 (11 세종)
- **regenerate** 재생시키다, 재건하다 renew (06 건국)
- **regicide** 국왕살해 the killing of a king
- **regimen** (식사, 운동 등에 의한) 섭생, 양생법 regime (05 중앙인사위원회 9급)
- **regimentation** 편성, 조직화, 통제, 규격화 (12 고려)
- **registration** 기재, 등록, 표시, 등록된 사람[사항]들, 등록자 수[건수], 선거인 등록, 등록 증명서 (07 국회사무처 8급)
- **regress** 복귀하다, 역행하다 retrogress, revert (02 가톨릭)
- **regretful** 뉘우치는 contrite, 슬퍼하는 lamentable, deplorable, 서운해 하는 (05 대구시 9급)

- **regular** 정기적인, 정례의, 규칙적인 routine, ordinary
- **regulate** 규제하다, 통제하다, 조절하다 control
(06 중앙인사위원회 9급)
- **reign** 통치(하다), 군림(하다) rule
(04 중앙선거관리위원회 9급)
- **reignite** ~에 다시 불을 붙이다, 재점화시키다 rekindle
(18 이화여)
- **reimburse** ~에게 변상하다, 갚다 pay back, repay
(04 경희)
- **relativistic** 상대론적인
(13 건국)
- **relaxed** 편안한, 느긋한 laid-back
(13 홍익)
- **relentlessly** 가차없이, 냉혹하게; 끈질기게 incessantly
(16 경기)
- **relevance** 적절, 타당성; 관련
(16 광운)
- **reliant** 의지[의존]하는 dependent
(03 덕성)
- **relieved** 경감되어진, 안도케 하는, 구제된
(05 대구시 9급)
- **remedial** 치료하는, 교정하는 correcting
(03 고려)
- **reminder** 기념품; 주의; (상업) 독촉장
(07 단국)
- **reminisce** (먼 과거에 대한 그리움이 담긴) 회상, 추억 lying in bygone days; 추억하다, 추억에 잠기다
(10 성신여)
- **remiss** 태연한, 무책임한 negligent, indolent
(05 경희)
- **remorse** 후회, 양심의 가책 penitence, repentance
(01 동국)
- **remuneration** 보수 reward, pay
(02 세종)
- **renaissance** 부흥, 부활, 문예부흥, 르네상스
(04 경기도 교육행정직 9급)
- **render** (어떤 상태가 되게)만들다 make; 표현하다, 묘사하다 delineate, 주다, 제공하다 give
(02 중앙인사위원회 9급)
- **renew** 갱신하다; 재개하다, 다시 시작하다
(15 경찰)
- **renewal** 일신, 새롭게 하기 renovation; 재개, 갱신
- **renovation** 수선, 수리, 혁신, 쇄신 renewal
(02 한성)
- **reorganize** 개편[개조, 개혁]하다 rearrange
- **reparation** 배상, 배상금 compensation
(10 16 단국)
- **repeatedly** 계속해서, 반복적으로 frequently
(04 행정자치부 9급)
- **repentant** 후회하는, 뉘우치는, 후회를 나타내는, 회개의, 참회의 penitent
(01 중앙)
- **repercussion** (사건 따위의) 영향, 반향 aftermath
(01 세종)
- **repetitious** 자꾸 되풀이하는, 지루한 tedious
(13 한국외)
- **repose** 휴식, 평온함 tranquility
(06 중앙선거관리위원회 9급)
- **represent** 상징하다, 의미하다 purport; 묘사하다 depict, portray; 표현하다 express; 대표하다 stand for
(08 동덕여)
- **repress** 진압하다 suppress, quell; (감정 등을) 억제하다 suppress, hold back
(13 가천)
- **repressive** 제지하는, 억압적인, 진압의 oppressive
- **reprise** 반복하다 repeat
(13 경희)
- **repudiate** 거부하다, 거절하다, (혐의를) 부인하다 deny, 인연을 끊다 disown
(12 중앙)
- **repulsion** 혐오 revulsion, 반감; 반발 작용, 반발력
(14 중앙)
- **require** ~가 필요하다, ~가 요구하다, ~을 명하다, 요청하다 demand, claim
(06 국민)
- **requirement** 요구, 필요, 필요품, 필요조건 necessity
(03 숭실)

★☆☆☆☆ 별 1개

각종 시험에 1회 출제된 적이 있는 고급어휘들로 고난이도
시험을 보시기 직전 체크하는 것이 좋습니다.

- **requisite** 필요한, 필수적인 required; 필수품, 필요조건 (03 세종)
- **requisition** 요구, 청구 request (04 광운)
- **requite** 보답하다; 보복하다, 복수하다 avenge (05 단국)
- **rescue** 구출하다, 구조하다, 구하다 preserve; 구출, 구원, 해방 (02 건국)
- **resemblance** 유사, 닮음 likeness, 유사물 (07 성균관)
- **resentful** 화난, 원망하는, 성 잘 내는 annoyed (08 경희)
- **reserved** 보류된, 따로 치워둔, 예약된, 내성적인 shy, (사람이) 쌀쌀한 (14 지방직 9급)
- **residue** 나머지 remainder, 찌꺼기; 잔여재산 (12 상반기 지방직 9급)
- **resignation** 사직, 사임 (04 서울시 9급)
- **resolutely** 단호하게 determinedly
- **resort** 의지하다, 의존하다 hinge on (13 경찰)
- **resounding** 울려 퍼지는 echoing; 철저한, 널리 알려진 (00 행정자치부 9급)
- **resource** 자원, 공급원 means; 재능, 소질 ingenuity (00 한국외)
- **respect** 존경, 경의; 측면 facet (17 한국외)
- **respectful** 경의를 표하는, 공손한 polite, civil (01 동덕여)
- **respiration** 호흡 breath, (생리) 호흡작용 (04 서울시 9급)
- **restricted** 한정된, 제한된 limited (13 중앙)
- **resulting** 결과로 일어나는 ensuing (13 경희)
- **resurgence** 재기, 부활 comeback (16 서울시 9급)
- **resurgent** 소생[재기, 부활]하는 (12 항공)
- **resurrection** 부활, 소생 revival (01 한국외)
- **resuscitate** (인공호흡으로) 소생시키다 revive, (과거의 것을) 부흥하다, 부활시키다 restore (06 세종)
- **resuscitation** 소생, 부활, 회복 (05 중앙인사위원회 9급)
- **retail** 소매; ~을 소매하다 (07 중앙)
- **retention** 보류, 보유, 감금, 기억력 recall (05 중앙인사위원회 9급)
- **retirement benefit** 퇴직연금 pension (02 경희)
- **retract** 철회하다, 취소하다 recant, revoke (08 홍익)
- **retrain** 억제하다, 누르다 hold back, inhibit, curb, 구속[감금]하다, 제지하다 dissuade
- **retroactive** (효력이) 소급하는
- **retrofit** (기계 속에 원래 없던 부품 등을) 새로 장착하다 (12 한국외)
- **retrogress** 퇴보하다, 후퇴하다 regress (00 전남)
- **retrospective** 회고의, (법률)소급하는; 회고전
- **retrospectively** 회고적으로, 추억에 잠겨 (15 한양)
- **revel** 술 마시며 흥청대다 enjoy thoroughly
- **reverberate** (소리가) 반향하다, 울려 퍼지다 reecho (01 가톨릭)
- **reverberation** 반향(음), 반사(광); 영향, 여진 (14 경희)

- **revert** (원래의 습관, 상태 따위로) 되돌아가다, 복귀하다 regress, relapse, return (02 전남)
- **revile** 매도하다, 욕하다, 욕설을 퍼붓다 criticize (16 홍익)
- **revise** 교정하다, 수정하다, 개정하다 correct (04 단국)
- **revitalization** 활성화, 활력 회복
- **revitalize** 부흥시키다, 활력을 주다 (14 이화여)
- **revival** 재생, 부활 restoration, renewal, resurgence, rebirth (12 항공)
- **revolt** 반란[폭동]을 일으키다; 반란 rebellion (06 중앙선거관리위원회 9급)
- **revulsion** 극도의 불쾌감, 혐오감 abhorrence (14 중앙)(05 국회사무처 8급)
- **rhetoric** 수사; 수사학; 화려한 문체, 미사여구 (18 이화여)
- **ridden** ~가 많은, ~가 우글거리는, ~가 만연한 full of something bad (05 국회사무처 8급)
- **rideout** 즉흥적이고 열광적으로 연주하다
- **rife** (나쁜 것이) 유행하는, 퍼져있는 common (11 이화여)
- **rift** 찢어진 틈; 불화; 의견의 차이 difference (18 이화여)
- **rig** (부정한 수법으로)조작하다, (배에 선구를) 갖추다, (장비를) 설치(장치)하다. (08 하반기 지방직 9급)
- **right** 바른, 옳은; 오른쪽[편]의; 똑바른 straight; 정면으로, 아주, 바르게; 권리, 바름, 정확
- **righteously** 옳게, 정의롭게, 정당하게 virtuous (05 국회사무처 8급)
- **rigidity** 단단함, 강직, 경직, 엄격 strictness
- **rigor** 엄함, 엄격함 strictness (13 홍익)
- **ring a bell** 생각나게 하다 remind
- **rinse** ~헹구다, ~을 씻어 내다 wash
- **rip-off** 강탈, 갈취 exploitation (03 고려)
- **ripple** 잔물결, 파문
- **riveting** 매혹적인, 흥미를 끄는 exciting, interesting (05 한양)
- **roadblock** (도로상의) 바리케이드, 장애물 (06 고려)
- **roar** 으르렁거리다, 고함치다 bawl; 으르렁거리는 소리 (05 대구시 9급)
- **rob** (사람에게서) (물건을) 강탈하다, 빼앗다 steal, (행복, 능력 등을) 빼앗다, 굴복시키다 (07 홍익)
- **robe** 길고 헐거운 겉옷, 예복 gown (06 중앙선거관리위원회 9급)
- **robustness** 강건함 strength, 튼튼함 (13 국민)
- **rod** (나무나 금속의) 막대(기) stick, 낚싯대, 작은 가지 (01 행정자치부 9급)
- **rogue** 악한, 불량배 scoundrel, villain, bully
- **roil** 휘젓다 agitate, 교란시키다 (13 서울여)
- **roomy** 넓은 spacious (13 세종)
- **roseate** 장밋빛의, 쾌활한, 밝은 rosy (01 고려)
- **rout** 궤멸시키다, 완패시키다 (17 서강)
- **routine** 일상적인, 틀에 박힌 regular (01 성균관)
- **rove** 헤매다, 배회하다 wander
- **rowdiness** 떠들썩함, 소란 loudness, 난폭함 (01 인천)
- **rowdy** 난폭한, 싸우기 좋아하는, 떠들썩한 turbulent, boisterous (13 경희)
- **rubric** 제목, 항목 title; 전례 법규 (06 서울시 9급)

★☆☆☆☆ 별 1개

각종 시험에 1회 출제된 적이 있는 고급어휘들로 고난이도 시험을 보시기 직전 체크하는 것이 좋습니다.

- **rudiment** 기본, 기초(원리) principles (01 경기)
- **rugged** 울퉁불퉁한, 거칠고 억센 rough (08 동덕여)
- **rumble** 우르르 울리다, 덜거덕거리며 가다 (05 대구시 9급)
- **ruminate** 숙고하다 ponder, mull over, meditate (11 이화여)
- **rummage** 샅샅이 뒤지다 ransack, search (00 행정자치부 9급)
- **rumor** 루머, 헛소문
- **rush** 돌진하다, 쇄도(하다) surge, influx (05 중앙인사위원회 9급)
- **sadistic** 가학적인 (04 서울시 9급)
- **sagacity** 현명, 기인 (10 동국)
- **sailor** 선원, 뱃사람; 수병 (12 경찰)
- **salinity** 염분, 염분 함유도, 염도 (14 건국)
- **salivate** 침을 질질 흘리다 drool (13 경희)
- **sally** 기습 공격, 돌격 (15 한국외)
- **saltness** 소금기(있음), 짬; 신랄함, 얼얼함 pungency
- **sanatorium** (환자) 요양소
- **sanctity** 거룩함, 신성, 존엄 (10 중앙)
- **sanctuary** 피난처, 은신처, (야생동물) 보호구역 shelter (06 한국외)
- **sanctum** 서재, 사실, 밀실 closet (02 숙명)
- **sanity** 제정신, 정신이 온전함 good sense
- **sardonic** 조소하는, 냉소적인 sneering (11 서울여)
- **sate** 채우다, 충족시키다 (17 한국외)
- **satiric** 풍자적인, 비꼬는, 빈정대는 biting (01 행정자치부 9급)
- **satirize** 풍자하다, 빈정대다 caricature
- **satisfaction** 만족 (05 세종)
- **satisfied (with)** 만족한, 흡족한 content, gratified; 확신한, 납득한 (15 강남)
- **satisfy** 만족시키다, 충족시키다 content, meet; (요구조건을) 채우다, (의무를) 다하다 fulfill, (걱정, 의심을) 풀다 (02 명지)
- **savage** 야만적인, 포악한; 야만인 barbarian (04 단국)
- **savagely** 잔인하게, 야만스럽게, 사납게 viciously (00 행정자치부 9급)
- **savant** (저명한) 학자, 석학 pundit, erudite
- **save** 절약하다, 저장하다, ~을 제외하고 except (10 광운)
- **savory** 맛있는 palatable, luscious, delicious (02 한국외)
- **savour** (맛을) 음미하다 taste; 만끽하다 (11 홍익)
- **scald** 끓는 물로 소독하다; 데게 하다; 뎀, 화상
- **scale** 비늘을 벗기다, 껍질을 벗기다; 치석을 제거하다 (05 중앙인사위원회 9급)
- **scaly** 비늘이 있는, 비늘 모양의, (비늘처럼) 벗겨져 떨어지는; 천한, 더러운 (03 국민)
- **scamp** 건달; 장난꾸러기 (15 한국외)
- **scandalize** 중상하다, 분개시키다 offend

- **scar** 흉터
(06 건국)
- **scathing** 가차 없는, (비판 등이) 통렬한 ruthless
(09 고려)
- **scatter** 흩뜨리다 disperse
(06 한국외)
- **scavenger** 썩은 고기를 먹는 청소 동물(특히 독수리, 하이에나), 청소부
(05 대구시 9급)
- **scene** 무대, 경치
(13 홍익)
- **scenery** 한 지방의 자연 풍경, 경치 landscape, view
(04 서울시 9급)
- **schism** (단체의) 분리, 분열, 분파
(07 중앙)
- **schizophrenia** 정신분열증
(12 상반기 지방직 9급)
- **scholarship** 장학금; 학문, 학식 learning
- **schooner** 〈항해〉 스쿠너선; 큰 포장마차
(02 중앙선거관리위원회 9급)
- **sclerotic** 무경화한; 경화성의; 공막의
(12 고려)
- **scold** 야단치다, 꾸짖다 chide
(17 서강)
- **scoot** 내닫다, 급히 가다 rush; 돌진, 질주
(04 경기도 교육행정직 9급)
- **scooter** 스쿠터(어린이의 외발 스케이트), (수상, 빙상을 활주하는) 범선
(00 행정자치부 9급)
- **scorch** 태우다, 그슬리다 parch
(08 동아)
- **scoundrel** 악당, 불량배 villain
(09 이화여)
- **scrape** (돈, 물건 등을) 긁어모으다
(06 중앙선거관리위원회 9급)
- **scribe** 문필가, 필사가 writer
(14 이화여)
- **scurrilous** (말투가) 상스러운, 품위 없는 indecent
(04 가톨릭)
- **seamless** 이음새가 없는, 상처없는
- **secretion** 분비 discharge, 분비물; 은닉
(13 경희)
- **secretly** 비밀히, 내밀히, 몰래, 숨어서 furtively, quietly
- **section** 절단, 단편; 구분, 부문 part, segment
(00 세종)
- **sector** 부채꼴, 선형 톱니바퀴; 분야, 영역 district
- **secularity** 세속주의; 속된 마음, 번뇌; 속된 일
(18 이화여)
- **secularize** 세속화하다
- **sedate** 침착한, 차분한 calm
(08 세종)
- **sediment** 단편, 조각, 부분 part
(14 중앙)
- **segment** 구획, 단편, 조각 section, part; 분할하다, 가르다, 갈라지다
(06 중앙인사위원회 9급)
- **seismologist** 지진학자
- **seizure** 몰수, 압수, 체포 capture
(07 서울여)
- **self-abnegating** 자기희생 (11 고려)
- **self-confidence** 자신(감), 자신 과잉 (00 법원서기보)
- **self-conscious** 자의식이 강한, 사람 앞을 꺼리는, 수줍어하는
- **self-contented** 자기만족의, 독선적인
- **self-deceptive** 자기기만
(13 안전행정부)
- **self-delusion** 자기기만 self-deception
- **self-destructive** 자멸적인, 자살 동기를 가진, (로켓 등이) 자폭기능을 가진 (04 서울시 9급)
- **self-examination** 자기반성,(질병의 징후를 발견하기 위한) 자기진단
(09 행정안전부 9급)
- **self-governing** 자치의
(01 세종)
- **selfhood** 자아, 개성
(04 중앙선거관리위원회 9급)

★☆☆☆☆ 별 1개

각종 시험에 1회 출제된 적이 있는 고급어휘들로 고난이도 시험을 보시기 직전 체크하는 것이 좋습니다.

- **self-immolation** 자기 희생 (13 경희)
- **selfless** 사심없는 (02 홍익)
- **self-oriented** 자기지향적인 (01 행정자치부 9급)
- **self-perpetuating** (임기가 지나도) 유임하는[할 수 있는], 무제한 계속할 수 있는 (05 국회사무처 8급)
- **self-possessed** 냉정한, 침착한 self-assured (08 중앙)
- **self-propelled** 자체 추진의, 자주식의 (00 행정자치부 9급)
- **self-realization** 자기실현 (04 중앙선거관리위원회 9급)
- **self-reliance** 자기 의존, 독립동행 (04 중앙선거관리위원회 9급)
- **self-reliant** 자기를 의지하는, 독립[동행]하는 (04 중앙선거관리위원회 9급)
- **self-satisfaction** 자기만족 (02 동국)
- **self-sufficient** 자급할 수 있는; 거만한 (02 동국)
- **sell** 팔다, 매도하다, 장사하다; (나라, 친구 등을) 팔다, 배반하다
- **semantic** 의미의, 의미론의 (14 고려)
- **semblance** 외관, 겉모습 appearance; 유사, 비슷함 (16 국민, 16 서강)
- **semiliquid** 반액체(의) (00 경기)
- **send-off** (역 등에서의) 전송, 송별, (사람이나 사업의) 출발
- **sensational** 선풍적 인기의(dramatic), 지각의 (00 법원서기보)
- **sensual** 관능적인, 육욕의 sexual (00 법원서기보)
- **sentience** 감지력, 지각력; 직감 intuition, 감각 (14 고려)
- **sentient** 감각력이 있는 capable of feeling, conscious (05 고려)
- **sentiment** 감정 emotion, 정서, 감상, 의견
- **sentimentality** 감상[감정]적임, 다정다감, 감상적인 생각[행동] pathos (07 고려)
- **sentinel** 보초, 파수 guard (09 중앙)
- **sentry** 보초, 보초병
- **separated** 분리된, 탈지된 disconnected (02 한국외)
- **sequestered** 은퇴한, 고립된, 물러나 들어박힌 retired, 외딴 isolated, 몰수된 (12 중앙)
- **sequestrate** 〈법〉 (재산, 토지를) 몰수하다 confiscate, seize, 격리시키다, 은퇴시키다
- **serendipitously** 우연히 accidentally (13 홍익)
- **serendipity** 뜻밖의 발견, 행운 luck (04 국민)
- **serenity** 고요함, 화창함, 평온, 침착 calmness (07 국회사무처 8급)
- **serpentine** 꾸불꾸불한, 뱀 모양의 (11 경희)
- **service** 서비스, 봉사, 근무 (14 중앙)
- **servitude** 노예상태, 강제 노동
- **settle down** (사람을) 살게 하다 domiciliate, establish residence; 진정하다[시키다] (00 행정자치부 9급)
- **settlement** 정착, 이민, 식민, 해결 conclusion

- **severe** 심각한, 엄한 strict; (기후 등이) 거친
(01 가톨릭)
- **severity** 격렬, 혹독 harshness; 엄격, 신랄함
- **shaggy** 털투성이의 bushy, 거친
(13 홍익)
- **shakeout** 폭락 nosedive; 침체, 도태; 진정화; 쇄신, 합리화
(14 고려)
- **shard** 파편
- **sharpen** 예리하게 하다, 갈다 whet, grind;
더욱 심하게 하다, 빈틈없게 하다
(00 법원서기보)
- **sharply** 날카롭게, 급격하게, 심하게;
민첩하게, 빈틈없이 shrewdly
(shrewdly)
- **shatter** 산산이 부수다 demolish, 산산조각이 나다
- **shed** (눈물을) 흘리다, (잎을) 떨어뜨리다 drop, 벗겨지다
(08 명지 13 국회사무처 9급)
- **shed light on** 설명하다
(10 경원)
- **sheen** 광택, 윤 light
(02 계명)
- **shelter** 피난처, 은신처, 방공호; 보호하다, 피난하다 protect
(06 한국외)
- **shift** 이동시키다, 바꾸다, 옮기다 change
- **shimmer** 아른 아른 빛나다
(10 고려)
- **shipment** 선적, 수송 delivery; 선적량
- **shock** 깜짝 놀라다, 깜짝 놀라게 하여 ~한 상태에 빠뜨리다
horrify (08 동덕여)
- **shoplift** 가게 물건을 훔치다
(12 행정안전부 9급)
- **shore** 지주로 받치다; 강화하다
(15 국민)
- **shortchange** 거스름돈을 덜 주다; 속이다 delude
(14 고려)
- **short-sightedness** 근시, 근시안적인 사고
(16 광운)
- **shove** 난폭하게 밀다, 떼밀다 jostle, push, crowd
(11 행정안전부 9급)
- **showering** 억수같이 비 내리는 downpouring
- **shred** 조각, 단편, 파편; 갈기갈기 찢다 rip up, 분쇄하다
- **shrill** (소리가) 날카로운 sharp, raucous
- **shrub** 관목, 키 작은 나무 bush
(01 행정자치부 9급)
- **shyness** 수줍음, 숫기 없음, 겁 많음 blush
(04 서울여)
- **side effect** 부작용
- **sidebar** 판사와 검사와 변호사 사이의 협의;
보조적인 auxiliary
(09 고려)
- **sidereal** 별의; 항성의
(15 중앙)
- **sidewalk** (포장한) 도로, 인도
(03 행정자치부 9급)
- **sideways** 옆으로, 비스듬히; 교활한[경멸스런] 눈으로; 간접적인;
속이는 evasive
(00 서울여)
- **siege** 포위공격; 집요한 설득; 괴로운 기간;
(조류 등의) 떼, 무리
(05 국회사무처 8급)
- **siesta** 점심시간 뒤에 잠시 자는 낮잠
- **sift** 체질하다 sieve, 거르다 filter, 엄밀히 조사하다
(10 가톨릭)
- **sightseeing** 관광(여행), 유람; 관광[유람]의
- **sign** 기호, 표시, 간판; 서명하다
(03 서강)
- **signature** 서명, 사인; 특징
(13 광운)
- **signify** (몸짓, 말, 행동 따위로) ~을 나타내다 indicate
(08 행정안전부 9급)
- **silence** 침묵, 무언 stillness, 무소식, 망각 oblivion
(04 경기)
- **silent** 조용한, 소리 없는; 소식이 없는 reticent
(06 명지)

★ ☆ ☆ ☆ ☆ 별 1개

각종 시험에 1회 출제된 적이 있는 고급어휘들로 고난이도
시험을 보시기 직전 체크하는 것이 좋습니다.

- **simile** 〈수사학〉 직유, 명유, 직유표현
- **simplify** 간단하게 하다, 평이하게 하다, 지나치게 단순화하다 oversimplify
(00 경기)
- **single-sex** 양성 공통이 아닌, (남녀)공학이 아닌
(15 건국)
- **singular** 특이한, 남다른, 보기 드문 exceptional
(00 한국외)
- **sip** 조금씩 마시다 drink slowly
(01 명지)
- **sizable** 상당한 크기의, 꽤 큰[많은] large, considerable, substantial
(02 중앙선거관리위원회 9급)
- **skein** (날짐승의) 떼; 실타래
(13 경희)
- **skeleton** 해골; 골격, 골자, 개략
- **skewed** 왜곡된, 편향된
(12 기상직 9급)
- **skill** 솜씨, 숙련, 노련
- **skilled** 숙련된, 기술이 좋은 proficient
- **skillfully** 솜씨 있게, 교묘하게
(00 홍익)
- **skim** 대충 읽다 run over, browse
(00 행정자치부 세무직 9급)
- **skimmer** 더껑이[부유물]를 걷어내는 사람[연장]; 대충 훑어보는 사람; 소득을 숨기는 사람
(01 행정자치부 9급)
- **skimp** 인색하게 굴다, 절약하다 stint, retrench
(08 경희)
- **skin** 생채기 내다, 몹시 비난하다 hammer
(10 광운)
- **skip** 깡충 뛰다 evade; 까불다 caper, frisk; 건너뛰다; 띄엄띄엄 읽다
(00 법원서기보)
- **skirmish** (군의, 특히 계획에 없던) 소규모 접전(충돌)
(08 하반기 지방직 9급)
- **skittish** 겁 많은, 잘 놀라는; 변덕스러운
(16 중앙)
- **skyscraper** 마천루, 초고층 빌딩; 하늘을 긁는 것
(01 법원서기보)
- **slacken** 느슨해지다 slow up
(12 중앙)
- **slam** 쾅 닫다; 세차게 밟다; 내동댕이치다 smash
(00 행정자치부 세무직 9급)
- **slap** 찰싹, 찰싹(때리는)소리; 거절, 모욕; 찰싹 때리다 smack, (물건을) 세게 집어 던지다
(04 행정자치부 9급)
- **slaughter** 도살(하다), 학살(하다) massacre
(04 고려)
- **slaughterhouse** 도축장 abattoir
(18 서강)
- **sleazy** 지저분한, 추잡한 lousy
(16 경기)
- **sleek** 매끄러운 smooth, 윤나는 glossy, 산뜻한, 말주변이 좋은
(06 세종)
- **slender** 호리호리한, 날씬한 long and thin
(04 국회사무처 8급)
- **slight** 근소한, 약간의, 하찮은, 시시한 trivial
(06 서울시 9급)
- **slimy** 진흙투성이의 mucky; 미끈덕미끈덕한 oily; 불쾌한; 더러운 (05 중앙인사위원회 9급)
- **slip away** 시간이 지나가다
(11 이화여)
- **slippery** 미끄러운; 약삭빠른, 교활한 shifty, crafty
(13 경희)
- **slipshod** 단정치 못한, 아무렇게 하는 careless
(01 덕성여)
- **slovenliness** 단정치 못함 untidiness; 아무렇게나 함

- **slum** 빈민굴, 빈민가 ghetto; 싸구려 물건[장소]
(01 단국)
- **slump** 폭락(하다); (경기가) 침체하다
(01 고려)
- **slur** 경시하다, 중상하다; 중상, 비방
(09 고려)
- **smack** 세게 때리다 bash
(00 경기)
- **small** 작은, 좁은, 적은, 짧은, 변변찮은 scanty, petty
- **smart** 똑똑한; 맵시 좋은; 고급의; 따끔거리다; 속상해 하다
(14 서강)
- **smidgen** 아주 조금, 소량 scintilla, whit, iota
(13 세종)
- **smolder** 그을다, 연기피우다; (감정이) 울적하다
(06 세종)
- **snag** 장애, 곤란한 일; 찢다, 찢기다
(13 동국)
- **sneak** 좀도둑 filcher, pilferer
- **snicker** 낄낄 웃다, 숨죽여 웃다;
낄낄 웃음, 숨죽여 웃는 웃음 giggle
(01 행정자치부 9급)
- **sniffer** 신나[도료, 구두약]의 냄새를 맡는 사람,
(냄새) 탐지기; 마약견; 마약을 코로 흡입하는 사람
(01 행정자치부 9급)
- **sniper** 도요새 사냥꾼, 저격병
(01 행정자치부 9급)
- **snow job** (감언이설에 의한) 설득, 속임, 교묘한 거짓말
(01 법원서기보)
- **snow under** 눈에 파묻히다, 압도되다; 완패하다
- **snowball** 눈뭉치; 백발의 흑인; 눈덩이식 모금
(02 중앙선거관리위원회 9급)
- **snugly** 아늑하게, 포근하게, 편안하게
(11 행정안전부 9급)
- **soar** 높이 치솟다, 급등하다 rise
(10 중앙)
- **sob** 흐느껴 울다 cry; 숨을 헐떡이다; 흐느끼며 말하다
(02 중앙선거관리위원회 9급)
- **sobriety** 술 취하지 않음, 절제 straight living
(12 지방직 9급)
- **sobriquet** 별명 nickname; 가명
(08 중앙)
- **sociable** 사교적인 gregarious, social
(05 세종)
- **sodden** 물에 젖은, 흠뻑 젖은 soaked, drenched
- **soggy** 흠뻑 젖은 soaked, 물에 잠긴, (빵 등이) 설구워진,
기운 없는
- **sole** 하나뿐인, 유일한, 독특한, 독점적인 unique
(02 행정자치부 9급)
- **solecism** 파격; 잘못; 무례
(15 중앙)
- **solemnity** 엄숙함 seriousness; 장엄함, 장중함 grandeur
- **solicitude** 걱정, 근심, 갈망, 근심거리 albatross, angst
(12 하반기 지방직 9급)
- **solid** 고체의; 단단한, 견고한, 확고한
(13 서울시 9급)
- **soliloquize** 혼잣말을 하다; 〈연극〉 독백하다
- **solon** 솔론(아테나의 입법가), 현인, 명입법가
- **solution** 해결, 해석, 해답, 용해 settlement
(05 대구시 9급)
- **somber** 어두침침[음침]한 dark, dim; 우울한 gloomy
(04 한양)
- **somniferous** 최면의, (약 등이) 졸리게 하는
(08 중앙)
- **sophisticated** 심오한
(14 기상직 9급)
- **sophistication** 지적[도회적] 교양[세련됨]; 궤변을 부림;
가짜, 순진성 상실; 복잡화, 정교화 finesse
(02 행정자치부 9급)
- **sort** 분류하다, 가려내다 classify, select; 종류, 부류 type,
kind, 성격, 품질 quality
- **soulful** 감정[정신]이 충만한, 감동적인, 숭고한
(00 행정자치부 9급)
- **sour** 신, 시큼한 acid, tart; 심술궂은, 불쾌해진

★☆☆☆☆ 별 1개

각종 시험에 1회 출제된 적이 있는 고급어휘들로 고난이도
시험을 보시기 직전 체크하는 것이 좋습니다.

- **South Pole** 남극
- **sovereign** 주권을 가진, 독립한 independent
- **spade** 가래, 삽, (고래를 자르는) 끌
- **spar** 다투다, 옥신각신하다 squabble
(16 서강)
- **sparse** 치워두다, 숨겨두다, 간수해 두다
(13 국회사무처 9급)
- **spasmodic** 돌발적인; 경련성의, 경련으로 인한
(12 고려)
- **spawn** 알을 낳다; ~을 야기시키다 generate
(14 경희)
- **spearhead** 선봉에 서다, 진두지휘하다
(12 숭실)
- **special** 특별한 exceptional, 독특한, 전문의, 특별용의; 특별한 사람[것]
- **specialist** 전문가, 전문의 expert
(03 법원서기보)
- **spectrum** 스펙트럼, 분광, (일시적인) 범위 range
(04 고려)
- **speculation** 사색, 심사숙고; 추측 surmise;
(사색에 의한) 결론, 견해, 투기
(09 숙명여)
- **speech** 말, 회화, 말하는 능력, 말씨, 연설 address
(15 건국)
- **speeding** 고속 진행, 속도위반
(04 서울시 9급)
- **speedometer** 속도계, 주행 기록계
- **speedy** 민첩한
- **spell out** 자세히[명쾌하게] 말하다[설명하다]
- **spelling** 철자법, 철자능력
- **spew** (먹은 것을) 토하다 vomit, 분출하다 emit
- **spicy** 양념을 넣은, 짜릿한, 통쾌한;
외설한, 음란한 obscene, 생기 있는, 신랄한
(03 행정자치부 9급)
- **spinach** 시금치; 필요 없는 것; 돈
- **spinoff** 파생적인 derivative (05 동국)
- **spirally** 나선형(모양)으로 helically
(05 가톨릭)
- **spirit** 정신 soul, 영혼; 원기; ~의 기운을 북돋우다, 고무하다 up
- **spiteful** 짓궂은, 악의에 찬, 앙심을 품은 venomous
(04 경기)
- **splash** (물, 흙탕 등을) 튀기다, 더럽히다 on/over;
(돈을) 뿌리다
(00 세종)
- **splay** ~을 펼치다, 벌리다
(15 서강)
- **spleen** 〈해부〉 비장, 지라; 분통 resent, 의기소침
- **splice** ~을 합쳐 잇다; 합성하다 join
(05 가톨릭)
- **spoiled** 버릇없는; 상한
(07 경희)
- **spoliation** 강탈, 약탈; 문서 변조
(15 중앙)
- **sporadically** 산발적으로, 이따금 occasionally
(00 경기대)
- **spotless** 아주 깨끗한, 흠 없는 flawless
(00 경원)
- **spousal** 결혼, 결혼식 nuptials; 결혼의 matrimonial, nuptial
(03 단국)
- **sprain** (발목을) 삐다
- **spray** 작은 가지; 물보라, 스프레이액, 분무기;
~에 물보라를 날리다 sprinkle
(02 중앙선거관리위원회 9급)
- **sprinkler** (물 등을) 뿌리는 사람[물건], 살수차
(02 중앙선거관리위원회 9급)
- **sprout** 새싹, 새순; 싹이 트다 burgeon, germinate

- **spruce** 단장하다 (10 동국)
- **squamous** 비늘 모양의, 비늘이 덮인 scaly, covered with scales
- **squeal** 불평하다, 항의하다
- **squeamish** 지나치게 결벽스러운, 꽤 까다로운 fastidious; (별 것도 아닌 일에) 충격 받은 (07 동덕여)
- **stability** 안정, 확고 firmness (03 숭실)
- **stabilize** 안정시키다 balance, 고정시키다, 안정 장치를 하다
- **stagger** 비틀거리며 걷다 stumble; 비틀거리게 하다 (05 아주)
- **stagnation** 침체, 정체; 부진, 불황 recession (14 이화여)
- **stalk** 몰래 다가가다, 가만히 ~의 뒤를 밟다 pursue
- **stall** 멎다, 중단되다; 시간을 벌다; 지연시키다 delay (01 고려)
- **stammer** 말을 더듬다 stutter (04 단국)
- **stampede** 억지로 ~하게 하다, 강요하다 force (11 중앙)
- **stance** (야구, 골프) 발의 위치; 선 자세; (정신적, 감정적) 태도, 입장 (07 서울시 9급)
- **standard** 표준, 기준, 모범 criterion, norm, basis, 보통; 보통의 usual, 무난한, 표준의 (09 광운)
- **standing** 서 있는; 영속적인 permanent (09 이화여)
- **staple** 주요 산물, 주요한 부분 important part (03 고려)
- **starry-eyed** 몽상[공상]적인 (눈빛의) visionary (01 경기)
- **stately** 위풍당당한, 위엄있는 majestic, 장엄한, 거만한 (13 국민)
- **statement** 말함, 말하는 방식, 성명서, 계산서, 보고(서) report
- **state-of-the-art** 최첨단의 most modern (06 한양)
- **station** 신분, 지위 social position (00 경기)
- **statistics** 통계표, 통계학, 통계 data
- **status quo** 현상(현재의 상태)
- **statute** 법령 law (04 고려)
- **staunch** 지혈시키다, 억제하다; 견고한 steadfast, 튼튼한; 믿음직한 dependable (04 전북 9급)
- **stead** 대신, 대리, 도움; ~에게 도움이 되다, 유용[유리]하다
- **stealthy** 비밀의, 남몰래 하는 surreptitious (18 한국외)
- **steamboat** (주로 하천, 연안용 등의) 기선, 증기선 (02 중앙선거관리위원회 9급)
- **steamship** (대형) 기선, 상선 (05 중앙인사위원회 9급)
- **steely** 강철로 된, 단단한, 견고한, 냉혹한 strong
- **stepping-stone** 디딤돌, 출세를 위한 수단 (06 고려)
- **stereotype** 연판, 정형, 고정관념; 정형[유형]화하다, 판에 박다 (04 건국)
- **stew** (음식을) 끓이다; 마음 졸이다 worry (16 중앙)
- **sting** 찌르다 prick, 얼얼하게 하다, 자극하다; 찌름, 신랄함 (04 행정자치부 9급)
- **stint** 아끼다, 절감하다 retrench; 제한; 할당 (14 중앙)
- **stir** (액체를) 휘젓다 agitate, 뒤섞다; 자극[선동]하다; 휘젓기, 혼란, 동요, 감동, 자극
- **stirring** 감동시키는; 고무하는; 활발한; 바쁜 busy
- **stitch** 바늘땀; 한 바늘, 한 땀 (13 경찰)
- **stockholder** 주주(株主) (06 중앙인사위원회 9급)
- **stoically** 냉정하게, 금욕적으로 (11 단국)
- **stoke** 배불리 먹(이)다 (00 행정자치부 세무직 9급)

★☆☆☆☆ 별 1개

각종 시험에 1회 출제된 적이 있는 고급어휘들로 고난이도 시험을 보시기 직전 체크하는 것이 좋습니다.

- **stone** 석재, 돌, 보석, 맷돌, 묘석, 결석(병); 돌의, 석기시대의, 완전한; 돌을 놓다[깔다]
- **straight** 곧은 direct, 똑바로 선, 정직한, 끊임없는 (04 고려)
- **strained** 긴장한 tense and nervous (12 중앙)
- **strait** 해협 channel; 곤경, 궁핍; 좁은 통로; 좁은, 갑갑한, 엄중[엄격]한 (04 경기도 교육행정직 9급)
- **strange** 이상한; 미지의, 낯선 (01 고려)
- **strategical** 전략의, 전략상의, 전략상 중요한[필요한]; 계략의
- **stratify** ~에 층을 형성시키다, (사회를) 계층화하다, 계급으로 나누다 (05 국회사무처 8급)
- **strength** 힘, 강점, 능력 (13 국민)
- **strengthen** 튼튼하게 하다, 강화하다 consolidate, fortify, solidify (06 중앙선거관리위원회 9급)
- **strenuously** 정력적으로, 격렬하게 vigorously (02 경희)
- **strictness** 엄격함 rigor (13 홍익)
- **strident** (소리가) 귀에 거슬리는 loud and harsh, raucous (01 고려)
- **strife** 투쟁, 싸움; 경쟁; 쟁의 strike (12 행정안전부 9급)
- **strikingly** 현저하게, 두드러지게 remarkably (05 동덕여)
- **string** 끈, 실, 줄; 현 ex) the-s: (오케스트라의) 현악기 (연주자들) (09 한양)
- **strive** 노력하다 make efforts (05 고려)
- **stroke** 쓰다듬다, 어루만지다 caress (04 고려)
- **stroll** 산책하다; 방랑하다, (정처 없이)떠돌다 saunter (07 중앙인사위원회 9급)
- **struggle** 싸우다, 격투하다 fight, battle; 분투하다; 애쓰다 strive (05 국회사무처 8급)
- **stubbornly** 고집스럽게 as if refusing to fall (01 가톨릭)
- **stubbornness** 완고, 완강; 〈병〉 난치 obstinacy (04 경기도 교육행정직 9급)
- **stubby** 그루터기 같은, 땅딸막한 thick and short (00 경기)
- **stultify** 망쳐놓다; 무의미하게 하다 (07 중앙)
- **stultifying** 멍청하게 만드는; 쓸모없는; 무효의 (17 이화여)
- **stun** (남을) 기절시키다, 놀라게 하다 amaze (09 상반기 지방직 9급)
- **stunning** 아연하게 하는, 기절시키는; 멋진, 매력적인 exquisite
- **stunt** (식물, 지능 등의) 발육을 방해하다 retard; 발육저지; 묘기, 곡예, 이목을 끄는 행동 (10 성균관)
- **stupefy** 마비시키다; 깜짝 놀라게 하다, 멍하게 하다 stun (04 단국)
- **stupid** 어리석은, 생각 없는 foolish, fatuous, 짜증나게 하는; 바보, 멍청이 (15 한국외)
- **stupidity** 어리석음, 우둔, 어리석은 언동 imbecility (04 고려)
- **sturdy** (몸이나 물건이) 튼튼한 strong, stout, robust (10 경희)
- **subconscious** 잠재의식의 intuitive, 어렴풋이 의식하는 (01 행정자치부 9급)
- **subdue** 정복[억제]하다 suppress, control (07 성균관)

- **subjugate** 정복하다, 복종[예속]시키다 conquer, vanquish, subdue, dominate (11 한국외)
- **sublime** 숭고한 splendid, 장엄한, 훌륭한 excellent (07 중앙)
- **sublimity** 장엄, 숭고 grandeur (03 경기)
- **subordination** 예속시킴, 하위; 복종 subjugation, 종속 (관계) (14 서강)
- **subpoena** 소환장 citation; (법원에) 소환하다 summon (00 경기)
- **sub-rosa** 비밀의, 은밀한 furtive (16 중앙)
- **subscriber** 기부자; 예약 구독자; 신청자, 예약자 (00 행정자치부 세무직 9급)
- **subsequently** 후에 later, 그 다음에 (13 상명)
- **subservient** 굽실거리는, 비굴한 servile, abject (07 서울시 9급)
- **subsidize** ~에게 보조금을 지급하다 support (12 동덕여)
- **subsidy** 보조금, 장려금 (17 지방직 9급 하반기)
- **subsist** (~on) 생존하다, 살아가다 survive (08 하반기 지방직 9급)
- **substantiality** 실속 있음; 실재성, 본체, 견고 (10 상반기 지방직 9급)
- **substantive** 실질적인, 본질적인, 현실적인 important; 독립의 independent (05 경기)
- **subterfuge** 구실, 핑계 pretext (08 국민)
- **subtlety** 미묘함, 교묘함, 절묘함; 중요한 세부 요소[사항]들 (10 행정안전부 9급)
- **suburbia** 교외, 교외 풍의 생활 양식 (11 행정안전부 9급)
- **suck** 빨다, 획득하다
- **suffice** 만족시키다, ~의 필요를 충족시키다, 족하다; 충분하다 be adequate
- **suffocate** 숨막히게 하다, 질식시키다 smother, stifle (06 국민)
- **suffuse** ~을 뒤덮다 be full of (04 서울시 9급)
- **sugarcoat** 사탕 발림하다 (13 고려)
- **suicidal** 자살의, 자살적인; 자포자기한, 자멸적인 self-destructive
- **sullen** 기분이 언짢아 말을 하지 않는, 뾰로통한, 무뚝뚝한 dour; 음침한 saturnine (01 동국)
- **sultry** (날씨가) 찌는 듯이 더운, 후덥지근한 sweltering (07 중앙인사위원회 9급)
- **sum** 액수; 합계; 계산 figure, 산수
- **summarize** 요약하다 recapitulate, 간략하게 (요약하여) 말하다 (00 행정자치부 9급)
- **summit** (산의) 정상, 꼭대기, 최고점, 절정 zenith, 극치 (03 고려)
- **summon** 소환하다, 소집하다 call up (07 서울시 9급)
- **superannuate** 노쇠[병약]하여 퇴직시키다, 연금을 주어서 퇴직시키다; 시대에 뒤떨어지다, 노후하다
- **superb** 최고[최상]의, 훌륭한, 멋진, 당당한, 장려한 excellent, outstanding (08 동덕여)
- **superciliousness** 거만, 오만 haughtiness (04 고려)
- **superior** 뛰어난 excellent, 우수한, 우세한, 고급의 (04 행정자치부 9급)
- **superiority** (~에 대한) 우월, 탁월 supremacy (07 서울시 9급)
- **supernatural** 초자연적인, 불가사의의 mysterious, occult (09 중앙)
- **superstition** 미신, 미신적 행위 (06 중앙인사위원회 9급)
- **superstitious** 미신의, 미신적인, 미신에 사로잡힌 (10 가톨릭)
- **supervision** 감독, 관리, 지휘, 감시 surveillance (03 법원서기보)

★☆☆☆☆ 별 1개

각종 시험에 1회 출제된 적이 있는 고급어휘들로 고난이도 시험을 보시기 직전 체크하는 것이 좋습니다.

- **supervisor** 감독자, 지휘자 superintendent
- **supplement** 보충, 부록 appendix; 보충하다 complement (05 한성)
- **supply** 공급하다, 주다 provide, endow (02 고려)
- **supporter** 지지자, 후원자, 부양자, 조언자 advocate (04 건국)
- **suppose** 추측하다 conjecture, presume, 생각하다, 가정하다 (04 한양)
- **suppression** 억압, 진압 crushing, 은폐; 발매금지 (02 중앙선거관리위원회 9급)
- **supreme** 최고의, 최상의, 극도의, 다시없을 paramount (04 중앙선거관리위원회 9급)
- **surf** (인터넷을) 검색하다; 파도타기를 하다
- **surly** 무례한, 퉁명스러운 blunt; (날씨가) 고약한 (04 가톨릭)
- **surmise** 짐작, 추측; 짐작[추측]하다 conjecture (13 홍익)
- **surmount** (산 등을) 오르다; (장애를) 극복하다 overcome (05 경기)
- **surplus** 나머지, 잉여금[인원] excess; 흑자 (11 경희)
- **surrogate** 대리인, 대리 proxy (17 지방직 9급)
- **surrounding** 주위의, 주변의; 둘러싸는; 주변(의 상황), 환경 environment, 포위, 측근 (01 행정자치부 9급)
- **susceptibility** (병에) 걸리기 쉬움; 예민, 민감 vulnerability (13 경희)
- **suspected** ~의 혐의[의심]을 받는 (07 광운)
- **suss** 알아차리다, 이해하다; 조사하다 reconnoiter, 염탐하다 (14 중앙)
- **swarthy** 거무스레한, 가무잡잡한 dark (04 경기)
- **swath** (목초, 보리등의)한 번 낫질한 자취, 한 번 벤 목초, 넓은 길, 긴 행렬, (항해) 물결의 폭 (09 상반기 지방직 9급)
- **swear** 맹세하다, 선서하다; (~에게) 욕을 하다 revile, (~라고) 단언하다
- **sweep** 청소하다, 쓸어내리다 brush, 엄습하다 (00 행정자치부 세무직 9급)
- **sweepstakes** 내기 경마, 그와 같은 도박[상금], (상금을 건) 경주, 경쟁
- **sweltering** 무더운, 더위 먹은, 찌는 듯이 sultry, muggy, scorching (13 동국)
- **swerve** (갑자기) 방향을 바꾸다 turn aside, turn sharply (04 가톨릭)
- **swindle** 사취하다, 사기치다 hoax (16 단국)
- **swirl** 빙빙 돌다, 소용돌이치다 (16 서울여)
- **swoon** 기절하다; 황홀해지다 enrapture (04 고려)
- **swoop** 내리 덮치다, 급습하다 attack suddenly (04 고려)
- **symbiosis** 공생, 공동생활, 공생 관계, 협력 관계 (07 국회사무처 8급)
- **symbol** 상징, 표상, 기호, 부호; 신조 emblem
- **symbolic** 상징적인, 표상적인; 기호의, 상징주의적인
- **sympathetic** 동정심이 있는, 마음에 드는, 교감적인, 호소하는 (03 숙명여)
- **symptomatic** 징후의, 증상이 되는
- **synthesize** 종합하다, 합성하다 integrate
- **system** 체계, 조직, 체제, 성격, 분류, 방식 (00 경기)
- **systematic** 조직적인, 계통적인, 계획적인, 우주의 cosmical (02 성균관)

- **tab** 고름, 꼬리표 label, 색인표; 회계; 계산서
- **tachometer** 회전 속도계, 유속계
- **taciturnity** 과묵 reticence, 말이 없음 (13 국민)
- **tackle** 연장, 도구, (운동) 태클; (힘든 문제에) 부딪히다, 착수하다 undertake, 다루다 deal with ,논쟁하다, 태클하다 (10 경희)
- **tactful** 재치 있는, 빈틈없는 diplomatic, polite (05 중앙)
- **tactical** 전술의, 용병의, 책략이 능란한 strategic
- **tactile** 촉각의, 촉각을 가지고 있는 tactual, 촉각으로 알 수 있는 tangible (01 고려)
- **tailor** 재단사, 양복장이; 맞추다, 조정하다 adjust (16 홍익)
- **takeoff** 출발(점) departure, 도약; 제거; 흉내, 모방 parody; 급속한 경제 성장의 출발점 (04 행정자치부 9급)
- **talent** 재능, 수완 (13 한양)
- **talon** (특히 사나운 금수의) 발톱, 갈고리 발톱 nail
- **tantrum** 언짢은 기분, 짜증, 화 outburst (00 행정자치부 세무직 9급)
- **tantalizing** 애타게 하는, 감질나게 하는 (10 상반기 지방직 9급)
- **taper** 끝이 점점 가늘어지다, 점점 적어지다 dwindle; 작은 초, 뾰족해짐 (08 경기)
- **tardiness** 느림 (11 중앙)
- **tardy** 더딘, 느린, 지각한, 내키지 않는 slow, sluggish (03 경희)
- **tarry** 타르(질)의, 타르를 칠한; 체제하다, 머무르다, 늦어지다 linger (08 중앙)
- **tasty** 맛좋은, 감칠맛이 있는 palatable; 멋있는, 세련된 (05 대구시 9급)
- **tautological** 동어 반복의 (13 서강)
- **tawdry** 번지르르한 shoddy, glossy, gaudy; 야한, 천박한; 싸구려물건 (04 고려)
- **tax** 세금, 무거운 부담 levy, 회비; 세금을 부과하다
- **taxidermist** 박제사
- **telescope** 망원경
- **tell** 말하다, (비밀 등을) 누설하다; 명하다; 나타내다, 표시하다 inform (01 홍익)
- **temerity** 무모함 boldness, audacity (06 서강)
- **temperamental** 기분의, 변덕스러운, 신경질적인 emotional (05 숭실)
- **temperate** 절제하는, 삼가는, 적당한; (기후가) 온화한 clement (07 중앙인사위원회 9급)
- **tempered** 완화된, 알맞은; ~한 기질의 (15 한양)
- **temporarily** 일시적으로, 임시로 fleetingly, briefly
- **tempting** 솔깃한, 구미가 당기는 (16 한국외)
- **tenant** 세든 사람, 소작인 occupant (03 법원서기보)
- **tendency** 경향, 추세, 성향 trend (12 경찰)
- **tender** 제공하다, 제출하다 campaign; 입찰 (03 국민)
- **tenement** (도시 빈민가의) 공동주택 (01 단국)
- **tenor** 취지, 성질 nature (00 세종)
- **tentatively** 시험적으로; 임시로, 잠정적으로 conditionally (17 성균관)
- **tenure** (관직 따위의) 재직기간, 종신 재직권 (08 세종)
- **terrain** 지형, 지대; 지역, 영역; 분야 sector (03 법원서기보)
- **terrible** 무서운 horrible (04 단국)

★ ☆ ☆ ☆ ☆ 별 1개

각종 시험에 1회 출제된 적이 있는 고급어휘들로 고난이도
시험을 보시기 직전 체크하는 것이 좋습니다.

- **territorial** 영토의; 지방의, 지역적인 (13 한국외)
- **territory** 영토, 속령, 보호령, 분야 terrain
- **textual** 본문의, 원문의, 교과서의
- **theorize** 이론[학설]을 세우다, 공론을 일삼다, 이론화하다 formulate
- **therapist** 치료학자, 치료전문가 healer, 임상의 (04 서울시 9급)
- **thereby** 그것에 의하여, 그 때문에 thus (00 행정자치부 세무직 9급)
- **thermal pollution** (원자력 발전소의 폐기물 등에 의한) 열공해, 열오염 (02 중앙선거관리위원회 9급)
- **thermometer** 온도계, 정도를 나타내는 것, 지표
- **thermostat** 자동 온도 조절 장치
- **thesauruses** 유의어 사전 (10 상반기 지방직 9급)
- **thick forest** 깊은[고요한] 숲 (03 법원서기보)
- **thief** 도둑 robber, 절도
- **thorn** 가시, 극침 prickle, 가시털, 고통을 주는 것
- **thorough** 철저한 exhaustive, complete (04 동국)
- **threadbare** (낡아서) 올이 다 드러난; 새로울 게 없는, 뻔한
- **threat** 협박, 위협, 공갈 intimidation, menace
- **threshold** 문지방, 입구 entrance; 시초, 발단 beginning (04 성균관)
- **thrift** 절약, 검약 frugality; (식물의) 번성, 성장 (02 경기)
- **throat** 목구멍, 좁은 통로, 목소리, 목청 (00 행정자치부 세무직 9급)
- **throe** 심한 고통 pain, agonies (04 성균관)
- **throng** 군중, 다수 crowd, mob, 사람의 떼; 떼를 지어 모이다 (12 홍익)
- **throwback** 되던짐, 후퇴; 격세유전 reversion (12 경기)
- **tidbit** 맛있는 가벼운 음식; 재미있는 이야기, 토막 뉴스 (09 중앙)
- **tighten** 죄다, 단단하게 하다, 엄하게 하다, 강화하다 strengthen, consolidate (07 국회사무처 8급)
- **timber** 재목, 목재; 인물
- **timidity** 겁 많음 fearfulness (11 경기)
- **timorous** 무서워하는, 겁을 먹은, 겁 많은, 소심한 apprehensive (05 중앙)
- **tincture** 기미, 약간 ~한 점, 색(조); 팅크(제), (요소, 성질의) 아주 적은 주입(첨가); 착색하다 (05 중앙인사위원회 9급)
- **tinge** 엷은 색조 tincture, (~)티, 기미, 냄새; 색조를 띄게 하다, (엷게) 물들이다
- **tinged** 약간 뒤섞인, 적은 양이 가미된 (18 서강)
- **tint** 엷은 빛깔, 색조, 성질, 기미 color, hue
- **tireless** 지칠 줄 모르는 indefatigable; 한결같은, 끊임없는 (14 경희)
- **tiresome** 지루한, 성가신 (11 국민)
- **titanic** 거대한, 강력한, 엄청난 tremendous (01 동국)
- **titillate** 간질이다 tickle, ~의 흥을 돋우다, 자극하다
- **titter** 킥킥 웃다 giggle (05 경기)
- **titular** 명의뿐인, 명목상의, 유명무실한 nominal, 제목의, 직함의 (10 이화여)

- **toddler** 아장아장 걷는 아이, 유아, 비틀비틀 걷는 사람
(00 행정자치부 세무직 9급)
- **tolerable** 참을 수 있는, 허용할 수 있는 bearable
(06 중앙)
- **tolerant** 관대한, 묵인하는 generous; 내성이 있는
(02 성균관)
- **toll** (국가, 지방 관청 등이 징수하는) 사용료 charge, 통행료, 장거리 전화 요금
(06 동국)
- **tooth decay** 충치 dental caries
- **top-dollar** 최고 한도액 the highest-paid
(11 중앙)
- **topmost** 최고의, 최상(급)의 highest
(02 중앙선거관리위원회 9급)
- **top-notch** (도달할 수 있는) 최고점, 최고도; 일류의 bang-up, 최고의
(10 서울여)
- **topography** 지형학, 지형도 제작술, 지세도, 국소 해부학
(13 서강)
- **torment** 심한 고통을 주다, 괴롭히다; 고통, 고뇌 woe, affliction
(03 고려)
- **torrent** 급류, 억수; (질문의) 연발; (감정의) 분출
- **tortuous** 복잡한 complicated, 구불구불한, 뒤틀린 crooked, 완곡한, 사악한
(10 이화여)
- **touchstone** 시금석, 표준 criterion, standard
(13 국민)
- **touchy** 민감한 sensitive; (문제 등이) 다루기 힘든, 화를 잘 내는
(02 중앙)
- **tow** 끌다, 견인하다, 예인하다
(16 홍익)
- **trace** 자취, 자국 indication; 추적하다 seek; 밝혀내다, 규명하다 mark out
(06 경희)
- **track** 추적하다, 뒤쫓다 follow
(03 고려)
- **traditional** 전통적인, 기존의 customary
(01 성균관)
- **traffic lights** 신호등, 교통신호
(01 법원서기보)
- **trail** 지나간 자국, 흔적, 실마리, 단서; 추적하다 chase, 미행하다; 질질 끌다
(00 행정자치부 9급)
- **train** 열차; (사람, 차의) 긴 열, 연속, 일련의 것; 행렬 sequence
- **traitor** 배반자, 배신자, 반역자 betrayer, renegade
- **tramp** 쾅쾅거리며 걷다, 내리밟다, 방랑하다 trudge, plod
- **trample** 짓밟다, 뭉개다 crush
(05 고려)
- **transcontinental** 대륙 횡단의, 대륙 저편에
- **transfer** 옮기다, (책임을) 전가하다 carry, convey; 이동, 갈아타기
(03 법원서기보)
- **transformation** 변형, 변모, 변질; 장면전환; (여자 머리의) 가발
- **transfusion** 수혈
- **transgress** (제한, 범위 등을) 넘다, 벗어나다 exceed, contravene; (법률, 명령 등을) 위반하다 violate, infringe
(00 전남)
- **transgression** 범죄, 위반
(17 이화여)
- **translate** 번역하다, 해석하다 interpret
(01 동국)
- **translation** 번역, 해석 interpretation
(07 중앙인사위원회 9급)
- **transmit** 발송하다, 운송하다, 알리다, 전파시키다 consign
(02 고려)
- **transparency** 투명, 투명도; 명백
(15 국민)
- **transportation** 수송, 운송; (역사) 추방형; 유형; 운송료 fare; 수송[여행]허가서
(04 국회사무처 8급)
- **traverse** ~을 가로지르다, 통과하다 cross, cut across; (계획, 의견 따위에) 반대하다, 부인하다 go counter to, deny
(12 숭실)
- **travesty** 익살스럽게 고친 것, 모방 parody, burlesque; ~을 웃기게 만들다, 흉내 내다 mimic, imitate
(04 경기)
- **treat** 다루다, 취급하다; 간주하다; 치료하다 cure; 진술하다 state; 한턱 쏘기
- **tremendous** 거대한, 대단한, 굉장한 stupendous, monumental
(05 항공)

★☆☆☆☆ 별 1개

각종 시험에 1회 출제된 적이 있는 고급어휘들로 고난이도
시험을 보시기 직전 체크하는 것이 좋습니다.

- **tremor** 떨림, 진동 trembling, quiver
(04 세종)
- **trespass** 침입하다, 침해하다 infringe
(04 서울시 9급)
- **tribulation** 고난, 시련
(17 이화여)
- **tribunal** 법정 court of justice
(02 중앙선거관리위원회 9급)
- **tricky** 교활한, 음흉한, 간사한 cunning, sly, shifty
(07 국회사무처 8급)
- **trifle** 시시한[하찮은] 것, 사소한 일 trivia, niggling, 소량, 조금 bit; 소홀히하다, 잡담하다 kick around
- **trim** (깎아) 다듬다 clip, crop; 삭감하다 cut, curtail; 장식하다 decorate; 꾸짖다; 산뜻한; 정돈된 상태
(13 한국외)
- **trinket** 자질구레한 장신구 bauble, knickknack; 하찮은 것
(12 중앙)
- **trip** 여행, 항해 travel, 헛디딤 stumble, 다리를 걸어 넘어뜨림, 과실
- **trite** 진부한 cliche, 상투적인
(12 경기)
- **troops** 주둔군, 상비군 (09 지방직 9급)
- **troupe** (배우, 곡예사의) 흥행단, 소매치기 일당; 흥행단에 들어가 순회[연기]하다
(08 단국)
- **trousers** (남자용) 바지, (회교국의 남녀가 입는) 헐렁한 판탈롱
(06 중앙선거관리위원회 9급)
- **truce** 휴전(협정), 정전 armistice, cease-fire, 중지 cessation; 휴전하다 (06 성균관)
- **truculent** 잔인한, 호전적인, 야만적인, 신랄[통렬]한 aggressive, ferocious
(10 이화여)
- **trump card** (카드) 으뜸 패; 최후의 수단
- **trumped-up** 날조된, 조작된 fabricated
(13 동국)
- **truncate** (나무, 원뿔 등의) 꼭대기[끝]을 자르다 cut
(03 고려)
- **trustee** 피신탁인, 수탁자, 보관 위원, 신탁 통치국 administrator; (재산을) 수탁자[관재인]의 손에 넘겨주다
- **tubular** 관(모양)의, 통 모양의, 기관의, 세뇨관의
(07 국회사무처 8급)
- **tugboat** 예인선 boat
(02 중앙선거관리위원회 9급)
- **tumultuous** 떠들썩한; 거친 violent; 동요한
(16 가천)
- **tune** 곡, 장단, 조화; 가락을 맞추다
(02 중앙선거관리위원회 9급)
- **turbulent** 동요하는 disorderly, uncontrolled; (바람, 물결 등이) 사나운, 거친; 소란스러운
(04 고려)
- **turgid** 부어오른, 팽창한 swollen
(00 세종)
- **turn-out** 집합, 비상소집, 참석(자의 수), 총생산량; 복장
(03 고려)
- **turpitude** 타락 depravity, 비열한 행위
(13 중앙)
- **typify** 표본[전형]이 되다, 특징을 나타내다, 예시하다, 상징하다 epitomize
(02 건국)
- **tyrannical** 전제 군주적인, 압제적인 oppressive
(03 세종)
- **tyro** 초심자, 초보자 beginner, novice
(14 중앙)
- **ubiquity** 편재, 어디에나 있음
- **ugly** 추한, 못생긴 homely, 비열한, 불쾌한 unpleasant
(00 고려)
- **ulcer** 궤양, 병폐, 폐해, (도덕적) 부패
(00 행정자치부 9급)
- **ulterior** 마음속의, 이면의, 배후의 concealed
(14 고려)
- **ultimate** 최종적인 final, terminal; 근본적인 basic, fundamental
ad. ultimately
(04 고려)

- **unabridged** 생략[요약]되지 않은, 완전인 complete, not shortened (02 중앙)
- **unadulterated** (다른 것과) 섞이지 않은, 순수한 pure (05 서울여)
- **unalterable** 바꿀 수 없는, 변경할 수 없는, 불변의 inflexible (15 국민)
- **unanimity** (의견 따위의) 일치, 합의 accord (05 고려)
- **unappreciated** 진가를 인정받지 못한 (05 고려)
- **unashamedly** 염치없이 (11 행정안전부 9급)
- **unattainable** 얻기 어려운, 도달하기 힘든 (10 국민)
- **unattractive** 사람의 눈을 끌지 않는, 애교 없는, 흥미 없는 (05 대구시 9급)
- **unavoidable** 불가피한, 무효로 할 수 없는 inevitable
- **unbearable** 참을 수 없는, 참기 어려운 intolerable (05 대구시 9급)
- **unbeaten** 매 맞지 않는, 정복당할 일이 없는, 져 본 일이 없는, 무적의 triumphant
- **unbelievable** 믿을 수 없는 incredible (04 세종)
- **unbury** 무덤에서 파내다, 발굴하다, 폭로하다 reveal, divulge
- **unchecked** 억제되지 않은, 검사[점검]받지 않은 (10 한양)
- **uncivilized** 미개한, 야만의
- **unclean** 더러운, 불결한 unhygienic (13 경희)
- **uncomely** 예쁘지 않은, 못생긴 ugly
- **uncommitted** 미수의, 중립의 unattached (13 상명)
- **uncommunicative** 속을 털어놓지 않는, 서먹서먹한 awkward, 말없는 (05 중앙인사위원회 9급)
- **unconfirmed** (소문, 보도 등이) 확인되지 않은; (그리스도교) 안수를 받지 않은
- **uncongenial** 마음이 맞지[마음에 들지] 않는 unpleasant, inharmonious, alien (00 경원)
- **unconscious** 무의식의, 깨닫지 못한 unaware (04 행정자치부 9급)
- **unconsciousness** 무의식, 무자각 coma (14 서강)
- **unconstrained** 구속받지 않는, 독립된 independent (11 경기)
- **unconventional** 틀에 박히지 않은 peculiar; 비재래식의
- **unconvinced** 설득되지 않은, 납득되지 않은
- **uncover** 덮개를 벗기다, 뚜껑을 열다, (비밀 등을)알아내다 (12 행정안전부 9급)
- **unctuous** (말투 등이) 지나치게 상냥한, 살살 녹이는 insincerely suave (08 중앙)
- **uncultivated** 갈지 않은, 개간하지 않은, 미개의, 교양 없는
- **undaunted** 기가 꺾이지 않는, 대담한 audacious (06 건국)
- **undependable** 의지[신뢰]할 수 없는 irresponsible (00 고려)
- **underdog** (이기거나 성공할 가능성이 적은) 약자 (12 경희)
- **underfed** 영양 부족의 malnourished (03 광운)
- **underground** 지하의, 비밀의 secret, clandestine; 지하조직의, 반체제의 (04 전북 9급)
- **undergrowth** 발육불충분, 잔털; 덤불, 풀숲 underbrush (07 서울시 9급)
- **understanding** 이해(력), 납득, 지력 intelligence, 사려, 분별; 이해력이 있는
- **understate** 삼가하며 말하다, 숫자를 줄여 말하다 (08 세종)
- **undertake** 떠맡다, 책임지다 take on, 약속하다, 보증하다 promise (09 지방직 9급)
- **under-the-table** 비밀리의; 술취한 (13 고려)
- **undervalue** 과소평가(하다); (부당하게) 싼 값 (07 단국)
- **undesirable** 탐탁하지 않은, 바람직하지 않은 disagreeable (00 행정자치부 9급)

★☆☆☆☆ 별 1개

각종 시험에 1회 출제된 적이 있는 고급어휘들로 고난이도
시험을 보시기 직전 체크하는 것이 좋습니다.

- **undistinguished** 보통의, 평범한 usual, normal; 차이점이 없는
- **undisturbed** 방해받지 않은, 교란되지 않은, 평정한 calm, collected (05 대구시 9급)
- **undomesticated** 길들이지 않은, 야생의 feral (13 서강)
- **unduly** 과도하게, 심하게 excessively (17 이화여)
- **unerring** 정확한, 틀림이 없는 correct (14 국가직 9급)
- **unethical** 비윤리적인 (10 가톨릭)
- **unexpurgated** 삭제[수정]되지 않은 uncensored, uncut
- **unflinching** 변함없는, 굽히지 않는 resolute (11 가톨릭)
- **unforeseeable** 예지[예측]할 수 없는 unpredictable (06 경원)
- **ungrateful** 은혜를 모르는, 헛수고의, 불쾌한
- **unguarded** 지키지 않은, 수비 없는, 부주의한, 방심하는 careless; 직설적인, 솔직한
- **unheeding** 주의를 기울이지 않는, 부주의한 careless (03 고려)
- **unhygienic** 비위생적인 unclean, 건강에 좋지않은 (13 경희)
- **unicycle** 외바퀴 자전거 (04 국회사무처 8급)
- **unidentified** 작자 불명의, 신원 불명의 unknown, anonymous (04 경기도 교육행정직 9급)
- **uniformly** 한결같이, 일률적으로 (13 이화여)
- **unimportant** 중요하지 않은, 하찮은 negligible, trifling (04 영남)
- **uninjured** 손상되지 않은 intact, 무사한
- **unintelligent** 지력이 없는, 우둔한, 무지한 vacuous (07 중앙)
- **unintentional** 고의가 아닌, 무심코 한 inadvertent (02 가톨릭)
- **unintentionally** 무심코 inadvertently, unconsciously (01 경기대)
- **uninterrupted** 끊임없는, 연속된 continuous
- **uninvolved** 복잡하지 않은, 단순한, 관련되지 않은, 무관심한 (01 홍익)
- **union** 연합 alliance, 결합, 연방(국가), 노동조합 (03 고려)
- **unison** 조화 harmony (11 서강)
- **unity** 통일(성), 조화 harmony (05 광운)
- **unleash** 가죽끈을 풀다; (감정 등을) 폭발시키다 (07 서강)
- **unmethodical** 질서 없는 disorderly, unsystematic
- **unmixed** 섞인 것이 없는, 순수한 pure
- **unnameable** 이름 붙일 수 없는, 말할 수 없는 (12 행정안전부 9급)
- **unnoticeable** 눈에 띄지 않는 inconspicuous (01 세종)
- **unobtrusive** 주제넘지 않은, 겸손한, 삼가는 unassuming, modest (03 가톨릭)
- **unpack** (꾸러미, 짐을) 풀다, 끄르다; (컴퓨터) 압축한 데이터를 원래대로 되돌리다 (01 법원서기보)
- **unpalatable** 마음에 딱 들지 않는, 불쾌한 unpleasant (08 행정안전부 9급)
- **unperturbed** 교란되지 않은, 평온[침착]한, 놀라지 않은 calm
- **unplanted** 심지 않은
- **unplug** 뽑다 (11 고려)
- **unprejudiced** 편견이 없는, 공평한 impartial (05 대구시 9급)
- **unrelenting** 가차 없는, 무자비[잔인]한 merciless, relentless; 누그러지지 않는, 계속되는 continuous (01 경기)
- **unremunerative** 보상[보수, 이익]이 없는, 벌이가 되지 않는 unprofitable, profitless

- **unrestrained** 억제되지 않은, 제한 없는 unrestricted, unchecked (03 경희)
- **unrestricted** 제한[구속]이 없는 unchecked, 자유로운
- **unshamedly** 염치없이 (11 행정안전부 9급)
- **unsigned** 서명이 없는
- **unsophisticated** 소박한, 순진한 naive, 순수한 (01 가톨릭)
- **unspoken** 입 밖에 내지 않는, 무언의, 이심전심의 silent, understood (02 세종)
- **unstable** 불안정한, 변하기 쉬운 shaky, changeable (00 동국)
- **unsubstantiated** 입증되지 않은 unconfirmed, 확증 없는, 실체가 없는
- **untarnished** 변색되지 않은; 더럽혀지지 않은 unharmed (18 이화여)
- **untiring** 지칠 줄 모르는, 불굴의 (15 서강)
- **untrammeled** 속박[구속]받지 않는, 자유로운 (09 중앙)
- **unusually** 보통과는 달리 atypically, 이상하게, 유별나게; 매우, 대단히
- **unvanquished** 정복되지 않은
- **unvarying** 변하지 않는, 일정불변의 invariable
- **unveil** 베일을 벗기다 (10 이화여)
- **unwarranted** 까닭없는, 불필요한; 무료의 (09 서울시 9급)
- **unwed** 미혼의 unmarried, 독신 (06 중앙인사위원회 9급)
- **unwind** (감겨있는 것을) 풀다, 펴다, (긴장을) 풀다, 편한 마음을 갖다 relax (01 행정자치부 9급)
- **unwise** 현명하지 못한, 바보 같은 silly; 천박한
- **unwonted** 익숙하지 않은 unaccustomed (08 경기)
- **upend** 뒤엎다 (13 고려)
- **upheaval** (사회의) 대격변, 대혼란 turmoil, cataclysm, disturbance (04 경희)
- **uplift** 올리다, 고양하다 inspire, elate; 고양 upheaval, upthrust, 향상 (13 성균관)
- **upright** 똑바른 straight up; 정직한 upstanding; 직립한, 수직의 vertical (11 경원)
- **uproar** 소란, 소동, 야단법석 riot, hubbub (11 경희)
- **uproot** 뿌리째 뽑다; 근절하다 eradicate (16 경기)
- **upscale** 평균 이상의; 부자의 high-end (16 경기)
- **urbane** 도시풍의, 세련된 sophisticated, refined (06 서울시 9급)
- **upshot** 결과, 결말 (16 서강)
- **usable** 쓸 수 있는, 쓰기에 편리한 available
- **usage** 관습 convention, 관례, 취급법, 어법 (02 중앙선거관리위원회 9급)
- **usual** 보통의, 평상시의, 평소에 볼 수 있는, 평범한 conventional, standard (04 총신)
- **usurp** 빼앗다, 강탈하다 seize power (09 성균관)
- **utility** 유용 usefulness, 쓸모 있는 것; 공익 사업[설비]; 복지; 행복; 실용적인 (15 강남)
- **utter** 입 밖에 내다, 누설하다 reveal, spill the beans; 전적인, 완전한, 절대적인 total, complete (01 가톨릭)
- **utterance** 입 밖에 냄, 발언 comment; 발표력; 유통; 최후, 죽음
- **vacantly** 멍하니, 멀거니 vacuously (04 단국)
- **vacate** (자리를) 비우다, 사임하다, 명도하다 evacuate
- **vaccination** 백신[예방]접종, 종두, 종두 자국
- **vagabond** 방랑자, 유랑자 vagrant; 방랑하는, 떠돌아다니는 vagrant
- **vagary** 예측불허의 변화, 변덕 caprice (01 계명)
- **valedictory** 고별의 (12 중앙)

★☆☆☆☆ 별 1개

각종 시험에 1회 출제된 적이 있는 고급어휘들로 고난이도 시험을 보시기 직전 체크하는 것이 좋습니다.

- **valiant** 용감한 brave (01 계명)
- **validate** (특히 법적으로 유효함을) 확인하다 approve (02 중앙)
- **vanity** 허영심 excessive pride, 공허함, 덧없음 (09 중앙)
- **vanquish** 정복하다 conquer, subdue (14 국가직 9급)
- **variance** 변화, 변동, 변천, 불일치, 불화 conflicting
- **vary** 바꾸다, 변경하다(alter); 변화하다, 다르다 fluctuate (01 중앙)
- **vegetation** (집합적) 식물 flora, 초목, 무위도식의 생활
- **veil** 베일, 면사포; 베일을 씌우다, 감추다, 숨기다 conceal
- **vein** 정맥, 혈관; 엽맥, 나뭇결; 성질, 기분 temper (01 법원서기보)
- **velocity** 속도 speed
- **venal** (사람이) 매수되기 쉬운 bribable (04 서울여)
- **vende[o]r** 노점상, 하청업체
- **veneer** 겉치레, 허식 pretense, semblance (12 이화여)
- **venerable** 존경할만한 hallowed (11 경희)
- **vengeance** 복수, 원수 갚기, 앙갚음, 복수심 retribution, requital (04 건국)
- **venom** 독(액) poison, 악의 spite, 원한 (04 행정자치부 9급)
- **vent** 배출구, 분출구 outlet; (감정 등을) 발산하다, 터뜨리다 (07 동국)
- **ventilation** 통풍, 환기 air circulation (03 행정자치부 9급)
- **verbose** 말이 많은 loquacious, garrulous, 장황한 (12 국민)
- **verge** 가장자리, (~하기 직전에) 아슬아슬한 순간 brink (03 명지)
- **verisimilitude** 사실 같음 similarity to reality
- **veritable** 진짜의 authentic, genuine, 진실한
- **vernacular** 방언, 사투리 dialect; 일상적 표현, 평의한 일상어 (11 경기)
- **versatility** 다재 다능, 다양성, 융통성 flexibility (06 성균관대)
- **versus** ~대(對), ~에 대한 (01 법원서기보)
- **vertical** 수직의, 세로의, 정점의 upright
- **vertiginous** 어지러운, 아찔한 giddy (11 경희)
- **verve** 활력, 활기 animation, liveliness, vigor, 열정 enthusiasm
- **vessel** 용기, 그릇 container (01 법원서기보)
- **veteran** (어떤 분야의)베테랑, 참전 용사 (10 상반기 지방직 9급)
- **veterinarian** 수의사 vet
- **veterinary surgeon** 수의사 veterinarian (04 경기도 교육행정직 9급)
- **vexation** 초조하게[성가시게]함, 속상함, 분함, 원통함, 괴로움의 원인 annoyance (00 행정자치부 9급)
- **vexing** 성가신, 괴롭히는, 짜증나게 하는 annoying (03 중앙)
- **via** ~을 거쳐, 경유해서, (교통수단) ~에 의해서 (06 중앙인사위원회 9급)
- **vicarious** 대리직의, 대리의; 상상하여 느끼는, 대신하여 받는[입는] (13 세종)
- **vicariously** 대리로서, 대리로, 대신하여 indirectly
- **vicissitude** 변화 mutation; (pl.) 흥망, 성쇠, 부침 (05 경희)
- **vie** 우열을 다투다, 경쟁하다 contend, compete (10 동국)
- **view** ~라고 생각하다 (11 명지)

- **vile** 몹시 나쁜, 지독한; 역겨운 (15 중앙)
- **village** 마을, 동네 hamlet, town (05 경희)
- **vindicable** 변호[옹호]할 수 있는, 정당화[입증] 할 수 있는
- **vinyl** 비닐(기), 레코드판; 비닐제의, 디스코의 (04 국회사무처 8급)
- **virtue** 미덕, 장점 advantage, merit (00 법원서기보)
- **virulence** 독성, 병독성, 악의, 증오, 신랄함 (03 행정자치부 9급)
- **virus** 바이러스
- **visage** 얼굴, 용모 face, appearance (04 서울시 9급)
- **visceral** 내장[창자]의; 본능적인 instinctive (09 중앙)
- **visible** 눈에 보이는, 볼 수 있는 discernible (05 대구시 9급)
- **visionary** 몽상가 dreamer; 공상적인, 비현실적인 fanciful (00 동국)
- **visit** 방문하다 call on; 조사하러 가다; (병, 재해 등이) 찾아오다; 방문, 순회, 참관, 체류 (00 세종)
- **visual** 시각의 ocular, optic, optical; 비주얼 (02 국민)
- **visual cortex** 시각령(시신경으로부터 흥분을 받아들이는 대뇌 피질의 부분) (06 중앙선거관리위원회 9급)
- **vitiate** (가치, 효과 등을) 해치다, 떨어뜨리다) (16 국회사무처 9급)
- **vitriolic** 신랄한 caustic, acrimonious (12 서울여)
- **vivid** (묘사, 인상, 기억 등이) 생생한, 완연한, (색, 빛이) 선명한, 밝은 colorful; (성격이) 발랄한, 악동적인 (07 중앙인사위원회 9급)
- **vividly** 생생하게, 선명하게, 발랄하게 graphically
- **vivisection** 생체해부 dissecting living animal
- **vocal** 목소리의, 성악의
- **voice** 목소리; 의견; 발언권 (13 광운)
- **volitional** 의지의; 의욕적인 willing, 결단력이 있는 (14 서강)
- **voluptuous** 향락적인, 방탕한, 관능적인 sensuous, 육감적인, 요염한 (05 서울여)
- **vomit** 토하다 throw up, 게우다, 내뱉다, 내뿜다; 퇴학시키다; 토함, 메스꺼운 것
- **vote** 투표[권, 용지]; 투표하다 elect, 제안하다 (00 행정자치부 세무직 9급)
- **vulture** (죽은 고기를 먹는 맹금) 독수리, 콘도르 (05 대구시 9급)
- **vying** 경쟁하는 competing
- **wade** 걸어서 건너다, 고생하며 나아가다
- **waffling** 모호한 equivocal, 애매한, 미적지근한 (14 중앙)
- **waft** (소리 · 향 등이) 공중으로 퍼지다 (17 중앙)
- **walkout** 동맹파업 strike, (회의 등에서의) 항의성 퇴장
- **wallow** 뒹굴다, 빠지다 (15 고려)
- **wan** 창백한 pale (04 세종)
- **wander** 길을 잃고 헤매다, 옆길로 벗어나다 prowl, roam (04 경희)
- **war** 전쟁, 무력충돌, 적의, 불화[적대]상대, 군사, 전략
- **ward** 병동, 병실, 감방; (병동 등에) 수용하다 (03 행정자치부 9급)
- **warehouse** 창고 depot, depository, 도매점
- **warily** 조심스럽게, 신중하게 cautiously
- **warp** 비뚤어지게 하다, 뒤틀리게 하다 twist (10 행정안전부 9급)
- **warrant** 영장; 보증; 증명서; 정당한 이유 (14 경찰직 1차)
- **warranty** 보증, 보증서 guarantee, 근거, 정당한 이유
- **warrior** 전사, 무인, 고참병, 역전의 용사 (00 행정자치부 9급)
- **wart** 피부의 사마귀 (00 행정자치부 9급)

★☆☆☆☆ 별 1개

각종 시험에 1회 출제된 적이 있는 고급어휘들로 고난이도
시험을 보시기 직전 체크하는 것이 좋습니다.

- **waste** 낭비하다, 쇠약해지다, 놓치다, 황폐시키다, 소모시키다 squander; 쓰레기 offal (01 가톨릭)
- **waste product** (생산과정에서 나온) 폐기물, (몸의) 노폐물, 배설물 (01 법원서기보)
- **wastefulness** 낭비, 황폐, 허비 extravagance
- **watchword** 표어, 슬로건 slogan (04 한양)
- **watercraft** 수상 기술, (집합적) 배, 선박 (02 중앙선거관리위원회 9급)
- **watertight** 방수의 waterproof, 완벽한, 빈틈없는
- **waterway** 수로, 항로 (05 중앙인사위원회 9급)
- **waypoint** 중간에 머무는 곳 (15 고려)
- **waylay** 매복하다, 요격하다; 불러 세우다 accost (16 단국)
- **wealth** 부, 재산 riches; 풍부 abundance, bounty, 다수; 부유, 행복, 복리
- **wealthy** 부유한, 풍부한 made of money (15 지방직 9급)
- **weary** 피곤한 tired, 싫증이 난; 지치게 하다, 싫증나게 하다, 권태를 느끼다 (12 홍익)
- **weather** 비바람에 맞게 하다, 이겨내다 get over (13 동국)
- **wedlock** 결혼(부부) 생활, 혼인 wedding (05 국회사무처 8급)
- **weed** 잡초; (잡초 따위를) 제거하다 remove
- **weighted** 무거워진, 무거운 짐을 실은, 가중된, ~을 짊어진
- **weightless** 무게가 없는 (11 고려)
- **weird** 불가사의한, 섬뜩한, 별난, 괴상한 strange, abnormal (04 동국)
- **welder** 용접공, 용접기
- **well-being** 복지, 안녕, 행복 welfare (05 국회사무처 8급)
- **well-paying** 좋은 보수를 지불하는, 보수가 좋은
- **well-proportioned** 균형이 잘 잡힌 balanced
- **wheel** 차바퀴, 바퀴 모양의 기구, 자동차의 핸들 (04 국회사무처 8급)
- **wheezing** 천명, 쌕쌕 거림 (09 상반기 지방직 9급)
- **whiff** 한번 불기; 삼진, 헛치기; 화풀이; 훅 불다, 냄새를 확 풍기다, 삼진을 먹이다
- **whimsical** 변덕스러운 unusual, 이상한, 묘한, 별난 unusual, strange (08 한국외)
- **whirlwind** 회오리바람 tornado, (감정의) 폭풍 (06 중앙선거관리위원회 9급)
- **white-hot** 백열의, (금속 따위의) 아주 뜨거운 glowing; 극도로 열렬한 frantic
- **whiten** 희게 하다, 표백하다 integral; ~의 죄[더러움]을 씻다, 결백하게 하다 (06 중앙선거관리위원회 9급)
- **whitewash** 백색 도료; 속임수 camouflage; 회칠을 하다, 지워버리다 erase; 속이다 (04 경기)
- **wholeheartedly** 진심으로, 착실하게, 진정으로, 전적으로 (11 행정안전부 9급)
- **wickedness** 사악, 부정, 악의, 짓궂음
- **widen** 넓히다, 넓어지다 broaden (07 경기)
- **wild** 야생의 uncultivated, undomesticated (04 행정자치부 9급)
- **wilderness** 황야, 황무지 wasteland, 사막, 미개지
- **wildlife** 야생 생물 (06 중앙인사위원회 9급)
- **wile** 책략, 간계, 농간, 속임수 clever tricks (04 국회사무처 8급)
- **willing** 기꺼이 ~하는, 자진해서 행하는, 자발적인 voluntary (14 서강)

- **willpower** 의지력, 자제력
(03 행정자치부 9급)
- **wilt** (화초 등이) 시들다 shrivel, wither, wizen;
(사람이) 지치다
(12 경희)
- **wince** 움찔하고 놀라다
(10 이화여)
- **windfall** 뜻밖의 횡재 bonanza
(05 중앙)
- **winnow** (낟알, 겨 등을) 키질하다, 가려내다 sift
(05 경기)
- **wire** 철사, 전선, 케이블, 전신 telegraph, (악기) 현, (경마) 결승선 (06 중앙선거관리위원회 9급)
- **wistful** 탐내는 듯한, 간절히 바라는 longing
- **wit** 재치, 기지, 유머 humor
(01 계명)
- **withhold** 보류하다 reserve; 억제하다 hold back, restrain;
(세금을) 원천 징수하다
(01 중앙)
- **witness** 목격자, 증인, 증거;
목격하다, 입증[증명]하다, 보다, ~에 입회하다
(04 고려)
- **witticism** 재담, 익살 humor; 비웃음, 조롱
- **womb** 자궁 uterus; 사물이 발생하는 장소, 내부, 핵심
(02 중앙선거관리위원회 9급)
- **wont** 익숙한 accustomed; 버릇, 풍습
- **woods** 숲 forests
(05 계명)
- **wordplay** 재담, 재치 있는 말장난
(12 홍익)
- **wordy** 말이 많은, 장황한 verbose
(02 중앙)
- **worship** 예배, 참배, 숭배, 존경, 명예;
예배하다, 숭배하다, 존경하다 idolize
- **worthwhile** 애쓸 가치가 있는 useful, 상당한, 훌륭한
(04 행정자치부 9급)
- **wrangling** 언쟁, 논쟁 dispute, quarrel, haggle
(13 한국외)
- **wrap up** (일, 일정 등을) 마치다, 끝내다 finish
(05 대구시 9급)
- **wreak havoc** 망치다, 파괴시키다
- **wreath** 화환 garland, 화관
- **wrest** 비틀다; 억지로 빼앗다, 왜곡하다
(15 중앙)
- **wrinkle** 주름, 잔주름, 구김살 grimace
- **writ** (법) 영장 summons, 문서, 서류
(07 국회사무처 8급)
- **writhe** (고통으로) 몸부림치다, 몸부림치며 괴로워하다 wriggle (09 고려)
- **wrong** 나쁜, 그릇된 incorrect, 틀린, 고장 난,
부적당한 inappropriate, 머리가 이상한
(06 성균관)
- **wrongdoing** 나쁜 짓 하기, 나쁜 행위, 비행, 죄 crime
(01 성균관)
- **wrought** 초래하다, 일으키다
(15 서강)
- **yardstick** 표준, 척도 standard
- **yawn** 하품하다
- **yearly** 연 1회의, 매년의 annual
(03 고려)
- **year-round** 1년 내내의, 연중 계속되는
(02 숙명여)
- **yelling** 외침; 소리 지르는 howling
- **yoke** (한 쌍의 소 등에 메우는) 멍에; 멍에를 얹다, ~에 매다
- **zealous** 열렬한 ardent, 열광적인
(07 서울시 9급)
- **zenith** 천정, 정점 acme, summit
(02 경기)
- **zest** 비상한 흥미, 열정, 열의;
맛, 풍미 enthusiasm, eagerness
(04 전북 9급)
- **zoology** 동물학 (01 인천시 9급)

MEMO

I N

D E X

색인

※ 색인은 필수 어휘, 중요 빈출 어휘를 한눈에 알아 볼 수 있도록 따로 표시를 하였으니 찾아 보기 기능과 함께 최종 복습용으로도 활용하실 수 있습니다.

※ 혼동 어휘의 페이지 숫자는 별책 부록 『MD VOCA 33000 실력팩』의 페이지 번호를 가리킵니다.

INDEX

(r) 어근 관련
(s) 동의어보감
(n) 뉘앙스
(a) 고급어휘 (실력팩)
(t) 최고급어휘 (실력팩)
(c) 혼동어휘 (실력팩)
(p) 우선순위 기출어휘 (실력팩)

abandon / 30, 547(S), 547(N), 186(p)
abase / 30, 173(S), 172(R), 173(N), 138(C)
abash / 415(S), 31(a)
abashed / 209(S)
abate / 30, 31(S), 325(S), 437(S), 31(N), 138(C), 220(p)
abatement / 252(p)
abbreviate / 30, 33(S), 32(R), 33(N), 252(p)
abbreviation / 252(p)
abdicate / 20, 547(S), 422(R), 547(N), 220(p)
abduct / 20, 340(R)
aberrant / 20, 85(S), 85(N), 220(p)
aberration / 220(p)
abet / 30, 354(S)
abettor / 35(S), 35(N)
abeyance / 8(a)
abhor / 20, 21(S), 21(N), 193(p)
abhorrence / 205(p)
abhorrent / 23(S)
abide / 574, 483(S), 252(p)
abiding / 289(S)
abject / 20, 199(S), 40(R), 146(R), 182(R), 350(R), 366(R)
abjure / 547(S), 146(R), 410(R), 8(a), 138(C), 193(p)
ablation / 8(a), 138(C)
ablaze / 10(a)
able / 138(C)
ablution / 56(R), 210(R), 8(a), 138(C)
abnegate / 547(S), 8(a)
abnegation / 466(R)
abnormal / 604, 85(S), 85(N), 220(p)
abnormality / 220(p)
aboard / 604, 138(C), 252(p)
abode / 252(p)
abolish / 20, 469(S), 469(N), 193(p)
abominable / 23(S)
abominate / 22, 21(S), 21(N)
aboriginal / 22, 341(S), 341(N), 252(p)
abort / 252(p)
abortion / 22, 220(p)
abortive / 23(N), 252(p)
abound / 358(R)
about-face / 252(p)
abrade / 220(p)
abrasive / 22, 220(p)
abridge / 32, 33(S), 30(R), 33(N), 252(p)
abridgement / 33(S)
abridgment / 252(p)
abroad / 604, 138(C)
abrogate / 22, 469(S), 72(R), 426(R), 469(N), 138(C), 205(p)
abrupt / 22, 23(S), 421(S), 366(R), 421(N), 252(p)
abruptly / 205(p)
abscess / 76(t)
abscond / 24, 275(S), 454(R), 252(p)
absence / 252(p)
absent / 574
absolute / 604, 253(p)
absolutely / 253(p)
absolve / 24, 25(S), 25(N), 253(p)
absorb / 574, 205(p)
absorption / 205(p)
abstain / 24, 200(R), 364(R), 220(p)
abstemious / 437(S), 76(t), 253(p)
abstinent / 437(S)
abstract / 604, 33(S), 33(S), 193(p)
abstraction / 253(p)
abstruse / 24, 383(S), 380(R), 444(R), 138(C), 186(p)
absurd / 604, 303(S), 205(p)
absurdly / 253(p)
abundance / 220(p)
abundant / 604, 435(S), 435(N), 138(C), 186(p)
abuse / 604, 469(S), 414(R), 193(p)
abut / 76(t)
abutting / 41(S)
abysmal / 253(p)
abyss / 12(a)
academic / 253(p)
accede / 32, 75(S), 134(R), 448(R), 75(N), 138(C)
accelerate / 32, 253(p)
accent / 604, 236(R)
accentuate / 253(p)
accept / 604, 488(R)
acceptable / 111(S), 253(p)
accepted / 220(p)
access / 604, 32(R), 420(R), 138(C), 220(p)
accessible / 205(p)
accessory / 32, 35(S), 35(N)
accident / 604, 537(S), 382(R), 537(N)
accidental / 112(R), 138(C), 205(p)
acclaim / 32, 281(S), 193(p)
acclamation / 138(C)
acclimate / 139(S), 300(R), 139(N), 8(a)
acclimation / 138(C)
acclivity / 34, 175(S), 432(R)
accolade / 281(S), 8(a), 253(p)
accommodate / 574, 139(S), 139(N), 186(p)
accommodating / 57(S), 103(S)
accommodation / 205(p)
accompany / 163(S), 163(N), 253(p)
accompany / 604
accomplice / 34, 35(S), 278(R), 330(R), 468(R), 35(N), 193(p)
accomplish / 604, 253(p)
accomplished / 253(p)
accomplishment / 221(p)
accord / 574, 75(S), 212(R), 205(p)
accordant / 141(S)
accordingly / 253(p)
accost / 34
account / 574, 253(p)
accountability / 253(p)
accountable / 193(p)
accountant / 253(p)
accouter / 76(t)
accredit / 73(S), 76(t)
accretion / 34
accrue / 125(S), 343(S), 34(R), 454(R), 8(a)
acculturative / 253(p)
accumulate / 34, 125(S), 186(p)
accumulation / 253(p)
accurate / 604, 533(S), 253(p)
accursed / 76(t)
accusation / 253(p)
accusatory / 253(p)
accuse / 574, 187(S), 329(S), 221(p)
accused / 253(p)
accuser / 253(p)
accustom / 139(S)
accustomed / 604, 221(p)
acerbate / 253(p)

acerbic / 301(S), 113(t)
acetic / 113(t)
achievement / 253(p)
aching / 229(S)
acidulous / 113(t), 139(C)
acknowledge / 26
acme / 26
acoustics / 113(t)
acquaint / 574, 67(N), 205(p)
acquiesce / 34, 75(S), 239(S), 75(N), 221(p)
acquiescent / 138(C)
acquire / 604, 98(R), 221(p)
acquired / 141(S), 138(C), 253(p)
acquisition / 253(p)
acquisitive / 515(S), 138(C), 253(p)
acquit / 34, 25(S), 35(S), 25(N), 221(p)
acrid / 26, 301(S), 138(C), 221(p)
acrimonious / 26, 301(S), 221(p)
acrobat / 253(p)
acronym / 113(t)
acting / 446(R)
activate / 604, 247(S), 138(C)
activist / 253(p)
actuarial / 113(t)
actuate / 247(S), 113(t), 138(C)
acuity / 253(p)
acumen / 26, 253(p)
acupuncture / 113(t), 253(p)
acute / 604, 205(p)
acutely / 253(p)
ad / 253(p)
ad hoc / 76(t)
adage / 253(S), 76(t), 253(p)
adamant / 84, 377(S), 186(p)
adapt / 604, 139(S), 139(N), 138(C), 186(p)
adaptable / 139(S)
adaptation / 221(p)
adaptive / 254(p)
addict / 40, 20(R), 144(C), 221(p)
addiction / 138(C), 254(p)
addictive / 138(C), 254(p)
addition / 138(C)
additive / 138(C)
addle / 113(t)
address / 574, 254(p)
adduce / 20(R), 9(a), 254(p)
adept / 40, 45(S), 138(C), 193(p)
adequate / 604, 384(S), 186(p)
adhere / 40, 113(N)
adherence / 254(p)
adherent / 213(S), 350(R), 213(N)
adhesive / 221(p)
adipose / 395(S), 113(t)
adjacent / 40, 41(S), 20(R), 146(R), 182(R), 366(R), 41(N), 193(p)
adjoin / 604, 42(R), 138(C)
adjoining / 41(S), 41(N)
adjourn / 40, 209(S), 482(R), 138(C), 254(p)
adjudge / 76(t)
adjudicate / 9(a), 254(p)
adjunct / 42, 254(p)
adjure / 251(S), 146(R), 251(N), 9(a), 138(C)
adjust / 575, 139(S), 139(N), 221(p)
ad-lib / 293(S)
administer / 42, 221(p)
administrator / 254(p)
admirable / 221(p)
admirably / 254(p)
admire / 604, 153(S)
admission / 254(p)
admit / 575
admittance / 254(p)
admittedly / 254(p)
admonish / 42, 43(S), 424(R), 447(N), 205(p)
admonition / 43(S)
admonitory / 460(R)
adolescence / 110(R)
adolescent / 20(R), 9(a), 138(C), 254(p)
adopt / 42, 138(C), 205(p)
adore / 42, 175(S), 306(R), 138(C)
adorn / 43, 235(S), 235(N), 138(C)
adornment / 254(p)
adrift / 10(a)
adroit / 44, 45(S), 193(p)
adulate / 345(S)
adulation / 254(p)
adult / 604
adulterate / 44, 189(S), 254(p)
adultery / 254(p)
adumbrate / 44
advance / 575, 254(p)
advantage / 604, 553(S)
advantageous / 221(p)
advent / 44, 160(R), 168(R), 221(p)
adventitious / 44, 138(C)
adventure / 604
adventurous / 138(C), 205(p)
adversary / 383(S), 160(R), 168(R), 383(N), 221(p)
adverse / 44, 513(S), 160(R), 138(C), 193(p)
adversity / 537(S), 160(R), 537(N), 186(p)
advert / 50, 24(R), 228(R), 358(R)
advertise / 604
advice / 43(S)
advise / 575, 43(S), 67(N)
advocate / 50, 51(S), 205(p)
aeon / 501(S), 253(N)
aesthetic / 113(t), 139(C)
aesthetician / 254(p)
affability / 205(p)
affable / 50, 103(S), 186(p)
affair / 604
affect / 575, 503(S), 138(C), 186(p)
affectation / 138(C)
affectation / 254(p)
affecting / 254(p)
affection / 138(C), 186(p)
affectionate / 221(p)
afferent / 108(R), 76(t)
affiance / 50
affidavit / 76(t)
affiliate / 50, 151(S)
affiliation / 205(p)
affinity / 52, 53(S), 53(N), 138(C)
affirm / 604, 259(S), 312(R), 259(N), 254(p)
affirmative / 254(p)
affix / 76(t)
afflict / 604, 229(S), 342(R), 138(C)
affliction / 229(S), 194(p)
affluence / 205(p)
affluent / 52, 291(S), 494(R), 186(p)
afflux / 138(C)
afford / 575, 186(p)
affordable / 317(S), 221(p)
affray / 169(S), 90(t)
affront / 52, 140(R), 254(p)
aficionado / 76(t)
afire / 604
aflame / 11(a)
afloat / 11(a)
afoot / 604
afoul / 78(t)
aftermath / 26, 249(S), 194(p)
aftershock / 254(p)
agape / 11(a)
age / 501(S), 253(N)
agency / 221(p)
agenda / 26, 110(R), 221(p)
agglomerate / 76(t)
agglomeration / 254(p)
agglutinate / 77(t)
aggrandize / 343(S), 9(a)
aggravate / 52, 189(S), 339(S), 339(N), 186(p)
aggregate / 52
aggress / 210(R)
aggression / 138(C)
aggressive / 54, 101(S), 254(p)
aggrieve / 54, 229(S), 254(p)
aghast / 88
agile / 26, 307(S), 110(R), 194(p)
agitate / 26, 354(S), 415(S), 110(R), 432(R), 415(N), 194(p)
agitation / 123(S), 254(p)
aglow / 11(a)
agnostic / 84, 221(p)
agonize / 229(S), 90(R)
agony / 229(S), 229(N)
agrarian / 113(t)
agree / 604, 75(S), 75(N)
agreeable / 604, 103(S), 194(p)
agreement / 221(p)
agricultural / 254(p)
agronomy / 254(p)
aground / 254(p)
ahead / 575
aid / 138(C)
aide / 138(C)
ailing / 254(p)
ailment / 138(C), 221(p)
aimlessly / 255(p)
air / 604
aircraft / 255(p)
airless / 138(C)
airmail / 255(p)
ajar / 11(a)
akin / 88, 549(S)
alacrity / 26, 255(p)
alarm / 89(S)
alert / 445(S), 194(p)
alias / 301(S), 301(N), 221(p)
alien / 404(R), 205(p)
alienable / 255(p)
alienate / 26, 194(p)
alight / 575
alike / 604, 255(p)
aliment / 138(C)

(r) 어근 관련 (s) 동의어보강 (n) 뉘앙스 (a) 고급어휘(심화팩) (t) 최고급어휘(심화팩) (c) 혼동어휘(심화팩) (p) 우선순위 기출어휘(심화팩)

alimentary / 113(t)
alimony / 113(t)
alive / 604
allay / 24, 65(S)
allegation / 139(C)
allege / 258, 259(S), 259(N), 221(p)
allegedly / 255(p)
allegiance / 139(C)
allegorical / 113(t)
allegory / 404(R), 139(C)
all-embracing / 391(S)
allergy / 139(C)
alleviate / 54, 65(S), 378(R), 460(R), 186(p)
alley / 139(C)
alliance / 54(R)
alliteration / 77(t)
all-knowing / 255(p)
allocate / 54, 55(S), 55(N), 221(p)
allocation / 255(p)
allot / 604, 55(S), 55(N), 221(p)
all-out / 255(p)
allowance / 576, 205(p)
alloy / 54, 139(C)
all-purpose / 563(S)
all-round / 563(S)
allude / 56, 357(S), 114(R), 182(R), 139(C)
allure / 56, 237(S), 237(N), 481(N), 255(p)
allusion / 357(S), 139(C), 255(p)
alluvial / 56
ally / 604, 35(S), 514(R)
almighty / 255(p)
alms / 103(S)
aloft / 79(t)
alone / 604
aloof / 88, 87(S)
aloud / 604
alpha / 425(S)
altar / 272(R), 139(C)
alter / 604, 551(S), 44(R), 551(N), 139(C), 255(p)
alteration / 139(C), 255(p)
altercation / 26, 169(S), 169(N), 139(C), 221(p)
alternate / 194(p)
alternate / 576
alternately / 139(C)
alternation / 139(C)
alternative / 44(R), 205(p)
alternatively / 139(C), 255(p)
altitude / 272(R), 148(C)
altogether / 255(p)
altruism / 221(p)
altruist / 221(p)
altruistic / 27, 103(S), 186(p)
amalgam / 255(p)
amalgamate / 27, 151(S), 255(p)
amalgamation / 221(p)
amass / 125(S), 9(a), 205(p)
amateur / 255(p)
amaze / 88, 89(S), 89(N), 139(C)
amazing / 255(p)
amazon / 78(t)
ambassador / 255(p)
ambidextrous / 45(S), 368(R), 11(a)
ambience / 205(p)
ambient / 77(t), 255(p)
ambiguity / 205(p)
ambiguous / 532, 533(S), 533(N), 186(p)
ambit / 500(R), 11(a), 255(p)
ambition / 604
ambivalence / 186(p)
ambivalent / 533(S), 11(a), 186(p)
ambivert / 77(t)
amble / 113(t)
ambrosia / 78(t)
ambulatory / 255(p)
ambush / 324, 101(S), 255(p)
ameliorate / 56, 189(S), 57(N), 221(p)
amenable / 56, 57(S), 184(R), 139(C), 221(p)
amend / 604, 475(S), 139(C), 221(p)
amendable / 139(C)
amendment / 255(p)
amends / 139(C)
amenities / 255(p)
amenity / 27
amentia / 383(S), 139(C)
amiable / 27, 23(S), 103(S), 286(R), 186(p)
amicable / 27, 221(p)
amid / 113(t)
amiss / 79(t)
amity / 91(S), 113(t), 139(C)
amnesia / 461(S), 84(R), 12(a), 139(C), 255(p)
amnesty / 84, 25(S), 25(N), 255(p)
amoral / 12(a)
amorous / 379(S), 114(t)
amorphous / 84, 205(p)
amortize / 77(t)
amount / 255(p)
amphibian / 255(p)
amphibious / 11(a)
amphibolous / 533(S), 77(t)
amphitheater / 12(a)
ample / 27, 433(S), 435(S), 435(N), 205(p)
amplified / 255(p)
amputate / 213(S), 114(t)
amputation / 255(p)
amuck / 194(S)
amuse / 604, 365(S), 98(R), 365(N), 139(C)
amusing / 261(S)
anabolic steroid / 255(p)
anabolism / 78(t), 149(C)
anachronism / 532, 222(p)
anachronistic / 535(S)
anagram / 78(t)
analeptic / 78(t)
analgesic / 65(S), 78(t)
analogous / 549(S), 194(p)
analogy / 532, 53(S), 114(R), 252(R), 53(N), 255(p)
analysis / 255(p)
analytic / 255(p)
analyze / 604, 255(p)
anarchy / 84
anathema / 532, 91(S), 256(p)
anatomize / 604
anatomy / 252(R)
ancestor / 222(p)
anchor / 114(t)
ancient / 535(S), 535(N), 256(p)
ancillary / 114(t), 256(p)
anecdote / 84, 139(C)
anemia / 78(t), 139(C)
anemic / 256(p)
anesthesia / 256(p)
anesthesiologist / 256(p)
anesthetic / 12(a)
anew / 79(t)
anger / 305(S), 339(S)
angry / 305(S)
angst / 371(S)
anguish / 229(S), 229(N), 194(p)
animadversion / 114(t)
animate / 247(S)
animated / 27, 256(p)
animism / 467(S)
animistic / 114(t), 256(p)
animosity / 27, 91(S), 281(S), 91(N)
animus / 91(S), 281(S), 91(N)
annals / 36, 139(C)
anneal / 77(t)
annex / 62, 151(S)
annihilate / 62, 63(S), 211(N)
anniversary / 410(R), 256(p)
annotate / 9(a), 256(p)
annotation / 77(t)
announce / 222(p)
annoy / 604, 229(S), 339(S), 339(N), 205(p)
annual / 604, 139(C), 222(p)
annually / 256(p)
annuity / 410(R)
annul / 469(S), 62(R), 469(N), 9(a), 139(C), 256(p)
anodyne / 65(S), 114(t), 222(p)
anoint / 95(t)
anomalous / 84, 85(S), 85(N), 139(C)
anomaly / 256(p)
anonym / 286(R)
anonymity / 194(p)
anonymous / 86, 301(S), 139(C), 205(p)
anonymously / 256(p)
anorexia / 78(t), 256(p)
anoxemia / 256(p)
antagonism / 91(S), 281(S), 91(N)
antagonist / 90, 383(S), 383(N)
antagonistic / 513(S)
antarctic / 604
Antarctica / 222(p)
ante meridiem / 12(a)
antebellum / 79(t)
antecede / 448(R)
antecedent / 532
antedate / 402(R), 79(t)
antediluvian / 535(S), 12(a), 256(p)
anterior / 532
anteroom / 79(t)
anthem / 604
anthropoid / 114(t)
anthropological / 256(p)
anthropologist / 114(t), 222(p)
anthropology / 256(p)
anthropomorphic / 256(p)
antibiotic / 90
antibody / 236(R), 13(a), 222(p)
antic / 259(S), 79(t)
anticipate / 532, 338(R), 424(R), 186(p)
anticipation / 256(p)
anticlerical / 256(p)
anticlimax / 13(a)
antidote / 90, 139(C), 186(p)

antifreeze / 79(t)
antimonarchist / 256(p)
antinomy / 13(a)
antipathy / 90, 91(S), 86(R), 91(N), 139(C), 222(p)
antipodes / 13(a)
antiquated / 535(S), 535(N)
antique / 533, 535(S), 535(N), 222(p)
antisemitism / 79(t)
antiseptic / 90, 86(R)
antisocial / 13(a)
antithesis / 13(a), 256(p)
antithetical / 256(p)
antonym / 605, 86(R), 256(p)
anxiety / 605, 371(S), 194(p)
apart / 576
apathetic / 87(S), 87(N), 194(p)
apathy / 86, 139(C)
ape / 503(S)
aperture / 36, 367(S), 256(p)
apex / 114(t), 256(p)
aphasia / 438(R), 78(t)
aphorism / 253(S), 13(a), 256(p)
apiarist / 256(p)
apiary / 114(t)
aplomb / 62, 256(p)
apocalyptic / 13(a)
apocryphal / 171(S), 79(t)
apodictic / 404(R)
apogee / 14(a), 256(p)
apolitical / 78(t)
apologetic / 605, 256(p)
apologia / 139(C)
apologue / 79(t), 139(C)
apology / 114(R), 252(R), 139(C)
apoplexy / 14(a)
apostasy / 411(S)
apostate / 467(S), 14(a)
apostle / 534
apothecary / 14(a)
apothegm / 79(t)
apotheosis / 534
appal(l) / 62
appall / 256(p)
appalling / 63(S), 205(p)
apparatus / 62, 331(S)
apparel / 62, 77(S), 205(p)
apparent / 605, 62(R), 500(R), 194(p)
apparition / 62, 63(S), 500(R)
appeal / 576, 251(S), 438(R), 468(R), 251(N), 222(p)
appealing / 201(S)
appear / 605
appearance / 194(p)
appearing / 256(p)
appease / 64, 65(S), 339(S), 194(p)
appellation / 9(a)
append / 64
appertain / 77(t)
appetite / 605, 302(R)
applaud / 64, 281(S), 447(S), 222(p)
applause / 281(S)
appliance / 331(S), 278(R), 331(N)
applicable / 256(p)
applicant / 330(R)
application / 257(p)
apply / 576
appoint / 605, 222(p)
apportion / 55(S), 224(R), 438(R), 55(N), 9(a)
apposite / 64, 384(S), 257(p)
appraise / 64, 267(S), 188(R), 267(N), 139(C), 222(p)
appreciably / 257(p)
appreciate / 576, 129(S), 188(R), 186(p)
apprehend / 64, 129(S), 128(R), 302(R), 139(C), 194(p)
apprehension / 371(S)
apprehensive / 561(S), 468(R), 205(p)
apprentice / 66, 289(S), 257(p)
apprise / 66, 128(R), 67(N), 139(C), 257(p)
approach / 576
approbate / 471(S)
approbation / 66, 151(C)
appropriate / 66, 55(S), 139(S), 384(S), 553(S), 438(R), 139(C), 186(p)
approval / 257(p)
approve / 605, 471(S), 194(p)
approving / 257(p)
approximate / 66, 222(p)
approximately / 194(p)
appurtenance / 77(t), 257(p)
apropos / 384(S), 79(t)
apt / 384(S)
aptitude / 36, 40(R), 257(p)
aqueduct / 114(t), 206(p)
aqueous / 257(p)
aquiline / 114(t)
arable / 36, 222(p)
arbiter / 72(R)
arbitrary / 66, 67(S), 186(p)
arbitrate / 72, 73(S), 257(p)
arbitrator / 73(S)
arboretum / 114(t)
arcadian / 257(p)
arcane / 383(S), 489(S), 139(C)
archaeology / 534, 222(p)
archaic / 534, 535(S), 535(N), 139(C), 222(p)
archangel / 80(t)
archbishop / 14(a)
archery / 257(p)
archetype / 80(t)
archipelago / 14(a), 257(p)
architect / 605
architecture / 257(p)
archive / 534
arctic / 487(S)
ardent / 51(S), 206(p)
ardently / 257(p)
ardor / 114(t)
ardour / 114(t)
arduous / 36, 75(S), 194(p)
argot / 539(N), 114(t)
argue / 427(S)
argument / 605, 169(S), 169(N), 139(C), 257(p)
arid / 36, 487(S), 138(C), 194(p)
arise / 605, 524(R), 139(C)
aristocracy / 222(p)
armada / 257(p)
armament / 508(R)
armchair / 563(S), 114(t), 257(p)
armistice / 36, 508(R)
aromatic / 457(S), 114(t)
arouse / 605, 139(C), 257(p)
arraign / 329(S), 9(a), 139(C)
arrange / 576, 194(R), 139(C)
arrant / 145(C)
array / 72, 77(S)
arrear / 77(t)
arrest / 605, 257(p)
arresting / 265(S)
arrive / 605
arrogance(-cy) / 222(p)
arrogant / 72, 315(S), 22(R), 366(R), 186(p)
arrogate / 139(S), 553(S), 22(R), 426(R), 10(a), 138(C)
arsonist / 114(t)
artery / 222(p)
artful / 353(S), 139(C)
article / 355(S), 298(R), 257(p)
articulate / 114(t), 194(p)
articulation / 298(R)
articulator / 257(p)
artifact / 139(C)
artifice / 36, 181(S), 353(S), 306(R), 139(C), 257(p)
artificial / 605, 306(R), 139(C), 257(p)
artisan / 36
artisanal / 257(p)
artistic / 139(C)
artless / 521(S)
ascend / 605, 222(p)
ascendant / 498(R), 257(p)
ascent / 136(R), 139(C), 257(p)
ascertain / 72, 485(S), 257(p)
ascetic / 36, 437(S), 139(C), 257(p)
ascribe / 72, 73(S), 146(R), 304(R), 352(R), 73(N), 222(p)
ascription / 257(p)
asepsis / 90(R)
aseptic / 86
asexual / 78(t)
ashamed / 222(p)
ashen / 114(t)
ashore / 605
ashtray / 257(p)
aside / 605
asinine / 383(S), 114(t)
ask / 251(N)
askance / 88, 89(S), 379(S), 222(p)
askew / 379(S), 79(t)
asleep / 605
asocial / 78(t)
aspect / 605, 257(p)
asperity / 272(R), 114(t)
asperse / 72, 499(S)
aspersion / 257(p)
aspiration / 257(p)
aspire / 74, 51(S), 150(R), 354(R), 470(R)
ass / 257(p)
assail / 74, 101(S), 101(N)
assassinate / 223(S), 223(N)
assault / 74, 101(S), 198(R), 101(N), 194(p)
assay / 267(N)
assemble / 605, 125(S), 147(S), 226(R), 147(N)
assembly / 147(S), 257(p)
assent / 74, 75(S), 226(R), 75(N), 139(C)
assert / 259(S), 259(N), 257(p)
assertion / 257(p)
assess / 267(S), 100(R), 267(N), 10(a), 206(p)

assessment / 258(p)
asset / 74, 258(p)
assets / 291(S)
asseverate / 259(S), 412(R), 77(t)
assiduous / 74, 75(S), 274(R), 380(R), 520(R), 139(C), 187(p)
assign / 576, 55(S), 73(S), 196(R), 55(N), 73(N)
assignment / 222(p)
assimilate / 76, 222(p)
assimilation / 222(p)
assist / 605, 196(R)
associate / 576
association / 222(p)
assort / 150(R), 10(a)
assorted / 228(S)
assortment / 258(p)
assuage / 76, 65(S), 258(p)
assume / 577, 333(S), 503(S), 206(p)
assumed / 139(C)
assuming / 315(S), 139(C)
assumption / 258(p)
assumptive / 139(C)
assurance / 206(p)
assure / 605, 485(S), 248(R)
asteroid / 150(R), 258(p)
asthma / 258(p)
astigmatism / 78(t)
astonish / 605, 89(S), 76(R), 89(N), 258(p)
astonishing / 258(p)
astound / 76, 89(S), 89(N), 258(p)
astral / 36
astray / 88, 139(C)
astringent / 553(S), 77(t)
astrology / 140(C)
astronaut / 36, 140(C), 206(p)
astronomer / 140(C)
astronomy / 605, 140(C), 258(p)
astrophysics / 258(p)
astute / 37, 343(S), 258(p)
asunder / 11(a)
asylum / 12(a)
asymmetry / 12(a)
atavism / 140(C), 258(p)
atheist / 86, 258(p)
atheistic / 258(p)
athlete / 222(p)
athletic / 222(p)
athwart / 115(t)
ATM / 222(p)
atmosphere / 223(p)
atmospheric / 258(p)
atom / 605, 252(R)
atonal / 78(t)
atone / 37, 125(S)
atrocious / 37, 307(S)
atrocity / 194(p)
atrophy / 86, 140(C), 194(p)
attach / 577, 200(R), 223(p)
attache / 77(t)
attachment / 223(p)
attack / 605, 101(S), 101(N)
attain / 605
attainment / 414(R)
attaint / 77(t)
attempt / 605
attend / 577, 163(S), 163(N)
attendance / 140(C)
attendant / 258(p)
attention / 140(C)
attenuate / 523(S), 10(a), 140(C), 206(p)
attest / 76, 485(S), 200(R), 258(p)
attic / 258(p)
attire / 76, 77(S)
attitude / 185(S), 185(N), 223(p)
attorn / 76(R)
attorney / 76, 158(R)
attract / 605, 237(S), 486(R), 237(N), 194(p)
attraction / 258(p)
attractive / 206(p)
attribute / 78, 73(S), 79(S), 474(R), 73(N), 79(N), 194(p)
attrition / 160(R), 200(R), 10(a)
attune / 77(t)
atypical / 86, 85(S), 85(N), 258(p)
auction / 258(p)
audacious / 511(S), 187(p)
audacity / 37, 187(p)
audible / 605, 258(p)
audience / 258(p)
audit / 355(S), 355(N)
auditory / 115(t)
augment / 37, 343(S), 139(C), 206(p)
augmentative / 258(p)
augur / 332(R), 258(p)
augury / 332(R), 115(t)
august / 258(p)
auspicious / 37, 445(S), 187(p)
austere / 103(S), 437(S), 553(S), 223(p)
austerity / 37, 258(p)
autarchy / 258(p)
authentic / 171(S), 194(p)
authenticate / 37, 485(S), 487(N)
authoritarian / 553(S), 258(p)
authoritative / 258(p)
authorities / 140(C)
authority / 223(p)
authorization / 140(C)
authorize / 605
authorship / 140(C)
autism / 80(t), 140(C), 258(p)
autistic / 139(C)
autobiography / 534, 90(R)
autochthonous / 341(S), 80(t), 258(p)
autocide / 258(p)
autocracy / 534, 258(p)
autocrat / 553(S)
autocratic / 140(C)
autograph / 535, 259(p)
automatic / 605, 319(S), 319(N), 140(C), 259(p)
automation / 140(C)
automaton / 80(t), 140(C)
automobile / 605
autonomous / 319(S), 187(p)
autonomy / 535
autonym / 14(a)
autopilot / 259(p)
autopsy / 535
auxiliary / 115(t)
avail / 577
available / 187(p)
avalanche / 359(S), 206(p)
avant-garde / 425(S)
avarice / 46, 515(S)
avaricious / 515(S), 223(p)
avenge / 78, 473(S)
avenue / 78, 44(R), 140(C), 259(p)
aver / 259(S), 259(N), 10(a), 259(p)
average / 223(p)
averse / 45(R), 160(R), 168(R), 138(C), 259(p)
aversion / 223(p)
avert / 24, 263(S), 228(R), 298(R), 358(R), 187(p)
aviary / 259(p)
aviation / 115(t)
avid / 46, 51(S), 515(S)
avocation / 318(R), 8(a), 140(C)
avoid / 605, 263(S), 208(R), 263(N), 140(C)
avouch / 259(S), 259(N), 10(a)
avow / 78, 259(S), 259(N)
awake / 605
award / 605
awareness / 223(p)
awash / 259(p)
awe / 46
awesome / 140(C), 223(p)
awful / 63(S), 140(C)
awkward / 45(S), 369(S), 223(p)
awkwardly / 605
awry / 88, 357(S), 223(p)
axe / 189(S)
axiom / 253(S), 115(t)
axiomatic / 259(p)
babble / 115(t), 140(C)
baby / 365(S)
baby-sitter / 259(p)
bachelor / 605
back / 605
backbite / 499(S)
backdate / 259(p)
backdrop / 223(p)
backlash / 259(p)
backslide / 485(S)
backwater / 259(p)
bad name / 307(S)
badger / 229(S), 115(t)
badinage / 259(p)
badly-off / 291(S)
bad-tempered / 305(S)
baffle / 46, 415(S), 415(S), 194(p)
baggage / 259(p)
bagpipe / 259(p)
bait / 339(S), 30(R)
balance / 577, 223(p)
balanced budget / 259(p)
baleful / 413(S), 115(t)
balk / 381(S), 415(S), 561(S), 115(t), 223(p)
ball / 605
ballsy / 259(p)
balm / 65(S)
balmy / 46, 457(S), 140(C)
bamboozle / 481(S)
ban / 605, 351(S), 351(N), 187(p)
banal / 46, 122(S), 223(p)
bandage / 212(R), 140(C), 259(p)
bandit / 168(R)
bane / 259(p)

baneful / 46, 413(S), 413(N), 223(p)
banish / 46, 277(S), 168(R), 140(C), 259(p)
bank / 605, 175(S)
bankrupt / 291(S), 22(R), 223(p)
bankruptcy / 605, 259(p)
banner / 405(S), 223(p)
banquet / 259(p)
banter / 46
baptize / 259(p)
bar / 577, 381(S), 381(N), 259(p)
barbarian / 301(S), 259(p)
barbarities / 259(p)
barbarous / 301(S)
bare / 140(C)
bareheaded / 259(p)
barely / 259(p)
bargain / 577, 223(p)
barge / 259(p)
bark / 223(p)
barmy / 140(C)
barometer / 259(p)
baroque / 385(S)
barrage / 259(p)
barrel / 259(p)
barren / 605, 223(p)
barricade / 381(S), 259(p)
barrier / 381(S), 234(R)
barter / 449(S), 115(t), 259(p)
base / 140(C)
basement / 30(R)
bash / 97(S)
bashful / 209(S), 209(N)
bask / 259(p)
bass / 140(C)
bastard / 172(R), 140(C)
bate / 115(t)
bathetic / 140(C)
batter / 97(S), 223(p)
battlefield / 259(p)
bauble / 115(t), 140(C)
bawdy / 379(S)
bazaar / 140(C)
be-all / 390(R)
beam / 172(R)
beanpole / 395(S)
bear / 605, 140(C), 259(p)
bearing / 185(S), 390(R), 185(N)
bearings / 223(p)
beat / 97(S), 483(S), 259(p)
beat about / 259(p)
beatific / 46, 261(S)
beatify / 140(C)
beat-up / 260(p)
beautify / 140(C)
beaver / 260(p)
beckon / 223(p)
become / 578
becoming / 260(p)
bed / 605, 260(p)
bedaub / 180(S), 80(t)
bedeck / 235(S), 80(t)
bedizen / 235(S)
bedlam / 123(S)
bedraggled / 513(S), 260(p)
bedrock / 46
beef-up / 260(p)
beekeeper / 260(p)
befall / 96
befit / 14(a)
beforehand / 605
befoul / 180(S), 80(t)
befriend / 260(p)
befuddle / 415(S), 80(t), 260(p)
beg / 251(N)
beget / 96
beggar / 260(p)
begin / 333(S)
beginner / 289(S)
begrime / 80(t)
begrudge / 80(t)
beguile / 96, 181(S), 365(S), 181(N), 365(N), 481(N), 194(p)
beguiling / 260(p)
behalf / 605
behave / 260(p)
behead / 15(a)
behemoth / 260(p)
behest / 80(t)
behold / 96, 97(S), 97(N)
beholder / 260(p)
behoove / 115(t)
belabor / 96, 97(S)
belated / 98, 260(p)
belay / 80(t)
beleaguer / 239(S), 80(t)
belie / 98, 187(p)
belittle / 98, 99(S), 99(N), 260(p)
belle / 234(R)
bellicose / 46, 101(S), 206(p)
belligerent / 101(S), 194(p)
bellow / 565(S)
bellwether / 425(S), 260(p)
belong / 578
belonging / 260(p)
beloved / 605
bemoan / 98, 195(S), 260(p)
bemuse / 98, 99(S), 139(C)
bemused / 260(p)
bendable / 487(S)
benediction / 102, 260(p)
benefactor / 102, 140(C), 260(p)
beneficence / 434(R)
beneficent / 102, 103(S), 140(C)
beneficial / 467(S), 140(C), 194(p)
beneficiary / 140(C), 223(p)
benefit / 578, 553(S), 206(p)
benevolence / 260(p)
benevolent / 102, 103(S), 318(R), 223(p)
benighted / 80(t)
benign / 102, 103(S), 187(p)
benison / 81(t)
bent / 605, 433(S), 433(N), 223(p)
benumb / 99(S), 81(t)
bequeath / 98, 223(p)
berate / 98, 447(S), 447(N), 223(p)
bereave / 98, 260(p)
bereavement / 260(p)
bereft / 260(p)
berserk / 194(S), 115(t)
berth / 140(C)
beseech / 100, 251(S), 251(N)
beset / 100, 101(S), 239(S), 402(R), 101(N)
beside / 140(C)
besides / 140(C)
besiege / 100, 101(S), 239(S), 101(N), 260(p)
besmear / 180(S), 81(t)
besmirch / 180(S), 15(a)
bespeak / 402(R), 81(t)
bestow / 195(p)
betake / 81(t)
bete noire / 115(t)
bethink / 100
betide / 81(t)
betoken / 81(t)
betray / 578, 229(S), 206(p)
betrayal / 411(S)
betrayer / 411(S)
betroth / 100
better / 57(N)
better off / 260(p)
beverage / 324(R), 115(t), 223(p)
bewail / 100, 195(S)
beware / 605
bewilder / 606, 415(S)
bewitch / 100, 237(S), 237(N)
biannual / 15(a), 140(C)
bias / 423(S), 508(R), 223(p)
biased / 423(S), 115(t)
bib / 324(R)
bibliophile / 115(t)
bicameral / 15(a)
bicker / 47, 169(S), 223(p)
biddable / 260(p)
biennial / 536, 140(C)
biennially / 223(p)
bifocal / 15(a)
bifurcate / 15(a)
big cheese / 553(S)
big shot / 553(S)
big wheel / 553(S)
bigamist / 15(a)
big-mouthed / 472(S)
bigoted / 377(S), 423(S)
bigotry / 47
bigwig / 553(S)
bilateral / 536, 114(R), 140(C)
bilingual / 15(a), 260(p)
bilious / 305(S)
biliteral / 140(C)
bilk / 181(S)
bill / 606, 223(p)
billion / 606
bimonthly / 260(p)
binary / 536
bind / 381(S), 539(S)
binocular / 352(R), 16(a)
biodegradable / 260(p)
biography / 260(p)
biological / 260(p)
biology / 90(R), 260(p)
biometeorologist / 261(p)
biometeorology / 261(p)
biometric / 261(p)
bionomics / 261(p)
biotech / 261(p)

bipartisan / 567(S), 16(a)
biped / 16(a)
biracial / 224(p)
birth / 140(C)
bisect / 567(S), 226(R), 367(R), 16(a)
bisexual / 16(a)
biting / 301(S)
bitter / 301(S), 261(p)
bivalve / 16(a)
biweekly / 16(a)
bizarre / 47, 259(S), 140(C), 224(p)
black out / 261(p)
blackmail / 357(S)
blame / 187(S), 187(N), 261(p)
blameworthy / 261(p)
blanch / 115(t), 140(C), 224(p)
bland / 47, 315(S), 140(C)
blandish / 47, 345(S), 140(C), 261(p)
blandishment / 261(p)
blandly / 261(p)
blankly / 261(p)
blaspheme / 47
blasphemous / 291(S)
blasphemy / 91(S)
blast / 187(S), 115(t), 261(p)
blast furnace / 261(p)
blatant / 47, 307(S), 206(p)
blathering / 137(S)
bleach / 140(C)
bleak / 47, 195(S), 224(p)
blemish / 224(p)
blend / 606, 151(S), 140(C), 224(p)
blending / 141(S)
blessing / 261(p)
blight / 141(C), 261(p)
blinding / 261(p)
blink / 393(S), 141(C), 261(p)
bliss / 58
blissful / 261(S), 261(p)
blithe / 58, 261(S)
blitz / 101(S)
bloat / 343(S)
bloated / 391(S)
bloated / 116(t)
bloc / 140(C)
block / 606, 381(N), 140(C)
blockade / 239(S)
blockhead / 383(S)
blood vessel / 224(p)
bloodshed / 261(p)
blooper / 261(p)
blossom / 58, 224(p)
blubber / 195(S)
bludgeon / 229(S)
blue / 606, 195(S), 224(p)
bluff / 23(S), 224(p)
blunder / 58, 369(S), 195(p)
blunt / 58, 23(S), 383(S), 141(C), 206(p)
blur / 224(p)
blurred / 58, 533(S), 261(p)
blurt / 141(C)
blush / 116(t), 261(p)
bluster / 261(p)
blustery / 261(p)
board / 578, 483(S)
boarder / 141(C)
boast / 141(C), 261(p)
boast (of) / 385(S)
bobcat / 261(p)
bode / 116(t)
bodily / 236(R)
body / 299(S)
body fluid / 261(p)
bog / 381(S)
bogged / 261(p)
bogus / 58, 171(S), 224(p)
boiling / 305(S)
boisterous / 58, 224(p)
bold / 511(S), 261(p)
bolster / 58, 51(S), 187(p)
bolt / 275(S)
bombard / 101(S), 101(N), 141(C)
bombastic / 58, 565(S), 141(C)
bombshell / 261(p)
bona fide / 171(S), 81(t), 206(p)
bonanza / 553(S), 102(R), 15(a), 261(p)
bond / 578, 261(p)
bondage / 140(C), 261(p)
bonehead / 383(S)
bonny / 141(C)
bonus / 102(R)
bony / 395(S), 141(C)
book / 606, 261(p)
bookish / 265(S)
booklet / 261(p)
boom / 224(p)
boon / 553(S)
boorish / 521(S)
boost / 173(S), 343(S), 141(C), 195(p)
bootless / 23(N), 116(t)
bootlick / 345(S)
booty / 189(S)
border / 141(C)
bordering / 41(S)
boredom / 553(S), 206(p)
boring / 553(S), 261(p)
bosom / 261(p)
boss / 236(R)
botany / 261(p)
bother / 229(S)
bothersome / 262(p)
bottle up / 109(S)
bough / 262(p)
bouillon / 141(C)
bounce / 224(p)
bound / 109(S), 109(N)
boundary / 262(p)
boundless / 262(p)
bounteous / 102, 103(S), 435(S)
bountiful / 58, 103(S), 435(S)
bourgeois / 116(t)
bout / 169(S), 501(S), 116(t)
bovine / 262(p)
bow / 606
bowdlerize / 279(S)
boycott / 262(p)
brace / 459(S), 116(t), 262(p)
brag / 58
brag (of) / 385(S)
braggart / 385(S), 565(S)
braid / 524(R)
brain / 606
brain trust / 262(p)
brainwash / 331(S)
brainy / 343(S)
brake / 381(S)
branch / 262(p)
brand / 187(S), 116(R), 140(C)
brandish / 116(t), 140(C)
brandy / 116(R)
brash / 224(p)
bravado / 59, 511(S)
brave / 511(S)
brawl / 59, 169(S)
brawny / 313(S)
brazen / 59, 315(S)
breach / 59, 239(S), 140(C), 224(p)
break / 606, 239(S), 140(C), 262(p)
breakable / 313(S), 262(p)
breakage / 508(R)
breakdown / 508(R), 224(p)
breakthrough / 116(t), 187(p)
breath / 262(p)
breathtaking / 262(p)
bred / 262(p)
breed / 206(p)
breeding / 262(p)
brevity / 59, 30(R), 224(p)
bribable / 262(p)
bridge / 262(p)
bridle / 109(S)
brief / 606, 33(S), 137(S), 32(R)
briefly / 262(p)
briefness / 262(p)
brigade / 262(p)
bright / 343(S), 141(C)
brightly / 224(p)
brilliant / 606, 385(S)
brilliantly / 262(p)
brink / 141(C), 262(p)
brisk / 59, 307(S)
bristle / 59, 305(S), 141(C), 262(p)
brittle / 59, 313(S), 195(p)
broach / 140(C)
broad / 262(p)
broad-minded / 341(S)
brocade / 116(t)
brochure / 68
broiling / 487(S)
broke / 291(S)
brokered / 262(p)
bromide / 122(S)
broth / 262(p)
brotherly / 262(p)
browbeat / 357(S), 224(p)
browse / 68, 262(p)
bruise / 68, 327(S), 224(p)
brunt / 141(C)
brush up (on) / 262(p)
brusque / 23(S)
brusque/brusk / 68
brutal / 262(p)
brutalities / 262(p)
bucolic / 68, 521(S), 262(p)
budge / 262(p)

buffer / 65(S)
buffering / 262(p)
buffet / 262(p)
buffoonery / 116(t)
bug / 339(S)
buildup / 262(p)
bulge / 206(p)
bulimia / 262(p)
bulk / 116(t)
bulky / 395(S)
bullet / 263(p)
bulletin / 116(t)
bulletin board / 263(p)
bullheaded / 57(S), 377(S)
bullion / 116(t), 141(C), 263(p)
bully / 68, 229(S), 357(S), 481(S), 263(p)
bulwark / 307(S), 307(S), 116(t), 263(p)
bumptious / 315(S), 391(S), 116(t)
bunch / 263(p)
bungle / 369(S), 116(t)
bunker / 307(S)
buoyant / 261(S)
burden / 263(p)
bureau / 263(p)
bureaucracy / 263(p)
burgeon / 68, 206(p)
burgeoning / 263(p)
burglar / 606
burglary / 263(p)
burlesque / 503(S), 116(t)
burly / 313(S)
burning / 329(S)
burnish / 116(t), 224(p)
burrow / 273(S), 273(N), 263(p)
bursar / 458(R)
burst / 400(R), 141(C)
bury / 299(S), 263(p)
bush / 324(R), 263(p)
business cycle / 263(p)
busker / 263(p)
bust / 141(C)
bustle / 68, 141(C), 263(p)
busy / 381(S)
busybody / 381(S)
butcher / 223(S), 223(N), 263(p)
butter-fingered / 369(S)
buttress / 68, 51(S), 224(p)
buxom / 68, 395(S)
by design / 263(p)
by-election / 16(a)
bygone / 536, 224(p)
by-name / 16(a)
bypass / 203(S), 393(S)
by-pass / 536
by-product / 536
bystander / 536
bytime / 81(t)
byway / 81(t)
byword / 81(t)
cabal / 68, 115(S), 567(S)
cabinet / 263(p)
cacophony / 116(t)
cadastral / 263(p)
cadaver / 299(S)
cadaverous / 68
cadet / 289(S)
cadre / 263(p)
caesarean / 117(t)
cagey / 445(S)
cajole / 69, 345(S), 481(S), 224(p)
calamitous / 513(S)
calamity / 537(S), 537(N)
calculate / 300(R), 195(p)
calculative / 300(R)
calendar / 141(C)
caliber / 69, 224(p)
calibrate / 141(C), 263(p)
calling / 606
callous / 69, 87(S), 141(C), 224(p)
callow / 69, 289(S)
callus / 141(C)
calm / 561(S), 263(p)
calm (down) / 65(S)
calmative / 65(S)
calumniate / 499(S), 141(C)
calumny / 69, 263(p)
camouflage / 227(S), 206(p)
campaign / 606, 263(p)
canal / 141(C)
canard / 117(t), 263(p)
cancel / 606, 469(S), 469(N)
candid / 403(S), 141(C), 187(p)
candidate / 606
candied / 141(C)
candied words / 345(S)
candle / 332(R), 338(R)
candlelight vigil / 275(S)
cando(u)r / 69
candor / 187(p)
canine / 224(p)
canker / 117(t)
cannibalism / 117(t), 263(p)
cannon / 141(C)
canny / 343(S), 117(t), 263(p)
canon / 141(C)
canopy / 263(p)
cant / 539(N), 117(t)
cantankerous / 305(S), 446(R)
canter / 117(t)
canvas / 141(C)
canvass / 69, 251(S), 355(S), 141(C), 263(p)
capable / 263(p)
capacious / 69, 433(S), 141(C)
capacity / 606, 206(p)
capital / 606, 315(S), 141(C), 206(p)
capital system / 263(p)
capitalism / 224(p)
capitalize / 117(t), 195(p)
Capitol / 141(C)
capitulate / 80, 483(S), 420(R), 263(p)
caprice / 80, 67(S)
capricious / 67(S), 420(R), 141(C), 187(p)
capsize / 80, 486(S), 263(p)
caption / 80
captious / 80, 499(S), 141(C), 224(p)
captivate / 237(S), 237(N)
captive / 263(p)
capture / 263(p)
carbon dioxide / 263(p)
carcass / 299(S)
carceral / 263(p)
cardboard / 212(R)
cardiac / 141(C)
cardinal / 80, 315(S), 141(C), 224(p)
careen / 379(S)
carefree / 264(p)
careful / 445(S)
carefully / 224(p)
caregiver / 264(p)
careless / 606, 293(S), 224(p)
caress / 264(p)
caricature / 80
carnage / 80, 332(R), 264(p)
carnal / 117(t), 141(C)
carnivorous / 80, 332(R), 206(p)
carousal / 141(C)
carousel / 264(p)
carp / 499(S)
carping / 80, 499(S), 264(p)
carriage / 185(S), 370(R), 185(N)
carrier / 370(R)
carrion / 80, 299(S)
carrousel / 141(C)
carry / 264(p)
cartel / 151(S)
carton / 264(p)
carve / 241(S)
cascade / 80
case / 578, 503(S)
cashier / 264(p)
castes / 225(p)
castigate / 80, 187(S), 141(C), 264(p)
casting / 390(R)
castrate / 523(S), 141(C)
casual / 304(S), 264(p)
casualties / 264(p)
casualty / 81, 141(C), 264(p)
catabolism / 81(t), 149(C)
cataclysm / 537(S), 537(N), 16(a), 141(C)
catalog(ue) / 606
catalyst / 81(t)
cataract / 17(a), 264(p)
catastrophe / 537, 537(S), 537(N)
catastrophic / 264(p)
catch phrase / 253(S)
catch-22 / 539(S)
catching / 606
catchword / 253(S)
catchy / 201(S), 117(t), 264(p)
catechism / 141(C)
categorically / 264(p)
categorize / 606
cater / 365(S), 77(t)
cater to / 264(p)
catharsis / 264(p)
cathartic / 81
cathedral / 606
catholic / 537, 391(S), 225(p)
catholicity / 264(p)
causality / 141(C)
cause / 195(p)
caustic / 81, 301(S), 264(p)
cautious / 445(S), 264(p)
cavalcade / 117(t)
cavalier / 391(S)

cave / 273(S), 273(N)
cavern / 273(S), 272(R), 273(N)
cavernous / 264(p)
cavil / 499(S), 117(t)
caviler / 264(p)
cavity / 273(S), 272(R), 273(N), 264(p)
cease / 197(S), 225(p)
ceasefire / 264(p)
ceaseless / 289(S), 225(p)
ceaselessly / 264(p)
cede / 81, 134(R), 206(p)
celebrate / 141(C), 264(p)
celebrated / 225(p)
celebrity / 606, 141(C)
celerity / 32(R), 141(C)
celestial / 81, 563(S), 195(p)
celibacy / 264(p)
celibate / 437(S), 117(t), 141(C)
cell / 606
celluloid / 264(p)
cement / 151(S)
cemetery / 264(p)
censor / 81, 141(C)
censorship / 264(p)
censure / 81, 187(S), 187(N), 141(C), 264(p)
census / 92, 355(S), 225(p)
centennial / 264(p)
center / 264(p)
centralize / 258(R)
centrifugal / 117(t)
cerebral / 117(t)
cerebrate / 141(C)
ceremonial / 141(C)
ceremonious / 141(C)
ceremony / 264(p)
certain / 485(S)
certificate / 72(R), 225(p)
certify / 485(S), 72(R), 225(p)
cessation / 92, 300(R), 141(C)
cession / 141(C)
cetacean / 265(p)
chafe / 339(S), 117(t), 141(C)
chafe at / 305(S)
chaff / 117(t), 141(C)
chagrin / 92, 173(S), 225(p)
challenge / 225(p)
chamber / 606
champ / 117(t)
champion / 51(S), 225(p)
chance / 304(S)
chancellor / 265(p)
change / 606, 551(S), 551(N)
changeable / 67(S), 253(S), 364(R)
channel / 265(p)
chant / 338(R)
chaos / 123(S)
chaotic / 92, 206(p)
chaperon / 163(S), 163(N)
character / 606, 79(N), 225(N), 225(p)
characteristic / 79(S), 206(p)
characterize / 265(p)
charge / 578, 101(S), 329(S), 206(p)
charisma / 265(p)
charitable / 606, 103(S), 225(p)
charity / 265(p)
charlatan / 92, 181(S), 265(p)
charm / 237(S), 237(N), 265(p)
charming / 23(S), 201(S)
chary / 92, 445(S)
chase / 606, 265(p)
chasm / 92, 367(S)
chaste / 92
chasten / 92
chastise / 92, 187(S), 265(p)
chastisement / 265(p)
chat / 265(p)
chattel / 117(t)
chatterbox / 117(t)
chatty / 472(S)
chauffeur / 265(p)
cheat / 181(S), 181(N)
check / 606, 381(S), 265(p)
check-up / 265(p)
cheek tooth / 265(p)
cheer / 281(S)
cheerful / 261(S)
chemical / 225(p)
chemist / 265(p)
cherish / 265(p)
cherubic / 265(p)
chestnut / 265(p)
chew / 265(p)
chic / 405(S)
chicanery / 92, 181(S), 225(p)
chickenhearted / 371(S)
chide / 92, 281(S), 447(S), 447(N)
chief / 265(p)
childish / 265(p)
childlike / 521(S)
chill / 606
chilling / 265(p)
chilly / 487(S)
chimerical / 303(S), 117(t), 265(p)
chintzy / 317(S)
chin-up / 511(S)
chisel / 241(S)
chivalrous / 511(S)
choice / 606
choleric / 93, 305(S), 141(C)
choose / 265(p)
choosy / 305(S)
chop / 567(S)
choral / 141(C)
chord / 141(C)
chore / 265(p)
chromosome / 265(p)
chronic / 93, 251(S), 141(C), 187(p)
chronicle / 265(p)
chronological / 117(t), 206(p)
chronologically / 225(p)
chronologist / 265(p)
chronology / 265(p)
chubby / 93, 395(S)
chuckle / 261(S)
chunk / 225(p)
chunky / 395(S)
churlish / 521(S), 118(t)
cipher / 174(R)
circuit / 108, 500(R)
circuitous / 203(S), 225(p)
circulate / 606, 225(S), 206(p)
circulation / 265(p)
circumcise / 82(t)
circumference / 108, 238(R), 265(p)
circumflex / 82(t)
circumfuse / 82(t)
circumlocution / 108, 203(S), 225(p)
circumnavigate / 17(a)
circumpolar / 82(t)
circumscribe / 108, 109(S), 439(R), 109(N), 195(p)
circumspect / 108, 445(S), 238(R), 412(R), 444(R), 225(p)
circumstance / 578, 265(p)
circumvent / 108, 263(S), 415(S), 195(p)
circumvolution / 82(t)
citadel / 93, 307(S)
cite / 93
civic / 225(p)
civility / 265(p)
civilized / 265(p)
clack / 142(C)
claim / 259(N)
claimant / 265(p)
clairvoyant / 93, 343(S)
clamber / 93
clamor / 265(p)
clamorous / 93, 448(R)
clamp / 143(C)
clan / 567(S)
clandestine / 104, 489(S), 206(p)
clang / 141(C), 266(p)
clap / 266(p)
clarify / 263(S)
clash / 143(C)
class / 578
classic / 405(S), 142(C)
classical / 142(C)
classification / 266(p)
classified / 225(p)
classify / 266(p)
classless / 225(p)
classmate / 350(R)
clause / 355(S), 448(R)
claustrophobic / 118(t), 266(p)
clean-cut / 266(p)
clear / 501(S), 501(N)
clear-cut / 265(S)
clearly / 266(p)
cleave / 104, 567(S), 113(N)
cleft / 367(S)
clemency / 104, 123(S)
clement / 103(S), 341(S)
clench / 142(C)
clever / 343(S)
cliche / 104, 122(S), 225(p)
click / 141(C)
client / 225(p)
clientele / 104
climactic / 142(C)
climate / 300(R)
climatic / 142(C)
climax / 104
clinch / 142(C), 266(p)
cling / 113(N), 141(C)
clinic / 266(p)

clink / 141(C)
clique / 104, 567(S)
cloak / 227(S)
clog / 104, 381(S), 381(S), 225(p)
cloister / 104
clone / 104, 206(p)
close call / 266(p)
closet / 118(t), 207(p)
clot / 266(p)
clothes / 77(S)
clothing / 77(S)
cloud / 606
cloudy / 501(S), 533(S)
cloy / 365(S)
club / 147(S)
clue / 118(t), 266(p)
clump / 143(C)
clumsy / 45(S), 369(S)
clunch / 142(C)
cluster / 142(C), 225(p)
cluster around / 266(p)
clutch / 142(C), 266(p)
clutter / 123(S), 142(C), 207(p)
cluttered / 513(S), 513(S)
coadjutor? / 82(t)
coagulate / 82(t)
coalesce / 151(S), 110(R), 17(a), 142(C)
coalition / 110, 151(S)
coarse / 134(R), 214(R)
coast / 34(R)
coastal / 225(p)
coauthor / 266(p)
coax / 104, 345(S), 481(S), 225(p), 266(p)
cocksure / 391(S), 266(p)
cocky / 391(S)
coddle / 365(S)
codify / 266(p)
coed / 266(p)
coeducational / 82(t)
coerce / 110, 357(S), 377(S), 377(N), 225(p)
coercion / 225(p)
coercive / 377(S), 266(p)
coeval / 135(S)
coexistence / 82(t)
cog / 266(p)
cogent / 110, 111(S), 432(R), 207(p)
cogitate / 110, 111(S)
cognate / 111, 549(S), 342(R), 142(C)
cognition / 112
cognitive / 266(p)
cognizant / 286(R), 266(p)
cognomen / 82(t)
cohabit / 17(a)
cohere / 112, 113(N)
coherence / 266(p)
coherent / 141(S), 40(R), 350(R), 225(p)
cohesion / 266(p)
cohesive / 225(p)
cohort / 82(t)
coil / 606
coin / 266(p)
coinage / 266(p)
coincide / 112, 195(p)
coincidence / 266(p)
coincident / 135(S)
colander / 141(C)
cold / 487(S)
collaborate / 112, 96(R), 260(R), 207(p)
collaborator / 266(p)
collapse / 112, 211(S), 211(N), 207(p)
collate / 114, 162(R), 210(R), 115(N)
collateral / 114
colleague / 114, 225(p)
collect / 578, 125(S), 147(N)
collected / 561(S)
collectedness / 266(p)
collective / 266(p)
collide / 114, 266(p)
colligate / 82(t)
collision / 606, 142(C), 207(p)
collocation / 17(a)
collogue / 115(S), 17(a)
colloquial / 114, 266(p)
colloquialism / 378(R)
colloquy / 108(R)
collude / 114, 115(S), 56(R), 182(R), 424(R)
collusion / 115(S), 142(C), 207(p)
colonist / 266(p)
colonize / 483(S)
colony / 606, 266(p)
colored / 423(S)
colorful / 225(p)
colorless / 266(p)
colossal / 104, 433(S), 207(p)
coma / 105
comb / 512(R)
combat / 606, 30(R)
combative / 101(S), 446(R)
combination / 267(p)
combine / 606, 151(S), 225(p)
combustible / 225(p)
combustion / 116
comely / 105, 225(p)
comestible / 82(t)
comfort / 123(S), 142(C), 226(p)
comfortable / 606
comical / 261(S)
comity / 118(t), 267(p)
command / 579, 142(C)
commandeer / 116, 139(S), 553(S)
commemorate / 116, 84(R)
commence / 116, 333(S), 184(R), 267(p)
commencement / 425(S)
commend / 116, 281(S), 447(S), 116(R), 142(C)
commensurate / 116, 117(S), 210(R), 195(p)
comment / 606
commercial / 606, 226(p)
commiserate / 117, 123(S)
commiseration / 123(S), 123(N), 267(p)
commissary / 17(a)
commission / 149(S), 267(p)
commit / 579, 149(S), 239(S), 149(N), 187(p)
commitment / 195(p)
commode / 117(R)
commodious / 117, 433(S)
commodity / 606, 117(R), 267(p)
common / 606, 142(C), 267(p)
common knowledge / 226(p)
common people / 122(S)
commonality / 267(p)
common-law / 267(p)
commonplace / 122, 122(S)
commotion / 122, 123(S), 267(p)
commune / 142(C)
communicable / 267(p)
communicate / 579
communicative / 267(p)
communion / 606
communism / 267(p)
community / 606, 147(S)
communize / 17(a)
commute / 17(a)
commuter / 267(p)
compact / 122, 579, 137(S), 326(R), 267(p)
companion / 606
companionable / 267(p)
company / 606
comparable / 549(S), 142(C), 226(p)
comparative / 142(C)
compare / 579, 222(R), 115(N)
compartment / 82(t), 267(p)
compass / 607
compassion / 122, 123(S), 300(R), 326(R), 123(N), 226(p)
compassionate / 288(R)
compatible / 124, 141(S), 195(p)
compel / 377(S), 468(R), 377(N)
compelling / 607, 377(S), 226(p)
compendious / 137(S)
compendium / 33(S), 18(a), 267(p)
compensate / 124, 125(S)
compensation / 207(p)
compete / 579, 267(p)
competence / 438(R)
competent / 226(p)
competition / 195(p)
competitive / 207(p)
compile / 124, 125(S), 207(p)
complacency / 195(p)
complacent / 124, 142(C), 187(p)
complain / 580, 267(p)
complaint / 226(p)
complaisant / 124, 57(S), 142(C)
complement / 124, 330(R), 142(C)
complementarity / 267(p)
complementary / 267(p)
complete / 153(S), 153(S), 124(R)
complex / 607, 357(S), 226(p)
complexion / 126, 127(S), 127(N)
complexity / 207(p)
compliance / 267(p)
compliant / 57(S), 207(p)
complicate / 126, 217(S), 278(R), 330(R)
complicated / 357(S), 195(p)
complication / 267(p)
complicit / 267(p)
complicity / 35(S), 468(R)
compliment / 126, 91(S), 281(S), 281(S), 447(S), 142(C), 267(p)
complimentary / 127(S)
comply / 580, 75(S), 139(S), 75(N), 187(p)
component / 126, 345(S), 345(N)
comport / 82(t), 142(C), 267(p)
compose / 580, 65(S), 174(R), 188(R), 330(R), 422(R), 267(p)
composed / 561(S)

composite / 267(p)
composition / 207(p)
compost / 82(t)
composure / 64(R), 224(R), 226(p)
compotation / 83(t)
compound / 607, 207(p)
comprehend / 128, 129(S), 64(R), 139(C)
comprehensible / 129(S), 142(C), 267(p)
comprehension / 267(p)
comprehensive / 66(R), 468(R), 142(C), 187(p)
compress / 128, 33(S)
comprise / 128, 66(R)
compromise / 580, 187(p)
compulsive / 377(S), 226(p)
compulsively / 267(p)
compulsory / 377(S), 195(p)
compunction / 128, 129(S), 278(R), 129(N)
compunctious / 161(S)
compurgation / 83(t)
compute / 18(a)
comrade / 607
con / 161(S), 181(S), 84(t)
concatenation / 18(a)
concave / 18(a)
conceal / 607, 382(R), 207(p)
concede / 134, 32(R), 172(R), 138(C), 142(C)
conceit / 607, 168(R), 302(R), 364(R), 142(C)
conceited / 391(S), 267(p)
conceive / 580, 195(p)
concentrate / 607, 258(R), 195(p)
conception / 364(R), 420(R), 226(p)
concern / 580, 195(p)
concerned / 214(R)
concert / 580, 212(R), 267(p)
concerto / 83(t)
concession / 207(p)
concierge / 83(t)
conciliate / 134, 65(S)
conciliation / 454(R)
conciliatory / 207(p)
concise / 607, 137(S), 195(p)
conclave / 18(a)
conclude / 153(S), 267(p)
conclusion / 607, 207(p)
conclusively / 267(p)
concoct / 134, 195(p)
concoction / 267(p)
concomitant / 18(a)
concord / 607, 268(p)
concordant / 141(S)
concourse / 134, 147(S)
concrete / 607, 485(S), 268(p)
concubine / 83(t)
concupiscent / 83(t)
concur / 134, 75(S), 135(S), 420(R), 75(N), 268(p)
concurrence / 454(R), 268(p)
concurrent / 135(S), 454(R), 268(p)
concurrently / 268(p)
concussion / 83(t)
condemn / 134, 187(S), 303(R), 187(N), 142(C), 207(p)
condemnation / 268(p)
condense / 136, 33(S), 33(N), 187(p)
condensed / 137(S)
condescend / 136, 173(S), 137(N)
condescending / 226(p)
condign / 18(a), 142(C)
condiment / 18(a)
condition / 580
condole / 136, 123(S), 142(C)
condolence / 123(S), 123(N), 268(p)
condominium / 83(t)
condone / 136, 25(S), 84(R), 25(N), 142(C), 195(p)
conduce / 18(a)
conducive / 467(S), 174(R), 142(C), 195(p)
conduct / 580, 187(p)
conducted / 268(p)
conductive / 142(C)
conduit / 83(t)
confabulate / 18(a)
confectionery / 83(t)
confederate / 136, 35(S), 35(N)
confederation / 268(p)
confer / 138, 174(R), 208(R), 340(R), 268(p)
confess / 607, 434(R)
confessional / 268(p)
confidant / 142(C)
confide / 580, 149(S), 149(N)
confidence / 226(p)
confident / 142(C), 268(p)
confidential / 489(S), 410(R), 195(p)
configuration / 19(a), 142(C)
confine / 138, 109(S), 52(R), 109(N), 195(p)
confirm / 607, 485(S), 312(R), 487(N), 226(p)
confirmed / 251(S), 207(p)
confiscate / 138, 139(S), 553(S), 195(p)
conflagration / 19(a), 142(C), 268(p)
conflate / 342(R)
conflict / 607, 342(R), 195(p)
conflicting / 268(p)
confluence / 83(t)
conform / 138, 139(S), 139(N), 226(p)
conform to / 239(S)
conformity / 195(p)
confound / 138, 415(S), 207(p)
confront / 140, 226(p)
confrontation / 195(p)
confuse / 607, 415(S), 342(R), 226(p)
confused / 226(p)
confusion / 123(S), 268(p)
confute / 51(S), 457(S), 456(R), 19(a)
congeal / 19(a)
congenial / 140, 103(S), 141(S), 102(R), 240(R), 340(R), 142(C), 207(p)
congenital / 140, 141(S), 102(R), 240(R), 340(R), 142(C), 268(p)
congest / 140
congested / 226(p)
conglomerate / 140
conglomeration / 226(p)
conglutinate / 83(t)
congratulate / 607
congregate / 146, 125(S), 147(S), 52(R), 147(N), 207(p)
congregation / 147(S), 268(p)
congress / 607, 268(p)
congressman / 268(p)
congruence / 302(R)
congruent / 141(S), 302(R), 207(p)
congruous / 141(S), 19(a)
conifer / 118(t)
conjecture / 146, 497(S), 497(N), 268(p)
conjoin / 42(R), 19(a)
conjugal / 147(S), 19(a), 226(p)
conjunction / 268(p)
conjure / 146, 410(R), 268(p)
connate / 141(S), 19(a)
connect / 607
connive / 115(S), 19(a)
connoisseur / 436(R), 19(a), 268(p)
connotation / 226(p)
connote / 357(S), 20(a)
connubial / 146, 147(S)
conquer / 607, 483(S), 268(p)
consanguineous / 268(p)
consanguinity / 20(a)
conscience / 607, 426(R), 226(p)
conscientious / 226(p)
conscious / 580, 207(p)
conscript / 146, 108(R)
consecrate / 148, 149(S), 226(p)
consecutive / 148, 380(R), 412(R), 439(R), 226(p)
consensus / 148, 470(R), 195(p)
consent / 607, 75(S), 74(R), 312(R), 75(N)
consequence / 581, 249(S), 484(R), 226(p)
consequent / 153(C)
consequently / 142(C)
conservation / 268(p)
conservative / 142(C), 196(p)
conservatory / 142(C)
conserve / 148, 268(p)
consider / 581, 111(S)
considerable / 142(C), 207(p)
considerate / 445(S), 142(C), 226(p)
considered / 226(p)
consign / 148, 149(S), 196(R), 247(R), 149(N), 226(p)
consist / 581
consistence / 268(p)
consistent / 141(S), 268(p)
console / 150, 123(S), 198(R), 318(R), 142(C), 207(p)
consolidate / 150, 151(S), 268(p)
consonant / 141(S)
consort / 150, 268(p)
consortium / 150(R), 83(t)
conspicuous / 607, 265(S), 108(R), 198(R), 196(p)
conspiracy / 115(S), 502(R)
conspirator / 35(S), 35(N)
conspire / 150, 115(S), 277(R), 354(R), 268(p)
constant / 607, 380(R), 196(p)
constantly / 268(p)
constellation / 150
consternate / 89(S)
consternation / 20(a), 269(p)
constituent / 345(S), 345(N), 142(C)
constitute / 269(p)
constitution / 581, 142(C)
constitutional / 226(p)
constrain / 607, 109(S), 377(S), 150(R), 426(R), 472(R), 377(N)
constraint / 269(p)
constrict / 150, 472(R), 269(p)
construct / 607, 380(R), 269(p)
constructive / 227(p)
construe / 152, 207(p)
consult / 581, 142(C), 269(p)
consume / 581, 207(p)

consummate / 152, 153(S), 153(S), 207(p)
consumption / 227(p)
contact / 607
contagious / 152, 142(C), 207(p)
contain / 581, 109(S)
containment / 269(p)
contaminate / 152
contemn / 152, 153(S), 153(N), 142(C)
contemplate / 607, 111(S), 207(p)
contemplation / 269(p)
contemporary / 607, 135(S), 278(R), 207(p)
contempt / 607, 152(R), 207(p)
contemptible / 153(S), 152(R), 269(p)
contemptuous / 153(S)
contemptuously / 269(p)
contend / 581, 259(S), 356(R), 384(R)
content / 582, 196(p)
contention / 169(S), 169(N), 142(C), 227(p)
contentious / 187(p)
contentment / 365(S), 142(C), 269(p)
contest / 607, 76(R), 269(p)
context / 158, 426(R)
contiguous / 158, 41(S), 152(R), 41(N), 142(C)
continence / 20(a)
continent / 607, 437(S)
Continental Congress / 269(p)
contingency / 269(p)
contingent / 158, 152(R), 200(R)
contingent (on) / 227(p)
continuance / 269(p)
continue / 607, 269(p)
continuous / 227(p)
contort / 158, 159(S), 280(R), 159(N)
contour / 158, 269(p)
contraband / 168
contraception / 168
contract / 582, 33(N), 196(p)
contraction / 208(p)
contradict / 168, 51(S), 457(S), 368(R), 422(R), 508(R), 208(p)
contradictory / 196(p)
contraption / 331(S)
contrariwise / 269(p)
contrary / 582, 170(R), 227(p)
contrast / 582, 115(N), 208(p)
contravene / 168, 239(S), 78(R), 227(p)
contretemps / 269(p)
contribute / 582, 78(R), 227(p)
contribution / 208(p)
contrite / 160, 161(S), 200(R), 269(p)
contrition / 129(S), 129(N)
contrive / 582, 196(R), 269(p)
control / 607, 246(R)
controversial / 168, 196(p)
controversy / 169(S), 169(N), 269(p)
controvert / 457(S)
controvertible / 269(p)
contumacious / 83(t)
contumaciously / 269(p)
contumely / 20(a)
contusion / 327(S), 83(t)
conundrum / 269(p)
convalesce / 20(a), 142(C), 269(p)
convalescence / 269(p)
convalescent / 138(C)
convection / 83(t)
convene / 160, 125(S), 147(S), 78(R), 168(R)
convenience / 227(p)
convenient / 582, 227(p)
convent / 160(R), 20(a)
convention / 113(S), 108(R)
conventional / 196(p)
converge / 20(a), 269(p)
convergence / 227(p)
conversant / 45(S), 20(a), 269(p)
converse / 160, 45(R)
conversely / 269(p)
convert / 160, 467(S), 551(S), 24(R), 228(R), 551(N), 142(C), 196(p)
convex / 21(a)
convey / 607, 250(R), 142(C)
convict / 160, 161(S), 208(p)
conviction / 161(S), 196(p)
convince / 607, 316(R), 196(p)
convincing / 111(S)
convivial / 161
convoke / 162, 125(S), 147(S)
convolute / 269(p)
convoluted / 269(p)
convolution / 21(a)
convoy / 162, 163(S), 250(R), 163(N), 142(C)
convulsion / 123(S), 21(a), 269(p)
cool / 561(S)
cooperate / 607, 142(C)
cooperative / 269(p)
coordinate / 162, 117(S), 482(R)
copious / 162, 435(S), 435(N), 196(p)
copy / 503(S)
copyright / 269(p)
coral / 141(C)
cord / 141(C)
cordial / 607, 103(S), 212(R)
cordless / 269(p)
cordon / 239(S), 481(S)
corespondent / 142(C)
cornucopia / 269(p)
corollary / 105, 249(S), 208(p)
corporal / 338(R), 196(p)
corporate / 142(C)
corporation / 208(p)
corporeal / 118(t), 269(p)
corps / 142(C), 270(p)
corpse / 299(S), 338(R), 142(C), 270(p)
corpse-like / 270(p)
corpulent / 105, 395(S)
corral / 270(p)
correct / 607, 475(S), 533(S), 266(R)
correction / 270(p)
corrective / 270(p)
correlate / 162, 210(R)
correlation / 227(p)
correspond / 582, 198(R), 270(p)
correspondent / 142(C)
corrigible / 266(R), 83(t)
corroborate / 163, 459(S), 485(S), 487(N), 208(p)
corrode / 22(R), 21(a)
corrosive / 264(R), 227(p)
corrupt / 607, 225(R), 266(R), 270(p)
corruption / 208(p)
cortege / 118(t)
cosmetic / 118(t)
cosmic / 391(S), 118(t)
cosmologist / 270(p)
cosmopolis / 149(C)
cosmopolitan / 391(S), 118(t), 270(p)
cosset / 270(p)
costly / 317(S)
costume / 77(S), 198(R)
coterie / 567(S), 118(t)
couch / 582, 270(p)
cough / 270(p)
council / 607, 454(R)
counsel / 43(S), 43(S), 142(C)
count / 582, 208(p)
countenance / 583, 75(S), 127(S), 127(N), 270(p)
counter / 170, 51(S), 457(S)
counteract / 170, 236(R)
counterattack / 84(t)
counterbalance / 21(a)
countercharge / 84(t)
counter-current / 270(p)
counterespionage / 21(a)
counterfeit / 170, 171(S), 171(S), 208(p)
countermand / 170, 469(S), 116(R), 238(R)
counterpart / 170, 238(R), 270(p)
counterpoise / 84(t)
countersign / 22(a)
countervail / 84(t)
countess / 607
countless / 521(S)
county / 607
coup / 525(S), 525(N)
courage / 511(S)
courageous / 511(S), 227(p)
courier / 118(t), 270(p)
court / 583, 270(p)
courteous / 196(p)
courtesy / 439(S)
covenant / 44(R), 21(a)
cover / 583, 270(p)
coverage / 227(p)
covert / 489(S), 21(a), 142(C), 227(p)
cover-up / 270(p)
covetous / 105, 515(S)
covetousness / 515(S)
cow / 357(S)
cowardly / 371(S), 270(p)
cower / 449(S), 118(t)
co-worker / 270(p)
coy / 105, 209(S), 174(R), 209(N)
cozen / 181(S)
cozy / 270(p)
crabbed / 118(t)
crack / 607, 367(S), 142(C)
crack down / 270(p)
crackdown / 270(p)
crackle / 142(C)
craft / 270(p)
crafty / 607, 353(S), 270(p)
craggy / 270(p)
cram / 270(p)
cramp / 109(S), 143(C), 270(p)
cramped / 270(p)
cranium / 270(p)
cranky / 305(S)

crash / 105, 143(C), 270(p)
crass / 118(t)
crave / 607, 51(S), 143(C), 270(p)
craven / 105, 371(S), 174(R), 143(C), 270(p)
craving / 227(p)
craze / 270(p)
crazy / 194(S)
create / 271(p)
creativity / 271(p)
credence / 118, 302(R)
credential / 302(R), 227(p)
credibility / 271(p)
credible / 111(S), 214(R), 143(C), 227(p)
credit / 73(S), 73(N)
creditable / 143(C)
creditor / 227(p)
credo / 161(S)
credulous / 118, 521(S), 214(R), 143(C), 227(p)
creed / 118, 161(S), 302(R), 227(p)
creep / 271(p)
cremate / 299(S)
crepitate / 174(R), 214(R)
crepuscule / 175(S)
crescendo / 271(p)
crestfallen / 195(S), 118(t)
crevice / 367(S), 118(t)
cricket / 271(p)
criminal / 161(S)
criminologist / 271(p)
crimson / 271(p)
cringe / 449(S)
cripple / 118, 213(S)
crisis / 271(p)
criteria / 227(p)
criterion / 118, 271(p)
critic / 271(p)
critical / 607, 315(S), 187(p)
criticism / 208(p)
criticize / 187(S), 187(N), 271(p)
crooked / 357(S), 238(R), 118(t), 227(p)
croon / 271(p)
cross / 305(S)
cross-current / 271(p)
cross-currents / 118(t)
crotchety / 67(S), 271(p)
crouch / 449(S), 238(R)
crow / 271(p)
crowd / 147(S), 196(p)
crowded / 390(R)
crucial / 607, 208(p)
crucify / 469(S)
crude / 607, 521(S), 227(p)
cruel / 301(S), 271(p)
crumble / 271(p)
crump / 143(C)
crusade / 271(p)
crush / 483(S)
crutch / 142(C)
crux / 118(t)
cry / 195(S)
cryptic / 118, 383(S), 489(S), 196(p)
cuddly / 271(p)
cue / 118, 357(S), 147(C), 227(p)
cuffs / 607
cuisine / 271(p)
cul-de-sac / 539(S)
culinary / 271(p)
cull / 83(t), 143(C)
culminate / 118, 141(C)
culmination / 271(p)
culpable / 118, 227(p)
culprit / 161(S), 196(p)
cult / 567(S), 382(R)
cultivate / 227(p)
cultivated / 265(S)
cultured / 265(S)
culvert / 142(C)
cumbersome / 238(R), 118(t), 208(p)
cumulate / 125(S)
cumulative / 34(R), 271(p)
cumulus / 34(R)
cunning / 353(S)
cupidity / 118, 515(S)
curative / 227(p)
curator / 118
curatorial / 271(p)
curb / 118, 109(S), 196(p)
cure / 271(p)
cure-all / 271(p)
curfew / 271(p)
curious / 271(p)
curl / 143(C)
curmudgeon / 103(S)
currant / 143(C)
currency / 607
current / 607, 423(S), 143(C), 196(p)
currently / 271(p)
curriculum vitae / 227(p)
curry / 21(a)
curse / 91(S), 271(p)
cursory / 119, 411(S), 134(R), 214(R), 208(p)
curt / 23(S)
curtail / 119, 33(S), 248(R), 33(N), 187(p)
curve / 607
curved / 357(S)
custody / 119(t), 227(p)
custom / 583, 113(S), 198(R)
customary / 119(t)
customer / 271(p)
customize / 227(p)
customs / 608
custom-tailored / 271(p)
cut / 327(S), 567(S)
cutlery / 119(t), 271(p)
cutting / 301(S)
cutting-edge / 119, 405(S), 271(p)
cynic / 271(p)
cynical / 119
dabble / 119(t), 140(C), 271(p)
dabbler / 271(p)
daily / 143(C)
dainty / 313(S)
dairy / 143(C)
dally / 119, 433(S), 150(C)
dam / 381(S), 381(N)
damage / 327(S), 553(S), 135(R), 327(N), 271(p)
damaging / 211(S), 413(S), 271(p)
damn / 303(R)
damp / 227(p)
dampen / 119, 227(p)
dangerous / 240(R)
Danish / 272(p)
dank / 119(t), 227(p)
dapper / 513(S)
daredevil / 511(S), 272(p)
daring / 511(S)
dark / 227(p)
darling / 240(R)
dart / 272(p)
dash / 272(p)
dastard / 119, 140(C)
dastardly / 371(S)
dated / 227(p)
daub / 180(S)
daunt / 119(t), 272(p)
dauntless / 119, 511(S), 510(R)
dawdle / 130, 433(S)
daydream / 183(S), 272(p)
daze / 99(S)
dazzling / 333(S)
de facto / 23(a)
de jure / 85(t)
dead / 299(S), 299(N)
dead heat / 272(p)
deadening / 272(p)
deadhead / 119(t)
deadline / 272(p)
deadlock / 130, 539(S), 196(p)
deadly / 413(S), 196(p)
deal / 583
dear / 317(S)
dearly / 240(R)
dearth / 130, 291(S), 143(C), 196(p)
death / 143(C), 272(p)
death sentence / 272(p)
debacle / 22(a), 228(p)
debar / 84(t)
debark / 234(R), 84(t)
debase / 172, 173(S), 30(R), 173(N), 272(p)
debatable / 446(R), 208(p)
debate / 608, 169(S), 30(R), 169(N), 272(p)
debauch / 172
debauched / 437(S)
debenture / 84(t)
debilitate / 172, 523(S), 523(N), 272(p)
debit / 84(t)
debonair / 103(S)
debris / 84(t), 196(p)
debt / 608, 510(R)
debt-ridden / 272(p)
debunk / 229(S), 272(p)
debut / 84(t)
decade / 608, 143(C)
decadence / 22(a)
decadent / 143(C)
decamp / 275(S)
decant / 22(a), 143(C)
decay / 608, 272(p)
decease / 299(S), 300(R), 143(C)
deceased / 172, 299(S), 299(N)
deceit / 181(S), 168(R), 302(R)
deceitful / 353(S)
deceitfully / 272(p)
deceive / 608, 181(S), 181(N), 187(p)
decelerate / 272(p)

decency / 439(S), 272(p)
decent / 608, 143(C), 228(p)
decentralization / 272(p)
decentralize / 84(t)
deception / 181(S), 272(p)
deceptive / 228(p)
decide / 272(p)
deciduous / 382(R), 22(a), 272(p)
decimate / 130, 63(S), 196(p)
decipher / 174, 217(S), 208(p)
decision / 608
decision-making / 272(p)
decisive / 272(p)
deck / 235(S)
declaim / 22(a)
declare / 608, 259(S), 259(N), 272(p)
decline / 583, 175(S), 175(S), 471(S), 34(R), 448(R), 471(N), 187(p)
declivity / 175(S), 432(R), 22(a)
decoct / 134(R)
decode / 217(S), 22(a)
decollete / 77(S), 84(t)
decolor / 84(t), 143(C)
decompose / 174, 144(C), 228(p)
decorate / 608, 235(S), 235(N), 272(p)
decorous / 130
decorously / 272(p)
decorum / 439(S)
decoy / 174, 481(S), 481(N)
decrease / 174, 31(S), 437(S), 31(N), 143(C)
decree / 304(R)
decrement / 174(R)
decrepit / 174, 313(S), 214(R), 313(N), 272(p)
decrepitude / 175(S), 272(p)
decrescent / 174(R)
decriminalize / 84(t), 272(p)
decry / 187(S), 196(R), 400(R), 99(N), 22(a), 143(C), 208(p)
dedicate / 149(S), 20(R)
dedicated / 149(S), 272(p)
dedication / 272(p)
deduce / 174, 497(S), 480(R), 143(C), 208(p)
deduct / 22(a), 143(C)
deduction / 272(p)
deed / 510(R)
deem / 143(C), 208(p)
deep-rooted / 251(S)
deep-seated / 251(S)
deface / 551(S), 260(R), 23(a)
defalcate / 23(a)
defalcation / 84(t)
defame / 499(S), 306(R), 23(a)
default / 23(a)
defeat / 608, 483(S), 272(p)
defect / 583, 275(S), 368(R), 272(p)
defection / 85(t)
defective / 273(p)
defectless / 153(S)
defector / 275(S)
defend / 608, 143(C), 228(p)
defender / 273(p)
defense / 273(p)
defensive / 273(p)
defer / 174, 208, 209(S), 143(C), 273(p)
deference / 108(R), 143(C), 228(p)
deferential / 273(p)
defiance / 273(p)
defiant / 410(R), 196(p)
deficiency / 228(p)
deficient / 608, 102(R), 143(C), 208(p)
deficit / 228(p)
defile / 180, 180(S)
define / 608, 138(R), 306(R), 208(p)
definite / 485(S), 533(S), 143(C), 228(p)
definition / 273(p)
definitive / 143(C)
deflate / 85(t)
deflationary / 342(R)
deflect / 202(S), 23(a), 208(p)
deforest / 85(t)
deform / 159(S), 551(S), 138(R), 159(N), 23(a)
defraud / 180, 181(S), 181(N)
defray / 273(p)
deft / 130, 45(S), 273(p)
defunct / 180, 299(S), 410(R), 299(N)
defuse / 65(S), 144(C), 228(p)
defy / 608, 239(S), 273(p)
degenerate / 180, 189(S)
degradation / 273(p)
degrade / 180, 173(S), 344(R), 173(N), 273(p)
degree / 584
dehydrate / 197(S), 23(a)
deictic / 404(R)
deign / 173(S), 137(N), 273(p)
deity / 119(t), 273(p)
deject / 20(R), 40(R), 228(p)
dejected / 182, 195(S), 195(N)
delay / 608, 209(S), 228(p)
delectable / 315(S), 23(a)
delegate / 182, 149(S), 143(C), 273(p)
delegation / 458(R)
delete / 279(S), 279(N), 23(a)
deleterious / 130, 413(S), 413(N), 196(p)
deliberate / 182, 111(S), 445(S), 196(p)
deliberatively / 273(p)
delicacy / 228(p)
delicate / 584, 313(S), 228(p)
delicious / 608, 315(S), 260(R)
delight / 608, 365(S), 365(S)
delightful / 261(S)
delineate / 24(a), 273(p)
delinquent / 182, 75(S), 183(S), 194(R), 460(R), 228(p)
delirious / 24(a)
deliver / 584, 455(S), 455(N), 273(p)
deliverance / 273(p)
delivery / 208(p)
delude / 182, 181(S), 56(R), 216(R), 262(R), 424(R), 181(N), 273(p)
deluge / 208, 359(S), 359(N), 273(p)
delusion / 183(S), 183(N), 139(C), 228(p)
deluxe / 385(S)
delve / 130, 208(p)
demagogue / 240(R)
demand / 608, 251(S)
demanding / 305(S)
demarcate / 215(S), 215(N), 24(a)
demean / 173(S), 370(R), 173(N)
demeanor / 184, 185(S), 56(R), 185(N)
demented / 194(S)
dementia / 383(S), 24(a)
demerit / 85(t)
demilitarize / 85(t)
demise / 299(S), 436(R), 26(a), 228(p)
democracy / 240(R)
democratic / 273(p)
demographic data / 273(p)
demography / 252(R)
demolish / 184, 211(S), 211(N), 196(p)
demonic / 307(S), 119(t)
demonism / 273(p)
demonstrate / 184, 252(R), 466(R), 143(C), 273(p)
demoralize / 24(a)
demote / 173(S), 122(R), 173(N), 85(t)
demur / 184, 143(C)
demure / 184, 209(S), 209(N), 143(C)
den / 273(N), 143(C)
denationalize / 85(t), 273(p)
denigrate / 499(S), 85(t)
denizen / 483(S), 85(t), 273(p)
denominate / 466(R), 24(a)
denote / 184, 357(S), 208(p)
denouement / 249(S)
denounce / 186, 187(S), 466(R), 187(N), 208(p)
dense / 383(S), 228(p)
densify / 136(R)
density / 136(R), 273(p)
dent / 340(R), 119(t), 143(C), 273(p)
dentist / 340(R)
denture / 119(t), 143(C)
denude / 229(S), 24(a)
denunciate / 187(S)
deny / 608, 51(S), 457(S), 196(p)
depart / 584, 202(S), 299(S), 203(N)
departed / 299(S), 299(N)
department / 608
departure / 288(R)
depend / 584, 276(R), 328(R), 143(C)
depict / 186, 273(p)
deplete / 186, 126(R), 488(R), 143(C), 208(p)
deplorable / 208(p)
deplore / 186, 195(S), 330(R), 143(C), 208(p)
deploy / 26(a), 228(p)
deport / 186, 277(S), 444(R), 143(C), 273(p)
deportment / 185(S), 185(N)
depose / 188, 189(S), 174(R), 143(C)
deposit / 188, 143(C), 208(p)
deposition / 273(p)
depot / 188(R), 85(t)
deprave / 24(a)
deprecate / 188, 187(S), 143(C), 208(p)
depreciate / 188, 99(S), 189(S), 99(N), 143(C), 273(p)
depreciation / 273(p)
depredate / 188, 189(S)
depress / 194
depressed / 195(S), 195(N)
depression / 175(S), 468(R), 208(p)
deprivation / 209(p)
deprive / 584, 139(S), 553(S), 273(p)
deputize / 273(p)
deputy / 194, 332(R)
deracinate / 274(p)
derail / 85(t), 228(p)
derange / 274(p)
deranged / 194, 194(S)

deregulation / 85(t)
derelict / 194, 75(S), 183(S), 182(R), 228(p)
deride / 196, 197(S), 274(p)
derisive / 228(p)
derivative / 196(p)
derive / 196, 228(p)
dermatologist / 130, 228(p)
derogate / 173(S), 499(S), 72(R), 99(N), 24(a)
derogate from / 173(S)
derogatory / 153(S), 196(p)
desalinate / 85(t)
descant / 26(a), 143(C)
descant on / 261(S)
descendant / 498(R), 274(p)
descending / 274(p)
descent / 136(R), 143(C), 228(p)
describe / 608, 72(R), 352(R), 426(R)
description / 228(p)
descry / 196, 97(S), 400(R), 97(N), 143(C), 274(p)
desecrate / 148(R), 25(a), 274(p)
desecrating / 291(S)
desegregate / 85(t)
desert / 584, 547(S), 547(N), 143(C), 228(p)
deserted / 209(p)
deserter / 275(S)
deserve / 584, 148(R)
desiccate / 196, 197(S)
design / 584, 274(p)
designate / 196, 274(p)
desirable / 209(p)
desire / 608, 51(S), 274(p)
desirous / 515(S)
desist / 196, 197(S), 351(S)
desolate / 198, 195(S), 196(p)
despair / 608
despairing / 199(N)
desperado / 85(t)
desperate / 608, 195(S), 199(S), 199(N), 143(C), 197(p)
desperately / 274(p)
despicable / 153(S), 197(p)
despise / 198, 153(S), 153(N), 197(p)
despite / 608, 198(R), 274(p)
despoil / 189(S), 85(t), 274(p)
despondence / 274(p)
despondent / 198, 195(S), 199(S), 199(N)
despot / 553(S), 290(R)
despotic / 274(p)
despotism / 130, 274(p)
dessert / 608, 143(C)
destination / 274(p)
destine / 584
destiny / 258(R)
destitute / 198, 291(S), 258(R), 318(R), 291(N), 187(p)
destitution / 291(S)
destroy / 608, 211(S), 211(N), 228(p)
destruction / 228(p)
destructive / 211(S), 274(p)
desuetude / 198
desultory / 198, 199(S), 280(R), 228(p)
detach / 200
detached / 87(S), 509(S), 513(N), 274(p)
detail / 608, 355(S), 248(R), 472(R)
detailed / 274(p)
detain / 200, 24(R), 364(R), 228(p)
detect / 608, 228(p)
detective / 229(p)
detente / 200(R), 85(t)
detention / 274(p)
deter / 200, 351(S), 143(C), 209(p)
detergent / 86(t)
deteriorate / 200, 189(S), 187(p)
deterioration / 229(p)
determinate / 485(S)
determine / 608, 278(R), 274(p)
determined / 377(S), 209(p)
deterrent / 229(p)
detest / 200, 21(S), 76(R), 21(N), 209(p)
detestable / 23(S)
dethrone / 189(S), 248(R)
detonate / 25(a)
detour / 203(S), 86(t)
detract / 173(S), 499(S), 227(R), 444(R), 99(N), 25(a), 144(C)
detract from / 173(S)
detractor / 274(p)
detriment / 160(R), 209(p)
detrimental / 200, 413(S), 413(N), 188(p)
deuce / 86(t)
devaluate / 274(p)
devalue / 86(t)
devastate / 201, 211(S), 188(p)
devastating / 201(S), 209(p)
develop / 584
deviant / 85(S)
deviate / 202, 202(S), 382(R), 203(N), 197(p)
device / 229(p)
devil / 608
devilish / 274(p)
devious / 203(S), 353(S)
devise / 608
devitalize / 523(S), 25(a)
devoid / 208, 209(p)
devolve / 25(a)
devote / 584, 149(S), 78(R), 202(R), 229(p)
devour / 202, 203(S), 274(p)
devout / 202, 149(S), 229(p)
dext(e)rous / 45(S)
dexterity / 209(p)
dexterous / 130, 229(p)
dextrous / 368(R)
diabetes / 86(t)
diabolic / 307(S), 25(a)
diachronic / 86(t)
diacritic / 86(t)
diadem / 86(t)
diagnose / 300(R), 436(R), 274(p)
diagnosis / 538, 84(R), 112(R), 274(p)
diagonal / 538
diagram / 608, 252(R)
dialect / 538, 539(N)
dialectic / 538
dialog(ue) / 608
diametric(al) / 25(a)
diamond / 84(R)
diaphanous / 501(S), 501(N), 25(a)
diarrhea / 26(a)
diary / 143(C)
diatribe / 26(a)
dice / 567(S)
dichotomize / 567(S)
dichotomy / 25(a), 229(p)
dicker / 449(S)
dictate / 608, 229(p)
dictator / 553(S), 422(R)
dictum / 130, 253(S), 274(p)
didactic / 274(p)
die / 299(S), 144(C)
die-hard / 57(S), 377(S)
diet / 608
differ / 585
difference / 143(C), 274(p)
different / 549(S), 144(C)
differentiate / 215(S), 174(R), 215(N), 229(p)
differentiation / 274(p)
difficult / 274(p)
diffidence / 275(p)
diffident / 208, 209(S), 209(N), 144(C)
diffuse / 199(S), 225(S), 265(S), 138(R), 342(R), 434(R), 87(t), 144(C), 275(p)
diffusive / 199(S)
dig / 273(S)
digest / 585, 33(S), 33(S), 140(R)
dignify / 304(R)
dignity / 216(R), 197(p)
digraph / 86(t)
digress / 210, 202(S), 54(R), 499(R), 203(N)
digressive / 199(S), 209(p)
dilapidate / 211(S), 275(p)
dilapidated / 210, 229(p)
dilate / 210, 343(S), 114(R), 162(R), 260(R), 494(R), 343(N), 144(C), 197(p)
dilate on / 261(S)
dilatory / 210, 307(S), 210(R), 494(R), 229(p)
dilemma / 538, 539(S), 275(p)
dilettante / 131
diligent / 608, 75(S), 275(p)
dilute / 210, 523(S), 208(R), 144(C), 275(p)
dim / 533(S), 229(p)
dimension / 210, 116(R), 275(p)
diminish / 202, 31(S), 437(S), 209(p)
diminutive / 551(S), 275(p)
dimness / 175(S)
din / 131, 143(C), 275(p)
dine / 275(p)
dingy / 513(S), 144(C)
dint / 119(t), 143(C)
diocese / 86(t)
dioxide / 86(t)
dip / 325(S), 325(N)
dip into / 411(S)
diphthong / 86(t)
diploma / 275(p)
diplomacy / 439(S), 209(p)
diplomatic / 275(p)
dire / 131, 199(S), 188(p)
direct / 585
directionality / 275(p)
directness / 275(p)
directory / 275(p)
dirt-cheap / 275(p)
dirty / 513(S)
dis / 153(S)
disability / 275(p)

disable / 212, 213(S)
disabled / 275(p)
disabuse / 87(t), 275(p)
disadvantage / 553(S), 275(p)
disadvantageous / 513(S)
disagreeable / 23(S)
disagreeing / 275(p)
disagreement / 229(p)
disappear / 608, 62(R), 229(p)
disappearance / 275(p)
disappoint / 608, 275(p)
disapprove / 144(C)
disarm / 26(a)
disarrange / 26(a)
disarranged / 513(S)
disarray / 72(R), 26(a)
disassemble / 87(t), 144(C)
disaster / 608, 537(S), 537(N), 275(p)
disastrous / 211(S), 275(p)
disavow / 87(t), 275(p)
disband / 212
disbar / 275(p)
disbenefit / 553(S)
disburse / 55(S), 458(R), 87(t)
discard / 212, 189(S), 547(S), 144(C), 197(p)
discern / 608, 215(S), 214(R), 209(p)
discernible / 265(S), 229(p)
discerning / 275(p)
discharge / 585, 35(S), 189(S), 265(S), 197(p)
disciple / 212, 213(S), 213(N), 144(C)
disciplinary / 229(p)
discipline / 585, 331(S), 144(C), 197(p)
disciplined / 275(p)
disclaim / 547(S), 26(a), 275(p)
disclaimer / 229(p)
disclose / 608, 229(S), 209(p)
disclosure / 448(R)
discolor / 180(S), 87(t), 143(C)
discomfit / 415(S), 415(S), 27(a)
discomfiture / 275(p)
discomfort / 608, 275(p)
discompose / 415(S), 415(N), 27(a), 144(C)
disconcert / 212, 415(S), 229(p)
disconnect / 62(R)
disconsolate / 195(S), 150(R), 27(a)
discontent / 365(S)
discontinue / 197(S)
discord / 212, 144(C), 275(p)
discordant / 141(S), 275(p)
discount / 608
discountenance / 27(a)
discourage / 608, 415(S), 275(p)
discouraged / 275(p)
discourse / 214
discover / 608
discredit / 214, 302(R), 229(p)
discreet / 214, 215(S), 445(S), 214(R), 144(C), 188(p)
discrepancy / 214
discrete / 214, 214(R), 144(C), 229(p)
discretion / 209(p)
discretionary / 319(S)
discriminate / 214, 215(S), 215(N), 197(p)
discriminating / 229(p)
discrimination / 197(p)
discriminatory / 423(S)
discrown / 189(S)
discursive / 137(S), 199(S), 454(R), 27(a)
discuss / 608
discussion / 169(S), 169(N)
disdain / 216, 153(S), 304(R), 153(N), 197(p)
disdainful / 153(S)
disease / 143(C)
disembark / 234(R), 87(t)
disembodied / 87(t)
disengage / 87(t)
disentangle / 216, 217(S), 455(S), 152(R), 248(R), 314(R)
disfigure / 216, 159(S), 551(S)
disgrace / 173(S)
disgraced / 609
disgraceful / 275(p)
disgruntle / 275(p)
disgruntled / 305(S), 87(t)
disgruntlement / 365(S)
disguise / 609, 227(S), 197(p)
disgust / 609, 21(S), 275(p)
disgusting / 23(S)
dish / 609
dishabille / 87(t)
dishearten / 216
disheveled / 513(S), 27(a)
dishevelled / 276(p)
dishonest / 609
disillusion / 216
disinclination / 609
disincline / 27(a)
disinformation / 276(p)
disingenuous / 353(S), 87(t)
disintegrate / 27(a), 276(p)
disintegration / 276(p)
disinter / 87(t)
disinterested / 216, 509(S), 513(N), 229(p)
disjoin / 144(C)
disjoint / 144(C)
disjointed / 87(t), 276(p)
dislike / 21(S), 21(N)
dislocate / 27(a)
dislodge / 27(a)
disloyal / 609, 411(S)
disloyalty / 411(S), 276(p)
dismal / 131, 195(S), 209(p)
dismantle / 211(S), 211(N), 28(a), 229(p)
dismay / 202, 415(S), 197(p)
dismember / 213(S), 87(t)
dismiss / 585, 189(S), 366(R), 188(p)
dismissive / 153(S)
dismount / 496(R), 87(t)
disobey / 609, 239(S), 276(p)
disoblige / 87(t)
disorder / 609, 209(p)
disorderly / 276(p)
disorganize / 88(t)
disorient / 216, 22(R)
disoriented / 276(p)
disown / 28(a)
disparage / 222, 99(S), 300(R), 99(N), 143(C), 276(p)
disparaging / 209(p)
disparate / 143(C), 197(p)
disparity / 222, 300(R), 312(R), 197(p)
dispassion / 326(R)
dispassionate / 87(S), 509(S), 124(R), 288(R), 28(a), 276(p)
dispatch / 222, 223(S), 276(R), 223(N), 197(p)
dispel / 222, 276(R), 468(R), 276(p)
dispensary / 276(p)
dispense / 222, 55(S), 55(N), 144(C)
disperse / 224, 225(S), 72(R), 144(C), 188(p)
dispersity / 276(p)
dispirited / 195(S), 28(a)
displace / 224, 189(S), 495(S), 495(N)
display / 609
displease / 609
disport / 88(t), 143(C)
disposal / 276(p)
dispose / 224, 188(R), 143(C), 229(p)
disposition / 433(S), 225(N)
dispossess / 28(a)
disproportion / 438(R)
disproportionate / 224
disprove / 51(S), 457(S), 470(R), 28(a), 144(C), 197(p)
disputable / 276(p)
dispute / 169(S), 194(R), 169(N), 276(p)
disqualify / 28(a), 276(p)
disquiet / 415(S), 34(R), 28(a)
disquisition / 88(t)
disregard / 224, 393(S), 393(N), 209(p)
disreputable / 276(p)
disrepute / 88(t)
disrespect / 276(p)
disrupt / 225, 266(R), 366(R), 209(p)
disruption / 276(p)
dissatisfaction / 365(S), 209(p)
dissatisfy / 609
dissect / 226, 367(R)
dissemble / 226, 227(S), 144(C)
disseminate / 226, 225(S), 188(p)
dissemination / 276(p)
dissension / 276(p)
dissent / 226, 74(R), 312(R), 143(C), 229(p)
dissentient / 383(S)
dissertate / 143(C)
dissertation / 28(a)
disservice / 88(t)
dissident / 383(S), 74(R), 376(R), 380(R), 28(a)
dissimilar / 549(S)
dissimilarity / 88(t)
dissimulate / 227(S), 76(R)
dissipate / 226, 276(p)
dissipated / 437(S)
dissociate / 29(a)
dissolute / 437(S), 24(R), 470(R), 29(a)
dissolve / 585, 314(R), 276(p)
dissonance / 29(a)
dissonant / 141(S), 276(p)
dissuade / 226, 76(R), 209(p)
distant / 609, 41(S), 276(p)
distaste / 88(t)
distasteful / 23(S)
distend / 343(S), 384(R), 508(R), 343(N), 88(t), 276(p)
distill / 88(t), 276(p)
distinct / 609, 265(S), 280(R), 304(R), 144(C)
distinction / 188(p)
distinctive / 144(C), 197(p)
distinguish / 586, 215(S), 304(R), 215(N), 188(p)

distinguished / 229(p)
distort / 226, 159(S), 474(R), 159(N), 188(p)
distorted / 276(p)
distract / 227, 486(R), 144(C), 188(p)
distraction / 188(p)
distrain / 139(S), 553(S), 472(R)
distress / 228, 229(S), 229(S), 539(S), 229(N)
distressing / 199(S)
distribute / 609, 55(S), 225(S), 78(R), 55(N), 197(p)
district / 609
distrust / 609, 276(p)
distrustful / 276(p)
disturb / 586, 381(S), 415(S), 415(N), 197(p)
disturbance / 123(S), 229(p)
disunite / 567(S)
disuse / 609
ditch / 131
dither / 561(S)
diuretic / 276(p)
diurnal / 131
diverge / 228, 202(S), 203(N), 277(p)
divergent / 85(S), 277(p)
divers / 228(S), 144(C)
diverse / 228, 228(S), 50(R), 144(C), 197(p)
diversify / 277(p)
diversion / 229(p)
diversionary / 277(p)
diversity / 197(p)
divert / 586, 365(S), 414(R), 365(N), 144(C), 277(p)
divest / 139(S), 553(S), 29(a)
divide / 586, 55(S), 567(S), 229(p)
dividend / 29(a)
divine / 149(S), 277(p)
division / 277(p)
divorce / 609, 277(p)
divulge / 228, 229(S), 438(R), 197(p)
dizzy / 144(C)
docile / 131, 57(S), 188(p)
dock / 277(p)
doctor / 586, 171(S), 229(p)
doctrine / 609, 161(S), 404(R), 277(p)
doddering / 277(p)
dodge / 263(S), 119(t)
doe / 277(p)
dogged / 377(S), 229(p)
doggedly / 277(p)
dogma / 161(S), 277(p)
dogmatic / 131, 277(p)
doing / 400(R)
doldrums / 277(p)
dole / 304(R), 55(N)
doleful / 609, 195(S), 136(R), 304(R), 195(N), 229(p)
dolorous / 142, 195(S), 277(p)
doltish / 383(S)
domain / 609, 306(R)
domestic / 609, 341(S), 209(p)
domesticate / 229(p)
domicile / 119(t)
dominant / 229(p)
dominate / 609, 209(p)
domineer / 422(R)
domineering / 391(S)
dominion / 422(R)
donate / 136(R), 229(p)
donor / 90(R)
doom / 143(C), 277(p)
doorknob / 277(p)
doorstep / 277(p)
dope / 277(p)
doppelganger / 277(p)
dopy / 277(p)
dormant / 142, 307(S), 188(p)
dorsal / 240(R)
dorsum / 240(R)
dose / 144(C), 277(p)
dote / 119(t), 277(p)
dote on / 365(S)
double-check / 277(p)
double-cross / 181(S)
double-digit / 277(p)
doubt / 277(p)
doubtful / 89(S)
doughty / 511(S), 119(t)
dour / 142, 23(S), 195(S), 209(p)
dovetail / 277(p)
dowdy / 142, 513(S)
downcast / 195(S), 277(p)
download / 277(p)
downpour / 609
downright / 403(S), 402(R)
downside / 277(p)
down-to-earth / 142, 563(S), 197(p)
downturn-proof / 277(p)
dowry / 277(p)
doze / 119(t), 144(C)
drab / 553(S), 277(p)
draconian / 301(S), 553(S), 119(t), 277(p)
draft / 586, 144(C), 229(p)
drag / 381(S), 433(S)
drain / 230(p)
dramatic / 144(C), 277(p)
drape / 235(S)
drastic / 142, 197(p)
drastically / 209(p)
draw / 586
draw (in) / 237(S)
drawback / 142, 230(p)
drawl / 144(C)
dread / 609, 371(S), 277(p)
dreadful / 63(S), 278(p)
dreary / 195(S)
dreg / 119(t)
dregs / 278(p)
drench / 325(S), 325(N), 278(p)
drenched / 609
dress / 609, 77(S), 278(p)
drift / 609, 561(S), 278(p)
drill / 609, 331(S), 278(p)
drink / 209(p)
drinkable / 278(p)
drip / 144(C)
drive / 278(p)
drizzle / 278(p)
droll / 261(S), 119(t)
drone / 119(t), 278(p)
drool / 278(p)
droop / 197(S)
drop / 144(C), 230(p)
drought / 359(S), 144(C), 278(p)
drowsy / 278(p)
drudgery / 142, 209(p)
dry / 586
dry spell / 359(S)
dual / 144(C)
dub / 142, 230(p)
dubious / 142, 89(S), 533(S), 456(R), 197(p)
dubitable / 89(S)
duck / 263(S), 325(S), 325(N), 278(p)
ductile / 142, 174(R)
due / 586, 230(p)
duel / 538, 144(C), 278(p)
duet / 86(t)
duke / 278(p)
dulcet / 278(p)
dull / 383(S), 553(S), 197(p)
dullness / 278(p)
duly / 390(R)
dumb / 609, 230(p)
dumbfound / 99(S)
dump / 547(S), 278(p)
dunce / 383(S)
dungeon / 278(p)
dunk / 325(S), 325(N)
duologue / 86(t)
dupe / 181(S)
duplicate / 538, 503(S), 486(R), 278(p)
duplicity / 209(p)
durable / 197(p)
duration / 501(S), 376(R)
duress / 278(p)
dusk / 175(S)
dutifully / 278(p)
dwarfish / 551(S)
dwell / 278(p)
dwell on / 261(S)
dweller / 278(p)
dwindle / 31(S), 437(S), 31(N), 144(C), 230(p)
dye / 144(C)
dynamic / 278(p)
dynasty / 278(p)
dyspeptic / 305(S)
dystopic, ian / 278(p)
dystrophy / 86(R), 140(C)
eager / 51(S)
earl / 278(p)
earmark / 142, 55(S), 230(p)
earnest / 278(p)
earthly / 563(S)
earthy / 143
ease / 65(S)
easily-deceived / 278(p)
eatable / 278(p)
eavesdrop / 143
eavesdropper / 278(p)
ebb / 175(S), 175(S), 485(S), 278(p)
ebullient / 31(a)
eccentric / 258, 259(S), 145(C), 197(p)
eccentricity / 278(p)
ecclesiastical / 31(a)
eclectic / 260(R), 31(a), 144(C), 209(p)
eclipse / 258, 401(S), 144(C), 230(p)
ecological / 230(p)
ecologist / 279(p)
ecology / 143, 279(p)
economic / 144(C), 209(p)

economical / 103(S), 144(C), 209(p)
economize / 103(S), 279(p)
ecosystem / 279(p)
ecstasy / 258, 230(p)
ecstatic / 139(C)
ecumenical / 391(S)
eczema / 90(t)
edgy / 561(S)
edible / 609, 376(R)
edict / 31(a), 144(C)
edifice / 514(R), 279(p)
edify / 143, 279(p)
edit / 609, 144(C)
editorial / 279(p)
educated / 265(S)
educe / 32(a)
eerie / 143, 63(S), 209(p)
efface / 260, 279(S), 279(N), 209(p)
effect / 586, 249(S), 138(C), 197(p)
effective / 230(p)
effects / 279(p)
effeminate / 523(S), 32(a)
effervescent / 32(a)
effete / 313(S), 32(a)
efficacy / 514(R), 90(t)
efficiency / 434(R), 279(p)
efficient / 210(p)
effigy / 260, 216(R)
effloresce / 90(t)
effluent / 32(a)
effluvium / 90(t)
efflux / 138(C)
effrontery / 52(R), 140(R), 32(a), 279(p)
effulgence / 279(p)
effulgent / 90(t)
effuse / 90(t)
egalitarian / 230(p)
egocentric / 120(t), 279(p)
egoism / 144(C)
egoistic / 279(p)
egotism / 144(C)
egregious / 303(S), 307(S), 146(R), 480(R), 32(a), 230(p)
egress / 90(t)
egression / 138(C)
ejaculate / 565(S), 32(a)
eject / 90(t)
elaborate / 260, 357(S), 112(R), 188(p)
elaborate on / 261(S)
elapse / 260, 112(R), 148(C)
elastic / 487(S), 197(p)
elasticity / 143, 230(p)
elate / 260, 210(R)
elated / 261(S)
elbow / 279(p)
elect / 609, 260(R), 422(R)
election / 279(p)
elective / 144(C)
electrocution / 279(p)
electrode / 279(p)
eleemosynary / 279(p)
elegant / 609, 114(R), 279(p)
elegiac / 143, 195(S)
elegy / 139(C)
element / 345(S), 345(N)
elemental / 144(C), 279(p)
elementary / 144(C)
elephantine / 433(S)
elevate / 609, 54(R), 460(R)
elevation / 197(p)
elicit / 260, 144(C), 230(p)
elide / 114(R)
eligible / 260, 114(R), 144(C), 188(p)
eliminate / 609, 469(S), 188(p)
elimination / 279(p)
elision / 90(t)
elite / 90(t), 279(p)
elitism / 279(p)
ellipsis / 258(R), 144(C)
elliptic / 258(R)
elliptical / 279(p)
elocution / 90(t)
elongate / 437(S), 378(R), 436(R), 437(N), 32(a)
elope / 275(S)
eloquence / 230(p)
eloquent / 609
elucidate / 262, 263(S), 210(p)
elude / 262, 263(S), 114(R), 216(R), 263(N), 139(C), 279(p)
elusive / 197(p)
emaciate / 523(S), 32(a), 144(C), 279(p)
emaciated / 395(S)
emanate / 265(S), 32(a), 144(C)
emancipate / 262, 35(S), 448(R), 144(C), 198(p)
emasculate / 523(S), 523(N), 33(a)
embank / 88(t)
embargo / 234, 351(S), 230(p)
embark / 234, 210(p)
embarrass / 609, 173(S), 415(S), 234(R), 210(p)
embassy / 279(p)
embed / 279(p)
embed, imbed / 29(a)
embellish / 234, 235(S), 235(N), 230(p)
embezzle / 234, 279(p)
embezzlement / 279(p)
embitter / 279(p)
emblazon / 235(S)
emblem / 234, 404(R), 279(p)
embodiment / 230(p)
embody / 236, 230(p)
embolden / 279(p)
emboss / 236, 279(p)
embrace / 609, 279(p)
embroider / 235(S), 524(R), 29(a), 144(C)
embroil / 217(S), 29(a), 144(C), 279(p)
embryo / 236
embryonic / 339(S), 230(p)
emend / 475(S), 33(a), 139(C)
emerge / 262, 325(R), 144(C), 210(p)
emergence / 279(p)
emergency / 329(S), 482(R)
emergency room / 279(p)
emergent / 279(p)
emigrate / 262
eminent / 264, 265(S), 326(R), 436(R), 144(C), 230(p)
emissary / 90(t), 280(p)
emission / 198(p)
emit / 264, 265(S), 424(R), 496(R), 514(R), 210(p)
emollient / 65(S), 33(a)
emolument / 184(R), 90(t)
emotion / 609
emotional / 280(p)
empathy / 123(S), 90(R), 29(a), 280(p)
emphasize / 609, 230(p)
emphatic / 438(R)
emphatically / 230(p)
empire / 280(p)
empirical / 29(a), 210(p)
employ / 586, 210(p)
empower / 236, 394(R), 230(p)
empyreal / 563(S)
emulate / 143, 503(S), 188(p)
en route / 120(t), 280(p)
enable / 609, 212(R)
enact / 236, 170(R), 446(R), 210(p)
enamor / 237(S), 88(t)
encamp / 88(t)
encapsulate / 88(t)
encase / 88(t)
enchant / 236, 237(S), 338(R), 237(N)
encircle / 238, 239(S), 280(p)
enclave / 95(t)
enclose / 609, 239(S)
enclosure / 280(p)
encomium / 91(S), 281(S), 95(t)
encompass / 238, 239(S), 496(R), 210(p)
encounter / 238, 170(R), 198(p)
encourage / 280(p)
encouraging / 230(p)
encroach / 238, 239(S), 239(N), 210(p)
encroachment / 230(p)
encumber / 238, 381(S), 338(R), 486(R), 280(p)
encumbrance / 381(S), 280(p)
encyclopedia / 240
encyclopedic / 265(S)
end / 609, 153(S)
endanger / 240, 210(p)
endangered / 63(S), 210(p)
endear / 240
endeavor / 609
endemic / 240, 341(S), 341(N), 210(p)
endless / 289(S)
endorse / 471(S), 188(p)
endorse, indorse / 240
endow / 587, 280(p)
endowment / 280(p)
endue / 30(a), 145(C)
endurance / 376(R)
endure / 609, 145(C), 280(p)
enduring / 280(p)
enemy / 609, 383(S), 383(N)
energize / 247(S), 459(S), 280(p)
enervate / 264, 523(S), 523(N), 210(p)
enfeeble / 523(S), 523(N), 30(a)
enforce / 609, 377(S), 458(R), 230(p)
enfranchise / 88(t)
engage / 587
engaging / 201(S), 280(p)
engender / 240, 344(R), 369(R), 230(p)
engraft / 88(t)
engrave / 240, 241(S)
engross / 241, 230(p)
enhance / 241, 173(S), 189(S), 188(p)
enigma / 154, 188(p)
enigmatic / 210(p)

enjoin / 246, 351(S), 351(N)
enjoy / 587
enkindle / 280(p)
enlarge / 609, 343(S), 280(p)
enlarge on / 261(S)
enlighten / 609, 331(S), 230(p)
enlist / 246
enliven / 246, 247(S), 402(R), 280(p)
enmesh / 217(S), 230(p)
enmity / 286, 91(S), 281(S), 91(N), 139(C)
ennoble / 246
ennui / 154, 553(S), 280(p)
enormity / 145(C)
enormous / 609, 433(S), 145(C), 210(p)
enrage / 246, 339(S), 339(N)
enrapture / 88(t), 231(p)
enrich / 609
enroll / 246, 280(p)
ensconce / 30(a), 280(p)
ensemble / 246, 77(S)
enshrine / 89(t)
ensign / 247, 148(R)
enslave / 247, 237(S)
ensnare / 217(S), 89(t)
ensnarl / 217(S), 89(t)
ensue / 248, 249(S), 249(N), 210(p)
ensuing / 231(p)
ensure / 248, 485(S), 145(C), 210(p)
entail / 248, 472(R), 231(p)
entangle / 217(S), 248, 152(R), 314(R)
enter / 587
enterprise / 609, 280(p)
enterprising / 470(R)
entertain / 364, 123(S), 365(S), 365(S), 365(N)
entertaining / 231(p)
entertainment / 280(p)
enthrall / 248, 237(S), 280(p)
enthralling / 280(p)
enthrone / 248
enthusiasm / 610, 210(p)
enthusiastic / 51(S), 231(p)
entice / 250, 481(S), 481(N), 198(p)
enticement / 280(p)
entire / 610, 153(S)
entitle / 250, 231(p)
entity / 120(t), 280(p)
entomology / 145(C)
entourage / 565(S), 89(t)
entrance / 237(S), 89(t)
entrap / 217(S), 30(a)
entreat / 250, 251(S), 251(N)
entrench / 250, 474(R)
entrenched / 251(S)
entrepreneur / 45(a), 231(p)
entrepreneurial / 280(p)
entropy / 89(t)
entrust / 149(S), 250, 149(N)
enumerate / 264, 280(p)
enunciate / 90(t), 280(p)
envelop / 610, 239(S)
envelope / 280(p)
environ / 239(S)
environment / 610
envisage / 444(R), 30(a), 280(p)
envision / 30(a)
envoy / 250, 162(R)
envy / 610, 280(p)
enzyme / 89(t)
eon / 501(S), 253(N)
ephemeral / 252, 253(S), 188(p)
ephemeris / 252(R)
epicenter / 30(a)
epicure / 203(S)
epidemic / 252, 341(S), 423(S), 145(C), 210(p)
epidermal, -mic / 30(a)
epidermic / 145(C)
epigone / 30(a)
epigram / 252, 253(S), 145(C)
epigraph / 241(S), 30(a), 145(C)
epilepsy / 31(a)
epilogue / 252
epiphany / 89(t), 281(p)
episcopal / 89(t)
episode / 610
epistemology / 89(t)
epistle / 89(t)
epitaph / 241(S), 31(a)
epithet / 89(t)
epitome / 252, 33(S), 231(p)
epitomize / 33(S), 210(p)
epoch / 252, 501(S), 253(N)
eponym / 89(t)
equable / 120(t), 145(C)
equal / 117(S)
equalitarian / 145(C)
equality / 145(C), 281(p)
equanimity / 154, 145(C), 231(p)
equate / 231(p)
equation / 145(C), 281(p)
equator / 281(p)
equestrian / 145(C)
equilibrate / 182(R)
equilibrium / 182(R), 198(p)
equipment / 610
equitable / 509(S), 145(C), 210(p)
equity / 154, 145(C), 281(p)
equivalent / 610, 117(S), 266(R), 312(R), 198(p)
equivocal / 154, 533(S), 312(R), 533(N), 198(p)
equivocate / 533(S), 281(p)
era / 501(S), 253(N)
eradiate / 281(p)
eradicate / 264, 63(S), 188(p)
erase / 610, 279(S), 279(N), 151(C), 210(p)
erect / 610, 510(R)
erode / 264, 22(R), 210(p)
erosion / 281(p)
erotic / 145(C)
err / 281(p)
errant / 145(C)
erratic / 67(S), 85(S), 20(R), 145(C), 281(p)
erroneous / 20(R), 120(t), 281(p)
error / 369(S)
erudite / 264, 265(S), 188(p)
erupt / 266, 22(R), 225(R), 281(p)
escalate / 281(p)
escapade / 90(t)
escape / 610, 263(S), 263(N)
escapee / 275(S)
eschew / 154, 263(S), 263(N), 188(p)
escort / 266, 163(S), 163(N)
esoteric / 383(S), 489(S), 145(C), 281(p)
espouse / 51(S)
espy / 97(S), 97(N)
essay / 610
essential / 610, 281(p)
establish / 281(p)
established / 251(S), 231(p)
establishment / 281(p)
estate / 587, 291(S), 515(R), 281(p)
esteem / 610, 153(S), 175(S), 522(R), 210(p)
esthetic / 139(C)
esthetic(=aesthetic) / 281(p)
esthetician / 281(p)
estimable / 522(R)
estimate / 610, 267(S), 267(N), 198(p)
estrange / 33(a), 231(p)
estray / 139(C)
etch / 241(S)
eternal / 610, 289(S), 210(p)
ethereal / 563(S), 120(t), 231(p)
ethical / 145(C)
ethnic / 154, 145(C), 281(p)
ethnocentrism / 120(t), 281(p)
ethos / 154, 281(p)
etiquette / 439(S)
etymologist / 154
etymology / 145(C)
eugenics / 180(R), 31(a)
eulogize / 281(S)
eulogy / 546, 91(S), 281(S), 281(p)
euphemism / 203(S), 31(a), 231(p)
euphony / 89(t)
euphoria / 546, 281(p)
euthanasia / 546, 210(p)
euthenics / 281(p)
eutrophy / 86(R), 89(t), 140(C)
evacuate / 266, 188(p)
evade / 266, 263(S), 533(S), 414(R), 263(N), 231(p)
evaluate / 266, 267(S), 316(R), 267(N)
evaluation / 281(p)
evanescent / 33(a), 281(p)
evangelist / 89(t)
evaporate / 266, 198(p)
evasion / 231(p)
eve / 510(R)
even / 587, 509(S)
evenhanded / 509(S)
evening / 510(R)
event / 587
even-tempered / 281(p)
eventually / 210(p)
eventuate / 281(p)
everlasting / 289(S)
everyday / 122(S), 281(p)
evict / 160(R), 33(a), 281(p)
evidence / 198(p)
evident / 610
evil omen / 281(p)
evince / 160(R), 316(R), 33(a), 281(p)
eviscerate / 90(t)
evocation / 140(C)
evoke / 272, 50(R), 162(R)
evolution / 210(p)
evolve / 272, 198(p)
exacerbate / 189(S), 339(S), 33(a), 188(p)

exact / 588, 377(S), 533(S)
exacting / 305(S), 145(C)
exactly / 145(C)
exaggerate / 610, 231(p)
exaggerated / 231(p)
exaggeration / 281(p)
exalt / 272, 187(S), 281(S), 145(C), 281(p)
examination / 355(S), 355(N)
examine / 610, 355(S), 281(p)
example / 610, 503(S)
exasperate / 272, 339(S), 339(N), 231(p)
excavate / 272
excavation / 273(S), 273(N)
exceed / 610, 401(S), 401(N), 198(p)
excel / 610, 401(S), 401(N)
except / 588
exceptional / 85(S), 85(N), 231(p)
excerpt / 274, 33(S)
excess / 420(R), 138(C), 281(p)
excessive / 210(p)
exchange / 610, 449(S), 231(p)
excise / 33(a)
excite / 610, 338(R), 145(C)
exclaim / 610, 565(S), 32(R)
exclude / 588, 420(R), 480(R), 282(p)
exclusion / 198(p)
exclusive / 198(p)
exclusive right / 553(S)
exclusively / 282(p)
excommunicate / 277(S)
excoriate / 187(S), 33(a)
excrescence / 282(p)
excrete / 214(R), 304(R), 90(t), 145(C)
excruciate / 469(S), 91(t)
excruciation / 229(S)
exculpate / 25(S), 25(N), 34(a)
excursion / 610
excusable / 282(p)
excuse / 588, 25(S), 25(N)
execrable / 23(S)
execrate / 21(S), 148(R), 34(a), 145(C)
execration / 91(S)
execute / 588, 223(S), 223(N), 145(C)
exegesis / 91(t)
exemplary / 231(p)
exemplify / 274(R)
exempt / 274
exemption / 282(p)
exercise / 588
exert / 610, 231(p)
exertion / 282(p)
exfoliate / 91(t)
exhale / 274, 265(S), 344(R)
exhaust / 588, 210(p)
exhausted / 231(p)
exhaustible / 282(p)
exhaustive / 189(p)
exhibit / 610, 350(R)
exhilarate / 34(a), 282(p)
exhilarated / 261(S)
exhilarating / 231(p)
exhort / 274, 43(S), 275(S), 275(N), 145(C), 231(p)
exhortation / 282(p)
exhume / 91(t), 231(p)
exigent / 329(S), 34(a), 145(C)
exiguous / 315(S), 91(t), 145(C)
exile / 274, 277(S)
exile oneself / 275(S)
exist / 610
existing / 282(p)
exit / 610
exodus / 91(t)
exonerate / 274, 25(S), 25(N), 198(p)
exorbitant / 276, 317(S), 198(p)
exorcise / 91(t)
exordium / 425(S), 425(N), 91(t)
exoteric / 145(C)
exotic / 276, 341(S)
expand / 588, 343(S), 343(N), 282(p)
expansive / 145(C)
expatiate / 34(a), 145(C)
expatiate on / 261(S)
expatriate / 277(S), 34(a), 145(C), 231(p)
expect / 588
expectancy / 282(p)
expectation / 231(p)
expedient / 276, 328(R)
expedite / 276, 222(R), 328(R), 282(p)
expedition / 282(p)
expeditiously / 211(p)
expel / 276, 277(S), 222(R), 328(R)
expend / 276
expenditure / 124(R), 449(R)
expensive / 145(C)
experience / 610, 231(p)
experiment / 610, 198(p)
expert / 610
expertise / 282(p)
expiable / 282(p)
expiate / 125(S), 91(t), 145(C)
expiration / 282(p)
expire / 277, 299(S), 74(R), 150(R)
explain / 610, 263(S)
expletive / 91(t)
explicable / 282(p)
explicate / 263(S), 34(R), 126(R), 278(R)
explicit / 278, 198(p)
explode / 610, 231(p)
exploit / 278, 198(p)
explore / 610, 186(R), 330(R)
explosion / 231(p)
explosive / 282(p)
exponent / 213(S), 91(t), 282(p)
expose / 588, 229(S), 278(R), 422(R), 211(p)
exposed / 489(S)
expostulate / 43(S), 34(a)
expostulate with / 447(S)
expostulation / 150(C)
exposure / 64(R), 198(p)
expound / 278, 231(p)
expound (on) / 261(S)
express / 588, 468(R)
expressive / 198(p)
expropriate / 139(S), 553(S), 66(R), 298(R), 438(R), 34(a), 139(C)
expunge / 278, 279(S), 279(N)
expurgate / 279(S), 91(t), 282(p)
exquisite / 610, 231(p)
extant / 485(R), 34(a)
extemporaneous / 293(S), 293(N), 282(p)
extempore / 293(N), 282(p)
extemporize / 278, 282(p)
extend / 589, 437(S), 356(R), 508(R), 437(N), 145(C), 282(p)
extended / 282(p)
extension / 91(t)
extensive / 391(S), 145(C), 189(p)
extent / 145(C)
extenuate / 34(a), 140(C)
exterminate / 278, 63(S), 421(R), 211(p)
extermination / 282(p)
exterminator / 282(p)
external / 610, 282(p)
extinct / 280, 63(S), 299(S), 299(N), 231(p)
extinction / 189(p)
extinguish / 610
extirpate / 63(S), 35(a), 282(p)
extol / 280, 187(S), 281(S), 447(S), 282(p)
extort / 280, 377(S), 226(R), 145(C), 198(p)
extortion / 282(p)
extra / 589
extract / 589, 211(p)
extradite / 277(S), 91(t)
extramarital / 91(t)
extramural / 91(t)
extraneous / 546, 189(p)
extraordinary / 610, 85(S), 282(p)
extrapolate / 497(S), 91(t), 231(p)
extrasensory / 92(t)
extraterrestrial / 145(C)
extraterritorial / 145(C)
extravagant / 546, 385(S), 231(p)
extreme / 589
extremely / 282(p)
extricate / 280, 217(S), 455(S), 356(R), 358(R), 198(p)
extrinsic / 35(a)
extrovert / 92(t), 211(p)
extrude / 280, 24(R), 358(R)
exuberant / 280
exude / 265(S), 35(a), 232(p)
exult / 280, 365(S), 74(R), 198(R), 145(C), 283(p)
exultant / 261(S)
eye-catching / 201(S)
fable / 610, 50(R), 283(p)
fabricate / 154, 211(p)
fabrication / 232(p)
facade / 283(p)
face / 610, 127(S), 127(N), 283(p)
faceless / 283(p)
facet / 120(t), 283(p)
facetious / 154, 261(S), 283(p)
facial / 232(p)
facile / 496(R)
facilitate / 154, 198(p)
facility / 102(R), 232(p)
faction / 155, 567(S), 283(p)
factionalism / 283(p)
factious / 145(C)
factitious / 155, 145(C)
factor / 610, 345(S), 345(N)
factual / 145(C)
faculty / 610, 102(R)
fade / 197(S), 283(p)
fail / 610
faint / 589, 313(S), 145(C)

fainthearted / 371(S)
fair / 610, 509(S), 145(C), 232(p)
fairly / 511(R)
fair-minded / 283(p)
fairy tale / 283(p)
fake / 171(S), 171(S), 503(S), 120(t), 283(p)
fakery / 283(p)
fall back on / 211(p)
fallacious / 155, 306(R), 198(p)
fallacy / 96(R), 306(R), 232(p)
fallible / 283(p)
falling-out / 283(p)
fallout / 155, 249(S), 232(p)
fallow / 120(t), 283(p)
false / 353(S)
falter / 561(S), 120(t), 232(p)
familiar / 283(p)
familiarize / 512(R)
family / 512(R)
famine / 78(R), 145(C), 283(p)
famish / 78
famous / 306(R)
fan / 434(R)
fanatic / 51(S), 213(S), 434(R)
fanaticism / 155
fancy / 155
fantasy / 183(S), 232(p)
fare / 145(C)
far-fetched / 155, 303(S), 232(p)
farrago / 283(p)
far-reaching / 391(S)
far-sighted / 283(p)
fart / 283(p)
fascinate / 237(S), 237(N), 211(p)
fascinating / 611
fashion / 589, 283(p)
fashionable / 405(S)
fashion-conscious / 283(p)
fastidious / 155, 305(S), 211(p)
fasting / 283(p)
fat / 283(p)
fatal / 413(S), 211(p)
fatalism / 283(p)
fatalities / 283(p)
fateful / 283(p)
fathom / 129(S)
fatigue / 611, 307(S), 211(p)
fatuous / 164, 383(S), 145(C), 211(p)
faucal / 486(R)
faucet / 283(p)
fault / 283(p)
faultless / 283(p)
faulty / 232(p)
fauna / 283(p)
faux pas / 369(S)
favor / 589, 512(R), 283(p)
favorable / 445(S), 283(p)
favorite / 512(R), 283(p)
favoritism / 423(S)
fawn / 345(S)
fawning / 232(p)
fealty / 164
fear / 371(S)
fearless / 511(S), 232(p)
feasible / 164, 496(R), 189(p)
feast / 611
feat / 120(t)
feature / 590, 79(S), 79(N), 145(C), 211(p)
fecal / 283(p)
fecklessness / 283(p)
fecund / 164
federalist / 283(p)
federation / 284(p)
fee / 611
feeble / 611, 313(S), 313(N), 198(p)
feed / 284(p)
feign / 164, 503(S), 232(p)
feint / 145(C)
felicitous / 164, 384(S), 232(p)
felicity / 211(p)
feline / 145(C)
felon / 161(S)
felony / 232(p)
feminine / 145(C)
feminist / 284(p)
fend / 120(t)
feral / 284(p)
ferment / 120(t)
ferocious / 164, 198(p)
ferret out / 284(p)
ferry / 284(p)
fertile / 198(p)
fertility / 284(p)
fertilizer / 284(p)
fervent / 164, 51(S), 284(p)
fervently / 232(p)
fervid / 51(S), 120(t)
fester / 229(S), 145(C)
festoon / 235(S)
fetch / 284(p)
fetid / 457(S), 120(t)
fetish / 120(t)
fetter / 120(t)
fetus / 284(p)
feud / 284(p)
feudal / 284(p)
fiance / 50(R), 208(R)
fiasco / 164, 369(S), 211(p)
fiat / 120(t), 284(p)
fiber / 284(p)
fickle / 164, 67(S), 145(C), 232(p)
fictionalize / 284(p)
fictitious / 164, 145(C), 198(p)
fiddle / 433(S)
fidelity / 164, 136(R), 208(R)
fidgety / 561(S)
fiduciary / 284(p)
field / 611
fiendish / 307(S)
fierce / 284(p)
fiery / 51(S), 305(S)
fight / 169(S)
figment / 145(C)
figurative / 260(R)
figure / 590, 260(R), 145(C), 232(p)
figurehead / 120(t)
figures / 284(p)
filament / 434(R)
filch / 284(p)
file / 150(C)
filial / 50(R)
filicide / 50(R)
fillet / 434(R)
filter / 355(S)
filthy / 164, 513(S), 180(R), 198(p)
finagle / 181(S)
finagler / 284(p)
finalize / 284(p)
finance / 213(S)
financial / 284(p)
financier / 284(p)
finding / 284(p)
fine / 611, 456(R)
finesse / 165, 456(R), 284(p)
finicky / 305(S), 120(t)
finish / 153(S)
finite / 165, 284(p)
fire / 611, 189(S)
firsthand / 611
first-year / 284(p)
fiscal / 165, 138(R), 198(p)
fishy / 89(S)
fissure / 367(S)
fit / 590, 211(p)
fitting / 384(S)
fix / 590, 539(S)
flabbergast / 89(S), 89(N), 232(p)
flabby / 307(S)
flaccid / 307(S), 121(t), 145(C)
flag / 284(p)
flagging / 307(S)
flagrant / 165, 307(S), 145(C), 232(p)
flail / 146(C)
flair / 433(S), 433(N), 146(C)
flake / 121(t)
flamboyant / 165, 385(S), 232(p)
flank / 121(t), 146(C)
flare / 146(C), 232(p)
flare (up) / 305(S)
flash / 146(C)
flashback / 461(S)
flashy / 317(S)
flat / 590, 315(S), 377(S), 553(S), 284(p)
flat broke / 291(S)
flatter / 345(S), 447(S), 146(C), 232(p)
flattering / 284(p)
flaunt / 165, 385(S), 146(C), 284(p)
flavor / 611
flavorous / 315(S)
flaw / 121(t), 146(C), 232(p)
flawless / 153(S), 284(p)
flawlessly / 284(p)
flay / 146(C)
flea / 146(C)
fledgling / 165, 289(S), 289(S), 199(p)
flee / 611, 275(S), 146(C)
fleeting / 176, 253(S), 284(p)
fleetingly / 285(p)
flesh / 146(C)
fleshly / 563(S)
fleshy / 395(S)
flexible / 176, 139(S), 487(S), 285(p)
flexuous / 357(S)
flicker / 561(S)
flight / 146(C), 285(p)

flimsy / 176, 313(S), 285(p)
flinch / 449(S), 285(p)
fling / 285(p)
flip / 285(p)
flippant / 176, 293(S), 199(p)
float / 611, 285(p)
flock / 147(S), 285(p)
flog / 146(C)
flood / 359(S), 359(N)
flop / 146(C)
floral / 285(p)
florescent / 146(C)
floriculture / 285(p)
florid / 121(t)
florist / 285(p)
flounder / 146(C)
flourish / 189(p)
flourishing / 285(p)
flout / 176, 153(S), 146(C), 232(p)
flow / 146(C)
flowing / 285(p)
flu / 285(p)
fluctuate / 561(S), 52(R), 189(p)
fluctuation / 176, 146(C), 285(p)
fluency / 285(p)
fluent / 52(R)
fluid / 285(p)
flummox / 285(p)
flunk / 146(C)
fluorescent / 333(S), 121(t), 146(C)
flush / 121(t), 146(C), 285(p)
fluster / 415(S), 121(t)
flutter / 561(S), 146(C)
flux / 121(t)
fly the coop / 285(p)
foam / 305(S)
foe / 383(S), 383(N)
foible / 176
foil / 415(S), 211(p)
foist / 121(t)
foliage / 176, 146(C)
folklore / 285(p)
follow / 239(S), 249(S), 249(N)
follower / 213(S), 213(N)
followership / 565(S)
following / 285(p)
follow-up / 285(p)
folly / 285(p)
foment / 176, 354(S), 285(p)
fool / 181(S), 383(S)
foolhardy / 293(S), 121(t)
foolish / 285(p)
foolproof / 176, 285(p)
forage / 176, 189(S), 146(C), 285(p)
forbear / 146(C)
forbearance / 285(p)
forbid / 351(S), 351(N), 285(p)
forbidden / 232(p)
force / 377(S), 377(N)
forceful / 377(S), 146(C)
forcible / 146(C)
forebear / 146(C)
foreboding / 548, 425(S), 232(p)
forecast / 611
forefather / 611, 285(p)
forefinger / 611
forefront / 52(R), 35(a)
forego / 146(C)
foregoing / 400(R), 35(a)
foreground / 92(t)
forehead / 611
foreman / 92(t)
foremost / 611, 315(S), 405(S)
forenoon / 611
foreordain / 35(a)
forerunner / 548, 425(S), 402(R)
foresee / 611, 285(p)
foreshadow / 92(t)
foresight / 548, 285(p)
forestall / 548, 354(R), 285(p)
foretell / 548
forewarn / 92(t)
foreword / 425(S), 425(N), 35(a)
forfeit / 546, 139(S), 553(S), 170(R), 285(p)
forge / 176, 171(S), 189(p)
forged / 171(S)
forget / 611, 461(S), 96(R)
forgetful / 96(R)
forgetfulness / 461(S), 285(p)
forgive / 611, 25(S), 370(R), 25(N), 285(p)
forgo / 546, 547(S), 400(R), 547(N), 146(C), 211(p)
forlorn / 547, 195(S), 199(N), 232(p)
form / 285(p)
formal / 211(p)
formality / 286(p)
formally / 146(C)
formerly / 611, 146(C), 211(p)
formidable / 176, 189(p)
formula / 177, 211(p)
forsake / 547, 547(S), 547(N)
forswear / 547, 547(S)
fort / 307(S)
forte / 177
forthright / 177, 403(S)
forthwith / 286(p)
fortifications / 307(S)
fortify / 177, 459(S), 211(p)
fortitude / 177, 511(S), 199(p)
fortnightly / 286(p)
fortress / 307(S)
fortuitous / 177, 146(C), 189(p)
fortunate / 146(C)
fortune / 611, 291(S)
forward / 315(S), 146(C)
foster / 177, 211(p)
foul / 180(S), 513(S), 180(R), 146(C)
foul-up / 286(p)
found / 590
foundation / 232(p)
founder / 590, 325(S), 146(C)
fowl / 121(t), 146(C)
foxhole / 286(p)
foxy / 353(S)
fracas / 169(S), 121(t), 286(p)
fraction / 146(C)
fractious / 190, 305(S), 286(p)
fracture / 327(S), 342(R), 146(C)
fragile / 611, 313(S), 342(R), 313(N), 189(p)
fragment / 190, 286(p)
fragmentary / 286(p)
fragmentation / 232(p)
fragrant / 457(S), 145(C), 286(p)
frail / 190, 313(S), 313(N), 146(C), 232(p)
franchise / 121(t)
frangible / 313(S)
frank / 403(S), 211(p)
frantic / 51(S), 276(R), 121(t), 286(p)
fraternal / 190
fratricide / 121(t), 232(p)
fraud / 190, 181(S), 181(S), 199(p)
fraudulent / 353(S), 180(R), 286(p)
fraudulently / 286(p)
fraught / 190
fraught (with) / 286(p)
fray / 190, 169(S), 146(C)
frazzle / 286(p)
freak / 121(t)
freaked / 305(S), 286(p)
free / 590, 35(S), 286(p)
free fight / 169(S)
free from / 286(p)
free of charge / 127(S)
free-for all / 169(S)
freeze / 146(C)
Freeze! / 286(p)
freezing / 487(S)
freight / 146(C)
frenetic / 51(S)
frenzied / 190, 51(S), 286(p)
frenzy / 286(p)
frequent / 611, 286(p)
fresh water / 286(p)
freshet / 359(S), 359(N)
fret / 190
fret (over) / 211(p)
fretful / 305(S), 286(p)
friction / 190, 146(C)
friendly / 199(p)
friendship / 286(p)
frieze / 146(C)
fright / 371(S), 146(C)
frighten / 99(S), 286(p)
frightened / 286(p)
frigid / 190, 487(S), 232(p)
frill / 235(S), 121(t)
fringe / 286(p)
fringe benefit / 553(S)
frisk / 189(S)
frivolity / 286(p)
frivolous / 293(S), 121(t), 199(p)
frolic / 286(p)
frolicsome / 190
frontier / 405(S)
frost / 611
frosted / 501(S)
frosty / 487(S)
froward / 121(t), 146(C)
frown / 286(p)
frugal / 191, 103(S), 286(p)
frugality / 233(p)
fruitfully / 286(p)
fruition / 249(S), 286(p)
fruitless / 23(N)
fruitlessly / 611
frustrate / 191, 415(S)

frustrated / 233(p)
frustration / 233(p)
fudge / 286(p)
fugacious / 287(p)
fugitive / 275(S), 121(t), 287(p)
fulfill / 287(p)
full / 287(p)
full-fledged / 289(S)
fulminate / 447(S), 121(t), 287(p)
fulsome / 191, 23(S)
fumble / 287(p)
fumble for / 189(S)
fumbling / 369(S)
fume / 305(S)
fuming / 305(S)
function / 180(R), 146(C), 211(p)
functionary / 180(R), 410(R), 121(t)
fundamental / 211(p)
funereal / 191, 195(S)
fungus / 287(p)
funny / 261(S)
furious / 611, 305(S), 342(R), 199(p)
furnish / 287(p)
furor / 122(t)
furore / 122(t)
furrow / 191
furthermore / 287(p)
furtive / 191, 489(S), 199(p)
fury / 305(S), 342(R), 287(p)
fuse / 151(S)
fusion / 122(t)
fuss / 287(p)
fussy / 191, 305(S), 146(C), 233(p)
futile / 611, 23(N), 189(p)
futility / 287(p)
futurity / 287(p)
fuzzy / 146(C)
gabby / 472(S)
gadget / 331(S), 233(p)
gaffe / 369(S), 233(p)
gain / 553(S)
gainsay / 191, 51(S), 457(S), 287(p)
gale / 287(p)
gall / 339(S)
gallant / 611, 385(S), 511(S), 287(p)
gallantry / 511(S)
gallery / 287(p)
galling / 287(p)
gallivant / 287(p)
gallop / 287(p)
galore / 435(S)
galvanization / 287(p)
galvanize / 247(S), 199(p)
galvanize,-ise / 204
gamble / 146(C)
gambol / 146(C)
game / 287(p)
gamut / 204
gangling / 395(S)
gape / 204, 97(S), 97(N)
garb / 77(S)
garbage / 233(p)
garble / 122(t)
gargantuan / 433(S)
garish / 317(S), 146(C)
garment / 77(S), 287(p)
garner / 204, 125(S), 233(p)
garnish / 235(S), 235(N), 146(C)
garrulous / 204, 472(S), 287(p)
gasp / 146(C)
gastronome(r) / 287(p)
gastronomy / 122(t), 287(p)
gateway / 611, 287(p)
gather / 611, 125(S), 147(S), 497(S), 147(N), 233(p)
gathering / 147(S)
gauche / 369(S)
gaudy / 317(S), 287(p)
gauge / 267(S), 331(S), 287(p)
gaunt / 395(S)
gay / 261(S)
gaze / 97(S), 97(N)
gear / 77(S)
gelatinous / 122(t), 233(p)
gelid / 487(S), 122(t)
gem / 233(p)
gender / 122(t)
gender roles / 287(p)
gene / 233(p)
genealogy / 287(p)
general / 287(p)
general specialist / 287(p)
generalize / 204
generate / 344(R), 369(R), 287(p)
generation / 501(S), 253(N)
generic / 204, 391(S), 233(p)
generosity / 233(p)
generous / 611, 103(S), 341(S), 423(R), 189(p)
genesis / 425(S), 140(R)
genetic / 204, 141(S)
genetic engineering / 233(p)
genetically / 233(p)
geneticist / 287(p)
genetics / 233(p)
genial / 204, 103(S), 140(R), 342(R), 233(p)
genius / 140(R), 146(C)
genocide / 211(p)
genre / 122(t)
genteel / 204, 146(C)
gentile / 146(C)
gentle / 146(C)
genuine / 611, 171(S), 423(R), 146(C), 189(p)
genus / 140(R)
geographic / 287(p)
geography / 287(p)
geology / 287(p)
german / 146(C)
germane / 204, 384(S), 146(C), 287(p)
germinal / 339(S)
germinate / 204, 333(S), 287(p)
gest / 146(C)
gestation / 122(t)
gesticulate / 288(p)
gesticulation / 205
gesture / 288(p)
get better / 189(S)
ghastly / 205, 63(S), 88(R), 146(C), 288(p)
ghost / 63(S), 88(R)
ghostly / 146(C)
gibberish / 288(p)
gibe at / 197(S)
gibe/jibe / 122(t)
giddy / 288(p)
gift / 611, 370(R)
gifted / 563(S)
gigantic / 433(S), 233(p)
giggle / 261(S), 288(p)
gild / 235(S)
gimmick / 181(S)
gingerly / 205, 445(S), 233(p)
girth / 288(p)
gist / 205, 33(S), 146(C)
give / 288(p)
give off / 288(p)
giveaway / 288(p)
given / 233(p)
gizmos / 288(p)
glacier / 288(p)
gladden / 339(S), 365(S)
glamorize / 611
glamorous / 288(p)
glance / 97(S), 288(p)
gland / 288(p)
glandular / 288(p)
glare / 97(S)
glaringly / 288(p)
glaze / 122(t)
glean / 125(S), 122(t), 288(p)
gleeful / 261(S)
gleefully / 288(p)
glib / 205
glimmer / 288(p)
glimpse / 97(S), 233(p)
glittering / 333(S)
gloat / 205, 365(S)
glob / 288(p)
global / 140(R)
globalism / 140(R)
gloom / 288(p)
gloomy / 611, 195(S), 195(N), 743(N), 211(p)
glorify / 187(S), 281(S), 233(p)
gloss / 146(C)
glossy / 205
glowing / 51(S)
glue / 288(p)
glum / 288(p)
glut / 203(S), 122(t)
glutinous / 122(t)
glutton / 203(S)
gluttonous / 205, 515(S), 199(p)
gluttony / 288(p)
gnaw / 203(S), 288(p)
gnomic / 288(p)
gnostic / 84(R)
goad / 218, 275(S), 354(S)
gobble / 203(S)
go-between / 73(S)
goblin / 63(S)
golem / 288(p)
good / 553(S)
goods / 288(p)
goof-up / 288(p)
gorge / 218, 203(S)
gorge (on) / 288(p)
gorgeous / 218, 385(S), 288(p)
gormand / 203(S)

gormandize / 203(S)
gory / 122(t)
gospel / 161(S)
gossamer / 218, 288(p)
gourmet / 203(S), 122(t), 288(p)
govern / 288(p)
grace / 289(p)
gradation / 180(R)
grade / 611
gradient / 524(R)
gradual / 524(R), 199(p)
graduate / 233(p)
grain / 344(R)
grammar / 289(p)
granary / 344(R)
grandeur / 218
grandiloquent / 218, 565(S)
grandiose / 218
grant / 611
graphic / 218
graphically / 289(p)
grapple (with) / 233(p)
grasp / 611, 129(S), 146(C), 233(p)
grasping / 515(S)
grass roots / 611
grassland / 289(p)
grateful / 146(C)
gratification / 365(S), 289(p)
gratified / 233(p)
gratify / 218, 365(S), 211(p)
gratifying / 146(C)
grating / 289(p)
gratis / 127(S), 344(R), 122(t)
gratitude / 233(p)
gratuitous / 218, 127(S), 146(C), 233(p)
grave / 590, 289(p)
gravitate / 122(t)
gravity / 54(R), 233(p)
gray / 289(p)
grazing / 289(p)
greatly / 289(p)
greed / 515(S), 289(p)
greedy / 515(S), 211(p)
green / 611, 289(S), 233(p)
green light / 289(p)
greenhorn / 289(S)
greet / 611, 289(p)
gregarious / 218, 146(R), 480(R), 189(p)
gridlock / 539(S)
grief / 52(R)
grievance / 611, 365(S), 52(R), 54(R), 233(p)
grieve / 195(S)
grill / 611
grim / 553(S), 147(C), 289(p)
grimly / 289(p)
grimy / 513(S), 147(C)
grin / 261(S)
grinder / 611, 75(S)
grisly / 218, 63(S), 147(C)
grit / 289(p)
gritty / 511(S)
grizzly / 147(C)
grocer / 241(R)
grocery / 241(R)
groove / 240(R)
grope for / 189(S)
gross / 23(S), 395(S), 146(C)
grossly / 289(p)
grotesque / 63(S), 289(p)
grouchy / 219, 305(S), 289(p)
ground / 590, 331(S), 233(p)
grounds / 289(p)
groundwater / 289(p)
grouse / 289(p)
grovel / 345(S)
grow / 289(p)
grown / 289(p)
grown-up / 611
grudge / 219, 91(S), 281(S), 233(p)
grudging / 147(C)
grudgingly / 289(p)
grueling / 219, 553(S), 147(C), 211(p)
gruesome / 219, 63(S), 289(p)
gruff / 219, 23(S)
grumble / 289(p)
grumbling / 365(S)
guard / 224(R)
guess / 497(S), 497(N)
guffaw / 122(t)
guide / 233(p)
guideline / 289(p)
guile / 219, 181(S), 353(S), 233(p)
guileful / 353(S), 96(R)
guileless / 96(R)
guilt-ridden / 289(p)
guinea pig / 289(p)
gull / 181(S)
gullibility / 234(p)
gullible / 219, 521(S), 199(p)
gulp / 203(S)
gust / 147(C)
gusto / 122(t), 147(C)
gut / 122(t)
guts / 511(S)
guzzle / 203(S)
gynecologist / 123(t)
habit / 77(S), 113(S)
habitable / 219
habitat / 611, 458(R), 189(p)
habit-forming / 289(p)
habitual / 251(S)
habituate / 368(R), 458(R)
hack / 567(S)
hacker / 147(C)
hackle / 147(C)
hackney / 234(p)
hackneyed / 230, 122(S)
haggard / 230, 395(S), 289(p)
haggle / 230, 211(p)
hail / 230, 281(S), 211(p)
hairless / 138(C)
halcyon / 230, 289(p)
hale / 392(R)
halfhearted / 87(S)
halfread / 411(S)
halfway / 411(S)
hallmark / 79(S), 289(p)
hallow / 149(S), 147(C), 289(p)
hallowed / 230, 149(S)
hallucination / 230, 183(S), 183(N)
hallway / 289(p)
halt / 611, 197(S)
halve / 567(S)
ham / 611
hamlet / 230, 521(S), 234(p)
hammer / 187(S)
hammer out / 289(p)
hamper / 230, 381(S), 381(N), 189(p)
hamstring / 213(S)
hand / 590
handicap / 522(R)
handicapped / 289(p)
handling / 289(p)
handout / 234(p)
hand-out / 103(S)
handpick / 290(p)
handsome / 290(p)
handy / 611, 45(S), 522(R), 290(p)
hang / 612
hangar / 123(t)
hanger / 391(R)
hanging / 391(R)
hang-loose / 290(p)
hangover / 612, 290(p)
haphazard / 230, 304(S), 370(R), 234(p)
hapless / 123(t), 234(p)
happening / 370(R)
happiness / 290(p)
haptic / 147(C)
harangue / 230, 290(p)
harass / 230, 229(S), 211(p)
harassment / 290(p)
harbinger / 231, 425(S)
harbor / 612, 234(p)
hard / 612
hard-and-fast / 290(p)
hard-boiled / 87(S)
hard-line / 290(p)
hard-plucked / 301(S)
hardship / 234(p)
hardware / 612, 331(S)
hardworking / 75(S)
harebrained / 293(S)
harm / 612, 327(S), 327(N)
harmful / 413(S), 234(p)
harmless / 413(S)
harmonious / 141(S), 234(p)
harmonize / 290(p)
harness / 231, 211(p)
harp seal / 290(p)
harrow / 229(S), 147(C)
harrowing / 290(p)
harry / 231, 229(S)
harsh / 301(S), 211(p)
harvest / 612, 290(p)
hassle / 169(S), 290(p)
hasten / 275(S), 199(p)
hasty / 290(p)
hatch / 290(p)
hatchet / 290(p)
hate / 21(S), 21(N)
hatred / 91(S), 281(S), 290(p)
haughty / 231, 315(S), 241(R), 147(C), 234(p)
haul / 612
haunt / 229(S)

havoc / 231, 199(p)
hay / 290(p)
hazard / 212(p)
hazardous / 231, 199(p)
hazy / 231, 533(S), 234(p)
head cold / 290(p)
head over heels / 123(S)
headhunter / 290(p)
headlong / 293(S), 421(N)
headstrong / 57(S), 377(S), 123(t), 290(p)
heady / 293(S)
health service / 290(p)
healthful / 147(C)
healthy / 147(C), 290(p)
heap / 290(p)
hearing / 392(R)
hearsay / 392(R)
heart attack / 290(p)
heartbeat / 290(p)
heartless / 301(S), 216(R)
hearty / 216(R)
heated / 290(p)
heathen / 467(S)
heavenly / 563(S)
heavy / 524(R)
heavy-handed / 290(p)
heckle / 147(C)
hectic / 51(S), 123(t), 147(C), 234(p)
hedonism / 231
hedonist / 290(p)
heed / 612
heedless / 242, 199(S), 293(S)
heel / 612
hefty / 242, 290(p)
heighten / 173(S), 290(p)
heinous / 242, 307(S), 199(p)
heirless / 138(C)
heliacal / 147(C)
helical / 147(C)
hellhole / 290(p)
helm / 123(t), 290(p)
helper / 291(p)
helpful / 467(S)
hem / 123(t)
hemisphere / 291(p)
henceforth / 123(t)
henchman / 213(S), 213(N)
herald / 425(S)
herbivore / 242, 291(p)
herculean / 313(S)
hereditary / 612, 141(S), 189(p)
heredity / 350(R), 212(p)
heresy / 242
heretic / 467(S)
heretical / 291(p)
heritage / 350(R), 291(p)
hermaphroditically / 291(p)
hermit / 291(p)
hermitage / 242
hesitant / 112(R), 291(p)
hesitate / 612, 561(S)
hesitation / 561(S)
heterodox / 548, 291(S)
heterogeneous / 548, 549(S), 199(p)
heteronomy / 35(a)
heteronym / 92(t)
heterophobia / 35(a)
heterosexual / 36(a)
heuristic / 234(p)
hew / 567(S)
heyday / 123(t)
hiatus / 242
hibernate / 242
hiccup / 291(p)
hick / 291(p)
hide / 227(S), 291(p)
hidebound / 291(p)
hideous / 242, 63(S), 234(p)
hie / 275(S)
hierarchy / 242
high words / 169(S)
high-and-mighty / 391(S)
high-handed / 391(S)
highlight / 612
highstrung / 489(S)
high-tech / 405(S)
highway / 291(p)
hijack / 291(p)
hike / 343(S)
hilarious / 242, 261(S), 234(p)
hind / 612, 234(p)
hinder / 381(S), 381(N)
hindrance / 381(S)
hindsight / 234(p)
hinge / 291(p)
hint / 357(S), 357(N)
hire / 612
historian / 424(R)
historic / 147(C)
historical / 147(C)
histrionic / 123(t), 147(C)
hit / 97(S)
hitch / 234(p)
hoard / 125(S), 147(C)
hoarder / 291(p)
hoarse / 242, 234(p)
hoary / 535(S)
hoax / 243, 181(S), 181(S), 234(p)
hobble / 213(S)
hodgepodge / 123(S), 549(S), 291(p)
hoist / 291(p)
hold / 590
holder / 96(R)
holding / 96(R)
hole / 273(S), 273(N), 291(p)
holistic / 243, 212(p)
hollow / 273(S), 273(N), 147(C), 291(p)
holocaust / 549
holograph / 92(t)
holophrase / 92(t)
holoscopic / 36(a)
holy / 149(S)
homage / 291(p)
home / 291(p)
homebody / 291(p)
homely / 147(C)
homespun / 123(t)
homicide / 291(p)
homily / 123(t), 147(C)
homocentric / 92(t)
homochromatic / 92(t)
homogamous / 92(t)
homogeneity / 291(p)
homogeneous / 549(S), 84(R), 36(a), 189(p)
homologous / 549(S), 84(R), 92(t), 291(p)
homology / 53(S)
homonym / 36(a)
homosexual / 36(a)
honesty / 403(S)
honey words / 345(S)
honor / 153(S), 175(S)
honoraria / 291(p)
hoodwink / 181(S)
hook / 481(S)
hookup / 123(t), 291(p)
hopeful / 445(S)
hopeless / 199(S), 199(N)
horde / 147(C)
horizontal / 291(p)
horn / 291(p)
horrendous / 63(S)
horrible / 63(S), 20(R), 291(p)
horrid / 243, 63(S), 291(p)
horrified / 234(p)
horrify / 99(S), 20(R)
horror / 371(S)
hortative / 274(R)
hortatory / 291(p)
horticultural / 243
hospice / 291(p)
hospitable / 612, 212(p)
hospital / 312(R)
hospitality / 243, 291(p)
hostage / 376
hostel / 147(C)
hostile / 612, 101(S), 513(S), 147(C), 189(p)
hostility / 91(S), 281(S), 91(N), 212(p)
hot / 487(S)
hotel / 312(R)
hot-headed / 305(S)
hot-tempered / 305(S)
hound / 229(S), 291(p)
house / 612
hover / 234(p)
howl / 565(S)
howling / 612
hub / 123(t), 291(p)
hubbub / 123(t)
hubris / 243, 234(p)
huddle / 291(p)
hue / 147(C)
huge / 433(S)
human / 147(C)
humane / 243, 103(S), 147(C)
humanitarian / 103(S), 292(p)
humanity / 234(p)
humble / 173(N), 292(p)
humbly / 292(p)
humdrum / 243, 122(S), 553(S), 292(p)
humid / 254, 487(S)
humidity / 292(p)
humiliate / 173(S), 173(N), 234(p)
humility / 254, 292(p)
humongous / 433(S)
humor / 292(p)

humorous / 292(p)
hunch / 292(p)
hunger / 51(S), 212(p)
hungry / 612
hunker / 292(p)
hurdle / 147(C), 292(p)
hurl / 292(p)
hurriedly / 292(p)
hurry / 292(p)
hurt / 327(S), 327(N)
hurtle / 147(C)
husband / 612
husbandry / 292(p)
hush / 123(t), 292(p)
hush-hush / 489(S)
husky / 292(p)
hustings / 141(C)
hustle / 377(S), 141(C), 292(p)
hybrid / 254, 234(p)
hybridity / 292(p)
hydro / 292(p)
hydrogen / 292(p)
hygienic / 292(p)
hyper(metr)opia / 36(a)
hyperacid / 93(t)
hyperactive / 292(p)
hyperbola / 93(t), 147(C)
hyperbole / 549, 234(R), 147(C), 292(p)
hyperborean / 487(S), 93(t)
hypercritical / 549, 147(C)
hyperinflation / 292(p)
hypersensitive / 36(a)
hypersonic / 93(t)
hypertension / 36(a)
hyperthyroidism / 93(t)
hypertrophy / 93(t)
hypnoid / 292(p)
hypnosis / 212(p)
hypnotize / 237(S), 237(N)
hypochondria / 36(a)
hypochondriac / 93(t)
hypocrisy / 292(p)
hypocrite / 612
hypocritical / 147(C), 292(p)
hypodermic / 93(t), 292(p)
hypogastric / 93(t)
hypostasis / 37(a)
hypothec / 37(a)
hypothermia / 93(t)
hypothesis / 612, 292(p)
hypothetically / 292(p)
ice / 612
iceberg / 292(p)
iconoclastic / 291(S), 123(t), 234(p)
icy / 487(S)
idealism / 292(p)
idealistic / 563(S)
identical / 612
identifiable / 292(p)
identification / 292(p)
identify / 485(S), 199(p)
identity / 199(p)
ideology / 565(S)
idiom / 123(t)
idiomatic / 293(p)
idiosyncrasy / 254, 293(p)
idiosyncratic / 259(S), 293(p)
idiot / 383(S)
idiotic / 383(S)
idle / 75(S), 183(S), 433(S)
idleness / 293(p)
idolize / 254, 234(p)
idyllic / 521(S), 293(p)
ignite / 293(p)
ignition / 234(p)
ignoble / 286, 246(R)
ignominious / 286, 153(S), 293(p)
ignorance / 199(p)
ignorant / 286(R)
ignore / 591, 153(S), 393(S), 393(N), 199(p)
ill / 513(S)
ill fame / 307(S)
ill-advised / 293(p)
illegal / 612, 287(S)
illegible / 286, 144(C), 212(p)
illegitimate / 286, 287(S), 144(C)
illicit / 287, 287(S), 144(C), 212(p)
illimitable / 93(t)
illiterate / 287, 378(R)
illogical / 303(S), 93(t)
ill-sorted / 141(S)
illuminate / 324, 263(S), 293(p)
illusion / 612, 183(S), 183(N), 139(C), 293(p)
illustrate / 324, 263(S), 460(R), 293(p)
illustrious / 234(p)
imaginable / 147(C)
imaginary / 147(C), 234(p)
imagination / 234(p)
imaginative / 147(C), 293(p)
imagine / 293(p)
imbalance / 93(t)
imbecile / 383(S), 37(a)
imbibe / 324, 212(p)
imbroglio / 123(S), 123(t)
imbue / 331(S), 95(t), 293(p)
imitate / 503(S), 212(p)
imitation / 612, 171(S), 293(p)
immaculate / 288, 153(S), 199(p)
immanent / 461(R), 147(C)
immaterial / 315(S), 37(a), 293(p)
immature / 288, 289(S), 289(S), 184(R)
immeasurable / 293(p)
immediacy / 293(p)
immediate / 591, 234(p)
immediately / 199(p)
immemorial / 288
immense / 612, 433(S), 116(R), 210(R)
immensely / 212(p)
immerge / 144(C)
immerse / 325, 325(S), 262(R), 482(R), 325(N), 293(p)
immigrate / 326, 262(R)
imminent / 326, 329(S), 264(R), 422(R), 144(C), 147(C), 189(p)
immobile / 37(a)
immoderate / 37(a)
immolate / 95(t)
immortal / 288, 289(S), 234(p)
immune / 288, 466(R), 189(p)
immunity / 147(C), 293(p)
immunization / 293(p)
immure / 96(t)
immutable / 37(a), 189(p)
impact / 326, 199(p)
impair / 326, 327(S), 327(N), 189(p)
impaired / 293(p)
impairment / 293(p)
impale / 273(S), 96(t)
impart / 326, 288(R), 235(p)
impartial / 288, 509(S), 170(R), 326(R), 189(p)
impassable / 502(R), 37(a), 147(C)
impasse / 539(S), 37(a), 199(p)
impassible / 147(C)
impassioned / 326, 293(p)
impassive / 288, 87(S), 122(R), 87(N), 147(C), 212(p)
impatient / 612, 561(S)
impeach / 328, 329(S), 235(p)
impeccable / 153(S), 37(a), 147(C), 189(p)
impecunious / 290, 291(S), 291(N), 293(p)
impede / 328, 381(S), 222(R), 276(R), 381(N), 199(p)
impediment / 381(S), 235(p)
impel / 328, 377(S), 222(R), 276(R), 377(N)
impelling / 293(p)
impend / 276(R)
impending / 328, 329(S), 64(R), 438(R), 189(p)
impenetrable / 307(S), 38(a)
impenitent / 38(a), 147(C)
imperative / 328, 329(S), 377(S), 467(R), 199(p)
imperator / 293(p)
imperceptible / 290, 235(p)
imperceptibly / 293(p)
imperial / 612
imperil / 42(a), 293(p)
imperious / 391(S)
impermeable / 38(a)
impersonate / 503(S), 503(S), 42(a)
impersonation / 293(p)
impertinent / 290, 315(S), 147(C), 293(p)
imperturbable / 38(a), 235(p)
impervious / 38(a), 199(p)
impetuous / 328, 421(S), 421(N), 189(p)
impetus / 212(p)
impiety / 293(p)
impinge / 239(S), 96(t), 147(C)
impious / 290, 291(S)
implacable / 301(S), 124(R), 38(a), 147(C), 293(p)
implant / 330, 331(S), 502(R)
implausible / 303(S), 64(R), 38(a), 212(p)
implement / 330, 331(S), 331(N), 189(p)
implicate / 330, 217(S), 357(S), 34(R), 126(R), 293(p)
implication / 357(S), 235(p)
implicit / 330, 486(R), 235(p)
implode / 293(p)
implore / 330, 251(S), 186(R), 251(N), 143(C), 235(p)
imply / 612, 357(S), 357(N), 293(p)
impolite / 612
impolitic / 38(a)
imponderable / 93(t)
import / 591, 259(S), 445(N)
importable / 147(C)
important / 315(S), 147(C)
importunate / 444(R)
importune / 251(S), 251(N)
impose / 330, 377(S), 188(R), 224(R), 278(R), 235(p)
imposing / 235(p)
impossible / 147(C)

impostor / 181(S)
impotable / 147(C)
impotent / 290, 147(C)
impound / 96(t), 293(p)
impoverish / 332, 294(p)
impoverished / 291(S), 291(N)
impracticable / 292
impractical / 563(S), 212(p)
imprecate / 188(R), 42(a)
imprecation / 91(S)
impregnable / 292, 307(S), 66(R), 212(p)
impregnate / 42(a), 294(p)
impress / 612
impression / 294(p)
impressionable / 489(S), 294(p)
impressive / 235(p)
imprimatur / 96(t)
imprint / 42(a), 235(p)
imprison / 612, 128(R), 212(p)
imprisonment / 470(R), 235(p)
improbable / 292, 303(S), 294(p)
impromptu / 332, 293(S), 293(N), 189(p)
improper / 292, 509(S), 509(N)
improve / 612, 189(S), 470(R), 57(N), 212(p)
improvident / 496(R)
improvisation / 294(p)
improvise / 292, 496(R), 189(p)
improvise on / 294(p)
improvised / 293(S), 293(N)
imprudent / 292, 293(S), 147(C), 235(p)
impudence / 470(R)
impudent / 292, 315(S), 147(C), 235(p)
impugn / 187(S), 457(S), 42(a), 147(C), 235(p)
impulse / 612, 235(p)
impulsive / 319(S), 319(N), 212(p)
impunity / 298, 147(C), 294(p)
imputation / 470(R)
impute / 332, 73(S), 194(R), 73(N), 212(p)
inaccessible / 298, 212(p)
inaccuracy / 294(p)
inactive / 307(S), 189(p)
inadequate / 612, 199(p)
inadvertent / 298, 199(p)
inadvertently / 189(p)
inalienable / 38(a), 294(p)
inalterable / 93(t)
inane / 383(S), 123(t), 147(C), 235(p)
inanimate / 298, 299(S), 299(N), 212(p)
inapplicable / 38(a)
inapposite / 38(a)
inapprehensible / 93(t)
inappropriate / 298, 509(S)
inapt / 509(S), 40(R), 147(C)
inarticulate / 298
inattention / 294(p)
inaudible / 612
inaugural / 235(p)
inaugurate / 332, 333(S)
inauguration / 425(S), 235(p)
inauspicious / 513(S), 39(a)
inborn / 332, 141(S)
inbred / 141(S), 43(a)
incalculable / 300, 521(S), 294(p)
incandescent / 332, 333(S)
incantation / 446(R), 43(a)
incapable / 294(p)
incapacitate / 213(S), 294(p)
incarcerate / 43(a)
incarnate / 333
incendiary / 332(R), 338(R), 43(a)
incense / 338, 339(S), 339(N), 235(p)
incensed / 305(S)
incentive / 338, 294(p)
inception / 425(S), 448(R)
incessant / 300, 289(S), 514(R), 235(p)
incessantly / 235(p)
inchoate / 339(S), 43(a), 294(p)
incidence / 612, 147(C)
incident / 612, 147(C), 294(p)
incidental / 112(R), 138(C), 235(p)
incinerate / 96(t)
incipient / 338, 339(S), 199(p)
incise / 43(a)
incisive / 301(S), 212(p)
incite / 338, 354(S), 145(C)
incitement / 294(p)
inclement / 300, 301(S), 301(S)
inclination / 433(S), 433(N)
incline / 175(S), 448(R)
include / 420(R), 480(R)
inclusion / 294(p)
inclusive / 391(S)
incognito / 300, 301(S), 301(S), 112(R), 301(N), 294(p)
incognizant / 300(R)
incoherent / 39(a), 294(p)
incombustible / 94(t)
income / 612, 508(R), 294(p)
incommensurate / 94(t)
incommodious / 94(t)
incommunicable / 94(t)
incommutable / 94(t)
incomparable / 300, 294(p)
incompatible / 300, 141(S), 190(p)
incompatible with / 294(p)
incompetent / 302, 235(p)
incomplete / 294(p)
incompliant / 94(t)
incomprehensible / 302
inconceivable / 302, 303(S), 294(p)
inconclusive / 235(p)
incongruent / 141(S)
incongruous / 302, 141(S), 294(p)
inconsequential / 94(t)
inconsistent / 302, 294(p)
inconsolable / 294(p)
inconspicuous / 612, 294(p)
incontrovertible / 39(a), 235(p)
inconvenient / 513(S), 294(p)
incorporate / 338, 151(S), 190(p)
incorporeal / 94(t)
incorrect / 294(p)
incorrigible / 251(S), 39(a), 199(p)
incorruptible / 235(p)
increase / 612, 343(S)
increasingly / 294(p)
incredible / 302, 303(S), 147(C), 294(p)
incredulous / 302, 147(C)
increment / 454(R)
incremental / 212(p)
incriminate / 43(a), 148(C)
incubate / 43(a)
incubus / 43(a)
inculcate / 331(S), 43(a), 147(C), 235(p)
inculpate / 96(t), 147(C)
inculpatory / 295(p)
incumbent / 338, 486(R), 148(C), 212(p)
incur / 612, 134(R)
incurable / 212(p)
incursion / 44(a)
indebted / 510(R)
indecent / 379(S), 509(S), 509(N), 39(a), 295(p)
indecision / 561(S)
indecisive / 39(a)
indecorous / 509(S), 509(N), 94(t)
indefatigable / 39(a), 235(p)
indefensible / 94(t)
indefinite / 613, 533(S), 148(C), 295(p)
indelible / 289(S), 39(a), 190(p)
indelibly / 295(p)
indelicate / 509(S), 509(N), 39(a)
indemnify / 303, 125(S), 135(R)
indent / 340
indenture / 96(t), 143(C)
independence / 199(p)
independent / 295(p)
independently / 295(p)
indescribable / 304
indestructible / 295(p)
indeterminate / 94(t), 295(p)
index / 613
indicate / 613
indication / 295(p)
indicator / 295(p)
indict / 329(S), 44(a), 148(C), 295(p)
indifference / 295(p)
indifferent / 613, 87(S), 513(N), 190(p)
indigence / 295(p)
indigenous / 340, 341(S), 341(S), 341(N), 148(C), 190(p)
indigent / 340, 291(S), 291(N), 148(C), 212(p)
indigestible / 94(t)
indignant / 304, 305(S), 148(C), 295(p)
indignation / 305(S), 295(p)
indignity / 216(R)
indirect / 203(S)
indiscreet / 304, 304(S), 295(p)
indiscriminate / 304, 304(S), 148(C), 199(p)
indispensable / 613, 315(S), 190(p)
indisposed / 94(t)
indisputable / 94(t), 295(p)
indistinct / 533(S), 39(a)
indistinguishable / 295(p)
indite / 96(t), 148(C)
individual / 591
individuality / 79(S), 225(N)
indivisible / 295(p)
indoctrinate / 331(S), 96(t)
indolence / 212(p)
indolent / 304, 183(S), 136(R), 148(C), 235(p)
indomitable / 306, 307(S), 295(p)
indubitable / 456(R)
induce / 340, 43(S), 427(S), 480(R), 498(R), 427(N), 148(C), 200(p)
induct / 44(a), 148(C)

inductive / 295(p)
indulge / 340, 365(S), 295(p)
indulgent / 341(S), 235(p)
industrial / 148(C)
industrialist / 235(p)
industrious / 75(S), 148(C), 295(p)
industry / 591, 295(p)
inebriate / 44(a)
inedible / 376(R), 295(p)
ineffable / 50(R), 39(a), 295(p)
ineffective / 295(p)
inefficacious / 295(p)
inefficient / 295(p)
inelegant / 521(S)
ineligible / 40(a)
ineluctable / 40(a)
inept / 45(S), 369(S), 40(a), 147(C), 235(p)
inequality / 40(a)
inert / 306, 307(S), 235(p)
inertia / 295(p)
inescapable / 94(t)
inessential / 295(p)
inestimable / 317(S), 94(t)
inevitability / 295(p)
inevitable / 613, 190(p)
inexhaustible / 94(t)
inexorable / 306, 301(S), 235(p)
inexpedient / 94(t)
inexpensive / 613
inexperienced / 289(S), 95(t), 295(p)
inexpiable / 40(a)
inexplicable / 40(a), 295(p)
inextricable / 306, 235(p)
inextricably / 295(p)
infallible / 306, 96(R)
infamous / 306, 307(S), 212(p)
infant / 613, 200(p)
infanticide / 295(p)
infantile / 295(p)
infatuate / 237(S), 44(a)
infatuation / 295(p)
infeasible / 296(p)
infect / 613, 368(R)
infectious / 296(p)
infer / 340, 497(S), 138(R), 212(p)
inference / 296(p)
inferior / 591, 200(R)
infernal / 307(S)
infertile / 200(p)
infest / 296(p)
infidel / 50(R), 40(a)
infidelity / 411(S)
infiltrate / 44(a), 296(p)
infiltration / 296(p)
infinite / 613, 521(S), 52(R), 148(C), 236(p)
infinitesimal / 306, 551(S), 148(C)
infinity / 138(C)
infirm / 312, 313(S), 313(N)
inflame / 613
inflammable / 305(S), 148(C)
inflammation / 236(p)
inflammatory / 296(p)
inflate / 342, 343(S), 343(N)
inflect / 96(t)
inflexible / 57(S), 377(S), 40(a), 236(p)
inflict / 342, 138(C), 212(p)
inflorescence / 296(p)
influence / 613
influential / 494(R)
influenza / 613
influx / 44(a), 236(p)
inform / 613, 67(N)
informal / 613, 296(p)
informality / 296(p)
information / 296(p)
infra(structure) / 550
infract / 239(S)
infraction / 96(t)
infrared / 45(a)
infringe / 342, 239(S), 239(N), 236(p)
infuriate / 342, 339(S), 339(N), 190(p)
infuse / 342, 331(S), 236(p)
infusion / 296(p)
ingenious / 342, 343(S), 148(C), 200(p)
ingenuity / 212(p)
ingenuous / 344, 521(S), 456(R), 148(C), 212(p)
ingest / 140(R), 96(t), 296(p)
ingrained / 344, 251(S), 296(p)
ingrate / 344(R), 40(a)
ingratiate / 344, 345(S)
ingratiating / 296(p)
ingredient / 344, 345(S), 345(N), 213(p)
inhabit / 483(S), 368(R)
inhabitant / 483(S), 213(p)
inhalation / 296(p)
inhale / 344, 274(R)
inharmonious / 141(S)
inherent / 350, 141(S), 40(R), 112(R), 200(p)
inherit / 350, 236(p)
inheritance / 296(p)
inherited / 141(S), 296(p)
inhibit / 350, 351(S), 351(N), 236(p)
inhibition / 200(p)
inhospitable / 312, 296(p)
inhuman / 95(t)
inhume / 299(S)
inimical / 513(S), 286(R), 40(a), 236(p)
inimitable / 236(p)
iniquitous / 312
initial / 339(S), 116(R), 190(p)
initially / 236(p)
initiate / 591, 333(S), 296(p)
initiative / 116(R), 236(p)
inject / 350, 148(C)
injection / 200(p)
injunction / 296(p)
injure / 327(S), 327(N)
injurious / 613, 413(S)
injury / 213(p)
injustice / 613
inkling / 254, 357(S)
inland / 392(R)
inlay / 400(R), 96(t)
inlet / 96(t)
inmate / 350
inn / 613
innate / 350, 141(S), 190(p)
inner conflict / 561(S)
innocent / 613, 521(S), 378(R), 236(p)
innocuous / 413(S), 412(R), 40(a), 200(p)
innominate / 301(S)
innovate / 350
innovation / 213(p)
innovative / 296(p)
innoxious / 413(S)
innuendo / 352, 357(S)
innumerable / 312, 521(S), 264(R), 236(p)
inoculate / 352
inoperable / 296(p)
inopportune / 41(a)
inordinate / 312, 162(R), 482(R), 213(p)
inordinately / 236(p)
inorganic / 95(t)
input / 613
inquest / 355(S), 355(N)
inquire / 592, 98(R)
inquiry / 355(S), 355(S), 355(N)
inquisition / 355(S), 355(S)
inquisitive / 213(p)
inroad / 296(p)
insane / 613, 194(S), 147(C)
insanity / 296(p)
insatiable / 515(S), 74(R), 41(a), 190(p)
inscribe / 352, 241(S), 146(R), 304(R), 426(R)
inscription / 241(S)
inscrutable / 41(a), 296(p)
insect / 613, 226(R)
insecure / 613, 190(p)
inseminate / 331(S)
insensible / 312, 296(p)
insensitive / 296(p)
inseparable / 312, 296(p)
insert / 613
insidious / 352, 353(S), 74(R), 376(R), 200(p)
insight / 613, 236(p)
insightful / 296(p)
insignificance / 236(p)
insignificant / 613, 315(S), 213(p)
insincere / 353(S), 236(p)
insincerity / 236(p)
insinuate / 352, 357(S), 357(N), 200(p)
insinuation / 357(S)
insipid / 314, 315(S), 190(p)
insist / 613, 302(R), 484(R)
insistent / 236(p)
insolent / 314, 315(S), 380(R), 148(C), 213(p)
insoluble / 41(a), 148(C)
insolvency / 296(p)
insolvent / 314, 291(S), 24(R), 470(R), 148(C), 200(p)
insomnia / 41(a), 213(p)
insouciant / 87(S), 95(t), 236(p)
inspect / 354, 355(S), 296(p)
inspection / 355(S), 412(R), 355(N)
inspiration / 200(p)
inspire / 354, 74(R), 277(R), 470(R), 190(p)
inspiring / 296(p)
install / 354
instance / 613, 503(S)
instant / 613, 485(R)
instantaneous / 297(p)
instantly / 297(p)
instigate / 354, 354(S), 200(p)
instill / 331(S), 297(p)
instinct / 613, 280(R)
instinctive / 319(S), 319(N)

instinctively / 297(p)
institute / 592, 333(S), 236(p)
institution / 200(p)
instruct / 613, 152(R), 297(p)
instruction / 236(p)
instrument / 613, 331(S), 331(N), 297(p)
instrumental / 467(S)
insubordinate / 95(t)
insubstantial / 315(S), 95(t)
insufficiency / 291(S)
insular / 254, 423(S)
insulate / 481(S), 297(p)
insulation / 213(p)
insult / 613, 74(R), 236(p)
insuperable / 307(S), 95(t), 297(p)
insuppressible / 297(p)
insure / 145(C)
insurgency / 525(S)
insurgent / 354(R), 44(a), 297(p)
insurmountable / 307(S), 41(a), 297(p)
insurrection / 354, 525(S), 525(N)
intact / 153(S), 158(R), 314(R), 41(a), 200(p)
intake / 522(R)
intangible / 314, 158(R), 200(p)
integral / 314, 153(S), 315(S), 297(p)
integrate / 316, 151(S), 213(p)
integration / 314(R)
integrity / 316, 403(S), 213(p)
intellect / 592
intellectual / 236(p)
intelligent / 343(S), 148(C)
intelligible / 129(S), 148(C)
intemperate / 95(t)
intend / 592
intense / 613
intensify / 356, 213(p)
intension / 148(C)
intensity / 297(p)
intensive / 613, 494(R), 297(p)
intent / 297(p)
intention / 148(C)
intentional / 494(R)
intentionally / 297(p)
inter / 299(S)
interact / 170(R), 45(a), 297(p)
interaction / 498(R), 236(p)
interbreed / 297(p)
intercede / 73(S), 32(R), 45(a), 297(p)
intercept / 364, 488(R)
interchange / 364, 449(S)
interchangeable / 213(p)
intercommunicate / 97(t)
intercontinental / 45(a)
intercourse / 613
interdependent / 297(p)
interdict / 364, 351(S), 102(R), 368(R), 351(N), 297(p)
interdisciplinary / 97(t)
interest / 592, 216(R), 512(R)
interface / 97(t)
interfere / 592, 213(p)
interim / 366, 253(S)
interim government / 501(S)
interior / 613
interject / 366, 148(C), 297(p)
interlace / 217(S), 97(t)
interlock / 45(a)
interlocution / 97(t)
interlocutor / 297(p)
interlope / 97(t)
interloper / 297(p)
interlude / 46(a)
intermarry / 297(p)
intermediary / 297(p)
intermediate / 366, 73(S)
interment / 97(t), 148(C)
interminable / 289(S), 41(a), 236(p)
intermingle / 46(a)
intermission / 366
intermittent / 213(p)
intermittently / 297(p)
intermural / 97(t)
intern / 96(t)
international / 297(p)
internationalization / 297(p)
internecine / 97(t)
internment / 148(C), 297(p)
interpellate / 97(t)
interpolate / 46(a)
interpose / 73(S), 46(a)
interpret / 213(p)
interrogate / 366
interrogation / 355(S)
interrupt / 366, 297(p)
interruption / 297(p)
intersect / 367
intersperse / 46(a)
interstellar / 46(a)
interstice / 367, 367(S)
intertwine / 217(S)
interurban / 46(a)
interval / 613
intervene / 592, 73(S), 108(R), 236(p)
interview / 613
interweave / 46(a)
intimacy / 297(p)
intimate / 356, 357(S), 357(N), 148(C), 213(p)
intimation / 357(S)
intimidate / 356, 357(S), 148(C), 236(p)
intimidating / 236(p)
intimidation / 236(p)
intolerable / 280(R)
intolerant / 41(a)
intoxicate / 356, 237(S)
intoxicated / 297(p)
intoxicating / 297(p)
intoxication / 297(p)
intractable / 251(S), 377(S), 297(p)
intramural / 46(a)
intransigent / 377(S)
intraparty / 97(t)
intrastate / 97(t)
intravenous / 97(t)
intrepid / 316, 511(S), 190(p)
intrepidity / 298(p)
intricate / 356, 357(S), 280(R), 306(R), 358(R), 213(p)
intrigue / 358, 115(S), 115(S), 280(R), 306(R), 356(R), 236(p)
intriguing / 200(p)
intrinsic / 550, 141(S), 200(p)
intrinsically / 298(p)
introduce / 613
introduction / 425(S), 425(N), 298(p)
introgression / 97(t)
introspect / 47(a)
introvert / 414(R), 47(a), 236(p)
intrude / 358, 239(S), 280(R), 239(N), 298(p)
intruder / 444(R)
intrusion / 380(R), 298(p)
intrusive / 381(S)
intuition / 358, 298(p)
intuitive / 213(p)
inundate / 358, 456(R), 190(p)
inundation / 359(S), 359(N)
inure / 213(p)
invade / 239(S), 266(R), 414(R), 239(N)
invalid / 592, 427(R), 213(p)
invalidate / 469(S), 236(p)
invaluable / 316, 317(S), 190(p)
invariable / 316
invariably / 298(p)
invariant / 236(p)
invasion / 298(p)
invective / 298(p)
inveigh / 187(S), 44(a), 148(C)
inveigle / 345(S), 481(S), 481(N), 44(a), 148(C)
invent / 592
invention / 298(p)
inventory / 355(S)
invert / 358
invertebrate / 95(t)
inverted / 298(p)
invest / 613, 298(p)
investigate / 613, 355(S), 237(p)
investigation / 355(S), 355(N)
investiture / 502(R), 96(t)
inveterate / 251(S), 44(a), 298(p)
invidious / 23(S), 123(t), 148(C), 237(p)
invigorate / 247(S), 45(a), 200(p)
invigorating / 237(p)
invigoration / 298(p)
invincible / 316, 307(S), 213(p)
inviolable / 149(S), 41(a)
invisible / 148(C), 213(p)
inviting / 613, 201(S), 237(p)
invoice / 45(a)
invoke / 162(R), 475(R), 298(p)
involuntary / 318, 319(S), 102(R), 319(N), 298(p)
involve / 272(R), 237(p)
involved / 592, 357(S), 237(p)
invulnerable / 307(S), 41(a), 298(p)
irascible / 254, 305(S), 298(p)
irate / 298(p)
ire / 305(S)
irenic / 298(p)
iridescence / 124(t)
iridescent / 333(S)
irk / 339(S)
irksome / 254, 23(S), 553(S), 213(p)
iron ring / 239(S)
ironic / 298(p)
ironic(al) / 254
ironically / 213(p)
irradiant / 298(p)
irradiate / 96(t)
irrational / 318, 237(p)

irrationally / 298(p)
irreconcilable / 42(a)
irredeemable / 95(t)
irrefutable / 456(R), 95(t)
irregular / 592, 85(S), 85(N)
irrelevant / 318, 200(p)
irreligious / 291(S)
irremeable / 411(R)
irreparable / 318, 467(R)
irreplaceable / 298(p)
irresistible / 318
irresolute / 318, 298(p)
irrespective / 42(a)
irrespective of / 298(p)
irresponsible / 95(t)
irretrievable / 42(a)
irreverence / 298(p)
irreverent / 291(S), 474(R)
irreversible / 42(a), 237(p)
irrevocable / 318, 298(p)
irrigate / 359, 298(p)
irritability / 237(p)
irritable / 305(S), 200(p)
irritant / 298(p)
irritate / 613, 339(S), 339(N), 237(p)
irritated / 237(p)
irritating / 298(p)
irrupt / 45(a)
isle / 298(p)
isolate / 254, 481(S), 298(p)
isolated / 298(p)
isolationism / 237(p)
issue / 593, 213(p)
item / 355(S)
iterate / 459(S), 124(t)
itinerant / 254, 66(R), 458(R), 480(R), 237(p)
itinerary / 213(p)
jack up / 298(p)
jackal / 299(p)
jack-of-all-trades / 563(S)
jaded / 124(t)
jam / 613, 539(S)
janissary / 299(p)
jargon / 539(N), 124(t)
jaundiced / 423(S), 124(t), 237(p)
jaunt / 124(t), 148(C)
jaunty / 124(t), 148(C)
javelin / 124(t)
jaywalk / 299(p)
jealous / 148(C)
jealousy / 299(p)
jeer at / 197(S)
jejune / 299(p)
jeopardize / 200(p)
jeopardy / 255, 237(p)
jettison / 255, 299(p)
jewel / 299(p)
jib / 561(S)
jiggle / 148(C)
jitter / 371(S), 561(S)
jittery / 561(S)
jobless / 299(p)
jocose / 255, 261(S)
jocular / 261(S), 148(C), 237(p)
jocund / 261(S), 148(C)
joggle / 148(C)
join / 299(p)
joint / 613, 246(R)
jolly / 261(S), 124(t)
jolt / 561(S)
jostle / 124(t)
jot / 148(C)
journal / 124(t)
journey / 40(R), 482(R)
journeyer / 148(C)
journeyman / 148(C)
jovial / 261(S)
jubilant / 261(S)
jubilation / 255, 299(p)
Judas / 411(S)
judge / 299(p)
judgement / 299(p)
judicial / 148(C)
judicious / 255, 215(S), 148(C), 299(p)
juggernaut / 299(p)
juggle / 148(C)
juggler / 299(p)
jugglery / 181(S)
juice / 299(p)
juicy / 315(S)
jumble / 123(S), 549(S)
jumbo / 433(S)
jump / 343(S)
juncture / 255, 246(R)
junk / 124(t)
junta / 525(S)
jurisdiction / 255, 364(R), 422(R), 237(p)
just / 509(S)
justice / 299(p)
justify / 237(p)
jut / 148(C)
juvenescence / 458(R)
juvenile / 458(R), 299(p)
juxtapose / 382(R)
keen / 613, 343(S)
keep / 299(p)
kernel / 299(p)
kickoff / 425(S)
kidnap / 124(t), 299(p)
kidnapper / 299(p)
kill / 223(S), 223(N)
kind / 299(p)
kindle / 255
kindly / 88(R)
kindred / 268, 549(S)
kinetic / 299(p)
kinship / 53(S), 88(R), 299(p)
kismet / 124(t)
kiss off / 299(p)
kissoff / 299(p)
kitsch / 299(p)
kitschy / 317(S), 124(t), 299(p)
kleptomaniac / 268
knack / 299(p)
knave / 148(C)
knavery / 124(t)
kneel / 148(C)
knell / 148(C)
knock up / 299(p)
knockabout / 299(p)
knoll / 148(C)
knot / 299(p)
knotty / 357(S)
know / 299(p)
knowingly / 299(p)
knowledgeable / 265(S), 213(p)
kudos / 299(p)
label / 148(C)
labor / 613, 96(R)
laboratory / 148(C)
laborious / 268, 75(S), 112(R), 260(R), 237(p)
labyrinth / 268
lacerate / 213(S), 124(t), 148(C)
lachrymose / 195(S)
lack / 291(S)
lackadaisical / 87(S), 183(S), 124(t)
lackluster / 307(S), 324(R), 237(p)
laconic / 268, 137(S), 472(S), 237(p)
laddie / 299(p)
lade / 514(R)
laden / 514(R)
laden (with) / 299(p)
lag / 433(S), 124(t)
laggard / 307(S), 124(t)
laid-back / 299(p)
laissez-faire / 341(S), 299(p)
laity / 289(S), 124(t)
lambaste / 97(S)
lame / 213(S)
lameduck / 213(S)
lament / 195(S), 237(p)
lamentable / 268, 195(S), 300(p)
lampoon / 124(t)
land / 614, 300(p)
land bridge / 300(p)
landlord / 237(p)
landmark / 268, 300(p)
landslide / 359(S)
lane / 300(p)
languid / 268, 87(S), 307(S), 213(p)
languish / 237(p)
languor / 307(S), 553(S)
lanky / 395(S), 395(S), 237(p)
lapidary / 210(R)
lapse / 369(S), 112(R), 260(R), 148(C), 237(p)
larceny / 300(p)
large / 300(p)
largess / 300(p)
largesse / 103(S)
lascivious / 379(S)
lash / 97(S)
lassitude / 268, 307(S), 148(C), 300(p)
last / 614
lasting / 300(p)
late / 299(S), 299(N), 300(p)
lately / 98(R)
latent / 237(p)
later / 300(p)
lateral / 237(p)
latitude / 148(C), 300(p)
laud / 614, 281(S), 148(C), 300(p)
laudable / 237(p)
laudatory / 237(p)
laugh / 261(S)
laugh at / 197(S)

laughable / 261(S), 303(S)
launch / 614, 101(S), 333(S), 237(p)
launching / 300(p)
launder / 208(R)
lavatory / 56(R), 148(C)
lavish / 268, 103(S), 385(S), 210(R), 213(p)
law-abiding / 287(S), 124(t)
law-breaking / 300(p)
lawful / 287(S), 400(R)
lawlessness / 300(p)
lawsuit / 300(p)
lax / 75(S), 183(S), 237(p)
lay / 522(R)
lay off / 237(p)
layman / 289(S), 300(p)
layoff / 189(S), 24(R), 300(p)
layout / 24(R)
laze / 433(S)
lazy / 183(S)
leading / 614, 315(S), 405(S)
leaflet / 237(p)
league / 151(S)
leak / 229(S)
lean / 175(S), 395(S)
leaning / 433(S), 433(N)
leap / 148(C)
leap-frogging / 300(p)
learn by heart / 461(S)
learned / 265(S), 300(p)
learner / 300(p)
leave / 237(p)
lecherous / 379(S)
lecture / 286(R)
leer / 300(p)
leery / 89(S), 445(S)
leftover / 300(p)
legacy / 300(p)
legal / 287(S), 148(C)
legend / 286(R)
legerdemain / 181(S), 300(p)
legible / 129(S)
legion / 151(C)
legislate / 268, 114(R), 286(R)
legislation / 237(p)
legitimate / 269, 171(S), 287(S), 190(p)
leisure / 287(R)
lemon / 614
length / 300(p)
lengthen / 437(S), 437(N)
leniency / 123(S)
lenient / 269, 341(S), 460(R), 190(p)
leniently / 300(p)
lenitive / 65(S)
lenity / 460(R)
lese majesty / 291(S)
lessen / 31(S), 65(S), 437(S), 31(N), 237(p)
lethal / 269, 413(S), 213(p)
lethal doses / 300(p)
lethargic / 269, 307(S), 190(p)
lethargy / 300(p)
lethe / 461(S)
letter / 614
letup / 300(p)
level / 593, 211(S), 403(S), 148(C)
levelheaded / 215(S), 125(t)
level-headed / 300(p)
leviathan / 300(p)
levity / 318(R), 378(R), 125(t)
levy / 614, 54(R), 300(p)
lewd / 269, 379(S), 300(p)
lexicon / 269
liabilities / 200(p)
liability / 593, 54(R), 376(R), 237(p)
liable / 489(S), 138(C), 238(p)
liaison / 125(t)
liar / 98(R)
libel / 499(S), 301(p)
libel(l)ous / 269
liberal / 341(S), 149(C), 238(p)
liberalization / 301(p)
liberate / 35(S), 238(p)
liberating / 301(p)
libertine / 437(S), 125(t)
liberty / 614
libidinous / 379(S)
libretto / 125(t)
license / 260(R), 287(R), 301(p)
licensed / 125(t)
licentious / 269, 379(S), 238(p)
lichen / 238(p)
licit / 287(S)
lie / 593, 522(R)
lifeless / 299(S), 299(N)
lift / 469(S), 301(p)
lift span / 301(p)
liftoff / 301(p)
light / 149(C)
lighten / 65(S), 149(C)
likable / 301(p)
likelihood / 149(C), 301(p)
liken / 512(R)
likeness / 614, 53(S), 53(N), 149(C)
likewise / 512(R), 301(p)
limb / 149(C)
limber / 269, 487(S)
limit / 109(S), 109(N)
limited / 213(p)
limp / 282, 213(S), 307(S), 149(C), 301(p)
limpid / 282, 501(S), 501(N), 301(p)
lineage / 282, 301(p)
lineal / 301(p)
linen / 301(p)
linger / 433(S), 301(p)
lingo / 539(N)
linguist / 301(p)
linguistic / 301(p)
liquidate / 282, 301(p)
lissome / 301(p)
list / 175(S)
listless / 87(S), 307(S), 238(p)
literacy / 301(p)
literal / 287(R), 149(C), 301(p)
literally / 213(p)
literary / 149(C)
literate / 149(C)
lithe / 282, 487(S)
litigate / 329(S), 110(R), 258(R), 301(p)
litigation / 282
litigious / 258(R), 301(p)
litter / 549(S)
little man / 122(S)
livelihood / 246(R)
lively / 402(R)
liver / 301(p)
livestock / 246(R)
livid / 282, 305(S), 238(p)
lizard / 301(p)
load / 238(p)
loaf / 433(S), 301(p)
loathe / 282, 21(S), 21(N), 301(p)
loathing / 301(p)
loathsome / 23(S)
local / 341(S)
locality / 54(R)
locate / 54(R), 301(p)
locker / 514(R)
locket / 514(R)
locomotion / 301(p)
lodestar / 392(R)
lodge / 483(S)
loft / 524(R)
lofty / 614, 563(S), 524(R), 301(p)
logical / 301(p)
logistic / 301(p)
logo / 253(S)
loiter / 282, 433(S)
loneliness / 301(p)
long / 614
longevity / 282, 378(R), 436(R), 213(p)
longing / 301(p)
long-lasting / 301(p)
long-winded / 137(S)
look / 97(S), 97(N)
lookism / 301(p)
loom / 282, 238(p)
loophole / 282
loose / 35(S), 199(S), 437(S), 149(C), 301(p)
loosen / 217(S)
loot / 189(S)
loquacious / 283, 472(S), 378(R), 213(p)
lose / 483(S), 149(C)
loss / 553(S)
lot / 301(p)
loud / 385(S), 148(C), 302(p)
lounge / 433(S)
lousy / 513(S)
lovable / 23(S)
love / 91(S)
lovely / 23(S)
low-cut / 77(S)
lower / 173(S)
lowland / 302(p)
lowly / 302(p)
loyal / 149(C)
loyalty / 238(p)
lubricant / 283, 302(p)
lubricate / 238(p)
lucid / 283, 238(p)
lucidly / 302(p)
lucrative / 283, 467(S), 149(C), 190(p)
lucre / 125(t)
lucubrate / 302(p)
ludicrous / 283, 261(S), 303(S), 262(R), 149(C), 238(p)
luff / 88(R)

lugubrious / 283, 195(S), 302(p)
lukewarm / 283, 87(S), 214(p)
lull / 238(p)
luminous / 283, 333(S), 324(R), 200(p)
lunar eclipse / 302(p)
lunatic / 614, 194(S), 324(R), 302(p)
lurch / 175(S), 539(S), 302(p)
lure / 614, 481(S), 56(R), 481(N), 238(p)
lurid / 63(S), 125(t)
lurk / 302(p)
luscious / 294, 315(S)
lush / 315(S)
luster / 262(R), 324(R)
luster/lustre / 294
lustful / 379(S), 149(C)
lustrous / 333(S), 149(C), 238(p)
luxuriant / 294, 149(C), 302(p)
luxurious / 385(S), 149(C)
luxury / 262(R)
lyric / 302(p)
macabre / 63(S), 125(t)
macerate / 148(C)
Machiavellian / 353(S), 125(t)
machination / 115(S), 125(t), 302(p)
macho / 313(S)
macrocosm / 47(a)
macroeconomics / 550
macron / 97(t)
macroscopic / 47(a)
macula / 288(R)
maculate / 288(R)
mad / 194(S), 305(S)
madden / 339(S)
maelstrom / 294, 123(S)
magazine / 302(p)
magisterially / 302(p)
magnanimous / 294, 341(S), 298(R), 238(p)
magnetize / 237(S)
magnificence / 302(p)
magnificent / 385(S), 149(C)
magnify / 302(p)
magnitude / 294
mailable / 149(C)
maim / 294, 213(S)
main / 315(S), 238(p)
mainspring / 302(p)
maintain / 593, 51(S), 259(S), 259(N), 200(p)
majestic / 302(p)
major / 593, 315(S)
majority / 302(p)
makeshift / 294, 293(S), 302(p)
makeup / 433(S)
maladaptation / 98(t)
maladjustment / 47(a)
maladroit / 368, 45(S), 369(S), 302(p)
malady / 368, 238(p)
malaise / 98(t)
malapropism / 98(t)
malapropos / 509(S), 98(t)
malaria / 98(t)
malcontent / 48(a)
malediction / 368, 302(p)
malefactor / 368, 161(S), 238(p)
maleficent / 48(a)
malevolence / 91(S), 302(p)
malevolent / 368, 318(R), 302(p)
malfeasance / 48(a), 238(p)
malformation / 48(a)
malfunction / 48(a)
malice / 368, 91(S)
malicious / 214(p)
malign / 369, 499(S), 149(C), 238(p)
malignancy / 302(p)
malignant / 302(p)
malinger / 369, 149(C), 302(p)
mall / 149(C)
malleable / 487(S), 125(t), 149(C)
malnourished / 302(p)
malnutrition / 48(a), 302(p)
malodor / 48(a)
malodorous / 457(S)
malpractice / 98(t)
maltreat / 469(S)
mammal / 302(p)
mammoth / 294, 433(S)
man / 614
manacle / 302(p)
manage / 238(p)
mandate / 170(R), 302(p)
mandatory / 294, 377(S), 170(R), 190(p)
maneuver / 294, 115(S), 181(S), 353(S), 214(p)
mangle / 213(S)
maniacal / 125(t)
manifest / 294, 190(p)
manifesto / 125(t)
manifold / 228(S)
manipulate / 294, 262(R), 200(p)
manlike / 302(p)
manner / 185(S), 185(N)
mannered / 302(p)
manners / 439(S)
manor / 125(t)
manslaughter / 303(p)
manual / 149(C)
manufacture / 262(R)
manumission / 125(t)
manumit / 35(S), 460(R)
manure / 149(C)
manuscript / 295, 499(R)
many-sided / 563(S)
mar / 327(S), 327(N)
marble / 149(C)
margin / 303(p)
marginal / 238(p)
marital / 147(S), 125(t), 149(C), 303(p)
maritime / 295, 149(C), 303(p)
mark / 594
marked / 214(p)
market / 303(p)
marshal / 147(S), 147(N), 303(p)
martial / 295, 101(S), 149(C)
martinet / 553(S)
marvel / 383(S), 149(C)
masculine / 303(p)
mask / 227(S)
masonry / 303(p)
masquerade / 303(p)
mass / 614
massacre / 223(S), 223(N), 303(p)
massage / 149(C)
masses / 147(S)
massive / 433(S)
masterful / 149(C)
masterly / 149(C)
masterpiece / 303(p)
mastery / 303(p)
masticate / 303(p)
match / 614, 383(S)
matchless / 307(S)
material / 614, 315(S), 149(C), 190(p)
materiel / 149(C)
maternal / 295, 238(p)
matriarch / 125(t), 303(p)
matricide / 303(p)
matriculate / 303(p)
matrimonial / 147(S)
matrimony / 125(t), 303(p)
matrix / 125(t)
matter / 614
mature / 288(R), 303(p)
maturity / 214(p)
maudlin / 295, 195(S)
maul / 295, 97(S), 149(C), 303(p)
mauve / 295
maverick / 303(p)
mawkish / 195(S)
mawkishness / 303(p)
maxim / 308, 253(S), 214(p)
maybe / 202(R)
mayhem / 123(S)
maze / 308, 88(R), 303(p)
mazy / 88(R)
meadow / 303(p)
meager / 395(S), 200(p)
mean / 594, 238(p)
meander / 308
meandering / 357(S)
meaning / 259(S), 445(N)
meaningless / 303(p)
means / 291(S)
measure / 267(S), 200(p)
measured / 303(p)
meatus / 411(R)
mechanic / 303(p)
mechanical / 303(p)
mechanism / 331(S), 303(p)
mechanistic / 303(p)
meddle / 308
meddlesome / 381(S), 303(p)
meddling / 238(p)
mediate / 308, 73(S), 149(C), 214(p)
mediation / 303(p)
mediator / 73(S)
medical / 149(C), 303(p)
medication / 238(p)
medicinal / 149(C)
medieval / 366(R), 238(p)
mediocre / 308, 366(R), 200(p)
mediocrity / 122(S), 303(p)
meditate / 111(S), 149(C), 214(p)
meditation / 308, 303(p)
Mediterranean (Sea) / 303(p)
medium / 614
medley / 228(S), 549(S)
meek / 57(S), 214(p)

meet / 238(p)
megalomania / 303(p)
megalopolis / 149(C)
melancholy / 195(S), 195(N)
melange / 303(p)
melee / 169(S)
meliorate / 56(R)
mellow / 303(p)
melt / 614
meltdown / 303(p)
melting pot / 549(S)
memento / 308, 304(p)
memoir / 116(R)
memorable / 238(p)
memorial / 116(R)
memorialize / 288(R), 126(t)
memorize / 461(S), 288(R)
memory / 461(N)
menace / 614, 357(S), 436(R), 238(p)
menacing / 304(p)
mend / 304(p)
mendacious / 308, 353(S), 149(C), 304(p)
mendacity / 304(p)
mendicant / 308, 149(C), 304(p)
menial / 308, 149(C), 214(p)
mentally / 304(p)
mention / 304(p)
mercantile / 126(t)
mercenary / 308
merchandise / 614
merciful / 103(S)
merciless / 301(S), 214(p)
mercurial / 309, 67(S), 304(p)
mere / 304(p)
meretricious / 317(S), 126(t), 149(C), 304(p)
merge / 151(S), 200(p)
merger / 304(p)
merger and acquisition / 151(S)
merit / 614
meritorious / 149(C)
merry / 261(S)
mesa / 126(t)
mesmerize / 309, 237(S), 237(N), 214(p)
mess / 123(S)
message / 149(C)
messenger / 425(S)
messy / 513(S), 304(p)
metabolism / 98(t), 149(C)
metal / 522(R)
metamorphose / 551(S), 551(N)
metamorphosis / 550, 84(R)
metaphor / 551, 238(p)
metaphysical / 551, 563(S)
metathesis / 98(t)
mete / 309
meteor / 48(a)
meteorology / 48(a)
meter / 304(p)
methodical / 614
meticulous / 309, 305(S), 190(p)
meticulously / 239(p)
metropolis / 149(C)
mettle / 309, 511(S), 239(p)
microbe / 47(a)
microbiology / 98(t)
microcosm / 550, 304(p)
microculture / 98(t)
microeconomics / 550
micrometer / 47(a)
microorganism / 47(a)
microscopic / 550, 551(S)
microseism / 98(t)
microwave / 47(a)
Midas / 304(p)
middle-of-the-road / 304(p)
midway / 304(p)
mien / 309, 185(S), 185(N)
migraine / 229(S), 304(p)
migrant / 309
migrate / 326(R), 214(p)
migration / 304(p)
mild / 341(S)
milestone / 309, 214(p)
militant / 101(S)
militate / 126(t), 149(C)
militate (against) / 304(p)
milk / 126(t), 304(p)
milky / 501(S)
mill / 304(p)
millennia / 304(p)
millennium / 320, 304(p)
millstone / 304(p)
mimesis / 150(C)
mimic / 503(S)
mince / 567(S), 126(t), 304(p)
mind / 214(p)
mindfulness / 304(p)
mindless / 304(p)
mind-set / 433(S)
mineral / 522(R), 304(p)
mingle / 614, 436(R)
miniature / 551(S), 202(R)
minimize / 99(S), 99(N), 304(p)
minimum / 202(R)
minister / 42(R), 304(p)
ministerial / 304(p)
ministry / 42(R)
minor / 315(S)
minuet / 149(C)
minuscule / 320, 551(S)
minute / 614, 551(S), 149(C), 200(p)
minuteness / 304(p)
Miocene / 304(p)
miracle / 383(S)
mirage / 183(S), 183(N)
mire / 539(S), 126(t)
mired / 239(p)
mirthful / 261(S)
misadventure / 98(t)
misanthrope / 552, 305(p)
misapprehend / 98(t)
misappropriate / 305(p)
miscarry / 370
miscellaneous / 228(S)
miscellany / 549(S), 436(R)
mischance / 537(S), 537(N), 49(a)
mischief / 614
misconduct / 239(p)
misconstrue / 98(t)
miscreant / 99(t)
misdemeanor / 370, 56(R), 214(p)
miser / 103(S), 117(R), 305(p)
miserable / 614, 199(S), 117(R), 305(p)
miserly / 320, 103(S), 149(C), 214(p)
misery / 229(S), 229(N), 149(C)
misfire / 614
misfit / 99(t)
misfortune / 614, 537(S), 537(N)
misgiving / 370, 371(S)
misgivings / 214(p)
mishandle / 614
mishap / 370, 537(S), 537(N), 305(p)
mishmash / 549(S)
misinterpret / 49(a)
misjudge / 614
mislead / 370, 181(S)
mismatched / 141(S)
misnomer / 49(a), 305(p)
misogamy / 49(a), 149(C)
misogyny / 49(a), 149(C)
misology / 99(t)
misoneism / 99(t)
misplace / 49(a)
misquote / 99(t)
misreport / 614
misrepresent / 49(a)
miss / 594
missionary / 460(R)
mist / 305(p)
mistake / 614, 369(S), 305(p)
mistreat / 469(S)
mistress / 305(p)
mistrust / 250(R)
mistrustful / 305(p)
misty / 305(p)
misuse / 370
mite / 126(t), 305(p)
mitigate / 320, 65(S), 149(C), 190(p)
mitigation / 305(p)
mixture / 305(p)
mnemonic / 126(t)
moan / 195(S), 149(C)
moanful / 98(R)
mob / 614
mobile / 320, 253(S)
mobility / 239(p)
mobilize / 147(S)
mock / 614, 197(S), 503(S), 239(p)
mode / 320
moderate / 320, 65(S), 437(S), 201(p)
moderation / 239(p)
modernize / 305(p)
modest / 614, 209(S), 209(N), 201(p)
modesty / 305(p)
modicum / 126(t)
modification / 305(p)
modify / 614, 475(S), 214(p)
modish / 405(S)
modulate / 305(p)
mogul / 553(S)
moil / 305(p)
moist / 320, 305(p)
molar / 305(p)
mold / 594, 239(p)
moldiness / 305(p)

moldy / 535(S), 126(t)
molest / 229(S), 229(S), 184(R)
mollify / 320, 65(S), 339(S)
molt / 305(p)
moment / 239(p)
momentary / 253(S), 149(C)
momentous / 320, 315(S), 149(C), 201(p)
momentum / 305(p)
monarch / 614, 84(R)
monarchy / 552
monastery / 99(t)
monetary / 320, 149(C), 239(p)
money / 305(p)
moniker / 239(p)
monitor / 214(p)
monitory / 149(C)
monk / 305(p)
monocle / 49(a)
monocracy / 552
monocrat / 553(S)
monogamy / 49(a)
monograph / 99(t)
monolith / 50(a)
monologue / 552
monopolize / 552
monopoly / 553(S), 149(C)
monotheism / 50(a)
monotonous / 553(S), 201(p)
monotony / 552, 149(C)
monstrous / 63(S), 466(R)
monumental / 320, 305(p)
moody / 67(S), 195(S), 305(p)
moonstruck / 194(S)
moot / 126(t)
mop / 147(S)
moped / 305(p)
moral / 149(C)
morale / 149(C), 239(p)
moralistic / 305(p)
morally / 305(p)
moratorium / 184(R), 126(t), 305(p)
morbid / 321, 305(p)
mordant / 321, 301(S), 466(R), 305(p)
more often not / 305(p)
mores / 113(S)
morgue / 305(p)
moribund / 321, 214(p)
moron / 383(S)
morose / 321, 195(S)
morphology / 84(R)
morsel / 466(R), 126(t)
mortal / 214(p)
mortality / 214(p)
mortgage / 288(R)
mortician / 321
mortify / 321, 173(S), 288(R), 173(N), 239(p)
mortifying / 305(p)
mosaic / 305(p)
moth / 305(p)
motif / 321
motionless / 305(p)
motivate / 306(p)
motivation / 614
motive / 306(p)
motley / 228(S), 549(S), 239(p)
motto / 253(S)
mount / 101(S), 343(S), 306(p)
mountebank / 181(S)
mourn / 614, 195(S), 149(C)
mournful / 195(S), 306(p)
mouthful / 306(p)
mouth-watering / 315(S)
movable / 253(S)
move / 594, 306(p)
moving / 306(p)
mow / 567(S)
muddle / 321, 123(S), 239(p)
muddy / 501(S)
mug / 127(S), 127(N), 126(t)
muggy / 334, 487(S), 306(p)
mule / 306(p)
mulish / 377(S), 306(p)
mull / 306(p)
mull over / 306(p)
multicolored / 614
multi-faceted / 306(p)
multifarious / 228(S), 99(t)
multi-farious / 563(S)
multiform / 50(a)
multiformity / 306(p)
multilateral / 114(R), 50(a)
multilingual / 50(a)
multiloquent / 560
multiple / 306(p)
multiplex / 126(R)
multiplicity / 306(p)
multiply / 560, 306(p)
multi-purpose / 563(S)
multiracial / 334
multitude / 614, 239(p)
multitudinous / 228(S)
multivocal / 99(t)
mumble / 334
mundane / 334, 563(S), 190(p)
municipal / 122(R), 288(R), 306(p)
municipality / 288(R)
munificent / 334, 103(S), 122(R), 466(R), 149(C), 306(p)
murder / 223(S), 223(N)
murk / 306(p)
murky / 195(S)
muscle / 239(p)
muscular / 313(S)
muse / 334
mushroom / 334
musician / 98(R)
muster / 147(S), 147(N)
muster (up) / 306(p)
musty / 457(S), 126(t), 306(p)
mutability / 306(p)
mutable / 334, 253(S), 306(p)
mute / 472(S)
mutilate / 334, 213(S)
mutinous / 126(t)
mutiny / 525(S), 525(N), 306(p)
mutter / 306(p)
mutual / 614
mutuality / 239(p)
muzzle / 306(p)
myopic / 126(t), 239(p)
myriad / 334, 521(S), 306(p)
mysterious / 383(S)
mystery / 383(S)
mystic / 383(S), 489(S)
mystical / 306(p)
myth / 334, 239(p)
mythology / 306(p)
nadir / 334, 306(p)
nagging / 126(t)
naive / 335, 148(C), 214(p)
na?ve / 521(S)
naivete / 306(p)
name / 239(p)
nameless / 301(S)
namelessness / 239(p)
narrative / 335
narrow / 306(p)
narrow-minded / 306(p)
nascent / 335, 339(S), 214(p)
nasty / 214(p)
national / 350(R)
nationality / 350(R)
nationalize / 494(R), 306(p)
native / 341(S), 341(N)
naturalize / 494(R)
nature / 79(S), 79(N), 214(p)
naught / 306(p)
naughty / 147(C)
nausea / 306(p)
nauseate / 335, 306(p)
nearby / 239(p)
nearly / 614
neat / 513(S), 239(p)
nebulous / 335, 533(S), 190(p)
necessary / 307(p)
necessity / 239(p)
necropolis / 307(p)
nectar / 307(p)
needle / 307(p)
needlessly / 307(p)
needy / 291(S), 291(N)
nefarious / 335, 307(S), 239(p)
negate / 307(p)
negation / 307(p)
negative / 126(t), 239(p)
neglect / 393(S), 393(N), 191(p)
negligence / 214(p)
negligent / 335, 183(S), 150(C), 239(p)
negligible / 150(C), 191(p)
negotiate / 466(R), 239(p)
negotiation / 614, 214(p)
neighboring / 41(S), 41(N)
nemesis / 473(S), 150(C), 239(p)
neoclassic(al) / 50(a)
neocolonialism / 50(a)
neolithic / 50(a)
neologism / 560, 307(p)
neon / 99(t)
neophyte / 560, 289(S), 467(S)
nepotism / 335, 214(p)
nerve / 511(S), 127(t), 307(p)
nervous / 561(S), 264(R), 201(p)
nervy / 264(R)
nettle / 339(S), 339(N), 307(p)
neural / 307(p)

neurologist / 307(p)
neuron / 307(p)
neurotic / 307(p)
neutral / 509(S)
neutralize / 127(t), 307(p)
newborn / 332(R)
newfangled / 405(S)
nexus / 62(R)
nibble / 203(S), 150(C)
niche / 307(p)
nickname / 239(p)
niggard / 103(S)
niggardly / 346, 103(S), 307(p)
niggling / 307(p)
nightfall / 393(R)
nightmare / 371(S), 393(R)
nihilism / 62(R)
nimble / 614, 307(S), 150(C), 201(p)
nimbleness / 307(p)
Nimby / 307(p)
nitpicking / 499(S)
nitty-gritty / 346, 307(p)
nocturnal / 346, 201(p)
nocuous / 413(S)
noisome / 457(S), 127(t)
nomadic / 346, 239(p)
nomenclature / 466(R), 127(t), 307(p)
nominal / 286(R), 214(p)
nominate / 307(p)
non sequitur / 99(t)
nonage / 99(t)
nonbank / 99(t)
nonchalant / 560, 87(S), 561(S), 201(p)
noncommittal / 533(S)
non-committal / 51(a)
nonconformist / 51(a)
nonconformity / 307(p)
non-criminal / 307(p)
nondescript / 307(p)
nonentity / 307(p)
nonessential / 307(p)
nonexistent / 100(t)
nonfatal / 307(p)
non-fiction / 307(p)
nonflammable / 51(a), 148(C)
nonmoral / 51(a)
no-nonsense / 127(t)
nonpareil / 307(S), 51(a)
nonpartisan / 509(S), 567(S), 307(p)
nonplus / 415(S), 496(R), 51(a)
non-resistance / 307(p)
nonsense / 614
nontransparent / 307(p)
nonverbal / 100(t)
nonviolence / 51(a)
noodle / 614
norm / 214(p)
normal / 307(p)
normative / 307(p)
nosedive / 31(S)
nostalgia / 346
nosy / 346, 381(S)
notable / 307(p)
notably / 307(p)
note / 614
noted / 265(S), 127(t)
note-worthy / 265(S)
notice / 67(S), 150(C)
noticeable / 265(S), 239(p)
notification / 67(S)
notify / 615, 184(R), 67(N), 150(C), 307(p)
notion / 615, 184(R)
notorious / 346, 307(S), 191(p)
notoriously / 307(p)
nourish / 214(p)
nourishment / 307(p)
novel / 466(R)
novelty / 350(R), 239(p)
novice / 346, 289(S), 350(R), 466(R), 201(p)
now / 308(p)
noxious / 346, 413(S), 413(N), 214(p)
nubile / 147(S), 146(R)
nuclear / 239(p)
nucleus / 308(p)
nuisance / 215(p)
nullify / 469(S), 127(t), 215(p)
numb / 308(p)
numerical / 346, 312(R), 215(p)
numerous / 521(S), 264(R), 312(R), 239(p)
nuptial / 147(S), 146(R)
nurse / 615
nurture / 346, 215(p)
nutrition / 239(p)
nutritious / 127(t)
nutritive / 308(p)
nutty / 194(S), 308(p)
obduracy / 240(p)
obdurate / 376, 377(S), 215(p)
obedience / 308(p)
obedient / 615, 57(S), 240(p)
obeisance / 51(a)
obese / 376, 395(S), 308(p)
obesity / 240(p)
obey / 239(S), 240(p)
obfuscate / 415(S), 51(a), 308(p)
obituary / 52(a), 240(p)
object / 594
objectionable / 23(S), 150(C)
objective / 150(C), 240(p)
objurgate / 447(S), 52(a)
objurgation / 91(S)
oblation / 52(a)
obligate / 377(S)
obligation / 615, 191(p)
obligatory / 377(S), 240(p)
oblige / 376, 377(S), 377(N)
obliging / 103(S)
oblique / 378, 379(S), 150(C)
obliquely / 201(p)
obliterate / 378, 279(S), 287(R), 279(N), 201(p)
obliteration / 308(p)
oblivion / 378, 240(p)
oblivious / 191(p)
oblong / 378
obloquy / 378, 108(R)
obnoxious / 378, 23(S), 412(R), 215(p)
obscene / 378, 379(S), 215(p)
obscure / 594, 227(S), 533(S), 533(N), 191(p)
obscurity / 308(p)
obsequious / 380, 308(p)
observation / 201(p)
observe / 594, 97(S), 239(S), 148(R), 97(N), 308(p)
obsess / 380, 229(S), 100(R), 240(p)
obsession / 240(p)
obsolesce / 100(t)
obsolescence / 380(R)
obsolescent / 314(R)
obsolete / 380, 535(S), 314(R), 535(N), 191(p)
obstacle / 515(R), 215(p)
obstetrician / 52(a)
obstinacy / 308(p)
obstinate / 380, 377(S), 201(p)
obstreperous / 52(a)
obstruct / 380, 381(S), 152(R), 381(N), 308(p)
obtain / 615, 240(p)
obtrude / 380, 24(R), 280(R)
obtrusive / 381(S), 308(p)
obtuse / 382, 383(S), 138(C), 240(p)
obverse / 100(t), 308(p)
obviate / 382, 202(R), 240(p)
obvious / 615, 191(p)
obviously / 308(p)
occasion / 594
occidental / 382
occlude / 100(t), 308(p)
occult / 382, 383(S)
occupation / 308(p)
occupier / 454(R)
occupy / 594, 483(S)
occur / 594, 420(R), 308(p)
ochlophobia / 308(p)
octogenarian / 308(p)
ocular / 352(R), 127(t), 308(p)
odd / 259(S)
odds / 240(p)
odds and ends / 127(t)
odious / 346, 23(S), 201(p)
odor / 308(p)
odoriferous / 457(S)
odorous / 457(S), 127(t)
offal / 308(p)
offbeat / 259(S)
off-color / 379(S)
offend / 595, 21(S), 339(S)
offender / 161(S), 240(p)
offense / 308(p)
offensive / 215(p)
offer / 595
offering / 434(R)
offertory / 434(R), 100(t)
off-hand / 293(S)
official / 150(C)
officious / 346, 381(S), 150(C), 215(p)
off-line / 308(p)
offset / 125(S), 201(p)
offshoot / 249(S)
offspring / 347
off-the-cuff / 293(S)
ogle / 127(t), 308(p)
ointment / 308(p)
old / 535(N)
old hand / 308(p)
old-fashioned / 535(S), 535(N), 240(p)
olfactory / 456(R), 127(t)
oligarchy / 127(t)

oligopoly / 553(S)
omen / 425(S), 22(R), 308(p)
ominous / 347, 513(S), 22(R), 191(p)
omit / 264(R), 424(R), 496(R), 514(R)
omnibus / 560
omnipotent / 560, 290(R), 308(p)
omnipresent / 423(S), 52(a), 308(p)
omniscient / 265(S), 52(a), 201(p)
omnivore / 308(p)
omnivorous / 561, 202(R), 215(p)
on the level / 308(p)
one-dimensional / 411(S)
onerous / 347, 274(R), 240(p)
one-side / 423(S)
onlooker / 392(R)
only / 308(p)
onset / 615, 425(S), 100(R), 402(R), 215(p)
on-the-spot / 293(S)
ontological / 308(p)
ooze / 347, 265(S), 240(p)
opalescent / 333(S)
opaque / 347, 501(S), 150(C), 240(p)
op-ed / 309(p)
open / 489(S)
openhanded / 103(S)
opening / 425(S)
operatic / 309(p)
operator / 309(p)
ophthalmologist / 347, 309(p)
opiate / 309(p)
opine / 309(p)
opinion poll / 355(S)
opinionated / 377(S)
opponent / 382, 383(S), 126(R), 383(N)
opportune / 384, 384(S)
opportunistic / 309(p)
opportunity / 615
oppose / 615, 309(p)
opposite / 309(p)
opposition / 240(p)
oppress / 615, 469(S), 128(R), 194(R)
oppressive / 468(R), 240(p)
oppressor / 553(S)
opprobrious / 52(a)
opt (for) / 347, 309(p)
optical / 309(p)
optics / 309(p)
optimal / 309(p)
optimism / 309(p)
optimist / 309(p)
optimistic / 360, 445(S), 215(p)
optimum / 615, 309(p)
option / 42(R)
optional / 42(R)
opulence / 309(p)
opulent / 360, 291(S), 435(S), 162(R), 201(p)
oracle / 42(R)
oracular / 127(t), 309(p)
oral / 42(R)
oration / 306(R)
orator / 127(t), 240(p)
orb / 276(R)
orbit / 309(p)
ordain / 162(R), 312(R)
ordeal / 360, 229(S), 309(p)
ordered / 309(p)
ordinance / 360, 312(R), 150(C), 309(p)
ordinary / 385(S), 240(p)
ordnance / 150(C)
organ / 309(p)
organism / 240(p)
orgy / 240(p)
orient / 615, 309(p)
oriental / 216(R)
orientation / 216(R)
orifice / 273(S), 367(S)
original / 22(R)
originality / 240(p)
originate / 615, 22(R), 22(R)
ornament / 235(S), 43(R), 235(N), 309(p)
ornamental / 615
ornamentation / 309(p)
ornate / 360, 385(S), 43(R), 309(p)
orphan / 309(p)
orthodox / 404(R), 240(p)
orthography / 475(S)
oscillate / 561(S), 127(t)
ostensible / 384, 503(S), 150(C), 215(p)
ostensibly / 240(p)
ostentatious / 384, 385(S), 150(C), 201(p)
ostentatiously / 309(p)
ostracize / 360, 277(S), 240(p)
oust / 277(S), 240(p)
outbalance / 101(t)
outbreak / 615, 240(p)
outburst / 400, 309(p)
outcast / 481(S), 53(a), 309(p)
outcome / 615, 249(S), 508(R)
outcry / 400
outdated / 535(S), 54(a)
outdistance / 54(a)
outdo / 400, 401(S), 401(N), 153(C)
outer space / 309(p)
outfield / 615
outfit / 615, 77(S)
outgoing / 400
outgrow / 615
outgrowth / 309(p)
outing / 54(a)
outland / 392(R)
outlandish / 259(S), 54(a)
outlast / 54(a)
outlaw / 400, 161(S), 351(S), 309(p)
outlay / 400
outlet / 615, 309(p)
outline / 615, 33(S), 240(p)
outlive / 402
outlook / 615, 392(R)
outmaneuver / 101(t)
outmoded / 535(S), 535(N), 54(a), 309(p)
outnumber / 240(p)
out-of-date / 402
outpace / 101(t)
outperform / 101(t)
outpoll / 101(t)
outpost / 54(a)
outpouring / 101(t)
output / 615, 309(p)
outrage / 339(S), 215(p)
outrageous / 402, 303(S), 307(S)
outreach / 101(t)
outright / 402, 403(S), 153(C), 309(p)
outrun / 402, 401(S)
outsell / 101(t)
outset / 402, 100(R)
outshine / 401(S), 54(a)
outskirt / 402
outsmart / 101(t)
outsourcing / 309(p)
outspoken / 402, 403(S), 240(p)
outstanding / 595, 265(S), 380(R), 215(p)
outstretched / 403
outstrip / 401(S), 401(N), 54(a), 310(p)
outwardly / 310(p)
outweigh / 403, 240(p)
outwit / 415(S), 101(t)
outwork / 101(t)
outworn / 101(t)
ovation / 360
overall / 390, 391(S), 241(p)
overarching / 100(t)
overbearing / 390, 391(S)
overblown / 565(S)
overboard / 100(t)
overburden / 615
overcapitalize / 100(t)
overcast / 390
overcharge / 52(a)
overcome / 615, 483(S)
overcritical / 310(p)
overcrowd / 390
overdo / 100(t)
overdose / 100(t)
overdue / 390, 310(p)
overeat / 615
overestimate / 53(a)
overfeed / 310(p)
overflow / 615
overhang / 391
overhaul / 392, 310(p)
overhead / 615
overhear / 392
overindulge / 53(a)
overland / 392
overlap / 392
overload / 392
overlook / 392, 25(S), 393(S), 393(N), 201(p)
overnight / 393
overpass / 25(S), 53(a)
overplay / 100(t)
overpopulate / 53(a)
overpower / 394
overrate / 53(a)
overreach / 53(a)
override / 394, 469(S), 215(p)
overrule / 310(p)
overrun / 394, 402(R)
oversea(s) / 394
overseas / 341(S)
oversee / 53(a)
overshadow / 100(t), 310(p)
oversight / 241(p)
overspread / 615
overstatement / 310(p)
overstep / 239(S)

overt / 360, 310(p)
overtake / 615
overtax / 100(t)
overthrow / 486(S), 310(p)
overtime / 394
overture / 425(S), 425(N), 310(p)
overturn / 615, 486(S), 310(p)
overused / 122(S)
overview / 615
overweening / 391(S), 53(a), 310(p)
overweight / 394, 395(S)
overwhelm / 395, 215(p)
overwhelming / 201(p)
overwork / 615
overwrought / 561(S), 100(t)
ovoid / 140(C)
owe / 310(p)
oxymoron / 310(p)
pace / 615, 310(p)
pacific / 64(R)
pacification / 310(p)
pacifist / 64(R)
pacify / 65(S), 215(p)
pack / 122(R)
pact / 122(R), 326(R)
paddle-wheeler / 310(p)
pagan / 467(S), 127(t), 310(p)
page / 615, 310(p)
pain / 229(S), 229(N)
painful / 229(S)
painkiller / 65(S)
painstaking / 360, 75(S)
palatable / 360, 315(S), 150(C), 215(p)
palatal / 150(C)
palatial / 127(t), 150(C)
palaver / 127(t)
pale / 241(p)
paleontologist / 310(p)
palliate / 360, 65(S)
pallid / 360, 62(R), 241(p)
pallor / 62(R)
palm / 127(t)
palm off / 310(p)
palpable / 361, 150(C), 191(p)
palpitate / 150(C)
palter / 533(S)
paltry / 361, 315(S), 215(p)
pamper / 365(S)
pampered / 310(p)
pamphlet / 127(t)
pan / 615, 187(S)
pan out / 310(p)
panacea / 562, 563(S), 215(p)
panchromatic / 101(t)
pandemic / 341(S), 423(S), 54(a), 310(p)
pandemonium / 123(S), 55(a), 310(p)
pander / 365(S), 127(t)
panegyric / 562, 281(S), 310(p)
panegyrize / 281(S)
pang / 615, 229(S), 229(N)
panic / 615, 371(S)
panicky / 310(p)
panoply / 101(t), 310(p)
panorama / 615
pant / 615
pantheism / 467(S), 86(R), 55(a)
pantheon / 101(t)
pantomime / 562
par / 222(R), 312(R)
parable / 404, 234(R), 310(p)
parachute / 615, 62(R)
paradigm / 404, 241(p)
paradise / 615
paradox / 404
paradoxical / 215(p)
paragon / 55(a), 310(p)
paragraph / 615
parallel / 595, 310(p)
paralysis / 404, 310(p)
paralyze / 615, 99(S), 310(p)
parameter / 102(t), 150(C)
paramnesia / 461(S)
paramount / 404, 405(S), 496(R), 150(C), 241(p)
paramour / 102(t)
paranoia / 55(a)
paranormal / 383(S), 102(t), 311(p)
parapet / 102(t)
paraphernalia / 55(a)
paraphrase / 404, 405(N)
parasite / 55(a)
parasol / 62(R)
parch / 197(S), 150(C)
pardon / 615, 25(S), 84(R), 90(R), 136(R), 25(N)
paregoric / 65(S)
parenthesis / 55(a)
pariah / 311(p)
parish / 55(a), 150(C)
parition / 63(S)
parity / 361, 311(p)
parlance / 128(t)
parley / 128(t)
parliament / 615
parlor / 615
parochial / 423(S), 102(t), 311(p)
parody / 197(S), 503(S), 56(a)
parole / 311(p)
paroxysm / 102(t)
parrot / 503(S)
parry / 263(S), 150(C)
parsimonious / 361, 103(S), 201(p)
parsimony / 241(p)
part / 567(S), 241(p)
partial / 361, 423(S), 326(R), 311(p)
partiality / 423(S), 311(p)
participant / 448(R)
participate / 170(R), 338(R), 424(R)
participation / 311(p)
particle / 311(p)
particular / 305(S), 355(S), 241(p)
partisan / 213(S), 213(N), 311(p)
partner / 35(S)
parvenu / 44(R)
pass away / 241(p)
passing / 253(S), 311(p)
passion / 215(p)
passionate / 51(S), 124(R), 241(p)
passive / 122(R), 128(t)
paste / 311(p)
pastoral / 361, 521(S)
patch / 475(S)
patent / 361, 265(S)
paterfamilias / 361, 311(p)
paternal / 412(R)
paternity / 128(t), 311(p)
pathetic / 199(S), 140(C), 201(p)
pathetic(al) / 372
pathfinder / 425(S)
pathological / 311(p)
pathology / 90(R)
pathway / 241(p)
patience / 311(p)
patient / 311(p)
patriarch / 372, 84(R)
patricide / 311(p)
patrimony / 412(R), 128(t), 311(p)
patriot / 311(p)
patriotism / 311(p)
patron / 372
patronize / 213(S)
paucity / 128(t), 311(p)
pauper / 332(R)
payoff / 241(p)
peacemaker / 73(S)
peasant / 128(t), 241(p)
peccadillo / 369(S), 128(t)
peculate / 290(R)
peculiar / 615, 259(S), 241(p)
peculiarity / 311(p)
pecuniary / 372, 290(R), 241(p)
pedagogical / 311(p)
pedagogics / 311(p)
pedagogue / 372, 240(R)
pedantic / 372, 265(S)
peddle / 225(S)
peddling / 315(S)
pedestal / 276(R), 328(R), 128(t)
pedestrian / 276(R), 241(p)
pediatrician / 240(R), 150(C)
pedigree / 328(R), 128(t)
peek / 311(p)
peep / 97(S)
peer / 222(R), 201(p)
peerage / 311(p)
peerless / 372, 307(S)
peeve / 339(S), 339(N)
peevish / 305(S)
pejorate / 189(S)
pejoration / 326(R)
pejorative / 241(p)
pell-mell / 123(S), 128(t)
pellucid / 501(S), 460(R), 501(N)
pen name / 301(S)
penal / 372, 311(p)
penalty / 298(R)
penance / 372, 129(S), 311(p)
penchant / 372, 433(S), 433(N), 311(p)
pendant / 128(t)
pending / 329(S)
pendulous / 311(p)
penetrate / 615, 273(S), 311(p)
penetrating / 343(S)
penitence / 129(S), 129(N), 311(p)
penitent / 372, 161(S)
penmanship / 311(p)
penniless / 291(S), 291(N)

pennypincher / 103(S)
penny-pinching / 103(S)
pension / 372, 124(R), 311(p)
pensive / 373, 215(p)
pensively / 241(p)
penurious / 373, 291(S), 311(p)
penury / 311(p)
people / 483(S)
perambulate / 102(t)
perceive / 615, 290(R), 201(p)
perception / 420(R), 201(p)
perceptive / 290(R)
perch / 150(C)
percolate / 56(a), 150(C), 311(p)
percussion / 56(a)
perdition / 56(a)
perdure / 102(t)
peregrination / 56(a)
peremptory / 410, 377(S)
perennial / 410, 289(S), 215(p)
perfect / 615, 153(S)
perfidious / 411(S), 311(p)
perfidy / 410, 411(S), 136(R), 215(p)
perforate / 273(S), 150(C)
perforation / 311(p)
perforce / 458(R), 128(t)
perform / 595, 241(p)
performance / 201(p)
perfume / 615, 311(p)
perfunctory / 410, 411(S), 191(p)
perfuse / 56(a)
periapt / 102(t)
perigee / 102(t)
peril / 615
perimeter / 57(a), 150(C)
period / 616, 501(S), 253(N)
periodically / 312(p)
periostitis / 312(p)
peripatetic / 57(a)
peripheral / 102(t), 241(p)
periphery / 562
periphrastic / 102(t)
periscope / 57(a)
perish / 616, 299(S), 500(R), 150(C), 312(p)
perishable / 458(R)
peristyle / 103(t)
perjure / 312(p)
perjury / 410
perk / 312(p)
permanent / 616, 289(S), 461(R), 215(p)
permanently / 312(p)
permeable / 312(p)
permeate / 410, 241(p)
permissive / 341(S), 312(p)
permit / 616, 500(R)
pernicious / 412, 413(S), 378(R), 413(N), 201(p)
perorate / 153(S)
peroration / 102(t)
perpendicular / 56(a), 312(p)
perpetrate / 412, 150(C)
perpetual / 616, 289(S), 302(R), 438(R), 201(p)
perpetuate / 437(S), 150(C), 191(p)
perplex / 616, 415(S), 126(R), 312(p)
perplexing / 312(p)
perquisite / 553(S), 56(a), 151(C)
persecute / 412, 469(S), 148(R), 439(R), 150(C), 241(p)
persevere / 412
persevering / 377(S)
persiflage / 102(t)
persist / 595, 196(R), 484(R), 215(p)
persistence / 312(p)
persistent / 377(S), 191(p)
personable / 616, 201(S)
personal / 150(C)
personality / 79(S), 225(N), 150(C)
personalize / 616
personalty / 150(C)
personnel / 150(C)
perspective / 412, 150(C), 312(p)
perspicacious / 412, 343(S), 150(C)
perspicuity / 312(p)
perspicuous / 108(R), 150(C), 215(p)
perspiration / 56(a)
perspire / 502(R)
persuade / 616, 43(S), 427(S), 76(R), 427(N), 201(p)
persuasion / 161(S)
persuasive / 111(S), 226(R)
pert / 315(S), 128(t)
pertain / 414, 24(R)
pertinacious / 377(S), 57(a)
pertinent / 616, 384(S), 191(p)
perturb / 414, 415(S), 415(N), 312(p)
perusal / 312(p)
peruse / 414, 312(p)
pervade / 414, 266(R)
pervasive / 423(S), 191(p)
perverse / 414, 377(S), 150(C), 312(p)
perversion / 474(R)
pervert / 414, 228(R), 298(R), 486(R), 150(C)
pervious / 102(t)
pessimism / 312(p)
pessimistic / 373, 241(p)
pester / 229(S), 339(S), 145(C), 312(p)
petard / 312(p)
peter / 312(p)
petition / 251(S), 328(R), 251(N), 215(p)
petrified / 241(p)
petrify / 373, 99(S), 312(p)
petty / 315(S), 215(p)
petulance / 312(p)
petulant / 373, 305(S), 328(R)
phantasm / 63(S)
phantasmagoric / 128(t), 312(p)
phantasmatic / 312(p)
phantom / 63(S)
pharmaceutical / 312(p)
phase / 616
phenomenal / 616, 215(p)
phenomenon / 201(p)
philander / 312(p)
philanthropic / 103(S), 312(p)
philanthropist / 373, 312(p)
philistine / 128(t), 312(p)
philology / 150(C)
philosopher / 312(p)
philosophical / 312(p)
philosophize / 312(p)
phlegmatic / 87(S), 87(N)
phlegmatic(al) / 373
phon(e)y / 373
phonograph / 312(p)
phony / 171(S), 150(C), 241(p)
photosynthesis / 241(p)
phrase / 404(R)
phrasing / 404(R)
physical / 616, 312(p)
physician / 313(p)
physiognomy / 127(S), 127(N)
physiological / 313(p)
physiologist / 386, 313(p)
physiology / 150(C)
picayune / 315(S)
pickle / 325(S), 539(S), 325(N), 145(C)
picky / 305(S)
pictorial / 313(p)
picture / 186(R)
picturesque / 186(R)
piddling / 315(S)
piece / 313(p)
pierce / 616, 273(S), 313(p)
piercing / 343(S)
piety / 290(R)
pigheaded / 377(S)
pigment / 145(C)
pile / 124(R), 150(C)
pilgrim / 616
pillage / 386, 189(S)
pillory / 187(S), 128(t)
pillow / 313(p)
pilot / 313(p)
pimple / 313(p)
PIN / 313(p)
pinchbeck / 313(p)
pinched / 291(S)
pinkslip / 189(S)
pinnacle / 386, 313(p)
pinpoint / 313(p)
pioneer / 425(S), 215(p)
pioneering / 405(S)
pious / 386, 149(S), 313(p)
pipe dream / 183(S), 313(p)
piquant / 386, 301(S)
pique / 128(t)
piracy / 313(p)
pirate / 616, 313(p)
piscatorial / 128(t)
piscina / 313(p)
pit / 313(p)
pitch / 561(S), 313(p)
pitfall / 313(p)
pithy / 386, 137(S), 313(p)
pitiable / 199(S)
pitiless / 301(S)
pity / 616, 123(S), 123(N)
pivot / 313(p)
pivotal / 315(S), 215(p)
placable / 124(R)
placate / 386, 65(S), 124(R), 241(p)
place / 313(p)
placement / 224(R)
placid / 386, 124(R), 145(C), 313(p)
plagiarism / 386, 215(p)
plagiarize / 313(p)
plague / 229(S), 128(t), 150(C), 313(p)

(r) 어근 관련 (s) 동의어보감 (n) 뉘앙스 (a) 고급어휘(실력팩) (t) 최고급어휘(실력팩) (c) 혼동어휘(실력팩) (p) 우선순위 기출어휘(실력팩)

plain / 595, 129(S), 385(S), 403(S), 313(p)
plaintiff / 313(p)
plaintive / 386, 195(S), 241(p)
plangent / 195(S), 313(p)
plant / 616
plantation / 330(R)
plaque / 150(C)
plaster / 313(p)
plastic / 487(S), 241(p)
plasticity / 313(p)
plateau / 313(p)
platform / 616
platitude / 386, 122(S), 201(p)
platitudinarian / 122(S)
plaudit / 386, 281(S)
plausible / 387, 111(S), 64(R), 201(p)
play / 313(p)
playwright / 313(p)
plea / 146(C), 313(p)
plead / 251(S), 251(N)
pleasant / 103(S)
please / 365(S)
pleased / 201(p)
plebeian / 387, 122(S)
plebiscite / 128(t)
pledge / 616, 313(p)
plenary / 387, 153(S), 124(R), 186(R), 468(R), 313(p)
plenipotentiary / 153(S)
plenteous / 435(S), 435(N)
plentiful / 435(S), 468(R), 435(N)
plenty / 314(p)
plethora / 387, 435(S), 241(p)
pliable / 57(S), 487(S), 488(R)
pliant / 387, 57(S), 487(S), 241(p)
plight / 539(S), 146(C), 191(p)
plot / 616, 115(S), 115(S)
plotter / 314(p)
plow / 146(C)
plowable / 314(p)
pluck / 511(S)
plucky / 511(S)
plumb / 387, 62(R), 150(C)
plumber / 62(R)
plumbing / 314(p)
plume / 314(p)
plummet / 31(S)
plump / 387, 395(S), 150(C), 314(p)
plunder / 189(S)
plunge / 325(S), 325(N)
plunge (into) / 616
plural / 496(R)
pluralism / 314(p)
plush / 146(C)
plutocracy / 241(p)
plutocratic / 314(p)
ply / 128(t), 314(p)
pneumatic / 128(t), 314(p)
pneumograph / 314(p)
pneumonia / 314(p)
podiatrist / 150(C)
podium / 129(t), 314(p)
poignancy / 314(p)
poignant / 387, 301(S), 128(R), 241(p)
point-blank / 129(t), 314(p)
pointless / 241(p)
poised / 561(S)
poisonous / 396, 413(S), 241(p)
poker / 314(p)
polemic / 396, 169(S), 314(p)
policymaker / 314(p)
polish / 314(p)
polite / 150(C)
politic / 396, 215(S), 150(C)
political party / 314(p)
politics / 150(C)
poll / 216(p)
pollster / 314(p)
pollutant / 616, 314(p)
pollute / 314(p)
poltroon / 371(S)
polyandry / 103(t)
polychromatic / 314(p)
polyethnic / 314(p)
polygamy / 562
polyglot / 57(a), 150(C)
polygon / 103(t)
polygraph / 150(C), 314(p)
polymath / 103(t)
polytechnic / 314(p)
polytheism / 57(a)
polytheistic / 314(p)
pommel / 97(S)
pompous / 391(S), 565(S), 129(t), 216(p)
ponder / 616, 241(p)
ponderous / 222(R), 241(p)
pony / 150(C)
poor / 291(S), 291(N)
populace / 242(p)
popular / 314(p)
popularity / 314(p)
popularization / 314(p)
populate / 483(S)
population / 314(p)
pore / 314(p)
pornographic / 379(S)
porous / 242(p)
port / 129(t)
portable / 186(R), 384(R), 150(C), 314(p)
portal / 129(t), 314(p)
portent / 425(S), 150(C), 242(p)
portentous / 314(p)
porter / 315(p)
portion / 224(R)
portly / 395(S)
portray / 315(p)
pose / 315(p)
position / 315(p)
positive / 242(p)
possess / 315(p)
posterior / 562
posterity / 616, 426(R), 242(p)
posthumous / 562, 216(p)
posthumously / 315(p)
postmortem / 563, 315(p)
postnatal / 141(S)
postpone / 616, 209(S), 382(R), 426(R), 242(p)
postscript / 563
postulate / 497(S), 129(t), 315(p)
postulation / 150(C)
posture / 315(p)
potable / 396, 150(C), 242(p)
potent / 150(C), 315(p)
potential / 191(p)
potentiality / 315(p)
potpourri / 549(S)
pottery / 315(p)
pound / 97(S)
pour / 315(p)
poverty / 332(R), 242(p)
poverty-stricken / 291(S), 291(N)
power / 315(p)
power outage / 315(p)
powerful / 236(R)
powerless / 236(R), 394(R)
practicable / 563(S), 315(p)
practical / 563(S), 292(R), 216(p)
practicality / 315(p)
practice / 596
practitioner / 315(p)
pragmatic / 396, 563(S), 292(R), 201(p)
pragmatist / 315(p)
pragmatize / 315(p)
prairie / 315(p)
praise / 187(S), 281(S), 281(S)
prank / 315(p)
prankster / 315(p)
prate / 129(t), 315(p)
pray / 616, 251(N)
preach / 616
preacher / 315(p)
preamble / 425(S), 425(N), 57(a)
prearrange / 103(t)
precarious / 396, 489(S), 188(R), 191(p)
precariously / 315(p)
precaution / 616
precede / 616, 298(R), 514(R), 151(C), 202(p)
precedent / 503(S), 315(p)
precept / 420, 253(S), 448(R), 315(p)
precinct / 57(a)
precious / 64(R)
precipitate / 420, 275(S), 421(S), 150(C), 202(p)
precipitately / 216(p)
precipitous / 150(C), 242(p)
precis / 33(S), 216(p)
precise / 616, 485(S), 533(S), 315(p)
precision / 216(p)
preclude / 420, 242(p)
precocious / 134(R), 58(a), 151(C)
precocity / 315(p)
preconception / 423(S)
precursor / 420, 425(S), 216(p)
predacious / 315(p)
predation / 188(R)
predator / 129(t), 242(p)
predecessor / 420
predestine / 58(a)
predetermine / 421
predicament / 422, 539(S), 242(p)
predicate / 422, 259(S), 151(C)
predict / 616, 102(R), 151(C), 216(p)
predilection / 422, 423(S), 315(p)
predispose / 422
predisposed / 315(p)
predominant / 423(S)
predominate / 422

preeminent / 422
preempt / 410(R), 58(a)
preemption / 455(R)
preengage / 103(t)
pre-existing / 315(p)
prefabricate / 58(a)
preface / 616, 425(S), 425(N), 315(p)
prefecture / 103(t)
prefer / 596
preferable / 208(R)
preference / 423(S), 315(p)
preferential / 423(S)
preferment / 315(p)
pregnant / 423, 242(p)
prehensile / 66(R), 292(R)
prehistoric / 424, 535(S), 315(p)
prejudgement / 423(S)
prejudice / 616, 423(S), 315(p)
prejudiced / 423(S), 316(p)
prelate / 103(t)
preliminary / 616, 425(S), 242(p)
preliterate / 535(S), 103(t), 316(p)
prelude / 424, 425(S), 425(N), 316(p)
premature / 424, 184(R), 288(R), 151(C), 216(p)
prematurely / 316(p)
premeditate / 103(t)
premise / 424, 460(R), 151(C), 242(p)
premium / 405(S), 58(a)
premonition / 424, 425(S), 42(R), 460(R)
prenatal / 216(p)
preoccupation / 423(S), 316(p)
preoccupy / 424, 454(R), 514(R)
preordain / 103(t)
prepare / 596, 62(R), 318(R)
preponderance / 438(R), 316(p)
preponderant / 222(R), 103(t)
prepossess / 103(t)
preposterous / 426, 303(S), 216(p)
prerequisite / 58(a), 151(C), 216(p)
prerogative / 426, 366(R), 242(p)
presage / 426, 425(S)
preschool / 316(p)
prescience / 426
prescient / 103(t), 242(p)
prescribe / 426, 108(R), 484(R), 151(C), 242(p)
prescribed / 316(p)
prescription / 202(p)
presence / 185(S)
present / 596, 242(p)
presentiment / 425(S), 58(a), 242(p)
preservation / 242(p)
preserve / 616, 202(p)
preside / 616, 352(R), 484(R)
presidency / 216(p)
press / 275(S), 275(N), 316(p)
pressing / 616, 329(S), 329(S), 468(R)
prestige / 426, 216(p)
prestigious / 316(p)
presumably / 316(p)
presume / 596, 316(p)
presumed / 316(p)
presumptive / 151(C)
presumptuous / 315(S), 151(C), 242(p)
presuppose / 58(a)
pretend / 596, 503(S), 202(p)
pretense / 316(p)
pretentious / 391(S), 216(p)
preternatural / 383(S), 103(t)
pretext / 426, 158(R), 316(p)
prevail / 427, 427(N), 202(p)
prevailing / 423(S)
prevalence / 316(p)
prevalent / 423(S), 266(R), 191(p)
prevaricate / 533(S), 58(a)
prevent / 616, 242(p)
preventable / 242(p)
preventive / 316(p)
preview / 616
previous / 616, 316(p)
previously / 316(p)
previse / 103(t)
prey / 616, 188(R), 242(p)
priceless / 317(S), 64(R), 242(p)
prick / 275(S)
prim / 209(S), 305(S), 151(C)
primarily / 616, 242(p)
primary / 405(S)
prime / 396, 405(S), 151(C), 242(p)
primeval / 535(S)
primitive / 535(S), 242(p)
primordial / 535(S), 129(t)
primp / 151(C)
principal / 315(S), 405(S), 212(R), 151(C), 242(p)
principle / 212(R), 151(C), 242(p)
prior / 242(p)
priority / 216(p)
pristine / 396, 242(p)
private / 616
privation / 316(p)
privatize / 396
privilege / 286(R), 242(p)
privy / 489(S)
prize / 617, 316(p)
pro / 104(t)
probability / 292(R)
probable / 292(R)
probation / 66(R), 129(t), 151(C), 316(p)
probationer / 289(S)
probe / 355(S), 355(S), 66(R), 355(N), 216(p)
probity / 396, 403(S), 316(p)
problem / 617
problematic / 404(R)
proboscis / 104(t)
procedure / 242(p)
proceed / 596, 298(R), 151(C)
proceeds / 553(S), 316(p)
process / 617, 243(p)
pro-choice / 316(p)
proclaim / 617, 216(p)
proclamation / 448(R)
proclivity / 432, 433(S), 34(R), 433(N), 216(p)
procrastinate / 432, 433(S), 202(p)
procure / 617, 216(p)
prod / 275(S), 354(S)
prodigal / 432, 385(S), 437(S), 151(C), 243(p)
prodigious / 432, 433(S), 216(p)
prodigy / 151(C)
produce / 617
production / 316(p)
productive / 202(p)
productivity / 243(p)
profane / 434, 291(S), 316(p)
profess / 434, 316(p)
profession / 434(R)
proffer / 434, 138(R)
proficiency / 316(p)
proficient / 434, 45(S)
profile / 434, 127(S)
profiler / 104(t)
profit / 596, 553(S), 243(p)
profitable / 216(p)
profligate / 437(S), 58(a), 243(p)
profound / 617, 383(S), 151(C), 191(p)
profundity / 316(p)
profuse / 434, 385(S), 435(S), 138(R), 435(N), 202(p)
profusion / 243(p)
progenitor / 111(R), 456(R), 104(t)
progeny / 111(R), 180(R), 59(a), 151(C), 216(p)
prognathous / 104(t)
prognosticate / 436, 316(p)
prognosticator / 316(p)
progressive / 243(p)
prohibit / 617, 351(S), 350(R), 351(N), 202(p)
prohibition / 316(p)
prohibitive / 317(S), 316(p)
project / 596, 317(p)
projectile / 104(t)
proletariat / 436(R), 59(a)
pro-life / 104(t), 317(p)
proliferate / 436(R), 59(a), 243(p)
proliferation / 243(p)
prolific / 436, 191(p)
prolix / 137(S), 59(a), 317(p)
prolixity / 317(p)
prologue / 209(S), 425(S), 425(N), 59(a)
prolong / 436, 437(S), 437(N), 216(p)
promenade / 104(t)
prominent / 436, 265(S), 264(R), 326(R), 422(R), 191(p)
promiscuous / 436, 437(S), 317(p)
promise / 151(C)
promising / 436, 445(S)
promontory / 59(a)
promote / 617, 191(p)
promotion / 317(p)
prompt / 617, 275(S), 332(R), 202(p)
promptitude / 332(R)
promptly / 317(p)
promulgate / 438, 225(S), 216(p)
prone / 396, 489(S), 151(C), 216(p)
pronounce / 596, 186(R), 466(R), 317(p)
pronunciation / 317(p)
proof / 317(p)
proofread / 475(S)
prop / 216(p)
propaganda / 617
propagate / 225(S), 202(p)
propel / 438, 243(p)
propensity / 438, 433(S), 64(R), 433(N), 216(p)
proper / 597, 384(S), 292(R)
property / 79(S), 291(S), 292(R), 79(N), 151(C), 202(p)
prophecy / 243(p)
prophesy / 438
prophylactic / 104(t)

propinquity / 104(t), 317(p)
propitiate / 65(S), 59(a), 317(p)
propitious / 438, 384(S), 445(S), 243(p)
proponent / 126(R), 59(a), 317(p)
proportion / 597, 243(p)
proportional / 438
proportionate / 117(S)
propose / 617
proposition / 317(p)
propound / 151(C), 317(p)
proprietary / 317(p)
proprietor / 151(C)
propriety / 438, 439(S), 66(R), 298(R), 151(C), 317(p)
prorogue / 104(t)
prosaic / 137(S), 59(a), 317(p)
proscenium / 378(R)
proscribe / 439, 484(R), 499(R), 151(C), 202(p)
prose / 317(p)
prosecute / 439, 329(S), 148(R), 412(R), 150(C)
prosecution / 317(p)
proselyte / 467(S)
prosody / 129(t)
prospective / 444, 445(S), 150(C)
prospectus / 104(t)
prosper / 444, 243(p)
prosperity / 317(p)
prostate / 151(C)
prostitute / 104(t)
prostrate / 60(a), 151(C)
protagonist / 564, 565(S), 90(R)
protean / 563(S), 104(t), 243(p)
protect / 617, 243(p)
protest / 617, 259(S), 200(R), 259(N), 317(p)
Protestant / 317(p)
protocol / 564, 439(S)
protoplasm / 60(a)
prototype / 564
protozoan / 60(a)
protract / 444, 437(S), 437(N), 317(p)
protrude / 444, 358(R), 216(p)
proud / 317(p)
prove / 617
provenance / 105(t), 317(p)
provender / 129(t)
proverb / 617, 253(S), 317(p)
provide / 597
provided / 317(p)
providence / 292(R)
provident / 151(C)
providential / 151(C)
province / 617
provincial / 423(S), 521(S)
provision / 292(R), 474(R), 216(p)
provisional / 253(S), 243(p)
proviso / 60(a)
provocation / 617, 317(p)
provocative / 201(S)
provoke / 339(S), 50(R), 272(R), 475(R), 339(N)
prowess / 396, 511(S), 202(p)
prowl / 129(t), 317(p)
proximity / 397, 66(R), 216(p)
proximo / 66(R)
proxy / 397, 317(p)
prudent / 444, 215(S), 445(S), 202(p)
prudish / 209(S), 129(t), 317(p)
prune / 567(S), 151(C)
prurient / 379(S), 129(t)
prying / 397, 381(S), 317(p)
pseudonym / 397, 301(S), 301(N), 216(p)
psyche / 129(t), 317(p)
psychiatric / 317(p)
psychiatrist / 397, 151(C)
psychological / 216(p)
psychologically / 317(p)
psychologist / 151(C), 202(p)
psychology / 617
psychotherapist / 317(p)
psychotic / 194(S)
puberty / 317(p)
publicity / 318(p)
publicize / 318(p)
pudency / 292(R), 470(R)
pudgy / 395(S)
puerile / 318(p)
puffed-up / 391(S)
pugilist / 318(p)
pugnacious / 397, 101(S), 243(p)
puissant / 313(S)
pulchritude / 129(t)
pull / 243(p)
pulsate / 468(R), 129(t)
pumpkin / 617
punch / 97(S)
punctilious / 397, 305(S), 151(C), 318(p)
punctual / 128(R), 278(R), 151(C), 217(p)
punctuality / 617, 318(p)
punctuate / 397, 151(C), 243(p)
puncture / 273(S), 151(C)
pundit / 406, 318(p)
pungent / 406, 301(S)
pungently / 318(p)
punishment / 298(R), 318(p)
punitive / 129(t)
puny / 315(S)
purchase / 617, 318(p)
pure / 243(p)
purge / 406, 243(p)
purify / 290(R), 243(p)
purist / 318(p)
puritanical / 437(S), 129(t), 243(p)
purity / 318(p)
purport / 444, 259(S), 186(R), 445(N), 318(p)
purpose / 597
pursuant / 318(p)
pursue / 617, 248(R), 318(p)
purvey / 104(t)
purview / 104(t)
push / 377(S)
pushover / 181(S)
pushy / 318(p)
pusillanimous / 371(S), 318(p)
puss / 127(S), 127(N)
put off / 191(p)
putative / 406, 470(R), 318(p)
put-down / 318(p)
put-on / 318(p)
putrid / 457(S), 129(t), 318(p)
puzzle / 415(S)
puzzling / 617, 383(S)
quack / 406, 181(S), 243(p)
quaff / 203(S)
quagmire / 539(S)
quail / 449(S)
quaint / 259(S), 318(p)
quake / 561(S)
qualified / 243(p)
qualify / 617, 318(p)
quality / 79(S), 79(N)
qualm / 406, 129(N)
qualms / 129(S), 217(p)
quandary / 406, 539(S), 243(p)
quantity / 318(p)
quarantine / 481(S)
quarrel / 318(p)
quarrelsome / 101(S)
quarry / 318(p)
quarter / 151(C)
quarterly / 406, 318(p)
quash / 483(S)
quaver / 561(S)
queasy / 23(S), 129(t)
queer / 259(S)
quell / 406, 483(S), 243(p)
quench / 365(S)
querulous / 406, 305(S)
query / 355(S), 318(p)
quest / 318(p)
question / 355(S)
questionnaire / 318(p)
quibble / 533(S), 129(t)
quick-moving / 318(p)
quiescent / 34(R), 498(R), 138(C)
quietly / 318(p)
quietude / 34(R)
quintessence / 406
quintessential / 243(p)
quip / 130(t)
quirk / 130(t)
quirky / 67(S)
quit / 197(S)
quiver / 561(S), 130(t)
quixotic / 406, 303(S)
quota / 151(C)
quotation / 151(C)
quote / 617
rabid / 305(S), 246(R), 130(t), 318(p)
rabies / 246(R)
race / 617
racial / 318(p)
racism / 130(t)
rack / 469(S), 318(p)
radiant / 333(S), 319(p)
radiate / 225(S), 265(S)
radiation / 243(p)
radical / 264(R), 525(R), 191(p)
radicalize / 264(R)
radio signal / 319(p)
radio wave / 319(p)
radioactive / 498(R)
rage / 617, 305(S), 305(S), 319(p)
ragged / 513(S), 130(t), 151(C)
raillery / 319(p)
raiment / 77(S)
rain / 617
raise / 597, 173(S), 217(p)

rally / 597, 147(S), 459(S), 514(R)
rambling / 199(S), 319(p)
ramification / 407, 249(S), 567(S), 202(p)
ramp / 130(t)
rampant / 423(S), 151(C), 217(p)
rampart / 60(a), 151(C)
ramshackle / 319(p)
rancid / 407, 457(S), 243(p)
ranco(u)r / 407, 91(N)
rancor / 91(S)
random / 304(S), 319(p)
randomly / 617
range / 617, 194(R)
rank / 267(S)
rank and file / 122(S)
rankle / 229(S), 243(p)
ransack / 407, 189(S), 189(S), 243(p)
ransom / 446, 455(S), 455(R), 455(N)
rant / 447(S), 130(t)
rapacious / 407, 515(S), 488(R), 319(p)
rapidly / 243(p)
rapport / 60(a), 319(p)
rapprochement / 105(t)
rapture / 617, 488(R)
rapturous / 319(p)
rare / 617, 319(p)
rarity / 319(p)
rash / 293(S)
rate / 617, 267(S), 281(S), 447(S), 98(R), 267(N), 447(N)
ratify / 471(S), 191(p)
ratio / 318(R)
ration / 617, 55(S), 318(R), 55(N), 319(p)
rational / 407, 111(S)
rationalize / 319(p)
rattle / 415(S)
raucous / 407, 319(p)
ravage / 407, 211(S), 152(C)
rave / 281(S), 143(C)
ravel / 217(S), 217(S)
raven / 143(C)
ravening / 130(t)
ravenous / 416, 515(S)
raw / 289(S)
raze / 416, 211(S), 211(N), 151(C)
razor / 151(C)
react / 446, 319(p)
reaffirm / 319(p)
real / 171(S)
realism / 319(p)
realistic / 563(S), 319(p)
reality / 151(C)
realm / 416
real-McCoy / 171(S)
realty / 151(C)
reap / 148(C)
rear / 319(p)
reason / 243(p)
reasonable / 111(S), 217(p)
reasoning / 243(p)
rebate / 446
rebel / 617
rebellion / 525(S), 525(N), 319(p)
rebellious / 411(S), 217(p)
reborn / 332(R)
rebound / 105(t)
rebuff / 471(S), 243(p)
rebuke / 446, 281(S), 447(S), 447(N), 243(p)
rebut / 457(S), 60(a)
rebuttal / 319(p)
recalcitrant / 377(S), 60(a), 319(p)
recall / 617, 461(S), 469(S)
recant / 446, 469(S), 236(R), 319(p)
recapitulate / 33(S), 459(S), 459(N), 61(a), 217(p)
recapitulation / 33(S)
recapture / 105(t), 244(p)
recede / 448, 485(S), 172(R), 319(p)
receive / 597
recently / 319(p)
reception / 244(p)
receptionist / 319(p)
recess / 32(R)
recession / 175(S), 244(p)
recessive / 319(p)
recidivism / 61(a), 319(p)
recipe / 448
recipient / 244(p)
reciprocal / 448, 202(p)
reciprocate / 449(S)
recite / 598, 338(R)
reckless / 293(S), 202(p)
reckon / 416, 497(S), 319(p)
reclaim / 448, 32(R), 244(p)
recline / 448
recluse / 448
reclusive / 319(p)
recognition / 217(p)
recognizable / 319(p)
recognize / 617, 244(p)
recoil / 448, 449(S), 319(p)
recollect / 617, 461(S)
recollection / 461(N)
recommence / 319(p)
recommend / 617, 43(S), 116(R)
recompense / 449, 125(S)
reconcile / 454, 134(R), 217(p)
reconciliation / 217(p)
recondite / 454, 383(S), 24(R), 151(C), 244(p)
recondition / 151(C)
reconnaissance / 61(a), 319(p)
reconnoiter / 105(t), 319(p)
reconstruct / 617, 320(p)
record / 617
recount / 105(t)
recoup / 125(S), 105(t)
recourse / 454, 244(p)
recover / 617
recovery / 320(p)
recreant / 105(t)
recreation / 617
recriminate / 61(a)
recrudescence / 105(t)
recruit / 454, 289(S)
rectify / 416, 475(S), 44(R), 510(R), 320(p)
rectitude / 416, 44(R), 320(p)
recumbent / 183(S), 61(a), 148(C)
recuperate / 454, 514(R), 244(p)
recuperative / 320(p)
recur / 454, 134(R)
recurrent / 251(S), 320(p)
recurring / 320(p)
recusant / 105(t), 320(p)
recyclable / 320(p)
recycle / 61(a)
red / 320(p)
red face / 320(p)
red herring / 320(p)
redeem / 455, 125(S), 449(S), 455(S), 274(R), 446(R), 455(N), 143(C), 320(p)
redemption / 410(R)
red-hot / 320(p)
redolent / 456, 457(S)
redouble / 617
redoubtable / 456
redound / 456(R), 105(t)
redress / 456, 125(S), 475(S), 244(p)
reduce / 617, 31(S), 437(S), 31(N), 320(p)
reduction / 320(p)
redundancy / 320(p)
redundant / 456, 358(R), 138(C), 191(p)
reek / 457(S), 130(t)
reel / 561(S)
reengineering / 320(p)
refection / 105(t)
refectory / 105(t), 151(C)
refer / 598, 73(S), 73(N), 202(p)
refer to / 357(S)
referee / 320(p)
reference / 320(p)
referendum / 61(a), 244(p)
refill / 320(p)
refine / 456, 138(R), 306(R), 244(p)
refined / 320(p)
reflect / 598, 461(S), 151(C), 217(p)
reflex / 105(t), 244(p)
reform / 617, 320(p)
reformer / 320(p)
refract / 151(C)
refractory / 251(S), 377(S), 61(a), 151(C), 320(p)
refrain / 617, 202(p)
refresh / 598, 459(S)
refrigerate / 61(a)
refuge / 617
refugee / 320(p)
refulgent / 385(S), 61(a)
refund / 320(p)
refurbish / 105(t)
refuse / 617, 471(S), 471(N), 151(C), 244(p)
refutation / 320(p)
refute / 456, 51(S), 457(S), 151(C), 217(p)
regal / 416, 148(C)
regale / 365(S), 62(a), 148(C)
regard / 598, 153(S), 175(S), 244(p)
regarding / 224(R)
regenerate / 456, 320(p)
regicide / 320(p)
regime / 416, 151(C), 244(p)
regimen / 151(C), 320(p)
regiment / 151(C)
regimentation / 320(p)
region / 151(C)
regional / 618
register / 618
registration / 320(p)
regress / 485(S), 210(R), 62(a), 320(p)

regret / 618, 129(S), 161(S), 129(N)
regretful / 320(p)
regular / 321(p)
regulate / 321(p)
regulation / 618
regurgitate / 105(t)
rehabilitate / 458
rehearsal / 618
rehearse / 458
reign / 151(C), 321(p)
reignite / 321(p)
reimburse / 458, 125(S), 321(p)
rein / 151(C)
reinforce / 458, 459(S), 202(p)
reiterate / 458, 459(S), 500(R), 459(N), 191(p)
reject / 618, 471(S), 350(R), 471(N)
rejoice / 618, 365(S), 365(S)
rejoin / 618
rejoinder / 105(t)
rejuvenate / 458, 244(p)
relapse / 62(a), 148(C)
relate / 598
relatively / 202(p)
relativistic / 321(p)
relax / 618
relaxation / 244(p)
relaxed / 321(p)
relay / 106(t)
release / 618, 35(S), 189(S), 191(p)
relegate / 458, 182(R), 149(N), 143(C), 244(p)
relent / 460
relentless / 301(S), 217(p)
relentlessly / 321(p)
relevance / 321(p)
relevant / 460, 384(S), 192(p)
reliability / 202(p)
reliable / 202(p)
reliant / 321(p)
relic / 460(R), 62(a)
relieve / 598, 65(S), 318(R), 217(p)
relieved / 321(p)
religion / 618, 376(R)
religious / 149(S)
relinquish / 460, 547(S), 182(R), 194(R), 547(N), 192(p)
relish / 416
relive / 461(S)
relocate / 106(t)
reluctance / 244(p)
reluctant / 460, 192(p)
remain / 598
remand / 106(t)
remark / 598
remarkable / 265(S), 202(p)
remedial / 321(p)
remedy / 618
remember / 461(S)
remembrance / 461(N)
remind / 461(S)
reminder / 321(p)
reminisce / 461(S), 321(p)
reminiscence / 461(N)
reminiscent / 460, 184(R)
remiss / 460, 183(S), 366(R), 321(p)
remit / 460, 25(S), 264(R), 25(N), 244(p)
remnant / 461
remodel / 106(t)
remonstrate / 466, 43(S), 184(R), 143(C)
remonstrate with / 447(S)
remorse / 466, 129(S), 129(N), 321(p)
remorseful / 161(S)
remote / 618, 41(S), 122(R)
remove / 598, 469(S)
remunerate / 466, 125(S)
remuneration / 321(p)
remunerative / 467(S)
renaissance / 321(p)
renascent / 106(t)
rend / 416
render / 599, 321(p)
rendezvous / 62(a)
rendition / 106(t)
renegade / 466, 467(S)
renege / 239(S), 106(t)
renew / 618, 321(p)
renewal / 321(p)
renounce / 466, 547(S), 186(R), 547(N), 217(p)
renovate / 466
renovation / 321(p)
renowned / 466, 244(p)
rent / 618
reorganize / 321(p)
repair / 618, 62(R), 244(p)
reparation / 467, 318(R), 321(p)
repartee / 106(t)
repatriate / 277(S), 145(C)
repay / 618, 125(S), 473(S)
repeal / 468, 469(S), 438(R), 469(N), 151(C), 244(p)
repeat / 618, 459(S), 459(N)
repeatedly / 321(p)
repel / 468, 21(S), 328(R), 151(C), 244(p)
repellent / 23(S), 244(p)
repent / 618, 161(S)
repentance / 129(S), 129(N)
repentant / 161(S), 321(p)
repercussion / 249(S), 62(a), 321(p)
repertoire / 62(a)
repetitious / 321(p)
repetitive / 217(p)
repine / 106(t)
replace / 599, 495(S), 224(R), 495(N), 244(p)
replay / 618
replenish / 62(a), 244(p)
replete / 468, 126(R), 186(R), 488(R), 143(C)
replica / 468
replicate / 202(p)
reply / 618
report / 599
report card / 67(S)
repose / 599, 330(R), 321(p)
repository / 62(a)
reprehend / 468, 187(S), 64(R), 128(R), 302(R), 187(N)
reprehensible / 217(p)
represent / 321(p)
representation / 244(p)
repress / 468, 109(S), 469(S), 128(R), 321(p)
repressive / 321(p)
reprieve / 62(a)
reprimand / 468, 281(S), 447(S), 116(R), 447(N), 202(p)
reprint / 618
reprisal / 470, 473(S), 473(N)
reprise / 321(p)
reproach / 618, 281(S), 447(S), 447(N), 202(p)
reprobate / 187(S), 281(S), 447(S), 187(N), 63(a)
reprocess / 106(t)
reproduce / 106(t)
reproduction / 244(p)
reprove / 470, 281(S), 447(S), 447(N)
reptile / 202(p)
republic / 618
repudiate / 470, 471(S), 471(N), 321(p)
repugnant / 23(S), 63(a)
repulse / 21(S), 471(S), 63(a)
repulsion / 321(p)
repulsive / 23(S)
reputation / 332(R), 203(p)
repute / 470, 151(C)
request / 251(S), 251(N)
requiem / 34(R), 498(R), 63(a)
require / 321(p)
required / 244(p)
requirement / 321(p)
requisite / 345(S), 322(p)
requisition / 322(p)
requital / 473(S), 473(N)
requite / 125(S), 473(S), 322(p)
rescind / 469(S), 469(N), 63(a), 217(p)
rescission / 106(t)
rescue / 618, 455(S), 455(N), 322(p)
research / 355(S), 355(N), 244(p)
resemblance / 53(S), 53(N), 322(p)
resemble / 618, 53(S), 226(R), 244(p)
resent / 305(S), 226(R)
resentful / 305(S), 322(p)
resentment / 470, 192(p)
reservation / 203(p)
reserve / 599, 152(C)
reserved / 472(S), 322(p)
reset / 618
reshuffle / 106(t)
reside / 599, 483(S), 352(R), 484(R)
resident / 483(S), 244(p)
residual / 618
residue / 484(R), 495(R), 322(p)
resign / 618, 247(R)
resignation / 322(p)
resilience / 217(p)
resiliency / 245(p)
resilient / 487(S), 74(R), 63(a), 245(p)
resist / 618, 302(R)
resolute / 470, 377(S), 245(p)
resolutely / 322(p)
resolution / 217(p)
resolve / 618, 192(p)
resonant / 106(t)
resort / 618, 322(p)
resounding / 322(p)
resource / 618, 152(C), 322(p)
resourceful / 343(S)
resources / 291(S)
respect / 600, 175(S), 322(p)
respectable / 151(C), 245(p)
respectful / 151(C), 322(p)

respective / 151(C)
respiration / 322(p)
respire / 470
respite / 106(t), 217(p)
resplendent / 385(S), 106(t)
respond / 600, 198(R)
responsibility / 203(p)
responsible / 152(C)
responsive / 489(S), 152(C)
rest / 600
restitution / 63(a)
restive / 416, 377(S), 561(S), 217(p)
restless / 561(S)
restore / 618, 245(p)
restrain / 618, 109(S), 150(R), 426(R), 217(p)
restraint / 472, 203(p)
restrict / 472, 109(S), 351(S), 109(N)
restricted / 322(p)
restructure / 106(t)
result / 618, 249(S), 249(S), 249(N)
resulting / 322(p)
resume / 618, 333(S), 192(p)
resurgence / 322(p)
resurgent / 106(t), 322(p)
resurrection / 63(a), 322(p)
resuscitate / 63(a), 322(p)
resuscitation / 322(p)
retail / 472, 322(p)
retain / 618, 461(S), 192(p)
retake / 522(R)
retaliate / 472, 473(S), 217(p)
retaliation / 473(S), 473(N), 217(p)
retard / 381(S), 63(a), 217(p)
retarded / 383(S)
retention / 322(p)
reticent / 472, 472(S), 203(p)
retinue / 64(a)
retirement / 600
retirement benefit / 322(p)
retorsion / 473(N)
retort / 474, 51(S), 457(S), 226(R)
retortion / 473(S), 473(N)
retract / 227(R), 64(a), 322(p)
retrain / 322(p)
retreat / 618, 485(S), 250(R), 245(p)
retrench / 474, 31(S), 437(S), 250(R), 33(N)
retribution / 474, 473(S), 473(N), 217(p)
retrieve / 474, 125(S), 245(p)
retroactive / 322(p)
retrofit / 322(p)
retrogress / 485(S), 54(R), 499(R), 322(p)
retrospect / 461(S), 245(p)
retrospective / 322(p)
retrospectively / 322(p)
return / 600
reunion / 618
reunite / 618
revamp / 475(S), 107(t)
reveal / 618, 229(S), 192(p)
revel / 322(p)
revelry / 107(t), 152(C)
revenge / 618, 473(S), 473(S), 78(R), 473(N), 245(p)
revenue / 618, 44(R), 140(C), 245(p)
reverberate / 64(a), 322(p)
reverberation / 322(p)
revere / 175(S), 152(C), 217(p)
reverence / 474, 245(p)
reverend / 474(R)
reverent / 149(S)
reverie / 183(S), 152(C)
reverse / 600, 469(S), 152(C)
revert / 474, 323(p)
review / 618, 217(p)
revile / 474, 499(S), 323(p)
revise / 474, 475(S), 292(R), 323(p)
revision / 245(p)
revitalization / 323(p)
revitalize / 323(p)
revival / 323(p)
revive / 619, 245(p)
revoke / 475, 469(S), 272(R), 469(N), 217(p)
revolt / 600, 525(S), 525(N), 323(p)
revolting / 23(S)
revolution / 525(S), 525(N)
revolve / 272(R), 217(p)
revulsion / 107(t), 323(p)
reward / 619, 245(p)
rewarding / 467(S)
rhetoric / 323(p)
ribald / 379(S)
rich / 291(S)
rickety / 313(S)
ridden / 323(p)
rideout / 323(p)
rider / 619, 394(R)
ridicule / 197(S), 245(p)
ridiculous / 261(S), 303(S), 196(R)
rife / 416, 423(S), 323(p)
rift / 367(S), 130(t), 323(p)
rig / 323(p)
right / 323(p)
righteous / 403(S), 509(S)
righteously / 323(p)
rigid / 553(S)
rigidity / 323(p)
rigo(u)r / 416
rigor / 323(p)
rigorous / 553(S), 245(p)
rile / 339(S), 339(N)
ring / 151(S), 567(S)
ring a bell / 461(S), 323(p)
rinse / 323(p)
riot / 525(S), 525(N)
rip / 148(C)
rip-off / 181(S), 130(t), 323(p)
ripple / 323(p)
risible / 261(S), 196(R), 130(t)
risque / 379(S), 130(t)
ritual / 245(p)
ritzy / 317(S), 385(S)
rival / 383(S)
riverine / 196(R)
rivet / 245(p)
riveting / 417, 201(S), 323(p)
roadblock / 381(S), 323(p)
roam / 417, 203(p)
roar / 261(S), 565(S), 524(R), 323(p)
rob / 323(p)
robe / 77(S), 323(p)
robot / 163(R)
robust / 417, 313(S), 163(R), 217(p)
robustness / 323(p)
rococo / 385(S), 130(t)
rod / 323(p)
rodent / 264(R)
rogue / 323(p)
roil / 323(p)
role / 246(R)
roll / 561(S)
rookie / 289(S), 245(p)
room / 619
roommate / 350(R)
roomy / 433(S), 323(p)
root / 619, 152(C)
roseate / 445(S), 130(t), 323(p)
rosy / 445(S)
rote / 130(t)
rotund / 395(S), 130(t)
rough / 203(p)
roughly / 619, 245(p)
roundabout / 203(S)
rout / 483(S), 152(C), 323(p)
route / 152(C)
routine / 619, 323(p)
rove / 323(p)
row / 169(S)
rowdiness / 323(p)
rowdy / 323(p)
royal / 149(C)
rubric / 323(p)
rude / 379(S), 264(R)
rudiment / 264(R), 324(p)
rudimentary / 417, 203(p)
rue / 129(S), 147(C)
ruffle / 339(S)
rugged / 619, 151(C), 324(p)
ruin / 619, 211(N)
ruinous / 211(S)
rumble / 324(p)
ruminate / 417, 111(S), 324(p)
rummage / 417, 189(S), 324(p)
rumor / 324(p)
rumpus / 169(S)
run / 600
run-around / 394(R)
runaway / 275(S), 394(R)
run-down / 417
runic / 383(S)
run-of-the-mill / 428, 245(p)
rupture / 327(S)
rural / 521(S)
ruse / 130(t)
rush / 324(p)
rustic / 428, 521(S), 276(R)
rusticate / 130(t)
rustle / 130(t), 217(p)
ruthless / 428, 301(S), 245(p)
ruthlessly / 245(p)
sabotage / 211(S), 245(p)
sack / 189(S), 189(S)
sacred / 619, 149(S), 217(p)
sacrifice / 245(p)
sacrilege / 458(R)
sacrilegious / 428, 291(S)
sacrosanct / 149(S), 131(t)

sad / 195(N)
sadistic / 428, 324(p)
safeguard / 203(p)
sag / 428, 152(C)
saga / 151(C)
sagacious / 215(S), 426(R), 152(C), 203(p)
sagacity / 324(p)
sage / 151(C)
sailor / 324(p)
salacious / 379(S), 152(C), 245(p)
salient / 428, 265(S), 74(R), 245(p)
saline / 428
salinity / 324(p)
salivate / 324(p)
sallow / 131(t)
sally / 101(S), 324(p)
salon / 152(C)
saloon / 152(C)
saltness / 324(p)
salubrious / 428, 467(S), 245(p)
salutary / 428, 467(S), 245(p)
salvage / 428, 455(S), 486(S), 152(C), 245(p)
salvation / 245(p)
sanatorium / 324(p)
sanctify / 149(S)
sanctimonious / 149(S)
sanction / 428, 351(S), 471(S), 245(p)
sanctity / 324(p)
sanctuary / 131(t), 324(p)
sanctum / 131(t), 324(p)
sang-froid / 428
sanguinary / 429, 152(C)
sanguine / 445(S), 152(C), 192(p)
sanitary / 429
sanity / 324(p)
sap / 429, 523(S), 314(R), 152(C), 245(p)
sapid / 315(S), 314(R)
sapient / 429, 215(S), 426(R)
sarcastic / 197(S)
sardonic / 197(S), 324(p)
sardonic(al) / 429
sassy / 315(S)
sate / 365(S), 324(p)
satellite / 213(N)
satiate / 429, 365(S), 74(R), 152(C)
satiric / 324(p)
satirize / 324(p)
satisfaction / 365(S), 324(p)
satisfied (with) / 324(p)
satisfy / 365(S), 324(p)
saturate / 429, 325(N), 152(C), 217(p)
saturnine / 195(S), 131(t), 245(p)
saucy / 315(S)
saunter / 440, 245(p)
savage / 301(S), 152(C), 324(p)
savagely / 324(p)
savant / 324(p)
save / 619, 103(S), 455(S), 455(N), 324(p)
savo(u)r / 440
savoir faire / 439(S), 131(t)
savory / 315(S), 324(p)
savour / 324(p)
savvy / 265(S), 131(t), 245(p)
saw / 152(C)
saying / 253(S)
scald / 324(p)
scale / 324(p)
scaly / 324(p)
scamp / 324(p)
scan / 355(S), 355(S), 355(N)
scandalize / 324(p)
scant / 103(S)
scanty / 619
scar / 327(S), 325(p)
scarce / 274(R), 192(p)
scarcity / 291(S)
scare / 371(S), 246(p)
scarlet letter / 307(S)
scary / 63(S)
scathing / 440, 301(S), 301(S), 325(p)
scatter / 225(S), 325(p)
scavenger / 325(p)
scenario / 378(R)
scene / 325(p)
scenery / 325(p)
scenic / 246(p)
scented / 457(S)
scheme / 440, 115(S), 246(p)
schism / 567(S), 131(t), 325(p)
schizophrenia / 325(p)
scholarly / 265(S), 246(p)
scholarship / 325(p)
scholastic / 265(S)
school / 619, 331(S)
schooner / 325(p)
science / 426(R)
scintillate / 440, 246(p)
scintillating / 343(S)
sclerotic / 325(p)
scoff at / 197(S)
scold / 447(S), 447(N), 325(p)
scoot / 325(p)
scooter / 325(p)
scorch / 152(C), 325(p)
scorching / 487(S)
scorn / 153(S), 153(N), 246(p)
scornful / 153(S)
scotch / 152(C)
scoundrel / 325(p)
scourge / 280, 473(S), 246(p)
scraggy / 395(S)
scramble / 329(S)
scrap / 547(S), 131(t), 246(p)
scrape / 539(S), 325(p)
scratch / 327(S), 246(p)
scrawny / 395(S)
scream / 565(S)
screen / 227(S), 355(S), 131(t)
screw / 103(S)
scribe / 131(t), 325(p)
scruple / 515(R)
scruples / 129(S)
scrupulous / 440, 305(S), 445(S), 515(R), 203(p)
scrupulously / 246(p)
scrutinize / 440, 355(S), 192(p)
scrutiny / 355(S), 355(N), 192(p)
sculpture / 241(S)
scurrilous / 131(t), 325(p)
scurry / 152(C)
scurvy / 152(C)
seal / 485(S)
sealed / 489(S)
seamless / 325(p)
sear / 152(C)
searing / 246(p)
seashore / 394(R)
seasick / 394(R)
seasoned / 246(p)
seasoning / 131(t)
sebaceous / 395(S)
secede / 64(a)
secede (from) / 246(p)
seclude / 480, 481(S)
second / 619, 75(S)
secondhand / 203(S)
secret / 619, 489(S)
secretary / 619
secrete / 265(S), 214(R), 64(a)
secretion / 325(p)
secretly / 325(p)
sect / 567(S)
sectarian / 423(S)
section / 325(p)
sector / 325(p)
secular / 440, 563(S), 192(p)
secularity / 325(p)
secularize / 325(p)
secure / 619, 246(p)
security / 218(p)
security blanket / 246(p)
sedate / 440, 561(S), 325(p)
sedative / 65(S)
sedentary / 440, 192(p)
sediment / 274(R), 484(R), 495(R), 325(p)
sedition / 480
seduce / 480, 481(S), 20(R), 340(R), 498(R), 481(N)
seductive / 218(p)
sedulous / 75(S), 520(R), 131(t), 246(p)
see / 97(S), 97(N)
seek / 251(S), 100(R)
seek asylum / 275(S)
seem / 520(R)
seeming / 520(R)
seep / 265(S), 152(C)
seethe / 440, 305(S)
seething / 305(S)
see-through / 501(S)
segment / 619, 325(p)
segregate / 480, 52(R)
seismic / 433(S)
seismologist / 325(p)
seize / 129(S), 139(S), 553(S)
seizure / 325(p)
select / 619, 422(R)
selective / 144(C)
self-abnegating / 325(p)
self-confidence / 325(p)
self-conscious / 325(p)
self-contented / 325(p)
self-deceptive / 325(p)
self-delusion / 325(p)
self-destructive / 325(p)
self-evidence / 246(p)
self-examination / 325(p)
self-governing / 325(p)

selfhood / 325(p)
self-immolation / 326(p)
self-important / 391(S)
selfless / 326(p)
self-made / 218(p)
self-oriented / 326(p)
self-perpetuating / 326(p)
self-possessed / 561(S), 326(p)
self-praise / 385(S)
self-propelled / 326(p)
self-realization / 326(p)
self-reliance / 326(p)
self-reliant / 326(p)
self-reproach / 129(S)
self-satisfaction / 326(p)
self-sufficient / 440, 391(S), 326(p)
sell / 326(p)
sell-out / 411(S)
semantic / 326(p)
semblance / 440, 53(S), 246(p)
semiannual / 140(C)
semiliquid / 326(p)
seminar / 226(R)
seminary / 226(R)
send-off / 326(p)
send-up / 197(S)
senility / 441
sensational / 152(C), 326(p)
sense / 259(S), 445(N)
sensible / 215(S), 148(R), 152(C), 192(p)
sensitive / 305(S), 489(S), 152(C), 192(p)
sensory / 152(C)
sensual / 152(C), 326(p)
sensuous / 152(C)
sentence / 246(p)
sententious / 441, 137(S), 470(R)
sentience / 326(p)
sentient / 441, 152(C), 326(p)
sentiment / 326(p)
sentimental / 148(R), 152(C)
sentimentality / 326(p)
sentinel / 131(t), 152(C), 326(p)
sentry / 326(p)
separate / 619, 481(S), 480(R), 246(p)
separated / 326(p)
septic / 86(R)
septicity / 90(R)
sepulchral / 131(t)
sequel / 249(S)
sequence / 484(R)
sequential / 248(R), 152(C)
sequester / 441, 481(S), 152(C)
sequestered / 326(p)
sequestrate / 326(p)
serendipitously / 326(p)
serendipity / 553(S), 131(t), 326(p)
serene / 152(C)
serenity / 441, 326(p)
serious / 152(C)
sermon / 152(C)
serpentine / 357(S), 326(p)
serrated / 131(t)
serve / 619, 218(p)
service / 326(p)
serviceable / 467(S), 563(S)
servile / 441
servitude / 326(p)
session / 141(C)
setback / 441, 175(S), 381(S), 203(p)
settle / 218(p)
settle down / 326(p)
settlement / 326(p)
sever / 480, 567(S), 152(C), 246(p)
several / 619, 480(R)
severe / 619, 553(S), 412(R), 152(C), 327(p)
severity / 327(p)
sew / 152(C)
shabby / 619, 246(p)
shackle / 131(t)
shaggy / 327(p)
shakeout / 327(p)
shallow / 411(S), 246(p)
sham / 450, 171(S), 503(S)
shambles / 450, 123(S)
shame / 173(S)
shard / 327(p)
share / 55(S)
shark / 619, 181(S)
sharpen / 327(p)
sharply / 327(p)
shatter / 327(p)
shear / 152(C)
shed / 327(p), 327(p)
shed light on / 327(p)
sheen / 327(p)
sheer / 450, 501(S), 152(C), 218(p)
shelter / 327(p)
shelve / 619, 209(S)
shield / 619, 246(p)
shift / 327(p)
shifting / 619
shimmer / 131(t), 152(C), 327(p)
shining / 333(S)
shipment / 327(p)
shipwreck / 486(S)
shirk / 263(S)
shiver / 561(S), 246(p)
shock / 327(p)
shoddy / 450
shoplift / 327(p)
shore / 51(S), 327(p)
shortage / 291(S)
shortchange / 327(p)
shortcoming / 246(p)
shorten / 33(S), 33(N)
shorthand / 246(p)
short-lived / 253(S)
short-sightedness / 327(p)
shoulder / 246(p)
shout / 565(S)
shove / 327(p)
showering / 327(p)
showy / 317(S)
shred / 327(p)
shrewd / 619, 343(S), 246(p)
shriek / 565(S)
shrill / 327(p)
shrink / 619, 449(S), 203(p)
shrivel / 197(S)
shrub / 131(t), 327(p)
shudder / 450, 561(S)
shuffle / 181(S), 533(S)
shun / 263(S), 263(N), 131(t), 203(p)
shy / 209(S), 209(N)
shyness / 327(p)
sibling / 132(t), 246(p)
siccative / 196(R)
sicken / 21(S)
side / 327(p)
side effect / 327(p)
sidebar / 327(p)
sidereal / 327(p)
side-splitting / 261(S)
sidestep / 263(S), 132(t)
sidewalk / 327(p)
sideways / 327(p)
siege / 239(S), 327(p)
siesta / 327(p)
sift / 450, 355(S), 327(p)
sight / 246(p)
sightseeing / 327(p)
sign / 327(p)
signature / 148(R), 327(p)
significance / 259(S), 445(N)
significant / 315(S), 203(p)
signification / 259(S), 445(N)
signify / 357(S), 327(p)
silence / 327(p)
silent / 327(p)
silly / 383(S)
simian / 132(t)
similar / 218(p)
similarity / 53(S), 53(N), 218(p)
simile / 328(p)
similitude / 53(S), 53(N)
simmer / 305(S), 152(C)
simmering / 305(S)
simple / 385(S)
simplicity / 246(p)
simplify / 328(p)
simulate / 450, 503(S), 503(S), 76(R)
simultaneous / 619, 135(S), 246(R)
simultaneously / 203(p)
sincere / 246(p)
sinewy / 313(S)
single-sex / 328(p)
singular / 259(S), 328(p)
sinister / 450, 307(S), 203(p)
sink / 325(S), 325(S)
sinuous / 352(R), 132(t)
sinus / 352(R)
sip / 450, 203(S), 152(C), 328(p)
sizable / 328(p)
sizzling / 487(S)
skein / 328(p)
skeleton / 328(p)
skeptical / 450, 89(S), 203(p)
skepticism / 218(p)
sketch / 33(S)
sketchy / 411(S)
skew / 132(t)
skewed / 328(p)
skid / 132(t)
skill / 328(p)
skilled / 328(p)

(r) 어근 관련 (s) 동의어보강 (n) 뉘앙스 (a) 고급어휘(실력팩) (t) 최고급어휘(실력팩) (c) 혼동어휘(실력팩) (p) 우선순위 기출어휘(실력팩)

skillful / 45(S), 218(p)
skillfully / 328(p)
skim / 152(C), 328(p)
skimmer / 328(p)
skimp / 103(S), 152(C), 328(p)
skimpy / 103(S)
skin / 328(p)
skin-deep / 411(S)
skinflint / 103(S)
skinny / 395(S), 132(t)
skip / 328(p)
skirmish / 101(S), 328(p)
skirt / 402(R)
skittish / 371(S), 328(p)
sky / 619
skyrocket / 343(S)
skyscape / 152(C)
skyscraper / 152(C), 328(p)
slack / 183(S), 307(S), 132(t)
slacken / 328(p)
slake / 450, 365(S)
slam / 187(S), 328(p)
slander / 450, 499(S), 152(C), 203(p)
slang / 539(N)
slant / 175(S)
slanting / 379(S)
slap / 97(S), 328(p)
slaughter / 223(S), 223(N), 328(p)
slaughterhouse / 328(p)
slavery / 247(R)
slavish / 247(R)
slay / 223(S), 223(N)
sleazy / 513(S), 132(t), 328(p)
sleek / 405(S), 328(p)
sleight / 181(S)
slender / 395(S), 152(C), 328(p)
sleuth / 132(t)
slice / 567(S)
slight / 619, 315(S), 393(S), 393(N), 328(p)
slightly / 619
slim / 619, 395(S)
slimy / 513(S), 328(p)
slip / 369(S), 246(p)
slip away / 328(p)
slippery / 353(S), 328(p)
slipshod / 513(S), 328(p)
slogan / 253(S)
sloppy / 451, 513(S), 246(p)
sloth / 451, 247(p)
slothful / 183(S)
slough / 132(t)
slovenliness / 328(p)
slovenly / 451, 513(S)
slow / 307(S), 383(S)
sluggish / 451, 183(S), 307(S), 192(p)
slum / 329(p)
slump / 31(S), 175(S), 329(p)
slur / 329(p)
sly / 451, 353(S), 489(S)
smack / 451, 329(p)
small / 329(p)
smart / 343(S), 329(p)
smarting / 229(S)
smash / 97(S)
smatter in / 411(S)
smear / 180(S)
smidgen / 329(p)
smile / 261(S)
smirch / 180(S)
smolder / 305(S), 152(C), 329(p)
smother / 451, 152(C)
smudge / 180(S), 132(t)
smug / 451, 152(C)
smuggle / 462, 218(p)
smutty / 513(S)
snag / 329(p)
snare / 217(S)
snarl / 217(S)
sneak / 329(p)
sneaky / 353(S)
sneer / 247(p)
sneer at / 197(S)
sneeze / 132(t)
snicker / 329(p)
sniffer / 329(p)
sniper / 329(p)
snivel / 195(S)
snort / 153(S)
snow / 619, 181(S)
snow job / 329(p)
snow under / 329(p)
snowball / 329(p)
snug / 152(C)
snugly / 329(p)
soak / 619, 325(S), 325(N)
soar / 343(S), 329(p)
sob / 195(S), 329(p)
sober / 462, 152(C), 247(p)
sobriety / 329(p)
sobriquet / 301(S), 329(p)
sociable / 329(p)
sodden / 329(p)
soft touch / 181(S)
soften / 339(S)
soggy / 329(p)
soil / 180(S)
soiled / 513(S)
sojourn / 482, 483(S), 40(R)
solace / 65(S), 123(S), 150(R), 318(R), 218(p)
solder / 150(R)
sole / 329(p)
solecism / 369(S), 132(t), 329(p)
solely / 218(p)
solemn / 203(p)
solemnity / 329(p)
solicit / 251(S), 198(R), 251(N), 218(p)
solicitous / 462
solicitude / 329(p)
solid / 111(S), 329(p)
solidarity / 247(p)
solidify / 150(R), 247(p)
soliloquize / 329(p)
soliloquy / 462
solitary / 218(p)
solitude / 247(p)
solon / 329(p)
solstice / 132(t)
soluble / 314(R)
solution / 329(p)
solve / 247(p)
solvent / 462
somatic / 132(t)
somber / 482, 195(S), 152(C), 329(p)
somniferous / 329(p)
somnolent / 462
sonorous / 462
soothe / 65(S), 123(S), 247(p)
sophiscate / 329(p)
sophist / 520(R)
sophisticated / 462, 357(S), 192(p)
sophistication / 329(p)
soporific / 218(p)
sordid / 513(S), 247(p)
sore / 229(S)
sorrowful / 195(N)
sort / 329(p)
sortie / 101(S)
soulful / 329(p)
sound / 619, 111(S), 153(S), 247(p)
sour / 329(p)
source / 152(C)
souse / 325(S)
South Pole / 330(p)
sovereign / 330(p)
sovereignty / 247(p)
sow / 152(C)
spacious / 619, 433(S), 152(C), 247(p)
spade / 330(p)
span / 501(S)
spank / 97(S)
spar / 330(p)
spare / 103(S)
sparing / 103(S)
sparse / 72(R), 224(R), 330(p)
spasmodic / 330(p)
spasmodic(al) / 462
spate / 359(S), 359(N)
spatial / 462, 152(C), 247(p)
spawn / 132(t), 330(p)
spearhead / 405(S), 330(p)
special / 330(p)
specialist / 330(p)
specialized / 247(p)
specific / 619, 192(p)
specification / 355(S)
specify / 247(p)
specimen / 462, 354(R), 247(p)
specious / 462, 111(S), 152(C), 218(p)
spectacular / 412(R), 444(R), 247(p)
spectator / 412(R)
specter / 63(S)
spectral / 132(t)
spectrum / 463, 330(p)
speculate / 497(S), 354(R)
speculation / 330(p)
speculative / 463
speech / 330(p)
speechless / 472(S), 402(R)
speed / 444(R)
speeding / 330(p)
speedometer / 330(p)
speedy / 330(p)
spell / 619, 501(S)
spell out / 330(p)
spellbind / 237(S)

spelling / 330(p)
spew / 330(p)
spicy / 330(p)
spinach / 330(p)
spinoff / 330(p)
spin-off / 463
spiral / 132(t)
spirally / 330(p)
spirit / 330(p)
spirited / 307(S)
spiritual / 247(p)
spite / 91(S)
spiteful / 330(p)
splash / 330(p)
splay / 330(p)
spleen / 330(p)
splendid / 385(S)
splendor / 132(t), 247(p)
splenetic / 305(S)
splice / 151(S), 132(t), 330(p)
split / 463, 367(S), 567(S)
spoil / 327(S), 365(S), 327(N), 218(p)
spoiled / 330(p)
spoils / 189(S)
spoliation / 330(p)
sponsor / 213(S)
spontaneous / 619, 293(S), 319(S), 319(N), 192(p)
spoof / 197(S)
spook / 63(S)
spooky / 132(t)
sporadic / 463, 192(p)
sporadically / 330(p)
sportive / 132(t)
spot / 619, 180(S)
spotless / 153(S), 330(p)
spousal / 330(p)
spouse / 133(t)
sprain / 330(p)
spray / 330(p)
spread / 225(S)
sprightly / 307(S)
springy / 487(S)
sprinkler / 330(p)
sprout / 330(p)
spruce / 331(p)
spry / 307(S)
spunky / 511(S)
spur / 463, 275(S), 203(p)
spurious / 463, 171(S), 203(p)
spurn / 471(S), 471(N), 152(C), 247(p)
spur-of-the-moment / 293(S)
spurt / 265(S), 152(C)
squabble / 169(S)
squalid / 463, 513(S), 218(p)
squamous / 331(p)
squander / 476, 247(p)
square / 473(S)
squeak / 133(t)
squeal / 331(p)
squeamish / 305(S), 133(t), 331(p)
squeeze / 476
squelch / 514(R)
squint / 379(S)
squirt / 265(S)
stability / 331(p)
stabilize / 331(p)
stable / 203(p)
stack / 619
stage / 619, 101(S)
stage name / 301(S)
stagger / 561(S), 331(p)
staggering / 476, 247(p)
stagnant / 476, 247(p)
stagnate / 247(p)
stagnation / 175(S), 331(p)
staid / 561(S), 133(t)
stain / 180(S), 218(p)
stainless / 153(S)
stake / 133(t), 218(p)
stale / 122(S), 315(S), 520(R), 133(t)
stalemate / 539(S), 133(t), 247(p)
stalk / 331(p)
stall / 354(R), 331(p)
stalwart / 313(S), 511(S)
stamina / 133(t)
stammer / 331(p)
stampede / 331(p)
stance / 331(p)
stanch / 133(t), 152(C)
stand / 619, 247(p)
standard / 331(p)
standing / 331(p)
standoff / 539(S), 247(p)
standpoint / 198(R)
standstill / 476, 539(S), 198(R)
staple / 331(p)
stare / 97(S), 97(N)
stark / 476, 247(p)
starry-eyed / 133(t), 331(p)
startle / 89(S), 247(p)
startling / 218(p)
starvation / 619, 247(p)
stash / 331(p)
stasis / 133(t)
state / 619
stately / 331(p)
statement / 331(p)
state-of-the-art / 405(S), 331(p)
static / 520(R)
station / 133(t), 331(p)
stationary / 619, 152(C), 203(p)
stationery / 152(C)
statistical / 247(p)
statistics / 331(p)
statue / 153(C)
stature / 367(R), 153(C)
status / 153(C), 247(p)
status quo / 331(p)
statute / 476, 367(R), 153(C), 331(p)
staunch / 133(t), 331(p)
stead / 331(p)
steadfastly / 247(p)
steadily / 247(p)
stealthy / 620, 489(S), 331(p)
steamboat / 331(p)
steamship / 331(p)
steel / 203(p)
steely / 331(p)
steep / 620, 317(S), 325(S)
stellar / 150(R)
stem / 620, 218(p)
stench / 152(C)
stenchy / 457(S)
stentorian / 247(p)
stepping-stone / 331(p)
stereotype / 476, 331(p)
stereotyped / 122(S)
sterile / 620, 218(p)
sterling / 171(S)
stern / 553(S), 247(p)
stew / 331(p)
stick / 113(N)
stiff / 377(S)
stifle / 153(C), 247(p)
stifling / 476, 487(S)
stigma / 307(S), 354(R), 203(p)
stigmatize / 476, 187(S), 247(p)
still / 620
stilted / 153(C)
stimulate / 192(p)
sting / 354(R), 331(p)
stinging / 301(S)
stingy / 476, 103(S), 203(p)
stink / 457(S)
stinking / 457(S)
stint / 103(S), 133(t), 331(p)
stipend / 449(R), 133(t)
stipulate / 248(p)
stir / 331(p)
stirring / 331(p)
stitch / 331(p)
stock / 218(p)
stockholder / 331(p)
stockpile / 125(S)
stocky / 395(S), 395(S), 133(t)
stodgy / 395(S)
stoic(al) / 87(S), 87(N)
stoical / 437(S)
stoically / 331(p)
stoke / 331(p)
stolid / 476, 87(S), 87(N)
stone / 332(p)
stoop / 173(S), 137(N)
stop / 197(S)
stopgap / 293(S)
storm / 101(S), 101(N)
story / 424(R)
stout / 313(S), 395(S)
straddle / 561(S)
straight / 332(p)
straightforward / 403(S)
strain / 307(S), 248(p)
strained / 332(p)
strait / 332(p)
strand / 218(p)
stranded / 486(S)
strange / 332(p)
strangle / 223(S), 228(R)
stratagem / 133(t)
strategical / 332(p)
strategy / 248(p)
stratify / 332(p)
stray / 202(S), 88(R), 248(p)
streamline / 477, 248(p)
strength / 332(p)

strengthen / 459(S), 332(p)
strenuous / 75(S), 133(t), 248(p)
strenuously / 332(p)
stress / 228(R)
stretch / 437(S), 403(R)
strew / 225(S)
stricken / 133(t)
strict / 620, 553(S), 218(p)
strictness / 332(p)
stricture / 472(R), 133(t), 153(C)
strident / 477, 332(p)
strife / 153(C), 332(p)
strike / 97(S)
striking / 265(S), 218(p)
strikingly / 332(p)
string / 133(t), 332(p)
stringent / 477, 553(S), 192(p)
strip / 153(C)
stripe / 153(C)
strive / 133(t), 332(p)
stroke / 133(t), 332(p)
stroll / 332(p)
strong / 313(S)
stronghold / 307(S)
structure / 380(R), 153(C)
struggle / 332(p)
stubborn / 620, 377(S), 203(p)
stubbornly / 332(p)
stubbornness / 332(p)
stubby / 395(S), 133(t), 332(p)
stuck-up / 315(S), 134(t), 248(p)
studious / 75(S)
stuff / 218(p)
stuffy / 487(S)
stultify / 332(p)
stultifying / 332(p)
stumble / 477, 561(S), 218(p)
stun / 99(S), 332(p)
stunning / 332(p)
stunt / 381(S), 332(p)
stupefy / 99(S), 332(p)
stupendous / 433(S), 248(p)
stupid / 383(S), 332(p)
stupidity / 332(p)
stupor / 134(t)
sturdy / 477, 313(S), 332(p)
stylish / 405(S)
stymie / 381(S), 134(t), 248(p)
suasive / 226(R)
sub rosa / 107(t)
subaltern / 107(t)
subconscious / 64(a), 332(p)
subculture / 107(t)
subcutaneous / 107(t)
subdivide / 444(R), 64(a)
subdue / 620, 483(S), 332(p)
subject / 600, 489(S), 203(p)
subjugate / 482, 483(S), 333(p)
subjunctive / 107(t)
sublime / 620, 563(S), 153(C), 333(p)
subliminal / 64(a), 153(C)
sublimity / 333(p)
submarine / 620
submerge / 482, 325(S), 262(R), 325(R), 325(N), 248(p)
submission / 248(p)
submissive / 57(S), 248(p)
submit / 600, 483(S), 500(R), 248(p)
subnormal / 85(S)
suborbital / 276(R)
subordinate / 482, 483(S), 218(p)
subordination / 333(p)
subpoena / 64(a), 333(p)
sub-rosa / 489(S), 333(p)
subscribe / 484, 75(S), 439(R)
subscriber / 333(p)
subsequent / 484, 380(R), 153(C), 203(p)
subsequently / 142(C), 333(p)
subservient / 65(a), 333(p)
subside / 484, 31(S), 325(S), 485(S), 31(N), 153(C), 218(p)
subsidiary / 484
subsidize / 213(S), 153(C), 333(p)
subsidy / 65(a), 153(C), 333(p)
subsist / 484, 333(p)
subsistence / 219(p)
substance / 601, 248(p)
substantial / 219(p)
substantiality / 333(p)
substantiate / 485, 485(S), 487(N), 192(p)
substantive / 333(p)
substitute / 601, 203(p)
substructure / 107(t)
subsume / 107(t)
subterfuge / 65(a), 333(p)
subterranean / 65(a)
subtle / 620, 219(p)
subtlety / 333(p)
subtract / 486, 248(p)
suburb / 620
suburbia / 333(p)
subversive / 211(S), 474(R), 502(R), 192(p)
subvert / 486, 486(S), 414(R)
subway / 620
succeed / 601, 249(S), 249(N)
successful / 153(C)
succession / 248(p)
successive / 153(C), 248(p)
succinct / 137(S), 65(a), 219(p)
succor / 455(S), 454(R), 65(a)
succulent / 477, 315(S), 248(p)
succumb / 486, 483(S), 238(R), 338(R), 219(p)
suck / 333(p)
sudden / 421(S), 421(N)
sue / 329(S), 251(N)
suffer / 620, 219(p)
suffering / 229(S), 229(N)
suffice / 333(p)
sufficient / 102(R), 248(p)
suffocate / 486, 333(p)
suffocative / 487(S)
suffrage / 486, 248(p)
suffuse / 107(t), 333(p)
sugarcoat / 333(p)
suggest / 601, 357(S), 357(N)
suggestible / 489(S)
suggestion / 357(S)
suggestive / 201(S)
suicidal / 333(p)
suicide / 219(p)
suit / 620, 77(S), 520(R)
suitable / 384(S), 219(p)
suite / 520(R)
sullen / 477, 23(S), 195(S), 333(p)
sully / 180(S), 134(t)
sultry / 477, 487(S), 280(R), 333(p)
sum / 333(p)
summarize / 33(S), 333(p)
summary / 620, 33(S), 152(R)
summit / 152(R), 333(p)
summon / 620, 42(R), 424(R), 152(C), 333(p)
sumptuous / 490, 385(S), 151(C)
sundry / 490, 228(S)
super / 494(R)
superannuate / 333(p)
superannuated / 535(S)
superb / 494, 333(p)
supercilious / 391(S), 65(a)
superciliousness / 333(p)
superego / 65(a)
superficial / 411(S), 219(p)
superfluous / 494, 192(p)
superimpose / 107(t)
superintend / 494, 384(R)
superior / 620, 200(R), 494(R), 333(p)
superiority / 333(p)
superlative / 494
supernal / 563(S), 65(a)
supernatural / 494, 383(S), 333(p)
supersede / 495, 495(S), 495(N), 203(p)
supersonic / 107(t)
superstition / 620, 318(R), 333(p)
superstitious / 333(p)
supervene / 249(S), 66(a)
supervise / 496, 292(R), 474(R)
supervision / 333(p)
supervisor / 334(p)
supine / 183(S), 66(a)
supplant / 495(S), 502(R), 495(N), 65(a), 219(p)
supple / 486, 487(S), 488(R)
supplement / 488, 330(R), 334(p)
supplicate / 488, 251(S), 330(R), 251(N), 248(p)
supply / 334(p)
support / 51(S), 248(p)
supporter / 213(S), 213(N), 334(p)
suppose / 601, 334(p)
suppress / 109(S), 469(S), 483(S), 194(R), 203(p)
suppression / 334(p)
suppurate / 107(t)
supremacy / 620
supreme / 334(p)
surety / 248(R)
surf / 334(p)
surface / 411(S), 260(R)
surfeit / 496, 365(S), 170(R), 248(p)
surge / 488, 354(R), 192(p)
surly / 490, 23(S), 334(p)
surmise / 496, 497(S), 436(R), 460(R), 497(N), 334(p)
surmount / 496, 483(S), 404(R), 334(p)
surname / 66(a)
surpass / 496, 401(S), 238(R), 502(R), 401(N), 192(p)
surplus / 496, 435(S), 334(p)
surprise / 89(S), 89(N)
surrender / 620, 483(S), 248(p)
surreptitious / 488, 489(S), 219(p)

surrogate / 488, 334(p)
surround / 239(S)
surrounding / 334(p)
surveillance / 66(a), 248(p)
survey / 620, 355(S), 203(p)
survival / 219(p)
survive / 601
susceptibility / 334(p)
susceptible / 488, 489(S), 193(p)
suspect / 620, 248(p)
suspected / 334(p)
suspend / 601, 197(S), 328(R), 248(p)
suspicious / 89(S), 219(p)
suss / 334(p)
sustain / 602, 51(S), 414(R), 193(p)
sustainable / 219(p)
sustained / 248(p)
swagger / 385(S)
swallow / 490, 109(S), 203(S)
swamp / 490
swap / 449(S)
swarm / 620, 147(S)
swarthy / 134(t), 334(p)
swath / 334(p)
swathe / 134(t)
sway / 490, 561(S)
swear / 334(p)
sweep / 334(p)
sweeping / 219(p)
sweepstakes / 334(p)
sweet talk / 345(S)
swell / 620, 343(S), 343(N)
sweltering / 487(S), 334(p)
swerve / 202(S), 203(N), 334(p)
swift / 307(S)
swiftly / 620
swig / 203(S)
swindle / 490, 181(S), 181(N), 144(C), 334(p)
swindler / 181(S)
swing / 561(S)
swirl / 123(S), 334(p)
switch / 449(S)
swollen / 565(S)
swoon / 334(p)
swooning / 201(S)
swoop / 334(p)
sycophantic(al) / 134(t)
syllabus / 33(S)
syllogism / 107(t)
sylvan / 521(S)
symbiosis / 108(t), 334(p)
symbol / 334(p)
symbolic / 334(p)
symmetric(al) / 564
symmetrical / 117(S)
symmetry / 153(C)
sympathetic / 334(p)
sympathize / 602, 123(S)
sympathy / 123(S), 86(R), 300(R), 123(N), 248(p)
symposium / 108(t), 153(C)
symptom / 564, 203(p)
symptomatic / 334(p)
synagog(ue) / 108(t)
synchronize / 564, 135(S)
synchronous / 135(S)
syndicate / 565, 151(S)
syndrome / 67(a)
synergy / 67(a)
synonym / 86(R), 153(C), 248(p)
synonymous / 620
synopsis / 33(S), 67(a), 153(C)
synthesis / 565
synthesize / 334(p)
synthetic / 204(p)
system / 334(p)
systematic / 334(p)
tab / 335(p)
table / 620, 209(S)
taboo / 351(S), 351(N), 153(C)
tabulate / 153(C)
tachometer / 335(p)
tacit / 490, 472(S), 472(R), 153(C), 219(p)
taciturn / 490, 472(S), 472(R), 153(C), 204(p)
taciturnity / 335(p)
tackle / 490, 335(p)
tact / 439(S), 316(R)
tactful / 490, 158(R), 335(p)
tactical / 335(p)
tactics / 316(R), 134(t)
tactile / 490, 158(R), 335(p)
tactless / 23(S), 248(p)
tailor / 335(p)
taint / 180(S), 219(p)
tainted / 491
takeoff / 335(p)
tale / 520(R)
talent / 335(p)
talkative / 472(S), 520(R)
tally / 150(C)
talon / 335(p)
tame / 57(S), 510(R), 248(p)
tamper / 491, 153(C), 219(p)
tangent / 41(N)
tangent(ial) / 41(S)
tangential / 316(R), 248(p)
tangible / 316(R), 193(p)
tangle / 217(S), 216(R)
tangled / 248(R)
tantalize / 491
tantamount / 491, 117(S), 404(R), 150(C)
tantrum / 134(t), 335(p)
tap / 248(p)
taper / 335(p)
tardiness / 335(p)
tardy / 307(S), 335(p)
tarnish / 491, 180(S), 249(p)
tarry / 491, 433(S), 150(C), 335(p)
tart / 301(S), 134(t)
tasteless / 315(S)
tasty / 315(S), 335(p)
tattered / 513(S), 134(t)
tattle / 229(S)
tattoo / 153(C)
taunt / 197(S), 249(p)
tautological / 335(p)
tautology / 203(S)
tawdry / 317(S), 134(t), 335(p)
tax / 335(p)
taxidermist / 335(p)
taxidermy / 299(S)
tease / 491, 197(S)
tedious / 553(S), 193(p)
tedium / 491, 553(S)
teem with / 249(p)
teeter / 561(S), 561(S)
telecast / 108(t)
telegram / 252(R)
telegraph / 566
telepathy / 566
telescope / 335(p)
teletext / 108(t)
tell / 335(p)
temerarious / 293(S), 153(C)
temerity / 504, 511(S), 335(p)
temper / 65(S), 433(S), 225(N), 153(C), 219(p)
temperament / 433(S), 225(N)
temperamental / 67(S), 335(p)
temperance / 249(p)
temperate / 620, 437(S), 335(p)
tempered / 335(p)
temporal / 504, 253(S), 563(S), 249(p)
temporarily / 335(p)
temporary / 620, 253(S), 278(R), 249(p)
tempt / 481(S), 481(N)
tempting / 335(p)
ten / 620
tenable / 504, 111(S)
tenacious / 504, 377(S), 193(p)
tenant / 483(S), 290(R), 134(t), 153(C), 335(p)
tendency / 620, 335(p)
tendentious / 423(S)
tender / 489(S), 134(t), 335(p)
tenement / 335(p)
tenet / 504, 161(S), 153(C), 219(p)
tenor / 504, 153(C), 335(p)
tense / 561(S)
tentalizing / 335(p)
tentative / 504, 253(S), 384(R), 204(p)
tentatively / 335(p)
tenuous / 504, 313(S), 193(p)
tenure / 504, 290(R), 153(C), 335(p)
tepid / 504, 87(S), 153(C)
term / 602, 501(S)
term(s) / 219(p)
terminal / 339(S), 219(p)
terminate / 620, 153(S), 278(R), 421(R), 219(p)
terrain / 335(p)
terrestrial / 563(S), 134(t)
terrible / 620, 200(R), 335(p)
terrific / 620, 200(R)
territorial / 336(p)
territory / 336(p)
terror / 371(S)
terse / 504, 137(S), 204(p)
testify / 485(S), 134(t), 249(p)
testimony / 204(p)
testy / 305(S), 134(t)
tether / 504, 109(S)
textile / 158(R)
textual / 336(p)
texture / 426(R)
theology / 86(R)
theoretical / 219(p)
theorize / 336(p)
therapeutic / 249(p)

therapeutic(al) / 505
therapist / 336(p)
thereby / 336(p)
thermal / 505
thermal pollution / 336(p)
thermometer / 336(p)
thermostat / 336(p)
thesauruses / 336(p)
thesis / 134(t)
thick / 501(S)
thick forest / 336(p)
thickheaded / 383(S)
thickset / 395(S)
thief / 336(p)
thin / 395(S)
thirst / 51(S)
thorn / 336(p)
thorough / 505, 336(p)
thoroughfare / 505, 249(p)
thoughtful / 445(S), 100(R), 249(p)
thoughtless / 293(S), 100(R)
thrall / 248(R), 134(t)
thrash / 97(S)
threadbare / 336(p)
threat / 336(p)
threaten / 357(S), 204(p)
threshold / 425(S), 134(t), 336(p)
thrift / 336(p)
thrifty / 620, 103(S)
thrive / 620, 193(p)
throat / 336(p)
throe / 505, 336(p)
throes / 229(S), 229(N)
throne / 248(R)
throng / 505, 147(S), 336(p)
throttle / 223(S)
throwback / 336(p)
thump / 97(S)
thwart / 505, 415(S), 193(p)
tidbit / 336(p)
tidy / 620, 513(S)
tighten / 336(p)
tight-fisted / 103(S)
tight-lipped / 472(S)
tightwad / 103(S)
tilt / 175(S)
tilted / 379(S), 153(C)
timber / 336(p)
timely / 384(S), 394(R)
timid / 505, 209(S), 371(S), 356(R), 219(p)
timidity / 336(p)
timorous / 516, 371(S), 356(R), 153(C), 336(p)
tincture / 336(p)
tinge / 336(p)
tinged / 336(p)
tint / 336(p)
tiny / 551(S)
tip / 134(t), 249(p)
tirade / 516
tire / 76(R)
tiredness / 307(S)
tireless / 336(p)
tiresome / 336(p)
titanic / 433(S), 336(p)
titillate / 336(p)
title / 250(R)
titter / 261(S), 134(t), 336(p)
titular / 516, 250(R), 336(p)
toady / 345(S)
toddler / 337(p)
toil / 516, 249(p)
tolerable / 280(R), 337(p)
tolerance / 204(p)
tolerant / 620, 341(S), 337(p)
tolerate / 219(p)
toll / 337(p)
tome / 134(t)
tongue / 620
tool / 331(S), 331(N)
tooth decay / 337(p)
top-dollar / 337(p)
topmost / 337(p)
topnotch / 405(S)
top-notch / 135(t), 337(p)
topography / 337(p)
topple / 516, 486(S), 249(p)
top-priority / 329(S)
topsy-turvy / 123(S)
torchbearer / 425(S)
torment / 229(S), 469(S), 158(R), 337(p)
tornado / 280(R)
torpid / 516, 307(S), 153(C), 249(p)
torrent / 337(p)
torrid / 487(S)
tortuous / 516, 357(S), 153(C), 337(p)
torture / 229(S), 469(S), 158(R), 474(R)
torturous / 153(C)
totemism / 467(S)
totter / 561(S)
touch off / 249(p)
touching / 153(C)
touchstone / 337(p)
touchy / 516, 305(S), 153(C), 337(p)
tourism / 158(R)
tout / 281(S), 135(t), 204(p)
tow / 337(p)
toxic / 516, 413(S), 356(R)
toxicant / 356(R)
toxin / 249(p)
trace / 337(p)
track / 135(t), 337(p)
tract / 135(t)
tractable / 516, 57(S), 444(R), 249(p)
tradition / 113(S)
traditional / 620, 337(p)
traduce / 498, 499(S)
traffic / 620
traffic lights / 337(p)
trail / 337(p)
trailblazer / 425(S)
train / 337(p)
trait / 79(S), 79(N), 249(p)
traitor / 337(p)
traitorous / 411(S), 135(t)
trajectory / 108(t)
tramp / 337(p)
trample / 516, 483(S), 337(p)
trance / 66(a)
tranquil / 498, 249(p)
tranquility / 249(p)
transact / 236(R)
transaction / 498, 249(p)
transcend / 498, 401(S), 401(N), 249(p)
transcendental / 249(p)
transcontinental / 337(p)
transcribe / 498, 72(R)
transcript / 249(p)
transfer / 602, 340(R), 337(p)
transfigure / 551(S), 216(R), 551(N), 66(a)
transfix / 273(S), 108(t)
transform / 551(S), 138(R), 551(N), 219(p)
transformation / 337(p)
transfuse / 331(S), 434(R), 108(t)
transfusion / 337(p)
transgress / 499, 239(S), 337(p)
transgression / 337(p)
transient / 500, 253(S), 66(R), 480(R), 204(p)
transit / 66(a)
transition / 500, 501(S)
transitory / 253(S), 193(p)
translate / 260(R), 337(p)
translation / 405(N), 337(p)
transliterate / 378(R), 66(a)
transliteration / 405(N)
translucent / 501(S), 501(N), 66(a)
transmigrate / 262(R), 326(R), 108(t)
transmission / 108(t)
transmit / 500, 337(p)
transmute / 551(S), 551(N), 67(a)
transparency / 337(p)
transparent / 500, 501(S), 501(N), 219(p)
transpire / 502
transplant / 502, 330(R)
transport / 620, 237(S), 384(R)
transportation / 337(p)
transpose / 108(t)
transsexual / 108(t)
transverse / 67(a), 153(C)
transvestite / 108(t)
trap / 217(S)
traumatic / 516, 144(C), 249(p)
travail / 517, 249(p)
traverse / 502, 414(R), 153(C), 337(p)
travesty / 502, 503(S), 337(p)
trawl / 144(C)
treacherous / 411(S)
treachery / 411(S), 135(t), 249(p)
treason / 411(S), 525(S)
treasonous / 411(S)
treat / 337(p)
treatise / 250(R)
treatment / 249(p)
treaty / 517
tremble / 561(S)
tremendous / 517, 433(S), 337(p)
tremor / 371(S), 338(p)
trenchant / 517, 301(S), 250(R), 474(R), 249(p)
trend / 249(p)
trepidation / 517, 371(S), 316(R), 219(p)
trespass / 502, 239(S), 238(R), 496(R), 239(N), 338(p)
trial / 219(p)
tribe / 620
tribulation / 229(S), 135(t), 338(p)
tribunal / 517, 338(p)
tribute / 517, 281(S), 474(R)

trick / 181(S), 353(S), 181(N)
trickery / 181(S)
tricky / 353(S), 338(p)
trifle / 338(p)
trifling / 315(S)
trigger / 620, 193(p)
trim / 235(S), 567(S), 338(p)
trinket / 338(p)
trip / 338(p)
trite / 517, 122(S), 338(p)
triumph / 620
trivial / 315(S), 193(p)
triviality / 382(R)
troops / 338(p)
tropical / 249(p)
troupe / 338(p)
trousers / 338(p)
truce / 526, 338(p)
truculent / 526, 101(S), 301(S), 301(S), 338(p)
true-to-life / 171(S)
truism / 122(S), 253(S)
trump / 483(S), 219(p)
trump card / 338(p)
trumped-up / 338(p)
trumpet / 225(S), 281(S)
truncate / 135(t), 338(p)
trust / 149(S), 151(S)
trustee / 338(p)
trustworthy / 250(R)
truth / 100(R)
truthful / 100(R)
tryst / 135(t)
tsunami / 359(S)
tubby / 395(S)
tubular / 338(p)
tubulate / 153(C)
tugboat / 338(p)
tuition / 358(R)
tumble / 526, 249(p)
tumbler / 135(t)
tumid / 135(t)
tumult / 123(S)
tumultuous / 338(p)
tune / 338(p)
turbid / 526, 501(S), 414(R), 153(C), 249(p)
turbulent / 526, 414(R), 338(p)
turgid / 526, 153(C), 338(p)
turmoil / 526, 123(S), 249(p)
turn / 602
turncoat / 411(S)
turn-out / 338(p)
turnover / 553(S)
turpitude / 338(p)
tussle / 169(S), 382(R)
tutelage / 526, 249(p)
tutor / 331(S)
twilight / 175(S), 135(t)
twinge / 229(S), 229(N)
twist / 159(S)
two-timer / 411(S)
tycoon / 553(S)
typewrite / 86(R)
typify / 526, 86(R), 338(p)
tyrannical / 338(p)
tyranny / 526, 249(p)
tyrant / 553(S)
tyro / 526, 289(S), 338(p)
ubiquitous / 526, 423(S), 204(p)
ubiquitously / 219(p)
ubiquity / 338(p)
UFO(Unidentified Flying Object) / 485(S)
ugly / 338(p)
ulcer / 338(p)
ulterior / 527, 338(p)
ultimate / 527, 338(p)
ultramodern / 405(S)
umbrage / 527, 44(R), 482(R)
umbrella / 44(R), 482(R)
umpire / 621, 222(R)
unabashed / 108(t)
unabated / 108(t)
unable / 212(R)
unable / 621
unabridged / 68(a), 339(p)
unaccommodated / 109(t)
unaccompanied / 109(t)
unaccountable / 621
unaccustomed / 621
unadulterated / 109(t), 339(p)
unaffected / 171(S), 521(S), 109(t)
unalloyed / 109(t)
unalterable / 109(t), 339(p)
unaltered / 249(p)
unanimity / 567(S), 339(p)
unanimous / 566, 298(R), 249(p)
unanswerable / 109(t)
unappreciated / 339(p)
unarmed / 508
unashamedly / 339(p)
unassuming / 68(a), 250(p)
unattainable / 621, 339(p)
unattended / 508
unattractive / 339(p)
unauthorized / 287(S)
unavailable / 109(t)
unavoidable / 339(p)
unaware / 219(p)
unbalance / 68(a)
unbearable / 621, 339(p)
unbeatable / 307(S)
unbeaten / 339(p)
unbecoming / 508, 509(S), 509(N)
unbelievable / 621, 303(S), 339(p)
unbend / 109(t)
unbiased / 508, 509(S)
unbind / 68(a)
unbred / 109(t)
unbridled / 109(t), 250(p)
unbroken / 508, 153(S)
unbury / 339(p)
uncanny / 383(S), 383(S), 68(a), 250(p)
unceasing / 289(S), 68(a)
uncertain / 250(p)
uncertainty / 250(p)
unchanged / 364(R)
uncharted / 153(C)
unchartered / 287(S), 153(C)
unchaste / 109(t)
unchecked / 339(p)
uncivilized / 339(p)
unclean / 339(p)
uncomely / 339(p)
uncomfortable / 621
uncommitted / 339(p)
uncommon / 621
uncommunicative / 472(S), 339(p)
uncompromising / 68(a), 250(p)
unconcerned / 87(S), 513(N), 109(t)
unconditional / 508
unconfirmed / 339(p)
uncongenial / 109(t), 339(p)
unconquerable / 307(S)
unconscionable / 68(a)
unconscious / 602, 339(p)
unconsciousness / 339(p)
unconstitutional / 287(S)
unconstrained / 319(S), 339(p)
unconventional / 339(p)
unconvinced / 339(p)
unconvincing / 68(a)
uncountable / 521(S)
uncouth / 68(a)
uncover / 621, 229(S), 153(C), 339(p)
unctuous / 135(t), 339(p)
uncultivated / 339(p)
undamaged / 153(S)
undaunted / 510, 511(S), 339(p)
undeceive / 109(t)
undecided / 109(t)
undeniable / 109(t)
undependable / 621, 339(p)
underbrush / 111(t)
undercover / 489(S), 111(t), 153(C)
undercurrent / 111(t)
undercut / 111(t)
underdeveloped / 111(t)
underdog / 111(t), 339(p)
underdone / 111(t)
underestimate / 522, 99(S), 250(p)
underfed / 339(p)
underfeed / 111(t)
undergo / 621, 204(p)
undergraduate / 72(a)
underground / 621, 489(S), 339(p)
undergrowth / 339(p)
underhand / 522
underhanded / 489(S)
underlying / 522, 250(p)
undermine / 522, 327(S), 523(S), 523(N), 193(p)
undernutrition / 111(t)
underoccupied / 112(t)
underpin / 51(S)
underpinning / 250(p)
underprivileged / 112(t)
underrate / 99(S), 98(R), 72(a)
underscore / 72(a), 250(p)
undersecretary / 112(t)
undersell / 112(t)
understand / 219(p)
understanding / 339(p)
understate / 339(p)
understatement / 72(a)
undertake / 522, 333(S), 339(p)
undertaker / 621
under-the-table / 339(p)

undervalue / 99(S), 339(p)
underweight / 395(S)
underwrite / 72(a)
undesirable / 621, 339(p)
undistinguished / 340(p)
undisturbed / 109(t), 340(p)
undo / 510, 217(S), 469(S), 153(C)
undomesticated / 340(p)
undoubtedly / 621
undress / 510
undue / 510, 509(S), 390(R)
undulate / 527
unduly / 340(p)
unearned / 109(t)
unearth / 69(a), 250(p)
unearthly / 563(S)
uneasiness / 250(p)
uneasy / 561(S), 250(p)
unemployment / 621
unequal / 621
unequaled / 307(S)
unequivocal / 250(p)
unerring / 340(p)
unethical / 340(p)
uneven / 510
unexampled / 69(a)
unexpected / 421(S), 421(N), 250(p)
unexpectedly / 621
unexpurgated / 340(p)
unfair / 511
unfaithfulness / 411(S)
unfaltering / 69(a)
unfamiliar / 512
unfasten / 217(S), 69(a)
unfathomable / 69(a)
unfavorable / 512, 513(S)
unfeigned / 171(S)
unfetter / 69(a)
unflagging / 75(S), 69(a), 219(p)
unflattering / 250(p)
unfledged / 289(S), 110(t)
unflinching / 340(p)
unfold / 512, 217(S)
unforeseeable / 340(p)
unfortunate / 621, 513(S)
unfriendly / 621, 513(S)
ungainly / 45(S), 369(S), 69(a)
ungodly / 291(S)
ungrateful / 340(p)
unguarded / 340(p)
unharmful / 413(S)
unhealthy / 621
unheard-of / 621
unheeding / 340(p)
unhygienic / 340(p)
unicorn / 72(a)
unicycle / 340(p)
unidentified / 485(S), 340(p)
unification / 566
unifoliate / 112(t)
uniform / 250(p)
uniformly / 340(p)
unify / 151(S)
unilateral / 72(a), 250(p)
unimaginable / 250(p)
unimportant / 340(p)
uninhabited / 250(p)
uninjured / 340(p)
unintelligent / 340(p)
unintelligible / 383(S)
unintentional / 340(p)
unintentionally / 340(p)
uninterested / 512, 87(S), 513(N)
uninterrupted / 340(p)
uninvolved / 340(p)
union / 340(p)
unique / 621, 259(S), 204(p)
unison / 566, 340(p)
unit / 345(S)
unite / 151(S)
unity / 566, 340(p)
universal / 621, 391(S)
univocal / 72(a)
unjust / 621
unkempt / 512, 513(S)
unknot / 217(S)
unknown / 301(S)
unlawful / 287(S)
unleash / 217(S), 340(p)
unless / 621
unlicensed / 287(S)
unlike / 621
unlikely / 512
unload / 514, 392(R)
unlock / 514
unmanly / 69(a)
unmask / 621
unmatched / 69(a)
unmerited / 70(a)
unmethodical / 340(p)
unmindful / 70(a)
unmistakable / 70(a)
unmitigated / 70(a)
unmixed / 340(p)
unmoved / 621
unnameable / 340(p)
unnatural / 85(S), 85(N)
unnerve / 523(S), 70(a)
unnoticeable / 340(p)
unnoticed / 621
unobtrusive / 70(a), 340(p)
unoccupied / 514
unofficial / 514
unorthodox / 291(S)
unostentatious / 250(p)
unpack / 340(p)
unpaid / 127(S)
unpaired / 70(a)
unpalatable / 315(S), 70(a), 340(p)
unparalleled / 307(S)
unperturbed / 340(p)
unplanted / 340(p)
unpleasant / 621, 219(p)
unplug / 70(a), 340(p)
unpolished / 521(S)
unprecedented / 514, 204(p)
unpredictable / 220(p)
unprejudiced / 509(S), 340(p)
unpretentious / 385(S)
unprofitable / 110(t)
unqualified / 110(t)
unquenchable / 514, 515(S), 250(p)
unquestionable / 621
unravel / 217(S), 70(a), 220(p)
unrealistic / 563(S)
unreasonable / 621, 303(S)
unrefined / 521(S)
unrehearsed / 293(S)
unrelated / 621
unrelenting / 301(S), 70(a), 340(p)
unreliable / 514
unremitting / 514
unremunerative / 340(p)
unreserved / 403(S), 110(t)
unresponsive / 110(t)
unrest / 515, 123(S)
unrestrained / 110(t), 341(p)
unrestricted / 341(p)
unrivaled / 307(S), 110(t)
unroll / 110(t)
unruffled / 561(S), 110(t)
unruly / 71(a)
unsatisfactory / 621
unsavory / 315(S), 110(t)
unscathed / 71(a)
unscramble / 71(a)
unscrupulous / 515, 204(p)
unseat / 189(S), 71(a)
unseemly / 520, 509(S), 509(N)
unselective / 304(S)
unselfish / 621, 103(S)
unsettled / 520
unshaken / 71(a)
unshamedly / 341(p)
unsigned / 341(p)
unsophisticated / 520, 521(S), 341(p)
unsparing / 301(S)
unspoken / 341(p)
unstable / 520, 341(p)
unsteady / 110(t)
unstop / 110(t)
unsubstantial / 110(t)
unsubstantiated / 341(p)
unsuitable / 520, 509(S)
untamed / 71(a)
untangle / 110(t)
untarnished / 341(p)
untaught / 110(t)
untenable / 303(S), 71(a), 250(p)
unthought / 110(t)
unthrone / 189(S)
untidy / 621, 513(S)
untie / 217(S), 71(a)
untimely / 394(R), 71(a)
untiring / 341(p)
untold / 520, 521(S)
untouchable / 307(S)
untoward / 377(S)
untoward?? / 110(t)
untrammeled / 341(p)
untrue / 110(t)
unused / 111(t)
unusual / 250(p)
unusually / 341(p)
unutterable / 111(t)

unvanquished / 341(p)
unvaried / 111(t)
unvarying / 341(p)
unveil / 229(S), 71(a), 341(p)
unwarranted / 341(p)
unwary / 111(t)
unwed / 341(p)
unwholesome / 520, 413(S)
unwieldy / 111(t), 250(p)
unwilling / 621, 153(C)
unwind / 341(p)
unwise / 341(p)
unwitting / 72(a), 153(C)
unwittingly / 250(p)
unwonted / 259(S), 111(t), 341(p)
unwrap / 217(S), 111(t)
unyielding / 377(S), 111(t)
up-and-coming / 621, 445(S)
upbeat / 445(S), 73(a)
upbraid / 524, 447(S), 447(N)
upbringing / 73(a)
upcoming / 73(a)
update / 402(R), 73(a)
upend / 341(p)
upgrade / 524, 343(S), 180(R), 344(R)
upheaval / 524, 123(S), 537(S), 341(p)
uphill / 112(t)
uphold / 621, 51(S)
upholster / 112(t)
upkeep / 73(a)
upland / 112(t)
uplift / 524, 341(p)
uppermost / 524
upright / 621, 403(S), 402(R), 153(C), 341(p)
uprightness / 403(S)
uprising / 524, 525(S), 525(N)
uproar / 524, 123(S), 341(p)
uproot / 525, 63(S), 341(p)
upscale / 341(p)
upset / 602, 305(S), 339(S), 415(S), 486(S)
upshot / 249(S), 112(t), 341(p)
upside-down / 112(t)
upstart / 73(a)
upstream / 73(a)
upsurge / 112(t)
uptake / 112(t)
up-to-date / 621, 405(S)
uptown / 291(S)
urban / 153(C), 250(p)
urbane / 527, 153(C), 341(p)
urbanization / 250(p)
urge / 275(S), 275(N), 250(p)
urgent / 329(S), 220(p)
usable / 341(p)
usage / 341(p)
use / 220(p)
useful / 467(S)
useless / 23(N)
usher / 527, 425(S), 250(p)
usual / 341(p)
usurer / 414(R)
usurp / 139(S), 553(S), 341(p)
usury / 135(t)
utensil / 331(S), 370(R), 331(N)
utilitarian / 563(S)
utility / 563(S), 370(R), 341(p)
utilize / 250(p)
utter / 565(S), 341(p)
utterance / 341(p)
utterly / 621, 204(p)
uxorious / 527
vacant / 621, 266(R), 250(p)
vacantly / 341(p)
vacate / 341(p)
vacation / 140(C)
vaccination / 341(p)
vacillate / 527, 561(S)
vacillation / 561(S)
vacuous / 542, 251(p)
vacuum / 266(R)
vagabond / 341(p)
vagary / 542, 67(S), 341(p)
vague / 621, 533(S), 533(N), 153(C), 220(p)
vain / 23(N)
vainglorious / 542, 391(S), 251(p)
valediction / 168(R)
valedictory / 341(p)
valiance / 511(S)
valiant / 542, 511(S), 342(p)
valid / 111(S), 427(R), 251(p)
validate / 485(S), 487(N), 342(p)
validity / 542
valor / 621, 511(S)
valorous / 511(S)
valuable / 317(S)
value / 267(S), 316(R), 267(N), 251(p)
vandalism / 211(S)
vanguard / 542, 425(S)
vanish / 621, 140(C), 204(p)
vanity / 342(p)
vanquish / 542, 483(S), 342(p)
vapid / 542, 315(S), 266(R), 251(p)
vaporer / 266(R)
vaporization / 135(t)
variance / 342(p)
variant / 316(R)
variation / 204(p)
varied / 316(R)
variegated / 228(S), 135(t)
variety / 251(p)
various / 228(S)
vary / 551(S), 551(N), 342(p)
vast / 621, 433(S), 201(R)
vault / 153(C)
vaunt / 385(S), 135(t), 153(C)
vaunting / 565(S)
veer / 202(S), 203(N)
vegetarian / 542, 220(p)
vegetate / 542, 433(S)
vegetation / 342(p)
vehement / 542, 51(S)
vehicle / 204(p)
veil / 342(p)
vein / 342(p)
velocity / 342(p)
venal / 542, 153(C), 342(p)
vende[o]r / 342(p)
vendetta / 473(S), 473(N)
veneer / 135(t), 342(p)
venerable / 543, 342(p)
venerate / 153(S), 175(S)
vengeance / 473(S), 473(N), 342(p)
vengeful / 78(R)
venial / 135(t), 153(C)
venom / 342(p)
venomous / 413(S), 135(t), 251(p)
vent / 543, 342(p)
ventilation / 342(p)
venue / 140(C)
veracious / 543, 153(C)
veracity / 403(S)
verbal / 220(p)
verbatim / 543
verbiage / 543
verbose / 543, 472(S), 342(p)
verdant / 543, 251(p)
verdict / 621, 40(R), 168(R), 220(p)
verge / 621, 342(p)
verify / 621, 485(S), 487(N), 193(p)
verisimilitude / 342(p)
veritable / 342(p)
verity / 135(t)
vernacular / 539(N), 342(p)
vernal / 543
versatile / 556, 563(S), 50(R), 502(R), 193(p)
versatility / 342(p)
versed / 45(S)
version / 405(N)
versus / 342(p)
vertex / 556
vertical / 342(p)
vertiginous / 342(p)
vertigo / 556, 486(R)
verve / 342(p)
vessel / 136(t), 342(p)
vestige / 556, 220(p)
vestment / 77(S), 502(R)
veteran / 45(S), 342(p)
veterinarian / 342(p)
veterinary surgeon / 342(p)
veto / 251(p)
vex / 556, 339(S), 251(p)
vexation / 342(p)
vexing / 342(p)
via / 202(R), 342(p)
viability / 251(p)
viable / 556, 204(p)
vibrate / 561(S)
vicarious / 556, 342(p)
vicariously / 342(p)
vice versa / 136(t)
vice-chancellor / 73(a)
vice-gerent / 112(t)
vice-president / 566
vice-regal / 112(t)
vicinity / 556, 251(p)
vicious / 556, 220(p)
vicissitude / 556, 342(p)
victim / 220(p)
victimize / 181(S), 229(S), 181(N)
vie / 556, 342(p)
view / 97(S), 97(N), 342(p)
vigilance / 556
vigilant / 445(S), 220(p)
vigorous / 557, 204(p)

vigorously / 220(p)
vile / 23(S), 343(p)
vilify / 557, 499(S), 474(R), 251(p)
village / 343(p)
villain / 621, 474(R)
villainous / 307(S)
vindicable / 343(p)
vindicate / 557, 25(S), 40(R), 364(R), 508(R), 204(p)
vindicative / 153(C)
vindictive / 557, 153(C), 204(p)
vinyl / 343(p)
violate / 239(S), 204(p)
violation / 251(p)
violent / 251(p)
virago / 136(t)
virile / 313(S)
virtual / 602, 153(C)
virtually / 204(p)
virtue / 621, 343(p)
virtuoso / 557
virtuous / 153(C)
virulence / 343(p)
virulent / 557, 413(S)
virus / 343(p)
visage / 557, 127(S), 127(N), 343(p)
visceral / 343(p)
visible / 343(p)
visionary / 136(t), 343(p)
visit / 343(p)
vista / 136(t)
visual / 343(p)
visual cortex / 343(p)
vital / 315(S), 161(R)
vitalize / 247(S)
vitiate / 557, 469(S), 343(p)
vitriolic / 301(S), 136(t), 343(p)
vituperate / 187(S), 136(t)
vivacious / 570
vivid / 161(R), 343(p)
vividly / 343(p)
vivify / 247(S)
vivisection / 343(p)
vocal / 343(p)
vocation / 318(R), 140(C)
vocational / 251(p)
vociferous / 570
vogue / 570, 153(C)
voice / 343(p)
void / 469(S), 208(R)
volatile / 570, 253(S), 204(p)
volition / 570, 368(R), 251(p)
volitional / 319(S), 343(p)
voluble / 570, 472(S), 251(p)
volume / 621
voluntarily / 204(p)
voluntary / 319(S), 102(R), 368(R), 251(p)
volunteer / 621
voluptuous / 570, 343(p)
vomit / 343(p)
voracious / 570, 515(S), 202(R), 153(C), 193(p)
vortex / 123(S)
votary / 213(S), 202(R), 136(t)
vote / 78(R), 343(p)
vouch / 570, 485(S)
vouchsafe / 136(t)
voyage / 162(R)
vulgar / 228(R), 220(p)
vulgarian / 438(R)
vulgarism / 228(R)
vulnerability / 220(p)
vulnerable / 570, 489(S), 193(p)
vulture / 343(p)
vying / 343(p)
wade / 343(p)
waffle / 561(S)
waffling / 343(p)
waft / 343(p)
wage / 154(C)
wager / 154(C), 251(p)
waggish / 261(S)
waggle / 561(S)
wail / 195(S)
waive / 570, 547(S), 547(N), 153(C), 220(p)
wake / 249(S)
walk lame / 213(S)
walkout / 343(p)
wallop / 97(S)
walloping / 433(S)
wallow / 154(C), 343(p)
wan / 136(t), 154(C), 343(p)
wander / 343(p)
wandering / 621
wane / 570, 175(S), 485(S), 154(C), 204(p)
waning / 175(S), 251(p)
want / 622, 291(S)
wanton / 571, 379(S), 437(S), 251(p)
war / 343(p)
ward / 343(p)
warehouse / 343(p)
warily / 343(p)
warlike / 101(S)
warn / 67(S)
warp / 159(S), 551(S), 159(N), 343(p)
warrant / 622, 259(N), 343(p)
warranty / 343(p)
warrior / 343(p)
wart / 343(p)
wary / 571, 445(S), 193(p)
waste / 344(p)
waste product / 344(p)
wasteful / 201(R)
wastefulness / 344(p)
watch / 97(S), 97(N)
watchful / 445(S)
watchword / 253(S), 136(t), 344(p)
water / 622
watercraft / 344(p)
watershed / 251(p)
watertight / 344(p)
waterway / 344(p)
wave / 153(C), 251(p)
waver / 561(S), 153(C)
wax / 343(S)
waylay / 344(p)
waypoint / 344(p)
wayward / 377(S)
weak / 489(S), 313(N)
weaken / 523(S), 523(N), 251(p)
weakling / 313(S)
weakly / 313(S), 313(N)
weakness / 251(p)
wealth / 344(p)
wealthy / 291(S), 344(p)
wear / 77(S)
weariness / 307(S), 553(S)
wearisome / 553(S)
weary / 344(p)
weather / 344(p)
weave / 251(p)
wedding / 147(S)
wedlock / 136(t), 344(p)
weed / 344(p)
weep / 195(S)
weigh / 111(S), 251(p)
weight / 403(R)
weighted / 344(p)
weightless / 394(R), 344(p)
weighty / 394(R), 403(R)
weird / 63(S), 154(C), 344(p)
weld / 151(S)
welder / 344(p)
welfare / 251(p)
well / 622
well-being / 622, 344(p)
well-done / 510(R)
well-informed / 265(S)
well-matched / 141(S)
well-off / 291(S)
well-paying / 344(p)
well-proportioned / 344(p)
well-read / 265(S)
well-rounded / 563(S)
well-to-do / 622, 291(S)
wheedle / 571, 345(S), 481(S)
wheel / 344(p)
wheezing / 344(p)
whereas / 251(p)
whet / 315(S), 136(t), 154(C)
whiff / 344(p)
whim / 67(S)
whimper / 195(S), 154(C), 251(p)
whimsical / 571, 67(S), 344(p)
whine / 195(S)
whiny / 305(S)
whirl / 123(S)
whirlwind / 344(p)
whisper / 154(C)
whit / 154(C)
white-hot / 344(p)
whiten / 344(p)
whitewash / 571, 344(p)
whole / 622, 153(S)
wholehearted / 520(R)
wholeheartedly / 344(p)
wholesale / 520(R), 251(p)
wholesome / 467(S)
wickedness / 344(p)
widen / 344(p)
widespread / 423(S), 204(p)
wield / 154(C), 251(p)
wild / 344(p)
wilderness / 344(p)
wildlife / 344(p)
wile / 344(p)
will / 622

willful / 377(S)
willing / 319(S), 344(p)
willow / 154(C)
willowy / 395(S)
willpower / 345(p)
wilt / 197(S), 345(p)
wily / 353(S), 136(t)
wince / 449(S), 345(p)
windfall / 345(p)
windfall profit / 553(S)
winding / 357(S)
winning / 201(S)
winnow / 136(t), 154(C), 345(p)
winsome / 201(S)
wintry / 487(S)
wire / 345(p)
wise / 215(S)
wistful / 345(p)
wit / 345(p)
witchcraft / 100(R)
withdraw / 567, 485(S)
withdrawal / 204(p)
wither / 622, 197(S), 154(C), 251(p)
withhold / 567, 345(p)
withstand / 567, 251(p)
witness / 97(N), 345(p)
witticism / 345(p)
WMD / 211(S)
wobble / 561(S), 561(S)
woe / 229(S), 154(C)
woebegone / 195(S)
woeful / 195(S)
wolf / 622, 203(S)
womb / 345(p)
wonder / 383(S)
wont / 345(p)
woo / 154(C)
woods / 345(p)
wordplay / 345(p)
wordy / 472(S), 345(p)
work / 602
worldly / 571, 563(S), 251(p)
worn-out / 251(p)
worry / 371(S)
worsen / 189(S)
worship / 345(p)
worthwhile / 345(p)
wound / 327(S), 327(N), 251(p)
wraith / 63(S), 136(t), 154(C)
wrangle / 169(S), 169(N), 252(p)
wrangling / 345(p)
wrap up / 345(p)
wrath / 622, 305(S), 154(C)
wreak / 136(t), 154(C)
wreak havoc / 345(p)
wreath / 345(p)
wreck / 622, 211(N), 154(C)
wrecked / 486(S)
wrench / 159(S)
wrest / 345(p)
wretched / 622, 199(S)
wring / 88(R)
wrinkle / 345(p)
writ / 345(p)
writhe / 345(p)
wrong / 345(p)
wrong-doer / 161(S)
wrongdoing / 400(R), 345(p)
wrought / 345(p)
wry / 88(R)
wuther / 154(C)
xenogeneic / 549(S)
yardstick / 345(p)
yawn / 345(p)
yearly / 345(p)
yearn / 51(S)
year-round / 345(p)
yell / 565(S)
yelling / 345(p)
yen / 51(S)
yield / 622, 483(S)
yielding / 487(S), 252(p)
yoke / 345(p)
yolk / 622
young / 252(p)
yummy / 315(S)
zeal / 252(p)
zealot / 571
zealous / 148(C), 345(p)
zenith / 571, 345(p)
zero / 602
zest / 345(p)
zigzag / 357(S)
zoology / 345(p)

동의어 보감 색인 1

동의어 보감을 한글 순으로 배열하였으니 색인으로 활용하세요!

가난한 / 291
가르치다 / 331
가명 / 301
가장하다 / 227
가장하다 / 503
가혹한 / 301
간결한 / 137
간과하다 / 393
간섭하기 좋아하는 / 381
간섭하다 / 381
간접적인 / 203
간청하다 / 251
갈망하다 / 51
갑작스러운 / 421
강요하다 / 377
강화하다 / 459
개요 / 33
거대한 / 433
거만한 / 391
거절하다 / 471
걱정하는 / 561
건방진 / 315
겁 많은 / 371
겁주다 / 357
게걸스레 먹다 / 203
게으른 / 183
격리시키다 / 481
격언 / 253
결과 / 249
결혼의 / 147
경감시키다 / 65
경멸하다 / 153
경솔한 / 293
경시하다 / 99
경악스럽게 하다 / 99
경향 / 432
고문하다 / 469
고발하다 / 329
고분고분한 / 57
고수하다 / 113
고질적인 / 251
고집 센 / 377
고통 / 229
곤경 / 539
공격하다 / 101
공모 / 115
공모하다 / 115
공범 / 35
공정한 / 509
공짜의 / 127
공포 / 371
과묵한 / 472
관대한 / 341
관통하다 / 273
괴롭히다 / 229
교체하다 / 495
교환하다 / 449
교활한 / 353
구멍 / 273
구멍을 뚫다 / 273
구별하다 / 215
구불구불한 / 357
구해내다 / 455
궁지 / 539
그럴듯한 111
극악한 / 307
근면한 / 75
금지하다 / 351
기간 / 501
기구 / 331
기민한 / 307
기소하다 / 329
기억하다 / 461
긴급한 / 329
김빠진 / 314
까다로운 / 305
꾀다 / 481
꾸물거리다 / 433
꾸짖다 / 447
끝내다 / 153
나누다 / 567
낙심한 / 195
난공불락의 / 307
난해한 / 383
낮추다 / 173
내쫓다 / 277
냉담한 / 87
너그러운 / 341
넌지시 알리다 / 357
(지식, 사실 등을) 널리 퍼뜨리다 / 225
널리 퍼진 / 423
넓히다 / 343
논쟁 / 169
놀라게 하다 / 89
눈부신 / 333
눈에 띄는 / 265
느린 / 307
느슨하게 하다 / 217
늑장 부리다 / 433
늘이다 / 437
능가하다 / 401
능숙한 / 45
다양한 / 228
다재다능한 / 563
단정치 못한 / 513
단축하다 / 33
달래다 / 65
달아나다 / 263
닮음 / 53
담그다 / 325
당황하게 하다 / 415
대신하다 / 495
더러운 / 513
더럽히다 / 180
더운 / 487
덧없는 / 253
도구 / 331
도망자 / 275
도망치다 / 275
독재자 / 553
독특한 / 259
동등한 / 117
동시발생의 / 135
동시의 / 135
동의하다 / 75
동정 / 123
동행하다 / 163
둔한 / 383
둘러싸다 / 239
뒤범벅 / 549
떨리다 / 561
뚱뚱한 / 395
~로 가득찬 / 435
~를 피하다 / 263
마르다 / 197
마른 / 395
막다 / 381
만성의 / 251
만족시키다 / 365
말 많은 / 472
말 없는 / 472
맑은 / 501
맛없는 / 314
맛있는 / 315
망설이다 / 561
맡기다 / 149
매혹적인 / 201
매혹하다 / 237
머리말 / 425
멈추다 / 197
멍하게 하다 / 99
명시하다 / 263
모방하다 / 503
모순된 / 303
(사람) 모으다 / 147
(사물을) 모으다 / 125
(사람) 모이다 / 147
무경험의 / 289
무관심한 / 87
무뚝뚝한 / 23
무모한 / 293
무시무시한 / 63
무시하다 / 393
무자비한 / 301
무적인 / 307
무차별적인 / 304
물러나다 / 485
미래가 밝은 / 445
미루다 / 209
미숙한 / 289
미친 / 194
민감한 / 489
민첩한 / 307
바꾸다 / 449
박식한 / 265
박해하다 / 469
반란 / 525
반박하다 / 457
반복하다 / 459
반역적인 / 411
발산하다 / 265
밝히다 / 229
방탕한 / 437
방해물 / 381
방해하다 / 381
배신 / 411
배신하는 / 411
버리다 / 547
번쩍번쩍 빛나는 / 333
범인 / 161
변덕스러운 / 67
변색시키다 / 180
변형시키다 / 551
변화시키다 / 551
보다 / 97
보복 / 473
보상하다 / 125
보편적인 / 391
복수 / 473
복수하다 / 473
복잡한 / 357
부유한 / 291
부적절한 / 509
부조화의 / 141
부족한 / 291
부지런한 / 75
부추기다 / 354
분리시키다 / 481
분배하다 / 55
분파 / 567
불경스러운 / 291
불구로 하다 / 213
불규칙한 / 85
불리한 / 513
불법의 / 287
불안한 / 561
불투명한 / 501
비난하다 / 187
비례하는 / 117
비만의 / 395
비밀스런 / 489
비방하다 / 499
비스듬한 / 379
비싼 / 317
비웃다 / 197
비위 맞추다 / 345
비정상의 / 85
비참한 / 199
비틀다 / 159
비판하다 / 187
비호의적인 / 513
빈둥거리다 / 433
빗나가다 / 203
빼앗다 / 139
뽐어대다 / 265
사고 / 537
사기 치다 / 181
사기 치다 / 181
사기꾼 / 181
사소한 / 315
사치스러운 / 385
산만한 / 199
살다 / 483
살찐 / 395
상냥한 / 103
상술하다 / 261
새기다 / 241
서론 / 425
서투른 / 369
석방하다 / 35
선동하다 / 354
선천적인 / 141
설득하다 / 427
설명하다 / 263
성분 / 345
성질 / 79
성향 / 432
세속적인 / 563
소동 / 123
소름끼치는 / 63
소리치다 / 565
소심한 / 371
속담 / 253
속이다 / 181
속임수 / 181
솔직한 / 403
쇠퇴 / 175
쇠퇴하다 / 175
수많은 / 521
수정하다 / 475
수줍어하는 / 209
숙고하다 / 111
순진한 / 521
스스로 하는 / 319
슬퍼하다 / 195
슬픈 / 195
승인하다 / 471
시골의 / 521
시대 / 501
시들다 / 197
시작하다 / 333
시체 / 299
신경질적인 / 305
(논평, 비판 등이) 신랄한 / 301

동의어 보감 색인 2 동의어 보감을 한글 순으로 배열하였으니 색인으로 활용하세요!

신성모독의 / 291
신성하게 하다 / 149
신성한 / 149
신조 / 161
신중한 / 445
신참자 / 289
신체 건강한 / 313
실수 / 369
실용적인 / 563
심오한 / 383
싸구려의 / 317
싸움 / 169
아끼다 / 103
아낌없는 / 103
~아닌 체하다 / 227
아주 귀중한 / 317
아주 나쁜 / 307
아첨하다 / 345
악취가 나는 / 457
악화시키다 / 189
암시하다 / 357
애매한 / 533
애먹이다 / 229
야윈 / 395
야한 / 317
약탈하다 / 189
약하게 하다 / 523
약한 / 313
얄팍한 / 411
얕보다 / 99
어리석은 / 383
얼굴 / 127
얼버무리다 / 533
얽혀있는 / 357
얽히게 하다 / 217
엄한 / 553
A에게 B를 알리다 / 67
연구 / 355
연기하다 / 209
연민 / 123
연장하다 / 437
열광적인 / 51
열렬한 / 51
열망하다 / 51
염려하는 / 561
영리한 / 343
영원한 / 289
영향 / 249
영향 받기 쉬운 / 489
예절 / 439
오래된 / 535
옷 / 77
완성하다 / 153
완전무결한 / 153
완화하다 / 65
외치다 / 565
요구하다 / 251
요소 / 345
요약 / 33
요약하다 / 33
욕심 많은 / 515
용감한 / 511
용기 / 511
용서하다 / 25
우스운 / 261
우울한 / 195
우회적인 / 203
울다 / 195
움찔하다 / 449
웅장한 / 433
원칙 / 161
위로하다 / 123
위반하다 / 239
위조의 / 171
위축되다 / 449
유독성의 / 413
유령 / 63
유사한 / 549
유사함 / 53
유순한 / 57
유연한 / 487
유익한 / 467
유쾌한 / 261
유혹하다 / 481
음란한 / 379
음모 / 115
의복 / 77
의심스러운 / 89
의심하는 / 89
~의 탓으로 돌리다 / 73
이교도 / 467
이익 / 553
이탈하다 / 203
이해하다 / 129
인색한 / 103
인접한 / 41
인정하다 / 75
~인 체하다 / 503
일시적인 / 253
일치하는 / 141
일치하지 않는 / 141
임박한 / 329
임시변통하다 / 293
임의의 / 304
자랑하다 / 385
자발적인 / 319
자비로운 / 103
작은 / 551
잡동사니 / 549
장식하다 / 235
장엄한 / 385
재난 / 537
재촉하다 / 275
저주 / 91
저하시키다 / 189
적 / 383
적대감 / 91
적시다 / 325
적응하다 / 139
적의 / 91
적절한 / 385
전령 / 425
전멸시키다 / 63
전복하다 / 486
전조 / 425
절망적인 / 199
절제하는 / 437
정복하다 / 483
정신 나간 / 194
정직한 / 403
정확한 / 533
제한하다 / 109
젠체하는 / 391
조각하다 / 241
조롱하다 / 197
조사 / 355
조사하다 / 355
조심스러운 / 445
조화하는 / 141
존경하다 / 175
(계획 등을) 좌절시키다 / 415
죄를 뉘우치는 / 161
죄인 / 161
주의 / 161
주입하다 / 331
주장하다 / 259
주저하다 / 561
죽다 / 299
죽은 / 299
죽이다 / 223
줄다 / 31
줄이다 / 31
중상하다 / 499
중요한 / 315
중재하다 / 73
즉석의 / 293
즉흥적인 / 293
즐거운 / 261
즐겁게 하다 / 365
증가시키다 / 343
증명하다 / 485
증오하다 / 21
지루한 / 553
지우다 / 279
지지자 / 213
지지하다 / 51
지탱하다 / 51
진짜의 / 171
질책하다 / 447
쪼개다 / 567
참회 / 129
창피하게 하다 / 173
천상의 / 563
철회하다 / 469
체류하다 / 483
초기의 / 339
초보 / 289
초월하다 / 401
촉구하다 / 275
촌스러운 / 521
최고의 / 405
최첨단의 / 405
추론하다 / 497
추방하다 / 277
추운 / 487
추종자 / 213
추측하다 / 497
(사물을) 축적시키다 / 125
충고하다 / 43
치다 / 97
침략하다 / 239
침입하다 / 239
침착한 / 561
칭송하다 / 281
칭찬 / 281
칭찬하다 / 281
타당한 / 111
탁월한 / 265
탐욕스러운 / 515
태도 / 185
태만한 / 183
터무니없는 / 303
토론 / 169
토착의 / 341
통합하다 / 151
투명한 / 501
퉁명스러운 / 23
특성 / 79
특이한 / 259
튼튼한 / 313
틈 / 367
파괴하다 / 211
파벌 / 567
파악하다 / 129
패배시키다 / 483
패배하다 / 483
팽창시키다 / 343
편견에 치우친 / 423
평가하다 / 267
폐지하다 / 469
포기하다 / 547
포위하다 / 239
폭동 / 525
폭로하다 / 229
풀다 / 217
풍부한 / 435
피상적인 / 411
필수의 / 315
하찮은 / 315
한정하다 / 109
할당하다 / 55
합병하다 / 151
항복하다 / 483
해고하다 / 189
해로운 / 413
해를 입히다 / 327
향기로운 / 457
허약한 / 313
현명한 / 215
혐오스러운 / 23
혐오하다 / 21
협박하다 / 357
호색적인 / 379
호언장담하는 / 565
호전적인 / 101
혼란 / 123
혼인의 / 147
홍수 / 359
화나게 하다 / 339
화난 / 305
화내다 / 305
화려한 / 385
화를 잘 내는 / 305
확인하다 / 485
환각 / 183
환상 / 183
환영 / 63
활기를 띠게 하다 / 247
활발치 못한 / 307
황혼 / 175
회개하는 / 161
회상하다 / 461
후퇴하다 / 485
후회 / 129
훈계하다 / 43
흉내내다 / 503
흉측한 / 63
흔들리다 / 561
희망찬 / 445

MEMO

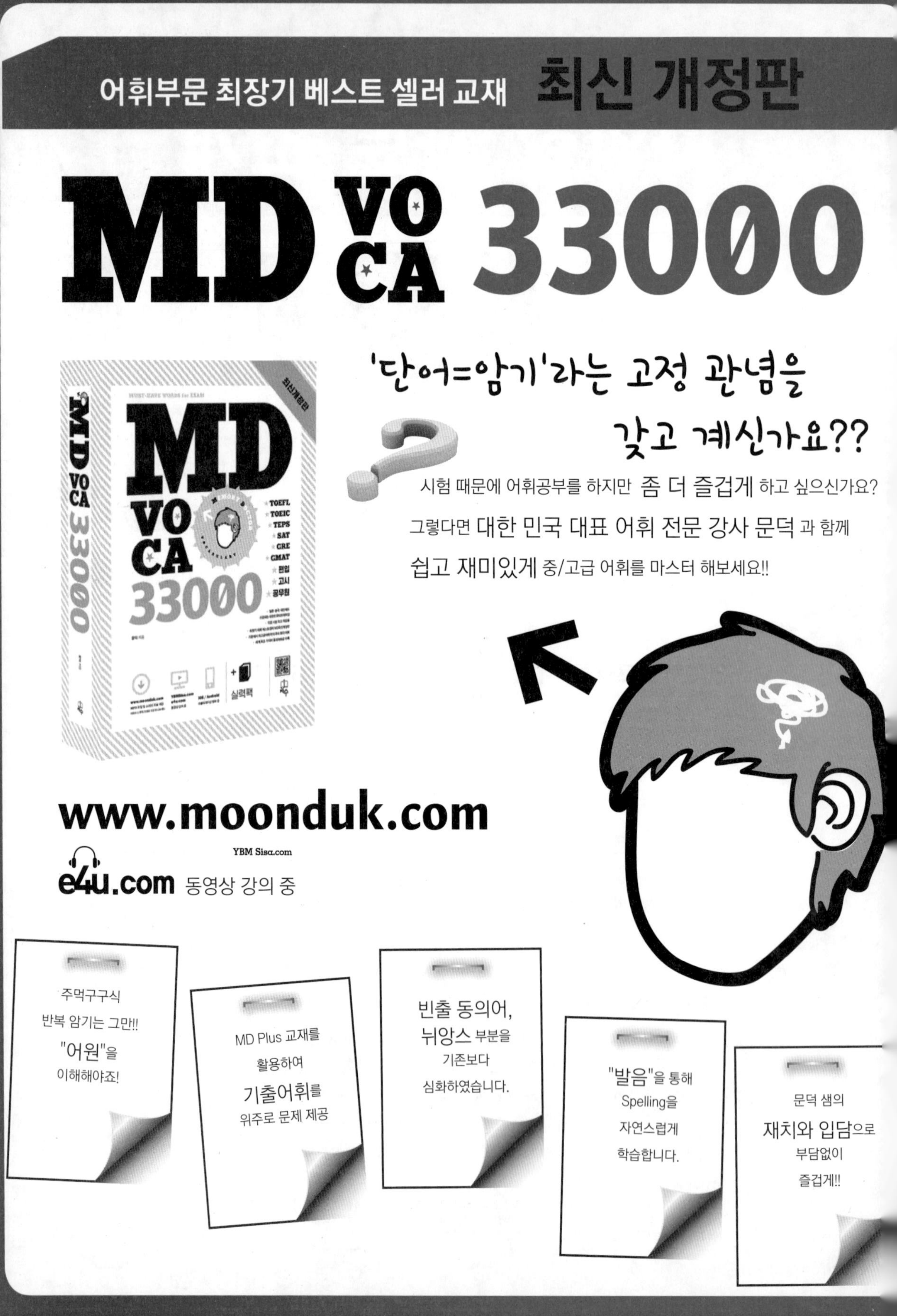

어휘부문 최장기 베스트 셀러 교재 최신 개정판
MD VOCA 33000
'단어=암기'라는 고정 관념을 갖고 계신가요??
시험 때문에 어휘공부를 하지만 좀 더 즐겁게 하고 싶으신가요?
그렇다면 대한 민국 대표 어휘 전문 강사 문덕 과 함께
쉽고 재미있게 중/고급 어휘를 마스터 해보세요!!
www.moonduk.com
YBM Sisa.com
e4u.com 동영상 강의 중
주먹구구식 반복 암기는 그만!! "어원"을 이해해야죠!
MD Plus 교재를 활용하여 기출어휘를 위주로 문제 제공
빈출 동의어, 뉘앙스 부분을 기존보다 심화하였습니다.
"발음"을 통해 Spelling을 자연스럽게 학습합니다.
문덕 샘의 재치와 입담으로 부담없이 즐겁게!!